KB234535

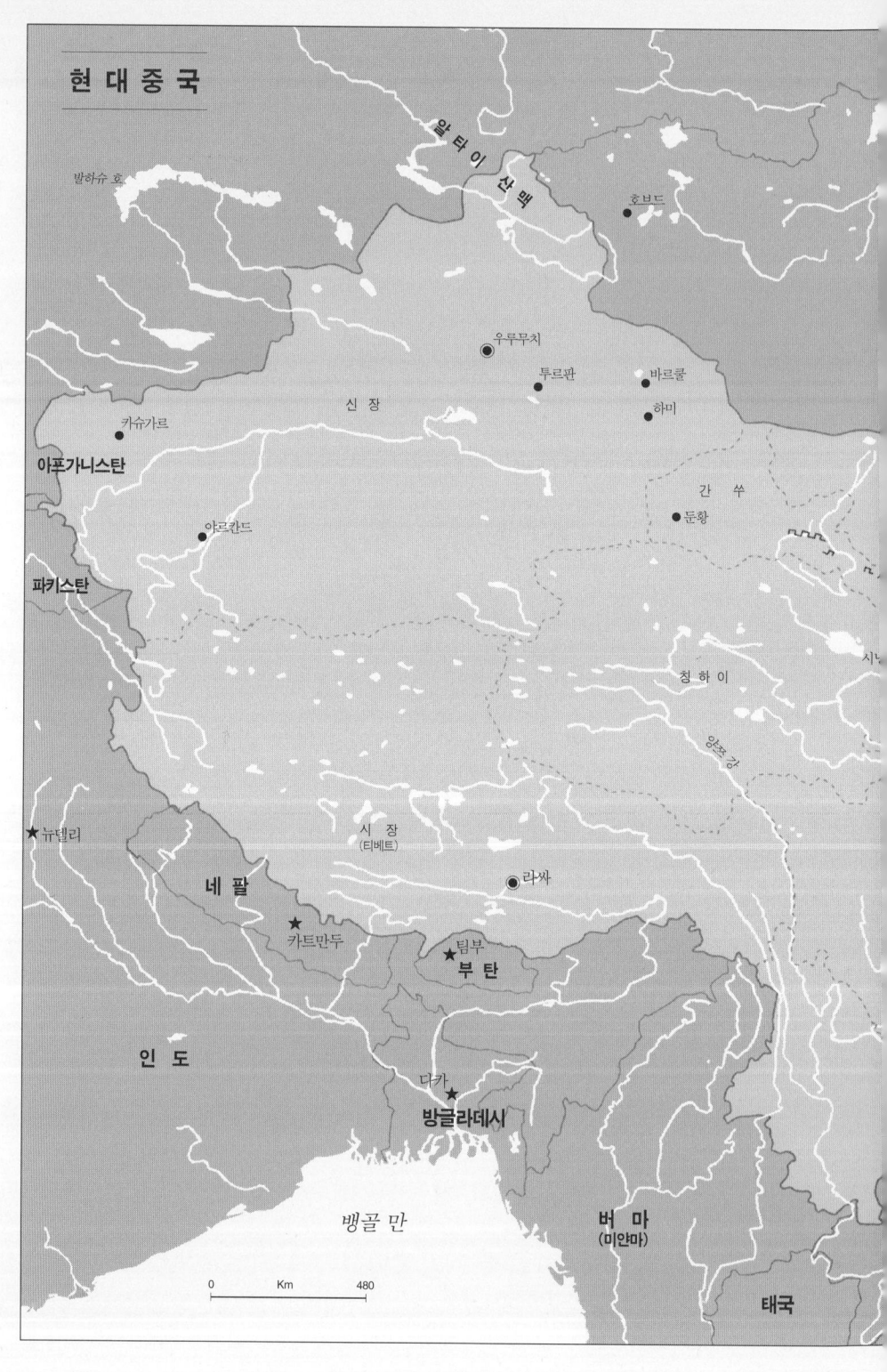

현 대 중 국

알타이 산맥

발하수 호

호브드

우루무치

투르판
바르쿨

신 장
하미

카슈가르

아프가니스탄

간 쑤

둔황

야르칸드

파키스탄

칭 하 이

시

양쯔강

뉴델리

시 장
(티베트)

라싸

네 팔

카트만두

팀부
부 탄

인 도

다카

방글라데시

뱅 골 만

버 마
(미얀마)

태 국

0   Km   480

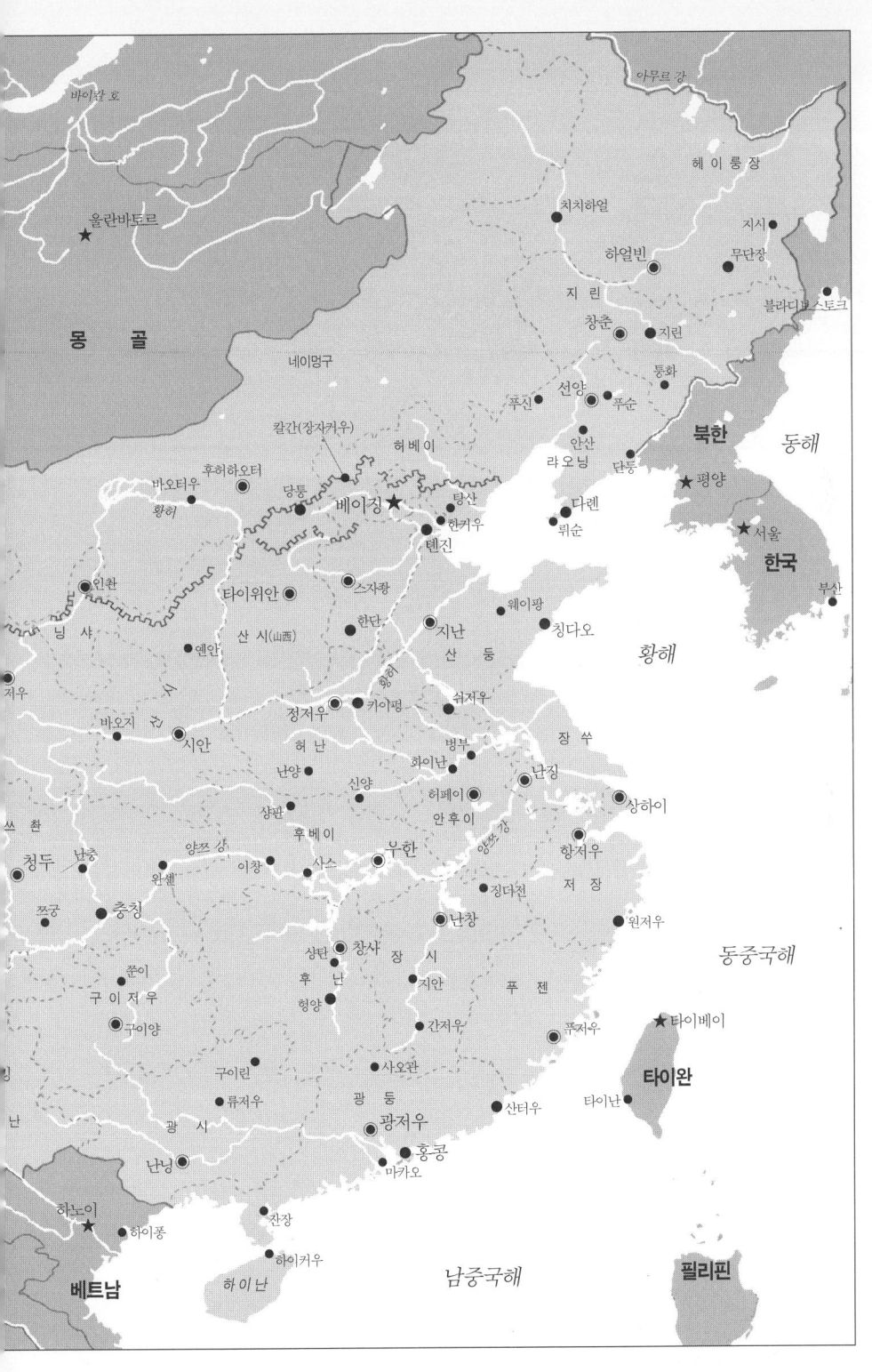

현대 중국을 찾아서 2

THE SEARCH FOR
MODERN CHINA 2

Jonathan D. Spence

이산

현대 중국을 찾아서 2

조너선 D. 스펜스 지음 / 김희교 옮김

현대중국을 찾아서 2

1998년 11월 6일 초판 1쇄 발행
2021년 11월 5일 초판 10쇄 발행
지은이 조너선 D. 스펜스
옮긴이 김희교
펴낸이 강인황
도서출판 이산
서울특별시 중구 필동로8가길 10
Tel : 334-2847/Fax : 334-2849
E-mail : yeesan@yeesan.co.kr
등록 1996년 8월 8일 제2015-000001호

편집 문현숙
인쇄 한영문화사/제본 한영제책

ISBN 978-89-87608-08-2 04910
ISBN 978-89-87608-06-8 (전2권)
KDC 912 (중국역사)

가격은 뒤표지에 있습니다.

THE SEARCH FOR MODERN CHINA by Jonathan D. Spence
Copyright ⓒ 1990 by Jonathan D. Spence
Korean translation copyright ⓒ 1998 by YeeSan Publishing Co.
This translation published by arrangement with W.W. Norton & Company, Inc., New York
through Shinwon Agency, Seoul.

이 책의 한국어판 저작권은 Shinwon Agency를 통한 저작권자와 독점계약에 의하여 도서출판 「이산」에 있습니다.
신저작권법에 의해 한국 내에서 보호를 받는 저작물이므로 무단전재와 무단복제를 금합니다.
특히 무단으로 책의 내용이나 사진 등을 복사·전송하는 것과 웹상의 수집과 게시를 해서는 안됩니다.

www.yeesan.co.kr

차례

2권

* 화보는 96쪽, 160쪽, 224쪽, 320쪽 다음에 있다.

1권

지도와 도표

IV | 전쟁과 혁명

1937년 여름 일본과 전면전이 발발함으로써 장제스는 강력하고 중앙집권적인 민족국가를 건설할 수 있었을지도 모르는 기회를 모두 잃어버렸다. 1년 만에 일본군은 중국의 동부를 휩쓸었고 중국의 주요 산업 중심지와 가장 기름진 땅에서 국민당을 몰아내고, 사실상 중국과 외부 세계의 유대를 끊어 놓았다. 장제스의 새로운 전시(戰時) 거점인, 양쯔 강을 수천km 거슬러올라가 있는 충칭은 일본에 대한 민족적 저항의 상징적 중심지이기는 했지만, 반격을 시도하기에 적당한 곳은 아니었다. 마찬가지로 공산당 군대는 산시 성의 옌안 기지에 고립되어 있었는데, 이곳은 중국에서 가장 가난한 지역 가운데 하나로 충칭보다 농업자원이 부족했고 산업기반도 거의 없었다. 그곳에서 공산당이 살아남을 수 있을지는 불확실했고, 더구나 거기에서 혁명이 확산될 것 같지도 않았다.

전쟁 초반 수년 동안 국민당과 공산당은 통일전선이라는 명목상의 연합을 통해 민족통일의 이상을 그런 대로 유지하고 있었다. 중국인 협력자들이 주도하는 여러 괴뢰정권들을 이용해서 일본이 중국 동부를 휩쓸고 있을 때, 충칭과 옌안의 두 정부는 의미 있는 공동의 기반을 찾으려 노력하고 있었다. 공산당은 토지개혁을 중단하고 그들의 현란한 선전을 완화시켰으며, 국민당은 중국을 장기적으로 강화시킬 경제적·행정적 개혁을 실시했다. 그러나 1941년 초반부터 두 정당은 또다시 논쟁을 벌였고 서로 무력충돌만 거듭했으며, 항일이라는 목전의 급선무보다는 앞으로 일어날 수 있는 내전에 대비하는 자세로 각자의 무력을 정비하기 시작했다.

1941년 12월 일본의 진주만 폭격 이후 미국의 참전은 균형상태를 변화시켰다. 중국은 이제 서양 연합국에 의해 '강대국' ─적어도 문서상으로─ 으로 취급되었고 군사적 조언과 대규모 차관 그리고 중국 서부의 마지막 보급선이었던 인도에서 산맥을 넘어온 장비와 항공 연료 등을 보급받았다. 이러한 원조는 합법적으로 승인받은 중국의 정부인 충칭의 국민당에게 주어졌다. 옌안의 공산당은 그들이 직접 만든 조야한 무기나 항일투쟁에서 빼앗은 군수품으로 살아남아야 했다. 궁여지책으로 공산당은 게릴라 전술을 연마하고 장시 소비에트에서 개발한 대중동원술을 이용하여 일본군의 배후에 미로와도 같은 기지들을 건설했다. 그들은 농촌지역에서 더 많은 인민의 지지를 얻기 위해 더욱 급진적인 형태의 토지 몰수와 재분배 주장으로 되돌아갔다.

1945년 전쟁이 종결되었을 때, 국민당은 오랜 기간의 전투로 인한 사기 저하, 사적인 분쟁에 의한 정부의 약화, 통치지역의 심각한 인플레이션 등으로 흔들리고 있었다. 당은 신속하게 움직였으나 옛 일본 점령지에 대한 통제권을 확보하기에는 역부족이었다. 공석을 메울 준비된 인물도 별로 없었고, 전쟁으로 산산이 부서진 사회를 재건할 자금도 없었다. 공산당 역시 자원이 없기는 마찬가지였지만 패배한 일본으로부터 가능한 한 넓은 지역을 장악하고 중국 북부 인민들 사이에서 굳건한 지지기반을 확보하기 위해 신속히 움직였다. 특히 공산당은 장제스에게 마지막 공격을 가하기 위해 그들의 군사력을 증강시킬 최선의 장소로 만주를 선택했다. 그들의 전략은 적중했다. 1948년에 만주에서 장제스의 군대는 완패했고 파국적인 인플레이션과 그동안 그를 지지했던 지식인, 학생, 전문가 계급, 도시 노동자들 대다수의 이반으로 인해 그의 권력기반은 완전히 무너졌다. 1949년에 이르면 장제스의 잔존 군대마저 어이없게 섬멸되었고, 그 해 말 장제스가 살아남은 지지자들과 함께 타이완으로 피신함으로써 마오쩌둥은 베이징에서 새로운 중화인민공화국 수립을 선포했다.

중국의 질서를 재건하는 것은 단지 군사적인 문제만이 아니었다. 관료제와 정부체제의 전면 재편, 중국공산당의 체제 내적인 통합, 인플레이션의 억제, 근본적인 토지개혁 실시, 그리고 국내에서 반발세력을 잠재우는 것이 필요했다. 이러한 과업은 중국이 1950년과 1953년 사이에 한국전쟁에 깊이 개입하여 엄청난 손실을 입음으로써 대단히 어려운 국면에 처했다. 한편 한국 전쟁은 군대의 재편과 근대화가 절실하다는 필요성을 부각시키는 유익한 결과도 가져왔다. 또한 이 전쟁은 외국인에 대한 조사·박해·추방과 국민당이나 외세에 내심 동정적이거나 과거에 이들과 협력한 적이 있는 중국인을 색출하기 위한 대중운동을 정당화하기 위해 국내 정치에 이용되었다. 한편 무자비한 폭력과 위협을 동반한 대중운동이 광범위하게 진행되었는데, 이는 관료제 내부의 비효율성과 부패를 비롯하여 종교 분파와 다른 비밀결사 또는 노동운동 조직들에 대항한 것이었다.

전쟁이 일단락되고 일련의 대중운동이 종결되자, 중국 지도부는 경제성장 전략의 첫번째 단계를 달성하기 위해 의식적으로 과거 소련의 경험을 모델로 삼아 포괄적인 5개년 계획을 세웠다. 이 계획에 따라 추진된 산업 성장은 주로 농업으로부터 잉여를 창출함으로써 가능했다. 농업 생산을 고양시키고 농촌에서 옛 사회양식이 부활하는 것을 막기 위해 정부는 더욱 급진적인 두번째 토지개혁에 착수했다. 사적 소유권 개념을 유지하면서 토지를 부분적으로 재분배하던 것이 이제는 모든 농경지를 각각 200~300가구 정도의 대단위로 한데 모아 집산화하는 방식으로 바뀌었다. 거의 대부분의 중국 농민들이 1956년까지 이러한 합작사에 등록되었고, 마오쩌둥의 진정한 사회주의 중국은 중요한 진전을 이룩한 것처럼 보였다.

토지제도상의 격변과 더불어 외교정책과 군사조직의 변화가 일어났다. 1950년대 중반에 이 두 영역에서 중국은 고도로 실용적이고 전문적인 입장을 택하여, 혁명적 이상을 절제하려 노력하는 것 같았다. 중국의 학생과 지식인 역시 마오쩌둥의 간청으로 그들이 국가나 당에 대해 가졌을 수도 있는 불만을 표출하지 않았다. 1957년 중반의 흥분된 분위기 속에서 몇 주 동안 논쟁이 오갔고 당이 흔들렸다. 예상대로 당은 비판에 창조적으로 대응하는 대신 반격을 가했고 비판자들은 우파로 몰려 수십만 명이 처벌되었다.

이때 마오쩌둥과 그의 중국공산당 동료인 원로 지도자들은 갈림길에 서있었다. 국가는 확실히 통제되었고 경제는 꾸준히 성장했으나 기대했던 농촌의 폭발적인 성장은 없었다. 마오쩌둥은, 경제의 돌파구는 그의 주요 계획가들이 추구했던 신중한 실용주의를 통해서가 아니라 인간의 의지를 완전히 해방시킴으로써 마련될 수 있다고 확신했다. 거칠고 선동적인 운동을 통해 새로운 합작사가 거대한 인민공사로 통합되고, 종전의 성·나이·기술·직업에서의 모든 구분을 없애 인간의 삶과 경제에 활기를 불어넣겠다는 목적으로 대약진운동이 시작되었다. 그러나 그것은 환상적인 꿈이었다. 행복감에 뒤이어 기근이 닥침으로써 수백만 인민은 파멸의 위기에 내몰렸던 것이다.

뿌리까지 뒤흔들린 당은 1960년대 초반에 스스로를 재정비하고 중앙통제를 확립하여 경제를 좀더 예측 가능한 궤도로 돌려놓기 위해 애썼다. 소련과의 논쟁은 1950년대 후반에 폭력적으로 변하여 1960년에는 완전한 결별을 고했고, 중국에서 일하던 소련 고문과 기술단이 러시아로 돌아감에 따라, 이제 중국 스스로 이 난국을 헤쳐 나가야 했다. 제1차 5개년 계획 기간과 마찬가지로 다시 한번 포괄적인 국가계획이 주의 깊게 표면화되었고, 특히 중국의 중공업은 졸속적이고 정형화된 성장의 길을 걷게 되었다. 그러나 혁명세력 가운데 연장자 세대에 대한 당의 비판과 더불어, 이러한 계획이 갖고 있던 타성적이고 관료적인 성격은 마오쩌둥으로 하여금 또 한번의 폭력적이고 급진적인 징치적 반전을 시도하도록 몰아붙였다. 마오쩌둥은 인민해방군과 그와 같은 정치적 성향을 지닌 가장 중요한 선동가로 자처한 국방부장 린뱌오의 도움을 받아 자신이 확립한 당 관료제에 도전하기 시작했다. 이 도전은 문화적 영역에서부터 시작되어 1966년에는 정치·사회·교육·경제 영역으로 확대되었다. 마오쩌둥과 그의 측근들은 연장자에 대항하는 젊은 홍위병(紅衛兵)의 열정을 부추겨 거대하고 왜곡된 프롤레타리아 문화대혁명을 감행했고, 이는 이후 수년 동안 공포와 무질서를 초래했다. 당 간부들은 유례 없는 도전을 받았고 추방되지 않은 이들은 모든 공장, 인민공사, 학교 그리고 작업장에 새로운 급진주의 정신을 주입하는 임무를 띤 '혁명위원회'로 재편되었다.

혼란은 문화혁명에 새로운 힘을 실어 주었고 문화혁명은 당혹스러울 정도로 다양한 새로운 역할을 수행하게 되었다. 그러나 동시에 마오쩌둥은 린뱌오의 개인적 야심을 의심하고, 린뱌오는 자신의 미래에 대해 두려워하기 시작했다. 얽히고 설키는 아주 기이한 반전 끝에 린뱌오는 마오쩌둥을 암살하려 했던 것 같다. 결과는 린뱌오의 죽음이었지만, 이 음모 소식이 중국 전역에 퍼지자 상처를 입은 것은 마오쩌둥의 신용이었다. 이제 중국인은 무엇을 믿을 것인가? 그들의 혁명에 남은 것은 무엇인가? 그들이 지향하는 곳은 어디였는가? 아마도 오랜 기간 동안의 쇄국을 끝내고 일본과 서양의 기술·과학을 받아들이는 것만이 그들의 경제에 새로운 활력을 불어넣는 길이었을 것이다. 그러나 그렇게 하려면 마오주의의 기본 가정들에 의문이 제기되어야 했다. 그것은 고역스러운 선택이었다.

17장

제2차 세계대전

동부의 상실

1937년 봄은 대격변 직전의 기만적 소강상태였다. 국민당과 공산당이 통일전선을 채택함에 있어서 선전의 주도권을 놓고 다투는 동안 일본은 신중하게 관망했다. 일본 내각과 군 내부의 논쟁과 긴장은 1937년 초 정부의 교체로 이어졌다. 새 수상은 하야시 센주로(林銑十郞) 장군―능력 있고 강인한 전직 육군성 장관―이었으나, 그는 도쿄에서 행한 첫 연설에서 "나는 호전적인 외교정책을 신봉하지 않는다"고 선언했다. 하야시가 새로 임명한 외무장관은 중국과의 "위기를 언제든 피하려면" 일본은 그저 "열려 있는 길을 똑바로 걸어 나가야" 한다고 공언했다.[1]

'독립적'인 북중국 내부에서 일본은 더 이상의 팽창을 자제하고 만주국 군대가 내몽골로 서진하는 것을 중단시켜야 할 필요성에 대한 일본 내각의 심도 있는 토론이 있은 뒤, 하야시는 톈진과 뤼순의 일본 장군들에게 이런 현상유지 정책을 주지시키고자 특사를 보냈다. 총사령부는 이 명령에 따라 6월에 야전 장교들에게 더 이상의 도발을 하지 말라고 경고했다. 그러나 일본의 군부는 허베이 동부와 만주에 이미 존재하는 경제적 기반을 포기하려 들지 않았다. 오히려 그들은 소련에 대한 전면 공격에 꼭 필요한 전략적·경제적 거점을 확보하기 위해 그곳의 자원에 대한 통제를 확립시킬 것을 고려했고, 몇몇 일본군 장교들은 "아

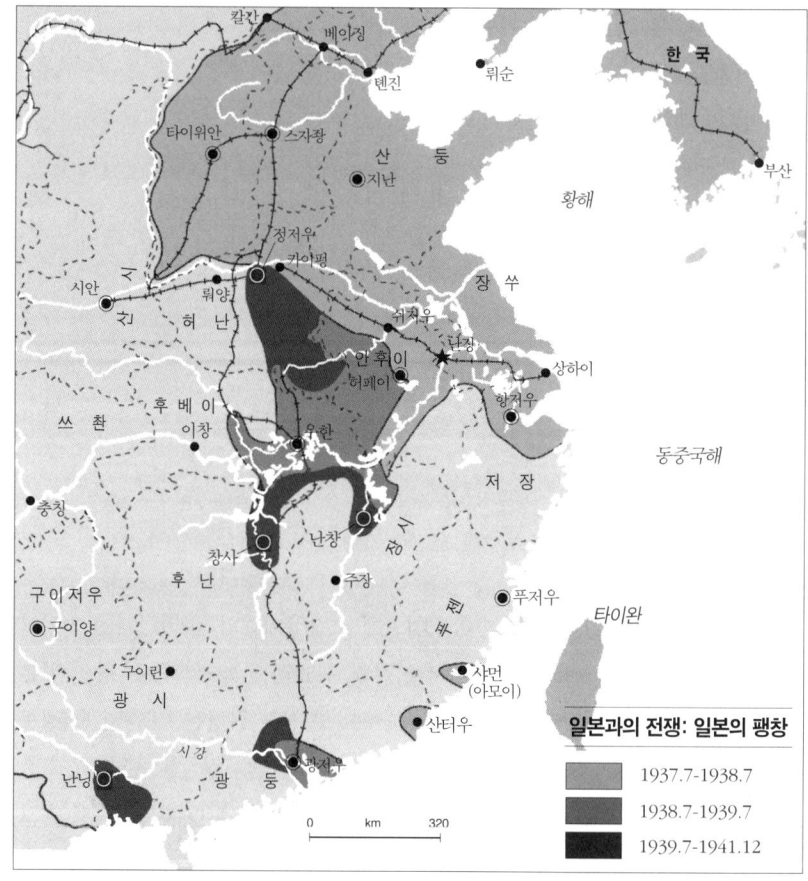

군의 후방에 대한 위협을 제거하기 위해서라도" 난징 정권에 최후의 일격을 가
해야 한다고 생각했다.[2] 역설적이게도 이 소강기 동안 중국 군대는 더욱 사기
가 충천해지고 강해지고 있었다. 1937년 5월 난징 주재 미국대사는 이제 반일
감정이 드디어 '중국의 민족의식의 일부'가 되었다고 우려를 표했으며 베이징에
있는 그의 참사관은 허베이에서의 총격은 "스스로의 용맹에 대한 믿음이 커가
고 있는" 중국 군인들이 그랬을지도 모른다고 설명했다.[3]

그 후 여러 가지 크고 작은 사건들이 운명적으로 한꺼번에—누적적으로—
발생했다. 의회를 통한 경제정책 수행에 실패한 하야시 정부는 영향력은 있지
만 결단력이 부족한 고노에 후미마로(近衛文麿) 공작을 수반으로 하는 정부로

교체되었다. 북중국의 일본군 총사령관은 심장마비를 앓았기 때문에 경험이 부족한 부하가 그를 대신하게 되었다. 그리고 '루거우교'(盧溝橋) 지역의 중국군은 융딩(永定) 강 기슭의 해안 방어를 강화하기로 결정했다. 이 다리―베이징에서 서쪽으로 약 16km 떨어진 곳에―는 한때 그 아름다움으로 유명하여, 건륭제가 여명이 비칠 무렵 그곳에서 스러지는 달을 바라보고 그 사랑스러움을 시로 쓴 적도 있었다. 당시에 이 다리 옆에는 전략적으로 중요한 철교가 세워져서 월한선과 완핑(宛平) 교차역을 연결하고 있었다. 완핑을 손에 넣은 군대는 톈진, 칼간, 타이위안으로 이어지는 철도를 통제할 수 있었고, 그로 인해 북중국의 일본군은 1901년의 의화단 의정서에 의해 권리를 인정받은 대로 이 지역에서 종종 훈련을 실시했다.

1937년 7월 7일, 일본은 베이징 요새에 주둔하던 군대 가운데 일단의 병력을 동원하여 이 다리를 야간훈련기지로 만들기로 했다. 부대는 모의전투를 위해 공포탄을 쏘라는 지시도 받았다. 밤 10시 30분에 일본군이 모여 있는 지역에 중국군이 몇 발의 포탄을 발사했는데 사상자는 없었다. 그러나 한 일본군 병사가 점호에 나타나지 않자 일본 지휘관은 중국군이 그를 체포했을 것이라고 단정하고 완핑을 공격하라고 명령했다. 중국이 이에 대항함으로써 이 공격은 제2차 세계대전의 첫번째 전투가 되었다.

이튿날 완핑 교차역 부근에서 중국군은 일본 진지에 공격을 가했지만 되레 반격당했다. 그 후 며칠 동안 사격이 중지된 채 조정도 안된 협상, 성명, 반박성명이 난무했다. 이것은 양측의 지방 군사령관들, 베이징의 중국과 일본 당국, 중국과 일본의 지역 사령관 그리고 난징과 도쿄의 정부에서 온 것이었다. 감정이 고조되기 시작했다. 일본의 육군성 장관은 북부나 중부 중국에서 발생할지도 모르는 우발적 사건을 처리하기 위해 일본 내 5개 사단에 동원령을 내렸고, 장제스는 4개 사단을 허베이 남부의 바오딩 부근으로 이동하도록 명령했다. 고노에 공작은 기자회견을 통해 이 사건이 "전적으로 중국측의 항일 군사작전의 결과"이며 "중국 당국은 불법적인 항일 행위에 대해 사과해야 한다"고 주장했다. 장제스는 쿠링의 여름별장에서 일본과 맺은 이전의 협정은 유지되어야 한다고 발표했다. "만일 우리가 영토를 한치라도 더 잃는다면 우리는 우리 민족에게 용서받지 못할 죄를 짓는 것이다"라고 장제스는 말했다.[4]

7월 27일에 지방 군사령관들이 철수 협정을 이행하고 있는 것으로 보이던 바로 그때 또 한번의 격렬한 전투가 이번에는 루거우교 주변에서 발생했다. 일본군은 다리를 장악하고 융딩 강 왼쪽 기슭에 참호를 팠다. 그 달 말 일본군은 톈진―베이징 전 지역에 대한 통제를 강화했다. 중국군의 저항소식을 들은 고노에 공작은 '중일관계의 근본적 해결책'을 요구했다. 이에 장제스는 "지금 우리에게 열려 있는 유일한 길은 마지막까지 투쟁하기 위하여 단일한 국가 계획 아래 국민 대중을 인도하는 것이다"[5]라고 응답했다.

장제스는 일본이 북중국에서 군사행동을 하지 못하도록 상하이 지역의 일본군을 공격하는 중대한 군사적·전략적 모험을 감행하기로 결심했다. 이런 결심의 배후에는 공산당이 장시 소비에트에서 쫓겨나 대장정에 나서게 된 이후 독일식으로 훈련된 만반의 준비를 갖춘 장제스의 가장 뛰어난 사단들이 버티고 있었다. 그의 군대는 상하이의 일본군보다 숫적으로 약 10대 1 이상 우세했고, 또한 독일인 고문의 조언대로 후퇴할 때를 대비하여 난징행 철도변에 있는 우시(無錫) 지역에 견고한 콘크리트 보루로 방어선을 구축하는 조심성까지도 갖추고 있었다. 일본군이 북중국에서 수년간 우발적인 충돌의 가능성에 대비했던 것을 고려할 때, 놀랍게도 그들은 상하이에 있는 해군 시설이나 육상 군사시설을 어떻게 방어할 것인지에 대해서는 별 관심을 쏟지 않았다. 그래서인지 일본군은 8월 초에 발생할 여러 지역의 사건들에 대해 유화적이었다. 상하이의 '비무장지대' ― 1932년 전투 이후 중국에 강요되었던 ― 로 중국군이 진입한 다음에야 이 지역의 일본 해군 사령관들은 신경을 곤두세우기 시작했다.

8월 14일에 장제스는 상하이 만에 정박하고 있는 일본 군함들을 폭격하도록 공군에 명령했다. 그는 이 공격이 1895년 웨이하이웨이에서 청군에게 도발한 일본 해군의 모욕적 파괴에 대해 성공적인 복수가 되기를 바랐지만, 애석하게도 실망하지 않을 수 없게 되었다. 일본군이 비밀 전문을 가로채 암호를 해석하고 있었기 때문에 국민당 공군의 기습은 의미를 잃었을 뿐만 아니라, 중국 공군 전투기들이 무능하게도 폭격 지점을 잘못 판단하는 바람에 일본 함대가 아니라 상하이에 폭탄이 떨어져 수백 명의 애꿎은 시민만 희생되었다. 중국의 참담한 대실패에도 아랑곳없이 일본의 해군 제독은 "참을 수 없는 일을 견뎌 낸 제국 해군은 이제 가능하고 효과적인 모든 수단을 취할 수밖에 없다"고 선언했다. 고

노에 공작은 "난징 정부가 제정신을 차리도록 결단을 내릴 수밖에 없다"고 단언했다.[6]

아직 선전포고를 하지 않은 가운데 일본 정부는 북부와 중부 중국에 15개 사단을 새로이 파견했다. 장제스는 그의 군대에게 어떤 희생을 치르고서라도 상하이의 일본군을 무찌르라고 명령했지만, 일본의 방어벽을 뚫으려던 초기의 시도는 실패했다. 8월 말과 9월, 10월 내내 방어태세를 갖춘 중국군은 아주 용맹스럽게 싸웠지만 일본 해군의 중포에 지속적으로 포격을 당했고, 일본 순양함과 비행기(일부는 일본의 점령지 타이완에서 왔다)의 폭격을 받았으며 중무장한 일본 해병과 육군의 거듭되는 공격을 받았다. 장제스의 명령에 따라 총력전을 불사한 중국군의 피해는 엄청났다. 무려 25만 명의 중국군—장제스가 거느린 정예 병력의 거의 60%—이 사망하거나 부상당한 반면 일본은 4만여 명의 사상자를 냈다.

일본은 항저우 만에서 상하이 남쪽으로 과감한 수륙 양동작전을 실시, 중국의 배후를 침으로써 마침내 중국의 방어선을 무너뜨렸다. 11월 11일 중국은 서

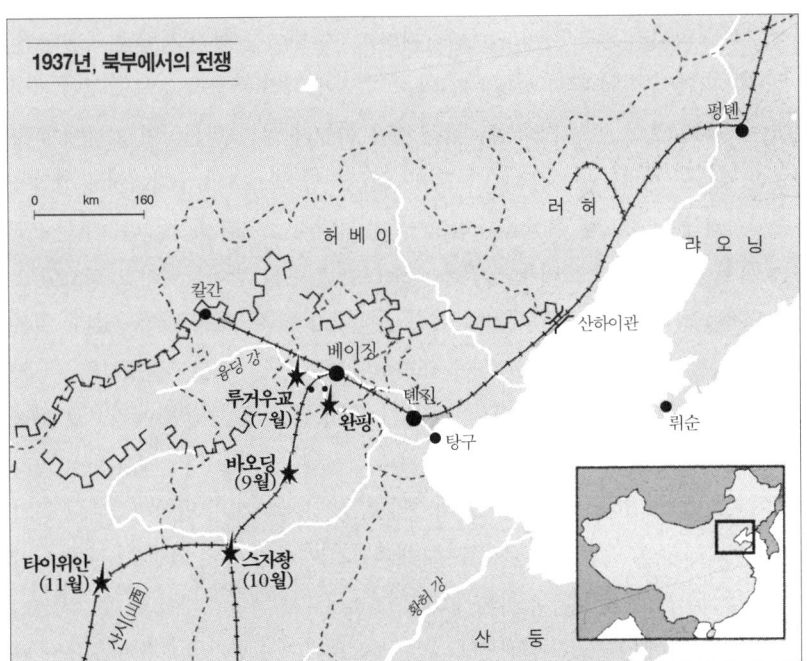

쪽으로 후퇴하기 시작했는데 너무 무질서했기 때문에 사전에 용의주도하게 준비해 왔던 우시의 방어망을 지켜 내지 못했다. 대신 그들은 수도인 난징으로 되돌아갔다. 어떤 일본 육군 장군들은 난징에 결정적 공격을 가하여 중국의 완전 항복을 받아낼 가능성에 대해 논의하고, 다른 이들은 상하이 주변까지 확대된 기지를 신중하게 통치하는 방안을 강구하는 동안, 도쿄 정부는 독일인 외교 중재자에게 "중국 사태를 종결지을" 조약을 장제스에게 제안하도록 했다. 국제사회가 중국 편에 서 있다고 믿은 장제스는 처음에는 시간을 끌었다. 그러나 12월 초까지 국제연맹이 아무런 행동도 취하지 않고 그가 서명한 중·소불가침협정이 일본을 위축시키는 데 별 힘을 발휘하지 못하자, 장제스는 협상에 관심을 표명했다. 그러나 이미 때는 늦어서 일본 군부와 문간 지도자들은 9월 말에 바오딩, 10월에 스자좡(石家庄), 11월에 타이위안을 점령하여 북부에서 빼앗은 소득에 버금가는 이익을 얻고자 했다.

난징은 수세기에 걸쳐서 1645년에는 만주족이, 1853년에는 태평천국 반란군이, 1864년에는 청의 지방군이, 1912년에는 공화국 군대가 일으킨 무장공격과 그것에 병행된 선전전을 나름대로 견뎌 왔다. 1937년 당시 장제스는 난징이 절대로 함락되지 않을 것이라 보증했지만, 그가 방어를 맡긴 사람은 국민당 정치인이자 옛 군벌인 탕성즈(唐生智)라는, 그에게 어떤 특별한 충성도 보인 적이 없는 인물이었다. 탕성즈가 남달랐던 것은 불교 신앙의 정신적인 고문에게 충실한 믿음을 보였다는 점인데, 그 불교 고문은 과거에 그의 군대에게 충성심을 주입시켜 왔고 중요한 결정을 내려야 할 때 판단의 근거를 제공했다. 이 불교도는 이제 탕성즈에게 도시의 방어를 지휘하는 임무를 받아들이라고 충고했고, 탕성즈는 상하이로부터의 피난이 한창 진행되고 난 뒤 이를 받아들였다. 일본이 잔류 시민에게는 모두 관대하게 대하겠다는 전단을 시내에 살포하자, 이 약속을 믿지 않은 중국군——상하이 전투의 패잔병들——은 민간인 복장으로 안전히 도망가기 위해서 난징 시민을 죽이거나 강탈했다. 12월 12일에는 탕성즈 자신이 도시를 버렸다. 그는 난징을 마지막 숨을 거둘 때까지 방어하겠다고 공언했던지라 그곳의 주둔군을 질서 있게 대피시킬 계획이 아예 없었고, 결국 그의 도망은 군사적 혼란을 더욱 가중시켰다.

그 뒤 난징에서는 근대전쟁사에서 가장 잔혹했다고 평가받을 정도로 공포와

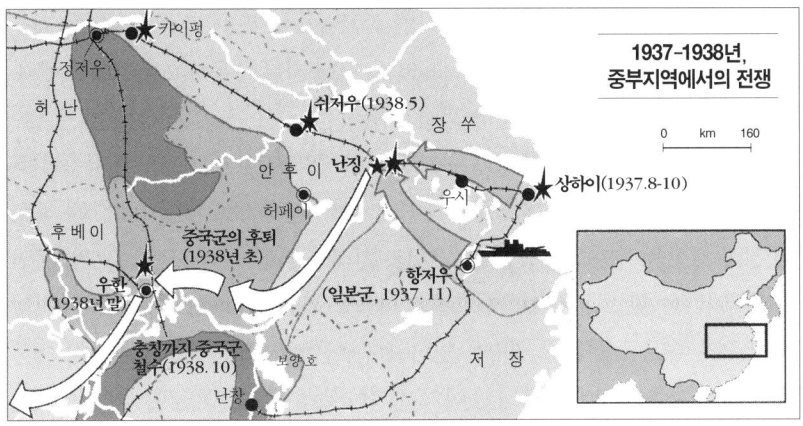

파괴의 시간이 이어졌다. 12월 13일 최초로 성안에 들어선 후 거의 7주 동안 일본군은 패배한 중국군과 무력한 주민들에게 전무후무한 폭력과 잔혹의 광풍을 몰고 왔다. 외국인 관찰자가 어림잡은 강간당한 여성의 수는 2만여 명에 달했고 그들 가운데 다수가 윤간당하여 죽었다. 살해된 난민 병사는 약 3만 명으로 추정되었고 시민은 약 1만 2,000명이 죽었다. 약탈과 무자비한 파괴와 방화로 도시의 대부분은 잿더미로 변했다. 이 암울한 사건에 대한 진상은 아직 밝혀지지 않았으며, 어쩌면 앞으로도 밝혀지지 않을지 모른다. 쉽게 승리하리라 기대했던 일본군은 수개월 동안 힘겹게 싸워야 했고 예상보다 훨씬 많은 사상자를 냈다. 그들은 진력나고 화나고 좌절했으며 몹시 지쳤다. 중국 여성은 무방비상태였다. 남자들은 무기력하거나 그곳을 탈출해 버렸고, 여전히 선전포고도 없이 진행된 전쟁은 명확한 목적이나 목표가 없었다. 아마도 성이나 나이에 관계없이 모든 중국인이 희생양이 되었던 것 같다.

난징에서 폭력이 난무하고 있을 때, 살아남은 국민당군은 공화국 탄생의 첫 진원지이자 후에 공산당의 가장 빛나는 희망의 중심지인 우한에 자리잡는 것을 목표로 양쯔 강 상류를 따라 서쪽으로 철수했다. 1938년 전반 내내 중국 중부에서는 전투가 계속되었다. 일본의 연이은 승전보는 간혹 산둥 남부의 중요한 철도 교차지인 쉬저우 부근의 타이얼좡(台兒庄)에서처럼 간간이 끊기기도 했다. 이곳에서 4월에는 중국의 가장 뛰어난 장군 가운데 하나인 리쭝런(李宗仁)이 일본군을 유인하여 무려 3만 명을 사살하는 혁혁한 전과를 올림으로써, 영

감에 찬 통솔력과 좋은 무기를 갖춘다면 중국이 스스로를 지킬 수 있다는 것을
세상에 증명해 보였다. 그러나 그는 승리를 끝내 지키지 못하고 후퇴해야 했다.
쉬저우는 5월에 일본군의 수중에 들어갔다.

일본이 보다 서쪽에 위치한 옛 수도인 카이펑(開封)으로 진군하여 남쪽의 우
한으로 이어지는 중요한 철도를 차지하려 들자, 장제스는 기술자들을 시켜 황
허 강의 제방을 폭파하도록 했다. 그 결과 거대한 물길이 일본군을 수개월 동안
지체시키기는 했으나, 4,000개 이상의 마을을 휩쓸어 버렸으며, 헤아릴 수 없
을 정도로 많은 농민들의 생명을 앗아갔다. 이 제방의 파괴는 1850년대 이후
산둥 반도 북쪽의 황해로 흘러 들어가던 황허 강의 물길을 바꾸어 놓았다. 이제
강물은 다시 남쪽으로 내려가 장쑤 북부지역을 가로질러 바다에 이르렀다.

그러나 1938년 늦여름까지 일본은 우한에 대한 최종 공격에 필요한 비행
기·탱크·대포를 집결시켰다. 전투는 거의 5개월에 걸쳐 우한 3진의 북부와 동
부의 많은 지역에서 계속되었다. 일본군은 북부에서 철도나 양쯔 강의 철갑 수
송선을 통해 증원군을 데려와 국민당 방어진지를 체계적으로 제거해 나갔다.
사전에 그들은 국민당군이 지뢰를 매설한 보양(播陽) 호를 점령하기 위해 필요
한 선박을 모았고, 또한 우한을 남쪽에서 공격할 수 있는 지점에 자리잡았다.

독일과 일본의 반코민테른 동맹으로 국민정부하의 중국이 생존할지 다시 관
심을 갖게 된 스탈린이 중국에 파견한 러시아 조종사들의 용맹스런 활약이 없
었다면, 우한 3진은 훨씬 일찍 함락되었을 것이다. 러시아 조종사들의 본부는
간쑤의 란저우에 있었는데, 거기서 그들은 옛 실크로드를 통해 트럭과 낙타로
운반되는 보급품을 받았다. 여러 차례의 공중전에서—그리고 때로는 교활한
계략을 통해—그들은 일본 공군에 심대한 타격을 입혔다.

그러나 1938년 10월 말, 우한은 대부분 폐허로 변해 있었다. 이번에는 양쯔
강 협곡 너머 쓰촨의 충칭 시에 또 다른 전시기지를 마련한 장제스는 우한에서
무사히 충칭으로 피신했고, 그렇게 할 수 있는 군대 역시 후퇴하기 시작했다.
1938년 10월 25일 일본군은 쑥밭으로 변해 버린 우한을 점령했지만,(중국측의
추정에 따르면) 20만 명의 사상자를 내고 100대 이상의 비행기를 잃었다. 일본
해병과 해군이 광저우에 상륙하여 점령한 지 나흘 만의 일이었다. 이제 장제스
는 산하이관에서 남부 아열대지역의 풍요로운 항구에 이르는 중국 동부 전 지

역과 그 사이에 있는 모든 부유한 상업·산업 도시에 대한 지배력을 사실상 잃어버렸다. 이 지역에는 중국의 가장 비옥한 곡창지대와 이 나라 고대 문화의 심장부가 자리잡고 있었다.

중국의 분열

한때 청이라는 국호 아래 하나의 통일된 제국이었던 거대한 영토는 1938년경 10개의 주요 단위로 파편화되었다. 충칭의 국민당 정권과 산시의 공산당 근거지뿐 아니라—서로 다른 형태로 일본에게 지배당하고 있었던— 만주국, 내몽골연합, 만리장성 남쪽의 중국 동북부, 중국 중동부, 타이완이 있었고, 그 밖에 산시(山西) 성 대부분, 특히 타이위안 주변은 군벌 통치자 옌시산의 지배 아래 있었다. 일본이 점령한 광저우는 또 하나의 별도의 행정구역을 구성하고 있었고, 극서지방의 방대한 신장 역시 그러했다. 이 지역에서는 절대 다수인 이슬람

1938년, 중국의 분열

교도가 전제적인 군사 지도자의 통치를 받았는데, 처음에는 소련으로부터, 나중에는 국민당으로부터 초조하게 지원을 고대했다. 티베트도 다시 독립을 주장했다.

1911년 이후 중국이 정치적 분열과 내전에 익숙해져 있었음에도 불구하고, 이처럼 한 나라만한 또는 그보다 더 큰 단위들의 부분적인 재통합은 19세기 말 외국 제국주의의 압력이 가져다 주었던 위협, 곧 중국이 영원히 분열되어 버릴지도 모른다는 두려움을 되살려 놓는 듯했다. 새 국가들의 공고화는 기원전 221년 진(秦)의 통일 이전에 10개의 주요 정권이 국가를 나누어 통치하던 이른바 전국시대(戰國時代)의 상태로 중국을 되돌려놓을 것 같았다. 한편 3세기에서 6세기까지나 10~13세기의 중국 역사에서 전형적으로 나타난 권력과 동맹의 부침으로 귀결될 수도 있었다.

1938년의 우한 함락은 중국에 대한 일본의 첫번째 계획적 공격이 끝났음을 의미했다. 왜냐하면 중국에 일본군을 최대 25만 명 주둔시키겠다던 일본 육군성 장관의 초기 계획은 쉬운 일이 아님이 증명되었을 뿐만 아니라 지나치게 위험할 수도 있었기 때문이다. 일본의 중국작전의 목표는 산업발전—민간 및 군사적 목적이라는 양 측면에서—을 더욱 촉진시킬 천연자원이 있는 드넓은 생산지를 확보하고, 40여 년 동안 꿈꿔 왔던 일본의 문화적 지도 아래 아시아에 '신질서'를 확대하는 것이었다. 일본은 중국 전역을 점령하기 위해 그들의 가장 뛰어난 군대를 계속 주둔시킬 의도는 없었다. 그보다는 만주국을 전형으로 하는 꼭두각시 정권들로 하여금 서로 얽힌 연결망을 발전시켜서 일본에 경제적으로 특혜를 주고 철두철미한 반공주의를 유지하며 괴뢰 정권의 군대가 일본의 이름으로 그들의 영토를 방어하고 수비하도록 하는 것이었다. 또한 일본의 입안자들은 중국 경제를 더욱 분열시켜 특히 국민당 정권이 1935년 개혁에서 기획했던 비교적 성공적인 법폐(法幣)유통을 약화시킴으로써 중국의 재정적 안정을 거의 기대할 수 없게 만들었다. 적절한 재정기반이 없다면 충칭 정권은 항복할 수밖에 없으리라는 계산에서였다.

1932년과 1934년 사이에 형성된 일본의 첫 괴뢰국인 만주국은 급속한 산업적·군사적 팽창을 경험했다. 내몽골의 두번째 괴뢰국 건설은 몽골군과 협력한 만주국 군대와 일본군에 의해 선도되었는데, 처음에는 중국인의 강력한 저항으로 주춤했다. 1936년 시안 사변과 1937년 상하이 침공 이후 일본은 부상 중인 몽골 민족주의 세력에게 양보하는 쪽으로 전략을 바꿨다. 장제스는 이를 늘 거절해 왔고, 이 지역이 중국에서 완전히 분리되는 것을 두려워했다. 일본은 더욱 과감하게 몽골 왕자의 지도 아래 몽골연맹자치정부를 설립하고 일본인 '최고 고문'의 도움을 받도록 했다.

이 새 정부는 전에 군벌 옌시산이 차지하고 있던 다퉁 주변의 산시(山西) 성 북부지역뿐 아니라 쑤이위안과 차하르 두 성에 대한 통치권을 행사했다. 수도를 칼간에 정한 새 정권은 철과 석탄 자원을 이용하고 전력생산을 늘리기 위해 건설된 칼간-다퉁-바오터우 철도에 의해 경제적으로 연결되었다. 일본은 전사이자 통치자인 칭기즈 칸의 시대로 거슬러올라가는 사료 따위를 이용해서 몽골 민족주의의 특수한 측면을 자극했다. 그러나 산시(山西) 북부의 인구를 몽골연맹자치정부에 포함시켰다는 것은 이미 수적으로 적은 몽골 인구가 한인에 압도당했음을 의미했다. 이 정권을 형성한 525만 명 가운데 95%인 500만 명 이상이 중국인이었고 몽골족은 15만 4천 명에 불과했으며, 나머지는 신장 지역 출신의 위구르족이거나 조선인 또는 일본인이었다.

1937년 12월 중순 난징 약탈이 진행되고 있을 때 만리장성 이남의 여러 '위원회'와 '자치정부'들을 중화민국임시정부(中華民國臨時政府)라고 명명한 세번째 괴뢰정권으로 통합시키기 위해 북중국의 일본군이 이동했다. 일본군은 새정부의 행정원장으로 청 왕조 때의 거인 능과자이자 외교관이며 은행가인 청년 원수 장쉐량의 재정 고문이었던 왕커민(王克敏)을 앉혔다. 베이징에 기반을 둔 이 괴뢰정권은 전에 미쓰이, 미쓰비시, 타이도 전기, 아사히 유리 등의 일본 회사들이 경영하던 광범위한 공업을 체계적으로 발전시키기 위해 새로이 설립된 북지나(北支那) 개발주식회사와 긴밀히 협력했다. 자본금 3억 5천만 엔을 가진 이 새 회사는 화북교통회사, 화북전신전화회사 같은 부속회사를 운영했고 이 지역의 철광과 탄광, 제철공장, 항만시설 등을 관리했다.

또한 일본은 국민정부의 법폐 유통에 맞대응하기 위해 북중국에 연합준비은행(聯合準備銀行)의 설립을 시도했다. 그러나 지역 중국인들의 법폐에 대한 신뢰는 강했고 이 은행이 불안정한 화폐를 너무 많이 새로 발행함으로써 신용이 떨어졌다. 법폐 사용자에 대한 처벌과 그 통용을 근절시키려는 노력에도 불구하고 법폐는 국민당이 국민적 세력임을 입증하는 증거로 남았다.

일본은 그 당시 많은 비용이 드는 서양 세력과의 충돌을 원하지 않았으나 톈진의 외국인 조계에 대해 꾸준히 압력을 가했다. 그들은 외국인에게 법폐 유통을 포기하도록 강요했고 마침내 일본에 저항하는 '테러분자들'—공산당이건 국민당이건—을 색출하기 위해 조계를 수색할 권리를 얻었다. 동시에 일본은 대외 무역을 급격히 줄이고 일본 은행에 세관의 수령액 대부분을 보전시켰다. 그러나 북중국에 대한 일본의 통제는 결코 완전하지 못했다. 1938년 가을의 군사력 배치를 보면 그들의 노력이 동북부로는 만주국까지 연결되는 철도와 쉬저우에서 서북부나 남부로 뻗은 주요 철도에 집중되어 있었음을 알 수 있다. 세세한 지방 통제의 문제는 임시 정부의 괴뢰군에게 맡겨져 있었고, 국민당과 공산당 게릴라 부대들은 이 지역을 순회하기가 수월하다는 것을 간파했다.

일단 난징이 함락되자 일본군은 네번째 괴뢰정권을 중국 중부에 세우기로 했다. 이 임무를 맡을 능력 있는 중국인 지도자를 찾기란 쉬운 일이 아니었는데, 그도 그럴 것이 중국인은 혐오스러운 일본장교들과 협력하는 일이 일본군에게 난징 학살을 용인하는 것이나 마찬가지라고 생각했기 때문이다. 그러나 결국 청의 거인이었고 어릴 적에 나가사키에 살았으며 한때 친일 총리인 돤치루이의 참모로 일한 적이 있는 량훙즈(梁鴻志)라는 인물이 새로이 난징에 기반을 둔 '유신 정부'의 행정원장을 맡았다.

베이징 정부와 마찬가지로 이 정권은 3개의 주요 원(院)과 여러 하위 부처들로 구성되었다. 늘 재정이 부족했기 때문에 그들은 상하이에서 불법 사업을 하는 강력한 갱들에게 대부분의 수입을 의존하지 않을 수 없었다. 난징 정부는 국민당의 법폐 유통을 근절시키기 위해 어떤 진지한 노력도 하지 않았지만, 세관이 모은 세입을 배분받기 위해 일본을 등에 업고 지속적인 압력을 행사했다. 세관의 영국인 총세무사는 한동안 완강한 태도로 거두어들인 관세를 포기하지 않았다. 그러나 충칭의 국민정부에게는 실망스럽게도 세관관리가 새로이 징수한 세금을 일본 은행에 예치했다. 세금 총액은 일본이 상하이를 점령하기 전보다 훨씬 적었는데, 이는 일본군이 그들이 선택한 해안으로 직접 물건을 운반함으로써 관세를 완전히 무시했기 때문이다. 게다가 대외무역도 월 3,100만 달러에서 800만 달러로 감소했다. 일본이 전쟁 발발을 이유로 양쯔 강 무역에 종사하던 다른 외국 선박의 통행을 금지시켰기 때문이다.

역시 북부 지방의 선례에 따라 일본은 중국 중부에도 일본의 산업발전에 유용한 자(子)회사들을 감독하는 중지나(中支那)진흥주식회사를 설립했다. 1억엔(円)의 자본(이에 상응하는 북부의 기업의 가치에 3분의 1이 안되는 액수)을 조성한 이 회사는 상하이와 양쯔 강 계곡에서 벌어진 치열한 전투로 인해 파괴된 철도를 복구하는 것이 주된 임무였다. 당시 이 지역에는 대부분의 철도와 많은 다리가 유실되었고, 전체 철도 차량의 7%만이 제대로 운행하고 있었다. 이 회사는 전력, 수도, 전동버스 그리고 내륙 해운 등 다른 사업도 통제했다. 일본군은 중국인 협력자와 기업가들이 암살을 당하고 일본의 육군 요원과 공장 첩보원이 공격을 받은 뒤 톈진에서와 마찬가지로 상하이 국제조계의 외국인 공동체에 압력을 넣어 일본군을 이 지역에 주둔하도록 허가를 받아 냈다.

이 새로운 정권들 가운데 다섯번째에 해당하는 타이완이 정치·경제적으로 일본 본국과 합병된 시기는 다른 네 곳보다 훨씬 빨랐다. 타이완은 1895년 시모노세키 조약 이후 일본의 식민지가 되었기 때문이다. 이제 타이완은 펄프와 화학약품부터 구리와 식품에 이르기까지 엄청난 양의 공산품을 일본에 공급하고 있었다. 이미 인상적인 비행장 연결망이 확장되어 있었고, 지룽(基隆)과 가오슝(高雄)의 항만시설과 모든 철도망도 마찬가지였다. 타이완의 중국 어린이에게는 완전한 일본식 관습과 가치관이 주입되었고, 그들 자신의 언어보다는 일본어를 배우는 것이 장려되었다. 타이완인은 자신들의 대표자로 구성된 의회를 세우려 했지만 저지당했고 심지어는 자신들의 독립적인 신문을 발행하는 것도 금지당했지만, 경제만은 일본과의 예속적 동맹 속에서 번영하고 있었다.

이때 베이징이나 난징 정권 아래서 살고 있던 중국인들이 만일 타이완에 대해 조금만이라도 알았더라면 그들은 타이완을 자신들의 미래의 운명을 표상하는 땅으로 여겼을 것이다. 자유를 지키고자 했던 사람들은 새로운 임시 근거지를 구축한 두 개의 다른 정권 가운데 하나를 선택해야 하는 운명—비록 위험했지만—에 처했다. 그것은 쓰촨 성 충칭의 국민당과 산시 성 옌안의 공산당이었다. 이 두 중심으로부터 시작된 통일된 민족적 저항에 대한 요구는 강력하고도 감정적인 호소력이 있었다. 수십만의 중국인은 쓰촨이나 산시에 있는 새로운 근거지를 향한 멀고도 위험한 여정에 나섰다. 노동자들은 중국 전역에서 주요 공장들의 기계류와 예비부품을 가지고 왔다. 베이징과 톈진에서는 모든 대학생들이 책과 개인 소지품을 가지고 아직까지 일본의 군대가 당도하지 못한 윈난 성 쿤밍에 있는 연합대학(聯合大學)에 정착하기 위해 대륙을 가로질러 모여들었다. 미지의 국토를 가로지른 노동자와 지식인의 이 대이동은 여러 면에서 신판 대장정이라 할 만했다. 도시인, 자유주의 지식인, 그리고 젊은이들은 예전에는 그 관습·예절·외양은 고사하고 존재조차도 인식하지 못했던 가난에 찌든 농촌의 다양한 생활상이나 산간지역의 비한족 공동체에 대해 관심을 갖게 되었다.

그러나 북부나 동부 중국의 주민들 대부분은 피난가지 않았다. 그들은 그럴 힘도 자원도 의지도 없었다. 그들은 국민당이나 공산당의 정책과 정치적 관행에서 매력을 발견하지 못했기에 일본군과 함께 불확실한 미래를 맞기로 했다. 이는 북부와 남부 중국의 농민들뿐 아니라 공장의 산업노동자들도 마찬가지였다. 만일 그들이 일자리나 땅을 버리고 길을 나설 경우 군대에 자원하지 않는 한 일거리를 찾는다는 보장이 없었다. 지식인들은 당시에 통일전선의 미사여구에 가려져 다소 약해지긴 했지만 국민당과 공산당 사이의 보복을 너무나 많이 보아왔다.

루쉰의 동생*도 바로 이 경우에 속했다. 걸출한 문학평론가이자 번역가이며 수필가인 그는 루쉰과 함께 젊은 시절 일본에서 공부했고 일본 여자와 결혼했으며 일본의 전통문학과 근대문학을 깊이 존경했다. 그는 1927년 군벌 장쭤린이 주도한 급진주의자에 대한 탄압이 진행되는 동안 베이징의 일본 육군 무관의 도움으로 피신했다는 점에서 아마도 일본에게 목숨을 빚졌다고 할 수 있을 것이다. 따라서 그가 1937년 이후 베이징에 거주한 것은 당연한 일이었다. 그는 베이징 대학에서 문학원 원장이자 임시정부의 교육국장(教育總署督辦)이 되었다.

다른 많은 문필가들과 지식인들도 1937년 이후 상하이에 남아 계속 문학회를 만들고 책을 출판하고 가르쳤다. 상하이의 방대한 국제조계는 수많은 중국인에게 안식처를 제공했고 그들 가운데 일부는 반협력주의 또는 항일 작품을 썼는데, 일본은 외국인으로 구성된 시위원회에 압력을 넣어 그런 비판적인 작

---

* 저우쭤런(周作人). 루쉰의 본명은 저우수런(周樹人)이다.

품은 발표하지 못하게 했다. 베이징과 상하이에서 일본군은 그들의 유인책에도 불구하고 중국인 작가나 영화 제작자 또는 극작가들이 추축국(樞軸國, 이탈리아·독일·일본─옮긴이) 작품을 생산하게 하는 데 대체로 실패했다. 실제로 발표된 그러한 작품들은 허풍스럽고 진실돼 보이지 않았으며, 그 작가들은 심지어 점령된 지역에 남기로 결정한 사람들로부터도 비난을 샀다. 한 상하이 비평가의 말에 따르면, 그들은 '거미와 지네의 잡종'[7]이었다. 모든 정파와 경제적 배경을 불문하고 중국인에게 남은 진정한 문제는 지금 건설되고 있는 징권들 가운데 어느 쪽이 그들의 세력을 공고히 할 힘이 있으며 진정한 민족적 통일의 유능한 구심점이 될 것인가 하는 점이었다.

1938~1941년, 충칭과 옌안

일본군이 여러 괴뢰정권을 통해 중국의 북부와 동부 지방에 대한 통제력을 강화하고 있을 때 옌안의 공산당과 충칭의 국민당은 비슷한 문제, 구체적으로 말해서 계속되는 일본의 공격으로부터 그들의 영역을 어떻게 방어할 것인가, 어떻게 실현 가능한 형태의 정부구조를 건설할 것인가, 그리고 그들이 통치하는 지역에 사는 사람들의 충성을 어떻게 강화시킬 것인가 하는 문제로 고심중이었다. 이러한 당장의 필요와 더불어 양측은 일본 점령지 안에 게릴라 부대나 다른 수단을 통해 지지층을 형성하고 향후 이 지역들을 그들이 통제하는 주요 중심지에 통합시킨다는 장기적 목표도 가지고 있었다.

두 세력 가운데 이런 임무를 수행하는 데 더 어려움을 겪었던 쪽은 아마도 충칭의 국민당이었을텐데, 그 이유는 그들이 공산당보다 더 많은 것을 잃었기 때문이다. 당시 충칭은 여전히 전통적인 도시로서 근대 산업이나 행정을 경험한 적이 거의 없는데다가 국민당은 애초에 이곳에 지지기반을 가지고 있지 않아서 심각한 고립상태에 놓여 있었다. 만일 철도를 경제성장과 통합의 한 지표로 볼 때, 충칭과 1937년 당시 모든 주요 철도 사이의 거리를 확인해 보면 원활한 교통이 가져다 줄 발전 가능성으로부터 국민당이 얼마나 동떨어져 있었는지 알 수 있다.(20쪽의 지도를 보라.)

국민당 군대가 1935년에 대장정 패잔병을 추적하던 도중 쓰촨에 들어간 이래 국민당 정부는 지역 군벌들의 힘을 꺾고 쓰촨을 국가조직에 더 강력히 묶기 위한 일련의 개혁을 추진했다. 민간인으로 구성되고 중앙집권적 징세권을 가진 성 정부가 조직되었고 새로운 현장(縣長)이 현의 행정을 감독하기 위해 성청에서 전근해 왔다. 현의 군대를 5분의 2로 감축하고 장교들을 청두(成都)의 새로운 직업훈련학교에 재입학시켰다. 장제스가 임명한 특별 수사관들이 이 지역 공산당 잔당의 색출에 나섰다. 성에서 발행한 공채는 지역의 염세를 담보로 하는 7천만 위안의 금 차관으로 상환되었고, 중앙은행의 충칭 지점은 여전히 유통되고 있는 여러 지방 화폐를 교환하기 위해 3천만 위안의 새로운 법폐를 발행했다. 국민당은 세금을 단순화하고 도로 건설계획을 추진했으며, 1939년까지 지역 내의 모든 양귀비 재배를 근절시킨다는 목표 아래 강력한 아편 탄압정책을 시행했다. 충칭에만 1,300곳 이상의 아편굴이 있었음을 감안할 때, 이 개혁이 결코 시기상조는 아니었다.

그러나 이런 개혁들은 지역 군벌들의 저항과, 1936년에 엄습하여 대부분의 겨울식량 작물을 앗아 간 재앙에 가까운 가뭄으로 인해 좌초되었다. 여성과 어린이들은 경찰의 경비를 피해 향나무 껍질을 벗겨 먹었다. 경찰은 1937년 초 화장터를 지어 시체를 신속히 처리하기 전까지 4천 구 이상의 아사자(餓死者)를 매장했다. 쓰촨의 많은 도시에서 식량폭동이 일어났고, 당연히 비적떼도 증가했다. 1937년 12월 8일 우한에서 구이린을 거쳐 마침내 충칭에 도착한 장제스가 보기에도 충칭은 큰 일을 도모하기 위한 근거지로는 너무 열악했다.

장제스의 선결과제 가운데 하나는 그의 쓰촨 기지와 이웃한 윈난 성을 확고히 결속시키는 것이었다. 윈난은 1927년 이래로 로로(猓猓)족 군벌 룽윈(龍雲)의 지도 아래 사실상 독립적으로 운영되어 왔다. 룽윈은 아편에 중독되어 있었지만 광업과 공업을 개발하여 윈난의 경제력을 키우려 했다. 프랑스 면적의 3분의 2에 달하는 이 성의 성도 쿤밍은 전쟁 전에 인구가 겨우 14만 7천 명이었다. 따라서 1937년과 1938년에 도시로 물밀듯 들어온 6만여 명의 피난민이 끼친 영향은 엄청났다. 장제스는 룽윈을 윈난 성장(省長)으로 인정했고, 전쟁기간 동안 불편한 동맹관계 속에서 협력했다. 룽윈이 국민당의 엄격한 검열법 시행에 반대했기 때문에, 쿤밍은 활기찬 지성의 중심지이자 전시에 북중국에서 피난

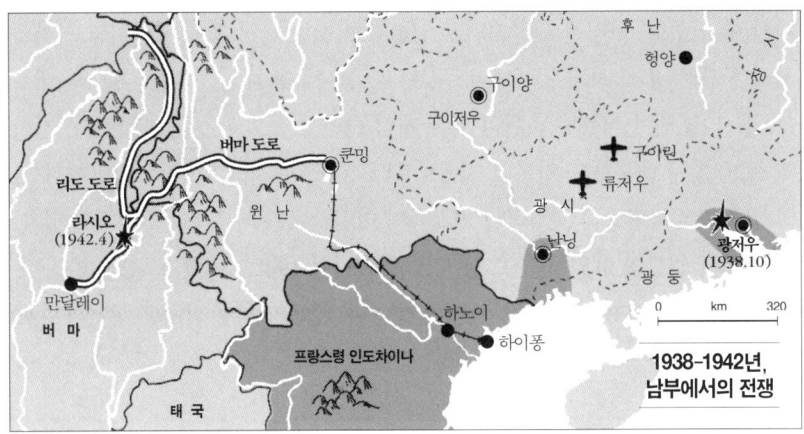

후 난
형양 ●
구이양 ●
구이저우
버마 도로   쿤밍 ●
리도 도로   구이린 ✝
라시오   윈 난   류저우 ✝
(1942.4) ★   광 시
만달레이   난닝 ●   광저우 ★
버 마   (1938.10)
프랑스령 인도차이나   하노이
                        ● 하이퐁   광 둥
태 국   0   km   320

**1938-1942년,
남부에서의 전쟁**

온 학자나 학생들을 위한 연합대학의 새로운 거점이 되었다. 버마의 라시오까지 산맥을 넘어 건설된 도로의 종착지로 계획된 쿤밍은, 일본에 의해 양쯔 강의 선박 운항이 폐쇄되고, 일본의 압력으로 프랑스측이 하노이에서 북쪽으로 이어진 철도로 군수물자 운송을 못하게 되면서 더 유명해지게 되었다.

이제 버마 도로는 장제스가 저항을 계속하는 데 필요한 군수물자와 가솔린을 운반할 남부 중국의 유일한 연결로였다. 1,150km(중국에서 960km, 버마에서 184km)에 이르는 이 도로는 중국 동부에서 전쟁이 발발할 무렵 건설이 시작되어 세계의 이목을 집중시켰다. 수십만의 중국인 노동자들—남성·여성·어린이—이 맨손으로 산간과 골짜기에서 돌과 흙을 바구니에 담아 나르고 화약을 채운 대나무 관으로 단단한 돌을 깨는 사진과 글들로 인해 중국인은 고된 노동을 지칠 줄 모르고 한다는 서양인의 고정관념은 더욱 굳어지게 되었다. 수천 명이 사고와 말라리아로 죽었고, 대부분 징집된 노동력으로서 약간의 음식 외에는 먹을 것이 전혀 없었던 탓에 수많은 이들이 영양실조로 죽었다. 공식적으로 1938년 12월 2일에 개통된 버마 도로는 산사태, 일방통행, 가벼운 화물만 버텨낼 수 있는 다리, 습기찬 날에는 매우 미끄러운 진흙탕길, 전화통신소나 주유소의 부재 등 여러 문제를 안고 있었다. 하지만 1938년 12월 랭군으로부터 첫번째 보급품이 쿤밍에 도착했을 때 이 도로는 중요한 성과물임이 입증되었다.

국민당 정부는 쓰촨을 중심지로, 윈난을 외부 세계와의 통로로 삼아 그들의 영향권과 일본군의 점령지 경계에 위치한 나머지 성(省)들에 대해 통제력을 유지할 수 있었다. 이러한 완충지역은 일본이 차지한 난닝과 해안 사이의 지역을 제외한 광시 지역, 광저우 주변의 주(珠) 강 삼각주를 제외한 광둥, 후난의 대부분, 장시, 후베이 서부와 허난의 넓은 지역 그리고 산시 남부를 포함했다. 저장과 푸젠 성의 대부분도 일본의 지배로부터 자유로웠지만 너무 멀리 떨어져 있었기 때문에 국민당의 통치력이 거기까지 미치기에는 역부족이었다. 국민당 영토에 대한 일본의 유일한 주요 공격은 1939년과 1940년에 양쯔 강을 따라 후베이의 유통 중심지 이창(宜昌)에서 발생했다. 일본의 이창 점령은 후난과 후베이 상류에서 충칭으로의 곡식 운반에 심각한 타격을 주어 충칭 정부에 곤란을 가중시켰다.

국민당이 충칭에 세운 정부는 국방최고위원회에 의해 지도되었고 그 주석은 장제스였다. 그러나 실질적 권력은 군사위원회에 있었으며 장제스가 여기서도 역시 주석으로 육군과 공군(그리고 물론 거의 없다시피한 해군)의 총사령관직을 맡고 '전국의 인민을 지휘할' 8) 합법적 권력을 부여받았다. 1938년의 국민당 대회에서 장제스는 이전에 쑨원이 역임했던 당의 '총재'에 지명되었다. 그리고 표면에 드러나진 않았지만 1943년에 1932년 이래로 중화민국의 주석직을 맡고 있던 정치인(린썬[林森]—옮긴이)이 죽은 뒤 장제스는 그 직위도 차지했다.

그러나 이렇듯 명백한 막대한 권력의 집중과 서류상 엄청난 규모의 국민당

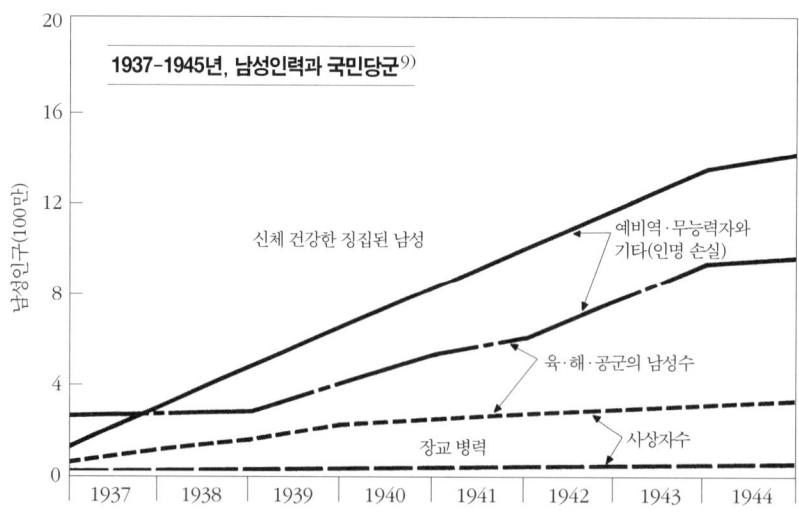

1937-1945년, 남성인력과 국민당군9)

군에도 불구하고 장제스의 역할이 실제로는 느슨한 연합세력의 가장 영향력 있는 조정자에 불과했다는 사실은 자명하다. 의회와 유사한 200명의 국민참정회는 그가 정책을 세우는 것을 돕고 정부 운영에 대한 대중의 참여기회를 주고 통일전선의 원칙을 구현하기 위해 설치되었다. 국민당원은 의회의 200석 가운데 80석으로 제한되었고 독립파가 70석을 차지했으며 나머지 50석을 공산당과 다른 군소 정당들이 차지했다. 그러나 이러한 조직이 핵심적 정책을 함께 이끌어내기는 어려웠고, 분열된 관료체제는 농촌의 세금을 거두고 민간 당국을 군사요새 사령관과 연결시키는 중국 전역의 수많은 지방관리들을 적절히 조정해 내지 못했다. 세입은 참담할 정도로 줄어들었고, 치솟는 군사비는 충칭을 악성 인플레로 몰고 갔다. 동시에 대규모 군사 손실은 정권의 사기를 꺾어 놓았다.

국민당이 중국 남부와 중부에서 자리를 잡으려고 노력하던 시기에 공산당은 옌안 근거지의 북부지역에서 기반을 공고히 하려 애썼다. 일본의 상하이 공격 이후 1937년 말 충칭과 옌안 사이에 맺어진 협정에 의해 홍군은 이제 명목상 국민당의 지휘를 받는 팔로군으로 편성되었다. 그 해 9월에 양측은 네 가지 핵심 사항에서 '협력'을 약속했는데, 그것은 공산당측의 양보로 실현되었다. 첫째로 쑨원의 삼민주의—민족주의·민생주의·민권주의—를 실현하기 위해 노력하고, 두번째로 무장반란과 소비에트의 형성 그리고 지주의 재산 압류를 포기하며, 세번째로 현 산시 소비에트 자치정부체제를 폐지하고, 마지막으로 전(前) 홍군 가운데 약 3만에 달하는 군대를 국민당의 지휘 아래 눈다는 것이었다. 비록 중국공산당은 전세계 공산당을 위해 코민테른이 결정한 실천사항을 여기서도 따른다고는 했지만, 장제스는 이 협력을 명확히 "다른 모든 고려사항을 뛰어넘은 국민감정의 승리"[10]라고 지적했다.

1939년 8월 소련이 히틀러의 독일과 상호불가침 협정을 맺었다는 놀라운 선언에도 이 기본적인 통일전선정책은 바뀌지 않았다. 마오쩌둥은 히틀러·스탈린의 협정을 프랑스와 영국의 '국제적 반동 부르주아지'의 계획을 무산시키고 "중국의 투항주의자들에게 타격을 안겨 줄" 긍정적인 전진이라며 환영했다.[11] 또한 이 새로운 국제조약들은 그 이전의 국민당과 소련의 불가침협정에도 불구하고 독일이 1930년대 초반에 중국에 계획했던 대규모 산업·군사상의 거래를 재개할 수 있다는 의미는 아니었다. 당시 독일 정부의 전반적인 동아시아정책

1937-1941년, 중국의 전쟁 사상자수[12]

연도	일본측 통계	중국측 통계
1937	—	367,362(7-12월)
1938	823,296(1937.7-1938.11)	735,017
1939	395,166	346,543
1940	847,000	—
1941	708,000	299,483

은 일본을 지지하는 쪽으로 기울고 있었다.

중국공산당은 그들이 통치하는 지역을 새로운 소비에트로 편성하는 대신 국민당과의 협정을 지켜 두 변구(邊區)의 설치를 선언했다. 하나는 산시, 간쑤, 닝샤 등 북부의 3성의 첫음절을 따 산/간/닝(陝甘寧)으로 명명하고, 다른 하나는 이들의 경계지역인 산시, 차하르, 허베이를 지칭하는(그러나 이것이 성의 옛 명칭이기 때문에 보다 덜 명확한) 진/차/지(晉察冀)였다. 일본의 힘은 전자보다 후자에서 더 강했다. 그러나 일본도 화북 임시정부나 내몽골연맹이 그 지역을 완전히 장악하지 못했기 때문에 공산당은 정치적 책략, 파괴공작 그리고 심지어 팔로군의 신병 모집까지도 할 만큼 여유가 있었다. 게다가 대장정 기간에 게릴라 작전을 수행하기 위해 중부에 남아 있던 공산당 군대의 잔여세력이 이제 신사군(新四軍)으로 재편되어 있었다. 1만 2천 명의 전투병력을 보유한 이 군대는 명목상으로는 국민당의 지휘를, 실제로는 노련한 공산당 장교의 명령을 따르고 있었다.

옌안 초기 시절 중국공산당은 국민당이 시도했던 것과 마찬가지로 당·정·군의 세 주요 영역에서 조직형태를 강화시켰다. 중국공산당 당원은 이 시기에 극적으로 증가했는데(1937년 약 4만 명에서 1940년에는 약 80만 명으로), 이는 새로운 재능 있는 이들을 지속적으로 모집한 노력과 모색 덕택이기도 했고, 또 중국공산당의 통일전선정책의 인기 때문이기도 했다. 일시적으로 토지몰수정책을 시행하지 못하게 된 공산당은 체계적인 소작료 인하 계획과 등급화된 과세제도를 실시했는데, 그것은 부유한 지주의 대토지 보유를 어렵게 한 반면, 가난한 농민들에게는 적절한 규모로 토지 보유를 늘리게 하는 것이었다. 따라서 마을들은 공산당에 대한 충성과 항일이라는 기치 아래 분열되지 않고 결집할 수 있었다. 마오쩌둥은 지도자로서의 자신의 위치를 위협하는 두 가지 심각한 도전을 물리쳤다. 하나는 대장정의 경쟁자 장궈타오에 의한 것이었고, 다른 하나는 1930년대에 '돌아온 볼셰비키'로 알려진 코민테른 주도 집단의 가장 영향력 있는 일원이었던 왕밍(王明)에 의한 것이었다. 당은 산/간/닝과 다른 변구에 널리 퍼져 있는 지역별 지부뿐 아니라, 선전·교육·대중운동·여성문제·출판·청년단 등의 업무에 따른 분과모임들을 통해 세력을 확장했다. 옌안의 중국인민항일군사정치대학(中國人民抗日軍事政治大學, 줄여서 '抗大'라 한다)은 당원 연수와 당 계획의 정비를 위한 강력한 중심지 역할을 수행했다. 가난했지만 사기가 높았던 옌안은 많은 중국인에게 새로운 희망의 등대로 보였다.

옌안 정부는 중앙 행정부와 그 예하 부처들, 그리고 이상적으로—그리고 어떤 경우는 실제로도—현(縣) 단위까지 아우르는 대표회의들의 조직만으로 구성되었다. 또한 통일전선 합의를 존중하기 위해 '삼삼제'(三三制)를 시행했다. '삼삼제'란 일반적인 규정으로 정부기구에서 관직의 3분의 1 이상은 공산당원이 차지할 수 없다는 것이다. 마오쩌둥의 말에 따르면 3분의 1은 '비당파 좌파 진보세력을 위해, 그리고 3분의 1은 좌도 우도 아닌 중도파를 위해" 남겨졌다. 마오쩌둥의 글은, 이 체제가 중국공산당의 지배를 보장해 줄 것으로 믿었다는 것을 보여준다. 만일 뛰어난 능력을 가진 공산주의자들이 3분의 1에 해당하는 자리를 차지하면 "그것만으로도 당의 지도력을 확보하기에 충분하다"[13]는 것이다. 40쪽의 표는 현 단위의 여러 대표제 기구들의 사회적 구성과 당의 분포도를 보여준다.

공산당 군대는 팔로군과 사로군—대장정을 함께 한 노련한 주더가 총사령관이고 펑더화이가 부사령관으로 있는—이라는 정규군뿐 아니라 지역별로 자신의 고향 지역에 상주하고 있던 수많은 직업군인도 포함하고 있었다. 이 지역 정규군은 농촌이나 읍에서 일상적인 직업을 가진 16세에서 45세까지의 남녀 재향자위군에 의해 지원받았고, 무장상태는 보잘것없었지만 정보를 모으고 정규군에게 병참과 숙소를 제공하는 데는 소중했다. 중국공산당은 군대가 어떤 형태로든 절대로 지역 농촌사회를 약탈하지 못하도록 하고, 필요한 음식과 일용품을 얻으면 반드시 대가를 지불하고, 여성을 괴롭히지 않도록 주의를 기울였다. 또한 중국공산당은 가로회(哥老會)나 홍창회(紅槍會)와 같이 중국 북부

1941년, 옌안 대표회의의 사회계층 구성과 정당 연합[14]

범주	쑤이더 (綏德)	칭양 (靑陽)	허수이 (合水)	취쯔 (曲子)	신정 (新鄭)	신닝 (新寧)	즈단 (志丹)
지주	23	12	7	47	—	14	2
부농	159	89	56	32	20	30	45
중농	578	325	166	181	185	115	101
빈농	1,301	460	1,334	719	165	393	541
소작농	—	—	—	—	13	19	—
고용농	22	36	4	22	2	1	89
노동자	236	22	63	—	—	2	14
상인	127	27	6	—	1	—	3
향신	—	—	—	—	—	10	20
합계	2,446	971	1,636	1,001	386	584	815
중국공산당	400	196	219	257	124	151	386
국민당	161	41	58	—	2	2	—
무소속	2,075	732	361	744	188	487	439
합계*	2,636	969	638	1,001	314	640	825

* 기록이 없거나 잘못된 경우가 더러 있기 때문에, 정당 관계 수치 합계와 부문별 합계가 꼭 일치하지는 않는다.

에서 강세를 보인 지역비밀군사조직들의 지지를 얻고 그들이 반일 입장에 서도록 용의주도하게 작업했다. 그 결과 중국공산당의 대중적 기반은 서서히 넓어져 갔다.

통일전선에 참여함으로써 많은 급진주의자들은 초기의 이념적 목표와 열정 사이에서 갈등하지 않을 수 없었다. 장시와 다른 소비에트에서 실행되던 부유한 지주 재산의 몰수는 소작료 인하와 제한적인 토지 재분배로 대체되었다. 교육과 이념화와 같은 점진주의적 방법이 전투적 파업행위를 대신했으며 농촌 신용대출과 지역 산업발전을 위한 신중한 경제계획이 부유한 농민이나 변방의 주민들을 소외시키지 않도록 고안되었다. 이러한 정책들이 많은 공산당원들 사이에서 호응을 얻지 못했음은 공산당 지도자들이 지방 간부에게 배부한 문답식의 연수용 교재에서 알 수 있다. 예문은 다음과 같다.

문: 통일전선과 국공합작은 너무 급격한 정책 전환 같습니다. 촌장들을 타도하고 토지를 분배하는 편이 나을 겁니다. 우리가 신속하게 행동한다면 혁명은

쉽게 수행될 게 아닙니까?

답: 그것은 옳지 않습니다. 지금 그렇게 하면 내전이 일어날 게 분명합니다. 서로 싸우면 일본을 이길 수 없습니다. 그러면 우리는 일본에게 망하는 겁니다. 나라가 망해서 일본인 손에 들어가면 공산주의를 실현하기 매우 어려워질 것입니다. 공산주의를 실현하기 위해서는 나라의 독립이 필요합니다.[15]

변구에서 사회혁명세력들이 낙담하고 있을 때, 1940년 공산당군은 일본이 강력히 통제하고 있는 북중국의 거점과 도로와 철도에 대한 일련의 공격을 감행했다. 백단대전(百團大戰)이라 불리는(실제로 중국공산당과 연합한 104개의 연대가 각각 다른 시기에 개입했다) 이 작전은 펑더화이 장군에 의해 지도되었다. 공격이 어떻게 계획될 것이며 그 목적이 무엇인지, 일본 정규군에게 피해를 입히고 전체적인 민족적 저항을 강화시킬 것인지, 아니면 중국 중부에서 공산당의 신사군으로 강력한 팽창을 시도함으로써 국민당의 주의를 분산시킬 것인지에 대해서는 분명하지 않았다.(어떤 이들은 마오쩌둥이 이 작전을 사전에 알지 못했다고 주장한다.)

용감하게 공격했음에도 불구하고 이런 목적은 전혀 달성되지 못했다. 일본도 큰 피해를 입었지만, 일본 정규군은 괴뢰군의 보강과 더불어 종종 극도로 잔인한 산발적 반격을 가했고, 그때마다 마을 사람들과 가축들이 살육당했으며 건물까지 파괴되었다. 그 결과 공산당의 지배 아래 있었다고 볼 수 있는 지역의 인구가 4,400만에서 2,500만으로 감소했으며, 팔로군은 사망·부상·탈영 등으로 10만 명의 병력을 잃었다. 민족적 저항이 강화되었다고 말할 수도 없었다. 1940년 3월에 쑨원의 전 참모이자 한때 장제스에 이어 2인자였던 왕징웨이가 마침내—일본에게는 기쁘게도—최고위 관직을 받아들이면서 그의 명성을 중국 중부의 괴뢰정권에게 빌려 주었다. 왕징웨이 정권은 일본 정부로부터 공식적으로 외교적 승인을 받았고, 동시에 일본은 중국 중부에 대한 그들의 지배력을 공고히 했다.

북중국에서 일어난 사건들이 신사군에 대한 중국 중부의 국민당 장군들의 관심을 다른 곳으로 바꾸어 놓지는 못했다. 그들은 신사군이 중국 최대의 곡창지대이자 중공업의 중심지이며, 당시 일본의 통치 아래 있던 양쯔 강 삼각주에서 공산당의 중요한 전략적 지위를 보장하고 있다는 것을 정확히 인식하고 있었다. 그러나 이 지역은 게릴라 부대를 은폐시키는 데 유용한 산이나 천연 요새가 부족했고, 국민당 정규군, 지방군, 정규군에서 이탈한 낙오자와 탈영자들의 무리 그리고 청방이나 다른 범죄집단의 관할구역이 서로 얽혀 있는 미로와 같은 곳이었다. 이 세력들 가운데 일부는 남의사의 지도자 다이리에 의해 통합되었는데, 다이리는 공산당이 남의사의 활동영역인 난징—상하이선 부근을 압박해 들어오자 몹시 분개했다. 이 지역 국민당 장군들은 공산당 부대가 양쯔 강 남부에서 재결합할 수 있도록 해준 통일전선 합의를 후회하고, 공산당 부대가 북부로 이동하라는 명령에 응하도록 꾸준히 노력해 왔다. 공산당은 이를 거부했고, 명령을 강요하려던 국민당군은 여러 번의 국지전과 한 번의 계획된 전투에서 심각한 패배를 당했다. 1940년 12월 초반에 장제스는 최후통첩을 내렸다. 양쯔 강남쪽의 팔로군은 12월 31일까지 북쪽 기슭으로 건너가야 하며, 같은 기간에 신사군은 북진을 시작하여 1941년 1월 31일까지 강을 건너가야 한다는 것이다.

이 명령의 이행을 지연시키기 위해—그리고 아마도 이행하지 않으려는 의도로—신사군 지휘관은 진군의 행로, 안전통행권, 그리고 그들이 보유하고 있는 보급품과 금괴를 놓고 국민정부와 흥정했다. 국민당군이 이에 대응하기 위해 모여들고 있음을 간파한 신사군은 몇몇 부대가 실제 남쪽으로 이탈하기도 했지만 자신들의 충성심을 설명하기 위한 대중집회를 개최했다. 1941년 1월 7일부터 1월 13일까지 벌어진 6일간의 전투에서 이 신사군의 남부 편대는 산간에서 국민당군에게 기습을 당하여 약 3천여 명이 사살당했고, 그보다 훨씬 많은 수가 체포되어 총살당하거나 포로수용소에 갇혔다.

중국공산당은 인명손실이라는 타격을 입었지만, 이 사건은 공산당에게 상당한 선전적 가치를 가져다 주었다. 그들은 이 기습을 장제스의 냉혹한 음모로 규정하여 중국공산당의 '불복종'이 처벌받아야 한다는 장제스의 주장에 외국인과 중국인이 동조하지 않도록 했다. 또한 공산당은 신사군을 양쯔 강 바로 북쪽의 여섯 지역에 재편성하여 머지않아 그들이 전에 주둔했던 양쯔 강 남부 타이(太) 호수 서쪽에 광활한 게릴라 기지를 재건할 수 있었다. 곧 '신사군 사건'이라 불리게 된 이 사건은 통일전선을 와해시키지는 않았지만, 확실히 그 내부의 긴장을 고조시켰다. 공산당과 국민당은 일본에 대항하기 위한 그들의 동맹을 계속

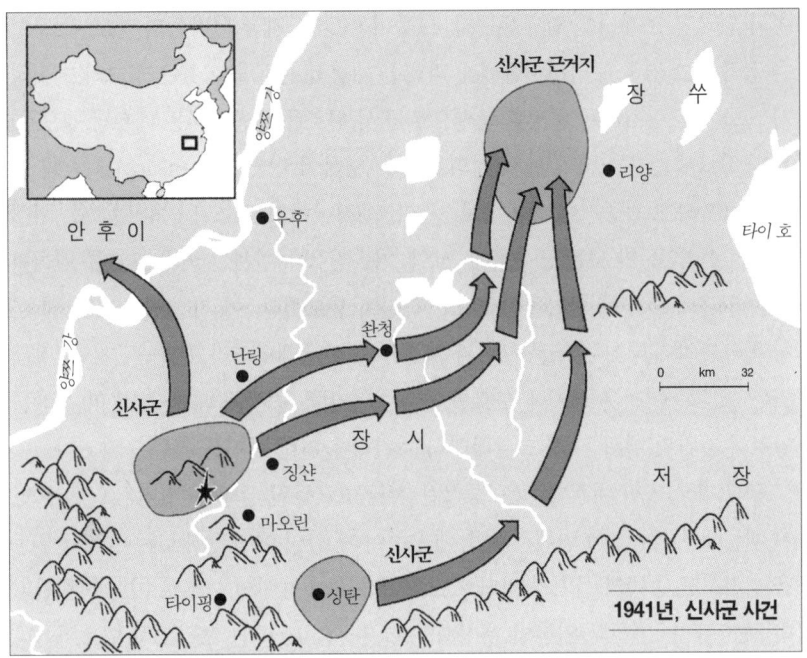

유지하긴 했지만 1941년 초부터는 이전보다 훨씬 더 반목하게 되었다.

전쟁에 휩싸인 충칭과 옌안

1939년 여름, 유럽에서의 제2차 세계대전의 발발은 중국에 대한 일본의 입지를 강화시켰다. 1914~1918년의 제1차 세계대전 때와 마찬가지로 프랑스·영국·독일은 이제 모두 각자의 전선에 몰두해 있었기 때문에 동아시아에 신경쓸 틈이나 열정이 거의 없었다. 제1차 세계대전 중에 일본은 동아시아에서의 영국과 프랑스의 이해를 조심스럽게 존중하는 반면 독일을 희생시켜 영토와 이권을 챙겼다. 제2차 세계대전에서는 일본이 동아시아에서 영국과 프랑스 모두를 지배적 지위에서 몰아낼 수도 있다는 전망이 분명해졌다. 한때 중국 역사에 그토록 중대한 영향을 끼쳤던 '유럽의 제국주의' 세력은 갑자기 무력해지기 시작했다.

우리는 일본이 어떻게 외국인 해관과 한때 신성불가침이었던 톈진이나 상하이의 외국인 조계지를 압박했는지, 그들이 어떻게 외국 선박들의 양쯔 강 운항을 봉쇄하고 영국 무역회사들에게 막대한 재정적 손실을 끼쳤는지 그리고 어떻게 그들이 프랑스에게 쿤밍과 충칭으로 군사 원조품을 운반하는 베트남 철도 폐쇄를 강요했는지 이미 앞에서 살펴보았다. 영국이 던커크(Dunkirk) 퇴각의 위기를 극복하고 공중전에 대비하여 전열을 재정비하려 애쓰던 1940년 7월, 처칠 수상은 석 달 동안 모든 군수물자, 트럭, 가솔린을 운반하는 버마 도로를 폐쇄하라는 일본의 요구를 받아들이겠다고 하원에 통보했다. 이 기간이 끝났을 때 마침 독일과의 전투가 호조를 보이자 처칠은 도로를 개방하라고 명령했지만, 장제스는 그토록 어려운 시기에 도로를 폐쇄했던 일은 중국에 대한 "영국의 신의를 영원히 저버린 행위"[16]라고 말하면서 여전히 불편한 심기를 거두지 않았다.

당시 미국의 한 재정고문은 "중국은 지금 고립무원 상태에 처했다고 볼 수 있기 때문에 사기(士氣) 면에서 위험한 수준이다. 만일 어떤 형태로든 미국이 행동을 취하려면 중국의 사기가 바닥으로 떨어졌을 때 해야지 이후로 미뤄서는 안 된다"[17]고 했다. 그러나 일본의 팽창력—일본군은 1940년 프랑스령 인도차이나로 진주했다—에 주의를 집중하고 있던 미국은 1938년과 1941년 사이에 중국 은을 구매하고 국민당 정부에게 2,500만 달러에서 5,000만 달러 규모의 차관을 제공해 준 것 이외에는 이렇다 할 행동을 취하지 않았다. 이 차관은 주석이나 텅스텐 수출을 담보로 제공된 것으로 비군사적 구매나 물가안정을 위해 사용할 수 있었다. 그럼에도 불구하고 중국의 통화는 아래 표에서 보는 바와 같이 급격히 변화하기 시작했다.

충칭 정권의 가장 심각한 문제 가운데 하나는 공군력이 거의 전무했다는 점

1937-1941년, 중국의 통화[18]

	국민당 정부 지출 (10억 위안)	국민당 정부 세입 (10억 위안)	은행권 발행 (10억 위안)	1937년 1월을 1.00으로 한 12월의 소매물가지수	미국 센트화에 대한 대략적 위안 가치
1937	1.16	0.87	2.06	1.18	.30-.29
1938	2.18	1.31	2.74	1.76	.29-.15
1939	2.80	0.58	4.77	3.23	.16-.06
1940	5.55	1.58	8.40	7.24	.08-.04
1941	10.93	2.02	15.81	19.80	.05-.03
1942	26.03	6.25	35.10	66.20	.03-.02

이다. 1937년 이래 장제스의 고문으로 중국에 와 있던 전 미 공군 조종사 클레어 리 셔놀트는 우한 함락 이후 근대적 항공기를 미국 공장에 대량 주문하도록 중국인을 설득하려 했다. 중국은 미국 재무부에 대량의 은을 판매하여 구축한 신용으로 이를 일부 지불할 수 있었다.(1937~1938년 중국은 3억 1,200만 온스를 1억 3,800만 달러에 팔았다.) 그러나 계약자, 가격 그리고 운반 날짜를 놓고 중국 정부 내의 논쟁이 끊이지 않았고 결국에는 아무런 구매도 이뤄지지 않았다.

유럽의 사건에 집중하고 있던 소련 정부는 장제스의 공군에 대한 원조를 지연시키고 '자원병' 조종사들을 철수시켰다. 독일 고문은 1938년에 모두 고국으로 돌아갔고 장제스의 이탈리아인 공군 고문도 역시 떠났다. 이탈리아의 원조와 충고로 건설된 첫번째 항공기 생산공장은 일본 공군에게 폭격당해 파괴되었다. 그 결과 충칭은 거의 무방비상태가 되었고, 1939년 5월 이래 일본은 장제스의 전시 수도를 전략 폭격의 목표로 삼았다. 초반의 막대한 피해는, 충칭 당국이 도시 밑 바위 속으로 뚫은 지하대피소의 연결망을 완성하고 일본 전선 뒤에서 유격대가 라디오로 일본 폭격기의 이륙을 알리는 조기경보체계를 구축한 뒤에야 줄어들었다.

마침내 1940년에 장제스가 원조를 얻기 위해 워싱턴으로 셔놀트를 파견했을 때, 중국에는 겨우 37대의 전투기와 야간 비행 장비를 갖추지 못한 낡은 소련제 폭격기 31대밖에 없었다. 일본은 중국에 968대의 비행기를—대부분이 빠르고 성능 좋은 신식 '제로센'(零戰) 전투기—, 그리고 인도차이나에 120대를 배치하고 있었다. 미국은 영국의 엄청난 수요 때문에 판매할 항공기의 재고가 거의 바닥나 있었다. 그러나 장제스의 개인 사절로 워싱턴을 방문한 쑹쯔원과 옛 5·4운동의 지도적 지식인이며 당시 주미대사로 봉직하고 있던 후스의 거듭되는 요청에 따라 프랭클린 D. 루즈벨트 행정부는 중국에 P-40전투기 100대를 공급하는 데 동의했다. 동시에 일본과의 중립 협정을 어기지 않기 위해 셔놀트는 비공식적 동의 아래 미국 육군·공군 조종사를 대대적으로 모집하여 '자원병'으로 중국에 데려 가는 것을 허락받아, 이들을 전투에 투입하고 새로운 세대의 중국인 비행사를 교육시키게 했다. 이들의 전투력은 '비호'(飛虎)라고 불릴 만큼 월등했고, 게다가 격추시키는 비행기 1대당 500달러의 포상금을 받았다. 따라서 그들은 1941년 일본에 막심한 피해를 입혔다. 어떤 면에서 이들 조종사의 명성은 80여 년 전 상승군(常勝軍)의 명성에 필적하는 것이었다.

옌안의 공산당은 이러한 작은 사기 진작조차도 할 수 없었다. '비호'들이 오로지 충칭 상공에서만 폭격을 퍼부어 댔기 때문이다. 신사군 사건으로 양쯔 강 이남의 공산당 군대는 심각한 타격을 받았고, 이어 백단대전 후에는 북쪽에서도 일본의 거듭되는 공격이 있었다. 펑더화이 장군은 근대 전투의 정형화된 전술로 일본과 교전하려 했으나, 그의 군대는 인력과 자원 면에서 일본군을 능가할 수 없었다. 1941년 초 소련·일본의 중립조약 체결과 만주국의 '영토 보전'을 인정하는 모스크바 선언 이후 소련으로부터 도움을 받을 기회는 더욱 줄어들었다. 중국공산당은 이 새로운 충격에 대해 "우리는 중국의 빼앗긴 모든 땅을 되찾아야 한다. 우리는 압록강까지 싸워 나가 일본제국주의를 중국에서 몰아내야 한다"19)는 용감한 말로 맞섰다. 하지만 그들은 그렇게 할 만한 처지가 못되었다. 1941년 6월 독일의 소련 침공은 유럽에서의 전쟁이 끝날 때까지 실질적으로 중국이 소련으로부터 어떤 형태로든 여유 자원을 지원받을 가능성을 모조리 앗아 갔다.

신사군 사건 이후 산시 변구에 경제봉쇄를 가하고 소금 운반을 중지하며 통일전선 합의에 따라 팔로군 병사들에게 지급하던 보조금을 없애기로 한 장제스의 결정으로 옌안의 고립은 더욱 심화되었다. 그 결과 옌안은 극심한 인플레이션을 동반한 심각한 물자부족을 겪었다. 따라서 군수물자가 필요했던 공산당이 전투가 끝난 교전지에서 무기를 수거해 오는 지역 민간인들에게 포상하는 제도를 개발한 것은 놀랄 일이 아니다. 공산당에게 무기를 수거해 준 지역 농민들은 기관총 한 정당 50위안, 장총은 10~20위안 그리고 권총은 5위안을 받았다. 그러나 생도들의 교본에 지적된 바와 같이 근대적 무기를 갖는 것이 "절대적으로 필요한" 것만은 아니었다. "구식 화기, 창, 칼, 각목, 도끼, 괭이, 돌 등 모든 것이 적군을 죽일 수 있었다."20)

공산당이 일본에 대항하여 농촌 공동체를 조직하려는 시도는 약자로 '삼광'(三光)이라 불리는 일본군의 작전으로 무자비한 반격을 받았다. 이는 특정 지역 일본군의 명령인 "모조리 죽이고(殺光) 모조리 태우고(燒光) 모조리 파괴하라(搶光)"는 문장을 줄여서 표현한 것이다. 일본군에게 발각당하지 않기 위해 필사적이던 농민들이 마을 지하에 미로와 같은 땅굴을 파서 도망 다닐 때, 일본군은 마을을 포위하고 지하통로에 독가스를 집어넣었다. 그런 작전 가운데 하나를 기록한 자료에 따르면 800명의 중국인이 죽었다고 한다. 다른 기록은 허베이 동부 마을에서 1,280명의 마을 사람들이 처형되고, 모든 가옥이 불탄 사실을 자세히 적고 있다. 세번째 자료는 1941년 8월에서 10월 사이 북중국에서 벌어진 '소탕작전'을 묘사하고 있는데, 이때 4,500명의 사람이 죽고 가옥 15만 채가 불탔다. 이 지역에서는 1만 7,000명의 중국인이 강제 노역을 하기 위해 만주국으로 끌려갔다. 이와 같은 폭력의 목적은 모든 중국인이 앞으로 공산당 세릴라 군대에 협력하지 못하게 하려는 것이었다. 대개의 경우 이것은 효과를 거두었다. 하지만 동시에 헤아릴 수 없이 많은 경우에 그것은 중국공산당이 전략적으로 조성하고 있던 일본에 대한 깊고 뼈저린 적개심을 심어 주었다.

1941년 12월 7일 일본의 진주만 폭격은 마침내 미국을 일본과의 전쟁에 전면적으로 개입하게 만들었기 때문에 충칭에서는 안도감 섞인 환영을 받았다. 1931년 만주사변 이후 일본은 전면적 대결을 향해 나아가고 있었으며, 1937년 중국과의 전면전이 시작된 이후 일본은 미국의 태평양함대를 일본의 전쟁 수행에 중대한 위협으로 간주하고 있었다. 왜냐하면 만약 미국 함대가 마음대로 항해할 수 있게 되면 일본은 중국 해안에 대한 전면봉쇄를 강화할 수도 없고 베트남이나 버마에 대한 지배도 공고히 할 수 없었기 때문이다. 그러나 일본의 진주만 공격으로 이제 중국인의 전쟁을 자신의 전쟁의 일부로 보게 된 미국은 중국에게 적극적인 원조를 보장했다. 무기대여법*에 따라 최초의 보조금 6억 3천만 달러를 지급한 데 이어, 의회는 쑹쯔원의 요청에 따라 5억 달러의 차관을 신속히 승인했는데, 미국의 어느 누구도 그 돈이 어떻게 사용될 것인지 알지 못했고 장제스는 이에 대해 담보를 제공하는 등의 어떤 조건도 받아들이기를 거부했다.

루즈벨트 대통령은 육군 고위장교인 조셉 스틸웰 장군을 '중국-버마-인도 전장'의 미국군 총사령관으로 임명하여, 장제스와의 연락책으로 복무하면서 대여 물자를 전반적으로 감독하게 했다. 셔놀트의 비공식적 '비호' 부대는 제14공군의 정규군으로 재편되었고 셔놀트는 장군으로 승진되었다. 국민당군에 의해 후난의 창사에 대한 일본의 대대적인 공격이 저지당하고 미국이 적절한 시기에

---

* 1941년 미 의회에 의해 승인된 「무기대여법」은, 연합국에 군수품을 제공하도록 허용했으며, 그 군수품이 공통의 적에 대하여 사용된다면 무상으로 제공하도록 규정하고 있었다.

중국을 막강한 동맹국으로 재차 강조하자 중국인의 사기는 더욱 진작되었다. 영국의 거부감에도 불구하고 중국은 루즈벨트 대통령에 의해 소련, 영국과 더불어 4대 연합국의 하나로 받아들여졌다.

중국군은 일본의 유용 가능한 군대의 약 5분의 2를 묶어 둠으로써 연합국의 작전에서 중요한 역할을 했다. 동아시아에서 영국이 갑자기 거의 몰락할 지경에 이르자 중국의 저항은 잠재적으로 한층 중요해졌다. 홍콩이 빠르게 함락된 것은 그곳이 실질적으로 무력했기 때문에 결코 놀라운 일이 아니었다. 그러나 싱가포르는 일본군이 감히 침범하지 못할 난공불락의 요새로 여겨져 왔기 때문에, 1942년 2월 15일 단 하루 동안의 전투 끝에 13만 명의 주둔군이 항복하자 이미 중국인들 사이에서 악화되어 있던 영국의 평판은 결정적으로 손상을 입었다. 저우언라이는 1942년 미국 장교들과의 대화에서 "영국이 일본에 패배한 지금, 중국인은 영국의 지위를 넘겨다본다"고 말했다.21)

중국인의 관점에서 보면 대영제국이 싱가포르 방어에 실패한 것보다도 더욱 나빴던 것은 버마에 대한 통제를 상실한 것과 1940년에 재개했던 보급로를 방어하지 못했다는 점이다. 중국군의 동향이나 스틸웰 장군의 전략과 상호 조정하여 자기 전략을 세우려 하지 않던 영국은 일본군에게 섬멸당했다. 1942년 4월 말 영국군과 제휴했던 것으로 알려진 사기 꺾인 중국군과의 5시간에 걸친 전투 끝에 일본은 버마의 요충지 라시오를 점령하여 충칭의 군수물자 공급원이던(35쪽의 지도를 보라) 버마 도로를 다시 한번 차단했다. 버마 전투에서 장제스는 그의 권력기반의 중요한 부분이자 전략적 예비대의 3분의 1에 해당하는 독일식 훈련을 받은 5군·6군의 수많은 병력과 대부분의 중장비를 잃었다. 이때부터 충칭은 옌안만큼이나 고립되었고 외부와의 유일한 연결로는 암호명 '낙타등'(the Hump)이라 불리는 히말라야 산맥을 넘어 인도로 향하는 위험한 길뿐이었다.

충칭에서는 일본을 제압하고 패퇴시키기 위한 방법으로 공군력과 전통적인 지상전력 사이의 상대적 우위를 놓고 셔놀트와 스틸웰 사이에 군사전략상의 대립이 있었다. 공군을 적극 옹호한 셔놀트는 장제스에게 이 전략이 비교적 경제적이며 인도에서 이륙하여 '낙타등'을 넘어 공중으로 부품·가솔린·무기를 운반할 수 있다고 말했다. 스틸웰은 공군은 지상에서 엄호되어야 하는데, 국민당군은 장교가 넘치는 반면 장비도 부족하고 훈련도 모자란다고 반박했다. 그에 따르면 소규모 정예 중국군을, 일부는 인도에서 또 일부는 중국 서부의 훈련소에서 훈련을 시킨 뒤 버마를 지나는 리도(Ledo, 인도 동북부의 소도시—옮긴이) 육로를 재개하는 작업을 꾸준히 진행하여 충칭에 보급품을 최대한 지원할 수 있도록 하는 편이 훨씬 낫다는 것이었다.

결국 셔놀트의 주장이 채택되었고(그는 '쌜쭉이' 스틸웰보다 약삭빠를 뿐 아니라 끈기가 있었다), 그의 공군은 인상적인 승전보를 전했다. 중국말을 잘 하는 스틸웰은 마주치는 중국인 병사들에게는 깊은 애정을 보인 반면 장제스를 경멸했고(스틸웰은 자신의 전보에서 암호로 그를 '땅콩'이라 불렀다), 부정직한데다가 실전을 꺼리는 장제스의 지휘관들 대부분을 싫어했다. 그래서 스틸웰은 장제스 군대의 훈련계획이 다소 진전을 보이자 자원의 대부분을 충칭 정권이 지배하는 영토의 동쪽 기슭, 곧 후난 성 남부의 헝양(衡陽)과 광시 성의 류저우(柳州) 사이에 비행장을 건설하는 데 썼다.

장제스는 여전히 명목상 자기 지휘 아래 있는 거대한 군대와 늘어난 공군의 비용을 대기 위해 자신이 다스리는 지역에서 세제를 더욱 엄격하게 적용했다. 중국 통화의 가치를 잠식하는 인플레이션(44쪽의 표를 보라)을 감안한 이 세금은 전쟁 전의 세율에 상응하는 곡식량으로 책정되었고, 농민들은 쌀이나 밀, 때로는 콩·옥수수·기장, 심지어 면화 등의 현물로 납부했다. 이런 세금 외에도 각 성에서는 군대와 정부의 경비를 충당하기 위해 곡물을 '강제 차용'했다. 이렇게 거두어들인 여분의 식량은 본래 시장가격으로 정당하게 지불되는 것이 원칙이었다. 그러나 지불 연기나 포탈이 있게 마련이었고, 종종 낮은 가격이나 평가절

1941년 12월, 일본군의 배치상황[22]

	중국	태평양과 동남아시아	만주	일본	타이완과 한국
육군사단(50)	21*	10†	13	4	2
혼성단 또는 그에 상당하는 것(58)	20*	3	24	11	—
육군 항공대(151)	16	70	56	9	—

* 대본영(大本營)이 직접 지휘하는 1개 기갑사단과 상하이의 1개 육군사단을 포함한다.
† 1개 특수 중대 포함. 이 10개 사단 중 2개가 중국 전쟁지역에서 배로 수송되었다.

하된 통화로 지불하기도 했다. 더구나 농민들은 이 곡식을 국민당이 지정하는 집산지까지 운반하는 비용도 부담해야 했다.

옌안 주변 변구의 공산당 역시 세금 인상, 사회 통제, 그리고 사기 저하 문제에 심각하게 직면해 있었다. 이를 해결하기 위해 1942~1943년 동안 공산당은 전 인구를 대대적으로 동원하여 농촌에 대한 개입의 강도를 심화시켜 나갔다. 세금은 가난한 농민에게도 높은 세율로 부과되었지만, 소작료를 대폭 내려 소작료를 지불할 능력이 없는 최극빈 농민들을 제외한 모든 사람들에게 도움을 주었다. 공산당은 이제 통일전선이나 지방정부의 삼삼제 같은 형식에 그리 주의를 기울이지 않게 되었다. 간부들은 직접 농촌으로 내려가 곡식 구입과 신용 대출을 개선하기 위해 생산자 합작사의 결성을 독려했다. 그들은 농민에게 호조조(互助組)를 만들어 노동·농기구·가축들을 출자하도록 설득하고 '노동 영웅'을 본받으라는 대중운동을 실시하여 생산을 증대시키려 애썼다. 공산당이 꽤 강한 지지기반을 갖고 있던 중국 중부와 동부 각 지역에서도 적당한 시기에 유사한 대중운동이 시작되었다. 여기서 다시 한번 공산당은 사회투쟁을 강조하고 횡포가 심한 지주, 가혹한 채권자 그리고 부패한 지역관리를 공개적인 비판·모욕·처벌의 대상으로 삼았다.

지식인, 특히 옌안의 지식인은 농민으로부터 배우기 위한 '하향(下鄕) 운동'을 통해 농촌의 생활조건을 알게 되었다. 마오쩌둥은 초기 저작에서부터 지속적으로 중국의 전통적인 엘리트를 경멸했는데, 특히 농촌의 가난에 대한 그들의 무지와 관념성을 혐오했다. 충칭과 마찬가지로 옌안 역시 수많은 피난민의 고향이 되었고, 1942년에 집중적인 운동—이른바 '정풍운동'(整風運動)—을 통해 공산당이 지배하는 변구에 사는 인민들은 사회주의 혁명의 필요성을 귀가 따가울 정도로 들었다. 공격의 대상으로 지목된 이들은 그들의 사상을 대중집회에서 비판받고 자기비판을 하도록 강요받았으며 권력의 자리에서 말직으로 좌천되었다. 어떤 이들은 육체적으로 학대받거나 자살을 강요받았다. 희생자 가운데는 당 지도부를 대표하는 마오쩌둥의 주요 경쟁자인 왕밍의 추종자도 많았는데, 왕밍은 소련에서 중국으로 돌아온 이래 권력기반을 다지려 애쓰고 있었다. 정풍운동을 통해 마오쩌둥은 당 지도자로서 지배력을 확보하고 중국공산당에 대한 소련의 통제로부터 벗어나게 되었다.

강등되어 농촌에 노동자로 파견된 지식인 중에는, 1927년 당시 중국 젊은이들의 정체성 혼란을 절묘하게 묘사했던 「소피 양의 일기」를 썼으며, 1931년 남편이 처형된 이후 중국공산당에 가입했던 작가 딩링도 있었다. 딩링은 국민당에 의해 난징에서 가택연금을 당했으나, 가까스로 도망쳐 1936년 옌안에 도착했다. 그러나 옌안에서 또다시 딩링은 여성노동자에 대해 관심이 없고 개인적 창의력과 의견을 말살하는 교조적인 중국공산당 간부들을 비판하는 소설들을 쓰기 시작했다. 또한 그녀는 당지도부가 근래 들어 어렵게 획득한 여성의 권리를 약화시키기 위해 민족적 저항과 당의 단합 같은 구호를 이용하고 있다고 주장했다.

정풍운동 과정에서 딩링 같은 사람을 목격한 마오쩌둥은 중국공산당이 지식인의 표현과 탐구에 한계를 설정하지 않으면 위험하겠다는 생각을 다시 한번 확인했다. 이런 역할을 강화하기 위해 여러 논문들—마오쩌둥, 스탈린 그리고 다른 이들에 의한—이 일반적 독서와 토론 교재로서 당원과 지식인에게 배포되었다. 1942년 5월 매우 상세한 연설을 통해 마오쩌둥은 예술과 문학의 사회적 역할에 대해 이야기했다. 그는 옌안에 있는 사람들이 대중에 대한 그들의 임무를 인식해야 하며, "대중의 삶 자체에 존재하는 문학과 예술의 풍부한 창고"를 찾아내야 한다. 이 '창고'는 "가공된 형태의 문학과 예술의 유일하고도 마르지 않는 원천"임에 틀림없다고 주장했다. 또한 과거 중국의 예술전통과 5·4지식인—그리고 심지어는 루쉰도—이 옹호했던 외국의 전통은 분명히 부차적인 것으로 다루어져야 한다고 하면서, 물론 그것들을 전부 부정할 필요는 없지만 "무엇을 수용하고 거부할지를 배울 수 있는 본보기로서…… 차별적인 방식으로" 이용되어야 한다고 했다. 그리고 지식인의 과업은 전쟁에 뛰어들어 그 엄청난 모든 복잡성을 흡수하는 것이라고 규정했다.

중국의 혁명적인 작가와 화가들 가운데 우리가 위대한 작품을 기대하는 부류는 대중 속으로 들어가야 한다. 그들은 노동자·농민·군인 대중 속으로, 그리고 다가올 기나긴 전투의 열기 속으로 들어가야 한다.[23]

굶주림과 억압은 도처에 있는데도 "아무도 거기에 대해 분노하지 않는다"고 마오쩌둥은 말했다. 진정한 예술가는 그러한 태도를 변화시킬 수 있는 사람, 곧 "인민 대중을 깨우치고 일으켜 단합하고 투쟁하며 자신의 환경을 개혁하는 데 동참하도록" 할 수 있는 사람이었다. 매일 매일 계속되는 항일전쟁의 혼란 속에서도 마오쩌둥은 중국의 지식인이 중국 인민의 장기적 변화의 필요성에 관심을 집중시켜야 한다고 말했다.

전쟁의 종결

1943년과 1944년에 경이로울 만큼 성공을 거두며 태평양을 가로질러 길버트 제도까지, 동남아시아를 거쳐 거의 인도 국경까지 당도한 일본군에게 가장 큰 압력을 가한 것은 중국군이 아니라 미국군이었다. 일본은 괴뢰정권을 이용하여 그 영향권 내의 지역을 순찰하고 방어한다고 천명한 목표를 결코 달성하지 못했기 때문에, 중국의 가장 큰 기여는 일본 정규군의 상당수를 중국에 묶어 두었다는 데 있었다. 미드웨이 해전(1942년 6월)에서 극적인 승리를 거둔 미국군은 이제 남태평양의 섬 하나하나를 거쳐 오면서 지리하고 피비린내 나는 전투의 수렁에 빠져 들었다. 그러나 미국 합동참모본부는 일본에 대한 폭격전략을 수립하기 시작하면서 강력한 B-29 폭격기를 셔놀트의 전방 비행장에 새로 배치할 가능성을 가시화했고, 적어도 미국, 러시아 그리고 영국의 주요 입안자들은 중국을 염두에 두게 되었다.

　1943년에 일어난 일련의 사건들은 일본의 군사적 승리―그리고 중국의 항복 거부―가 수세기 동안 서양이 중국에 대해 자행한 착취의 유형을 얼마나 결정적으로 변화시켰는지 보여주었다. 연합국간의 거듭된 논의 끝에 1943년 1월 공동 합의에 의해 저 치욕스러운 치외법권 체제가 폐지된 것은 변화의 한 중요한 지표였다. 한 세기 동안의 치욕 뒤에 중국은 마침내 모든 외국인을 중국 자신의 법*으로 재판할 자유를 얻게 되었다. 그리고 1943년 12월에 장제스는 카이로 회담에서 루즈벨트·처칠과 합류했고, 이들은 전쟁 후 만주국과 타이완을

---

* 그러나 1943년 6월부터 전쟁이 끝날 때까지 중국 주재 미국 공무원은 다시 미국법의 적용을 받았다.

국민당의 지배 아래 귀속시키기로 명문화했다.

서양이 새로운 상황에 직면했음을 드러내 주는 또 다른 척도는 일본의 용의주도한 전시정책에 있었다. 진주만 공격 이후 일본은 서양인이 베이징, 그리고 상하이의 일부 지역에서 유학을 하거나 사업을 할 수 있도록 제한적으로나마 허가했음에도 불구하고 조계에서 이들이 누렸던 특권을 없앴다. 그러나 1943년 3월 말 베이징의 외국인 공동체(독일과 다른 소수의 전시 동맹국을 제외하고)는 한데 모여 철도역까지 무질서하게 대열을 이루어—짐가방, 골프채, 모피 외투를 싸들고—행진하였다. 일본에 의해 특별히 동원된 중국인 군중은 이를 조용히 지켜보았다. "우리는 일본인이 바라 마지않는 우스꽝스러운 장면을 그대로 연출한 것이다"라고 한 미국인은 회상했다.[24] 베이징의 외국인은 산둥 중북부의 웨이(濰) 현에 있는 격리된 수용소로 보내졌다. 이곳의 폐허가 된 옛 선교회관에서 전에 갖고 있던 특권과 하인들을 모두 빼앗긴 채 성인 1,000여 명과 어린이 500명은 겨우 연명할 만큼의 음식을 배급받았고 의약품은 거의 없었으며 스스로 운영할 수 있는 만큼의 사회생활·교육·오락만으로 생존 공동체를 형성했다.

상하이의 미국인과 유럽인은 중국 중부에 있는 비슷한 환경의 다른 수용소에 격리되었는데, 유태계 출신은 별도의 취급을 받았다. 5월 중순에 상하이의 유태인 1만 6천 명—유럽에서의 학살을 피해 온 난민들— 가운데 대다수가 일본군에 의해 상하이의 빈민지역인 '훙커우'(虹口) 구역에 지정된 유태인 거주지(ghetto)로 옮겨졌다.* 어렵사리 장만했던 집과 사업을 간단한 공고에 의해 가여울 만큼 헐값에 팔도록 강요당한 유태인들은 그들 자신의 치안과 보호를 위해 상호책임제도인 보갑으로 조직되었다. 거주지 안에서 그들은 '유태인의 왕'이라고 비아냥거리는 일본군 수비대 장교의 변덕을 감수해야 했는데, 그도 그럴 것이 사업상이건 장례식이건 또는 다른 긴급상황이건 간에 거주지를 벗어나려면 모든 유태인은 통행증을 발급받아야 했기 때문이다.[25]

많은 유태인들은 그 지역의 중국인을 위해 '쿨리'로 일하거나 자선단체가 운영하는 무료급식소에서 식사를 해야 했고 거의 대부분 영양실조에 시달렸다.

---

* 이 유태인 거주지에는 1937년 이전부터 중국에 거주했던 주로 러시아 출신의 애슈커내지(Ashkenazi, 중유럽과 동유럽의 유태인을 포괄적으로 지칭하는 말)는 제외되었다.

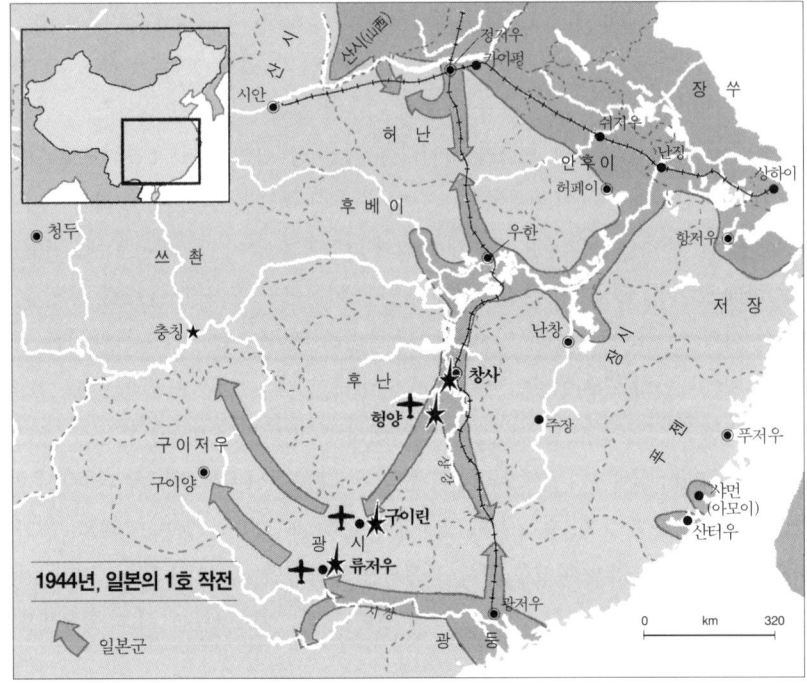

일부는 구걸로, 또 일부는 매춘으로 그 이전의 고단했던 삶을 더 비참한 종말로 몰고 갔다. 그러나 일본은 상하이의 유태인에 대한 나치의 제안—유럽의 유태인이 겪어야 했던 무서운 멸종계획의 고통을 똑같이 당하게 하자는—을 받아들이지는 않았다.

서양인들에 대한 이런 멸시는 중국 전장에서 가장 격렬한 전투의 소강기에 발생했으나, 군사적 교착상태는 1944년 갑작스럽게 끝났다. 스틸웰과 영국이—그들이 재훈련시킨 중국군과 함께—버마 북부에서 일본과 싸우며, 리도에서부터 궁극적으로 옛 버마 도로를 다시 연결할 새 도로를 건설하기 시작했을 때, 셔놀트와 수십만의 중국인 노동자들은 충칭 동부의 중국 비행장을 점차확장하고 보수하기 시작했다. 1944년 6월 초에 이 새로운 중국 비행장에 대기했던 B-29 폭격기들이 태국 방콕의 철도 교차지에 최초로 중요한 공습—훈련작전의 일부로—을 감행했다. 6월 15일에는 일본 남부의 규슈(九州) 섬에 당도하여 야와타(八幡) 제철소에 221톤의 폭탄을 떨어뜨렸다. 그 뒤로 규슈의 산업시설과 만주국의 안산(鞍山) 제철공장, 수마트라의 정유소 그리고 타이완의 비행장에 대한 폭격이 계속되었다.

스틸웰이 경고한 대로 일본은 막강한 힘으로 반격을 개시했다. 1944년 여름 '1호 작전'이라는 암호명으로 일본군은 그들의 베이징—우한선에 대한 지배를 강화하기 위해 허난으로 이동했고, 그 후 샹 강을 따라 남진하여 창사로 이동했다. 1941년에는 그토록 용감하게 저항했던 이 도시가 이번에는 일본군에게 맥없이 무너졌다. 도시 주변과 헝양 비행장에서 약간 저항이 있었으나 그마저도 8월에 패배했다. 일본군은 광시로 밀고 들어가 구이린과 류저우의 공군기지를 11월에 점령했다. 그로부터 2개 연대는 서쪽으로 진군하여 구이양(貴陽)과 심지어 충칭까지도 위협했다. 이 시점에서 일본은 전투를 멈추고 그들의 본토를 폭격한 중국 공군기지를 파괴한 것으로 만족했다. 그러나 바로 이 성공의 순간에 전쟁이 일본에 불리하게 돌아가기 시작했다는 새로운 증거가 나타났다. 1944년 11월 말 도쿄에 B-29의 집중적인 폭격이 감행되었는데, 이것은 셔놀트가 그토록 오랫동안 바랐던 중국 동부에서가 아니라 막 점령된 마리애나 제도의 미군기지에서 이루어진 것이었다.

일본은 '1호 작전'의 승리로 장제스의 잔존 병력에 심각한 피해를 입혔고 그가 통제하던 지역 가운데 상당 부분을 추가로 빼앗았다. 그러나 이에 못지않게 중요한 것은 일본의 승리가 중국인의 사기와 중국 지도부에 대한 미국의 신뢰를 더욱 떨어뜨렸다는 점이다. 전시에 충칭은 탁상공론과 악의에 찬 소문, 극명한 빈부격차, 재정적 투기와 가격 조작, 암거래와 밀수의 중심지였다. 한 중국 시인은 영화광고, 신문 사설, 충칭에서 배부한 국민당 기관지 등을 조합하여 1944년에 서양식 자유시를 변형시켜 쓴 시에서 이런 모순을 신랄하게 꼬집었다. 그는 자신의 시를 「표제 음악」이라 불렀다.

> 긴장, 긴장, 긴장
> 강세, 강세, 강세
> 40억 달러가 금시장으로 굴러 들어온다
> 바꿔, 안 바꿔, 국사는 논하지 마라
>   모든 곡조는 장엄하고 우아하고 고상하며

모든 장면은 아름다운 음악과 춤으로 가득하다

입대하는 학우를 위하여 노래를

도피자를 위하여 춤을

찬 바람 속에 밤을 지샌 길디긴 변발

달의 궁전의 봄빛깔 같은 인공얼음 위에서 펼쳐지는 비할 바 없는 예술

모든 대사는 청중의 눈물을 자아내는 피와 슬픔이다

그들은 노약자를 부축했고 우리는 깊이 감동되었네

국내에서 제작한 위대한 영화, 최신 패션이 등장하는 비극

줄거리는 애처롭고 슬프고 부드럽고 긴박하다

여자와 노약자는 삼가 더 많은 손수건을 가져오시길……26)

이 무렵, 1년 전에 심각한 기근이 닥쳤는데도 국민당군이 무자비하게 징세를 강화한 데 대해 분노를 터뜨린 국민당 통치지역 농민들이 '1호 작전'의 공격을 받고 후퇴하던 국민당군을 살해하고 강탈하고 무장해제시켰다는 소식이 전해 졌다. 기근이 휩쓸고 간 후난 성을 조사하러 충칭 밖으로 나갔던 미국인 기자들은 그들이 목격한 현실에 충격을 받았다. 시어도어 화이트는 "아무렇게 나뒹굴어 더러워지고 비참해진 사람들의 눈물로 얼룩진 얼굴은 우리를 부끄럽게 했다"고 썼다.

중국 아이들은 건강할 때 아름답다. 머리카락은 자연스러운 윤기로 멋지게 빛나고 고동색 눈동자는 반짝거린다. 그러나 이 쫄아든 허수아비들은 눈이 있어야 할 곳에 고름이 가득 찬 째진 틈이 있을 뿐이다. 영양부족으로 머리카락은 메마르고 뻣뻣했다. 배고픔으로 아이들의 배는 부풀어 올랐고 날씨는 그들의 피부를 거칠게 만들었다. 아이들의 목소리는 먹을 것을 찾는 희미한 신음 속으로 사그라들었다.27)

기자들은 이런 참상에 대한 기사가 국민당의 검열로 삭제된 데 분노하고 넌더리를 내면서 이 재앙의 인간적·군사적 원인을 충칭 정권 탓으로 돌렸다.

스틸웰 장군을 포함한 다른 미국인들 역시 국민당군에 의해 수행되는 징집

강요 캠페인이나, 누더기에 맨발을 한 사람들이 이미 각기병이나 영양실조로 거의 죽음에 이른 상태에서 밧줄에 묶여 전진하는 모습에 공포를 느꼈다. 때때로 장제스의 명령으로 시행되는 징병 장교들에 대한 마구잡이식 처형도 이런 횡포를 근절시키지는 못했다. 1943년에 현역으로 징병된 중국인은 167만 명으로 추정되며 44%가 배치된 군대에 합류하는 과정에서 탈영하거나 죽었다. 1937년부터 1945년 사이에 전투를 해보기도 전에 죽은 징집병은 140만 명으로 총 징집 인원의 약 10분의 1에 달했다.

이처럼 비참한 상황을 목도한 미국인 장교들이 옌안의 공산당 변구에 원조를 하려 했다는 사실은 놀라운 일이 아니다. 루즈벨트 대통령과 합동참모본부는 공산당의 대일 전쟁을 효율화시키기 위해 그들을 무장시키는 문제를 논의했다. 육군성은 각각의 공산당 부대에게 개별적으로는 아니더라도 공산당원이 포함된 군대에게 대여 장비를 제공하는 안을 신중히 검토했다. 그리고 장제스의 분노에도 불구하고 1944년 7월 데이비드 배럿 대령의 인솔 아래 미국의 소규모 '시찰단'이 옌안으로 파견되었다. 그들의 임무는 공식적으로는 일본군의 동정에 대한 정보를 수집하고 기상 자료를 모으며 격추된 비행기 조종사들이 일본의 방어선을 뚫고 본부로 귀환할 수 있도록 도와 주는 것으로 제한했다. '정치적 논의'에 개입하지 말라는 명령이 있었지만, 미국인들은 공산당 군대를 잘 알게 될 수밖에 없었고 그들의 전투 능력에 대해 높은 평가를 내리게 되었다.

옌안에 미국인 시찰단이 가게 된 데는 주로 1944년 6월 충칭을 방문했던 미국의 부통령 헨리 월러스의 주장이 큰 역할을 했다. 공산당과의 우호관계에 대한 모색은 루즈벨트 대통령의 특사로서 11월에 옌안에 간 패트릭 헐리에 의해서 더욱 진전되었다. 이 두 사절 사이에서 루즈벨트는 제2차 버마 전투―스틸웰과 재훈련된 중국군이 훌륭히 싸우고 있었던―와 1호 작전의 참화를 비교했고, 그 결과 스틸웰이 중국 내에 있는 군대를 포함하여 전 중국군의 총사령관이 되어야 한다고 주장하게 되었다. 이는 장제스와 그의 중국인 원로 고문들에게는 용납될 수 없었고, 양측 사이의 로비와 심한 험담 끝에 스틸웰은 1944년 10월 미국으로 소환되었으며 앨버트 웨더마이어 장군으로 교체되었다.

1944년 12월, 1호 작전이 끝난 뒤 웨더마이어 장군은 처음으로 장제스에게 공산당과 동맹하라고 강력히 제안했다. 이것은 5천 명으로 구성된 옌안의 보병

3개 연대를 재편성하고 그들을 미국 보급부대를 통해 무장시키고 장비를 갖추게 한 다음, 연락장교 10명의 보좌를 받는 미국인 연대장이 지휘해서 전장으로 파견하자는 것이었다. 단, 그들의 작전지역은 산시 성의 남부 또는 중국 서남부와 같은 국민당 통제하의 영토로 했다. 그러나 장제스는 지역주민들이 공산당에 너무도 적대적이기 때문에 군대가 효과적으로 작전을 수행할 수 없으리라는 이유로 이 계획에 반대했다.

그러자 웨더마이어의 참모부가 입안한 두번째 계획이 쑹쯔원에게 제시되었다. 이 계획은 4,000~5,000명으로 구성된 미국 공수부대를 공산당 통치지역으로 파견하여 일본의 군사시설 파괴와 후방 교란 공작을 실시하도록 요구했다. 쑹쯔원은 대답을 하지 않았다. 더욱 야심찬 세번째 계획은 OSS(미국전략사무국)의 장교들이 입안하고 중국공산당에 누설되었는데, 이는 OSS에서 온 미국인이 "일본 통신망, 비행장, 보루를 파괴하려는 목적 아래 전체적으로 소란을 피운 후 도주하기 위해" 공산당군과 협력한다는 내용이었다. 그들은 파괴공작이나 무선정보망 구축을 위해 중국공산당군을 훈련시키고, 2만 5천여 공산당 게릴라에게 무기와 장비를 제공하고, 공산당군과 제휴한 여러 민병대의 10만여 부대원에게 '울워스 단발 권총'을 공급하려 했다.[28] 1945년 1월경 국민당이 분노하여 내전이 재개된다는 소문이 확산되자, 헐리(이제 중국 주재 미국대사로 임명된)와 웨더마이어 장군은 이 새로운 계획들을 철회하기로 결심했다. 두 사람은 반공주의자로서 향후 미군이 "국민당 정부를 지원"할 것이며 "중국 전장의 미군 사령관에 의해 특별히 위임받지 않는 한 어떤 방식으로도 중국의 정당, 정치활동 또는 개인과 협조하거나 지원·협상하지" 않을 것이라 선언하는 데 대해 의심할 여지 없이 기뻐했다.[29]

중국공산당은 이러한 미국의 심정 변화에 실망했지만 놀라지는 않았다. 그들은 오랫동안 자신의 힘으로 싸워 왔다. 따라서 그들은 선전전략으로 모든 중국인을 단합시킬 통합정부를 만들자고 계속 호소하면서 옌안 기지의 늘어나는 서양인 방문객과 신문기자들에게 웃어 보이면서, 다른 한편으로는 중국의 농촌에 당의 지원을 확대하기 위해 체계적이고 결단력 있게 작업했다. 통치지역에서 계급관계를 규정하는 데 일정 정도의 유연성을 보였음에도 불구하고 공산당의 정책은 다시 한번 노골적인 방향으로 급진적으로 선회했다. 이제 지주들은

1941-1945년, 중국 중부 농촌인구: 중국공산당의 가구별 계층 분류표[30]

지역	지주	부농	중농	빈농	고농	기타
신신	7.6	4.8	31.0	40.0	16.6	—
얼롄	7.1	3.5	47.1	34.0	2.2	6.1
장탕	2.3	7.0	34.5	50.5	3.6	2.1
신쓰	9.0	10.0	30.0	51.0	0.0	—
바이수이(白水)	5.1	9.0	13.2	72.2	—	—

강력한 공격을 받았고, 농민들은 또다시 그들의 재산 정도에 따라 정확한 등급이 매겨졌다.

엔안의 정의에 따르면 '부농'은 수입의 절반 이상을 고용노동을 통해 얻는 사람들이지만, 이들도 소작인으로 착취당할 수 있다는 점이 인정되었다. 따라서 공산당의 사회분석과 정책에서 주요 기준은 또다시 일반적인 생활수준과 소유한 가축이나 도구의 양이 되었다. '중농'인지 '빈농'인지는 토지소유뿐 아니라 생활수준에 따라서 정해졌다. 법적으로 '빈농'은 토지를 소유하고 있든 소작을 하든 상관없이 최저생계 수준에 미치지 못하므로 노동을 팔아야 하는 농민이었다. '중농'은 다른 사람의 노동을 고용하거나 때로는 노동을 팔아야 가족을 부양할 수 있는 정도였다. 그런데 지역민의 눈에는 누가 현실적으로 행복한 삶을 살 수 있는 기회가 더 많은 것으로 보였을까? 물론 '중농'이 아니라 가난하더라도 '빈농'이었다. 또한 분류기준은 바뀔 수도 있었다. 이런 새로운 유연성이 발휘된 일례로 다섯 살 된 아이와 함께 사는 농민 과부를 들 수 있다. 이 과부는 4,280평의 땅과 초가집 세 채, 돼지 한 마리를 소유하고 있었고, 따라서 표면상으로는 지주였다. 그러나 그녀는 어머니로서 힘들게 노동한다는 점에 동정을 사서 '중농'으로 분류되었다.

북중국 전역에서 명목상 일본이 통치하는 영토나 괴뢰정권의 영향력이 미치는 지역과, 때로는 국민당의 아성이 여전히 남아 있는 지역에서 공산당은 이러한 분류와 재분류, 농촌사회 상황 분석, 그리고 대중동원과 공개비판을 통한 낡은 충성형태의 불식 등 복잡한 일을 계속 수행해 나갔다. 외국 기자들이나 미국 군사 시찰단, 심지어는 국민당 요원들도 이에 대해서는 실질적으로 아무 것도 모르고 있었음에 틀림없다.

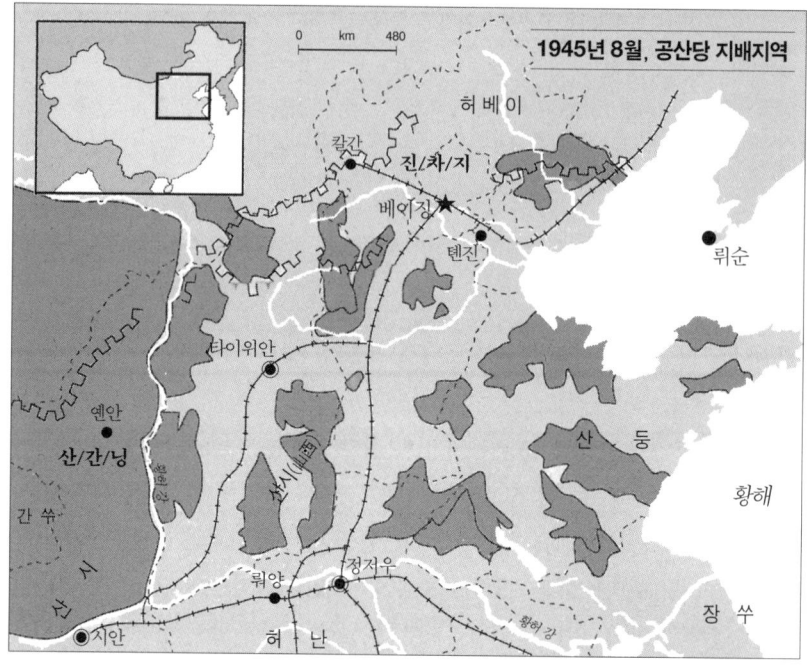

1945년 8월, 공산당 지배지역

　많은 공동체들에서 일종의 전통적인 보갑 상호책임제도를 만들기 시작한 것
은 공산당 간부였다. 이는 5명의 '상호책임' 집단으로 구성되었고, 각 집단은 집
단 내 다른 구성원이 잘못된 길에 빠지지 않았음을 기꺼이 맹세한 사람에 의해
자발적으로 형성되었다. 엄밀한 계급분석에 입각하지 않은 이런 체제는 이제
중국공산당에 의해 "사회적으로 믿을 수 없는" 부류로 인식된 이들을 효과적으
로 공동체 밖으로 소외시킨 채 다수에게는 큰 일체감을 느끼게 해주었다. "사회
적으로 믿을 수 없는" 사람들 중에는 곡식 도둑이나 창녀, 비적이나 아편밀매자
와 연결되었거나 일본 점령지에 자주 왕래하는 사람, 비밀결사의 핵심회원이거
나 괴뢰정권에서 일한 적이 있는 사람 등이 포함되었다. 그러나 이보다 더 모호
한 범주들도 적용되었는데, 이는 중국공산당 조사원들이 얼마나 철저히 주민들
에게 그들의 이웃에 대해 물어보았는지 알게 해준다. 아울러 중국공산당 조사
보고서는 '수상한 과거'를 가진 사람, 간통을 저지른 사람, 나쁜 기질을 지닌 사
람, 정치집회에 참여하지 않은 사람, 아편 흡연자 또는 아내가 가출한 사람 등
에 대해서도 경고했다.[31] 새로운 공산주의자들은 새로운 정치질서를 추구함에

있어서 쾌락을 초월하여 규율을 지킬 수 있는 사람들이어야만 했다.

북중국에서 중국공산당 권력의 성장—이제 중국공산당원 수는 120만에 달했고 팔로군과 신사군 휘하에 90만 명이 넘는 군사가 있었다—에 만족한 마오쩌둥은 1945년 4월 옌안에서 중국공산당 제7차 전국대표대회를 소집했다.(이 같은 당 집회는 1928년 모스크바에서 열렸던 제6차 대회 이후 없었던 것이다.) 이제 마오쩌둥의 지도력에 도전할 사람은 없었으며, 그의 몇몇 정적들은 공개적인 자아비판을 당했다. 마오쩌둥의 '사상'은 새로운 당헌에서 중국공산당의 지도적 지침으로 인정되었고, 뒷날 마오쩌둥 '숭배'를 가져올 확고한 기반이 되었다. 「연합정부론」이라는 논문에서 마오쩌둥은 국민당을 향해 약간의 손짓을 해보였지만, 결론적으로는 중국공산당이 변구에서 발전시킨 정부가 올바른 형태이며 쑨원의 삼민주의를 모두 실현한 것이라고 주장했다. 공산당은 이제 총인구 9,500만에 달하는 '해방구'를 통치했으므로 마오쩌둥이 자축할만도 했다. 당헌은 당의 권력을 강력하게 중앙집권화했고, 마오쩌둥은 새로이 마련된 중앙위원회의 주석직에 올랐다. 그 밖에도 눈에 띄는 특정 사항들이 있었다. 농촌지역에 강한 대표권을 부여했으며, 소련과 공산주의 세계혁명에 대한 언급이 당헌에서 빠졌다. 중국공산당은 자신의 독립성을 강조하고 있는 것 같았다.

중국공산당 제7차 전국대표대회는 같은 시기 충칭에서 열릴 국민당 제6차 전국대표대회와 동시에 개최되도록 신중하게 계획되었다. 국민당의 대회는 장제스의 지위를 부각시키는 데 명백히 실패했다. 오히려 국민당의 청년 낭원들과 당 조직 내의 경쟁 모임들로부터 강한 비판이 제기되었다. 부패와 타락에 대한 논의가 들끓었고, 장제스가 자신의 가장 충실한 지지자들의 충성심마저도 유지할 수 있을지 불분명했다.

국민당의 영향력은 중국에서뿐 아니라 해외에서도 약화되었다. 중국을 결코 크게 신임하지 않았던 윈스턴 처칠은 중국을 여전히 4대 강국의 하나로 생각하는 것은 '완전히 웃기는 얘기'라고 썼으며, 1호 작전에서 중국의 '어리석은' 군사적 패배를 지적했다. 1945년 2월 얄타에서 만난 루즈벨트·스탈린·처칠은 그들이 내린 중대한 결정에 장제스를 동석시키려고도 하지 않았다. 그들이 내린 결정은 소련이 독일의 항복 후 3개월 내에 아시아에서 전쟁에 돌입하고, 사할린과 쿠릴 제도를 포함해 일본에게 빼앗긴 모든 영토를 회복하며, 아울러 뤼순의 대규모 해군기지를 다시 '조차'하고 '국제화된' 도시 다롄(大連)의 이익을 공유하며, 또한 만주의 옛 중·러철도에서 나오는 압도적인 이윤을 또다시 가져간다는 것이었다. 이 마지막 세 조항은 중국의 전후 구상에 중요한 타격을 주었다.

종전이 지연되면서 중국이 받은 유일한 선물은 대규모 대여물자를 유용하는 일이 가능해진 것이었다. 이제 웨더마이어 장군과 그의 참모들은 더 이상 공산주의자들을 무장시키고 훈련시키겠다는 이야기로 장제스의 심기를 건드리지 않고, 그의 군대에서 특별히 선발된 39개 분대의 전투력을 효율적으로 만들기 위해 노력했다. 일본에 대한 미 공군의 무차별 폭격과 버마 내륙에서 연합군의 승리로 인해 버마 도로가 다시 열렸지만, 태평양 도서에서 계속된 미국의 연이은 승리는 수많은 미국인의 생명의 대가로 이루어진 것이었다. 얄타 협정이나 원자폭탄 계획—비밀에 쌓여 있던—에 대해 전혀 몰랐던 웨더마이어는 중국인과 마찬가지로 전쟁에 이기려면 아직도 몇 년 더 걸릴 것이라고 생각했다. 장제스의 승인 아래 그는 중국 동부 해안을 따라 서서히 전진하여 1945년 말이나 1946년 초 광저우를 정복한다는 장기계획을 잠정적으로 세웠다. 그리고 나서 상하이를 향해 북진할 계획이었는데, 이 계획은 장제스에게 19년 전의 북벌전략을 상기시켰을 게 틀림없다. 1945년 8월 초 중국군은 구이린을 수복하고 하이난 섬을 향한 남진을 순조롭게 시작했다.

1945년 5월 독일의 항복은 중국인의 사기를 북돋웠으나, 그들은 일정을 바꾸지는 않았다. 그런데 8월 8일 얄타 협정으로 소련의 대병력이 일본을 공격하기 위해 만주국으로 진주했다. 불과 이틀 전에 미국은 히로시마(廣島)에 원자폭탄을 떨어뜨렸고, 9일에는 두번째 원자폭탄을 나가사키(長崎)에 투하했다. 닷새 뒤 일본은 항복을 선언했다. 너무나 갑작스러운 일이라 중국에서는 어느 누구도 이에 대처할 준비가 되어 있지 않은 상태에서 아시아에서의 패권정치의 전체 구도는 뒤바뀌어 버렸다.

18장 | 국민당 정권의 몰락

일본의 항복과 마샬 계획

1945년 8월 1일 웨더마이어 장군은 충칭 전장의 상황에 대해 합동참모본부로 보낸 장문의 전보에서 "전쟁이 갑자기 끝날 경우 당연히 혼란과 무질서가 만연하리라 예상된다. 중국 정부는 재건, 전염병 예방, 공공시설 복구, 균형 잡힌 경제건설 그리고 수백만 피난민의 재배치에 대해 아무런 계획도 갖고 있지 않다"고 지적했다. 그는 일본이 항복할 경우 자신의 역할이 정확히 무엇인가라는 질문을 덧붙였는데, 내란에 개입하지 않는 범위 내에서 되도록 최대한 국민당군을 돕고 "중국의 주요 지역으로 중앙정부의 군대가 신속히 이동하도록 도와야 한다"는 혼란스럽고 앞뒤가 안 맞는 훈령을 워싱턴으로부터 받았다.[1]

웨더마이어와 장제스는 일본이 항복하더라도 미군의 도움이 필요하므로 미국이 상하이, 다구, 광저우, 칭다오, 한국의 부산 등 다섯 개의 항구를 차례로 신속하게 점령해야 한다는 데 동의했다. 일본의 항복 후 몇 주 만에 미국은 이 다섯 항구를 포함하여 여러 항구를 점령했고, 대규모 미 해병대가 베이징과 톈진에 파견되었다. 그러나 미군은 합동참모본부의 명령에 따라 장제스의 군대를 가능한 한 많이 충칭에서 중국 북부나 동부로 공수하여 국민당 군대가 일본의 항복을 직접 접수할 수 있도록 했다. 히로히토 천황의 항복 선언 후 2개월 만에 미국식 훈련을 받은 장제스의 정예 부대원 11만 명 이상이 미국 제 10공군의 다코타 수송기에 의해 주요 도시들로 공수되었다. 일본군 사령관들은 공산당군에게 항복하지 말라는 지시를 받았기 때문에, 대부분 국민당 장교들이 도착할 때까지 공산당과 계속 접전을 벌이고 있었다. 공산당군은 어디서든 가능하면 일본군이 직접 항복하게 하라는 총사령관 주더의 명령에 따라 항복을 받아 낸 다음에 그 지역 법과 질서를 유지하려고 했다.

방대한 규모의 철수작전은 완료되기까지 수개월이 걸렸다. 중국 본토에는 일본군이 125만 명 가까이 있었고, 만주에 괴뢰군을 제외하고 무장·반무장한 병력이 90만 명 이상 있었으며, 일본 민간인이 175만 명 넘게 있었다. 국민당 군대는 막대한 손실에도 불구하고 여전히 290개 사단에 270만여 명의 병력을 보유하고 있었다. 공산당 팔로군과 신사군의 병력은 거의 100만에 육박했다. 일부 지역에서는 항복의식이 공식적이고 장엄하게 거행되었다. 예컨대 난징에서는 난징 주둔 일본군 총사령관이 장제스가 특별히 선정한 장소, 곧 황푸군관학교 생도로 구성된 중앙군사학교의 강당에서 그의 권한을 포기했다. 그러나 다른 많은 도시들에서는 충돌과 폭력이 난무했다. 그리고 산시(山西)에서는 강력한 군벌 옌시산이 일본군을 이용하여 공산당군을 물리치고 타이위안에서 자신의 지배력을 유지했다.

한편 만주에서는 소련 군대가 만주국 황제 푸이를 체포해 퇴위시키고 일본의 항복을 접수한 후 막대한 무기와 군수품 창고를 중국공산당에게 넘겨주었다. 린뱌오가 지휘하는 공산당군은 장제스가 그들을 대적할 정도의 충분한 병력을 그곳으로 이동시키기 전에 이 지역으로 신속히 진군했다.

지난 8월 웨더마이어의 큰 걱정거리였던 적절한 진군계획의 부재는 결국 국민당에게 치명적인 결과를 초래했다. 국민당은 일본군으로부터 도시를 하나하나 되찾고 통일된 중국의 재건이라는 목표를 달성한 듯했지만, 그들의 부주의, 비효율성 그리고 부패가 대중적 지지기반을 서서히 허물어뜨렸다. 단지 공산당의 영토 확장을 막는다는 이유로 전쟁 중에 일본에 공공연히 협력했던 괴뢰정권의 군인과 정치인을 본래 자리에 그대로 남아 있게 하자 많은 중국인들은 격분했다. 국민당은 9월 말에 반협력법을 제정했지만 허점투성이였고, 괴뢰정권에 몸담고 있는 동안 약간의 애국적 행동이라도 했던 사람에게는 관용을 베풀겠다고 약속했다. 그리고 이러한 법령의 효과는 만주국, 내몽골연방 또는 베이징 지역 괴뢰정권을 위해 일했던 수많은 장교들을 국민당군의 요직에 임용함으로써 더욱 흐지부지되었다. 국민당은 그들의 목적을 위해서라면 일본 점령지역에서 피신하지 않았던 사람들을 무조건 부역자로 몰아 처벌하기도 했다.

일본 점령기에 일본인이나 부역자들이 차지했다가 이제 본래의 권리 소유자에게 되돌려주기로 한 재산의 동결과 관련해서 숱한 추문이 뒤따랐다. 중복되고 느슨하게 감독되던 많은 사무국들이 공장 건물과 설비의 목록을 작성하고 재산반환청구를 심사하는 임무를 맡았다. 이양절차가 완료되는 단 며칠 동안만 폐쇄하기로 했던 공장과 창고들이 길 경우 수주일간 문을 닫는 사태가 벌어져 수천 명이 실직하고 지역경제가 마비될 지경에 이르렀다. 동시에 도처에서 동결된 자산에 대한 강탈행위가 발생하고, 어떤 정부 부처의 대리인을 자처하는 일단의 완장 찬 무리는 멋대로 점포에 침입하고 차량을 접수하는 등 온갖 횡포를 일삼았다. 공공재산을 강탈하는 사람들 중에는 고위 장교와 심지어 상하이의 차페이 경찰대의 대장도 포함되어 있었기 때문에 이런 사태를 바로잡기란 거의 불가능했다. 그 밖의 대표적인 사건으로는 후난의 장교들이 일본인들로부터 자동차 3,438대를 강탈한 사건이 있었는데, 그들은 부속을 훔쳐서 지역 상인들에게 불법적으로 팔아넘겼다.

국민당은 통화 안정이라는 난제도 제대로 해결하지 못했다. 당시 가장 시급한 일은 전시에 충칭에서 사용되어 왔던 국민정부의 법폐와 다른 괴뢰정부에서 발행한 여러 화폐의 교환 비율을 결정하는 문제였다. 그러나 국민당은 결단을 신속하게 내려 대처하지 못함으로써 도시마다 환율이 달라 혼란이 가중되었다. 일례로 한 괴뢰정부의 화폐가 우한에서는 위안당 40에 교환되고, 상하이에서는 위안당 150 그리고 난징에서는 200에 교환되었다. 법폐와 미국 달러 사이의 환율도 지역마다 달라서 한때 톈진에서는 미화 1달러에 700위안일 때 상하이에서는 1,500에서 2,500위안까지 거래되었다. 자연히 투기꾼들은 톈진에서 미국 달러를 사서 상하이로 가서 팔아 이득을 챙겼다. 식료품 가격도 통제가 불가능할 정도로 올라 어떤 중앙당국도 적정수준으로 가격을 묶어 둘 힘이 없었다.

이렇듯 실망스러운 상황에서 미국은 어떤 식으로든 국민당과 공산당의 관계를 회복시켜 중국에서 내전이 일어나지 않도록 하고 적어도 일정 정도의 민주주의를 보장하려는 노력을 계속했다. 1945년 8월 헐리 대사는 옌안에서 충칭까지 마오쩌둥을 직접 수행하여 장제스와의 협상을 주선했다. 이 회담은 10월 10일까지 계속되었는데, 당시 양측은 중국 동북부의 지배권을 놓고 대립하고 있었다. 이 회담은 장래의 협력 가능성을 보여주는 듯한 일련의 원칙들을 발표하는 결실(쌍십협정〔雙十協定〕—옮긴이)을 맺었다. 마오쩌둥과 장제스는 정치적 민주주의, 군사력의 통합 그리고 모든 정당의 동등한 법적 지위의 필요성에 동의했다고 선언했다. 국민대회 또는 인민대표대회를 곧 소집하여 쑨원이 민주주의로의 전환에 선행된다고 말했던 정치적 훈정기를 끝내기로 했다. 정부는 '개인의 종교·언론·출판·집회의 자유'를 보장할 것이며, 법의 집행을 적법하게 구성된 경찰과 사법부에 맡기고 '특무기관들'을 폐지하기로 했다. 지방정부 선거의 원칙에 대해서도 의견의 일치를 보았지만, 그 범위와 시기에 대한 합의는 없었다.

지방의용군과 공산당 통제하의 변구 정부에 대해서는 만족스런 합의에 도달하기가 훨씬 힘들었다. 공산당은 이미 극북의 주요 철도 연결지인 칼간을 점령한 데 만족하여 그들의 군대를 중국 남부에서 철수시키겠다고 공표했다. 반면 장제스는 국가 전체에 대한 통치를 거듭 강력히 주장했고, 11월에는 가장 뛰어난 부대를 산하이관을 통해 만주로 파견하여 공산당에 대해 맹렬히 공격했다. 그는 아직 남부에 대한 지배를 강화하지 못했고 오직 통일이라는 외양을 갖추려는 열망 때문에 진정한 권력기반의 형성을 등한시했다. 전투가 점점 더 치열해짐에 따라 당시 중재자로서 충칭에 머물러 있던 저우언라이는 옌안으로 돌아갔다. 그리고 헐리 대사가 11월 말에 돌연 사임했다.

헐리는 해리 트루먼 대통령에게 제출한 간략한 사직서에서 중국에 대한 미국의 민주주의적 이상은 공산주의와 제국주의 양 세력에 의해 위협받고 있다고 밝혔다. 아울러 그는 중국 주재 미국 외교관들이 국민당 정권의 붕괴를 막으려는 미국의 노력에 찬물을 끼얹고 옌안을 동정하여 중국공산당에게 국민당군의 지휘 아래 그들의 군대를 편입시키지 말도록 충고한 것에 대해 강력히 비난했다.

아직도 중재가 가능하다고 굳게 믿었던 트루먼 대통령은 12월에 대단히 존경을 받고 있던 전 합동참모본부 사령관 조지 마샬 장군을 중국 특사로 파견했다. 이제 항일전쟁도 끝났고 장제스의 39개 사단 가운데 마지막 사단까지 종전기에 미국이 약속한 훈련과 장비를 받은 만큼 미국이 중국에 더 이상 계속 개입할지는 불분명했다. 그러나 이미 장제스를 도와 그토록 많은 도시를 다시 차지하도록 해주고, 그의 정부에 신용차관을 새로 늘려 주고, 그에게 6억 달러에 달하는 군사 장비를 헐값에 공급한 미국이 이제 와서 중립적 역할을 수행하고 있다고 주장할 수는 없었다. 그럼에도 불구하고 마샬은 1946년 1월 10일 양측을 정전에 동의하도록 했고, 장제스가 그 해 가을에 마오쩌둥과 논의했던 국민대회의 소집을 진행시키도록 설득했다.

이에 따라 1월 11일 38명의 대표가 '정치협상회의'를 위해 충칭에 모였다. 38명 가운데 8명은 국민당 출신이고 7명이 공산당 출신이었으며 5명은 새로 창당된 국민청년당(중국의 평화적 재건을 부르짖고 활발하게 적극적으로 활동하는 신흥세력) 소속이었으며 2명은 중국의 수많은 자유주의 지식인을 대변하는 민주동맹에 소속되어 있었다. 나머지는 수많은 소규모 정치집단 소속이거나 어느 당파에도 소속되어 있지 않았다. 언론에 대대적으로 보도되어 미래에 대한 희망의 물결을 일으켰던 열흘 동안의 논의 끝에 대표들은 헌정(憲政), 군사 지휘권의 통합 그리고 국민대회와 관계되는 핵심사항들에 대해 합의에 도달한 것처럼 보였다. 2월 말에 회의 참가자들은 양측의 군사감축에 대한 자세한 계획을 발표했다.

불행히도 이처럼 훌륭한 취지는 아무런 성과도 거두지 못했다. 아마도 그 비현실성 때문이었을 것이다. 아직도 공산당과 국민당은 여러 지역에서 군사 충돌을 거듭했고, 국민당 중앙집행위원회는 회의의 합의사항을 결정적으로 번복했다. 위원회는 예정된 국무회의에서 공산당과 민주동맹의 거부권을 제한시키고, 새로운 헌법에서 명시한 진정한 내각제가 아니라 장제스의 총통권을 확실히 하며, 지방자치를 광범위하게 허용하려던 계획을 백지화하기로 했다. 공산당과 민주동맹은 국민당이 이런 번복을 철회하지 않을 경우 더 이상 협력하지 않기로 했는데, 국민당은 이들을 배제한 채 진정한 민주적 참여 없이 1946년 말 국민대회를 소집하고 헌법조안을 만들었다. 1914년과 1915년 위안스카이가 헌법과 의회를 조작한 일을 떠올리게 하는 상황이었다.

민주주의의 재건이라는 전체적인 초점이 흐려졌고 좌파와 자유주의자에 대한 무조건적인 탄압과 심지어는 암살까지 자행되었다. 가장 눈에 띄는 희생자는 중국의 가장 훌륭한 시인으로 완고한 국민당에 대해 강력히 비판했던 원이 뒤(聞一多)였다. 그는 1946년 여름 쿤밍에서 암살자의 총에 맞아 죽었다. 그럼에도 불구하고 1946년 6월 또다시 조지 마샬은 이번엔 만주에서 양측이 정전을 선언하도록 화해시켰고, 전쟁으로 손상된 중국의 경제회복에 필수적인 철도의 복구를 실현시켰다.(전쟁 후에도 연결되어 있던 철도가 국민당군의 반공군대 수송에 이용되자 중국공산당은 그 일부를 끊어 버렸다.) 이론적으로는 휴전이 성립됐지만, 국민당군은 7월에 시작된 두번째 만주 공격을 위해 집결하고 있었다. 그러는 동안 공산당은 북중국에 있는 변구의 해체를 거부하면서 군대를 인민해방군으로 재조직하고 토지개혁의 초점을 소작료 인하와 재분배에서 완전 몰수와 계급의 적에 대한 처단으로 전환했다.

국민당과 공산당 사이의 이 비타협적 국면에서 한 가지 예외는 1938년 장제스의 기술자가 제방을 폭파함으로써 물길이 바뀐 황하를 원래의 북쪽 수로로 되돌리기 위해 서로 노력한 일이다. 이 거대한 사업은 유엔구제부흥기관 관리들의 지도 아래 1947년에 마무리되었다. 그러나 같은 시기에 미국이 국민당을 원조하고 중국 정치에 개입한다는 중국 좌파의 비난이 강력하게 제기되었고 엄청난 규모의 시위와 폭동이 잇달았다. 다수의 미국 공무원이 공산당군에 의해 납치되었고, 1946년 7월 9대의 수송 차량과 이를 호위하던 40명의 해병대가 텐진에서 베이징으로 이동하던 중 안핑(安平) 현에서 기습당했다.

이 충돌은 반미감정이 새로운 차원에 도달했음을 보여주는 동시에, 어떤 면에서는 50여 년 전과 비슷한 과정을 밟음으로써 서양인에 대한 의화단의 공격을 떠올리게 했다. 해병대 수송차량 행렬은 길을 막은 바위들로 지체되곤 했는데, 이번에는 농가의 마차가 길을 막고 있었다. 미처 퇴각하기도 전에 맨 뒤에 있던 차량에서 불길이 일었고 그 사이에 차량과 사람이 불속에 갇히고 말았다. 길가의 키큰 작물들 속에 매복해 있던 공산당군은 하루종일 총을 쏘아댔다. 미국 해병 3명이 죽었고 1명이 중상을 입어 얼마 후 죽었으며 10여 명이 부상을 당했다. 미국은 최초의 공중 정찰을 통해 15명 또는 그 이상의 공산당군이 죽었고 그보다 더 많은 수가 부상당했음을 확인했다. 마침내 지원군이 도착하여 미군이 공산당군이 있는 곳으로 진입했을 때, 공산당군은 이미 그들의 부상자와 심지어 사망자까지도 데리고 사라져 버린 뒤였다. 부근의 주민들을 심문해 보

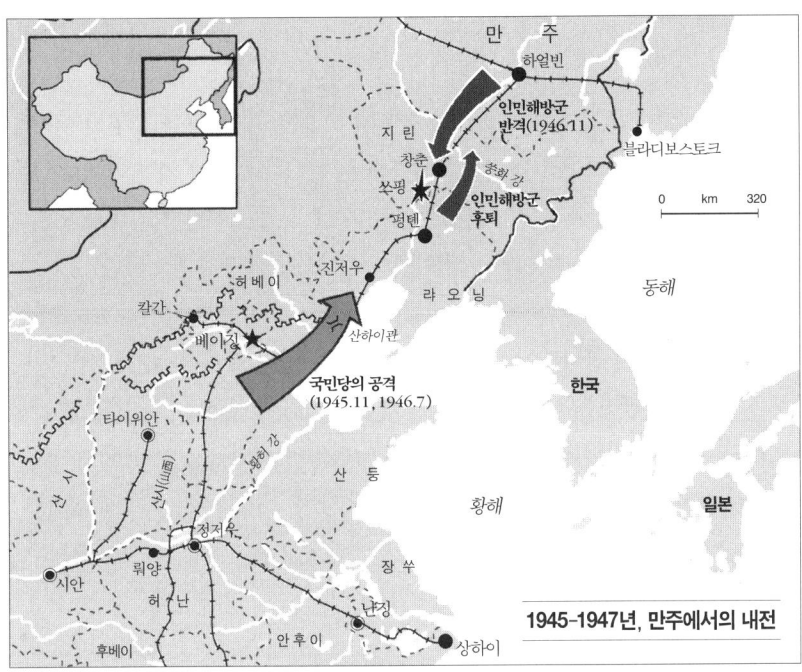

1945-1947년, 만주에서의 내전

앉지만 전혀 듣지도 보지도 못했다고 대꾸했다. 특히 미국 정부가 아시아에서 벌어지고 있는 전쟁에 폭넓게 개입하는 것을 원치 않았기 때문에, 이런 사건들은 미국의 입장을 더욱 어렵게 만들 가능성이 있었다.

트루먼 대통령은 마셜을 중국 특사로 보내면서 장제스에게 "만일 중국이 통일되지 않고 내전으로 분열된다면 중국은 현실적으로 미국의 원조에 적합한 곳으로 고려될 수 없다"[2]는 것을 거침없이 이야기하라고 지시했다. 이 말은 곧 장제스가 정치개혁의 일정한 원칙을 지키지 않으면 미국은 원조를 끊겠다는 것이었다. 장제스에게 보낸 1946년 8월 10일자 편지에서 트루먼 대통령은 "최근의 사태들로 인해 평화적 민주주의를 향한 중국민의 열망에 대한 미국의 믿음이 완전히 깨져 버리지는 않았지만, 흔들리기는 했습니다"라고 썼다. 만일 장제스가 좀더 유연해지지 않으면 "나로서는 미국민에게 미국의 입장을 재규정해서 설명할 수밖에 없을 것입니다"라고 트루먼은 덧붙였다. 장제스는 수주일 후 "평화에 대한 열망은 상호적이어야 한다"고 냉랭하게 답하고, 공산당측의 여러 가지 정전협정 위반사례를 지적했다.[3]

이때부터 1946년 말까지 저우언라이, 장제스, 마샬, 트루먼 사이에 공손하면서도 상대방의 합리성을 촉구하는 전갈들이 산발적으로 오갔다. 1946년 10월 10일, 1911년의 우한 혁명 발발 제35주기를 이용하여 장제스는 중요한 연설을 했다. 그는 가시 돋힌 말투로 중국공산당에게 "군사력에 의한 지역 지배와 나라의 분열을 조장하는 책략을 포기"하라고 요구했다. 중국공산당은 새로 소집된 국민대회야말로 '국가를 조각 내는' 기만적 행위라고 대응했다.[4]

미국이 진정으로 중국의 긴장완화를 돕는 것이 가능했다 하더라도 이미 때는 늦었고, 이제는 중국인 스스로 문제를 풀어 나가야 했다. 1947년 1월 초 마샬은 서글픈 고별연설에서 자신의 임무가 실패했음을 선언했다. 그 달 말 국무성은 10줄로 된 간략한 보도자료를 통해 공산당과 국민당 사이를 중재하려던 미국의 마지막 연락대대가 해체되었다고 선언했다.

토지개혁과 만주기지

일본이 항복한 이듬해에 공산당은 지배지역에서 토지개혁을 강화했다. 1946년 상하이에서 중국농업협회 주최로 열린—토지개혁에 관심이 있는 4천여 명의 사람들이 참여한—회의에서 공산당 대표는 중국공산당의 계획에 대해, 소작료 인하를 유도하는 소극적인 통일전선정책에서 탈피하여 소작제를 폐지하고 토지를 경작하는 농민에게 되돌려주기 위해 작업하고 있다고 침착하면서도 확신 있게 말했다. 그는 '재분배되는' 토지는 주로 청 왕조 때의 만주족 또는 전시하의 '매국노'가 보유했던 토지이거나 아니면 세금을 피하기 위해 지주가 등록하지 않은 토지, 빚을 갚지 못한 농민들에게서 편법으로 강탈한 토지라고 주장했다. 이 회의에 대해 국민당 대변인은 농촌의 상태는 안정돼 있으며 농촌 교육 프로그램과 개선된 농업기술이 시대의 요청을 충족시킬 수 있을 것이라고 반박하면서 급격한 변화는 필요 없다고 말했다.

공산당은 본래 기반인 산시 지역과 더불어 장쑤 북부, 허베이와 산둥 성에서 특히 활발하게 활동해 왔다. 이 지역의 소작률이 다른 지역에 비해 훨씬 낮다는 점을 고려할 때 공산당의 토지개혁은 괄목할 만한 성장을 보였다고 할 수 있다.

예컨대 허베이와 산둥의 소작률은 12% 정도로 낮았는데, 서남부 일부에서는 자그만치 농민의 56%가 소작농이었다. 공산당의 정책이 특히 북부에서 효과를 거두었던 것은 부분적으로는 황허 강의 범람과 다른 자연재해 외에 일본의 '삼광'작전으로 인한 황폐화 때문이었다. 게다가 이 지역의 혹독한 겨울기후는 빈곤을 더욱 심화시키고 사회적 재난을 초래했다. 한편 이 지역에서 공산당이 성공을 거둔 데는 역사적 이유도 있다. 한때 자신들의 부가 공동체 복지와 연결되어 있던 지역 지도자나 종족, 종교집단에 의해 강력하게 유지되던 옛 사회질서는 서서히 무너져 갔다. 처음에는 국민당, 나중에는 일본이 추진한 지역행정 재편으로 인해 농촌 공동체는 조직적으로 약화되고 그들의 사회적·경제적 삶은 빈약해졌으며, 그들의 운명은 종종 마을 사람들이 그저 '토호'(土豪)라 부르는 새로운 형태의 농촌 권력 중재자들의 손에 맡겨졌다.

중국공산당은 이런 붕괴된 공동체로 물밀듯이 들어갔다. 그들의 가장 큰 연합세력이 빈농과 토지를 갖지 못한 농촌노동자들——이들의 불행은 1930년대에 일본인이나 학문적 조사자들에 의해 처음으로 면밀히 분석된 바 있다——임을 인식한 중국공산당은 1946년과 1947년 사이에 그들의 대표가 약속했던 소작제의 폐지와 마을 내 토지와 재산의 평등화를 추구하는 토지개혁안을 선전했다.

토지개혁의 과정에서는 폭력이 뒤따르게 마련이었는데, 지주뿐 아니라 토호나 사적인 적에게까지 해묵은 빚을 청산하려 했기 때문이다. 다양한 수치가 있지만, 한 자료에 따르면 1945년 산둥 성의 공산당 지배지역에서만 '투쟁사례'가 총 1만 9,307건 있었으며, 이 중 많은 경우가 지주의 죽음으로 이어졌다고 한다. 마을의 개혁보고서는 공동체 전체가 어떻게 대중집회를 통해 부유한 이들을 공격하고, 극도로 증오하는 이를 죽이고, 몰수한 재산을 재분배했는지 보여준다. 빼앗은 식량은 대개 닥쳐올 어려운 시기를 대비하여 저장하기보다는 빈민들의 대규모 축제를 위해 써버렸다. 산시(山西) 성에 조직된 농민협회의 회장은 1946년 1월에 있었던 한 지주의 심문상황을 구두로 전해 주었는데, 성징허라는 이 지주에 대해 지역민과 소작인으로부터 공산당 간부가 접수한 야만적인 처사에 대한 고발은 100건이 넘었다고 한다.

최후의 투쟁이 시작되자 성징허는 100가지뿐 아니라 훨씬 더 많은 고발을

당했습니다. 한번도 많은 사람들 앞에서 말해 본 적이 없는 노파들까지 일어
나서 그를 고발했어요. 심지어 리마오의 아내—아무도 똑바로 쳐다볼 엄두를
못낼 정도로 수줍음 많은 여인인데—까지도 그의 코앞에 주먹을 휘두르며
"언젠가 내가 네놈 밭에 밀이삭을 주우러 갔었지. 허나 네놈은 욕설을 퍼부으
며 날 내쫓았어. 왜 욕하고 때리기까지 했지? 어째서 내가 주운 이삭을 빼앗았
지?"라며 울부짖었지요. 모두 180건이 넘는 비판이 제기되었습니다. 성징허
는 아무 대답도 하지 않았어요. 그는 고개를 떨구고 서 있을 뿐이었어요. 우리
는 그 고발들이 모두 거짓인지 사실인지 물었습니다. 그는 모두 사실이라고
했습니다. 조합위원회를 열어 그가 지불해야 할 액수를 계산해 보니, 거친 기
장이 아니라 도정한 곡식으로 400포대에 달하더군요.

　그날 저녁 모든 사람들이 그의 재산을 인수하는 것을 거들기 위해 성징허네
마당으로 갔습니다. 그 날 밤은 몹시 추웠기 때문에 우리는 모닥불을 피웠는
데, 불꽃이 별을 향해 치솟더군요. 참으로 아름다운 광경이었습니다.

　찾아낸 곡물의 양에 만족하지 못한 촌민들은 성징허를 계속 때리고 그를 고
문하기 위해 모닥불에 쇠를 달구었다. 공포에 질린 성징허는 마침내 돈이 묻힌
곳을 털어놓았다. 농민협회 회장은 이렇게 그의 설명을 마무리지었다.

　우리는 그날 밤 성징허에게서 모두 500위안을 찾아냈습니다. 그때는 벌써
먼동이 트고 있었어요. 우리는 모두 지치고 배고팠어요. 특히 민병대원들은
사람들을 집회로 불러모으고 성징허의 집을 경비하고 그를 때리고 돈을 파내
느라 더욱 그랬어요. 그래서 우리는 성징허가 설을 지내기 위해 준비해 둔 음
식—돼지고기와 고추로 소를 만든 만두 한 솥 전부와 다른 산해진미들—을
먹어 치우기로 했습니다. 그의 집에는 새우도 있었어요.

　모두들 말했어요. "과거에는 그 놈이 지대와 이자를 내라고 집을 몽땅 털어
가는 통에 즐거운 설을 보낸 적이 한 번도 없었지. 이번에는 마음껏 먹어보
자." 그리고 모두가 배불리 먹느라 정신이 없어 추운 줄도 몰랐습니다.[5]

그러나 중부와 동북부의 토지개혁사업은 불길하게도 이전으로 복귀하려는

움직임에 직면했다. 재산을 압수당하고 겨우 죽음을 면한 지주들——또는 살해당한 이의 친척들——은 다시 세력을 규합하여 언제라도 가능하면 자신의 가족이 빼앗긴 것을 되찾으러 올 수 있었다. 중국공산당이 지역공동체에서 활동하고 있는 동안에는 언제나 그러한 귀환의 위협이 늘 압박감을 주었다. 예를 들면 1946년 여름 국민당은 15만여 명의 군대를 소집했는데, 이들 대부분은 훌륭한 미제나 일제 무기, 장비 그리고 차량을 가지고, 공산당이 점령한 장쑤 성의 29개 현으로 진격했다. 이 29개 현 모두를 정부군이 탈환했다. 1946년 공산당이 64개 현을 통치하던 허베이-산둥-허난의 경계 지역 가운데 49개 현을 국민당이 다시 재점령했다. 공산당 편에 섰던 사람들은 완곡한 표현으로 '자수와 전향'의 대상이 되었다. 그들은 보석금을 내지 못할 경우 투옥되었고 다수가 처형되었다.

이러한 권력 회복 기간 동안 무장 경비대를 대동한 지주들은 집집마다 찾아가 밀린 소작료를 요구했다. 일부에서는 돌아온 정부군이 토지개혁에 참여했던 가구마다 한 사람씩 뽑아 총살했고, 어떤 경우에는 전 농민지도자와 그의 친척들을 생매장했다. 1947년 국민당 군대가——장제스의 가슴에 소중한 상징적 승리의 의미가 있는——오랫동안 공산당의 저항의 근거지였던 옌안 지역을 재정복하자 이와 유사한 보복이 농민에게 가해졌다. 비록 폭력이 계급간의 증오심과 원한을 심화시키기는 했지만, 동시에 농민들로 하여금 그들을 버리고 간 공산당 군대에 깊은 불신을 갖게 했다.

중부와 북부에서의 반격 위험 때문에 만주는 중국공산당의 미래의 희망을 위해 더욱 중요해졌다. 전쟁의 참화에도 불구하고 만주는 4,500만이 넘는 인구, 거대한 산업도시들 그리고 광활한 식량공급지로서 자원이 풍부한 지역이었다. 만주의 대부분은 삼림이 우거진 산악지대였기 때문에 이곳의 지형 또한 게릴라군의 보호막이 되었다. 만주는 1906년 이래 중국인 주도의——종종 하얼빈 시내나 철도의 수많은 러시아 노동자들과 연대하여——파업으로 시작되는 사회적 소요의 기나긴 역사를 가지고 있었다. 일본 점령 초기에 만주의 강고한 중국 공산당 조직은 훨씬 고립된 지역에서 토지개혁을 추진하고 일본군 기지에 대해 게릴라전을 벌였다. 일본 당국에 보관된 만주의 공산주의자 검거기록에 의하면, 검거자 가운데 29%가 21~25세였고 29.5%가 26~30세인 것으로 보아 상당히 젊은 사람들이 운동에 참여했음을 알 수 있다. 만주의 중국공산당원들은 또한 농민, 공장과 철도 노동자, 상인, 교사와 학생, 군인과 경찰 등 다양한 직업과 신분 출신이었다.

중국과 전쟁을 하는 동안 일본군—명목상으로는 만주국 당국을 통해 일하던—은 만주에서 공산주의자를 색출해 내는 데 능숙해졌다. 그러한 성공은 대부분 고립된 지역에서 온 500만 명이 넘는 농민들을 약 1만여 개의 '집단 부락'으로 조직하여 그곳에서 경찰의 감독 아래 살게 한 잔인한 정책 덕분이었다. 그들이 원래 살던 집을 파괴함으로써 적에게 은신처를 제공하지 못하게 했던 것이다.

1945년 일본의 패망과 러시아 군대의 만주 진주 이후 이 지역에 산재해 있던 공산당 잔존세력은 다시 부상했다. 이 게릴라 부대는 1945년 말 옌안에서 린뱌오가 이끄는 약 10만 명의 팔로군이 쑤이위안 성을 통과하는 육로나 산둥 북부 해안에서 정크를 타고 해로로 도착하자 재편할 수 있었다. 게릴라들은 농촌에서 적극적으로 지원자를 모집하여 곧 15만여 명으로 구성된 인민자위군을 조직했다. 이 군대의 다수는 조선인이었는데, 이들은 조국이 일본에 강점되자 만주로 이주해 온 사람들로서 1945년 이후 조국이 38°선을 기준으로 북쪽은 소련 남쪽은 미국 진영으로 분할되자 만주에 남았다. 또한 북중국 여러 지역에서 전투를 했고 청년 원수(장쉐량) 휘하에 있었던 약 2만 5천 명의 군대도 있었다. 그들은 청년 원수의 동생이 지휘를 맡았고, 전쟁 내내 그에게 충성을 바쳤다.

린뱌오의 군대—대부분이 만주지역 출신—는 1945년 가을 이 지역에 도착하자마자 주요 도시들을 탈환하여 점령하려는 결의를 보였다. 그 과정에서 그들은 종래 옌안 지역의 빈곤 때문에 그리고 국민당이나 일본의 지속적인 공격에 개의치 않고 다른 중국의 대도시를 장악하기에는 역부족이었기 때문에 선택할 수밖에 없었던 순수한 농촌전략을 뛰어넘게 되었다. 그들은 이 지역에 도착하고 나서야 1945년 8월 이래로 소련이 주요 산업도시들, 철도, 광산을 장악하고 있음을 알게 되었다. 소련군은 일본군의 무기와 장비 저장고를 공산당이 인수하도록 함으로써 이 지역으로 군대를 신속히 파견하려던 장제스의 노력을 무산시켰다. 반면 만주지역에서 소련은 직접 사용할 목적으로, 대독일 전쟁에서 입은 막대한 피해에 대한 보상으로 식료품과 기계로 그득 찬 창고들을 장악했다. 한 미국 조사단에 따르면, 그들은 특히 발전기, 변압기, 전동기, 실험실과 병원, 그리고 가장 좋은 새 기계장비를 전부 가져갔다. 그들은 또한 금으로 미화 300만 달러를 챙겼고 단기 은행채권을 남발했다. 마지막에는 만주에서 가장 큰 여러 광산들로부터 발전기와 펌프를 마구 빼내 가는 바람에 갱도의 물이 범람하여 큰 피해를 입히기도 했다.

그러나 1946년 소련군이 만주에서 철수하자 거대한 안산제철소, 랴오양 방적공장, 푸순 탄광 그리고 수많은 수력발전소 등은 대부분 국민당에게 넘어갔다. 1945년 여름 일본의 만주 투자액은 11조 엔에 달했었다. 상하이나 다른 곳에서와 마찬가지로 현지에 도착한 국민당 관리들은 무자비하고 파괴적으로 산업설비를 탈취했다. 사적으로 폭리를 취하거나 공공 재산을 개인의 이익을 위해 임대하는 등 부패 행위가 빈번했다.

장제스는 지역별 단결력을 약화시키기 위해 헤이룽장·지린·랴오둥의 세 성을 9개의 새로 구성된 행정단위로 나누고 실질적으로 주요한 모든 관직을 만주인이 아닌 자들에게 할당함으로써 부패를 더욱 만연시켰다. 대개의 경우 새로운 관리들은 권력을 남용했고, 공산주의자들이 농촌지역에서 마음대로 활보하도록 내버려 둔 채 자신의 현 기지에 안주했다. 이 국민당 관리들은 다른 집단의 충성심을 확신하지 못하여 지역의 지주나 친일파와 결탁하는 경향을 보였다. 또한 법폐에 악영향을 미칠 급격한 인플레이션을 피하기 위해 별도의 화폐를 발행하라는 장제스의 결정 때문에 만주 경제는 위태로워졌다. 그러나 치솟는 국민당의 군사비와 수백 명에 달하는 한직자의 봉급 지불은 결국 매달 수십억 위안의 은행권 발행으로밖에 감당할 수 없었다.

청년원수 장쉐량을 그의 전 군대가 원했던 대로 10여 년간의 가택연금에서 해제하기는커녕 더 안전한 타이완 요새에 구금하기 위해 이송한다는 장제스의 결정은 지역민의 감정을 더욱 악화시켰다. 1946년 말 펑톈으로부터 소식을 전해온 한 신문 통신원에 따르면, "일반인들은 하늘 아래 모든 것이 남부인들 것이라 느끼고, 한편으로는 지금의 생활이 만주국 시절만 못하다고 생각했다."6)

잘 무장된 다수의 병력을 보유한 국민당군에 비해 여전히 너무 약하여 만주 남부 도시들을 지배할 수 없었던 공산당은 쑹화(松花) 강 바로 북쪽의 하얼빈에 그들의 도시 근거지를 구축했다. 인구 80만 정도의 이 산업·상업 도시는 혁명의 중추가 되었다. 확산되는 혁명을 지도할 인물들이 도시의 특별기구에서 노련한 간부들로부터 훈련을 받았고, 모든 근대적 매체—신문, 영화, 잡지, 라디오—를 통해 공산주의의 이념을 시민들에게 전파했다. 거대한 도시인구를 쉽게 통치하기 위해 공산당 지도부는 도시를 6개 구로 나누고 이를 다시 각각 인구 1만 4천 명 가량의 58개 가두(街頭)정부로 나누었다. 도시 내의 수많은 유동인구—노동자, 행상, 짐꾼, 마부—를 통제하기 위해 주민등록이 실시되었고, 비적이나 파괴분자들이 소탕되었으며(러시아의 비밀경찰은 수많은 백러시아인 난민을 이미 소련으로 송환했다), 1만 7천여 명의 시민들이 '야경단'으로 조직되었다. 그러나 이 야경단으로는 범죄를 막을 수 없게 되자, 샛길과 골목마다 자체적으로 책임지고 경비대를 구성하도록 했고, 이전의 보갑 상호책임제도와 마찬가지로 범죄를 신고하지 않은 목격자는 모두 공범으로 간주했다. 여행은 엄격하게 감독하는 통행 허가제로 제한했다.

하얼빈의 중국공산당 지도자들은 시내에 유행한 선(腺) 페스트의 전염을 예방하기 위해 시 전역에 긴급 위생 점검을 하게 되었다. 이 전염병은 세균전 실험을 하던 일본군 연구자들이 기른 들쥐에 의해 퍼졌다. 1945년 8월 종전과 함께 일본군은 이 들쥐를 없애지 않고 풀어 놓았다. 1946년에 잠복기를 거친 이 병은 1947년에 3만 명 이상의 생명을 앗아 갔다. 사망자가 더 늘지 않았던 것은 소련 보건 전문가들의 도움으로 공산당의 검역 및 예방접종 조치가 효율적으로 취해졌고 병이 더 확산되지 않도록 모든 도로와 철도 교통이 엄격하게 통제되었기 때문이다.[7]

또한 공산당은 시의 권한을 행사하여 도시 노동자를 동원했는데, 이들은 인민해방군이 물건을 나르는 일을 돕고 마차를 몰거나 전선에서 들것 메는 사람으로 봉사했다. 도시경제는 누진판매세를 통해 엄격하게 관리되었다. 이 세금은 곡물·연료·식용유의 경우에는 낮았지만, 담배는 40%, 사치품이나 화장품에는 70%나 부과되었다. 사업에도 세금이 부과되었고, 하얼빈의 모든 거주자들은 공산당의 전쟁 노력에 대해 '자발적 헌금'을 요구하는 캠페인 공세를 받았다. 당은 집회, 포스터, 깃발, 신문 그리고 위협을 통해 1947년 하얼빈에서 적어도 2억 위안을 거둬들였다. 이로써 공산당은 여차하면 만주를 박차고 나가 이미 북중국 농촌지역에 산재해 있던 게릴라군과 합류하게 될 경우 중국의 주

요 도시들을 통치하는 데 필요할 모든 기술과 기법들을 확보하고 있었다. 1620
년대와 1630년대에도 비슷한 형태로 누르하치와 홍타이지가 만주에서 남부의
거대한 중국 사회를 통치하는 데 필요한 행정과 정치 기술을 배웠다.

　중국공산당은 만주 중앙의 하얼빈 근거지에서 농촌으로 간부단을 파견하여
급진적인 토지개혁을 약속하며 농민들을 공산당으로 끌어들였다. 공산당은 일
본인과 그 협력자가 소유한 모든 토지의 몰수를 주장했는데, 일본 점령정책의
특성과 치밀함을 고려할 때 그 양은 엄청났다. 이 지역에 방대한 토지가 엄청
많았기 때문에 린뱌오로부터 업무를 배정받은 1만 2천 명의 토지개혁 간부들
은 약 9만 2천 평 이하——만리장성 이남의 중국에서는 거대해 보이는 농지——
를 소유한 지주에 대해서는 신경도 쓰지 않았다. 만주의 토지보유 관행은 토지
개혁 지도자들을 힘들게 만드는 '변방 사회'만의 특이한 양상을 다양하게 갖추
고 있었다. 하나는 소작인도 날품팔이도 아닌 농촌 노동자로서 지주의 가족과
숙식을 함께 하면서 수확의 일정 부분을 대가로 받으면서 농사일을 하는 사람
들로 구성된 이른바 '방청(幇靑) 고농'이었다. 또 하나는 경작지가 연간 일정 기
간 동안 지주를 위해 일하는 대신 별도의 소작료를 물지 않고 토지·연장·가옥
을 지주로부터 제공받는 '방청 소작제'였다.

　공산당 통치지역에서 도시와 농촌 개혁이 진행되고 있는 동안 린뱌오는 인
민해방군을 게릴라가 아닌 정규 전투군으로 만들기 위해 계속 노력했다. 이 작
업은 쉽지 않았다. 공산당군은 1945년과 1946년에 국민당군의 습격을 받아 쑹
화 강 이북으로 밀려났고, 국민당군은 산하이관의 북쪽 해안을 따라 광활한 회
랑지대를 지나고 진저우를 거쳐 펑톈과 창춘으로 향했다.(69쪽의 지도를 보라.)
그러나 린뱌오는 하얼빈에 주둔하다가 1946년 11월 얼어붙은 쑹화 강을 건너
국민당군의 겨울진지를 공격함으로써 국민당군 장군들을 경악시켰다. 린뱌오
는 국민당군이 회복할 틈을 주지 않고 1947년 초반 강을 가로질러 계속 공격을
가했고, 5월에는 40만 명이 넘는 병력을 동원하여 철도 교차지인 쓰핑(四平)에
대규모 공격을 가했다. 공군의 지원을 받은 국민당군의 반격으로 큰 피해를 입
긴 했지만, 린뱌오는 군을 재편성하여 국민당군이 점령한 주요 도시들을 연결하
는 철도를 끊어 버림으로써 이들을 고립시키는 데 성공했다. 요새 속의 군사들
의 사기는 떨어지기 시작했다. 장제스가 중국 본토에서 권력을 군히기 전에 만

주로 군대를 진격시킨 것이 얼마나 큰 오류였는지 분명해졌다. 이 작전에서 국민당군은 창고와 수송차량을 통째로 포기하는 등 엄청난 양의 무기와 장비를 모두 버리고 철수했고, 그것들은 고스란히 공산당군의 차지가 되었다. 또한 국민당군은 린뱌오의 군대를 추격하기보다는 고정된 총좌(銃座) 뒤에 참호를 파고 방어전을 펼쳤다.

1947년 5월 펑톈의 미국 총영사는 당시 상황을 탁월하게 기술한 요약문을 국무성에 보냈다. 이 전문은 압축된 언어로 국민당이 처한 여러 곤경을 종합적으로 보여준다.

> 국민당군 병사들 사이에 무관심, 불만, 패배주의가 급격히 확산되고, 항복과 탈영이 일어나고 있음이 확실하다. 이렇게 된 주요 요인들로는 공산당군이 압도적인 숫적 우위를 차지한 점(현지 모집병의 최대한의 이용과 지하조직이나 조선인 부대의 도움을 받아서), 군대 증강을 기대했던 국민당군이 낭패한 점, 공산당군측이 단결력과 사기 면에서 우세하다는 점뿐만 아니라, 국민당군측이 피해를 입고 지쳐 있었으며 부유한 장교들과 얼마 안되는 봉급으로 생활하는 사병들간의 괴리에서 싹튼 불만이 고조되어 간 점, 고향을 떠나 불친절한 '이방인'들(대부분 현지인인 공산당군이 고향을 위해 싸우는 입장인 데 반해) 사이에서 전투 의욕을 상실한 점 등이 있다.[8]

이러한 관찰자들은 만주를 계속 장악하려는 장제스의 시도가 파멸의 운명에 다다랐다는 것을 더욱 확신하게 되었다.

인플레이션과의 가망 없는 싸움

겉보기에 국민당이 직면한 가장 시급한 위기는 북부의 영토를 공산당에게 계속해서 빼앗기고 있다는 사실과 그로 인해 국민당군의 사기가 떨어지고 있다는 사실이었다. 하지만 그것 못지않게 중요한 것은 인플레이션이 날로 심해져 원활한 중앙통제경제를 재건하려는 장제스와 그의 고문들의 시도가 모두 물거품

**1945년 9월에서 1947년 2월까지
법폐 평가절하 과정[9)]**

(1945.9=100)

	상하이 도매물가지수
1945년	
9월	100
10월	110
11월	288
12월	257
1946년	
1월	269
2월	509
3월	742
4월	748
5월	1,103
6월	1,070
7월	1,180
8월	1,242
9월	1,475
10월	1,554
11월	1,541
12월	1,656
1947년	
1월	1,990
2월	3,090

이 되고 있다는 점이었다.

　1945년 가을 중국 정부에 몰아닥친 경제위기에는 앞에서 살펴본 바와 같이 일본인과 친일협력자의 기업을 전 주인에게 귀속시키는 과정에서 빚어진 혼란과 부정, 방위산업을 감축하고 수많은 병사들을 동원해제함으로써 발생한 대규모 실업, 괴뢰정권 통화 변제의 복잡함, 통화가치의 지역별 차이에서 기인한 투기 그리고 장제스가 만주에서 새로 발행한 화폐 문제 등의 요인들이 있었다. 화폐 부족시 국민당이 내리는 일반적인 처방은 더 많은 은행권을 발행하는 것이었는데, 이는 악성 인플레이션을 더욱 부채질할 뿐이었다. 위의 표는 1945년 9월을 기준으로 한 상하이의 도매물가가 1946년 2월까지 5배로, 5월에는 11배로, 그리고 1947년 2월에는 30배로 상승했음을 보여준다.

수입이 고정된 사람은 누구나 이처럼 급격한 물가 상승에 치명적인 타격을 받았다. 특히 산업노동자들은 격렬히 저항했다. 제2차 세계대전 동안 모든 노동조합(工會) 활동에 대한 국민당의 감시에도 불구하고, 또 국민당이 후원하는 중화노동협회(中華勞動協會)가 상하이의 암흑가 조직인 청방의 배후이자 국민당과 절친한 두웨성(杜月笙)에 의해 운영되었음에도 불구하고, 전쟁이 끝나자마자 여기에 소속된 수천의 노동자들은 파업에 나서기 시작했다. 1946년에 상하이에서는 1,716건의 파업과 기타 노동분규가 있었는데, 이 모두가 노동쟁의를 시작하기 전에 공식적인 중재위원회의 조정을 거쳐야 한다는 국민당의 법을 어기고 쟁의를 벌였다. 공산주의자들은 많은 노동조합에 침투하는 데 성공했고, 비록 당시에는 그 정보를 비밀로 했지만, 중국공산당은 나중에 전쟁 마지막 해와 그 직후에 자신들이 개발해 낸 영향력의 유형을 밝혔다. 공산당원들은 제12상하이국립섬유공장, 상하이관세징수대리점, 다룽기계공장, 프랑스운반차·전력·광천수회사, 제9섬유공장, 상하이 전력공사 등과 상하이의 많은 대형 백화점 등에 몰래 자리를 잡았다. 톈진·우한·광저우처럼 공업이 집중된 다른 도시에서도 비슷한 유형이 발전했다.

전후의 첫번째 중요한 파업은 상하이 전력공사에서 발생했다. 파업은 1946년 1월 말, 회사측이 여러 명의 노동자 대표를 해고하자 시작되었다. 동료 노동자들이 항의시위를 벌일 때 해고노동자들은 공장에 들어가지 못했지만, 다른 사람들이 발전소를 계속 돌리려고 들어가는 것은 막을 수 있었다. 전기가 끊기자 협상은 촛불 아래서 진행되었다. 2월 초에 40여 개의 지역노동조합이 최초의 항의시위에 가담했고, 70개의 사업장과 노동자 대표들이 연대를 과시했다. 전력회사는 결국 굴복했다.

정부는 이전의 기록에서 보이는 바보다 훨씬 온건한 방식으로 이런 사건들에 대응했는데, 이는 노동자들을 매수하려는 시도임이 분명했다. 극심한 인플레이션에도 불구하고 정부는 산업노동자의 임금률을 1936년의 임금률에 맞추겠다고 약속했는데 이것은 당시의 소비자 물가지수를 감안하면 임금의 증가를 뜻했다. 국민당은 감독하거나 조종하기 쉽도록 특정 조합들을 해체하여 보다 세분된 단위로 재구성함으로써 노동운동에 대한 통제를 강화하려 했다. 1946년 말에는 실업률이 상승하여 상하이에서는 인구의 8%, 광저우에서는 20%, 그리고 수도인 난징에서는 30%에 달했다.

　노동자 임금 안정화정책은 소용돌이치는 물가지수로 인해 노동자를 회유하는 데 실패했고, 다른 한편으로는 인건비 과다 지출로 다른 공업국가에 대해 경쟁력을 잃고 있다고 생각하는 고용주들의 불만을 샀다. 1947년 2월 정부는 물가와 임금의 최고한도를 정하는 새로운 전술을 시도했다. 임금은 1947년 1월의 소비자 물가지수에 근거하여 동결되었고, 모든 대도시에서 쌀과 밀가루, 면사와 의복, 연료, 소금, 설탕 그리고 식용유에 대한 가격 통제가 실시되었다. 요리와 난방에 필요한 조개탄은 물론 노동자 개인이 이용할 수 있는 생필품의 정확한 양까지 규정하는 지나칠 만큼 꼼꼼한 체계—적어도 문서상으로는—가 만들어졌다. 경찰의 철저한 감독에 힘입어 1947년 3월에는 이 통제들이 약간의 긍정적 효과를 거두었다. 그러나 얼마 지나지 않아 분배의 비효율성, 사재기의 확산 그리고 특정 품목의 생산 감소(인위적으로 가격을 낮췄다고 생각한 생산자들의 반응으로)는 다시 예전의 악성 인플레이션을 불러왔다. 1947년 4월에 쌀값은 2월 수준의 거의 2배에 달했고 식용유는 2.5배 정도로 상승했다. 5월경에는 수많은 저항과 실패의 증거가 속출하면서 동결체제는 폐기되었다.

　장제스의 만주 전투가 위태롭게 휘청거리기 시작하고 웨더마이어 장군이 트루먼 대통령의 요청으로 중국의 정치와 경제를 평가하기 위해 중국으로 돌아온 1947년 여름, 국민당은 다시 한번 재정위기를 실감했다. 그 해 7월, 국민당은 식료품과 연료를 인위적으로 낮춘 가격으로 통제하여 분배하는 계획을 이번에는 중앙은행을 통해 추진하려 했다. 공무원, 교사와 학생, 공장 노동자 그리고 특정 문화계 사람들이 이 계획의 수혜자가 되었다. 대체로 주요 도시에 국한된 이 야심찬 계획 역시 인플레이션을 멈추게 하지는 못했다. 그러나 이 계획은 상하이의 소비자 물가지수를 도매 물가지수 아래로 떨어뜨려 사람들이 목숨을 부지하도록 하는 데는 부분적인 성공을 거두었다. 석탄과 수입 원유 등 공장에 필요한 원료는 사기업과 공익사업에 할당제로 배급되었는데 이 또한 어느 정도 효과를 거두었다. 그럼에도 1947년 말과 1948년까지 전반적인 물가 상승은 놀라운 비율로 계속되었다. 1948년 봄에 정부는 대도시 시민들에게 식량 배급권을 발행하여 잠시나마 인기를 얻는 데는 기여했지만 물가 상승을 멈추는 데는 역시 실패했다.

**1947-1948년, 상하이
도매물가지수와 소비자물가지수**[10]

(1947.5 = 100)

연도	도매물가지수	소비자물가지수
1947년		
6월	112	107
7월	130	122
8월	141	131
9월	179	146
10월	282	208
11월	319	226
12월	389	290
1948년		
1월	544	405
2월	780	642
3월	1,260	923
4월	1,460	1,100
5월	2,100	1,432
6월	7,650	3,022
7월	11,100	5,863

위의 표에 나타난 수치로도 충분히 알 수 있지만, 인플레이션이 실제적인 현금 사용에서 의미하는 바는 가히 재난에 가까웠다. 수많은 종류의 지폐와 하루에도 여러 번씩 가격표를 바꾸느라 분주한 상인들을 보더라도 정상적인 현금거래가 이루어질 가망은 거의 없었다. 표준적인 쌀 한 포대(약 78kg에 상당하는)가 1948년 6월 상반기에는 670만 위안에, 그리고 8월에는 6,300만 위안에 팔렸다. 같은 기간에 22kg짜리 밀가루 1봉지는 195만 위안에서 2,180만 위안으로 그리고 식용유 28 ℓ 1통은 1,850만 위안에서 1억 9천만 위안으로 뛰었다.(1937년 여름에 이 세 상품의 같은 양의 가격은 각각 12, 42, 22위안이었다.)

1948년 7월에 장제스는 혼란스러운 재정 악화를 저지할 과감한 계획을 논의하기 위해 쑹쯔원을 비롯한 다른 고문들과 회의를 가졌다. 회의에서 옛 법폐 위안을 포기하고 금위안권(金元券)을 주조하여 법폐 300만 위안에 새 금위안권 1위안의 비율로 통화를 개혁하기로 결정했다. 국민당의 여러 고문들은 정부가 과감히 적자를 줄이지 않는다면 새로운 통화가 안정되지 않을 것이라고 경고했는데, 그 적자의 대부분은 아직까지 장제스가 맡고 있던 엄청난 군사비 지출 때문이었다.(1948년의 적자는 총지출의 66%였다.) 많은 이들이 만일 미국이 중국에 막대한 액수의 통화안정 차관을 제공한다면 새로운 정책이 성공할 것이라 생각했지만 미국은 이를 거절했다.

장제스는 중화민국의 총통으로서 자신의 비상대권을 이용하여 1948년 8월 19일 일련의 재정경제 긴급처분명령을 공포했다. 국민당 각료들은 이 긴급처분이 붕괴를 막을 수 있는 마지막 기회임을 분명히 인식했고, 따라서 특단의 개혁을 실시했다. 공황을 막기 위한 단기간의 은행 폐쇄 후, 모든 옛 법폐 지폐는 300만 위안 대 1금위안의 고정환율로 교환되어 은행으로 회수되었다. 새 화폐에 신용을 불어넣기 위해 정부는 금위안권을 20억 위안 이상 발행하지 않기로 결정했다. 임금과 물가 인상은 파업이나 시위와 마찬가지로 금지되었다. 그리고 외화와 금괴·은괴도 모두 새 화폐와 교환해서 은행으로 회수하여 정부의 정화(正貨)와 외환 보유고를 늘렸다. 세금을 더 거둬들이기 위해 생필품에 대한 판매세가 급격하게 증가했다. 그러나 국외——홍콩, 미국, 스위스와 같은 나라——에 거액의 은행구좌를 갖고 있는 중국인에게는 그 예탁금을 금위안권으로 교환하도록 강요하지 않았는데, 많은 이들은 이것을 부유층에 대한 특혜라고 보았다. 미화 3천 달러 이상의 해외 자산은 정부에 신고하게 되어 있었지만, 이것을 강제하는 장치는 없었다.

긴급처분명령이 조금이나마 성공을 거둘 가능성이 있는 곳이 하나 있었다면 그곳은 상하이였다. 상하이에서는 장제스가 첫번째 결혼에서 얻은 아들로서 소련에서 교육을 받은 장징궈(蔣經國)——1937년 중국으로 돌아와 수년간 장시에서 행정관으로 일했다——가 개혁을 담당하는 보조원으로 임명되었다. 그는 대단한 정열과 성실함으로 임무에 착수했고, 이는 전에 장시 성의 근대화 시도에서 보여주었던 것처럼 강력한 실행조치로 뒷받침되었다. 상하이에서 장징궈는 부정 축재자와 투기꾼들에 대한 비판을 활성화하고 범죄자를 검거하고 때로는 처형을 명령했으며 창고나 용의자의 집을 습격하는 등, 대중들로 하여금 개혁에 순응하도록 촉구했다. 장징궈는 자신의 임무를 수행하기 위해 새로 설립된 반공단체인 감난건국대대(戡亂建國大隊, 난을 평정하고 나라를 건설하는 대대라는 뜻——옮긴이)라는 준군사 세력과 함께 지역 청년조직(대상해청년봉사총단[大上海靑年服務總隊]을 말한다——옮긴이)을 고용했다. 거리에는 '비밀 투고함'이 설치되어 시민들은 투기꾼이나 가격을 높여 금지령을 어기는 상인을 고발할 수 있었다. 확성기를 단 차량이 거리를 순회하며 사람들에게 새 명령을 상기시켰다. 중요한 체포는 최대한 공개했다. 그 가운데 하나는 청방 지도자 두웨성의 아들로 죄목은 암시장 증권거래였다. 몇몇 재력가들은 환율조작으로 투옥되었다.

어떤 면에서 상하이 재력가에 대한 이러한 공격은 1927년 도시의 노동조합에 대한 일격 이후 장제스가 취한 엄격한 조치들과 일맥상통했다. 그리고 그의 아버지가 그랬던 것처럼 장징궈도 외국상품과 생활방식의 악영향을 분명히 보았다. 자신이 추진하던 운동이 절정에 달했을 무렵 그는 일기에서 상하이의 부유한 부르주아지에 대해 이렇게 썼다.

> 그들의 부와 외국식 가옥은 인민의 해골 위에 지어졌다. 그들의 행위가 무장강도의 행위와 무슨 차이가 있는가? 국가가 고급 사치품을 구하기 위해 외화를 쓰는 것은 일종의 자멸정책이다. 따라서 외국에서 수입한 자동차, 냉장고, 향수, 나일론 속옷은 이 궁핍한 나라에 기생하여 번식하는 세포와 같고 국가 경제를 좀먹는 아편과 같다.[11]

이러한 도덕적인 사색과 꾸준한 노력에도 불구하고 금위안 계획은 실패했다. 상하이는 중국의 나머지 지역과 분리되어 있지 않기 때문이다. 장징궈가 성공을 거두면 거둘수록 상하이의 기업들은 가격이 계속 오르고 있는 다른 지역으로 상품을 내다 팔았다. 농민들의 경우에도 다른 곳에서는 훨씬 비싸게 받을 수 있는 작물을 상하이에서 싸게 팔아야 할 이유가 없었다. 결국 상하이는 식품과 공산품 모두가 절대적인 부족상태에 빠지기 시작했다. 정부도 이 계획을 완강하게 고수하지 않았다. 정부가 담배와 같은 특정 소비재의 판매에 새로이 과중한 세금을 부과하면, 상인들은 새로운 세금과 같은 금액만큼 판매가격을 올려줄 때까지 가게문을 닫아 버리면 그만이었다. 또한 화폐발행계획이 가속적으로 진행될 것이며, 정부가 20억 금위안의 발행한도를 곧 초과하리라고 공표했다는 소식도 쫙 퍼졌다. 1948년 10월, 상점에는 물건이 바닥나고 음식점은 문을 닫고 의료지원품은 손에 넣을 수 없는 가운데 개혁의 실패는 확실해졌다.

9월과 10월에 상하이가 굳건히 버팀으로써 경제는 제자리를 찾을 것이라는

1948-1949년,
상하이 도매물가지수와 소비자물가지수[12]

(1948.8=100)

연도	도매물가지수	소비자물가지수
1948년		
9월	106	---*
10월	118	---
11월	1,365	1,170
12월	1,921	1,670
1949년		
1월	6,900	6,825
2월	40,825	52,113

* 계산할 수 없을 정도로 경미하다는 뜻.

희망을 잠시 갖게 했다. 그 후의 사정은 위 표의 수치가 가장 명확하게 보여준다. 호언장담했던 금위안은 옛 법폐의 전철을 밟기 시작했다. 중화민국은 모든 현실적인 노력에도 불구하고 물물교환경제로 되돌아갔다.

국민당군의 패배

이렇게 국민당이 경제·정치 정책에서 마지막 자신감마저 상실한 상황에서 공산당은 결정적인 군사적 승리를 도모했다. 1947년 봄 국민당군은 북중국의 4개의 전략적 통로를 확보하는 데 성공했다. 하나는 베이징 북쪽에서 산하이관을 거쳐 만주의 펑톈(선양)과 창춘에 닿았고, 하나는 베이징 서남쪽에서 타이위안의 옌시산 군대까지였으며, 또 하나는 베이징의 서북쪽에서 칼간 철도를 따라 바오터우로 향했고, 마지막 하나는 산둥에서 지난과 칭다오 항을 연결하는 것이었다. 그들은 또 쉬저우를 카이펑—뤄양—시안으로 연결하는 주요 철도도 점령했다.

그렇지만 공산당은 이제 북중국의 농촌 대부분을 통치했다. 농민 게릴라들은 장제스의 보급선을 끊임없이 방해하여 포위당한 군대에 대한 지원을 지연시키고 위험에 빠지도록 만들었다. 1948년 5월이 되면 장제스 군대의 상황은 절망적이었다. 펑톈과 창춘은 공산당군에게 포위되었고, 보급지원은 국민당군의

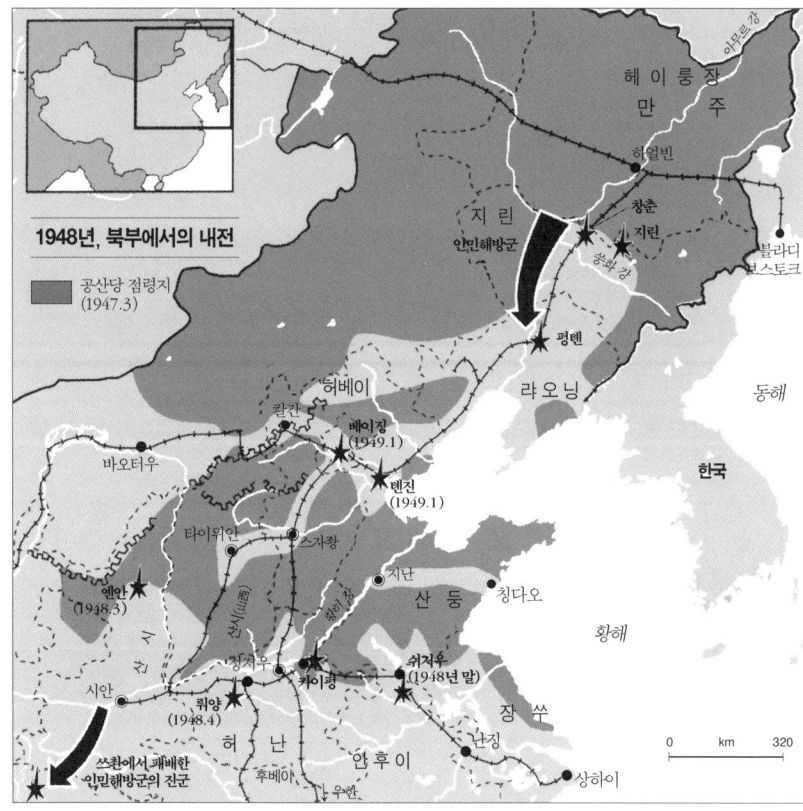

1948년, 북부에서의 내전

공군기를 통해서만 가능했다. 펑톈에는 중무기와 탱크로 무장한 정예 국민당군이 20여만 명 있었지만, 비행장이 함락될 경우 서서히 그들의 목이 졸릴 것은 자명했다. 아직 장제스의 곁에 머무르고 있던 미국 군사자문위원은 북중국에서 방어력을 회복하기 위해 군대를 만리장성 남쪽으로 후퇴시킬 것을 제안했으나, 장제스는 계속 이를 듣지 않았다. 그는 만주전투에 너무 많은 힘을 투여했기 때문에 이제 와서 차마 철수할 수가 없었던 것이다. 뤄양 시는 3번이나 주도권이 바뀌는 일진일퇴의 전투 끝에 1948년 4월 마침내 공산당군에게 넘어가 시안을 동부로부터 단절시켰다. 또 공산당은 산둥에서의 주요 승리로 지난─칭다오 요로를 끊었다. 이리하여 지난에 주둔한 10만여 명의 국민당군 수비대는 바다를 통해 칭다오로 수송되던 보급품을 받지 못하게 되었는데, 당시 칭다오는 3천 명의 해병대와 50대의 항공기의 지원을 받은 미 해군 기동부대가 방어하고 있었다. 한편 펑더화이 휘하의 공산당군은 3월에 옌안을 탈환하고, 봄이 되자 쓰 촨을 향해 과감하게 남진—비록 치열한 격전 끝에 패퇴하긴 했지만—을 시도 했다.

이러한 혁혁한 승리와 전리품으로 들어온 막대한 양의 자동차·무기·탄약으로 더욱 자신감을 얻은 마오쩌둥은 1948년에 게릴라 전투 위주의 전략으로부터 대규모 군사를 이용해 넓은 공간에서 벌이는 재래식 전투방식으로 전환할 것이라고 선언했다. 공산당군은 이미 만주에서 그런 진투를 수행한 적이 있었지만, 바야흐로 우한과 시안을 잇는 주요 철도 교차지인 정저우를 방어하는 황허 강변의 도시 카이펑에서 본격적인 실전에 돌입했다. 이 지역을 지키는 국민당군은 25만 명에 달하는 정규군과 이를 지원하는 평화유지군 5만여 명으로 구성되어 있었다. 공산당은 그들에 대항하여 20만여 명의 노련한 군사를 5개 집단으로 나누어 파견했다. 공산당군은 6월 말에 일주일 동안 카이펑을 점령했지만, 국민당 지원군이 공군의 폭격을 등에 업고 반격하자 퇴각했다. 그러나 언뜻 그럴듯해 보인 국민당군의 승리는 공허했다. 그들은 9만여 명의 사상자를 낸 반면 공산당군은 규율을 엄격하게 지키고 민간인에게 해를 입히지 않도록 세심하게 노력한 덕택에 선전전에서 승리를 차지했던 것이다. 따라서 공산당의 후퇴가 국민당에게 가져다 준 안도감은 그리 오래 가지 못했고, 국민당의 고위 군관계자들은 상응하는 군사력을 비교 검토한 뒤 공산당군이 아래의 표가 보여주는 것과 같이 월등한 소득을 얻었다는 결론을 내렸다.

1945-1948년, 국민당과 공산당의 군사력 변화[13]

	1945년 8월	1948년 6월
국민당		
중무장병력	1,620,000	980,000
경무장병력	2,080,000	1,200,000
대포	6,000	21,000
중국공산당		
중무장병력	166,000*	970,000
경무장병력	154,000	590,000
대포	600	22,800

* 이 수치는 우리가 알고 있는 전쟁 말기 옌안에서의 공산당의 군사력에 비해 너무 적다.

이런 냉정한 평가는 혼란스러운 정치적 순간에 이루어졌다. 장제스는 1948년 봄 새 국민대회——공산당과 민주동맹에 의해 대표기구로서 부적격하다고 판정받은——에서 압도적인 지지로 총통에 재선되었고, 광범위한 권력을 부여받아 "국가 안보를 위협하는 임박한 위기를 막기 위한 긴급처분명령을 내리기 위해"[14] 제정된 1947년 헌법을 무시할 수 있었다. 그러나 그의 권력은 무너지고 있었고, 그의 시들어 가는 인기는 1948년 7월에 정부군이 비무장한 학생들을 무자비하게 죽인 사건으로 더욱 손상을 입었다.

이 비극은 북부 도시들을 피난민으로 들끓게 만든 끊임없는 전쟁에 그 뿌리를 두고 있었다. 피난민 가운데 가장 활발한 활동을 했던 것은 공산당군의 승리로 인해 학교나 대학에서 추방되어 국민당이 마련한 새로운 특정 장소에 배치되었던 학생들이었다. 극히 적은 양의 생필품만을 받고 그 뒤에는 마음대로 돌아다니도록 허락받은 이런 학생들은 실질적으로 거지가 되어 공원이나 절에서 노숙하고 때로는 경범죄도 저질렀다. 정부의 임시변통식의 조처로 5천여 명의 만주학생들이 베이징으로 보내졌는데, 이들은 1948년 7월에 분노에 찬 시위를 벌이고 베이징 시위원회 위원장의 집으로 행진하기까지 했다. 당국은 그들의 불만에 귀기울이기는커녕 대열을 무장차량으로 가로막은 뒤 시위대를 향해 기관총을 발사했다. 학생 14명이 죽고 100명 이상이 부상당하자 사람들은 1925년 영국에 대항한 5·30시위, 1926년 군벌의 베이징 학생 학살, 그리고 1935년 12·9저항자들을 떠올리지 않을 수 없었다. 1948년 9월까지 폭발 직전의 학생 난민의 수는 더욱 증가하여 베이징에만 2만 명에서 3만 명 그리고 난징에 2만 명, 우한에 1만여 명이 있었다.

이 베이징 학살과 금위안권 개혁의 실패 직후, 난공불락을 자랑하던 지난 시가 내부의 공산주의 전복세력과 탈영으로 인해 공산당군에게 점령되었다. 이로써 장제스는 산둥 성에서 그의 마지막 기반을 잃었다. 9월과 10월 동안 만주에서 전술적으로 뛰어난 린뱌오가 지휘한 일련의 전투로 펑톈과 창춘이 함락되었고, 장제스의 정예 군대 40만여 명이 사살당하거나 항복하거나 탈영했다. 겨우 2만 명의 국민당군이 만주 남부에서 바다를 이용해 철수했다.

장제스는 만주의 상실이 '낙심스럽긴' 하지만 "군사 방어에 관한 한 정부의 무거운 짐을 벗게 해주었다"고 지적하면서 북부와 중부 중국에 다시 기반을 마

련하기 위해 노력했다. 공산당군 총사령관 주더는 쉬저우의 철도 교차지를 점
령하기 위해 그곳의 국민당군의 병력수와 같은 60만 명의 군대를 파견하기로
결정하고 동시에 공군력에서도 우위를 확보했다. 1948년 연말 65일간의 전투
에서 공산당군은 새롭게 대규모 화력의 우세를 보이면서 장제스의 장군들을 완
전히 압도하고 승리했다. 국민당군 사령관들은 장제스가 직접 내리는 모순되고
비현실적인 명령과 병사들의 대규모 탈영으로 고통을 겪었다. 이러한 복잡하고
지리한 전투에서 병참 지원을 받기 위해 4개 성에서 200만 명이 넘는 농민을
동원한 공산당의 위력은, 한때 프랑스의 근검공학 유학생 가운데 최연소자였고
이제 45세의 노련한 당 조직가가 된 덩샤오핑에 의해 주도되었다.

이 두 전투와 동시에 치러진 세번째 군사행동에서 린뱌오는 1949년 1월 톈
진을 공격하여 점령했다. 그는 대규모 군대를 이끌고 서쪽으로 우회하여 압도
적인 전략적 우세를 점한 뒤, 베이징을 통솔하는 국민당군 장군을 설득하여 항
복시켰다. 공산당군은 1월 31일 옛 제국의 수도에 입성했다. 그 10일 전에 이미
총통직을 사임한 장제스는 결국 북부를 잃어버리게 되었다. 그러나 장제스는
국민당의 총재직은 고수하기로 했는데, 이런 당정의 분리는 이후 국민당의 저
항 시도에 혼란과 해악을 초래하게 되었다.

수많은 북부 대도시를 점령한 중국공산당은 새로운 행정적·경제적 문제에
직면했다. 마오쩌둥은 1949년 3월 5일 중앙위원회에 제출한 보고서에서 이를
인정했다.

> 1927년부터 현재까지 우리 임무의 무게중심은 촌락에 있었다. 촌락의 힘을
> 모으고, 촌락을 이용하여 도시를 포위하고 그리고 도시를 점령했다. 이제 이
> 러한 사업방식의 시기는 끝났다. 이제 도시가 촌락을 이끄는 시기가 시작되었
> 다. 당 사업의 무게중심은 촌락에서 도시로 옮겨졌다. 남부에서 인민해방군은
> 도시를 먼저 점령하고 나서 촌락을 취할 것이다.[15]

실질적인 의미에서 이것은 중국공산당이 하얼빈에서의 경험을 충분히 활용
하여, 1945년 말 국민당이 동부로 복귀하면서 저지른 가장 심각한 행정적·재
정적 실수를 미연에 방지하기 위해 모든 노력을 다해야 한다는 뜻이었다. 중국

공산당은 인민해방군에게 점령한 도시에서 엄격한 규율을 지키고, 보통의 중국 기업은 고통을 당하지 않게 하였으며, 빈민에게 일방적인 혜택을 주기 위해 도시의 재산을 재분배하는 일이 없도록 지시했다. 공장에는 순찰을 돌게 하여 기계가 도난당하지 않도록 했다. 새로운 '인민폐'(人民幣)가 발행되고, 단시일 내에 위안권을 새로운 화폐로 교환할 수 있도록 허용했다. 그 뒤로는 금, 은 그리고 외화로 거래하는 행위가 철저히 금지되었다.

공산당 관리들은 국민당의 장교와 사병들을 고향으로 돌려보내거나 일정기간 동안 정치교육을 시켜 인민해방군에 편입시켰다. 아주 복잡한 중재 규정을 만들어 노동조직의 파괴적인 파업을 금지시켰고, 전환기 동안 자본가에 의한 '합리적인 착취'는 수용했다. 난민에게는 먹을 것을 주고 언제든지 원하면 고향으로 돌아갈 수 있도록 해주었다. 대학을 위시한 각급 학교가 문을 열었다. 공급 부족기에 가격을 안정시키기 위해 많은 양의 식량과 원유를 정부의 창고에 저장했다. 도시 거주자들이 인플레이션의 피해를 입지 않도록 현명하게 고안된 '절약저축상품'의 개발을 통해 저축을 장려했다. 예금자들은 그들이 저축을 하면 현재의 음식이나 연료 가격으로 정산된 다음 부족한 시기에 그 동안 불어난 이자와 함께 같은 양의 음식과 연료를 받을 수 있다는 것을 약속받았다. 이 모든 방책들이 당장 성공을 거두지는 않았지만, 시도의 순수함만큼은 정치적 성향에 관계없이 많은 외국인과 중국인의 호감을 샀다.

한편 장제스는 305년 전 만주족이 베이징과 북중국 평야를 점령했을 때 남명 왕조가 직면했던 것과 대체로 비슷한 선택의 기로에 섰다. 그는 양쯔 강을 자연적 경계로 의지하여 중부나 남부, 적어도 난징에서 정권을 안정시켜 보려는 시도를 할 수 있었다. 아니면 그는 서남부에 기반을 다지거나 푸젠이나 광저우의 샤먼 지역에서 해안기지를 건설할 수 있었고, 또는 정청궁처럼 타이완을 활용할 수도 있었다.

처음에 장제스는 난징과 상하이를 끝까지 고수하려 했지만, 북쪽 기슭에서 증강되고 있는 공산당군에 맞서서 양쯔 강 선을 방어하기는 역부족이었다. 서남부는 만일 그곳의 장군—제2차 세계대전 중에 군벌 룽윈을 승계하여 주도적 위치에 오른 인물—이 조금이라도 협조하려는 의사가 있었다면 장제스에게 저항의 발판을 마련해 주었을 것이다. 그러나 장제스는 쿤밍을 직접 방문하고도 거절당했다. 동남 해안은 국민당을 지원하기에는 안정된 기반이 되지 못했고 방어하기에도 쉽지 않았다. 따라서 장제스가 당의 마지막 거점으로 온 힘을 기울인 곳은 타이완이었다.

타이완은 1895년 이후 일본의 식민지가 되어 경제적으로 번영하다가 1945년 말 국민정부에 의해 수복되었다. 중앙정부의 권력을 재차 역설하면서 국민당 관리들은 상하이와 만주에서의 선례와 비슷하게 '한몫 챙기려는 투기꾼'처럼 행동했다. 대개 비능률적이거나 부패한 그들은 대중적 지지를 얻는 데 실패했고 일본식 경제발전의 여러 만족스러운 면모를 파괴하고 말았다. 한때 저장의 군벌이자 푸젠의 성장(省長)이었으며, 장제스에 의해 타이완 성의 행정장관으로 임명된 천이(陳儀)는 부하들의 행실 때문에 지역민들로부터 강한 반발을 샀다. 타이완인들의 분노가 1947년 2월 반정부 폭동으로 불거져 나오자 국민당군은 군중을 향해 발포하여 많은 시위자들을 학살했다. 그 후 수주간 1927년 장제스의 상하이 전술을 연상시키는 잔인한 일련의 작전을 통해 천이는 타이완의 저명한 지식인과 시민 지도자들 수천 명에 대한 검거와 처형을 명령하고 타

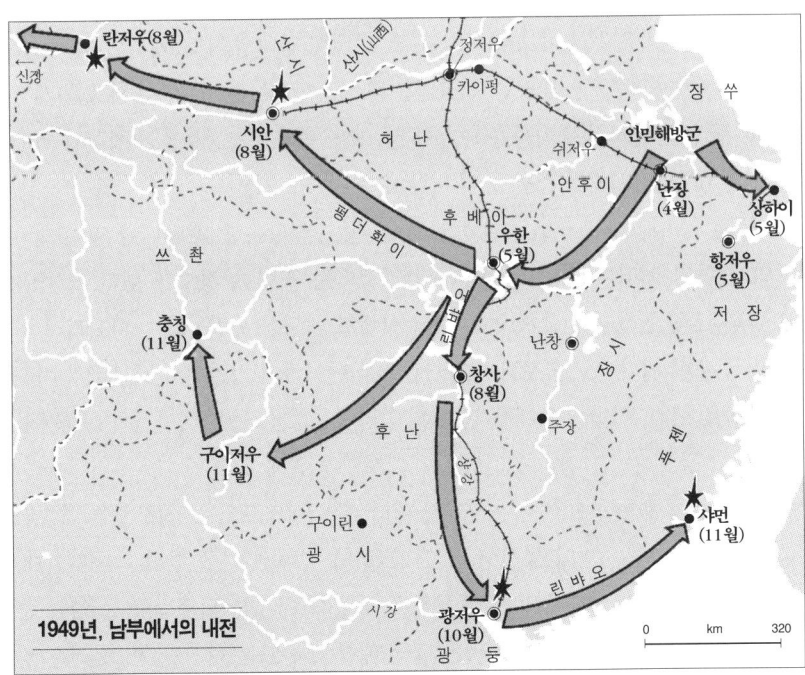

1949년, 남부에서의 내전

이완인의 정신을 꺾으려 했다.

타이완인의 반발이 수그러들자 장제스는 천이를 해임하고 보다 온건한 행정 장관을 임명하여 섬을 서서히 미래에 중국 대륙을 되찾기 위한 기지로 만들려 했다. 게다가 베이징 함락 수개월 전에 옛 황궁 소장품 가운데 가장 위대한 작품들과 함께 청 왕조의 공문서 수천 상자를 타이완으로 옮겨 옴으로써, 국민당이 중국 민족의 유산을 계승하는 세력임을 과시하려는 영리한 선전적 행동을 취했다. 장제스에게 충성하는 30만여 명의 군대가 1949년 초까지 전함 26척과 몇 대의 항공기의 지원을 받아 섬으로 이동했다. 상황은 장제스가 타이완으로 후퇴할 수밖에 없도록 돌아가고 있었고, 그에게 다른 선택의 여지는 없었다.

1949년 봄은 기다리는 시기였다. 그 동안 공산당은 재결집하고 군대를 양쯔 강 북쪽에서 휴식하게 하고 북중국에서 임시인민정부를 꾸렸다. 1949년 1월 장제스의 총통 사임 이후 광시의 군벌 리쭝런이 그의 뒤를 이어 총통이 되었다. 난징의 거점에서 리쭝런은 마오쩌둥을 설득하여 공산당이 제시한 국민당 항복의 여덟 가지 기본원칙에 대해 타협하려 했지만 실패했다.

마오쩌둥의 여덟 가지 원칙은 단호하였다. ①모든 전쟁범죄자를 처벌할 것, ②1947년 헌법은 무효이므로 폐지할 것, ③국민당의 법제를 폐지할 것, ④국민당군을 재조직할 것, ⑤모든 관료자본을 몰수할 것, ⑥토지소유제도를 개혁할 것, ⑦모든 매국적 조약들을 파기할 것, ⑧민주적 연합정부를 구성하기 위해 완전한 정치협상회의를 소집할 것.

리쭝런이 이러한 요구를 고려하고 있을 때, 공산당은 전쟁에 대한 외국 제국주의 세력의 어떠한 개입도 묵과하지 않겠다는 강력한 경고를 했다. 그들은 1937년 11월 위협을 받고 있었던 난징 시에서 대사관 사람들을 대피시키려 하던 미국 포함 퍼나이호를 포격하고 기관총을 난사하여 침몰시킨 일본군과 비슷한 행동을 했다. 이번에 피해를 본 것은 영국인으로, 그들은 대사관에 보급품을 운반하고 필요시에는 영국 민간인을 대피시키기 위해 1949년 4월 무장 호위함 애미시스트호를 난징으로 이동시키려 했다. 애미시스트호는 양쯔 강을 거슬러 항해하다가 북쪽 기슭의 공산당군 포대로부터 심한 포격을 받아 좌초됐는데, 사망자가 17명, 부상자가 20명 발생했다. 이들의 구조를 위해 파견된 영국 군함도 공격을 받고 퇴각했다. 영국은 결국 배를 구하기는 했지만, 이 사건은 영국을 무기력하게 만든 보기 드문 반제국주의적 행동이었다.

협상의 지연을 우려한 공산당은 1949년 4월에 5일 내로 그들의 8개 항복조건을 수용하라고 리쭝런 총통에게 최후통첩을 보냈다. 그가 거절하자 그들은 선전포고를 했다. 난징은 전투 없이 4월 23일에 함락되었고, 곧바로 항저우와 우한도 점령되었다. 상하이는 겨우 말뿐인 저항 끝에 5월 말 함락되었다. 그 후 수개월 동안 공산당군은 1645~1646년 만주인과 한인 협력자들의 승리 이래 유례가 없는 속도로 그들의 통치를 확고히 하기 시작했다. 펑더화이의 군대는 서쪽으로 이동하여 시안을 점령한 뒤—간쑤에서 이슬람교도 장군의 강력한 공격으로 잠시 지체되긴 했지만—1949년 8월에 란저우를 공산당의 지배 아래 두었다. 린뱌오의 군대는 같은 달에 창사를 탈환하고 펑더화이의 군대가 서북부에서 신장으로 진입할 무렵 광저우로 신속하게 남진했다. 9월에는 신장의 국민당군이 쑤이위안과 닝샤 주둔군과 함께 항복했다. 린뱌오의 군대는 10월 중순에 광저우와 함께 타이완으로 후퇴하는 병력의 마지막 거점으로 굳건히 버티고 있던—동남쪽에서 상당한 저항에 직면하기도 했지만—샤먼을 점령했다. 다른 공산당군은 서남쪽으로 우회하여 11월 중순에 구이저우 성을 차지하고, 그 달 말에는 장제스의 전시 사령부였던 충칭을 점령했다.

최종적인 승리를 예감한 마오쩌둥은 9월 말에 베이징에서 정치협상회의를 소집했다. 이 기구에는 공산당 출신이 압도적으로 많았지만 '민주적 연합정부'의 선언 원칙에 충실하기 위해 다른 14개 소규모 정당의 대표자들도 포함되었다. 그들은 중앙정부의 구성원을 선출했고(예견된 대로 마오쩌둥이 주석, 주더가 부주석이 되었다), 베이징을 난징 대신 중국의 수도로 다시 정했으며, 빨간 바탕에 금색의 작은 별 4개와 하나의 큰 별이 그려진 오성기(五星旗)를 국기로 정했다.* 또한 이제부터 연도는 서양식 그레고리력을 따르도록 했다.† 1949년 10월 1일, 한때 명과 청의 황궁의 정문이었던 천안문의 전망대에서 거행된 기념식에서 마오쩌둥은 중화인민공화국의 건국을 공식적으로 선포했다.

명이 몰락했을 때 분출했던 영웅적인 자기 희생과 같은 폭력적 행동은 없었

---

* 큰 별은 중국공산당을 상징하며, 4개의 작은 별은 신정권을 구성하는 4개의 계급, 곧 민족부르주아지·프티부르주아지·노동자·농민을 상징한다.
† 국민당은 날짜(日)와 달(月)은 양력을 따랐지만, 해(年)는 1911년 혁명(신해혁명)을 기준으로 계산했다. 예를 들면 1948년은 민국(民國) 37년이라고 불렀다.

지만, 상징적 행동은 몇 가지 있었다. 실제로 격렬한 전투도 꽤 있었고 장제스의 참모 일부와 그에게 헌신적으로 충성했던 사람들이 자결하기도 했다. 그러나 17세기에 유학자들이 자신들의 도덕적 입장의 정당함을 입증하기 위해 죽어 가면서 온 도시에 불을 지른 것과 같은 저항에 필적할 만한 사건은 거의 없었다. 오직 고령의 군벌 옌시산의 산시(山西) 성에서 극도의 희생을 치르는 기이한 행동이 있었다. 이곳에서는 국민당 정규군이 아니라 옌시산의 희맹회(犧盟會)의 헌신적인 지도자였던 량화즈(梁化之)가 행동을 취했다. 그는 옌시산의 다른 장교들과 함께 산시(山西)에서 공산당군과 수년간 싸워 오다가 마침내 삼엄한 요새 타이위안에서 위기에 몰렸다. 전투는 처절했고, 옌시산의 요청으로 머물러 있던 수천 명의 일본군이 저항의 선봉에 서서 사기를 드높였다.(옌시산은 전투 중에 추종자들을 저버리고 자기 목숨을 구걸하기 위해 무릎을 꿇었다.) 공산당군이 마침내 1949년 4월 시내로 진입하자 량화즈는 공산당군 포로로 가득 찬 감옥에 온통 불을 지른 후, 불꽃이 치솟아오르자 자결했다.

그러나 이런 행동은 드물었고 나라 전체가 자기 자신을 희생하겠다는 분위기에 사로잡혀 있지는 않았으며 긴장감이 감도는 가운데 오히려 차분했다. 이것은 영웅심과 잔인성, 극적인 사회적 이상과 사악한 횡포들로 가득 찬, 피비린내나고 복잡하고 이해할 수 없는 긴 내전이었다. 우리는 서양의 위대한 사진가 중 한 명이며 1949년 말 중국에 있었던 앙리 카르티에-브레송의 작품을 통해 당시의 분위기를 약간이나마 느낄 수 있다. 그의 흑백사진은 중국인의 가슴 속에 흐르고 있었던 수많은 의문들을 담아냈다. 거리의 거지 여인, 굶주린 아이들, 등굽은 쿨리, 배급쌀을 담은 하얀 쌀자루를 어깨에 두른 지친 인민해방군, 제방에 쌓인 보따리를 지키는 역시 지친 국민당 장교, 농민 피난민으로 구성된 비적, 끊임없이 가치가 떨어지는 화폐를 교환하기 위해 은행에 몰려든 시민, 새로운 정복자를 환영하는 게시판을 서둘러 세우는 학생들, 이들 중국인 모두가 혁명의 일부였고, 이제 새롭고 불확실한 미래를 향해 나름의 길을 모색해야만 했다.

19장

인민공화국의 탄생

1949~1950년, 농촌과 도시

마오쩌둥은 1949년 중반에 쓴 「인민 민주주의 독재에 대하여」라는 논문에서 신중국 정부의 정책을 지배하게 될 사상을 간결하게 설명했다. 그는 오늘날의 혁명은 두 가지 기본 범주로 분석할 수 있을 것이라고 썼다. 첫 번째는 "노동계급의 지도 아래 국내 통일전선"을 구축하도록 국민 대중을 일떠세우는 것이다. 이 통일전선은 노동계급뿐 아니라 농민, 도시 프티부르주아지 그리고 민족 부르주아지를 포함하며 노동계급이 이끌 '인민 민주주의 독재'의 기반을 형성할 것이다. 두번째 범주는 중국과 소련, 공산권 국가들 그리고 세계 프롤레타리아트와의 동맹을 포함하는 혁명의 국제적 측면을 포괄하는 것이다. 이러한 혁명의 차원은 중국인에게 그들의 신의가—사회주의나 제국주의 중—어느 '한쪽으로 편향되어'야 한다는 것을 가르쳤다. 마오쩌둥은 혁명의 승리는 중국공산당의 지도 아래 성취된 것이며, 중국공산당은 "더 이상 아이나 10대 소년이 아니며 이제 성인이 되었다"고 말했다.[1]

그런 다음 마오쩌둥은 그의 주요 취지 가운데 일부를 상세히 서술했다: 신정부는 중국의 국제적 평등과 영토보전을 기꺼이 존중한다면 어느 국가와도 관계를 맺을 것이다. 중국은 국제적 도움 없이도 번영할 수 있다고는 믿지 않는다.

그리고 중국은 인민 민주주의 독재를 강화함에 있어서 "반동분자들의 발언권을 박탈하고 오직 인민들만이 그 권리를 갖게 할" 것이다. 마오쩌둥은 그가 '독재적'이라고 비판하는 비평가들에게 농담조로 "친애하는 선생님들, 옳습니다. 우리는 그렇습니다"라고 대답하곤 했다. 그는 '지주계급과 관료-부르주아지' 그리고 '반동세력 국민당과 그 공범자들'뿐 아니라 '제국주의의 주구'에게는 독재적이었던 것이다. 그러나 나머지 인민들은 전 분야에서 자유를 누리는 한편, 중국은 농업의 사회주의화와 '국영기업을 중심으로 한 강력한 공업'이라는 양면 정책을 통해 그 잠재력을 개발한다는 것이다.[2]

이러한 변화를 가능케 할 헌법구조는 마오쩌둥이 1949년 9월에 소집한 인민 정치협상회의 대표들이 발표한 공동강령에 포함되어 있었다. 1946년에 소집되었던 비슷한 이름의 비운의 기구(정치협상회의[政治協商會議]—옮긴이)에서와 마찬가지로 대표들은 다양한 여러 정치적 이해집단과 정당 출신이었다. 그러나 새 강령과 옛 강령은 대조적이었던 만큼 장제스의 당은 '봉건적·매판적·파시스트적·독재적 국민당'으로 규정되었다. 공동강령의 제5조는 마오쩌둥의 언명과 일치하도록 '정치적 반동분자들'을 제외한 모두에게 "사상, 언론, 출판, 집회, 결사, 통신, 신체, 거주, 이전, 종교적 신념, 재산의 소유, 표현"의 자유를 보장했다. 그것은 여성에게도 동등한 권리를 부여하고 '굴종'을 종식시킬 것을 약속했다. 그리고 강령은 소작료 인하와 토지 재분배를 통한 농촌개혁 계획과 중공업 발전을 위한 야심찬 계획의 윤곽을 그리고 있었다. 여기서 강령의 입안자들은 소련 모델을 염두에 두었음에 틀림없다. 그들은 이러한 사업이 광업과 강철, 철, 전력, 기계, 화학 분야의 생산과 같은 "중공업의 계획적이고 체계적인 재건과 발전에 집중"되어야 한다고 주장했다. 공동강령은 이러한 목적을 달성하기 위해 일반 교육을 주장했다.[3]

중화인민공화국 초기 몇 달 동안의 주된 초점은 인플레이션을 억제하고 농업 생산을 증대시키며 와해된 중공업을 복구하고 법과 질서를 유지하는 것과 같은 현실적인 문제였다. 인민의 사상을 철저히 개조해야만 한다 해도 그것은 당의 훈련된 간부를 상당한 정도로 늘릴 때까지는 보류되어야 했다. 최우선 과제는 개인적인 정치적 신념이나 친밀함에 관계 없이 교육받은 기술·경영 엘리트들을 설득하여 새로운 국가를 위해 일하도록 하는 것이었다. 마찬가지로 반

난징에 입성하는 일본군대, 1937년 12월

일본군의 '소탕'작전을 저지하기 위해 철도를 파괴하는 중국 의용군과 농민. 북중국, 1941년

옌안 주변에서 황무지를 개간하는 팔로군 병사들, 1941년(우인셴 촬영)

산/간/닝 변구에서 음식을 배급하는 공산당 간부들(우인셴 촬영)

산/간/닝 변구의 대중운동에서 농민들에게 '노동 영웅'을 본받으라고 외치고 있는 마오쩌둥, 1943년(우인셴 촬영)

장교들을 둘러보고 있는 장제스. 충칭, 1940년

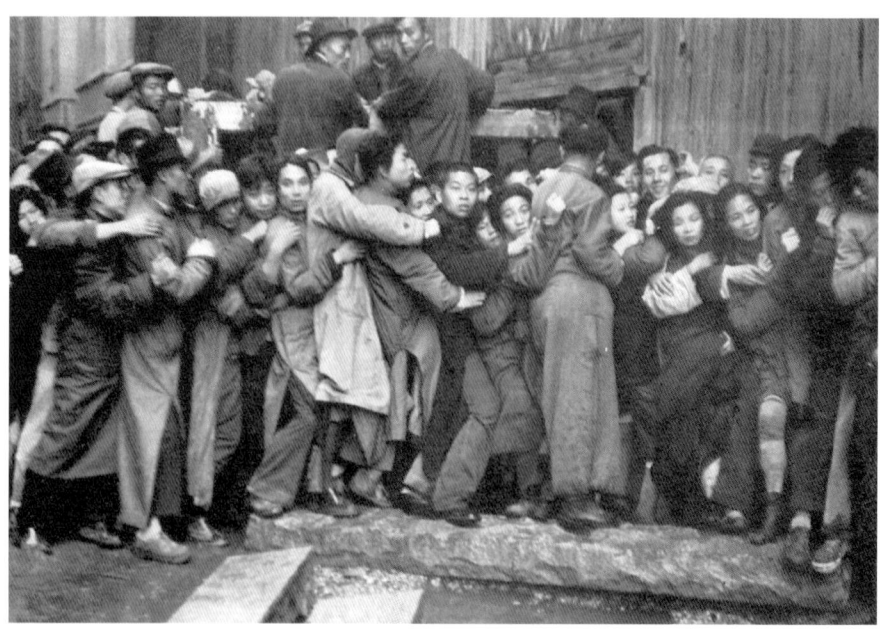

평가절하된 화폐를 바꾸기 위해 필사적으로 은행에 들어가려는 상하이 시민들. 1948년 12월(앙리 카르티에-브레송 촬영)

상하이에서 아이를 안고 구걸하는 여인(앙리 카르티에-브레송 촬영)

상하이 철수를 준비하는 국민당 장교들. 1949년(앙리 카르티에-브레송 촬영)

쌀자루를 짊어지고 난징으로 들어서고 있는 지친 인민해방군 부대. 1949년(앙리 카르티에-브레송 촬영)

중화인민공화국 수립을 선포하는 마오쩌둥. 베이징, 1949년 10월 1일

난징으로 몰려드는 인민해방군 탱크. 1949년 4월

허난 성의 농민집회에서 토지개혁에 대해 설명을 하고 있는 당 간부. 1950년대 초

토지개혁기에 한 지주를 인민재판에 고발하는 농민(마크 리부드 촬영)
약 100만 명 이상의 지주가 이 혁명의 와중에 처형되었을 것으로 추정된다.

중화인민공화국의 지도자들. 오른쪽부터 류사오치, 마오쩌둥, 펑전, 주더, 저우언라이
마오쩌둥, 저우언라이, 주더, 그리고 천윈(아래)은 중국 지도부의 정점인 정치국 상무위원회를 구성했다.

천윈. 중국공산당의 주도적인 경제 입안가

티베트의 라싸로 입성하는 인민해방군, 1951년
티베트인들은 나라를 해방시켜 주겠다는 중국의 주장에 반대하면서 침략에 거세게 저항했다.
"누구로부터, 무엇으로부터의 해방인가?"

얼어붙은 압록강을 건너 북한으로 향하는 중국군, 1950년 말

저우언라이. 옌안에서 연설하는 모습을 생생하게 표현했다.(우인셴 촬영)
저우언라이는 국무원의 총리이자 외교부장이며 정치국 상무위원회 위원으로서 중국 외교정책의 설계자였다.

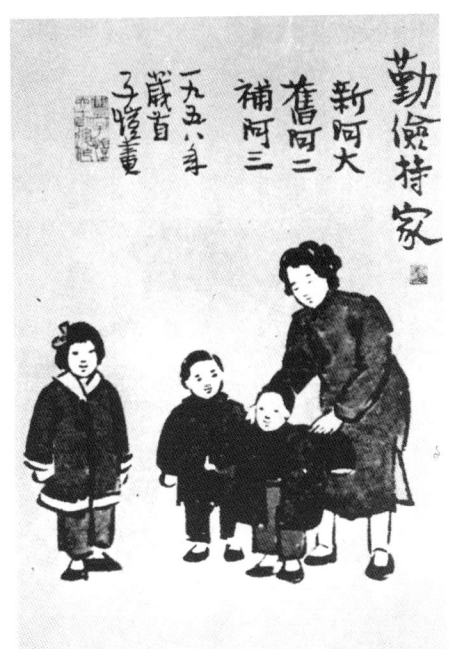

"근면하고 검소하게 집안살림을 꾸리자:/맏이에겐 새 것을/둘째에겐 헌 것을/막내에겐 고친 것을"(1958)

"참외수레가 언덕을 오르니/길가던 이들이 도와 주네"(1962)

풍자화가 펑쯔카이도 1950년대 초에는 많은 중국 지식인들과 함께 공개적인 자기비판을 강요당했다. 그의 1950~1960년대 작품들은 분명 당의 노선을 따르는 것이었음에도 불구하고, 펑쯔카이 특유의 날카로운 관찰을 담고 있다. 반우파운동기의 작품인 「근면하고 검소하게 집안살림을 꾸리자」의 아이들은 경직되고 부자연스러운 모습을 하고 있다. 「참외수레」(1936년 작과 비교할 때)에서 보이는 오른쪽 당 간부는 농민들에게 별 도움을 주지 못하고 있다.

덩사오핑(왼쪽)과 류사오치, 1958년

중국공산당 총서기인 덩샤오핑과 당시 마오쩌둥의 후계자로 꼽히던 류사오치는 대약진의 기반이 되었던 대중동원을 통해 생산을 고양시킨다는 마오쩌둥의 견해를 지지했다.

만주 안산제철소. 1958년(앙리 카르티에-브레송 촬영)

슈신 인민공사의 여성들이 밭을 가는 동안 총을 한 곳에 가지런히 세워두었다. 1958년(앙리 카르티에-브레송 촬영)
1958년에 중국 농촌 전체를 인민공사로 조직하는 대규모 운동이 시작되었다.

제국주의적 구호를 부르짖고 있었지만, 이미 중국에 있던 외국인 기술 인력과 큰 외국기업들이 새로운 사회를 위해 상주하며 일하도록 장려했다.

　시골과 도시는 각각의 사회적 주기와 정치적 선결과제를 갖고 있었다. 농촌 지역에 혁명을 공고히 하기 위해서는 다양한 토지개혁을 제도화하고 공산당에 힘을 가져다 준 농민의 광범위한 지지기반을 유지하는 것이 필수적이었다. 그러나 당은 여전히 나라 전체의 생존에 필요한 식량을 생산해 내는 부농들을 소외시킬 수 없었다. 그 결과 1950년대 중반 이후 토지개혁이 지리적으로 확대되었지만, 극소수 인구에 대한 토지 몰수는 금지되었다. 지주 개인의 재산은 압수되어 재분배되었지만, 많은 경우 부농의 토지는 건드리지 않았다. 1950년 6월 초 당에 제출한 보고서에서 마오쩌둥은 이 정책이 경제 재건에 필수적이라고 정당화했다. 그는 인민해방군이 국민당과 공개적으로 싸우고 있을 때 나타난 부농의 위험성은 이제 더 이상 존재하지 않는다고 덧붙였다.

　토지개혁사업은 북중국과 만주에서 전개되었던 관행에 따랐다. 사업은 지방 행정구 수준에서 3~30명 가량의 작업반을 구성하여 시행되었다. 어떤 반은 고참 간부들로 구성되었고 또 어떤 반은 수련과정에 있으면서 대부분 초보적인 교육만 받은 젊은 학생들로 짜여졌다. 개혁에 추진력을 가하기 위해 작업반은 해당 지역에 '중점 촌락'을 지정하고 신설된 지역의 농민협회와 협력하면서 일했다. 그들은 함께 지주를 색출하여 고립시키고 지주 권력의 기반 가운데 하나인 낡은 형태의 복종을 불식시켰다. 작업반은 농촌에서 지주 가속이 쓰던 교묘한 속임수들을 곧 알아냈다. 그들은 생활수준을 실제보다 더 가난하게 위장하거나 가축들을 없애 버려 재산으로 산정할 수 없게 하고, 거의 몰수당하게 된 땅에는 퇴비를 되도록 줄이고, 지주 계급임을 상징하는 것 가운데 하나인 관례적인 자선행위를 중단했다.

　많은 여성들 역시 토지개혁으로부터 혜택을 받기 시작했다. 1950년에 제정된 새로운 혼인법에 따라 미혼녀, 이혼녀, 또는 과부가 자기 이름으로 토지를 소유할 권리를 갖게 되었다. 또한 재분배에 있어서 행상, 승려, 수녀, 징집되지 않거나 부상당한 군인, 농촌에서 도시로 왔지만 일자리가 없어 고향으로 돌아가고 싶어하는 사람들까지 배려했다. 중국 전체의 토지개혁에 대한 정확한 통계는 구하기 어렵지만, 작업반이 농촌에 퍼져 나가 개혁에 가속도가 붙으면서,

중국 중남부에서는 경작지의 약 40%를 지주로부터 몰수하여 재분배했고, 인구의 60%가 어떤 방식으로든 혜택을 받은 것으로 추정된다. 인구당 분배받은 토지는 200~600평 사이였으므로 5인 가족은 1,200~2,400평 이상을 받았을 것이다. 이것은 가족이 편안히 안심하고 살 수 있는 면적은 아니었지만, 많은 이들, 특히 전에 극빈하게 살았던 사람들에게 새로운 삶의 기회를 열어 주었다.

개혁은 농촌 지주엘리트들의 권력기반을 효과적으로 파괴했다. 이 과정이 계급에 기반한 혁명에 대해 충성심을 확고히 다지는 데 방해가 되지 않도록 중국공산당의 지역 지도자들은 지주와 소작인, 빈농 그리고 고용농 사이에 폭력적인 대결을 부추겼다. 토지개혁에 수반된 폭력의 강도는 일본이나 국민당에 대항해서 전투를 벌였던 힘겨운 시절에 필적할 만했다. 통계에 따르면 지주 가정은 여섯 집 가운데 하나 정도가 이러한 대결에서 가족을 잃었다고 한다. 지주로 분류될 수 있는 중국인의 비율로 따져 볼 때, 혁명의 이 단계에서 적어도 100만 명이 죽었다고 결론지을 수 있다.

토지개혁과정은 당시 중국 문학에서 대단히 환영받았고, 그러한 폭력은 투철한 투쟁 가운데 하나로 받아들여졌다. 딩링은 내전 중에 쓴 소설 『태양은 쌍간(桑乾) 강을 비춘다』(1948)에서 토지개혁에 매우 우호적인 평가를 내림으로써 옌안에서 저지른 판단의 오류를 만회했다. 그녀의 소설은 1951년 스탈린 문학상을 수상했는데, 그만큼 당시의 통설과 잘 맞아떨어졌음을 알 수 있다. 작업반에 자발적으로 참여함으로써 농촌생활을 처음 경험하게 된 도시 출신의 청년 간부들이 쓴 일기 역시 새로운 혁명적 학생들 사이에 싹튼 개혁에 대한 순수한 열정을 전해 주고 있다.

이와는 대조적으로 도시에서 공산당 정부의 첫번째 과제는 폭력적인 사회적 반목을 방지하고 산업을 재가동하고 노동자들이 일자리를 지키도록 독려하는 일이었다. 정부는 노동조합의 결성을 촉진했지만, 상하이와 톈진의 옛 범죄집단과 연결된 비밀결사 단원들이나 건달패가 노동조합 조직 내부에 새로운 권력기반을 구축하려 했기 때문에 철저한 경계를 해야 했다. 그러한 사람들이 일소되지 않는 한 새 정권에 대한 확신을 불어넣기는 어려웠다. 중국공산당은 수적으로 도시 출신 간부가 부족했기 때문에 도시생활 경험이 거의 없는 농촌 출신의 간부들에게 종종 의지해야만 했고, 따라서 1948년과 1949년의 경험은 이들에게 대단히 소중한 것이었다. 중국공산당은 교사나 경찰과 마찬가지로 대부분의 도시 관리들에게 집단 개혁과 토론회에 참석하여 마오쩌둥의 저작을 학습한다면 직위를 보장하고(때때로 최대 95%까지), 계속 고용하겠다고 약속했다.

중국공산당은 신문, 연극, 영화, 라디오, 그리고 집단모임에서 행하는 선전활동을 통해 도시 대중의 지지기반을 다지려 했다. 신정부의 인민폐를 강화하기 위해서 금융 투기꾼에 대해 강력한 공격이 가해졌다. 정치, 군사, 예술 그리고 교육 문제를 다룰 위원회 조식이 큰 읍에 만들어졌다. 당 대표단과 함께 시 정부 기관들도 구 단위로 서서히 확대되었다. 또한 시민들은 공산주의의 새로운 정치 용어와 그 중요성을 배우기 위해 소규모 학습조로 편성되었다. 1942년 옌안에서 벌였던 정풍운동을 모방하여 학습조의 구성원들은 자신들을 '전문가'에서 '간부'로 전환시키는 초보단계로서 자신들의 내면 가장 깊숙한 곳에 있는 생각들을 탐구하도록 장려되었다.

당이 도시나 읍에 대한 통제를 확보함에 따라 공산당 지도자들은 거리(街)위원회 지부의 연결망을 마련하기 위해 움직이기 시작했다. 이 집단들은 각각 같은 거리나 구역에 사는 유대가 긴밀한 이웃들로 구성되었고 거리 청소, 물 공급, 건강과 예방접종 계획, 어린이 도서실 운영, 야간학교 설립 등과 같은 임무를 맡았다. 또한 그들은 공중 치안에도 일부 책임을 졌는데 범죄자를 색출하거나 통행금지를 강화하고 심지어 지역 순찰을 하는 역할도 했다.

때로는 이러한 거리위원회의 후원을 받아 매춘과 아편중독에 반대하는 운동이 시작되기도 했다. 모든 거주지를 등록시키고 남성 방문객이 오는 시각과 떠나는 시각을 감시하는 제도를 도입으로써 효과적으로 매춘을 근절하였다. 아편중독은 '솔직하게 대놓고' 마약을 끊으라고 충고하거나, 중독자의 가족에게 중독자가 마약을 끊도록 하는 책임을 맡김으로써 눈에 띄게 줄일 수 있었다. 중독에 대한 대중계몽, 양귀비 재배 금지, 아편 운반책의 처형을 통해 이러한 조처들은 성공적으로 매듭지어졌다. 또한 거리위원회는 현란한 옷이나 도발적인 머리모양과 화장에 대해서도 집단적으로 압력을 행사했다. 따라서 1930년대에 벌어졌던 것보다 훨씬 더 철저하게 장제스의 신생활운동의 일부 요소들이 새로운 공산주의 국가 내부에서 구체화되었다.

이러한 단속은 놀라운 것이 아니었다. 많은 농민 간부와 옌안에서 긴 세월을 보냈거나 게릴라 대원으로 활동했던 사람들은 도시의 부패와 유약함에 거부감을 느꼈기 때문이다. 예를 들어 상하이 시위원회 의장이자 이 지역 정부의 요인이었던 노련한 간부 라오수스(饒漱石)는 1949년에 "옛 상하이는 생존과 발전을 전적으로 제국주의 경제에 의존"했다고 단언했다. 1949년 8월 상하이의 한 신문은 당시 유행했던 이러한 비판에 호응하여 이렇게 썼다. "상하이는 비생산적 도시이다. 상하이는 기생 도시이다. 범죄 도시이다. 난민 도시이다. 모험의 천국이다."⁴⁾ 라오수스는 더 나아가 학교나 공장의 이전과 함께 상하이 인구를 중국 오지로 분산시킬 것과, 철저히 내수를 위한 산업에 초점을 맞춰야 한다고 제안하기까지 했다. 그의 계획은 실행되지는 않았지만, 중국공산당이 창립된 도시인 상하이가 재고의 대상이 되었다는 사실은 중국 공산주의의 한 특징인 도시에 대한 이중성을 말해 준다.

　남부에서도 지역 게릴라 부대들 사이에 이와 비슷한 경직된 긴장감이 감돌았다. 그들 중 많은 사람이 항일전선의 배후에서 또는 국민당과 상대하여 여러 해 동안 엄청난 고난을 겪으며 싸워 왔으나, 이제 북부에서 내려온 간부들에 의해 주변으로 밀려나고 있음을 깨달았다. 그들은 자신의 권력과 영향력을 다시 찾고 싶다면 지역 방언 대신 북부의 '표준 중국어'(Mandarin) 발음을 배워야 한다는 말을 들었다. 또한 많은 지역 간부들은 효율적인 도시 정부를 위한 중국공산당의 계획이란 것이 자신들이 축출대상이라 여겼던 상층 부르주아지 밑에서 일해야 한다는 의미임을 깨닫게 되었다. 당시 남중국에서 회자되던 씁쓸한 말은 혁명의 새로운 단계의 한가운데서 많은 사람들이 느꼈던 이중성을 뚜렷하게 부각시킨다. "옛 혁명가는 새 혁명가만 못하고 새 혁명가는 혁명가가 아닌 사람만 못하며 혁명가가 아닌 사람은 반(反)혁명가만 못하다."⁵⁾

신정부의 구조

중국에 효율적인 정부를 만드는 것은 마오쩌둥의 최우선 과제였다. 이 과제의 달성이야말로 새로운 질서를 대표한다고 자처하는 공산당의 주장을 뒷받침해 줄 것이며, 아울러 공산당이 쑨원·위안스카이·장제스도, 일본인과 그 대리인도 성공하지 못한 거대한 국가의 재통합에 성공했음을 증명해 줄 것이기 때문이었다. 신정부는 공산당, 공식 정부구조 그리고 군대 등 세 주요 구성 부문이 명목상 권력을 분할하는 틀로 짜여졌다. 이러한 조직형태는 옌안의 경험과 내전기의 시행착오를 통해 합리적으로 도출되었다.

이념의 모든 측면을 감독하고 정부와 군의 활동을 조율하는 것은 공산당 조직이었다. 중국공산당은 중화인민공화국의 창설이 선언되었던 1949년 10월, 444만 8,080명의 당원을 보유하고 있었다. 그 후 전국을 통치해야 했기 때문에 더 보강한 당원의 수는 1950년 말에는 582만 1,604명에 달했다. 공산당원은 모든 정부기구, 대중조직, 법원, 각급 학교, 군대로 퍼져 들어갔다. 당의 지역 지부는 중앙위원회에 의해 상부에서 조정되었다. 중앙위원회는 1949년에 44명으로 구성되어 있었는데, 그 가운데 14명은 정치국을 구성하며, 정치국은 5명의 '상무위원회'에 의해 효과적으로 운영되었다.

1949년에 상무위원회는 중국공산당의 주석인 마오쩌둥을 비롯하여 류사오치, 저우언라이, 주더 그리고 천윈(陳雲)으로 구성되어 있었다. 마오쩌둥, 저우언라이 그리고 주더에 대한 대중의 인지도가 대단하다고 해서 다른 두 인물이 덜 중요했던 것은 아니다. 그보다는 그들이 맡은 일이 당 조직에 집중되어 있어서 주목을 덜 받았을 뿐이다. 50세의 류사오치는 1920년대에 소련에서 교육을 받았고, 1920년대 말과 1930년대 초에 탁월한 노동조직가로서 부상했으며, 1940년대 초반에는 일본 점령지역에서 공산주의 단체를 조직하는 데 앞장섰다. 옌안에서 행했던 강의자료를 모아 펴낸 그의 얇은 책 『훌륭한 공산당원이 되는 법』은 1940년대와 1950년대에 공산당 간부들의 필독서가 되었다. 이 책은 도덕과 규율의 유교전통을 전형적인 마르크스-레닌주의 노선과 결합시키고, 그 전체를 열렬한 혁명적 언어로 표현한 흥미로운 합작품이었다. 류사오치는 이렇게 쓰고 있다.

매우 훌륭하고 경험 많은 혁명가가 되는 데 성공한 모든 이들은 오랜 세월에 걸쳐 혁명적 투쟁에서 단련과 자기수양을 거쳤음이 틀림없습니다. 그러므로 우리 당원들은 어떤 어려움과 고난 속에서도 스스로를 단련하고, 자기 수양을 강화하고, 새로움에 대한 감각을 잃지 않으며, 광범위한 대중의 혁명적 투쟁과정에서 사고능력을 증진시켜야만 정치적으로 흔들림 없는 혁명가가 될 수 있습니다.

공자가 말하기를,

나는 열다섯에 학문에 힘을 기울였다. 서른에는 자립했고 마흔에는 의혹을 갖지 않았다. 쉰에는 하늘의 뜻을 알았다. 예순에 내 귀는 진실을 받아들이기 위한 순종적인 기관이 되었다. 일흔에는 내 마음대로 해도 올바른 길에서 벗어나는 일이 없었다.

여기서 공자는 그의 단련과 자기수양의 과정을 연결시키고 있습니다. 그는 자신을 타고난 '성인'으로 여기지 않았던 것입니다.[6]

류사오치의 책은 신세대에게 갑자기 성공한 혁명을 위해 복무해야 할 내면적 동기를 부여해 준 교과서였다. 그는 혁명적 미래의 '아름다움'을 호소하는 한편, 그것을 자본주의 세계의 '추악함'과 대비시켰다. 그는 목적과 이상을 갖고 헌신적으로 봉사할 것을 강조했다. 그리고 그는——상층 지식인들을 안심시키기 위해——당원의 계급적 배경이 다양하다고 설명했다. 그는 당원 중에 노동계급 '도시 프롤레타리아트'의 일원이었던 사람은 거의 없으며, 어떠한 계급 성분이든지 투철한 자기성찰과 장기간의 마르크스-레닌주의 학습을 거침으로써 한계를 극복할 수 있다고 말했다.

상임위원회의 다섯번째 인물인 천원은 1900년생으로 상하이의 식자공이었으며 1924년 당에 가입했고 노동조합 조직가로 유명해졌다. 류사오치와 마찬가지로 그는 당의 독창적인 이론가로 대우받았고, 그의 저서들은 1942년 정풍운동 때 교재로 지정되었다. 1949년 무렵 그는 중국공산당의 주도적인 경제 입안가로 인정받았고 피폐해진 경제를 복구하는 임무를 맡았다.

공식 정부의 정점에는 중앙인민정부위원회가 있었는데, 역시 마오쩌둥이 주석이었다. 위원회를 구성하는 56명의 위원에는 옌안 시절부터 공산당의 가장 저명한 인물들과 여러 가지 '과오'들 때문에 숙청되었다가 복권된 사람들, 그리고 변절한 국민당 군사 전문가들이 포함되었고, 그 가운데는 제2차 세계대전 당시 장제스와 불편한 동맹을 맺었던 윈난의 군벌 룽윈도 있었다. 마오쩌둥 바로 밑에는 6명의 부주석이 있었다. 이 중 3명은 대체로 명예직으로 1명은 쑨원의 미망인 쑹칭링, 다른 둘은 원로로서 뛰어난 반국민당 활동가들이었다. 그 중한 명은 민주동맹을 이끌었고 또 한 명은 장제스의 전후 정책에 반대하여 분파적인 국민당혁명위원회를 만들었다.

나머지 세 부주석은 명예직과는 거리가 먼, 지난 20여 년 동안 중국공산당에서 가장 막강한 권한과 능력을 발휘한 지도자였다. 그 중 두 사람, 주더와 류사오치는 중앙위원회 정치국의 상무위원도 겸하고 있었다. 세번째 인물 가오강(高崗)은 1902년에 출생하여 1930년대 초반에 간쑤-산시 소비에트 창설자 가운데 하나였으며, 그로 인해 1935년 마오쩌둥과 대장정군이 비교적 안정된 기반을 마련하는 데 도움을 주었다. 그는 산/간/닝 변구의 정치위원을 역임했고 공산당-국민당 내전 중에는 만주에서 지린-헤이룽장 지방의 사령관으로 복무했다. 린뱌오의 군대가 국민당군을 물리치고 승승장구하면서 중국 내륙으로 남진할 때, 가오강은 펑톈에 본부를 두고 만주의 군사·정치 지도자로 남았다. 인민공화국이 선포되기 전에 그는 동북부 산업의 재건을 도울 무역협정을 체결하기 위해 대표단을 이끌고 모스크바로 가기도 했다.

이러한 중앙인민정부위원회의 지도자들은 상당한 군사적·행정적 경험을 지닌 막강한 집단이었다. 그들은 저우언라이가 총리로 있는 또 다른 주요 중앙정부기구인 정무원(뒷날 국무원으로 개칭)과 업무를 조절했다. 저우언라이 밑에는 24명의 새로운 부장들이 있었고, 각각의 부처는 농업, 교통, 문화(소설가 마오둔이 이끄는), 교육, 재정, 식품공업, 외교(이 부서의 부장은 총리 저우언라이가 겸임했다), 임업, 연료, 중공업, 민정, 감찰, 노동, 사법, 경공업, 소수민족, 화교, 체신, 위생, 공안, 철도, 방직공업, 무역, 수리(水利) 등 국가 발전에 가장 중요한 것으로 여겨지는 부문들을 망라하고 있었다. 이 부장들 가운데 여성은 사법부장과 위생부장 2명뿐이었다.

공식 정부구조는 공산당 조직과 끊임없이 중복된 채 연결되었으며, 양 조직은 어떤 특별한 중심 또는 공유하는 관심사에 의해 지역적인 구분을 넘어서 국가 전체를 결합시키는 대중조직을 통해 자신들의 영향력을 확대해 나갔다. 그런 대중조직들 가운데 1949년과 1950년에 결성된 것으로는 문학·예술협회,

중·소우호협회, 전중국민주주의청년연합 그리고 전국부녀연합회 등이 있었다. 전국부녀연합회를 주도한 차이창(蔡暢)은 창사 출신의 젊고 급진적인 인물로 1919년에 근검공학 계획에 따라 프랑스로 파견된 그룹에 참여했었다. 여성 공장노동자들을 조직하는 데 전문가였던 그녀는 이 새로운 요직에 진출하기 전에 장시 소비에트에서 일했고 대장정에 참여했으며 옌안 정치에서 두각을 나타내기 시작했다.

인민해방군의 권력은 전국을 6개의 거대한 지구로 나누어 각각에 독자적인 단일 군사지휘권을 부여하는 방식을 통해 중국 사회에 확고하게 자리잡았다. 이들은 몇 개의 성을 묶어서 관할하는 총독이 각 성의 순무보다 상위의 사법권을 가졌던 청대와는 달리 성장(省長) 위에 군사·행정 권력을 보유하는 지역 당 지구에 의해 주도되었다. 여기서 지구 구분은 중국공산당의 전시 변구 경험에서 발전되었고, 일부 분석가들이 중국이 자연적으로 구분된다고 보았던 광역권(1권 124쪽의 지도를 보라)과 지리적·경제적 유사성을 지니고 있었다. 각 지구는 다음과 같다.

1. 동북지구 : 헤이룽장, 지린, 러허, 랴오닝
2. 서북지구 : 간쑤, 닝샤, 산시, 신장, 칭하이
3. 화북지구 : 차하르, 허베이, 산시(山西), 쑤이위안
4. 화동지구 : 안후이, 푸젠, 장쑤, 산둥, 저장
5. 중남지구 : 허난, 후난, 후베이, 장시, 광시, 광둥
6. 서남지구 : 구이저우, 시캉, 쓰촨, 윈난

이 여섯 지구에는 바로 중앙정부의 3부 구조를 따른 4개의 주요 직책, 곧 정부 주석, 제1 당 서기, 군사령관 그리고 군사정치위원이 있었다. 따라서 논리적으로는 이러한 권력이 24명의 현직자 사이에 분할되어 있어야 했지만, 대개의 경우 한 사람이 2개 또는 그 이상의 주요 직책을 겸임하고 있었기 때문에 실제로는 13명의 현직자만 있었다.

그 중에서도 특히 5명이 막강했다. 첫번째는 중앙인민정부위원회의 부주석 가오강으로 만주(동북지구)에서 4개의 주요 직책을 모두 겸임하고 있었다. 그는

소련의 정부 고관이나 군 관련 인사 그리고 자신이 결정적인 역할을 했던 만주의 철도와 자원에 관심을 가진 러시아인과 긴밀한 관계를 맺고 있었다. 두번째는 포병작전에서 대단한 만용을 부렸던(1940년 백단대전과 1948년 쓰촨에서의 패전처럼) 군사령관 펑더화이로 서북지구에서 정부 주석이자 군사령관이었다. 이 지역 역시 소련과 국경을 맞대고 있고 민족이나 국적이 다양하여 중·소관계에서 결정적으로 중요한 곳이었다. 세번째 인물 라오수스는 신사군의 노련한 조직가로서 화동지구에서 막강한 권력을 갖고 있었는데, 요직 가운데 제1 당 서기, 정부 주석, 군사정치위원을 겸임했다. 또한 그는 상하이 총노동조합의 당 서기로 지명되었다. 마지막으로 린뱌오와 덩샤오핑도 대단한 지역적 권력기반을 가지고 있었다. 린뱌오는 중남지구에서 4가지 주요 직위 가운데 셋을, 그리고 덩샤오핑은 서남지구에서 넷 가운데 두 직책을 맡고 있었다.

이 다섯 인물은 훗날 모두 마오쩌둥과 대립하여 숙청당했다. 우리는 중국 정부의 인상적인 개조에도 불구하고 중화인민공화국 내부에 뿌리깊은 영속적인 문제들이 있었다는 것을 알 수 있다. 명 말 이래 여러 방식으로 중국을 괴롭혀 온 지방권력과 중앙권력의 갈등, 분절된 관료조직 내부의 갈등, 그리고 개인적 야망과 권력기반의 갈등은 단순한 방법으로는 근절되지 않았던 것이다.

한국전쟁

중국 내에서 국민당 세력이 모두 제거되기도 전에 마오쩌둥은 스탈린을 만나기 위해 소련을 방문함으로써 "한쪽으로 편향한다"는 그의 성명을 실천했다. 그는 1949년 12월 16일, 스탈린의 70세 생일 직전 모스크바에 도착했다. 이것은 마오쩌둥이 중국 국경을 넘어선 최초의 여행이었다. 그는 자신이 자라난 중국 사회에 지대한 영향을 끼친 어떤 국가에 대해서도 직접적인 지식을 가지고 있지 않았다. 그러나 중화인민공화국이 공식적으로 수립되고 마오쩌둥이 국제외교 무대에 등장한 지금 이 새로운 국가를 승인하는 나라들이 계속 나왔다는 것은 얼마나 많은 사람들——공산 진영뿐만 아니라——이 신속히 마오쩌둥의 편으로 돌아섰는지를 보여준다.

소련에서 마오쩌둥은 혼란과 모순을 보았다. 여러 날 동안 스탈린은 마오쩌둥이 모스크바에 있다는 사실을 아는 척도 하지 않았다. 이 소련의 지도자는 마오쩌둥의 이론을 대변하는 중국인 지지자들의 정교한 주장에 혐오감을 나타낸 바 있었고, 미국인 사회주의자가 쓴 찬양조의 마오쩌둥 전기를 소련에서 유통되지 못하게 하기도 했다. 8주 동안의 협상 끝에 마오쩌둥이 얻은 것이라고는 일본이 공격할 경우 중국을 보호하겠다는 안보조약과 이후 5년간 미화 3억 달러 정도의 차관을 매년 같은 액수로 나누어 제공한다는 것, 그리고 중국 정부에게 넘겨주기로 한 뤼순과 다롄에서 1952년까지 소련군을 철수시키겠다는 약속뿐이었다. 마오쩌둥이 신장 경계 북쪽 몽골인민공화국의 독립을 인정할 수밖에 없었던 것—이 지역이 줄곧 소련의 영향권 아래 있었기 때문에—은 크나큰 타격이었다. 마오쩌둥은 몽골이 언젠가는 중국에 포함되어야 한다고 여러 차례 주장했지만, 이제 그는 청 왕조가 전성기에 통치했던 영토와 비슷한 크기의 서부지역을 되찾겠다는 희망을 포기해야 했다.

그러나 1950년 봄, 중화인민공화국 지도자들에게 외교정책은 중요한 문제가

**1949-1950년,
중화인민공화국에 대한 외교적 승인[7]**

1949년

    10월 2일   소련

    10월 3일   불가리아, 루마니아

    10월 4일   폴란드, 헝가리, 체코슬로바키아

    10월 5일   유고슬라비아

    12월 9일   버마

    12월 30일   인도

1950년

    1월 4일   파키스탄

    1월 6일   영국,* 실론, 노르웨이

    1월 9일   덴마크, 이스라엘

    1월 13일   핀란드, 아프가니스탄

    1월 14일   스웨덴

아니었다. 그들의 주요 관심사는 원활한 행정구조를 마련하고 인플레이션을 완화시키고 국내 산업을 재건하는 것이었다. 4월에 린뱌오의 군대가 하이난 섬을 성공적으로 점령하자 군은 영토를 통합하는 데 있어 마지막 남은 두 방면에 총력을 기울이게 되었다. 그것은 티베트와 타이완 정복이었다. 티베트 공격은 병참상의 어려움이 있기는 했지만 이제 단련된 인민해방군에게는 그다지 어려운 작전이 아니었다. 더구나 1947년에 인도가 독립하자, 영국에게 티베트는 완충지로서의 의미가 없었다. 1950년 10월 중국공산당 군대는 '제국주의의 억압'으로부터 나라를 '해방'시키기 위해 티베트를 침공했다. "누구로부터의, 무엇으로부터의 해방인가? 우리는 지불능력 있는 정부를 갖춘 행복한 나라다"[8]라는 티베트인의 신랄한 항의에도 불구하고 유엔은 아무런 행동도 취하지 않았고 인도나 영국 역시 티베트 사태에 개입하지 않았다. 중국은 1년 만에 티베트의 주요 거점들을 점령했다.

타이완 공격은 훨씬 더 신중하게 고려되었다. 1949년 1월 중국의 총통직에서 물러난 지 6개월 뒤 장제스는 1947년 천이의 폭정으로 불붙은 폭동과 학살에 이어 국민당이 권력을 다져 온 타이완으로 후퇴했다. 타이완은 1895년부터

---

* 중국은 영국의 1월 6일 제안을 거절했는데, 이는 영국이 타이완과 공식 외교관계를 유지하고 있었기 때문이다.

1945년까지 일본의 식민 치하에서 경제적으로 번영해 왔고, 장제스는 섬의 주민들, 망명한 국민당 그리고 이미 타이완에 있었거나 1949년 공산당의 대륙 석권 이후 도피해 온 100만 중국군에 대한 지도력을 재확인하기 위해 신속히 움직였다. 인민해방군 지휘관들은 섬을 탈환하기가 쉬울 것이라는 환상은 갖지 않았다. 인민해방군은 1949년 10월 진먼(金門) 섬의 해안을 점령하려다가 패배한 경험이 있었다. 1950년 2월에 타이완을 공격하기로 예정되어 있던 인민해방군의 푸젠과 저장 제3야전군을 지휘하던 장군은 자신의 전망을 다음과 같이 솔직하게 털어놓았다.

> 동남 해안의 섬들, 특히 타이완의 해방은 매우 중차대한 문제이며 근대 중국 전쟁사상 가장 큰 규모의 전투를 치러야 할지도 모른다는 점을 무엇보다도 먼저 지적해야 한다. ……(타이완은) 신속한 수송, 알맞은 장비 그리고 적절한 보급품 없이는 점령할 수 없다. 게다가 장제스의 육·해·공군의 상당수가 중국 본토에서 도망간 일군의 가장 완고한 반동분자들과 함께 집결해 있다. 그들은 자연의 보호막인 바다에 의지하여 강력한 방어 진지를 구축했다.9)

이러한 고충 때문에 마오쩌둥을 비롯한 정부 지도자들은 현명한 방법이 무엇인지를 놓고 의견이 분분했던 것으로 보인다. 1950년 여름 무렵에 중국 남부에서 군사적 통합이 완성되고 노련한 인민해방군이 대규모로 푸젠 해안지방으로 이동했지만, 그때까지 타이완 공격명령은 내려지지 않았다. 이러한 지연을 설명해 줄 수 있는 한 가지 이유는—병참상의 문제와 해군 이동의 문제와는 별도로—중국공산당의 지도자들이 타이완인들 스스로가 국민당의 점령에 대해 반란을 일으키기를 기대하고 있었을 것이라는 점이다. 또 그 해 여름 인민해방군을 엄습한 전염병으로 인해 대대적인 군사작전을 감행할 수 없었으리라는 설명도 가능하다.

군사비의 계속적인 증가를 걱정하면서도 국민당이 일본의 항복 이후 많은 군대를 조급하게 해산시켰을 때 맞닥뜨렸던 문제들을 염두에 두지 않을 수 없었던 공산당 중앙위원회는 정부의 면밀한 감독 아래 부분적인 동원해제를 결정했다. 중앙위원회의 담화를 보면 다음과 같다.

인민해방군은 1950년 주력군을 유지하는 한편 군대의 일부를 해체해야 하
지만, 그것은 타이완과 티베트를 해방시키고 국가 방위를 확고히 하고 반혁명
을 진압할 만큼 충분한 군대가 확보된다는 조건하에서의 일이다. 해체는 주의
깊게 시행되어 전역한 군인들이 고향으로 돌아가 생산적인 일에 전념할 수 있
도록 해야 한다.[10]

　성난 공화당이 장세스의 중국 본도 회복을 돕기 위한 관대한 원조계획 실행
을 요구하기는 했지만, 이 당시 미국은 중국의 분쟁에 개입할 의사를 보이지 않
았다. 1949년 여름 트루먼 대통령의 요청으로 국무장관 딘 애치슨은 중국의 전
쟁 시기와 내전 경험, 그리고 미국의 중국 개입과 관련된 모을 수 있는 자료를
다 수집하여 "사실 국민당군은 패배할 이유가 없었다. 다만 그들은 분열되어 있
었다. 역사는 자신에 대한 믿음이 없는 정권과 사기를 잃은 군대는 전쟁이라는
시험장에서 살아남을 수 없다는 것을 거듭 증명했다"[11]는 내용의 전문을 보냈
다. 애치슨은 더 이상 미국이 지원하거나 개입하는 것은 예전처럼 쓸모없는 짓
을 하는 것이라고 결론지었다. 그러나 모든 이들이 거기에 동의했던 것은 아니
다. 5·4운동 이전 코넬 대학을 다닐 때 기독교에 잠시 입문한 적이 있었던 전
주미대사 후스는 애치슨의 원문 사본의 여백에 「마태복음」 27장 24절을 적어
넣었다.('빌라도가 아무 효험도 없이 도리어 폭동이 나려는 것을 보고 물을 가져다가
군중 앞에서 손을 씻으며 '이 사람의 피에 대하여 나는 무죄이니 너희가 당하라.'")[12]
　트루먼 대통령은 개입하지 않는 것이 미국의 올바른 정책이라는 생각을 굳
게 가졌다. 그는 국가안보위원회 고문들과 만난 뒤, 1950년 1월 5일에 발표한
성명을 통해 자신의 입장을 명확히 밝혔다. 트루먼은 타이완을 아직도 많은 외
국인들이 사용하는 포르투갈어에서 기원한 이름 포모사로 부르면서 이렇게 말
했다.

　미국은 포모사나 다른 중국 영토에 대해 야심을 가지고 있지 않다. 미국은
현재 특별한 권리나 우선권을 얻거나 포모사에 군사기지를 건설할 욕심이 없
다. 또한 미국은 현재의 상황에 개입하기 위해 무력을 사용할 뜻이 전혀 없다.
미국 정부는 중국의 내전에 개입하는 길을 모색하지 않을 것이다.

마찬가지로 미국 정부는 포모사 섬의 중국인에게 군사적 원조나 자문을 제공하지 않을 것이다. 미국 정부가 보기에 포모사의 자원은 섬을 방어하는 데 필요한 것들을 얻을 수 있을 만큼 충분하다.[13]

그러는 동안 국무성 직원들은 한걸음 더 나아가 타이완이 공산주의자의 손에 넘어갈 경우를 대비하여 공식 발표의 초안까지 잡았다.

일본 점령군 사령관인 더글러스 맥아더 장군과 딘 애치슨의 공개선언은 이제 태평양에서 미국의 새로운 '방어 지역'을 알류샨 제도, 일본, 오키나와, 류큐 제도, 그리고 필리핀을 연결하는 선을 따라 정한다고 공포했다. 중국 정부는 이 미국의 전략적 이해관계에 입각한 규정 속에 타이완과, 1945년 이후 38°선을 기준으로 소비에트가 점령한 북한과 분리되어 미국의 보호 아래 독립국으로 부상한 남한이 포함되지 않은 점을 주목했다. 만일 타이완을 점령한다면 중화인민공화국은 이미 적극적으로 로비를 벌이고 있던 유엔에서 당당한 지위를 차지할 수 있었던 것이다.

1950년 6월 25일 북한의 대규모 군대가 38°선을 넘어 남한을 침공하면서 이러한 미국과 중국의 명백한 입장의 조화는 깨어졌다. 북한군은 신속히 남하하여 몇 주 만에 서울을 점령하고 남한정부를 마지막 보루인 부산항까지 몰아붙였다. 기이한 우연의 일치로 당시 소련은 유엔 안전보장이사회가 타이완 대신 중화인민공화국을 이사국으로 선출하기를 거부했다는 이유로 이사회에 불참했다. 그러자 다른 이사회 회원국들은 소련의 거부권을 의식할 필요 없이 신속하게 북한을 비난하고 유엔 회원국들에게 '필요한 모든 지원'을 해줄 것을 촉구했다. 이에 응답하듯 트루먼 대통령은 일본에 주둔한 미군에게 남한을 지원하라는 명령을 내렸다. 다른 15개 회원국의 군대가 미국의 행동에 동참했는데, 영국·프랑스·오스트레일리아·뉴질랜드·태국·필리핀·캐나다·그리스·터키 등이었다. 한편 이를 기회로 중국이 타이완을 공격하지 않을까 우려한 트루먼은 미 제7함대로 하여금 '중립적 위치'에서 타이완 해협을 순찰하도록 지시했다. 중화인민공화국은 준비가 되어 있었다 해도 타이완을 침략할 수 없었다.

처음 수개월간 중국은 불분명한 태도를 취했다. 초기에 중국 언론 가운데 몇몇이 남한이 침략자라고 강력하게 비난했지만, 그 후 전쟁에 대해 별로 거론하

지 않았다. 중국 정부는 앞으로 이 전쟁을 지원하겠다는 어떤 약속도 하지 않았
고, 미군에 대한 북한군의 첫번째 승리에도 별 관심을 보이지 않았다. 그러나
네이팜탄 공격의 영향과 미군의 부산 진입에 대해서는 우려를 표명했다. 미 제7
함대의 순찰에 대한 중국 정부의 비난은 좀더 격앙되고 단호했다. 저우언라이
는 외교부장으로서 이 순찰을 '중국 영토에 대한 무력침공'[14]으로 규정하는 공
식성명을 발표했다. 미 제7함대의 배치로 타이완에 대한 공격이 완전히 불가능
해졌음을 확실히 인식한 중국의 지도자들은 푸젠 해안에서 훈련 중이던 제3군
에서 3만여 명 가량의 부대를 선양(瀋陽) 지역으로 북상시켰다. 다른 군대들도
산둥 반도를 향해 북쪽으로 이동했다.

8월에 유엔은 민감한 협상들을 주도했는데, 여기에는 분쟁의 중재를 돕는 조
건으로 중화인민공화국을 유엔 안보리에 받아들이는 문제에 대한 논의도 포함
되었다. 동시에 한국의 유엔군 총사령관이 된 맥아더 장군은 장제스와 우호적
인 회담을 가졌다. 맥아더는 장제스 정권에 대한 지지를 거듭 다짐하고, 이제
타이완이 미국 공군기지들의 '섬 연결망'(island chain)의 일부라고 선언했다.

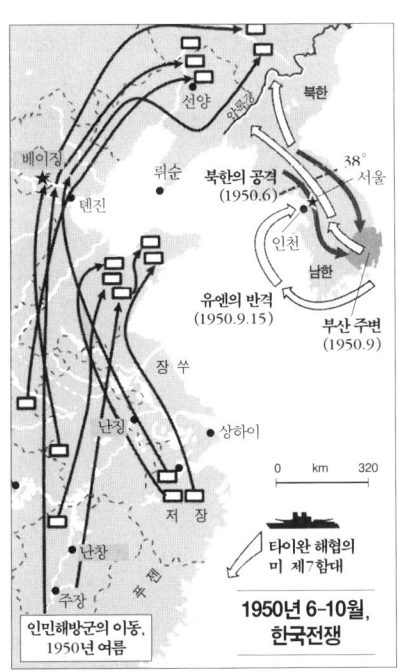

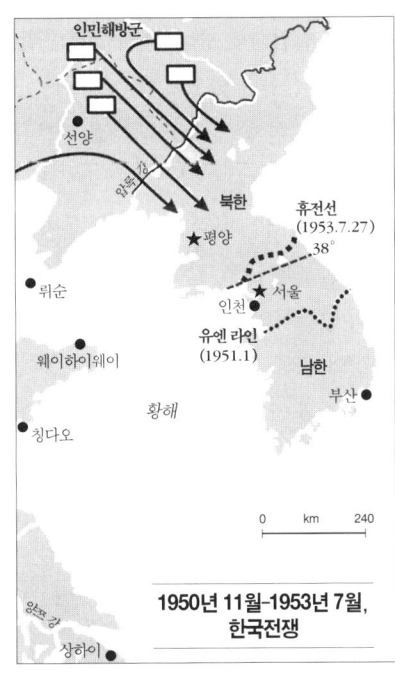

(그러나 맥아더는 한국전쟁에 국민당군을 참전시키겠다는 장제스의 제의를 받아들이지는 않았다.) 8월 말이 되자 유엔군은 남한의 주요 전투에서 승리를 거뒀고 북한군의 보급선을 끊임없이 폭격하며 전차부대, 포병, 공군에서 전술적 우위를 확보했다. 그러자 미국에 대한 중국의 성명전은 더욱 거세졌고, 중국 전역이 미국과 그 연합국들의 역할을 비난하는 대중집회로 들끓었다. 8월 말 한 중국인의 글에 따르면, "미제국주의와 그 추종자들이 조선 침략에서 보인 야만적 행위"는 "아시아와 세계 전반의 평화를 위협할 뿐 아니라 특히 중국의 안보를 심각하게 위협하는 것이다." 그는 계속해서 "북조선의 친구는 우리의 친구이다. 북조선의 적은 우리의 적이다. 북조선의 방어는 우리의 방어"[15]라고 덧붙였다.

　9월의 사건들은 중국이 이 전쟁에 전면 개입하는 방향으로 급속히 몰고 갔다. 소련이 지원한 유엔의 정전 노력은 수포로 돌아갔다. 미국 공군사관학교 교장은 소련의 '원자폭탄 둥지'를 선제공격하겠다고 발언했다가 직위 해제를 당했다. 멋지게 수행된 작전을 통해 맥아더는 군대를 인천항에 상륙시키고 북한군의 배후에서 그들의 퇴로를 차단하며 압박해 들어갔다. 북한군이 패퇴하자 저우언라이는 중국의 의사를 전달하는 창구역할을 하던 인도 대사에게 미국이 북한을 침입하면 중국이 개입할 수밖에 없다는 뜻을 알렸다. 미국군은 10월 7일에 38°선을 넘었고 10월 19일에는 북한의 수도인 평양을 점령했으며 압록강을 경계로 한 중국 국경을 향해 북진했다.

　1950년 10월, 중국군은 미국 정보기관의 정보망에 걸리지 않고 몰래 북한으로 넘어 들어가 북한 공산당을 돕기 시작했다. 수주일 동안의 예비전투를 거친 뒤 중국군은 11월 말부터 남한군과 유엔군에 대해 전면적인 공격을 가했다. 여전히 연합국의 정보조직은 중국군의 개입 규모를 알지 못했지만, 이미 25만 명 이상의 중국군이 북한에 침투했으며 그 수가 70만 명 이상으로 증가했다는 것이 나중에 알려졌다.

　중국군 사령관인 펑더화이는 후에 회고하기를, 중국이 한국전에 개입해야 한다는 것을 들었을 때 여러 날 동안 잠을 이루지 못했고 수면제를 먹어야 했다고 한다. 그러나 그는 훌륭히 군대를 조직했고, 12월에 벌어진 격렬한 전투에서 연합군을 다시 한번 38°선까지 밀어냈다. 1951년 1월 유엔군은 더 남쪽으로 후퇴했고, 중국군과 북한군은 잿더미가 된 서울을 다시 점령했다. 그러나 세를 규합한 유엔군은 서울을 재탈환했고, 여기서 전선은 38°선 바로 북쪽 산맥을 따라 교착상태에 빠졌다. 이후 협상에서 유리한 위치를 차지하기 위해 치열한 전쟁이 계속되었고, 양측 모두 엄청난 사상자를 냈다. 이 전쟁의 교착국면에서 제트 전투기 중대 사이의 공중전이 벌어졌고, 미국은 군대를 신속히 이동시키기 위해 전쟁사상 처음으로 헬리콥터를 이용했다. 1951년 4월 트루먼은 연합군이 중국 내 적군의 피난처를 공격할 수도 있다는 암시를 계속했다는 이유로 맥아더를 해임시켰다. 전쟁은 고통스럽게 2년간을 질질 끈 후 1953년 7월 휴전협정을 맺음으로써 끝났다. 휴전은 드와이트 아이젠하워 장군의 노력 덕분이었는데, 그는 1952년 선거전에서 한국 방문을 약속했으나 대통령에 당선된 뒤에는 중국과 북한을 최종 협상의 장으로 끌어내기 위해 핵무기 외교에 무게를 실었다.

그 무렵 미국 사상자는 16만 명(사망 5만 4천 명, 부상 10만 3천 명, 실종 5천 명), 남한은 40만, 북한은 60만, 중국은 70~90만 명을 헤아렸다. 중국은 한국전쟁에 참전한 군대가 정규군이 아니라 전원 '자원병'이었다고 주장하면서 정확한 수를 끝내 밝히지 않았다. 그러나 100만 명에 달하는 막대한 인명 손실 중 상당수는 주로 전쟁 마지막 해에 유엔군의 압도적인 화력에 의한 것이라는 점에서 중국군 지도자들을 움찔하게 했다. 특히 펑더화이는 중국이 정규전에서 서양과 맞서려면 소련과 같은 더욱 근대적이고 잘 무장된 군대로 발전시켜야 한다는 것을 깨달았다. 한국전쟁에서 사망한 중국인 가운데는 마오쩌둥과 그의 첫번째 부인 양카이후이 사이에서 태어난 두 아들 중 장남도 끼어 있었다. 이 아들 안잉(岸英)은 마오쩌둥이 신생 중국공산당에 의해 지도된 최초의 파업에서 후난의 노동자를 조직하고 있던 1922년에 태어나 모스크바에서 교육받고 옌안에서 농촌 노동자로 일했었다. 그의 유해는 북한 땅에 묻혔다.(마오쩌둥의 하나 남은 아들 안칭[岸靑]은 정신병 때문에 생의 대부분을 병원에서 보냈다.)

전쟁이 중국 내에 미친 영향은 굉장히 컸다. 가장 심각했던 것은 혹독한 겨울에 철지난 의복, 부족한 식량, 최소한의 무기를 가지고 압도적으로 우월한 공군력과 화력을 지닌 적군과 싸워야 했던 수십만 명의 중국군이 당한 고통이었다. 잘 방비된 적 진지를 향한 중국군의 공격은 용감했지만 값비싼 대가를 치른 것이어서, 이를 목격한 외국군을 놀라게 했다. 바로 이런 용기가 중국인의 인내와 용맹에 대한 새삼스러운 찬사를 불러일으켜 인민공화국에서는 희생과 혁명의 가치를 강조하는 문학·영화·연극·영웅담들이 물밀듯 쏟아져 나왔다. 또한 중국은 소련과 더욱 가까워졌고, 소련은 중국의 충성을 받아들이고 막대한 군수물자—비록 중국은 원조에 대한 대가를 지불하는 조건이었지만—를 제공했다.

그 밖에도 전쟁에서 경험한 사건들은 중국으로 하여금 서양 제국주의의 해악에 더욱 눈뜨게 해주었고, 특히 미국을 중국의 주된 적으로 규정하게 만들었다. 미국의 한국전쟁 개입은 동아시아에 대한 미국의 야심과, 중국이나 중국인민에 대한 미국의 주체하지 못할 증오를 여실히 증명한다고 지적되었다. 그러한 논지는 전쟁과 관련된 소설이나 르포르타주에서 강하게 표현되었다.

전쟁은 국내에 또 다른 결과를 초래했다. 사업이나 종교적 목적으로 중국에 머무르고 있던 대부분의 서양인이 배척당하고 중국을 떠날 것을 강요받았다. 일부 선교사들을 포함한 상당수가 체포되었고, 미제국주의자들을 위한 간첩활동을 한 혐의로 공식 기소되었다. 중국 정부는 전쟁의 열기를 국내의 간첩과 적군 요원 또는 그러한 의심이 가는 자들을 색출하는 기회로 삼고 대규모 운동을 지도했다. 이어서 오랫동안 국민당과 관계를 맺었거나 외국기업, 대학, 또는 교회조직에서 일했던 모든 사람들에 대한 탄압이 뒤따랐다. 또한 중국 정부는 중국 영토의 완전한 통일을 이룩하는 데 실패했다는 것을 인정할 수밖에 없었다. 타이완을 점령하지 않는 한 중국에 대한 폭격이나 파괴의 잠재적 기지이자 중화인민공화국에 적대적인 모든 세력의 집결지—특히 미국의 지원으로—는 여전히 남아 있는 셈이었다.

미국도 중국과 마찬가지로 전쟁이 끼친 영향이 심각했으며, 이후 두 국가는 상대국에 대해 매우 부정적인 인식을 갖게 되었다. 전쟁에서 목격된 중국군의 '인해'(人海) 전술은 아시아인이 생명을 경시한다는 오랜 편견을 부활시켰고, 이제 중국인은 스스로 독립적인 정책을 수행할 능력이 없는, 소련의 명령에 따라 움직이는 로보트 같은 자들이라고 믿게 되었다. 중국인에 대한 혐오와 공포는 그들이 미군이나 남한군 전쟁포로를 '세뇌'하려 했다는 사실이 알려지면서 더욱 심해졌다. 그리고 한국전쟁의 휴전회담이 거의 2년 가까이 지연된 것은 인민공화국측이 모든 중국군 포로의 본국 송환을 요구했기 때문이었음에도 불구하고, 그들 중 1만 4천 명 이상이 돌려보내지 말아 달라고 애걸하였다는 사실은 중국 정부가 얼마나 빠르게 혹독한 독재정으로 변해 갔는지를 여실히 보여주었다. 중국측은 결국 이 문제를 포기했고 1만 4천 명의 포로는 다른 곳—주로 타이완—으로 송환되었다.

야전에서 발휘된 중국 공산당군의 힘은 미국인들로 하여금 1930년대와 1940년대의 기록을 다시 들춰 보게 만들었는데, 그 대부분이 1949년 1,054쪽의 분량에 표와 색인을 갖추어 출판한, 애치슨이 트루먼 대통령에게 보낸 보고서에서 쉽게 찾아볼 수 있었다. 정치적 당파성 때문이든 내적 확신의 발로이든, 공산주의에 대해 깊은 적대감을 가진 사람들에게는 옌안에 동조적이었던 미국인의 기록이 반역행위로 보였다. 헐리 대사는 1945년 말 사임할 무렵에 이러한 자신의 생각을 표명했고 그 이후 많은 사람들이 이에 동조했다. 미국의 대통령과 합동참모본부가 1944년 한때 합동작전을 돕기 위해 중국공산당을 무장시키는 문제를 심각하게 고려했었다는 사실은 잊혀졌다.

미국 사회를 좀먹은 반공주의 시대는 근 10년 동안 미·중 관계에 대한 어떤 확고하고 신선한 전망도 나올 수 없게 만들었다. 반공주의는 이민법, 노동입법, 헐리우드 극작가와 영상매체 전반에 영향을 미쳤고, 상원의원 조지프 매카시가 국가 전복 음모를 심판한다면서 모호하지만 막대한 해악을 초래했을 때 절정을 이루었다. 같은 시기 중국인들이 내부의 적을 색출했던 운동보다는 소규모로 전개되긴 했지만, 매카시 같은 사람의 주장과 암시들은 많은 미국인에게 엄청난 해악을 끼쳤다. 국무성의 중국 전문가는 끊임없이 충성심을 조사받아야 했고 직위에서 쫓겨나거나 외국과는 접촉이 없는 자리로 전보되기도 했다. 중국을 여행할 여권을 발급받을 수 없었던 미국의 학자, 학생, 언론인 세대는 결국 중국과의 모든 개인적 접촉 기회를 박탈당한 셈이었다.

용의주도한 반역 때문이든 오해 때문이든 또는 결정적인 군사적·재정적 원조를 제공하는 데 실패했기 때문이든, 이유야 어찌됐든 간에 미국이 중국을 '상실했다'는 말이 더없이 유행하게 되었다. 이러한 견해가 만연됨으로써 공산주의의 전복이 일어날 위험이 있는 나라들, 심지어 그런 나라들의 정부가 부패하고 인기가 없고 착취적이라고 알려졌을 때조차도 미국은 개입하지 않을 수 없게 되었다.

중국공산당은 한국전쟁에 참전함으로써 단기적으로는 이득을 보았을 것이다. 왜냐하면 만일 미국이 1950년 10월에 승리를 거두어 한반도에 통일되고 능력 있는 비공산주의 정권을 세웠다면, 인민공화국은 그토록 많은 중공업이 집중되어 있는 만주 국경에 강력하고 적대적인 이웃과 대치해야 했을 것이기 때문이다. 그러나 우리가 살펴본 바와 같이 중국인의 희생이 너무 컸던데다가 현란한 수사와 1949년의 몇몇 정책에 함축된 '신민주주의'에 대한 희망을 손상시켰기 때문에 장기적으로 보아 이것은 비극이었다. 만일 소련이 1950년 6월 북한의 남침의 배후였고(이는 분명해 보인다), 중국은 이 전쟁이 타이완을 얻을 수 있는 고통 없는 우회로라고 생각하여 마지못해 가담했다면(이는 덜 분명하지만), 그들은 큰 실수를 저지른 셈이었다. 아무튼 한국전쟁에서 빠져 나왔을 무렵의 중화인민공화국은 1894년의 청보다는 훨씬 더 원기왕성했다.

대중정당과 대중운동

옌안 시기와 내전기 동안 공산당은 꾸준히 성장하여 1945년에는 당원이 100만 명을 넘었고, 1947년에는 200만, 1948년에는 300만, 1949년에는 400만, 그리고 1950년에는 500만 명으로 늘어났다. 그러나 인민공화국 초기에는 기대했던 만큼의 큰 증가는 없었다. 그 대신 중국공산당 지도부는 근래 당에 영입된 사람들의 정치적 각성과 능력을 증진시키고, 처음 입당 때 미처 파악하지 못했던 무능력자나 부패한 사람들을 가려내고 당의 계급적·직업적 저변을 넓히는 데 주력했다. 옌안 정권의 성격과 일본이나 국민당에 저항하여 농촌에서 치렀던 게릴라 전투의 영향으로 이제까지 당은 압도적으로 농촌적인 성격을 띠고 있었다. 그러나 이제 공산당이 도시를 통치하는 데 중점을 두게 됨에 따라 당은 도회적이고 교육수준이 높은 간부가 절대적으로 필요해졌다. 그러한 잠재력 있는 간부를 찾아내는 방법 가운데 하나는 도시를 대중운동으로 뒤흔들어 놓고, 어떤 사람들이 진정으로 헌신적인 사회주의자이고 타고난 지도자로 부상할 수 있을지 관찰하는 것이었다.

중국공산당은 1942년 옌안 정풍운동기에 면밀한 자체 조사를 실시하고, 구성원들을 자기비판하게 하고, 집단적 압력과 위협을 사용하여 명실상부한 합의에 도달하는 방법을 터득한 바 있다. 이러한 경험은 1950년대 초에 중국 인민을 총동원한 4개의 주요 운동에서 다시 표면화되었다. 첫번째는 항미원조운동(抗美援朝運動, 미국에 대항하고 조선을 돕는 운동)으로 이것은 앞에서 언급했듯이 중국 내의 외국인들에 초점을 맞추었다. 당은 경찰에 간첩 혐의자의 수사를 지시했고 라디오 수신기나 총기류와 같은 물건을 압수했으며, 문화, 사업, 보건 또는 종교 등 분야를 막론하고 회원 중에 외국인이 있거나 외국인과 접촉한 대중단체는 조사하게 했다. 이러한 조사는 이전에 외국인과 관계를 맺었던 수많은 중국인을 위협했다. 외국인 회사의 재산은 1950년 12월에 동결되었고, 외국 기업은 비록 완전몰수를 당하지 않았지만 종종 불합리하게 낮은 가격에 매각하라는 요구를 받았다. 어떤 이들은 중국 정부가 부과한 과도한 '체납 세금'을 마련하기 위해 전재산을 포기하기도 했다. 외국인 소유의 공장과 기업의 노동자들은 공공집회에서 고용주에 대한 불만을 늘어놓았고, 어떤 경우에는 외국인의 잔혹한 행동을 고발하는 집회가 열리기도 했다.

19세기 말 유학자 향신의 반기독교 운동이나 의화단을 연상시키는 극한의 대결 속에서, 1951년 초 광저우에서 고아원을 경영하던 5명의 캐나다인 수녀들이 보육을 맡은 2천여 유아를 살해한 혐의로 고발당했다. 수녀들은 처형되지는 않았지만, 그들의 잔인성을 성토하는 대규모 시위가 열렸다. 어떤 외국인들은 감금되어 반역죄를 자백하도록―세뇌라는 육체적·정신적 압력을 통하여―강요받았다. 1950년 말까지 거의 모든 외국인이 중국을 떠났다. 중국에 남아 있던 대다수의 중국 기독교인들은 삼자(三自)운동에 등록하여 재편되었는데, 이 운동이 그렇게 불린 까닭은 중국 교회를 외국의 자금, 외국의 영향, 그리고 카톨릭의 경우에는 바티칸의 통제로부터 자유롭게 하는 것을 강력하게 추진했기 때문이다.

한국전쟁에 대한 분노와 흥분에서 비롯된 두번째 대중운동은 국내의 '반동혁명분자'들을 겨냥하여 벌어졌다. 공산당이 정권을 장악했을 당시 국민당 당조직 또는 청년조직에 참여했거나 국민당 군대에서 근무했던 수백만 중국인은 고향에 그대로 남아 있었다. 그들은 합당한 절차에 조사를 받은 적은 없었지만, 일부는 의심할 바 없이 친장제스적 성향을 띠고 있었다. 몇몇은 중국 본토의 정권을 혼란시키려는 목적으로 타이완에서 보낸 파괴공작대를 비밀리에 돕고 있었다. 1951년 여름, 중국공산당 지도부는 국가전복 행위에 대항하는 새로운 운동을 홍보하고 반혁명활동을 식별하는 법을 알리기 위해 대도시에서 연속적으로 대중집회를 개최했다. 운동은 차츰 과열되면서 잔인해지고 공포스러워졌다. 수백만 중국인은 이 시기의 폭력과 모욕을 통해 과거의 전력과 관계없이 공산당 정권 아래서 평화롭게 살 수 있으리라는 희망을 완전히 버리게 되었다.

운동의 희생자 수를 추정하기는 어렵지만, 이 운동이 얼마나 이잡듯이 전개되었는지는 일부 지역에서 공개된 자료에 명백히 드러난다. 예컨대 상하이에서는 간첩을 색출하기 위해 시 행정구와 마을에 2천개 이상의 위원회가 구성되었고, 당국은 4만여 명에 대해서 증거를 확보했다고 주장했다. 광둥 당국은 1950년 10월과 1951년 8월 사이에 5만 2,620명의 '악한'을 검거했으며, 8만 9,701명의 다른 '범죄자'를 체포했고, 여러 다양한 반혁명에 개입된 1,571건의 사건을 해결했다고 보고했다. 같은 시기에 광둥에서는 2만 8,332명이 처형되었고, 239명의 공산당 공안요원과 법집행요원이 목숨을 잃었으며, 5천 명 이상이 부상당했다.

1950년 봄 항구 도시인 톈진에서는 492건의 처형이 있었는데, 그 중 많은 경우가 공개적으로 집행되었다. 톈진 당국은 전에 국민당원이었던 사람들을 잡기 위해서뿐 아니라 계속 권력을 갖고 공장노동자와 짐꾼을 지배하는 비밀결사 지도자들을 죽이기 위해서 반혁명진압운동을 이용했다. 또한 톈진 당국은 그 지역에서 가장 큰 힘을 발휘하는 종교집단—절충적인 신앙부흥파인 일관도(一貫道)—을 공격하기 위해 테러를 조장했다. 대중집회와 비난운동을 통해 이 종파의 지도자 4천여 명이 공격을 당했고, 회원들은 서로 상대방의 신분을 확인해 줄 것과 탈퇴할 것을 강요받았다. 1951년 4월 운동이 절정에 달했을 때, 하루에 적어도 1만 5천 명의 사람들—그 절반은 여성—이 일관도 집단과 관계를 끊겠다고 맹세했다. 운동이 수그러든 그 해 말까지 28만 명이 이 종파에서 탈퇴한 것으로 기록되었다.

국가는 또한 반혁명진압운동을 이용하여 군벌전쟁 시기와 게릴라전투 시기 그리고 내전기에 유출된 대량의 무기를 소지한 지방민을 무장해제시키기도 했다. 예컨대 광둥에서는 50만 정 이상의 권총이 수거되었다. 이와 유사한 안보수단으로—그리고 게다가 1949년의 공동강령이 거주·이전의 자유를 보장하였음에도 불구하고—15세 이상의 모든 인민은 경찰로부터 공식적인 거주 확인증을 받아야 했으며, 다른 곳으로 이주하기를 원한다면 사전에 허락을 받아야 했다.

이어서 중국공산당 지도부는 당 내의 부패를 겨냥한 세번째 운동을 계획하고 있었다. 반혁명진압운동이 채 끝나기도 전에 당은 삼반(三反)이라 명명된 운동을 시작했는데, 이 운동은 세 집단에 만연된 삼해(三害)를 분쇄하기 위해 진행되었다. 삼해는 오직(汚職)·낭비·관료주의이고, 세 대상집단은 공산당원, 보다 다양한 직위의 관리들(그 중 다수는 공산당원이 아니었으며 일부는 국민당 정권에서 복무했었다), 그리고 공장이나 기업의 관리자들이었다.

삼반운동은 만주에서—아마도 시범적으로—당 서기인 가오강의 지도 아래 처음으로 실시되었다. 1951년 말에 이 운동은 중국 전역으로 퍼졌고, 비록 반혁명진압운동과 같이 폭력적으로 수행되지는 않았다 해도 관리와 기업가에 대한 철저한 조사가 이루어지고 많은 고위직 인물들—확실한 증거로 추정되는 바에 따르면 그들 중 일부는 자신들의 특권적 지위를 이용하여 많은 금전적 이득을 보았다—에 대한 모욕이나 축출이 행해졌다. 또한 삼반운동은 정부의 노동통제를 강화하는 데 이용되었다. 도시에서는 고용 청부인과 완고한 지역의 장(長)들이 계속 노동할당을 통제하고 있었는데, 중국공산당은 삼반운동을 통해 이런 유형의 차별에 대해 노동자들이 자각할 수 있도록 이끌었다. 분노한 노동자들이 자신의 장(長)에 대항하여 국가가 강력히 통제하고 있는 노동조직에 가입했고, 당은 수십 년간 지속되어 온 지방의 수뢰(受賂)나 유세(有勢)의 관행을 종식시킬 것이라 약속했다.

삼반운동은 그와 동시에 벌어진 네번째 대중운동인 오반(五反)운동의 열기로부터 더욱 힘을 얻었다. 오반운동은 중국의 부르주아지에 대한 전면적인 공격으로서 규모와 격정 그리고 효과 면에서 농촌에서의 반지주운동과 쌍벽을 이루었다. 오반운동의 대상은 공산당 집권 이후 중국에 계속 거주한 중국인 사업가들과 기업인들 그리고 자본가 계급을 '대표하는' 사람들로 설정했지만, 이는 국가가 비판의 대상으로 선택한 사람은 누구라도 포함될 수 있는 모호한 범주 설정이었다. 여기서 말살해야 할 오독(五毒)은 "뇌물, 탈세, 국가재산의 도용, 원자재 사취, 국가 경제 기밀의 절취"였다.

오반운동은 1952년 1월 한국전쟁이 교착상태에 빠져 들고 있을 때 시작되었다. 이 운동은 중국 전역의 도시에서 일어났는데, 특히 규모가 크고 경제적으로 부유했던 상하이는 언론과 라디오를 통해 사건보도가 철저히 이루어졌기 때문에 하나의 좋은 사례이다. 우리는 상하이에서의 오반운동의 과정을 추적함으로써 대중동원과 자기비판 따위의 요소들—옌안과 만주에서 개발되어 여타 대중운동에서 다듬어진—이 얼마나 순조롭게 완성의 극치에 도달했는지 확인할 수 있다.

1951년, 운동의 예비단계로서 상하이의 중국공산당 간부들은 노동자조직이 고용주의 사업을 관찰하여 탈세나 다른 혐의의 증거를 찾아내도록 조심스럽게 지도했다. 이러한 전술은 물론 완벽하게 정당해 보이는 목표—국가 세입을 증대하고 인플레이션을 억제한다는—를 가지고 있었고, 2만여 명의 간부와 6천여 명의 특별히 훈련된 현장 노동자들이 참여했다. 고도로 조직된 선전망은, 대중매체—특히 라디오와 신문—를 통해, 그리고 소규모의 토론회를 통해 정부의 정책을 따르도록 설득할 수 있는 훈련된 전문가들로 이루어졌다. 1951년 말 상하이에는 그 가입자가 증가하고 있던 공산주의청년단에 의해 조정되는 훈련된 선전가들이 1만 5천여 명이나 있었다. 이러한 간부들과 선전가들의 임무 가운데 하나는 특히 소규모 사업장에서 친밀해질 수 있는 노동자와 고용주의 개인적·감정적·가족적 연대를 끊는 것이었다. 임금이 절망적으로 낮다 하더라도 개인적 유대는 종종 계급적 성향에 역행했고, 실제 많은 고용주들은 그들이 고용한 노동자보다 크게 잘살지도 않았다. 평생을 함께 일하면서 알고 지냈던 사람들에 대하여 공개적으로 험담을 하는 일이 드물었던 농촌에서도 상황은 마찬가지였다.

1951년 12월 말, 다가올 오반운동을 지도하기 위한 조직이 꾸려졌다. 49명으로 구성된 상하이 증산절약위원회가 그것인데, 이 조직은 새로운 당의 '전위'조직 형태를 띤 것이었다. 이 위원회에는 노련한 주요 공산당 조직가들도 다수 포함되었는데, 그 중 몇몇은 항일투쟁기와 내전기에 도시 지하조직에서 일했던 적이 있었다. 그러나 그 집단 속에는 뛰어난 지식인들과 함께 '애국적 기업가'들도 있었다. 이 위원회의 독려와 지도 아래 모든 자영업자들이 의무적으로 가입했던 공상업연합회(工商業聯合會)는 1952년 1월에 도시의 모든 구에 본부를 가진 공식적인 오반위원회를 자체적으로 결성했다.

그 달 내내 계속된 집단 비판기간 동안 사업가들은 자신들이 과거에 저지른 경제적 범죄들을 고백해야 했다. 어떤 이들은 실제 재정상의 불법행위를 고백했으나, 많은 사람들이 핵심 문제를 회피하고 진부한 자기비판으로 얼버무리려 했다. 사업가들의 단결력을 약화시키기 위해 당은 그들을 서로 비난하도록 부추겼다. 동시에 도시마다 대중집회를 열고 조심스럽게 표적으로 삼은 사업가에 대한 공개적인 비난을 끌어내기 위해 점원위원회를 소집함으로써 운동의 계급투쟁적 요소가 심화되었다. 중국의 사업가들은 1927년에 국민당으로부터도 가혹한 취급을 당한 적이 있었는데, 이제 그들은 또다시 국가로부터 고초를 겪게 되었다.

1952년 2월 초 상하이에서 3천 회 이상의 집회가 열렸고, 16만 명으로 추산되는 노동자들이 집회에 한 번 이상 참석했다. 깃발을 들고 북을 치며 행진하고, 한 무리의 활동가들이 집집마다 방문하고, 라디오나 도시 전역의 주요 길목에 설치된 확성기를 사용하여 공동체 전체를 들뜨게 하며, 기업주 한사람 한사람에게 엄청난 심리적 압박을 가했다. 뿐만 아니라 이웃끼리 신문읽기 모임이 결성되어, 간부들은 문맹자에게 신문을 읽어 주고 운동의 주요 쟁점을 설명해 주었다. 2월 첫째 주까지 상하이의 한 구는 1만 8천 통의 고발 편지가 접수되었다고 발표했고, 같은 달 20일에는 노동조합 본부가 21만 건의 고발을 접수했다고 주장했다.(많은 사람들이 한 통 이상을 썼고, 이 가운데 많은 수가 같은 사람을 지목했다. 한 젊은 노동자는 80통을 썼다고 자랑스럽게 밀했다.)

3월 무렵, 중국공산당은 이미 운동을 가속화시킬 준비가 되어 있었다. 1만 2천 명의 특별히 훈련된 간부들이 이제 대단원을 위해 준비하고 있었던 것이다. 일단 소수가 '시험지역'——아마도 농촌의 토지개혁에서 사용되었던 '중점' 촌락을 본뜬——으로 알려진 특정 작업장에서 증거를 수집하고 혐의점을 찾은 후 상하이 노동자들은 그들의 구, 노동형태 그리고 그들을 고용한 개별 기업에 따라 세분된 오반 작업조로 편성되었다. 이 작업조는 소규모였고(각각 20인 이하의 조원으로 구성되었다), 당에 대한 충성을 맹세하며 서로 뭉쳤다. 그들의 임무는 각기 다른 공장에서 투쟁 총회를 개최하기 위해 노동자들을 모으고 희생자를 최종적으로 확인하는 일의 최선봉에 서는 것이었다. 4월 내내 벌어진 집회에서 기업주들은 공개 회의와 비난을 견뎌 내야 했고 자신들의 모든 '죄'를 공개적으로 자백해야만 했다.

초기의 공격은 역시 '시험지역' 개념에 따라 소규모 기업과 사업장을 대상으로 했다. 7만 명의 상하이 사업가들이 4월 한 달 동안 조사받고 비판당했다. 이 공격에 대항하여 버틸 수 있을 만한 큰 기업들이 겁을 먹고 하루에 1천 정도로 '자발적인' 고백을 해왔다. 이제 고립된 소수의 완고한 사업가들은 특별히 소집된 집회에서 공격당하고 비판받았다. 그들의 가족과 친구들도 공격에 가담하도록 강요받았다. 다화 구리공사의 소유자는 저명한 기업인이 어떻게 무릎을 꿇게 되었는지 잘 보여준다. 그는 처음에 더 큰 비난을 막을 요량으로 불법적으로 5천만 위안*을 벌었다고 자백했다. 그러나 그의 고용인들은 그를 계속 몰아붙여 더 큰 죄악을 저질렀음을 고백하게 했다. 집에서는 그의 장모와 딸도 최근에 자백을 했던 여러 유명한 자본가들처럼 그에게 자백할 것을 종용했다. 그는 울화병이 났고, 결국에는 더욱 참회하면서 총 20억 위안의 돈을 착복했다고 다시 '자백'했다.

1952년 4월 30일에 운동이 '기본적으로 승리'했다고 발표되었고, 5월 초에 소규모와 중간 규모 회사에 대한 최종적인 평가자료가 공개되었다.(아래의 표를 보라.) 다른 도시에서는 상공업자들에게 더 가혹한 평가를 내렸는데 톈진에서는 유사 대중동원-조사-자백-판결이라는 유사한 패턴을 거친 끝에 기업들 가운데 겨우 10%만이 '준법적'이라고 분류되었고, 64.2%는 '기본적으로 준법자', 21%가 '반(半)준법자', 그리고 5.3%가 '심각한 법률위반자'로 낙인찍혔다.16)

삼반운동과 오반운동은 중국 전반에 막대한 영향을 끼쳤다. 중국공산당은

1952년, 상하이 오반운동의 결과17)

	소규모 회사	중간 규모 회사
준법	59,471(76.6%)	7,782(42.5%)
기본적으로 준수	17,407(22.4%)	9,005(49.1%)
반(半)준법	736(0.9%)	1,529(8.3%)
심각한 법률위반	2	9
합계	77,616	18,325

* 현재 유통되고 있는 중국의 인민폐.

개인 사업을 더 이상 보호하지 않을 것이며, 1949년 이후 중국에서 계속되어 온 불법에 가까운 관행들을 용납하지 않을 것이라고 천명했다. 이제 중국인 자본가들은 바로 지난 해에 외국인 자본가들과 마찬가지로 위태로웠으며, 종종 엄청난 벌금이 부과되었다. 한국전쟁은 이 운동의 확산에 기여했는데, 그 이유는 전쟁으로 인해 정부는 막대한 비용을 새로 지출한 반면 북중국의 기업들은 새로운 고용과 돈벌이의 기회(따라서 톈진의 평가가 상하이의 그것보다 더 가혹했다)를 가졌기 때문이다. 때때로 정부는 자본가들에게 벌금을 낼 돈을 꾸어 주기도 했는데, 이는 복종과 선처라는 복잡한 관행을 조장하는 것이었다.

삼반·오반운동의 주목적은 노동자조직에 대한 정부의 통제를 확고히 하고 자본가와 관료의 개인적인 활동형태를 종식시키는 것이었다. 반혁명진압운동과는 아주 대조적으로 삼반·오반운동의 희생자들은 처형당한 예가 거의 없었다. 대부분이 공포에 질리거나 모욕을 당한 후에 벌금을 물고, 진위는 알 수 없으나 횡령이나 탈세 혐의로 가진 돈을 모두 내놓아야 했다. 어떤 이들은 재산을 몰수당하고 노동수용소로 보내졌다.

삼반·오반운동에 사용되었던 집단을 압박하는 기술은 4월에 운동이 종결된 다음에도 사라지지 않았다. 오히려 이제 노동자-고용주의 집회가 대부분의 사업장에서 정기적으로 열렸고, 노동자들과 당 간부들은 고용주가 그들의 사업을 자기 마음대로 운영하지 못하게 압력을 행사했다. 중국 전역에서 계급적 지위에 대한 면밀한 조사가 시행되어, 쉰우의 조사나 그 후의 토지개혁 계획에서 농촌 노동자를 분류한 것처럼 도시의 거주자들도 정확하게 분류되었다. 이제 '계급'으로 분류된 60개의 새로운 범주 속에는 '공장노동자' '수공업노동자' '삼륜자전거 노동자' '룸펜' '도시 빈민' '행상인' '소상점 주인' '사무실 직원' 등이 있었다. 게다가 국가는 전혀 새로운 활동가 집단을 발견했다. 상하이에서만도 오반 투쟁에서 능력을 발휘한 4만 명의 노동자가 새로운 선전국에 등록되어 국가가 부르면 언제든지 일할 준비가 되어 있었고, 다른 도시에서도 이와 비슷한 수가 등록했다. 1952년 말 중국공산당 지도부는 당원이 총 600만 명으로 증가했다고 확신했다. 게릴라 부대를 본 적이 없거나 농촌생활을 경험한 적이 없는 사람들조차도 이제는 적어도 혁명의 맛을 본 것이다.

제1차 5개년 계획

1953년 토지개혁의 첫 단계가 완성되고 부르주아지의 경제적 기반이 무너지고 한국전쟁이 마무리되자, 중국공산당은 비로소 국가의 경제발전을 위한 종합적인 계획을 자유롭게 발전시킬 수 있게 되었다. 중국공산당이 채택한 경제계획은 소련 모델을 따랐는데, 소련이 연속적인 5개년 계획 아래 국가 주도로 공업생산을 확충함으로써 1930년대에 세계적인 강대국으로 급성장했고, 제2차 세계대전에서 독일군의 총공격을 물리칠 수 있었다고 믿었기 때문이다. 소련은 제2차 세계대전에서 승리한 후 미국의 노력에도 불구하고 유럽에서 영향력을 크게 확대할 수 있었다.

정확히 왜 중국이 세부적인 부분에 대해서는 거의 아는 바가 없는 소련 모델을 선택했는가는 중요하면서도 답하기 쉽지 않은 문제이다. 국민당의 서구식 개혁이 실패한 이후, 그리고 한국전쟁과 외국인을 배척하는 대중운동으로 인해 서구 열강으로부터 더욱 고립된 이후, 중국으로서는 아마도 소련 모델이 유일한 논리적 대안으로 보였던 것 같다. 중국이 소련 모델을 차용하는 것은 신중국의 반자본주의적·반제국주의적 성격을 강조하는 하나의 확실한 방법이었다. 아울러 폭력적인 혁명적 대결을 통해 정권을 장악한 중국공산당은 가난에 찌든 나라에 사회주의를 건설하려 했으므로 그 권력을 집행할 어떤 혁신적인 모델이 필요했다.

경제 재건사업을 준비하기 위해 중국의 지도자들은 관료 임용과 임금 규모의 기준을 정하고, 당의 방침에 충실한 행정절차를 도입했으며, 사회적 통제와 교화를 효과적으로 하기 위해 그들이 일하는 지역의 사업장(單位)별로 중국 인민들을 조직했다. 1954년에 최고위 정치권에서 치열한 논의 끝에 정부구조를 재편했고, 1949년에 전국을 나누었던 6개의 기본적 군사·정치 지구를 폐지했다. 군대는 새로이 구성된 국방부 아래 놓이게 되었고, 국방부는 베이징의 국무원(國務院)에 종속되었다. 중국 정부는 당의 결정을 원활하게 집행하기 위해 철저한 중앙집권체제로 전환했는데, 성의 당 서기는 하위의 지방 당사무소와 유기적인 연결망을 통해 중앙위원회의 명령이 제대로 전달되는지 감독했다. 이제 중국은 21개 성*과 5개의 자치구(신장·티베트·내몽골·닝샤·광시), 그리고 2개의 직할시(베이징·상하이)†로 나뉘어 통치되었다. 이러한 단위 밑으로 대략 2,200여 개의 현 정부가 진(鎭), 향(鄕), 군대, 공장, 광산, 학교 등에 있는 100만여 개의 중국공산당 지부를 감독했다.

이와 같은 정치조직상의 근본적 변화와 더불어 인민공화국의 건설 이후 처음으로 중국공산당 내에 중대한 숙청작업이 단행되었다. 숙청작업은 1953년 말에서 1954년 초 사이에 일어났는데, 만주와 상하이에서 정치위원으로 일하고 있던 가오강과 라오수스가 주요 희생자였다. 당시 두 사람 더 나라의 미래를 모색하던 국가계획위원회의 중심 위원들이었다. 그들은 중국에서 가장 막강한 인물들이었음에도 불구하고, 그들의 몰락에는 어떤 뚜렷한 이유도 없었고 그저 '독립적 왕국'을 건설하려 했다거나 '실패한' 경제정책을 추구했다는 따위의 애매모호한 비난이 가해졌을 뿐이다. 두 사람은 저우언라이와 류사오치로부터 권력을 빼앗아 마오쩌둥에 이어 제2인자와 3인자의 자리를 차지하려고 했던 것으로 보인다. 그들은 저우언라이와 류사오치의 신중함을 비판하면서 경제전략에 대해 논쟁을 벌였고, 혁명에 기여한 자신들의 노고에 대해 적절한 보상이 없다고 생각하는 원로 간부들의 불만을 부추겼다. 그러나 이 두 사람의 책동이 지

---

* 타이완은 스물두번째 성이 되었다.
† 톈진은 후에 세번째 직할시가 되었다.

1953-1957년, 제1차 5개년 계획[1]

지표(단위)	1952 통계	1957 계획	1957 결과	1957 계획/결과(%)
총산출 가치(1952년 기준 100만 위안)				
산업(수공업 제외)	27,010	53,560	65,020	121.4
생산 부문	10,730	24,303	34,330	141.0
기계제품	1,404	3,470	6,177	178.0
화학제품	864	2,271	4,291	188.9
기계·화학제품을 뺀 생산 부문	8,462	18,562	23,862	128.9
산출물				
석탄(mmt)	68.50	113.00	130.00	115.0
원유(tmt)	436	2,012	1,458	72.5
강철주괴(mmt)	1.35	4.12	5.35	129.8
시멘트(mmt)	2.86	6.00	6.86	114.3
전력(10억 kwh)	7.26	15.90	19.34	121.6
내연기관(1,000hp)	27.6	260.2	609.0	234.2
수력발전 터빈(kw)	6,664	79,500	74,900	94.2
발전기(1,000kw)	29.7	227.0	312.2	137.5
전동기(1,000kw)	639	1,048	1,455	138.8
변압기(1,000kva)	1,167	2,610	3,500	134.1
공작기계(대)	13,734	12,720	28,000	220.1
기관차(대)	20	200	167	83.5
철도화물차(대)	5,792	8,500	7,300	85.9
상선(1,000 dwt ton)	21.5	179.1	54.0	30.2
트럭(대)	0	4,000	7,500	187.5
자전거(1,000대)	80	555	1,174	211.5
가성 소다(tmt)	79	154	198	128.6
소다회(tmt)	192	476	506	106.3
황산 암모늄(tmt)	181	504	631	125.2
질산 암모늄(tmt)	7	44	120	272.7
자동차 타이어(1,000세트)	417	760	873	114.9
황산(tmt)	149	402	632	157.2
'666' 살충제(ton)	600	70,000	61,000	87.1

* mmt = 100만 미터 톤 ; tmt = 1,000미터 톤

나쳤던 탓인지 1953년 12월 가오강이 참석한 정치국회의에서 마오쩌둥은 현재 "베이징에 두 개의 사령부가 있다. 하나는 내가 지도하는 것으로 개방적인 바람을 일으키고 개방적인 불을 붙인다. 두번째는 다른 이들이 주도하는 것인데, 불길한 바람을 일으키고 불길한 불을 붙인다. 그것은 지하에서 움직이고 있다"[2]고 주장하기에 이르렀다. 이렇게 애매한 비난을 한 후 마오쩌둥은 석 달 동안 '휴가 중'이라는 이유로 공식석상에 나타나지 않았고, 류사오치의 주도로 당의 단합을 서해하는 인물에 대한 조사가 있은 뒤에 가오강과 라오수스가 해임되었다. 중국공산당의 총서기로 있던 덩샤오핑은 뒤늦게 가오강이 "최고의 반역— 곧 자살—을 저질렀다"고 발표했다. 라오수스의 운명에 대해서는 아무런 언급도 없었다.

당의 권력구조 한가운데서 발생한 이런 위기에도 불구하고 제1차 5개년 계획은 공업생산의 광범위한 분야에서 비약적인 성장을 이룩했다.(126쪽의 표를 보라.) 계획은 1953년부터 1957년 사이의 기간을 아우르도록 기획되었지만 과정에 대한 내부토론이 끝나지 않아 정확한 세목은 1955년에야 발표되었다. 설정했던 대부분의 목표는 1956년 말에 이미 다 달성되었다. 1952년의 수치는 중일전쟁과 내전으로 야기된 장기간의 산업 파괴와 집권 초기 공산당의 의도적인 긴축정책으로 낮게 산정되었지만, 그렇더라도 계획은 대단히 성공적이었다.

이때는 중국과 소련 사이에 긴밀한 협조가 이루어지던 시기였다. 수천 명의 소련 기술고문들이 중국에 와서 공장 건설, 공업계획, 수력발전, 철노낭 증설을 도왔고 심지어는 도시계획에도 관여했다. 그런데 그들이 세운 거대한 구조물은 중국의 도시 경관을 해쳤다. 소련이 급격한 산업성장을 이룩한 방법은 다섯 가지 기본요소, 곧 계획된 전기간 동안 고도성장의 필요성 강조, 중공업에 중점을 둔 성장지표, 그러한 성장을 가능케 하는 저축 장려와 투자 촉진, 농업에서의 제도적 개혁, 그리고 자본 집중적 방식으로의 매진 등으로 요약할 수 있다. 이 모든 부문에서 중국은 소련의 영도를 따랐으며, 아울러 농민에게 그들이 생산한 총 곡물량의 4분의 1 이상을 아주 싼 가격에 국가에 판매하도록 하는 엄격한 '원시적 축적' 정책을 실시했다. 이 정책으로 농촌은 최저생활을 겨우 유지할 수 있었지만, 정부는 도시에 낮은 가격의 식량을 안정적으로 공급할 수 있었다.

정부는 인플레이션을 억제함으로써 경제 5개년 계획을 준비했는데, 이는 한

1950-1957년, 정부예산 지출현황3)

지출 부문	1950	1952	1957
경제 건설	25.5%	45.4%	51.4%
사회·문화·교육비	11.1	13.6	16.0
국방비	41.5	26.0	19.0
정부 행정비	19.3	10.3	7.8
기타	2.6	4.7	5.8
합계(%)	100.0	100.0	100.0
합계(100만 위안)	6,810	16,790	29,020

국전쟁으로 인한 군수품 생산의 압력에도 불구하고 1952년에 완성되었다. 중국 전역에서 새로운 통화인 인민폐가 유통되도록 강력히 대처했고, 1951년 3월에 만주에서 유통되던 화폐가 전부 회수되자 명실공히 인민폐는 중국의 유일한 통화가 되었다. 국가는 정부지출을 극도로 제한하고 도시 거주자의 세율을 올려 예산의 균형을 잡았다. 여기서 특히 인상적인 것은 정부의 행정에 할당된 예산을 축소했다는 것과 국방비 지출을 효과적으로 줄였다는 점이다.(위의 표를 보라.) 그러한 정책의 이면에는 129쪽의 표에서 알 수 있듯이 급격한 산업 성장기 동안 공중보건과 복지에 대한 낮은 수준의 투자가 있었다. 이러한 적은 투자에도 불구하고 그토록 오랫동안 중국을 괴롭힌 끔찍스런 전쟁들이 끝난데다가 기본적으로 위생방법이 도입되고 질병과 전염병 예방(자발적인 방법과 대중운동을 통한)이 이루어졌기 때문에 중국의 인구는 급속히 증가하여 광시를 제외한 전 지역에서 대단한 인구성장을 기록했다. 1953년에 중국 최초의 전국적인 인구조사가 나름대로 근대적인 방법을 이용하여 실시되었기 때문에 이는 비교적 정확한 것으로 알려져 있다.* 인구조사 결과 중국 인구는 청 말 이후 1억 이상이 증가하여 이제 5억 8,260만을 헤아렸으며, 1957년에는 인구가 6억 4,650만으로 늘어났다.

정부는 예산 적자를 통화량을 늘리거나—국민당이 그랬다—막강한 채권자에게 많은 돈을 빌려 해결하기보다는 대중들의 애국운동을 통해 정부 공채의 판매와 '헌금'을 활성화시켜 해결하려 했다. 소비재를 계획적으로 적게 공급했

---

* 어떤 인구학자들은 1953년 통계가 지역에 따라 5~15% 정도 낮게 추산되었을 것이라 보는데, 만약 그렇다면 이후의 상승은 덜 급격하다고 할 수 있다.

1952-1957년, 정부가 투자한 고정자본의 분배[4]

경제 분야	1952	1955	1957
산업	38.8%	46.2%	52.3%
건설	2.1	3.9	3.3
천연자원 시굴	1.6	3.2	2.2
농업·임업·수자원 관리·기상	13.8	6.7	8.6
운송과 통신	17.5	19.0	15.0
무역	2.8	3.7	2.7
문화·교육·연구	6.4	6.3	6.7
공중보건과 복지	1.3	1.1	0.9
도시공공시설	3.9	2.4	2.8
정부행정(관리)	0.4	1.5	1.3
기타	11.4	6.9	4.2
합계(%)	100.0	100.0	100.0
합계(100만 위안)	4,360	9,300	13,830

기 때문에 저축은 더욱 촉진되었다. 또한 중국은행은 금리를 대폭 낮추어 경제에 대한 믿음을 강화시킬 수 있었다. 은행 금리는 1949년 12월에 70~80%였던 것이 1950년에는 18%로 그리고 1951년에는 3%로 낮추어졌다. 신용을 더욱 높이기 위해 임금이 전액 노동자에게 지급되었고, 저축은 성은행에서 생필품 평균가격 — 곧 식품, 의복, 연료, 식용유 등의 전형적인 일용품 구입 비용 — 을 기준으로 수령했다. 그러한 생필품 평균가격은 모든 주요 도시에서 매 7일에서 10일마다 공고되었고, 예금된 돈을 인출하는 사람들은 그들이 본래 저축했던 생필품 평균가격과 똑같은 현금에다 이자를 더해서 받았다. 1952년에서 1957년 사이에 소매가격의 상승은 연간 1.5에서 2.0% 사이에서 유지되었다.

물론 이 발전기간 동안 순조롭게 진행되지 않은 일도 있었다. 1920년대 외국의 지원 아래 공업성장을 위해 벌인 첫번째 대대적인 시도에서도 그랬듯이, 엄청나게 늘어난 도시 노동자 대부분이 글을 모르는 등 전반적으로 공장 노동을 할 준비가 되어 있지 않았다. 값비싼 근대적 장비들이 평평한 지반에 설치하지 않았다거나 윤활유를 치지 않고 작동시켰다든가 하는 따위의 지극히 단순한 실수로 망가졌다. 대량생산이 최우선 과제였기 때문에 상품의 질이나 시장성에 대해서는 신경을 덜 썼고 생산의 다양성이나 창의성 역시 부족했다. 품질관리 문제의 단면은 1955년 공장의 할당량을 채우기 위해 품질검사관인 리(李)에게 기준 이하의 생산품을 그냥 넘기도록 명령한 어떤 상급 관리인을 다룬 한 신문의 기사에 잘 나타나 있다. 리가 화를 내며 복종하지 않자 그 관리인은 리를 부관리인으로 승진시켰다. 그러자 리는 이제 그의 예전 동료 품질검사관들에게 기준 이하의 생산품을 통과시키라고 윽박질렀다. 이제 할당량을 채워야 하는 사람은 바로 그였던 것이다.

중국의 정책 입안자들은 종종 기본적인 절차들에 대해 무지했고 계획의 실천과정은 수많은 오류와 생산 장애, 그리고 베이징의 공업관련 부처와 지방 생산자 사이의 반목으로 얼룩졌다. 생산 할당 마감일에 쫓긴 수많은 관리자들이 비공식 상품 저장고를 세웠다. 게다가 기업간에는 협조가 거의 이루어지지 않아 비상 공급품과 수리 서비스 부문에서는 경쟁이 과열되었다. 그러나 민간기업에 대한 국가의 부분적인 개입이 전례 없이 확산되면서 사영 공장과의 긴장은 완화되었다. 이러한 경향은 오반운동을 거쳐 제1차 5개년 계획 기간 중인 1955년 말 사영 공장의 국영화로의 공식적인 전환을 통해 모든 민간기업을 폐지할 때까지 계속되었는데, 국영화 이후 중국에는 오직 두 가지 형태의 산업조직, 곧 완전한 국가통제방식과 공사(公私) 혼합 방식만이 남게 되었다.

1949년에 기존의 부서에 연이어 추가로 조직된 새로운 부서들은 생산·공급·분배의 모든 단계를 조절하는 정부의 업무가 얼마나 복잡했는지 잘 보여준다. 예컨대 1955년에는 농산물 수집과 구매, 석탄공업, 전력공업, 석유공업을 담당할 4개의 부가 신설되었다. 이러한 부서들 가운데 가장 고도의 기술을 필요로 하는 분야──전력과 석유──에 기용된 인물들은 대부분 소련에서 교육받았고, 훗날 정부와 당에서 특별한 영향력을 행사하게 된다. 1956년에는 수산, 건축자재 공업, 화학공업, 야금공업, 전기제조공업, 농업과 토지개간, 삼림공업, 도시 건설, 도시 시설관리 등을 담당하는 무려 9개 부서가 신설되었다.

도시 노동자에게 생산의 증가는 물질적 혜택과 고용 안정을 보장해 주었으나 이는 개인적 유동성을 희생한 대가로 주어진 것이었다. 할당된 작업을 임의로 바꾸기는 어려웠고 농촌 거주자가 도시로 이주하는 것은 엄격히 통제되었다. 공산당은 자체적인 노동조합조직과 당 기관을 통해 국민당이 했던 것보다 훨씬 더 효과적으로 노동자들을 통제했다. 상하이 시민들의 연간 식량소비를 조심스럽게 비교해 보면, 1956년의 생활수준이 1930년의 평균적 수준보다 상

1929-1930년과 1956년의 상하이 인구 1인당 연간 소비량[5]

표시한 것을 제외한 나머지의 상품의 단위는 catty

상품	1929-1930	1956	증가율
쌀	240.17	270.74	12.5
밀가루	15.17	15.68	3.4
돼지고기	9.78	16.21	65.7
쇠고기·양고기	1.89	2.29	21.2
닭고기·오리고기	0.76	2.70	255.3
생선·조개류	10.17	27.39	169.3
계란	1.85	7.02	379.5
채소	159.57	193.50	21.2
식물성기름	12.58	10.20	-18.9
동물성기름	0.47	0.71	73.2
설탕	2.40	4.17	73.8
담배(20개비)	24.21	32.36	33.7
알콜 음료	13.43	6.46	-51.9
차	0.55	0.15	-72.3
면직물(m²)	6.43	14.00	117.7
석유	19.17	0.40	-91.9
석탄·목탄	43.14	228.17	428.9
가연성 목초	242.77	78.24	-67.8
가죽신(켤레)	0.17	0.27	58.8
고무신(켤레)	0.10	0.51	410.0
스타킹(켤레)	1.26	2.08	65.0
주거공간(m²)	3.22	4.78	48.5

단위: 1catty=1.1lb. 또는 0.5kg.

당히 높아졌음을 알 수 있다.(위의 표를 보라.) 그러나 여전히 상하이 시민들의 생활은 풍족한 것은 아니었다.

　제1차 5개년 계획의 공업적 측면은 중국 경제의 특성상 농업발전과 긴밀히 연계되어 있었다. 물론 공업부문에 필요한 대부분의 자원은 농업부문에서 충당했다. 이런 투자는 세금과 저축에서 나오기도 했지만, 많은 부분이 정부의 수매가를 의도적으로 가격을 낮게 책정함으로써 채워졌다. 일단 첫번째 토지개혁운동에서 지주를 무너뜨리자, 국가는 농민을 합작사(협동조합) 형태로 재조직하기 시작했다. 그 첫 단계로 농민들에게 호조조(互助組)에 가입하도록 독려했는데, 이 조직들은 토지개혁을 통해 발전된 사회의식 위에서 일정량의 노동력, 농기구, 가축을 공동 출자하여 생산성을 높였다. 이런 조직은 대개 6~7가구로 이루어졌지만, 여기서 제외된 부농이나 중농은 자신들의 위치가 본질적으로 불안정하며 위험하다는 것을 절실히 깨달았다. 정부는 이들의 동요를 막기 위해 도시에서 채택되었던 것과 같은 세분된 계급 기준이 이제 농촌에도 적용되었다. 농촌 사람의 대다수가 용어에 무지했던 까닭에 중국 사회의 계급에 대한 마오쩌둥의 논문이 널리 읽혔으며, 특히 '반봉건적' 계급관계가 관심을 끌었다. 이것은 장시 소비에트, 옌안 그리고 내전기의 토지개혁에서 경험한 것을 분석한 논문이었다. 지주에게는 다양한— '은닉한' '파산한' '개화한' '화교' '전제적인'—수식어를 부여했고, 중농은 '구' '신' 그리고 '부유한'으로 세분했다. 논의가 심화되면서 본래 추수가 끝나면 해체됐던 호조조는 차츰 상설 조직으로 변해 갔다.

1952년과 1953년에 정부는 호조조에서 한 걸음 더 나아가 농촌노동자들을 30~50가구의 합작사 단위로 묶는 것을 일시적으로 실험했다. 각 농가는 노동뿐 아니라 토지도 이 합작사에 출자했지만, 헌납한 경지에 대한 권리는 유지했다. 이러한 통합은 농민들이 보유하던 무수히 많은 작은 논밭 사이를 분리하는 경계였던 전통적인 논두렁이나 밭두렁을 없앰으로써 합작사의 땅을 늘려 주었으며, 또한 논밭 사이로 피곤하게 왔다 갔다 하지 않아도 되므로 노동생산성을 향상시켰고, 어떤 경우에는 농업의 기계화도 가능하게 했다. 매년 말 정부에 납부해야 하는 할당량을 채우고 합작사를 위해 얼마간의 돈을 저축하고 나면, 각 농가가 합작사에 헌납한 토지의 넓이에 기초한 '토지별 배당'과 각 농가가 수행한 일일노동량에 근거한 '노동 배당'이 이루어졌다. 이것은 부농이 더 많은 토지를 헌납했기 때문에 더 많은 보상을 받는 반(半)사회주의적 계약형태이므로 대개 '초급 합작사'라고 불렸다.

합작사 조직으로의 점진적인 전환은 계급적 지위와 노동방식에 대해서뿐 아니라 특정 작물을 재배할 토지의 이상적인 크기, 기계화의 범위나 가능성 그리고 합작사 내의 권한 행사 등 대단히 복잡한 결정들까지 관련되었다. 농촌운동의 주기가 도시의 대중운동과 맞물려서 나라가 한꺼번에 동요하지 않도록 해야 했다. 그러나 1955년 말 확대된 선전전과 대상 지역에서 조심스러운 실험을 한 후 당국은 토지 배당을 줄이고 노동 배당을 늘려 기 시작했다. 정부는 이런 조치

1950-1957년, 농가의 각급 소유단위 가입률[6)]

	호조조	농업생산합작사	
		초급	고급
1950년	10.7%	---	---
1951년	19.2	---	---
1952년	39.9	0.1%	---
1953년	39.3	0.2	---
1954년	58.3	1.9	---
1955년			
8월 말	50.7	14.2	0.03%
연말	32.7	63.3	4.00
1956년			
1월 말	19.7	49.6	30.70
7월 말	7.6	29.0	63.40
연말	3.7	8.5	87.80
1957년	—	---	93.50

＊표에서 —은 통계 없음, ---는 경미한 수치를 말한다.

가 부농이나 중농에게도 유리한 것임을 설득하기 위해 국가 대출이나 다른 편의시설 제공을 유보하고 실질 노동만이 유일한 보상기준이 되는 '고급 합작사'에 땅을 헌납해야 경제적 이익을 얻을 수 있도록 했다. 이러한 고급 합작사는 대개 200~300가구를 포괄하는 훨씬 큰 규모였다. 이 정도의 크기는 일반적인 마을 하나보다 컸기 때문에 너 많은 상임 행징위원과 당 대표가 필요했다. 1956년까지 이런 변화가 순조로워 초급 합작사는 고급 합작사가 늘어나는 만큼 그 수가 줄어들기 시작했다.(위의 표를 보라.) 따라서 정부는 이제 더 이상 농촌생활에서 중요하지 않게 된 호조조를 강조하지 않았다.

그러나 농민은 여전히 자신들이 합작사에 헌납한 토지에 대한 법적인 권리를 가지고 있었고, 개인이 이용할 수 있는 자류지(自留地)도 가질 수 있었다. 이는 농민들에게 자기 소유니까 스스로 경영기술을 터득해야 한다는 생각을 갖게 했다. 비록 각 고급 합작사는 자류지가 합작사 전체 토지의 5%를 넘지 못하도록 규정하고 있었지만, 농민들은 자류지에서 거둬들인 생산물을 직접 시장에 내다 팔아서 합작사에서 일한 노동의 대가로 받는 수입을 벌충할 수 있었기 때문에 대단한 열의를 갖고 자류지를 경작했다. 농민들은 대개 자류지에서 곡물

보다 몇 배 비싸게 팔 수 있는 야채를 재배했다. 1956년에 농촌 수입의 무려 20 ~30%가 이 자류지에서 나왔고, 충격적이게도 중국의 모든 돼지 가운데 83% 가 이러한 잉여 수익으로 구입하는 사료와 야채 찌꺼기로 사육되었다. 이 같은 돼지 사육방법은 수많은 가금류를 기르는 데도 활용되었다. 그리고 가축은 다 시 귀중한 거름을 생산하여, 이들 자류지에서 과일과 야채의 수확량을 더욱 증 대시켰다.

결과적으로 사적 생산이 크게 늘어나자 마오쩌둥과 정부 관료들은 농촌에서 전통적인 두 계급 또는 세 계급 체제가 부활하지 않을까 우려하기 시작했다. 왜 냐하면 덜 유능하거나 운이 없거나 악착스럽지 못한 동료들을 희생시키고 새롭 게 부유해진 농민 세대(世帶)가 등장했기 때문이다. 1956년과 1957년에 농민 은 1950년대 초반보다 더 잘 먹었고, 실제로 그들의 인구당 곡물소비량은 도시 노동자들보다 많았다. 또한 자류지에서 사육된 가금류와 돼지는 공업 노동자의 장바구니에 닭고기·오리고기·달걀·돼지고기를 풍족히 공급하는 데 크게 기여 했다. 하나의 역설이 형성되고 있었는데, 정부가 늘어나는 사적 생산의 성공에 어떻게 대응할 것인가 하는 문제는 인민공화국 역사의 다음 단계에서 결정적으 로 중요한 과제였다.

외교정책과 소수민족

청조 초·중반기의 중국은 베이징의 궁정이 국경을 맞댄 민족들과 남쪽의 해양 국가들의 문화적 중심이며, 중국의 덕은 그들을 멀리서부터 자신의 궤도로 끌 어들인다는 이미지를 고정시키려 했다. 공자의 저작, 중국식 역법, 중국의 문자 체계와 같은 문화적 유산의 영향에서 분명하게 드러나듯 중국 황제의 권력은 밖으로 뻗어 나갔다. 조공국들은 '조공'을 바침으로써 그런 이미지를 고정시키 는 데 일조했고, 중국은 가끔 충성심을 확인하거나 무역의 기회를 얻기 위해 비 록 기간도 짧고 고위관리가 인솔하지도 않았지만 사절단을 파견함으로써 이런 이미지를 강화시켰다. 그러나 이 체제가 내세웠을 법한 보편적 주장은 북부와 서부의 유목민족과 이슬람 교도를 통제하는 데는 한계를 드러냈고, 또한 처음에 잠시 복종한 뒤 침략을 시도한 유럽인에게는 전혀 효력이 없었다.

1950년대 중국 지도자들의 주요 목표는 위안스카이 등 군벌 지도자들의 통치기와 국민당 통치 후반기에 형편없이 실추되었던 국제적 권위를 재확립하는 것이었다. 처칠이 경고했듯이 제2차 세계대전에서 중국의 역할은 연합국이 중국에 부여한 강대국의 지위에 어울리지 않는 것이었다. 게다가 한국전쟁으로 미국과 적대적 관계가 됨으로써 중국의 국제적 지위는 더욱 미묘해졌고, 이것은 역으로 타이완이 중화인민공화국의 통제 바깥에, 그리고 중화인민공화국은 유엔의 바깥에 남도록 만들었다.

그럼에도 불구하고 1950년대에 제1차 5개년 계획을 추진함과 동시에 중국의 국제적 지위는 빠르게 향상되었다. 중화인민공화국을 국제사회의 새롭고 책임감 있는 일원으로 내세운 이 기간은 중국의 지도자들이 국내정책에서 비롯된 극단적 경향을 완화시킨 낙관적인 시기였다. 이러한 새로운 외교정책의 설계자는 저우언라이로, 그는 국무원의 총리이자 외교부장을 겸임하고 있었고, 5명으로 구성된 정치국 상무위원회의 위원 가운데 한 사람으로서 최고 지도자와 모든 결정을 조율할 수 있었다. 경험 많은 공산주의 혁명가이며 제2차 세계대전 중 충칭에서 노련한 협상력을 보였던 저우언라이의 뛰어난 외교가적 자질은 그의 부유한 배경과 프랑스에서 보낸 젊은 시절의 경험, 그리고 유연하게 원하는 바를 추구하는 그의 태도에서 엿볼 수 있다. 그는 진작부터 인도와의 관계에 주목하여 독립 이후 인도를 이끌었던 자와힐랄 네루와 상호존중을 바탕으로 친선관계를 발전시켰다. 저우언라이는 1950년과 1951년에 중국의 티베트 점령을 용인하도록 인도 정부를 설득하는 데 성공했고, 인도 관리들은 한국전쟁 휴전협정 과정에서 고비 때마다 중국과 미국의 중재자 역할을 했다.

1953년 3월 스탈린의 죽음과 함께 소련은 일부 호전적인 태도를 수정했고, 한국전쟁 협상을 둘러싼 난국이 해결되었으며, 전쟁을 영원히 끝내기 위해서는 핵무기가 사용되어야 할지도 모른다는 위협—아이젠하워에 의한—도 수그러들었다. 마오쩌둥 대신 저우언라이가 스탈린의 장례식에 참석하기 위해 모스크바에 갔고(마오쩌둥은 아마도 소련의 고위 지도자가 인민공화국을 공식적으로 방문하지 않았던 까닭에 참석하지 않기로 한 것으로 보인다), 그곳에 머무는 동안 소련 관리들로부터 상당히 정중한 대접을 받았다. 그는 '외국' 고위 인사들을 제치고 소련의 새 지도자들—니키타 흐루시초프, 게오르기 말렌코프, 라브렌티 베리아—과 나란히 섰고, 스탈린의 관을 실은 포차(砲車) 바로 뒤에서 그 세 사람과 함께 걸었다. 이 만남은 1954년 말 결실을 맺어, 흐루시초프는 인민공화국의 5주년 기념식에 직접 참석하기 위해 베이징을 방문했다.

모스크바 방문을 전후하여 저우언라이는 사회주의 국가들 사이의 결속을 다지는 소련의 정책에 따라 중국과 국경을 접한 주요 공산주의 국가들과의 관계를 긴밀히 하기 시작했다. 1952년 말 그는 몽골인민공화국과 경제·문화 협정을 체결했고,* 김일성과는 전후 무너진 북한경제의 재건을 돕기로 공식적으로 합의했다. 베트남의 반군과도 긴밀한 유대를 맺었으며, 프랑스로부터 독립하기 위한 투쟁의 막바지에 들어섰던 호치민(胡志明)에게 대량의 보급품을 공급하기 위해 광시 성에 도로와 철도 운송망을 건설했다. 이러한 보급품은 프랑스가 미국으로부터 받은 지원과 맞먹는 정도였고 호치민 군대가 엄청난 비용이 들어가는 지리한 전쟁에서 살아남도록 도와주었다. 소련이 중립적인 나라들에 대해 좀더 유연성을 보이기 시작하자, 저우언라이 역시 새로이 만들어진 '평화 공존'이라는 구호 아래 인도와의 유대를 더욱 강화하고 버마†의 수상 우 누와 우호적인 회담을 가졌다.

중국의 외교적 시계(視界)의 첫번째 큰 변화는 저우언라이가 프랑스-베트남 전쟁을 진정시키기 위해 열린 국제회의에 참석차 1954년 4월 스위스의 제네바를 방문했을 때 일어났다. 저우언라이는 소련·프랑스·미국·북베트남의 요구와 반대 제안들 때문에 힘겨운 상황에 처했지만, 인내심과 영민함을 발휘하여 열강이 협상을 체결할 수 있도록 주선함으로써 신뢰를 얻었다. 이 회담에서 공산주의 베트민(Viet Minh, 베트남독립동맹)은 북베트남에서 독립을 얻었고, 정당들은 통일된 베트남 국가의 연합정부를 만들기 위해 가까운 장래에(2년이 지나기 전에) 선거를 실시하기로 약속했다. 그 대신 중국의 압력으로 지나치게 많이 양보했다는 우려에도 불구하고, 베트민은 남부에서의 파괴행위를 중지하고 라오스와 캄보디아에서 군대를 철수하여 이들의 독립정권 구성을 인정했다.

---

* 이 협정은 사실상 외몽골(곧 몽골인민공화국)의 독립적 지위에 대한 승인이기도 했으므로, 한때 청의 통제 아래 있었던 영토의 상실을 의미했다.
† 1989년 이후 미얀마 연방으로 명칭이 바뀌었다.

제네바 회담 초기에 저우언라이는 아이젠하워 대통령의 국무장관인 완고한 반공주의자 존 포스터 덜레스와 같은 방에 있게 되었다. 이 유명한 만남에서 저우언라이가 덜레스에게 악수를 청했으나 덜레스는 무례하게도 등을 돌리고 "할 수 없소" 하며 방을 나가 버렸다. 저우언라이는 프랑스식으로 어깨를 들썩하는 몸짓을 취해 구경꾼들을 웃겼고 무안했을 수도 있는 순간에 작은 승리를 거두었다. 중국을 결코 제네바 회담에 참석하게 해서는 안된다는 덜레스의 끈질긴 주장에도 그는 여전히 태연자약하게 응수했으며, 찰리 채플린과 점심을 먹으며 세련됨과 유연성을 과시했다. 당시 채플린은 급진적 정치관 때문에 미국에서 블랙리스트에 오른 뒤 스위스로 이주해 살고 있었다.

그러나 저우언라이에게 더욱 중요한 정치적 의미가 있었던 것은 1955년 인도네시아에서 열린 반둥 회의였다. 이 회의의 소집 배경에는 국제적 관계가 복잡하게 얽혀 있었다. 저우언라이의 평화 공존에 대한 선언보다도 디엔비엔푸에서 베트민에게 승리를 가져다 준 상당한 화력과 효율적인 반란 전략에 강한 충격을 받은 여러 반공국가들은 새로운 연맹을 결성했다. 그것이 이른바 SEATO(동남아시아 조약기구) 협정으로 1954년 9월 마닐라에서 미국·영국·프랑스·오스트레일리아·뉴질랜드·필리핀·파키스탄·태국에 의해 체결되었다. SEATO의 목표는 동남아시아에서 더 이상의 공산주의 혁명을 막기 위해 국제적인 연맹을 구성하는 것이었다. 회원국은 특히 라오스와 캄보디아를 염려했지만, 남베트남과 필리핀에 대한 공산주의의 위협도 두려워했다. SEATO 회원국들은 자체의 상비군을 두지는 않았지만 각각 협정을 맺은 국가의 군대에 상호원조를 하기로 약속했다. SEATO는 본부를 태국의 방콕에 설치하고 홍보, 지역 안보, 문화 업무, 일부 지역의 경제협력을 담당할 부속 국(局)을 만들었다.

저우언라이는 중국이 '세계평화와 인류의 진보'를 위해 일하고 있는 반면 미국의 '호전적 일파'가 타이완의 국민정부를 돕고 일본을 재무장시키려 획책하고 있다고 맹렬히 비난했다. 중국은 1954년 가을, 여전히 국민당 군대의 요새가 설치되어 있던 푸젠 해안지방의 섬들에 대해 지속적으로 포격을 가하고 타이페이 상공에 정찰기를 띄우는 등 적극적으로 대응했다. 그러자 타이완은 미제 최신 전폭기를 이용하여 중국 본토에 여러 차례 공습을 가했다. 1954년 12월에 미국은 타이완과 상호방위조약을 조인했다.

이렇게 지역적 긴장이 고조됨에 따라 콜롬보 그룹—인도, 버마, 인도네시아, 파키스탄(SEATO 회원이기도 한), 그리고 실론(스리랑카)—은 1955년 봄 아시아와 아프리카의 29개국이 참석한 인도네시아 반둥 회의에 중국을 초청했다. 중국 파견단의 대표로 참석한 저우언라이는 회의에서 교묘하게 중립적인 입장을 취함으로써 이 지역의 안정을 위협하는 세력이 미국으로 보이게 만들었다. 네루, 가말 압델 나세르, 수카르노 그리고 다른 이들의 지지를 얻어 회의 대표들은 이 지역의 평화를 보장하고 핵무기를 철폐할 것과 유엔이 전세계를 대표할 것, 그리고 군축 등을 주장하는 강력한 선언을 채택했다. 회의 석상에서 "아시아의 인민은 최초의 핵폭탄이 아시아 땅에서 작열했다는 것을 결코 잊지 않을 것이다"라고 한 저우언라이의 발언은 특히 주목을 받았다.

반둥 회의의 또 다른 중요한 측면은 중국이 동남아시아 국가에서 살고 있는 수많은 화교들과 관련된 문제를 해결하려고 노력했다는 점이다. 화교들이 고향의 가족에게 보내주는 돈은 외화를 조달하는 데 중요했던 만큼 중국은 화교의 고국에 대한 충성심을 결코 약화시키고 싶지 않았던 것이다. 반면 대규모 화교 공동체가 있고 현지의 상업과 산업 분야를 화교가 장악하고 있는 인도네시아 (300만이 넘는 화교가 거주하는), 말라야, 베트남, 필리핀 등의 국가에서는 이들을 국가안보를 위협하는 잠재적인 요소로 간주하고 있었다.

이런 위협이 가장 두드러져 보인 곳은 말라야였다. 말라야 공산당은 1948년 이래 영국 식민정부를 타도하기 위해 노력해 왔다. 그들은 공장, 경찰 그리고 그 제휴자들에게 기습공격을 가하고 중국이 일본에 저항할 때 그랬듯이 농촌에서 '해방구'를 개척하기도 했다. 더욱이 말라야 공산당의 90% 이상이 화교였기 때문에 화교는 베이징의 조종을 받고 있다고 간주되기 십상이었고, 따라서 말라야와 싱가포르에서는 화교 대부분이 당에 가입한 적도 도움을 준 적도 없었는데도 아무도 이를 믿지 않았다. 필리핀이나 인도네시아처럼 분산되어 있긴 하지만 유력한 지역 공산당군이 있던 중국인 거주지의 경우, 화교는 공산당 내에서 소수에 불과했지만, 종종 반란운동시 강력한 민족 차별적 공격대상이 되기도 했다.

중국 공산당의 봉기를 두려워하던 이런 상황에서 한 가지 이상하고도 이례적인 일은 수만 명의 국민당 군대의 위협이었다. 이들은 1949년 공산당군에게 패하여 남부와 서부, 곧 태국과 버마 북부의 산(Shan) 지역으로 퇴각했던 자들이었다. 1948년 버마가 영국으로부터 독립하자 국민당 장군 리미(李彌)는 그의 반공국민구원군을 위해 독립적인 산 정권을 수립했다. 이 군대의 자금은 대부분 양귀비 생산과 판매에서 나왔지만, 부분적으로는 미국이 제공한 자금과 고문들의 도움에 의존했다. 1953년 이 군대 가운데 7천 명 이상이 타이완으로 건너갔지만 반둥 회의 기간에 7천 명의 군사가 여전히 버마-라오스 국경에 숨어 있었고 그 밖에도 수천 명이 태국 북부에 있었다.

화교는 시민으로서 본국, 이제는 중화인민공화국에 절대적인 복종을 해야 한다는 것이 중국의 전통적인 입장이었다. 그러나 중국인 반란의 위협이 존재하는 상황에서 인도네시아의 중국 대사가 주도한 협상이 지연된 이후, 1955년 중국 정부는 처음으로 이중국적 협정에 서명함으로써 이후 2년 동안 화교들에게 본래의 국적과 거주지의 국적 가운데 하나를 선택할 수 있게 해주었다. 사실 이 협정은 1957년까지 공식 조약으로 인준되지 않았다가, 1959년 인도네시아가 수많은 화교의 기업과 학교를 폐쇄하기로 결정하고 광범위한 반화교 사건들을 묵인하면서 깨지고 말았다.

그러나 그러한 파국은 미래의 일이었고, 반둥 회의에서 보여준 유연하고 개방적인 협상가로서 저우언라이의 이미지는 퇴색하지 않았다. 또한 저우언라이는 타이완과 해안 밖 도서의 위기에 대해서는 대단한 치밀성을 보였다. 만일 타이완이 미래의 화약고인 해안 도서들을 포기한다면 미국이—그리고 아마도 영국이—타이완의 독립적 지위를 보장하리라는 것이 확실해지자, 저우언라이는 중국 정부에게 정면대결을 피하고 장제스가 진먼도(金門島)와 마쭈도(馬祖島)를 차지하도록 내버려 두라고 설득했다. 1955년 5월 저우언라이는 중화인민공화국은 "가능한 한 평화적인 방법으로 타이완의 독립을 추구할" 것임을 공식적으로 선언했다.

저우언라이의 개인적 권한에 속하는 문제는 아니었지만, 중국의 소수민족들에 의해 제기된 문제들도 화교 문제 못지않았다. 중국의 계산에 따르면, 소수민족은 54개 민족 3천만 명에 달했다. 그들은 전략적으로 중요한 여러 국경 지역에 살고 있고 청대에는 한족과 다른 지역 거주자들 사이의 완충역할을 했다. 중국공산당은 그러한 소수민족들을 적극적으로 끌어들였으며, 마오쩌둥의 둘째 동생이 신장에서 이슬람 교도들과 일하던 중 살해당하기까지 했다. 1949년 이

전 소수민족 가운데 공산당의 뛰어난 당원이 된 이들 가운데는 몽골족, 바이족 (중국 서남부 출신), 만주의 조선족, 극서지역의 위구르(維吾爾)족과 후이(回)족 (이슬람 교도), 그리고 대장정에 참여했다가 옌안에 남은 티베트인들이 있었다.[7]

소수민족 지역에 파견된 중국인 간부들은 해당지역 출신 당원만으로는 역부족이라는 사실을 깨달았다. 그들은 마치 외국을 여행하는 듯했고 토지개혁을 처음 실시할 때 게릴라 지역에서 겪었던 일부 경험을 다시 해야 했다. 소수민족 지역으로 파견된 작업반은 우호적인 지역 대표나 가능하다면 중국어를 할 수 있는 사람을 찾았다. 그러고 나서 그들은 말라리아를 퇴치하기 위해 늪지 메우기나 소규모 관개 시설의 건설과 같은 시급한 지역 사업에 착수했다. 지역의 관습을 주의깊게 관찰했고(어떤 작업반은 지역 관습상 화톳불 왼쪽에 앉아야 하는데도 오른쪽에 앉았고 그것을 깨달을 때까지는 아무 일도 하지 못했다), 식사 때 지켜야 할 금기사항도 조사했다. 작업반원들은 낮에는 양동이에 물을 길어 오거나 장작을 모으는 등 지루하고 일상적인 농장일을 했다. 저녁에는 계급착취 사상을 보여줄 간단한 연극을 상영하기도 했는데, 주저하지 않고 한족 관리들을 혁명세력이 몰아내야 할 악한으로 묘사했다. 지역사회에 대한 지식을 습득하면서 간부들은 티베트의 경멸대상이었던 대장장이와 같이—지역 인민위원회에 자신의 대표를 내보내지 못한—진실로 착취받는 계급에게 온갖 노력을 기울였다.

작업반은 소수민족의 뿌리 깊은 불신의 벽에 부딪쳤다. 어떤 지방 속담 중에는 "돌은 좋은 베개가 되지 못하듯이 한족은 좋은 친구가 되지 못한다"는 말이 있었다. 또 다른 속담 중에는 "만일 우리가 (한족의 의도를) 알아챈다면 배가 아파 오고 작물이 자라지 않고, 아낙들이 애를 갖지 못할 것이다"라는 것도 있었다. 1957년까지도 서남부의 이족(彝族) 가운데는 어떤 노예 소유주 한 명만이 그 지역의 전국인민대표대회의 대표였다. 유랑민들은 밤에 조용히 사라져버렸고, 간부들은 새벽에야 자신들만 남았다는 사실을 깨달았다. 도로공사에서 한인과 협력했던 어떤 티베트인들은 동료 부락민들에 의해 살해당하거나 사지를 절단당했다. 1950년대 초반 간쑤의 이슬람교 지역의 문제점들은 1870년의 대반란 시기에 같은 지역에서 발생한 문제를 떠올리게 했다. 몇몇 도시에서는 이슬람 교도의 출입이 금지되었고, 지방군의 일부 직위에만 임용되었으며 한인 정착자들로부터 충격도 받았다.

그러나 긴장, 혼란, 노골적인 적대감에도 불구하고 중국공산당은 지방당원 모집과 당 교육을 통해 서서히 전진해 나갔다. 당에 가입한 최초의 티베트인 집단의 명단은 1956년 여름에—대장정 동안 가담한 이들과 대조적으로—자랑스럽게 발표되었다. 1957년 잡지 『민족단결』은 모든 소수민족 지역을 합하여 모두 40만 명의 공산당원(전국적으로 당원 총수는 1,272만 명에 달했다)과 공산주의청년단에 60만 명 이상의 회원을 확보함으로써 목표를 달성했다고 환영의 뜻을 표했다. 중화인민공화국의 지도부에게는 오랫동안 문제가 되어 온 변경지역의 통합이 진전을 이룬 것은 접경 국가들과의 연대에 성공한 것만큼이나 고무적으로 보였다.

군대 개혁

인민해방군은 한국전쟁에서 용감히 활약했으나 끔찍한 피해를 입었다. 사상자는 70만 명에서 90만 명 정도로 추산되었다. 의료지원은 때맞추어 이루어지지 않았고 식량 공급은 부족했으며 심지어 군복도 한반도의 겨울날씨에 맞지 않았다. 중국군의 거의 90%가 가혹한 겨울 전투에서 동상으로 고통을 받았다고 알려졌다. 무기는 미국, 일본, 러시아, 독일, 그 밖의 다른 나라 부속품들—한 부대에서 대개 네 가지 종류가 사용되었다—의 잡동사니로 만든 조립품이었고 대부분의 보병은 80발 이하의 탄환을 지급받았다. 소련이 미그기를 제공한 1951년에 이르러서야 중국은 조금씩 균형을 이룰 만한 공군력을 갖출 수 있게 되었다. 미국의 월등한 해상력에 대적할 만한 효율적인 해군은 전혀 보유하지 못했다.

1953년 휴전과 군대 귀환 이전에 이미 중국은 근대 기술세계에서 타국과 겨룰 수 있는 전문적 군대를 양성하기 위해 대대적인 군대 재정비를 시작했다. 뒤에 국방부장으로 임명된 북한 주둔 중국군 총사령관 펑더화이는 인민해방군을 재건할 수 있는 최고의 희망은 소련의 지도를 따르는 것이며, 1930년대와 1940년대에 마오쩌둥에게 그토록 좋은 결과를 가져다 주었던 게릴라식 전술에 의존하기보다는 무장을 완비한 정규군을 발전시켜야 한다고 믿었다. 다른 중국 지도자들도 이런한 의견을 수용하여, 소련이 한국전쟁 초기 동안 기껏해야 인색한 친구 정도임이 증명되었음에도 불구하고 1953년에 마오쩌둥은 "전국적 규모로 소련으로부터 배우기 운동"을 주창했다. 인민해방군 교재에서 사용한 표현을 보면, 이전에 마오쩌둥이 미국의 핵폭탄에도 불구하고 미제국주의자들을 '종이 호랑이'라고 무시했던 것에 실용주의적인 수정을 가했음을 알 수 있다.

> 미군은 정치적으로는 제국주의자들의 반동적 군사조직이며 기본적으로 '종이 호랑이'다. 그러나 그들은 근대화된 장비와 전투력을 가지고 있다. 그 훈련과 장비는 반동적 민족주의(예컨대 국민당) 군대와는 매우 다르다. 그런 적군을 섬멸하려면 강력한 근대적 국방군을 만들고 책임감 있는 장교가 모든 인민해방군 병사들에게 미군에 대한 완전하고 올바른 지식을 갖도록 해야 한다.[8]

일찍이 당 지도자들이 결정한 중요한 사항 한 가지는 인민해방군의 수를 줄이고, 제대로 장비를 갖추고 보급품을 지급할 수 있는 잘 훈련된 군대로 만드는 데 총력을 다해야 한다는 점이었다. 이것은 장제스가 수많은 미국인 고문들의 노력에도 불구하고 실현하지 못했던 일이다. 한국전쟁이 진행 중일 때조차도 인민해방군은 중국 내의 군인들 다수를 도시나 농촌의 고향에 일자리가 생기면 곧 전역시켰다. 1953년이 되면 인민해방군의 규모는 절정기였던 1950년의 500만 명에서 350만 명으로 줄어들었는데, 거의 300만 명이 전역하고 150만 명의 신병이 입대했다. 1956년에는 인민해방군은 275만, 1957년에는 250만이었다. 이러한 동원해제에도 불구하고 놀랍게도 중국의 군사 예산은 그대로 유지되었고, 제1차 5개년 계획으로 전체 예산이 급격히 증가한 다음에야 국가 예산에서 차지하는 비율이 감소했다.

1954년 라오수스와 가오강의 실각이 의미하는 바는 아마도 상당수의 중국 지도자들이 중화인민공화국 초기부터 중국을 나누었던 6개의 대규모 지구에 너무나 많은 권력이 집중되어 있다고 생각했다는 것이다. 1954년 그 구조는 폐지되었고, 군대는 새로이 설립된 군사위원회(주석은 마오쩌둥)와 펑더화이가 부장인 국방부 양측에 보고하는 인민해방군 총참모부의 지도 아래 13개의 지역 사령부로 다시 나누어졌다. 여전히 대규모 단위—2~3개 성으로 구성된 전형

1950-1960년, 중국의 군사 예산[9]

	100만 위안	예산 대비 군사비(%)
1950	2,827	41.53
1951	5,061	42.52
		48.00
1952	4,371	26.04
1953	5,680	26.43
	6,176	28.00
1954	5,184	23.60
1955	6,500	24.30
		22.10
1956	6,117	19.91
1957	5,509	19.24
	5,523	18.85
1958	5,000	15.12
1959	5,800	11.20
1960	5,826	8.30

적인 군구(軍區)—였지만, 새로운 조직은 중앙에서 효율적으로 통제하기가 훨씬 더 쉬웠다. 전문화된 군대는 특히 공병부대, 통신대, 그리고 항핵무기(anti-atomic), 항생물학(anti-biological), 항화학(anti-chemical) 전쟁 기술을 터득하기 위해 설립된 이른바 'ABC' 부대 등과 같은 기술부대의 발전과 더불어 등장했다. 중국인들은 만일 미국이 중국에 대해 전면 공격을 가한다면 미국은 이러한 전문화된 군대 전부 또는 일부를 사용할 것이라 믿었다. 또한 이러한 지역 사령부에 긴밀히 연결된 것으로 인민해방군의 공안군이 있었는데, 이 부대는 후에 인민해방군의 총참모장이 된 홍군 출신의 막강하고 출중한 노장이 지휘하고 있었다.

군대는 그들의 요구를 5개년 계획에서 추진한 공업적 우선 사항에 조심스럽게 관철시킴으로써 권총, 기관총, 박격포, 미사일 발사장치, 중거리포 등 다양한 종류의 근대적 화기를 공급받았다. 그러나 비용이 많이 드는 자주포, 군용 트럭, 중장비, 그리고 탱크 등은 빈약했다. 베이징·난징·다롄의 군사학교에서 새로운 세대가 근대적 전쟁기술을 배우기 시작하면서 장교들의 질도 개선되었다. 또한 상당수의 장교들은 더 나은 훈련을 받기 위해 소련의 키예프에 있는 육군참모대학으로 파견되었다.

2년 동안의 시범기를 거쳐 1955년 공식적으로 시행된 징병법에 따라 병력은 적절히 충원되었다. 범죄자와 '정치적 권리를 빼앗긴' 이들을 제외한 신체 건강한 18~20세의 남성은 의무적으로 국가에 등록하고, 지역 당국은 연간 약 80만 명을 모집하도록 계획된 할당체제에 따라 군복무 대상자를 선발했다. 외아들이거나 고등학교나 대학교 학생들은 징집대상에서 제외될 수 있었다. 그러나 군복무를 위해 뽑힌 대다수 사람들, 특히 가난한 농촌지역 출신들은 신분상승과 특별한 기술 습득을 할 수 있는 이러한 임무를 기꺼이 받아들였다. 징집되지 않은 수많은 등록자들과 3년간의 군복무를 마친 이들은 예비군으로 편성되었다. 중국공산당은 인민해방군의 징집병이 되어 국가에 봉사하는 것이 영광스러운 일이라는 것을 끊임없이 선전했고, 과거 국민당 징집병과 지금의 징집병이 얼마나 다른지 보여주기 위해 자세한 설명도 덧붙였다. 그럼에도 불구하고 병영생활은 여전히 힘들었고 군체제 내의 부정에 대한 불평이 끊이지 않았다.

새로운 기계기술을 습득하는 데 많은 시간이 필요했으므로 공군 복무는 4년, 해군 복무는 5년이었다. 한국에서의 경험 이후 공군과 해군 모두 인민공화국의 방위에 필수적이라는 인식이 확대되었지만, 항일전쟁 이후 남은 군수품 대부분을 국민당이 차지해 버렸기 때문에 빈약한 기반에서 출발할 수밖에 없었다. 1946년 신형 미제 B-24 폭격기를 몰고 청두에서 옌안으로 도망쳐 온 전 국민당 공군 대위가 공군 훈련분과를 맡았다. 다른 지도적 장교들은 1945년 소련군의 지시에 따라 만주에서 일본 비행기를 인수하도록 위임받은 사람들이었다. 소련은 처음에는 조심스러웠으나 1951년부터는 중국이 일부 경량급 제트폭격기와 미그-15 제트전투기를 대량으로 사용할 수 있게 해주었다. 그러나 중국에게 전쟁 도발의 빌미를 주고 싶지 않았던 소련은, 원거리 목표물을 명중시킬 수 있는 중장거리 제트폭격기는 제공하지 않았다. 1954년 이후 공군은 타이완 부근 해안을 따라 비행장을 건설하는 데 총력을 기울였고, 이런 투자의 목적은 타이완 탈환을 가속화하기 위한 것임이 분명해 보였다. 그러나 미국의 대응을 염려한 탓인지 근해의 진먼도와 마쭈도 공격에 공군력을 사용하지는 않았다.

1955년 이후 계속하여 소련은 보다 발전된 미그-17 제트 전투기를 만주의 공장에서 생산할 수 있도록 허락했다. 중국은 기술적으로 낙후되어 있다는 부담을 안고 있는데다가 연구진이나 디자인 능력이 너무 보잘것없었기 때문에 자체적으로 새로운 비행기를 고안하려고는 하지 않았다. 그런데 로켓공학 전문가인 H. S. 첸이 적법성에 의문이 가는 법 절차에 따라 5년간 이민국에 억류되었다가 1955년 여름 마침내 미국을 떠날 수 있게 되자, 중국은 새로운 전기를 맞이했다. 중국은 첸의 지도 아래 로켓탄과 탄도탄을 개발할 연구진을 구성하기 시작했다. 동시에 또 다른 중국인 핵물리학자들은 독자적으로 또는 모스크바 근처의 두브나 핵연구소에서 소련 과학자들과 협력하여 중국의 핵 능력을 키웠으며, 소련 지도자들은 장래 중국에 핵폭탄 원형을 제공하기로 약속했다.

청 말의 자강 전문가들은 외세로부터 중국을 방어하고 개혁계획을 성공시키기 위해서는 근대적 해군을 발전시키는 것이 중요하다고 생각했다. 인민공화국에서는 이것을 더 이상 최우선 과제로 간주하지 않았다. 중국의 '소규모' 해군은 빠른 해안경비정을 입수하고 배치하는 데 힘을 기울였는데, 그들의 주요 임무는 중국 동부 해안에서 아직도 활동 중인 타이완의 기습대를 방어하고 밀수나 탈영자의 불법적인 도주를 막는 일이었다. 또한 소련은 제2차 세계대전 전에 사용되던 잠수함 일부를 사용할 수 있게 해주었다. 1955년 마침내 소련이 약속한 대로 뤼순을 포기하자 중국은 구축함 2척과 신형 잠수함 5척—이 중 2척은 장거리 해안 순항능력을 갖췄다—을 건네 받았다. 그러나 당분간 중국 해군이 세계무대에서 눈에 띄게 부상할 가능성은 없었다.

인민해방군의 모든 부문에 걸친 전문기술의 전반적인 성장은 중국 사회와 중국공산당 자체에 지대한 영향을 끼쳤다. 특히 고민거리였던 것은 다시 고개를 드는 엘리트주의의 문제였다. 농촌과 도시에서 지주와 자본가에 대한 장기적이고 더러 폭력적이기도 했던 투쟁은 평등과 협동노동의 가치를 재확인시켜 주었다. 그러나 과거 유격대 시절에는 모든 사안들을 집단토론 뒤에 결정하는 등 이념의 운용이 군사전술만큼 중요했던 군대가 1950년대 중반이 되면 모든 면에서 반대 방향으로 움직이고 있는 것처럼 보였다. 1955년 장교를 일반 사병과 구분짓는 계급장과 제복 그리고 14개로 뚜렷이 구분되는 장교계급이 도입되면서 옛 동지애의 마지막 흔적조차도 사라졌다. 임금 격차는 현격해져서 중위는 사병의 10배 정도를 더 받았고 대령은 중위보다 3배 정도 많이 받았다. 고등교육과 과학기술의 습득은 참모학교 진학과 승진으로 곧바로 연결되었다.

더욱 심각한 것은 인민해방군의 특권적 지위나 고향에서 멀리 떨어져 있다는 상실감이 결합되면서 악습이 누적되어 일찍이 홍군이 게릴라전을 수행하는 지역에서 살아남기 위해 제창했던 지역적 연대라는 원칙에서 멀어지는 경향을 보였다는 점이었다. 새로운 인민해방군은 마치 국민당군, 심지어는 청의 팔기군처럼 행동하기 시작했다. 1955년 여름 인민해방군 정치국 국장은 일부 장교들에게 이제 "군과 인민이 연대하는 전통이나 정부의 지원 그리고 인민에 대한 사랑은 필요 없는" 것 같다고 조심스럽게 말했다.[10] 현실적 언어로 표현하면 이는 인민해방군이 토지를 징발하고 사치스러운 생활을 하며 군용 차량의 안전 운행을 무시하고 민간인의 집을 허락 없이 점거하고(한 추정에 따르면 적어도 7만 2,400가구) 있었다는 뜻이었다. 장교들은 자녀를 군용 차량에 태워 통학시켰고 자기 지위를 이용하여 자신과 가족의 연극·영화 입장권을 예약했다. 장교들의 월급은 비교적 많았기 때문에 그들은 더욱 더 많은 가족들——배우자, 자녀, 사돈 친척들——과 함께 살기 시작했다. 1956년 인민해방군 부대에서 함께 사는 장교의 식솔은 33만 명이었고, 1957년에는 이 숫자가 78만 명으로 증가함에 따라 그들의 집, 학교, 식품이나 의약품 공급에 대한 요구도 증가했다. 지역 사회에서 여성 학대도 팽배했는데, 이는 인민해방군의 비행에 대한 고발사건을 조사하여 훈장을 많이 받은 홍군 고참 장교의 보고서에도 명확히 나타나 있다. 1957년에 그는 이렇게 우려를 표시했다.

> 일부 부대의 장교들은 한 지역에서 너무 많은 배우자를 찾아서 지역민의 불만을 사고 있다. 장교들이 부인을 찾는 데 있어 준수해야 할 다음 세 가지가 제시되었다. 첫째, 학교에서 아내를 구해서는 안된다. 둘째, 아내를 얻는 데 돈이나 다른 물질적 상품을 이용해서는 안된다. 셋째로 다른 이들의 결혼을 방해해서는 안된다.[11]

이런 비행과 권력남용에 대한 중국공산당의 대응은 과오를 저지른 장교들과 그들의 부대를 농촌에서 일상적인 생산활동에 참여하도록 하는 것이었다. 당은 인민해방군 장교들이 그들의 육체적 힘과 기술을 특히 초급 합작사를 고급 합작사로 전환하는 데 쏟아붓길 기대했다. 인민해방군 정치국은 행동의 변화를 요구하는 정교한 20개 수칙을 제정하여 1956년 2월 각급 부대에 하달했다. 엘리트가 되고 기술적으로 앞선 직업인이 되길 희망했던 일부 장교들이 다음과 같은 명령에 어떤 반응을 보였을지 상상하기 어렵지 않다 : 모든 장교의 가족들은 합작사 작업에 참가해야 한다. 장교와 사병의 작업반은 농사를 돕기 위해 당 지역 위원회 아래 배치되어야 하며, 1년에 5~7일의 자유 작업일을 지역 사업에 할애해야 한다. 인민해방군은 휴일에 지역농민과 함께 '사해'(四害, 쥐·참새·파리·모기) 박멸작업에 참가해야 한다. 모든 인민해방군은 인분을 수거하여 지역 합작사에 거름으로 제공해야 한다. 인민해방군은 50명 단위로 협동하여 돼지를 키워야 한다. 모든 군인은 중국 북부 표준어(서양에서 흔히 '만다린'[Mandarin]으로 알려진)를 배워야 하며 초등학교와 야간학교를 도와야 한다. 공병학 작업장은 농기구를 수선할 수 있도록 농민공동체에 개방해야 하며, 군사통신대는 그들의 장비와 전신주가 지역통신망을 확장하는 데 이용될 수 있도록 허가해야 한다. 많은 지역에서 이런 수칙을 철저히 이행함으로써 인민해방군에 대한 인민의 지지를 확실히 증대시켰고, 이전의 비리를 어느 정도 완화시켰다. 그러나 이런 수칙들은 군 일각에 심각한 불만을 야기했고, 심지어 당에 대한 군의 충성심을 떨어뜨리기도 했다. 마오쩌둥의 저작 가운데 가장 유명한 경구 하나로 서양에서 대단히 유행한 "정치 권력은 총구에서 나온다"는 말은 그의 사상의 호전적인 면을 잘 보여준다. 그런 면에서 보면 마오쩌둥은——적어도 한 가지 면에서는——오랫동안 쇠약해진 중국의 몸뚱이를 놓고 싸우던 군벌이나 국민당 장군들의 상속자처럼 보인다. 그러나 사실 마오쩌둥의 말은 "정치권력은 총구에서 나온다. 우리의 원칙은 당이 총을 다스리고 총은 절대로 당을 다스리지 못하게 하는 것이다"[12]라는 뜻이었다. 육군 장교들과 심지어 정규군까지 공산당 간부가 미처 완벽하게 알지 못한 새로운 기계기술을 습득하기 시작함에 따라 군과 당 사이의 알력은 해소되어야만 했다. 공격의 창끝이 어디로 향할지는 분명하지 않았다.

백화운동

인민공화국 초기에 중국의 지식인들은 새 정권 아래서 만족스러운 지위를 찾기 위해 노력했다. 중국의 전통적 학문의 내용과 방법은 5·4세대 사회비평가들에 의해 철저하게 공격당했다. 그러나 이후의 지적 지형은 겉만 받아들인 근대 서양의 학풍과 개념이 전통사상을 효과적으로 대체하지 못했기 때문에 더욱 복잡해졌다. 교육은 여전히 시간과 비용이 많이 들었고, 대부분의 지식인들은 토지소유나 사업으로 돈을 벌거나 상속받은 재산이 있는 사람들이었다. 정부 부처의 임원직에 있는 이들과 교육계·법조계 등 전문직에서 종사하는 사람들은 불가피하게 국민당과 폭넓은 접촉을 갖거나 국민당에 고용되어 있었다. 대학과 의학계나 과학계 전문인들은 종종 해외에서 학위를 받거나 중국 내 서양인에게서 교육을 받았다.

이제 그런 배경은 봉건적·반동적·매판적·자본주의적인 것으로 간주되었기 때문에 지식인들은 중국공산당에게 자신들의 충성을 보일 필요가 있었다. 그들 대부분은 과거 중국의 무력함에 진저리를 치고 국민당이 지속적이고 건설적인 변화를 가져올 것이라는 믿음을 완전히 상실했기 때문에 새 정권을 도울 만반의 준비가 되어 있었다. 국민당의 관리도 일을 계속할 수 있다는 중국공산당의 약속은 지켜졌다. 수많은 엘리트 지식인들이 본토를 떠나 타이완이나 서양으로 가지 않았을 뿐 아니라, 도리어 해외에 살던 유명 인사들이 1949년 말과 1950년에 새 질서의 창조를 돕기 위해 중국으로 되돌아왔다. 그들 가운데는 중국의 여러 해외 대사관과 영사관에서 국민당을 위해 일하던 외교관을 비롯하여 과학자나 경제학자들이 많이 있었다. 공산당과 국민당 양쪽 모두에서 결점을 발견했던 사람들도 애국심과 새로운 기회에 대한 희망을 품고 조국으로 돌아왔다.『뤄퉈샹쯔』와『고양이 나라』의 저자인 라오서―1946년 이래 뉴욕에서 살았고,『뤄퉈샹쯔』가 베스트셀러가 되어 미국 전역에서 유명해졌다―도 고국에서의 삶이 힘들 것이라는 친구들의 충고를 뿌리치고 1950년에 돌아왔다.*

1950~1951년에 나이를 불문하고 수만 명의 중국 지식인들이 '혁명대학'에서 6~8개월 동안 '학습'을 받았다. 기존의 학교나 도시의 특정 장소에서 수행된 이 학습은 지식인들에게 계급 성분과 지금까지의 삶에서 가려져 왔던 본성을 정확히 이해시키기 위한 시도였다. 그들은 노련한 중국공산당 간부에게서 혁명의 본질에 대한 강의를 듣고 마르크스·엥겔스·레닌·스탈린의 기본 저작

---

* 영어판 베스트셀러『뤄퉈샹쯔』는 라오서의 허락 없이 번역자에 의해 활기차고 낭만적인 결말로 끝난다. 반면 중국어판 본래 소설은 미래에 대해 비관하면서 끝맺는다.

과 함께 마오쩌둥의 사상을 소개받았으며, 토론과 자기비판을 위한 공동모임에서 다른 지식인 소집단과 만났고, 자신의 과거 잘못과 그들 부모의 과오를 분석하는 '자술서'를 준비했다. 이 마지막 조건은 유교적 전통에서 유래한 효(孝)라는 엄격한 계율을 신봉하며 자라난 사람들에게 심각한 위기감을 주었을 뿐 아니라 일반적으로 모든 과정이 지식인들에게 심한 정신적 압박감을 주었다. 그들은 집단적 연대의 흥분된 인식을 공유하는 데서 시작하여 강렬한 고립감과 죄책감을 갖는 시기를 지나 공포와 불안을 경험하는 과정을 거쳐 중국공산당에게 새 삶을 열어 준 데 대한 감사를 표하는 최종적 '결단' 단계로 들어섰다.

중국의 교단에 서기 위해 귀국하기 전에 하버드 대학에서 공부했던 한 저명한 철학교수의 11쪽에 달하는 고백은 최종결과를 보여주는 좋은 예이다. 이 교수는 자신의 '관료적 지주 가족'과 보낸 안락한 삶을 비판하는 것으로 시작하여, 자신을 둘러싼 '이기심의 찌꺼기'를 분석하고 부패한 부르주아 철학에 대한 관심과 정치에 초연하고자 했던 어리석음을 반성한 뒤, 마지막으로 공산당과 인민해방군의 '기적'이 부여해 준 새 삶의 목적의식을 기쁘게 받아들였다.[13] 이 과정에서 이전의 직위를 기준으로 가장 눈에 띄는 동참자는 청의 황제이자 만주국 통치자였던 푸이였다. 1945년 소련 당국에 의해 체포되어 중국으로 송환된 그는 하얼빈에서 '개조'에 복종하고 1952년에 최초로 완전한 고백서를 쓰기 시작했다.* 그런 고백들이 진심이었는지 아닌지를 판단하기란 불가능하다. 당이 부정직하다거나 속마음을 다 드러내지 않은 듯한 고백은 반려했지만, 반어법을 사용하게 되면 대개 간파하기 어려웠기 때문이다.

사회의 다른 구성원들처럼 지식인들도 삼반·오반운동에 참여했다. 새로운 정권에 대한 충성심을 증명하기 위해 고심했던 그들은 토지개혁단에 자원을 하고 당의 정책을 지원하기 위해 노력했다. 수많은 잡지, 정부의 선전국, 학교, 영화산업 모두가 지식인들에게 여러 종류의 일자리를 제공했다. 그들은 공식 당 기구를 통해 정치적 성향의 변화를 세밀하게 연구할 때나, 1930년대 사회의 악행을 고발하는 데 주력한 소설가로서 1949년 홍콩에서 귀국한 새 문화부장 마오둔의 명령을 시행할 때는 늘 신중을 기해야 했다. 1950년에 개봉되어 높은

* 그의 경험이 복잡했던 탓에 푸이는 결국 1959년까지 풀려나지 못했다. 1960년 그는 베이징 식물원의 기계수리소에 일자리를 배정받았으며, 1967년에 암으로 죽었다.

평가를 받았던 청말 자강론자 우쉰(武訓)을 다룬 한 영화에 대해 중국공산당은 1951년에 반대운동을 전개하면서 '올바른' 사상의 중요성을 강조했다. 우쉰은 거지 같은 생활을 하다가 지주로 성장하여 돈과 영향력으로 극빈자를 가르칠 학교를 설립함으로써 극빈자들이 국가를 도울 수 있는 기회를 제공했다. 그러나 당 이론가들은 그러한 개혁적 행동이 혁명을 방해했다고 지적했다. 중국 전역의 연구단체들에게 이 영화를 비판하도록 지시했고, 결국 이 영화의 작가 겸 감독은 공개적으로 자신의 작품을 거둬들여야 했다.

중국의 지식인이 승진이나 생존을 위해 습득한 처세술은 1942년 옌안 정풍운동 동안 마오쩌둥에 의해 교시되어 여전히 기본 훈시로 간주되고 있던 일반적인 당 노선을 고수하는 것이었다. 그러나 과거의 잘못을 용서받고 책임 있는 지위로 승진한 딩링과 같은 작가는 당에 노예처럼 따라서는 안된다고 주장했다. 왜냐하면 "작가는 어머니를 떠날 수 없는 아이가 아니며, 독립적이어야 하기" 때문이었다. 1953년에 한 기관지가 그녀를 "당이 가는 길에서 한치도 벗어난 적이 없는" 여성으로 묘사함으로써 그녀의 견해는 사실상 중국공산당에 수용되었다.[14]

제1차 5개년 계획 초반기에 마오쩌둥은 중국의 생산력을 크게 부흥시키기 위해서는 정치적 신념에 관계없이 지식인들——과학자·기술자·작가들——이 필요하다고 생각하기 시작했다. 이러한 창조적 분야에 종사하는 사람들은 우쉰 영화에 반대하여 일어났던 운동 같은 것으로 인해 탄압받아서는 안되며, 그렇지 않으면 국가가 곤란에 빠지리라는 것이었다. 간부들은 "그들이 판단하는 근거로서 마르크스-레닌주의를 유일한 기준으로 삼는 데 능력을 소비한다면" 그것은 잘못된 것이라고 지적받았다. "정직하게 일하고 업무를 이해할 능력이 있는" 지식인들은 격려해 주어야 한다는 것이다.[15]

그러나 작가들이 이러한 논리를 따르더라도 정도가 지나치면 강력한 반대에 부딪혔다. 당원이며 작가협회(中華全國文藝作家協會)의 이사이자 전국인민대표대회의 위원이었던 작가 겸 편집자 후펑(胡風)은 당이 문화 부문에 행사하는 통제는 인민을 '피폐화시켜' 더 이상 똑바로 생각할 수 없게 만든다고 썼다. 예술작품을 판단하기 위해 당이 마르크스주의를 이용하는 것은 '조잡한 사회학'이며 "현실에 근거를 두지 않는다"는 것이다. "이 무기는 위협적이다. 왜냐하면 그것은 창작과 예술의 본질인 감성을 질식시킬 수 있기 때문이다."[16]

1955년 후펑은 전국적인 비판운동의 표적이 되었고 작가협회와 여타 직위에서 해임되었다. 운동이 심화되어 전국의 투쟁단체들로 퍼져 가면서 후펑에 대한 비난은 더욱 심해졌다. 처음에는 이념적 이탈이라는 명목으로, 그 다음에는 반혁명분자이며 제국주의자라고 비난받았고, 마지막에는 국민당 비밀조직과 반공지하조직의 두목으로 몰렸다. 후펑에 대한 비난은 지나친 것이었음에도 불구하고 징치의식을 고양시키기 위한 헤아릴 수 없이 많은 집회의 초점이 되었다. 이 집회들은 농촌개혁운동이 1955년과 1956년에 초급 합작사에서 고급 합작사로의 발전을 가속화시키고 있을 때 계획적으로 열렸다. 그러므로 전국에 걸친 '후펑주의' 색출작업은 개인의 창의력을 희생시킨 대가로 토지개혁을 가속화하려는 당의 입장에 대해서 감히 드러내놓고 반대하는 사람을 색출하는 수단이 되었다. 후펑은 3편의 긴 자기비판문을 썼지만, 당은 이를 부적절하다고 거부했다. 그는 비밀리에 재판을 받고―아마도 반혁명활동으로 기소되었을 것이다―감옥에 갇혔다. 후펑은 1979년까지 감옥에 있었고, 그 동안 단 한번 짧은 자유의 시간을 가졌다.

이제 사기가 떨어진 지식인들을 어떻게 다루어야 할지를 놓고 지도부가 첨예하게 분열되는 심상치 않은 상황이 전개되었다. 이 문제에 대한 폭넓은 입장의 편차 가운데 두 극단적 견해가 두드러졌다. 중국공산당이 지식인과 통일전선적 연합을 계속하길 바라는 한쪽에서는, 제1차 5개년 계획을 날성하기 위한 노력과 농업집단화로의 전환에서 지식인의 기술이 절실하게 필요하며, 그들이 당을 비판할지라도 그들의 충성심은 절대적으로 믿을 만하다고 주장했다. 다른 쪽에서는 중국공산당의 단결이 가장 중요하며, 혁명을 이끈 공산당이 외부로부터 비판을 당할 경우 그것은 당의 효율성과 사기에 치명적인 영향을 끼칠 것이라고 주장했다.

지식인들과의 협력을 지지하는 사람들은 소련에서 발생한 사건들에 의해 그 의지가 더욱 확고해졌는데, 당시 소련은 1956년 흐루시초프가 스탈린의 폭정에 비판을 가하면서 해빙기가 도래한 것으로 보였다. 또 일부 타협적인 지지자들은 여전히 장제스가 이끄는 타이완 당국이 만일 옛 부르주아지가 잘 대접받는다면 인민공화국과의 궁극적이고 평화적인 통일을 낙관하게 될 것이라는 희망을 가졌다. 한편 당의 단결을 우선시한 사람들은 무엇보다도 소련의 스탈린 공격에 두려움을 느껴 더욱 강경해졌는데, 그 공격이 당에 대한 충성심과 국가의 통제에 해로운 영향을 미칠 것이라 생각했다. 지식인에 대한 통제의 완화가 공산당 자체에 대한 비판을 허용하는 것이나 마찬가지였음에도 불구하고 그것을 지지했던 중국공산당 정치국 인사들 가운데는 마오쩌둥, 저우언라이, 경제입안자 천윈, 새로 임명된 당 총서기 덩샤오핑 그리고 린뱌오 장군 등이 있었다. 더 엄한 당 규율을 고집하고 더 이상 부르주아 잔당들과 협력할 필요가 없다고 주장한 사람들 중에는 정치국 상무위원회의 두 인물인 류사오치, 인민해방군 총사령관 주더와 펑더화이 장군, 엄격한 당 고참이며 당시 베이징 시장이었던 펑전(彭眞)이 있었다.

이런 정치적 분열로부터 이른바 백화(百花)운동이라는 뒤틀린 행로가 서서히 전개되기 시작했다. 이 운동에 착수하기로 결정한 것은, 1956년 1월과 2월에 덩샤오핑과 주더가 참석했던 소련 공산당 제20차 대회에서 흐루시초프가 스탈린을 회상하며 행한 은밀한 비판이 얼마나 중요한지를 깨달은 중화인민공화국 지도자들의 노력의 일환이었다. 중국에서 이 시기는 많은 사람들이 모든 일들이 잘 되어가고 있다고 느끼던 때이며, 그것은 단정한 옷차림을 요구하는 복장 규제의 완화, 꽃무늬 블라우스와 옆이 트인 치마의 일시적 유행 그리고 심지어 공식적으로 허가된 패션쇼 개최 등으로 나타났다. 또한 강력한 적대 세력들 사이일지라도 전쟁이 필연적이지 않다는 흐루시초프의 선언은 반둥에서 평화공존의 중요성을 상세히 설명했던 저우언라이의 견해를 뒷받침했다.

마오쩌둥은 1956년 봄 이런 해빙 무드와 관련해서 두 번의 중요한 연설을 했다. 4월에 마오쩌둥은 인민들 사이의 '모순'을 극복하기 위해 목표를 가진 당원과 비당원—국민당에 반대했던 여러 민주적 조직들에 몸담았던 사람들—사이에 우호적인 관계가 필요하다고 이야기했다. 또한 그는 중국공산당원들에게 외부인이 표명한 모든 '합리적인' 견해를 재고하고, 소수민족의 요구에 더 많은 관심을 기울이며, 서양에 대해 더 연구하고 외국어를 배울 것을 주창했다. 5월 2일에는 당 지도자들만 모인 회의에서 행한 연설을 통해 문화의 장에서 "백 가지 꽃이 피도록"(百花齊放) 하며 과학의 장에서 "백 가지 학파의 의견이 다투도록"(百家爭鳴) 하자는 사상을 피력했다.[17]

1956년 봄의 이 연설들은 언론에 보도되지 않았고 당 지도자들이 개별적으로 계속 숙고하는 소강상태가 뒤따랐다. 마오쩌둥은 그의 정책이 전반적으로 성공하자 샘솟는 기쁨을 감추지 못하고 있었으며, 이것은 1956년 여름 자신의 건강을 나라 전체에 과시하기 위해(그는 이때 62세였다) 양쯔 강에서 수영을 세 차례나 한 뒤 지은 의기양양한 시를 통해서도 느낄 수 있다. 그러나 가을부터 합작사 농업을 강제하려는 노력이 부실한 경영과 모순된 명령들이 뒤섞여 혼란과 소모로 이어지면서 일은 어긋나기 시작했다. 제1차 5개년 계획기간에 달성한 급성장을 다시 이루기 어려울 것이 확실해지자 중국 지도자들은 곤경에 처하게 되었다. 1956년 9월 제8차 당대회—9년 전 국민당을 축출하기 직전에 열렸던 대회 이후 최초의—에서 마오쩌둥이 농업부문에서 더 급속한 성장을 하기 위해 마련했던 극적인 계획들은 보다 강경하게 계획을 통제하기 위해 보류되었다. 그리고 새로운 당헌의 초안에서 마오쩌둥 사상의 중요성에 대한 모든 언급이 사라졌는데, 이는 아마도 소련의 스탈린 개인 숭배에 대한 비판 이후 불가피했던 것으로 보인다.

이러한 결정을 설명하면서 류사오치는 "만일 어떤 사람이 똑같은 말을 늘 반복하여 사람들이 그것을 듣는 데 익숙해지면, 그것은 어떤 목적에도 기여하지 못한다"는 말을 인용했다. "2선으로 물러나겠다"는 마오쩌둥의 선언은 그가 평화로운 권력 이양을 생각하고 있음을 암시하는 것으로 보였고, 이러한 추론은 당헌에 중앙위원회 명예주석직을 새롭게 도입함으로써 뒷받침되어있다. 당 대회의 전반적인 경향은 이른바 통일전선정책을 반대하고 더 엄격한 당 규율과 당의 감독을 촉구하는 것이었다. 한편 중국 지도자들은 그 해 6월 폴란드에서 발생한 정치폭동에 대해 우려했고, 그들의 우려는 1956년 10월 소련에 대항한 헝가리인의 봉기로 더욱 커졌다. 동시에 티베트에서도 중국군의 주둔에 반발하는 대규모 시위가 발생했다.

지적·정치적 논쟁은 1957년까지 계속되었다. 베이징 시장 펑전을 비롯한 당의 강경론자들은 베이징에서 출판되는 주요 당 기관지와 잡지들에 대한 검열권을 얻었으며, 그 결과 마오쩌둥은 베이징에서 자신의 견해를 선전하기가 어렵다는 것을 깨달았다. 그래서 이따금 마오쩌둥은 자신의 입장을 알리고 출판하는 데 호의적인 장소로서 상하이를 이용했다. 1957년 1월에 마오쩌둥은 처음으로 자신의 시를 선집으로 출판하는 것을 허락했고, 그 과정에서 백화 원칙이 중단되어서는 안된다고 강변이라도 하려는 듯, 형식이 다양해야 할 필요성을 역설했다. 그 다음 달에 마오쩌둥은 그가 1년에 걸쳐 치밀하게 준비했던 연설 「인민 내부의 모순을 올바르게 처리하는 문제에 대하여」를 발표했다. 이 연설은 흐루시초프의 스탈린 비판과 헝가리 혁명에 비추어 중국의 현 상황을 분석하려는 시도로서, 특히 통제가 너무 느슨해져서 혁명이 발생하는 것인지 아니면 반대로 억압이 너무 지나쳐서 발생하는 것인지를 결정하는 문제의 어려움에 대해 논했다.

중국의 문제점들에도 불구하고 마오쩌둥의 연설은 낙관적이었다. "우리나라가 오늘날과 같이 단합되었던 적은 없다"고 한 다음 "이제 우리는 우리 앞에 놓인 더 밝은 미래를 본다. 인민들이 몹시 싫어했던 민족 분열과 혼돈의 날들은 영원히 사라졌다"[18]고 마오쩌둥은 말했다. 최고국무회의에 초청된 1,800명의 공산당·비공산당 대표들 앞에서 행한 이 연설은 비공산당 지식인들에게 새로운 희망을 주었다. 그러나 이 연설은 출판되지 않았고 류사오치는 그 연설이 행해진 집회에 참석하지 않았다. 중국 전역의 지식인들은 베이징에서의 고군분투를 당혹스럽게 지켜 보고 있었고, 좀더 명확한 신호가 있을 때까지 감히 소리내어 말하지 못했다.

마오쩌둥은 백화운동을 전면적으로 진행시키기 위해서 자신의 모든 영향력을 동원해야 했다. 마오쩌둥은 "나는 소요를 일으키기 위해 인민들을 자극하지 않는다. 나는 폭동을 부추기는 집회를 열지 않는다"고 항저우의 지지자들에게 선언함으로써, 바로 당 강경파가 그에 대항하여 추진하고 있는 사항을 간결하게 비판했다. 수개월 동안 베이징의 펑전과 주저하고 있던 전국의 당 서기들에 대해 압력이 가해진 후, 1957년 4월 말에야 모든 언론과 선전기관들이 운동을 지지하는 쪽으로 기울었다. 이제 운동은 철저한 정화운동이라는 수사 아래 진행되었고, 지식인들은 당 내의 오류에 대해 마음껏 이야기하도록 고무되었다. 그것은 중국공산당 자체의 '관료주의·분파주의·개인주의'를 목표로 삼았고, 1942년 옌안에서 그와 비슷한 악을 겨냥했던 정풍운동과 맥을 같이 하도록 신중을 기했다. 그러나 운동에서 주로 사용된 언어는 간부들을 점잖게 다루리라는 것을 확신시키는 데 초점을 맞췄다. 그렇게 한 이유는 공통된 진보의 틀 안에서 모두를 일치단결시키기 위해서였다. 마오쩌둥은 이렇게 말하고 있다.

> 이 운동은 심각한 이념적 교육운동이지만 산들바람이나 보슬비와 같이 부드럽다. 운동은 합리적 수준에서 수행되는 비판과 자기비판이어야 한다. 집회는 소규모의 토론회나 집단모임으로 제한되어야 한다. 동지들끼리 마음과 마음을 여는 대화형식으로 그야말로 개인적인 의견을 교환해야 하며, 대규모 비판이나 '투쟁' 집회를 열어서는 안된다.[19]

중국공산당에 대한 불만을 표현하는 것이 공식적으로 허용되었음을 확신한 중국의 지식인들은 1957년 5월 1일부터 6월 7일까지 5주간에 걸쳐 열정적으로 이에 호응했다. 공산당 대표만 참석한 비공개 토론회는 물론 국가가 통제하는 언론, 잡지 기사, 대학 교정의 대자보 그리고 거리의 집회 등 모든 곳에서 사람들은 발언하기 시작했다. 마오쩌둥을 비롯한 고위 관리들은 당 간부들이 대중과 계속 접촉할 수 있는 건설적인 육체노동법을 재도입하거나 경제적 쟁점들에 대한 결정이 확정되기 전에 적당히 공개하도록 하는 방안을 마련하는 데 노력을 집중함으로써 주도권을 잡으려 했다. 그러나 대중의 비판은 얼마 지나지 않아 자연스레 논의의 범위를 넓혔다. 그들은 중국공산당의 지식인에 대한 통제와 반혁명분자 등을 겨냥했던 이전의 대중운동의 가혹함, 소련 모델의 무비판적인 수용, 중국의 낮은 생활수준, 외국문학의 배척, 당 간부늘의 경제적 비리 등을 지적했고 "당원은 그들을 예외적인 민족으로 만드는 수많은 특권을 누린다"고 비난했다. 한커우의 어떤 회계학 교수는 이전의 대중운동들이 '인권에 대한 심각한 침해'였다고 말했다. "이것은 독재다! 이것은 악의다!"라고 그는 덧붙였다. 당 후보명단을 승인하는 식의 투표는 광대놀음이었다. "오늘날 우리는 우리가 선출하는 사람의 성품이나 능력은 고사하고 키나 체격도 알지 못한다. 우리는 그저 투표하는 기계가 되었다."[20]

산시의 한 교수는 중국공산당 아래서의 규범적 생활을 묘사하면서 "사람들이 아무 말도 하지 못하게 만드는 보이지 않는 압력이 있는 것 같다"고 말했다. 선양의 한 교사는 "모든 농민들이 합작사에 자발적으로 가입하기를 원한다는 것은 사실이 아니다"라고 하면서 "사실 그들 대다수는 가입을 강요당한다"고 말했다. 또 다른 만주인 교수는 자신의 대학에서 관리자 집단은 "전부 봉건군주와 고약한 사기꾼들로 뒤섞여 있다"고 했다. 루쉰의 옛 친구는 작가들이 오늘날의 베이징보다 장제스 치하의 충칭에서 더 말할 자유가 많았다고 썼다. 허난의 전(前) 지주들은 "공산당은 궁지에 몰렸다." "우리가 해방될 시기가 도래했다"[21]고 했다.

학생들은 베이징 대학의 중심부에 이른바 '민주의 벽'을 설치하고 중국공산당을 비판하는 대자보로 가득 채웠다. 5월 말에 다른 대학의 한 젊은 여성이 그곳 학생들에게 후평을 옹호하고 문학적·시적 창조에 가해진 옌안 정풍운동의 규제들을 비난하면서 이미 서북지방·난징·우한에서 발생하고 있는 저항운동에 연대할 것을 주장하는 연설을 했다. 사실 저항은 이미 많은 도시들에서 일어난 상태였는데, 이어 청두에서 칭다오까지 흥분한 학생들이 폭동을 일으키고 간부들을 구타하고 문서들을 약탈하고 다른 대학과 중등 학교에 동조파업을 하도록 요구하고 새로운 교육정책을 제시하고 있다는 보고가 있었다. 1919년 5·4운동의 확산 이후 이렇게 일치된 문화적·정치적 항의가 일어난 적은 없었다.

중국의 유명 학자들 가운데 일부는 놀랍도록 솔직한 글들을 출판하기 시작했다. 1930년대와 1940년대에 농촌과 전통적인 향신체제에 대한 논문과 책들로 유명했던 선구적 사회학자 페이샤오퉁(費孝通)도 그런 사람들 가운데 하나였다. 그는 자신이 1930년대에 중요한 현장조사를 했던 적이 있는 장쑤의 외딴 지역 카이셴궁(開弦弓) 마을을 1957년 초에 재방문하고 그 기록을 6월에 출판했다. 페이샤오퉁은 그 지역에 여전히 상존하는 여러 문제들을 지적했는데, 그 중에는 불합리한 계획 관행, 지역산업의 경시, 환경에 알맞은 가축 사육의 실패, 어린이 교육의 완전 무시 등이 있었다. 그가 말하고자 한 바는 1950년대 중반에도 카이셴궁의 생활의 많은 부분이 1930년대 중반에 비해 별로 나아지지 않았다는 것이다. 그의 완곡한 어법에는 당시 마오주의식 정책에 대한 불만을 반영하는 표현들이 여럿 포함되어 있었다.

집산화의 우월성을 의심하는 것은 옳지 않다. 그러나 집산화의 우월성을 인정하면서 그것이 모든 문제를 해결해 줄 것으로 믿는 것도 옳지 않다고 생각한다. 일방통행은 상호교통하는 것만 못하다. 만일 우리가 지나치게 단순히 생각한다면 우리는 더 위험한 실수를 저지르게 된다. 내가 이 점에 대해 거듭해서 말하는 것을 용서해 달라. 독자들이 내가 부정적이라는 것을 지적하기 위해 내 문장 한두 개를 붙잡고 늘어지지 않기를 바란다.[22]

적어도 9개 성에서 당 서기들이 정풍운동을 결코 지지한 적이 없었고, 다른 사람들도 대다수가 그저 마지못해 참여했음은 의심의 여지가 없었다. 당 서기의 역습은 6월에 시작되었다. 운동을 늘 반대했지만 일시적으로 마오쩌둥에게 제압당했던 베이징 사람들이 그들을 지지했다. 대세가 자신의 의도와 반대로 흐르고 있음을 눈치챈 마오쩌둥은 강경파 쪽으로 돌아섰다. 그는 「인민 내부의 모순을 올바르게 처리하는 문제에 대하여」의 본문을 고쳐서 지식인의 자유는 오직 그들이 사회주의의 강화에 공헌했을 때만 약속받을 수 있는 것으로 해석되도록 했고, 이 개정판은 출판되어 광범위하게 배포되었다. 이제 연설은 마오쩌둥이 애초에 의도했던 것처럼 대중의 비판을 고무시키는 것이 아니라 지식인을 견책하는 것으로 보였다. 7월에 당 비판자들에 대한 강화된 선전공격이 전국의 모든 주요 신문을 도배했고, 중국공산당은 '반우파운동'을 벌이겠다고 선언했다. 8월 초에 펑전은 중국공산당 비판자들이 1927년의 "반공산주의·반혁명의 '영웅' 장제스와 왕징웨이"처럼 행동한다고 비난했다. 그는 1957년 중국공산당이, 예전에 당 지도자 천두슈가 상하이와 우한 학살이 자행된 암흑 같은 시절에 그랬듯이 "'위대한 관대함'으로 반공산주의적·반인민적·반혁명적 범죄를 '용서하고'…… 부르주아 우파의 맹공을 당해야" 하느냐고 수사적인 질문을 던졌다. 그의 답은 미리 정해져 있었다. "너무도 분명히, 우리는 그럴 수 없다."[23]

그 해 말까지 30만 명이 넘는 지식인이 '우파'로 낙인찍혔고, 그 꼬리표는 그들의 경력을 완전히 망가뜨렸다. 많은 이들이 노동수용소나 감옥에 들어갔고, 또 다른 이들은 농촌으로 쫓겨갔는데 단지 1년 정도 땅에서 인생경험을 하는 것이 아니라 결과적으로 평생이 될지도 모를 형량을 선고받은 것이었다. 그 가운데는 스탈린상 수상 경력과 재삼 확인된 충성심도 무시된 채 헤이룽장의 변방지역 농촌으로 추방된 딩링도 있었다. 명석한 젊은 공산당 활동가 세대 전체가 비슷한 처벌을 받았고, 그 중에는 천체물리학자 팡리즈(方勵之)와 언론인 류빈옌(劉賓雁)과 같이 중국의 가장 뛰어난 사회과학자·자연과학자·경제학자들이 포함되었다. 이들 다수가 혁명 초기에 공산주의청년단에 가담하여 덩샤오핑의 후견을 받는 후야오방(胡耀邦)으로부터 정신적 지도를 받았었다. 이제 그들은 버려졌다.

페이샤오퉁 자신도 일부 민주적 참여 형식을 살려서 여전히 공식 회기에 따라 열리고 있던 전국인민대표대회에서 비굴한 공개 고백을 행했다. 그는 자신의 카이셴궁 보고서를 부인하고, 자신이 "사회주의의 목표를 의심하고 반대"했으며 "당과 농민 사이의 관계 악화를 부채질"했고 "심지어 이러한 자료로 외국인들에게 선전하기 위한 글을 쓰려고 계획했다"고 자백했다.[24] 그는 자신의 여러 명예로운 직위들을 잃었고 '우파'로 낙인찍혔으며, 더이상 중국 사회에 대해 가르치거나 출판하거나 연구하지 못하게 되었다. 그래도 그는 대중투쟁기간에 끊임없는 압력을 받다가 자살에 이른 수많은 다른 교수나 학생들보다는 운이 좋았다. 학교 내의 공산당 관리자들에 대한 쓰라린 투쟁의 방아쇠를 당겼던 한양 제1 중등학교의 학생지도자 세 명은 재판받은 후 총살되었다. 신화통신사(新華通訊社)에 따르면 이 처형은 신학기 첫날 그들을 따르던 학생으로 추정되는 1만 명의 대중 앞에서 집행되었다. 백화의 꽃봉오리는 복수로 끝났고, 중국은 첨예한 혁명투쟁의 신시대로 접어들고 있었다.

21장	혁명의 심화

대약진

백화운동은 드러나지 않은 우파들을 색출하기 위해 마오쩌둥이 꾸민 계략은 아니었지만, 뒷날 일부 비평가는 그렇다고 비난했고, 마오쩌둥 자신도 그의 연설 「인민 내부의 모순을 올바르게 처리하는 문제에 대하여」의 출판본에서 그렇게 주장하고 있는 것처럼 보였다. 그러나 백화운동은 오히려 중국공산당 지도부간의 갈등에서 나온 혼란스럽고 결론 없는 운동이었다. 운동의 중심에는 중국의 가장 바람직한 발전 속도와 유형에 관한 논의, 곧 제1차 5개년 계획의 본질과 이후 성장 전망에 대한 논의가 있었다. 바로 이 논의와 그에 따른 정치적 긴장에서 대약진운동이 싹튼 것이다.

고급 합작사의 요구에 부응하는 속도에도 불구하고 1957년 농업생산 수치는 실망스러웠다. 곡물생산은 같은 해에 겨우 1% 증가한 데 비해 인구는 2%나 증가했다. 면직물은 공급이 부족하여 배급이 줄어들었다. 비록 제1차 5개년 계획은 제 몫을 충분히 했지만, 중국 경제체제의 심각한 불균형이 드러났다. 계획기간 동안 공업생산량은 연간 18.7%의 비율로 성장한 데 비해 농업생산량은 겨우 3.8% 증가했다. 인구 1인당 곡물소비량의 증가는 더욱 적어 연간 3% 미만을 기록했다. 농촌시장이 활성화되어 그 지역 구매자들이 대부분의 곡식과 식용유,

판매용 면화를 사들임으로써 국가나 도시 소비자가 이용할 수 있는 양은 감소되었다. 중국은 1930년대 초에 소련에서 그토록 끔찍한 기근을 초래한 강제적 농업 조달과 같은 무자비한 조치를 취하면 모를까, 현 수준의 농업생산으로는 소련 모델을 따라 추진된 중공업 중심의 성장정책에 드는 비용을 농민으로부터 더 이상 짜내기 어려운 상황이었다. 게다가 1950년대 중국의 인구 1인당 곡물생산은 1930년대 소련의 그것보다 훨씬 낮았기 때문에 이것도 좋은 방법이 아니었다. 더욱이 중국공산당 당원은 거의 70%가 농촌 출신(소련은 70%가 도시 출신)이어서 농촌에 불행을 초래할 그 같은 정책에 열의를 가질 리 만무했다.

그러나 중국의 중공업이 급속한 발전을 계속하려면 그에 걸맞게 농업 부문의 생산도 증가해야 했다. 천원과 저우언라이를 포함한 일부 핵심 입안자들은 농민에게 물질적인 보상과 함께 더 많은 소비재를 살 기회를 제공하거나 더 나은 농업기계나 더 많은 화학비료를 이용할 수 있게 한다면 생산이 늘어날 것이라고 생각했다. 만일 이러한 소비재와 자본재의 생산을 위해 기초적인 철강산업의 발전을 늦추거나 그 자체를 장기적인 과정으로 파악해야 한다면, 그렇게 할 예정이었다. 천원과 그의 동료들은 제2차 5개년 계획의 초안에서 1958~1962년 동안 곡물의 연간 생산량을 5.5% 정도로 꾸준히 늘려 나가 현재의 1억 8,500만 톤에서 2억 4,000만 톤으로 끌어올리는 것을 목표로 했다.

합작사 농장의 농업생산에 실망한 마오쩌둥이 구상한 긴급대책은 각 지역의 정신적인 지도자의 영도 아래 도덕적 자극과 대중동원을 통해 생산의욕을 고취시키는 전략이었다. 당 총서기인 덩샤오핑과 마오쩌둥의 후계자로 예정되어 있던 류사오치도 옌안에서 사용했던 방법과 비슷한 마오쩌둥의 해법을 지지했다. 이 전략은 경제문제에 대한 결정을 탈중앙화시켜 농촌에서의 공산당 권력을 더욱 강화시키는 한편, 중앙 부처의 전문적 경제 입안자들의 영향력을 약화시키려는 것이었다. 국가 전체를 자발적으로 활성화시켜 경제적 난관을 돌파하려고 한 것이다.

1957년과 1958년의 성장전략에 대한 이러한 논의는 중·소 관계가 불투명한 시기에 나타났다. 중국은 소련측에 공업발전에 대한 값비싼 대가를 지불해야 했는데, 중국이 농업 잉여를 보다 많이 필요로 했던 이유 가운데 하나는 소련의 차관 상환기간을 맞추기 위해서였다. 이때 이미 소련의 과학기술은 원자폭탄과 수

「1919년 6월 베이징의 학생시위」(시드니 D. 갬블 촬영)

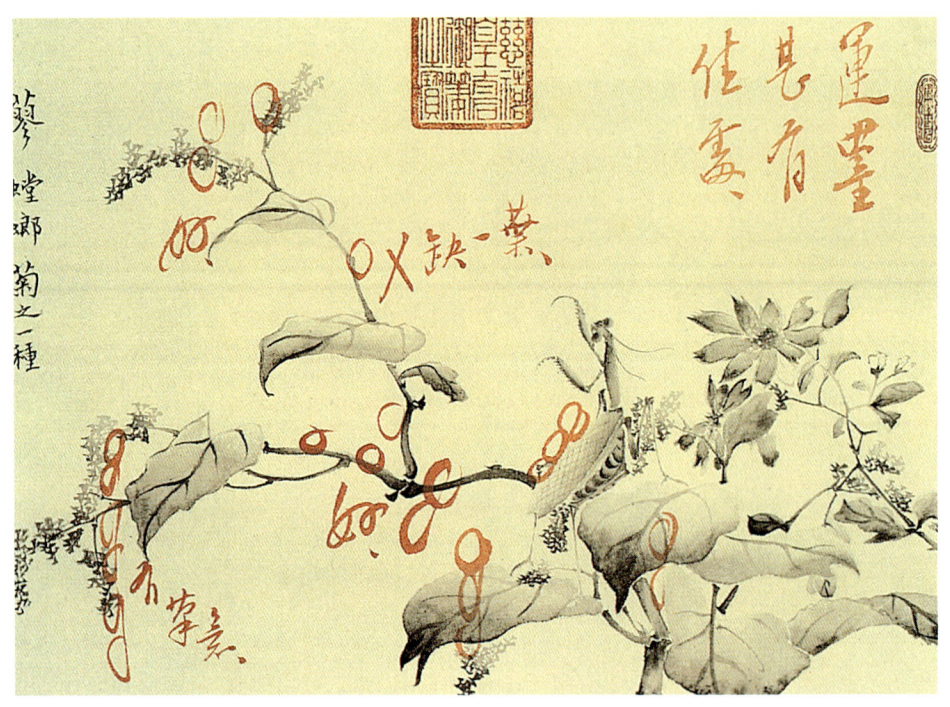

서태후(1835~1908), 「꽃과 곤충 소묘」

문인 평캉허우(1901~1984?)의 인장들

「농민협회 회원증」(1920년대 말)

「국민당의 북벌」(포스터, 1927년경)

쩡시(曾熙), 「구름 속의 노송」(1922)

치바이스(齊白石), 「문방용구」(1947)

판톈서우(潘天壽), 「세밑을 맞이한 학과 서리 맞은 매화」(1961)

氣結殷周雪天成鐵石身
寧在苔色閱寳嚴俏一枝春

판톈서우, 「달빛에 비친 매화」(1966)

판텐서우, 「연꽃」(1958년경)

푸바오스(傅抱石, 1904~1965), 「수상 누각에서 바둑두기」

관산웨(關山月), 「남부의 원유도시」(1972)

스루(石魯, 1919~1982), 「오리와 복숭아꽃」

루서우쿤(呂壽琨), 「스스로 존재하는 장자(莊子)」 (1974)

황용위(黃永玉), 「밤의 연꽃」(1979)

천안문 광장(1989. 5. 17)

소폭탄 제조법을 완비했고, 1957년 8월 대륙간 탄도탄(ICBM) 실험에 성공했으며, 6주 후 인공위성 스푸트니크를 발사하는 개가를 올리고 있었다. 1957년 11월 초 마오쩌둥이 경제·정치 회담을 위해 그의 두번째(이자 마지막) 소련 방문길에 올랐을 때 이번에는 개를 태운 소련의 두번째 위성이 궤도에 진입했다.

소련의 성취는 마오쩌둥이 타이완과의 평화적 통일에 대한 희망을 모두 잃은 지 몇 개월 되지 않은 시점에서 이루어졌다. 타이완에서는 장제스가 일련의 반미폭동을 산인하게 진압했고, 그는 미국에 공개 사과했다. 그 후 장제스 정부는 미국이 타이완에 지대지 미사일을 배치하는 것을 승인했고, 이 미사일은 중국 영토 수백km 안까지 핵폭탄을 무리없이 발사할 수 있는 것이었다. 이런 와중에 마오쩌둥은 모스크바에서 중국 학생들에게 자국의 국제적 경쟁력을 평가하면서 "사회주의 세력이 제국주의 세력을 앞지르며," "동풍(중국과 소련)이 서풍보다 우세하다"고 말했다. 이러한 결론은 마오쩌둥이 핵전쟁에서 중국이 승리를 거둘 것이라 생각했음을 시사해 준다. "만일 최악의 상황이 벌어져 인류의 절반이 죽는다면, 제국주의는 타도되고 나머지 반은 살아남아 전 세계가 사회주의화될 것이다."[1]

그러나 마오쩌둥은 중국의 혁명이 신중한 계획을 요구하는 장기 국면에 접어들면서 생기를 잃어 가는 데 번민했다. 그의 급진적 사상은 언제나 자신이 40년 전 초기 저작에서 찬양했던 인간 의지와 대중의 자발적이고 영웅적인 노력에 뿌리박고 있었다. 그러다가 그는 동지들이 지적 참여와 직접 노동을 결합한 초기 근공검학 계획에 뛰어드는 것을 보았고, 그 자신도 교육받지 못한 노동자들이 신속하게 새로운 기술을 연마하도록 가르치고 자본주의 착취자들로부터 자신의 운명에 대한 결정권을 되찾도록 하는 기본적인 노동조직을 만드는 흥미로운 일에 빠져 들었다. 이 같은 경험에 이어 마오쩌둥은 1926년과 1927년에 결성되기 시작한 농민협회들과 일하면서 도취감에 젖었는데, 이때도 그는 문맹 농민들 가운데서 가장 단순한 이들도 복잡한 전략과 정책에 관한 문제들을 파악하고 그것을 자신의 열악한 환경에 적용할 수 있다는 것을 발견했다.

마오쩌둥이 칭다오의 중국공산당 관리들의 모임에서 실망스럽게 이야기한 것처럼 1957년 중국에서 농민과 농촌 간부들은 '개인주의, 관료적 형식주의, 절대적 평등주의 또는 자유주의'적 경향에 빠져 들고 있었다. 이것은 농민이 집산화 이후 더 나은 삶을 추구하는 데 너무 집중하고 있고, 간부들은 실제 생산량을 숨기고 국가에 적게 내는 대신 자기 몫을 더 챙기기 위해 부족분을 늘리고, 농민과 농촌 간부들은 너나할 것 없이 도시 노동자와 도시 간부들의 더 높은 생활수준에 분개하고 있다는 점을 요약하여 말한 것이었다.

그러나 마오쩌둥은 이 근시안적인 농민들의 가치가 부활하는 세태에 대해 침통하게 비판을 가하는 동시에, 백화운동의 수정기에 공격대상으로 삼았던 더 완고하고 근시안적인 중국공산당 당원들에 대해서는 소련의 가치를 노예처럼 모방한다고 비판했다. 이러한 정서는 그가 모스크바에서 돌아온 뒤 쓰촨의 청두에서 가진 공산당 당원들과의 회의에서 여실히 드러났다. 마오쩌둥이 즐겨 사용한 소박한 은유와 명쾌한 예들은 소련 교조주의와 중국의 맹종에 대한 그의 비난에 색다른 멋을 더해 주었다.

소련에서 달걀과 닭고기 스프를 먹어선 안된다는 글이 발표되었기 때문에 3년 동안 나는 그것을 먹을 수 없었다. 나중에 사람들은 그것을 먹어도 된다고 했다. 그 글이 옳은지 아닌지와 상관없이 중국인은 무조건 듣고 공손히 복종했다. 한마디로 소련이 꼭대기에 있었다.[2]

같은 방향이긴 하지만 약간 다른 측면에서 마오쩌둥은 계속혁명의 이념에 대한 그의 사상을 정리했다. 소련에서는 '영구'혁명론이 올바른 혁명 단계들의 유효성과 당의 지도적 역할을 부인하는 트로츠키주의적 이단이라 하여 거부되어 왔다. 마오쩌둥은 비슷한 개념에 다른 이름을 붙여 혁명 이론과 실재에 공헌한 중국인의 '계속혁명'에 새로운 빛을 부여하려 했다. 이 사상은 이제까지 경험한 중국 혁명 전체에 근거를 둔 것이었고, 다시 한번 대중의 활동을 자극할 수 있었다. 여기에서도 마오쩌둥의 말을 인용할 가치가 있는데, 다음은 그가 1958년 1월과 2월에 고참 공산주의자들의 내부 문건으로 회람시키기 위해 만든 「사업 방식에 대한 60가지 요점」에서 발췌한 것이다.

계속혁명. 우리의 혁명은 연이어 계속된다. 1949년 나라 전체에서 권력을 잡은 것을 시작으로 이후 신속하게 반봉건적 토지개혁, 농업 협동화, 그리고 사영 공업·상업·수공업의 사회주의적 재건이 줄을 이었다. ……이제 우리는 기술혁명에 착수하여 15년쯤 뒤에 영국을 따라잡을 수 있어야 한다. 15년 뒤에 우리의 식품과 철·강철이 풍부해졌을 때, 더 강한 추진력을 가질 수 있을 것이다. 우리의 혁명은 전투와 같다. 승리 뒤에 우리는 즉시 새로운 사업을 추진해야 한다. 그렇게 해야만이 간부와 대중은 자만심 대신 혁명의 열정을 영원히 간직할 수 있다. 그들은 자만심을 느끼고 싶다 해도 그럴 시간이 없을 것이다. 그들의 어깨 위에 새로운 임무를 짊어지고 성취해야 할 과제들에 완전히 사로잡혀 있을 테니까.[3]

이러한 계속혁명의 사상을 자세히 설명하면서 마오쩌둥은 모든 중국인이 '간부이자 전문가'가 되어야 할, 곧 자신들의 사회주의적 책임과 기계 기술을 진정으로 융화시켜야 할 필요성을 강조했다. 그는 중국의 6억 인민이 "가난하고 텅 비어" 있다는 사실을 기뻐해 마지 않았다. 그의 말에 따르면, "가난한 사람들은 변화를 원하고 해야 할 무언가를 원하며 혁명을 원한다. 백지에는 얼룩이 없기 때문에 가장 새롭고 가장 아름다운 글씨를 쓸 수 있고 가장 아름다운 그림을 그릴 수 있다."[4] 환상이 샘솟는 듯한 이 글은 가장 유토피아적이고 세련되게 표현된 마르크스의 『독일 이데올로기』의 일절을 연상시키는데, 이는 1958년에 중국에서 가장 자주 인용되는 마르크스의 문장이었다. 공산주의 사회의 미래의 즐거움에 대해 마르크스는 이렇게 묘사하고 있다.

누구도 활동영역을 하나만 가질 수 있는 것은 아니며, 각자는 자신이 원하는 어떤 분야에서건 목적을 달성할 수 있다. 사회가 전반적인 생산을 통제하기 때문에 오늘은 이 일을 하고 내일은 저 일을 할 수 있으며 평생 사냥꾼이나 낚시꾼, 목동이나 비평가가 되지 않고도 내가 하고 싶은 대로 아침에 사냥하고 오후에 낚시하고 저녁에 소를 키우고 저녁식사 후에는 비평도 할 수 있을 것이다.[5]

1957년 말 중국공산당 지도자들은 마치 인간의 의지와 힘이 모든 자연적·기술적 도전들을 물리칠 수 있다는 것을 증명하려는 듯, 농민들을 거대한 새로운 수력·관개 사업에 동원함으로써 새로운 규모의 사회조직화 실험을 시작했다. 1958년 1월 말 농민 1억 명이 관개사업에 동원되어 780만ha의 토지를 개간했다. 만일 중국 인민들이 이런 식으로 활력을 되찾을 수 있다면, 그들은 농업생산도 일변시킬 수 있음이 분명했다. 문제는 알맞은 조직형태를 찾고 인민의 참여를 유도하는 것이었다. 그러나 관개사업에 동원된 노동자들을 거의 군대식으로 다루었고, 작업장이 합작사나 집에서 멀리 떨어져 있었기 때문에 새로운 사회문제들을 야기했다. 이 문제의 해결책 가운데 하나는 농촌 여성들이 가사 이외의 농장노동에서 더 큰 역할을 맡게 하는 것이었다. 이를 위해서는 여성이 가사노동으로부터 해방되는 것이 필수적이었던 만큼 육아와 식사 준비를 포함한 모든 가사노동의 중앙집중화가 시도되었다. 당 지도부가 공업생산을 전국적으로 증대시키기 위해 일부 공업을 농촌에 분산시키도록 명령하자 이러한 가사노동의 중앙집중화는 더욱 시급해졌다. 이렇게 하여 농민은 새로운 기술을 익히는 동시에 농한기에 생산적 노동을 통해 혜택을 볼 수 있었다.

따라서 고급 합작사를 더 큰 단위로 집중시키는 일은 혁명적 사상의 한 부분으로 인정되었다. 이것의 목표는 새로운 인간 잠재력과 유연성을 실현하는 동시에 공업성장을 증진시키기 위해 농촌의 생산성을 높이는 것이었다. 1957년 가을 중국공산당 정치국은 당시 도시에 기반을 둔 간부들을 직접 농촌으로 '내려 보내' 그곳의 상황을 조사하여 "더 많이 더 빨리 더 좋게 더 싸게"라는 구호 아래 생산을 증대시키도록 했다. '인민공사'(人民公社)라는 용어는 1958년 7월까지 당 기관지에서 사용되지 않았다. 그러나 이미 4월에 자류지의 시험적 폐지와 허난의 27개 합작사를 9,369가구로 구성된 거대한 하나의 인민공사로 합병하는 사업이 진행되었다.

성공적인 수확을 거두어 모든 이들이 들뜬 희망을 품게 된 뒤인 1958년 여름, 자류지를 없애고 모든 농촌을 인민공사로 조직하는 운동이 시작되어 놀라운 성과를 거두었다. 농촌의 급진적 지도부가 마오쩌둥의 암묵적인 격려를 받아 운동을 이끌고 나가자, 이 정책을 명확히 승인하지 않았던 공산당 중앙위원회는 1958년 8월 톈진 부근 해안의 베이다이허(北戴河) 휴양지에 모여 "인민공사는 일련의 성과들의 논리적 귀결"이라고 추인했다. 그들은 이를 "농업 생산에서의 전면적이고 지속적인 도약과 5억 농민의 정치의식의 계속적 성장"의 성과로 돌렸다. 인민공사의 경영 아래 농촌 생산이 2배, 10배 또는 심지어 '수십 배로' 증가했다는 주장에 깜짝 놀란 중앙위원회는 이런 대약진 과정에 대한 황홀한 전망을 발표했다.

인민은 군대식으로 조직되고 군대와 함께 작업하며 집단적 생활을 꾸렸으며, 이는 5억 농민의 정치의식을 가일층 고양시켰다. 공동 식당, 유치원, 유아원, 바느질회, 이발소, 공중목욕탕, 노인을 위한 행복의 집, 농업 중등학교, '공산당 간부' 학교, 이 모든 것들이 농민을 더 행복한 집단생활로 이끌고 농민 대중들 사이에 집산주의 사상을 더욱 굳건히 했다……

현재 상황에서 농업, 임업, 목축업, 부업, 어업의 전면적 경영과 더불어 공업(노동자)과 농업(농민), 교환(상인), 문화와 교육(학생), 그리고 군사(군인)가 하나로 통합되는 인민공사의 설립은 농민들로 하여금 사회주의적 건설을 가속화하며 공산주의로의 점진적 이행을 완수하게 하기 위한 기본정책이다.[6]

이어 1958년 12월 우한에서 열린 회의에서 중앙위원회는 "동아시아의 광활한 수평선 위에 솟아오르는 아침해처럼 해맑아 보이는" 이러한 '새로운 사회조직'이 이제 준비되었다고 주장했다. 중국 전역에 740만 개의 합작사가 2만 6천 개의 공사로 통합되었는데, 그 속에는 1억 2천 만 농촌 가구, 농민 인구의 99%가 포함되었다. 공사에서의 생산 성과는 일부가 근심했던 인구 과잉을 더 이상 걱정하지 않아도 될 정도라고 위원회는 덧붙였다. 오히려 앞으로 문제는 "인력이 더 필요한데도 인구가 미치지 못할"지도 모른다는 것이었다.[7]

이러한 전망은 전반적으로 자기도취적이며, 특히 소심한 계획과 복잡한 관료제의 억압으로부터 자유로울 때야말로 대중의 의지와 힘을 통한 지속적인 성장이 가능하다는 마오쩌둥의 견해를 전적으로 옹호하는 것이었다. 여러 달 동안 농촌의 지역 간부들이 준비한 놀라운 생산 수치들이 계속적으로 지방 관청으로 쏟아져 들어와 베이징에 보고되자 이러한 행복감은 지속되었다. 관찰자들이 당 지도부가 원하는 분위기를 감지함에 따라 언어적 표현 또한 이에 부합하게 되었다. 1958년 가을 장시에서 상황을 관찰하던 취재원이 보고한 일례는 수많은 다른 사례들을 이해하는 데 도움을 준다.

여러 공사에 소속된 분파와 군대처럼 조직된 농민·철강노동자단을 표시하는 작은 붉은 깃발이 머리 위에 흩날린다. 위에 걸린 확성기에서 쏟아지는 고조된 지역가극 가락이 공중에 그득하고, 송풍기의 붕붕대는 소리, 가솔린 엔진의 시동소리, 무거운 화물을 실은 화물차의 경적소리 그리고 광석과 석탄을 끄는 소의 울음소리도 뒤섞여 있다.[8]

이것이 실제와 다르다고 말한다 해서 미래상—태평천국의 천왕 홍슈취안이 한 세기 전에 난징을 다스린 이래로 중국에서 표현된 어떤 것 못지않게 또는 그 이상으로 풍부한—이 왜소화되지는 않았다. 곡물 생산량은 지나치게 부풀려졌다. 그래서 1958년에 공표된 곡물 총생산량 3억 7,500만 톤은 2억 5,000만 톤으로 하향 조정되어야 했다.(서양 경제학자들은 나중에 실제 생산이 2억 1,500만 톤 정도일 것으로 추정했다.) 간부들은 '우파' 또는 '패배주의자'로 낙인찍힐까 봐 두려워서 할당량을 채우지 못했다는 것을 감히 보고하지 못했고, 국가기관의 정예 통계학자들 역시(가장 능력 있는 인구통계학자들과 함께) 1957년 반우파운동 중에 제거되었기 때문에 위험을 무릅쓰고 경고성 발언을 할 사람도 없었다. 더욱이 지역 단위로 자원을 유용하여 강철 용광로—100만 개가 중국 전역에 산재해 있었다—에 투입했으나, 그 용광로들이 높은 수준의 상품을 생산하지 못했기 때문에 수지가 맞지 않았다.

대약진운동은 중국에 몇 가지 근본적 변화를 가져왔다. 모든 가사·육아·식사준비를 공동으로 하는 것은 가족구조에 심대한 영향을 끼쳤고, 그것은 독립적 핵가족이 가장 보편적인 사회조직형태로 자리잡았다는 데서도 잘 드러난다. 대규모 관개, 개간, 건설계획을 위해 수많은 농촌·도시 노동자가 동원되어 중국의 경관을 바꾸고 이전의 불모지를 윤택하게 만들었다. 수천의 농민들이 간단한 훈련과 설명을 들은 뒤 먼 곳으로 파견되어 우라늄과 석유를 탐사하러 다녔다. 이 탐사의 목적은 중국의 자력갱생이 국가의 핵무기 개발을 가속화하고 에너지 부족을 종식시킬 수 있다는 것을 증명하는 데 있었다. 농민 탐사자들은 중요한 발견을 했다. 도시 또한 개조되었고 때로는 미관을 상당히 해치는 경우도 있었다. 예컨대 베이징에서는 남아 있던 거대한 성벽이 매끈한 신작로를 만들기 위해 파괴되었고, 시가지는 미국의 핵공격을 대비해 만든 미로와 같은 지하 대피소로 벌집이 되었다. 대약진운동 기간에 성장한 대규모 민병(民兵)―― 전하는 바에 따르면 민병 부대에 2억 2천 만 명이 편성되고 3천 만 명이 근대적 또는 원시적 화기로 무장했다고 한다―― 은 지방에 새로운 힘을 가져다 주었고, 인민해방군의 잠재적인 경쟁자로 등장했다. 시문학 분야에서도 대약진을 일으키려는 시도가 있었는데, 시를 엘리트 학자들의 전유물이라 생각해 왔던 수많은 남녀들이 용기를 얻어 직접 시를 썼고, 근면한 현장연구자들에 의해 수많은 민담과 민요 모음집이 쏟아져 나왔다. 아마도 대약진의 이러한 측면이 잠시 동안이나마 모든 숨겨진 재능을 발휘할 수 있는 전인적 발전에 대한 마르크스의 한 조각 꿈에 가장 근접해 있었을 것이다.

그러나 마오쩌둥을 비판하면서, 인민공사를 제한하고 중앙계획을 세워 할당하는 방식으로 복귀하려는 시도는 1958년 12월 우한에서 열린 중앙위원회 회의 이전에 이미 시작되었다. 이때 나온 수많은 구호들은 대부분의 당 지도자들이 자신들이 너무나 빨리 너무 멀리 나아갔으며 대약진운동의 장기적 전망이 어둡다는 사실을 숨김 없이 고백한 것이나 다름없었다. 이 지도자들은 인민공사가 사회주의에서 공산주의로의 이행을 보여준다는 마오쩌둥의 주장을 인정하지 않았다. 1959년 초반에 일부 공사들은 이미 이전의 합작사 형태로 되돌아가고 있었고 더 작은 하부단위―― 생산대대―― 가 새로운 단위로 인식되고 있었다. 많은 지역에서 자류지가 다시 한 번 각 가구에 할당되었다. 마오쩌둥은 우한 회의기간 동안 국가 주석직을 사임했고, 1959년 봄 뤼사오치가 그 자리에 임명되었다. 마오쩌둥은 이전에도 사임을 선언한 적이 있지만, 그가 중국공산당과 군사위원회의 주석이라는 또 다른 막강한 권력을 유지하고 있으면서 하필 이때 사임했다는 것은 여기에 어느 정도 외압이 있었음을 알 수 있다.

대약진이 초래한 혼란에도 불구하고 계획의 극단성을 문제삼아 마오쩌둥을 문책하려는 시도가 있었던 것은 단 한 번뿐이었다. 이 비난은 1959년 7월 장시성 루산(廬山)에서 개최된 중국최고지도자회의(천원과 덩샤오핑은 업무로 인해 불참했다)에서 육군 사령관 펑더화이가 제기했다. 루산에서 비공식적 논의 중에 펑더화이는 대약진의 몇 가지 문제점을 지적하고 마오쩌둥의 고향 후난이 마오쩌둥이 생각한 것보다 더 많은 국가 지원을 받았음을 지적했다. 펑더화이는 이미 1958년에 보고되었던 어마어마한 곡물 추수량(3억 7,500만 톤)의 정확성에

강한 의문을 제기했고, 루산에서 마오쩌둥에게 전달한 사적인 편지에서는 농촌 상황에 대한 오보와 그것이 국가에 미칠 영향에 대한 우려를 표명했다.

마오쩌둥은 그 편지를 신의 있는 동료가 보낸 사적인 통신문으로 처리하는 대신, 회의에 참석한 모든 고위 간부들에게 그것을 회람시킨 뒤 펑더화이에 대해 인신공격을 가했다. 그는 펑더화이가 '우파 기회주의자 모임'을 결성하여 '원칙 없는 분파적 행동'을 한다고 비난했으며,[9] 펑더화이가 얼마 전에 소련을 방문하여 흐루시초프에게 인민공사에 대한 부정적인 정보를 전달했다고 믿는다는 것을 분명히 했다. 당시 소련의 지도자는 그 정보를 인민공사의 발상을 조롱하는 연설에 이용했다. 마오쩌둥의 혹독한 공격은 루산에 모였던 사람들을 움찔하게 했으며, 중국공산당 역사에서 중요한 전환점이 되었다. 이제 마오쩌둥은 당 고위층 내의 정책 비판을 자신의 지도력과 안목에 대한 공격으로 간주했다. 펑더화이는 국방부장에서 해임되었고 당 지도자들은 최근 사건에 대한 마오쩌둥의 해석을 받아들이도록 강요당했다.

마오쩌둥은 루산에서 동료들에게 행한 연설에서 대약진과 인민공사에 대해 공격적이고 자기합리화하는 입장을 견지했다. 공자·레닌·마르크스도 모두 실수를 저질렀는데 자신이 그랬다고 해서 놀랄 이유가 무엇이냐고 그는 말했다. 만일 모두가 부정적인 면만 강조하겠다고 고집을 부린다면, 그때는 자신이 "농촌으로 가서 정부를 전복시키기 위해 농민을 이끌 것이다. 만일 인민해방군에 있는 너희들이 나를 따르지 않는다면, 나는 나가서 홍군을 찾고 또 다른 해방군을 조직할 것이다." 인민공사에 대해서 마오쩌둥은 "이제까지 하나도 붕괴되지 않았다. 우리는 그 가운데 절반이 붕괴된다 해도 대비책이 있고, 만일 70%가 무너진다 해도 30%는 남는다. 무너질 수밖에 없다면 무너지게 내버려 두라"고 말했다. 그는 그곳에 참석한 다른 대다수 지도자들과는 달리 자신이 민중 출신이라는 점을 강조라도 하려는 듯 농촌 사람들의 말투로 회의 참석자들을 향해 이렇게 빈정대면서 말을 마쳤다. "혼란이 엄청나게 야기된 만큼 내가 책임을 지겠소. 동지들, 당신들도 모두 자신의 책임을 따져 보아야 하오. 만일 당신들이 똥을 싸야 한다면 싸시오! 당신들이 방귀를 뀌어야 한다면 뀌시오! 그러면 훨씬 더 기분이 좋아질 거요."[10]

이런 저속한 수사는 청중에게 충격을 주기 위해, 그리고 아마도 긴장된 순간을 웃음으로 모면하기 위해 사용되었을 것이다. 그러나 농촌이 위기에 처한 상황에서 이러한 은유는 마오쩌둥이 생각했던 것보다 훨씬 잔인한 것이었다. 그가 저속한 표현을 구사하고 있을 무렵 베이징 반경 80km 내의 농민들은 다른 지역 농민들과 마찬가지로 마을에서 굶주리고 있었다. 백화운동 이후 우파로 몰려 노동을 통한 자기 개혁을 위해 농촌으로 보내졌던 한 청년 당 활동가는 훗날 기름을 짜거나 죽을 끓이기 위해 나무에서 떨어진 살구씨를 주우려 산기슭을 샅샅이 뒤진 경험을 회상했다. 마을 사람들의 또 다른 식량은 쌀겨와 으깬 옥수수 속대였는데, 이것을 햇빛에 말린 살구잎과 함께 '가루'로 만든 다음 느릅나무껍질 가루를 섞어서 '죽'을 만들었다. 새로운 인민공사 축사에서는 돼지 역시 굶주렸기 때문에 풀어놓은 돼지들은 공동변소를 휘젓고 다녔다. 마을 사람들이 영양실조로 부어 오르고, 보잘것없는 식사로 변비에 걸려 화장실에 쪼그리고 앉아 있으면 돼지들은 배설물이 땅에 떨어지기 전에 받아 먹으려고 코를 킁킁거리고 있었다.[11]

　마오쩌둥은 루산에서 펑더화이를 제압함으로써 자신의 혁명관에 대한 확신과 인민공사체제, 관료의 탈중앙집중화, 대중동원의 원칙에 대한 확고한 의지를 다시 한번 확인했다. 이제는 공장 노동자의 생산성을 제고시키기 위해 인민공사의 조직형태를 많은 도시로 확대했다. 절박한 지역에 대해서는 책임량을 감면하여 곡물 부족에 대한 근심을 덜어 주어야 했는데도 마오쩌둥은 오히려 줄어든 농민 잉여로부터 각출을 더 늘리려고 했다. 선반석으로 과장되어 있는 지방의 곡식 생산량에 대한 보고를 여전히 믿고 있던 수많은 간부들은 심지어 예상되는 대량의 잉여생산물을 보관할 저장시설이 부족해 지역공동체에서 분란이 발생할까 봐 일부 농경지를 휴경지로 두라고 지시하기까지 했다.

　1959년 중국의 공업 투자가 놀랍게도 국가 수입의 43.4%로 증가하면서, 중장비 기계류 값 지불을 위해 소련에 대한 곡물수출을 더 늘렸다. 중국 농촌의 각 개인에게 지급되는 평균 곡물량은 1957년에 205kg, 1958년 201kg에서 1959년에는 비참하게도 183kg, 그리고 1960년에는 156kg으로 절망적으로 감소했다. 1961년에는 또다시 떨어져 154kg이 되었다. 그 결과 1959~1962년 동안 2천만 명이 목숨을 잃었다. 그 이후에도 수많은 사람들이 대약진의 영향으로 죽었는데, 특히 그 중에는 계속되는 수년간의 영양실조로 허약해진 어

린이들이 많았다. 대약진이 시작되기 전 1957년 중국에는 사망자의 평균연령
이 17.6세였는데, 1963년에는 9.7세로 낮아졌다. 바꾸어 말하면 그 해에 중국
에서 죽어가는 이들의 절반이 10세 이하였던 것이다. 대약진운동은 모든 인민
의 힘을 모아 나라를 부강하게 만들기 위해 시작되었으나, 나라를 부강시키기
는커녕 오히려 소년소녀들을 집어삼키고서 끝났다.

중·소 분쟁

대약진운동의 계획과 실행, 그리고 이후 실패의 원인에 대한 공산당의 논의는
중국과 소련 사이의 관계가 악화일로에 접어든 것과 때를 같이하여 발생했다.
이 두 사건은 중요한 의미에서 하나로 연결지어서 보아야 한다. 왜냐하면 대약
진—경제적 압박을 극복하고 혁명적 사회변화의 중요성을 재확인하기 위한 마
오쩌둥의 필사적인 노력—은 경제발전과 대중동원에 대한 소련의 보다 신중한
접근방식에 반대해서 이루어졌기 때문이다.

　1950년대 말 소련과 중국의 불화 뒤에는 우호와 불신이 뒤엉킨 역사가 숨어
있었다. 1920년대 말 이후 마오쩌둥은 후난 시절이든, 장시 소비에트 시절이
든, 옌안 시절이든 또는 내전의 막바지 기간 동안이든 대중에 기반을 둔 농촌혁
명의 필요성에 대한 자신의 해석을 강조함으로써 스탈린과 의견을 달리해 왔지
만, 자본주의 세계를 중국과 소련 양측의 사회주의 발전에 있어서 강력한 적으
로 규정—수사적 기교와 신념을 섞어서—하고 자본주의 세계와의 관계에서
신중함이 필요하다는 데는 의견을 같이했다.

　중화인민공화국은 초기에 공업, 통신망, 전력공급을 확충하면서 소련의 기
술원조에 크게 의존했다. 소련의 영향은 건축, 도시설계, 고등교육, 예술과 문
학 등의 영역에서도 컸다. 1953년 스탈린이 사망한 후에도 소련의 영향력은 감
소하지 않고 계속되었으며, 한국전쟁에서 막대한 피해를 입은 육·해·공군을
재건하는 문제에서도 소련의 개입은 클 수밖에 없었다. 제2차 세계대전 당시
일본에 대한 백단대전의 노련한 지도자이자 한국전쟁 때 중국군 총사령관이었
으며, 뒤에 국방부장이 된 펑더화이는 이러한 기술적 상호연대를 높이 평가하

고 심화시켰다. 중국 정부는 당분간 미국의 핵공격 위협으로부터 안전을 보장해 줄 유일한 방패는 러시아임을 인정했고, 이 점은 1957년 미국이 타이완에 지대 지 미사일을 배치하기로 선언하자 더욱 중요해졌다. 동시에 마오쩌둥은 소련에 대한 위험할 정도로 지나친 의존을 줄이기 위해 핵폭탄 개발을 서둘렀다.

스탈린 이후의 선도적 경쟁자들 가운데 한 명인 니키타 흐루시초프는 1954 년 중국에 와서 마오쩌둥을 방문했고, 일부 분석가들은 이후 마오쩌둥이 지도 권을 놓고 게오르기 말렌코프와 경쟁하던 흐루시초프를 지원하기 위해 자신의 영향력을 행사할 것이라고 추측했다. 만일 그것이 사실이라면 마오쩌둥은 1956년 초 흐루시초프가 제20차 소련 당대회에서 대표들에게 한 연설을 통해 스탈린을 비판했을 때 대단히 충격을 받았을 것이다. 스탈린을 칭송하고 존경 했던 공산주의 세계의 모든 당 지도자들에게 근심거리가 될 이러한 공격을 시 작하기 전에 흐루시초프는 그가 하려는 일을 마오쩌둥에게 미리 알려주지 않았 다. 옌안 시절부터 마오쩌둥의 측근 장군이었던 주더도 당시 중국 대표로 모스 크바를 방문하여 같은 대회에서 스탈린을 칭송하는 연설을 했던 것이다. 이 대 회를 보도한 중국의 언론들은 흐루시초프의 공격을 줄곧 무시했다.

그 해 봄 중국의 고위 지도자들은 흐루시초프의 연설이 갖는 의미를 논의하 기 위해 모였다. 그들은 러시아가 추진하는 유럽에서의 탈스탈린화가 일반적으 로 공산당 지도부에 대한, 그리고 특히 마오쩌둥에 대한 비판으로 이어지지 않 기를 강력히 희망했다. 공식 선언문을 통해 중국 지도자들은 지속적인 모순들 이 사회의 성장과 변화를 가져오는 핵심 동인이기 때문에 "사회주의 사회에서 개인과 집단 사이에 모순이 존재하는 것은 전혀 이상한 일이 아니며" 이것을 무 시하는 것은 "변증법을 부정하는" 것이라고 선언했다.[12] 이번에는 소련 공산당 의 공식 기관지 『프라우다』가 흐루시초프의 연설을 비난하는 듯한 이러한 선언 을 인쇄하길 거부했다.

흐루시초프는 1956년 6월 유고슬라비아의 유명한 반나치 게릴라 지도자이 자 당시 유고 공산당 서기장이었던 티토 원수를 모스크바로 초청하여, 소련과 의 관계 개선을 위해 자신이 바라는 새로운 입장을 설명했다. 중국으로서는 전 후 스탈린 시절에 소련과 소원했던 이 '수정주의자'에게 소련이 그런 화해의 손 짓을 하는 것을 용납하기 어려웠다. 그 해 가을 헝가리인들이 더 많은 자유와 자율을 요구하며 소련에 반대하는 폭동을 일으켰을 때, 중국 지도자들은 더욱 실망했겠지만 아마 놀라지는 않았을 것이다. 거리의 유혈사태가 수주일 동안 계속된 후 폭동은 러시아 탱크의 위력 앞에 무릎을 꿇고 말았다.

1957년 여름 마오쩌둥이 모순이론을 수정하여 출판한 이후에도 중국과 소련 사이에 표면적으로 드러난 갈등은 없었다. 사회주의 국가들 내에서조차 '비적대적 모순'이 불가피하며 이에 대해 신중한 인식과 해결이 필요하다는 것을 시사한 마오쩌둥의 연설은 헝가리 사태를 통제할 수 없는 지경에 이르도록 내버려둔 소련을 비난하는 것으로 비칠 수도 있었다. 그럼에도 불구하고 흐루시초프는 1957년 10월 볼세비키 혁명 40주년 기념식에 마오쩌둥을 모스크바로 초청했다. 마오쩌둥의 방문은 1949년의 소련 방문 이후 그의 두번째이자 마지막 외유가 되었다. 10월 15일에 양국은 '국가 방위를 위한 새로운 기술'에 대한 비밀협정에 서명했고, 나중에 마오쩌둥은 이 협정에서 소련이 중국에 '원자폭탄 모형과 그 제조에 관한 기술적 자료'를 주기로 약속했다고 주장했다. 모스크바로 마오쩌둥을 수행한 펑더화이 원수와 수많은 중국군 장교들 그리고 과학자들은 러시아에서 해당 부문 담당자들과 만났고 세부 지원사항을 협의했다. 이후 2년간 소련은 후난 성과 장시 성에 있는 우라늄 광산의 설계와 개발, 간쑤 성 란저우 부근에 기체혼합 공장의 건설, 그리고 신장의 뤄부포(羅浦泊) 주변 사막에 있는 핵실험기지의 건설을 도왔다. 이어서 중국 정부는 핵무기와 미사일 계획의 발전을 가속화하기 위해 연구 구조를 재정비했다.

마오쩌둥은 이제 공산권이 자본주의 서방에 대한 적극적인 공세를 취해야 한다고 생각했다. 그러나 흐루시초프는 "다른 사회체제를 가진 국가들과 평화적 공존을 이룩한다는 레닌주의의 원칙은 늘 살아 있으며, 지금도 우리나라 외교정책의 기본노선이다"라고 선언하면서 1956년 제20차 대회에서 자신이 공식적으로 채택한 입장으로부터 물러서려는 뜻을 전혀 보이지 않았고, 1955년 반둥회의에서 인도와 중국이 지지한 기본원칙들에 대한 자신의 신념을 재확인했다. "물론 제국주의가 존재하는 한 전쟁은 불가피하다는 것이 마르크스-레닌주의의 전제 가운데 하나"라고 흐루시초프는 인정했다. 그러나 이제 이 원칙은 시대에 뒤떨어졌다. 수많은 사회주의 국가의 부흥, 그리고 자본주의 국가들 안에서 커지고 있는 노동자의 힘과 평화운동 등을 지적하면서 흐루시초프는 "전쟁은 숙명적으로 불가피한 것은 아니"라고 결론지었다. 자본주의 사회의 사회주의로의 평화적 이행 역시 가능하며 "모든 상황 아래에서 내전과 연결될 필요는 없다"고 흐루시초프는 말했다. 만일 프롤레타리아트의 지원을 받는다면 '의회에서 안정적인 다수 의석의 확보'가 국가의 '근본적인 사회적 변화'를 보장할 수 있다고 보았던 것이다.[13] 흐루시초프는 이런 견지에서 미국 잠수함의 레바논 파견에 적극적으로 대응하지 않았고, 중국이 타이완의 장제스 군대가 점령하고 있던 진먼도에 포격을 가했을 때 지원을 거부했다. 또한 그는 소련이 중국에 원자탄 모형을 제공하지 않을 것임을 분명히 했다.

흐루시초프의 경고는 여러 면에서 무방비상태라고 느끼고 있던 중국 지도자들을 분노하게 만들었다. 국가 경제에 대한 그들의 통제력은 불안정했다. 그들은 최신 미국 무기로 무장한 타이완과 대치하고 있었다. 그리고 여전히 변함없이 적대적인 미국 정부와 맞서고 있었고, 미국이 언젠가는 중국에 대해 핵무기를 사용할 것이라고 믿었다. 미국의 정책은 중국 자신의 정책과 맞물려 중국을 세계 시장과 서양 기술로부터 고립시켰고, 따라서 중국은 미국에게는 기대하기 힘든 우호관계와 보복적 핵능력을 얻기 위해 소련에 의존할 수밖에 없었다. 중국은 대약진 전략을 보완하기 위해 소련의 원조가 절실했지만, 소련의 생활수준을 높이기 위해 전력을 다하던 흐루시초프가 여유 자원을 제공하지 않으려 한다는 것을 알게 되었다. 1959년 중국 지도자들은 공산주의로의 급속한 전환에 가까워졌다는 대약진 초반의 수장에서 한 발 물러섰다. 그들은 드러내놓고 비난하지는 않았지만, 흐루시초프가 미국 지도자들에게 인민공사가 본질적으로 '반동적인' 기관이며 적절한 경제적 추진력 없이 생산을 높이려 한다고 언급한 사실에 주목했다.

또한 1959년에 일어난 지구촌의 여러 사건들이 중국에 영향을 미치기 시작했는데, 당시 중국은 그러한 문제들에 대처할 힘있는 지도력을 거의 발휘할 수가 없었다. 라오스에서는 선거를 통해 정권을 잡은 공산주의 정권이 미국의 암묵적인 동의와 아마도 실제적인 후원을 받았을 우파 쿠데타에 의해 전복되었다. 티베트에서는 중국 점령에 대한 저항의 물결이 3월에 무장반란으로 터져나왔다. 격렬한 전투에서 수많은 티베트인들이 중국군에게 살해당했고 아름다운 라마교 사원들이 파괴되었다. 티베트의 정신적 지도자 달라이 라마는 인도로 피신했는데, 인도는 중국의 항의에도 불구하고 그에게 은신처를 제공했다. 중국군은 티베트에서 명백한 승리를 거두었음에도 불구하고 그곳의 폭동을 근절시키지 못했는데, 여기에는 티베트 반란군을 콜로라도에서 훈련시켜 고국으로 돌려보낸 CIA의 첩보활동에도 그 원인이 있었다.

라오스와 티베트 외에 인도네시아에서도 분쟁이 일어났다. 화교 상권과 거주권에 대한 인도네시아 정부와의 협상이 실패로 끝나자, 인도네시아의 여러 지역에서 반중 폭동이 발생하여 수많은 화교들이 죽거나 다쳤고 살아남은 사람들은 돈과 재산을 포기하고 그곳을 떠나야만 했다. 흐루시초프가 자카르타로 날아가 인도네시아에 모두 2억 5천 만 달러의 신용차관을 제공하자 중국측의 감정은 더욱 악화되었다. 마지막으로 중국이 신장과 티베트를 연결하기 위해 쿤룬 산맥 남쪽에 건설한 전략적 요로의 많은 부분이 사실상 인도가 그 영유권을 주장하는 곳을 지나고 있음이 밝혀지자 인도와의 전쟁 위협이 대두되었다. 분쟁의 불씨는 논쟁 중이던 부탄의 중·인 국경지방으로도 옮겨 붙어 1959년에 두 적대국 사이에 전투가 발생했다. 사태의 심각성을 인식한 흐루시초프는 인

1959년, 국경 분쟁

도 정부에 차관을 대폭 늘리고 중국의 영유권 주장을 인정하지 않으면서 전쟁을 '슬프고'도 '어리석은' 짓이라고 표현했다.

루산 전원회의에서 이들 사건이 중국에서 발표되는 동안 흐루시초프는 미국을 방문하여 캠프 데이비드에서 아이젠하워 대통령과 장시간 회담을 갖고 자신의 평화공존안을 계속 추구했다. 그 해 9월 모스크바로 돌아온 흐루시초프는 곧바로 비행기를 갈아타고 베이징으로 날아가 "우리 입장에서는 분란을 해결하는 수단으로서 전쟁을 배제하기 위해 할 수 있는 모든 일을 해야 한다"고 재차 강조했다.[14] 마오쩌둥은 베이징 공항에서 흐루시초프와 만났지만, 소련 지도자의 미국 방문이나 원자폭탄 제공의 철회, 또는 흐루시초프의 공존 선언에 대해 어떤 공식적 논평도 하지 않았다. 그러나 당 기관지 『홍기』는 일부 사회주의 지도자(곧 후르시초프)들이 미국이 "자신의 도축용 칼을 내려놓았으니 부처가 될 것"이라고 믿는 실수를 범하고 있다고 지적하며 공식적 입장을 분명히 밝혔다. 그 해 11월 모스크바의 자택에서 흐루시초프는 마오쩌둥의 호전적 태도를 1918년의 트로츠키의 행동과 비교했다.[15]

1960년 내내 두 사회주의 대국의 관계는 악화되었다. 국제공산당회의에서 비난과 반격이 오갔다. 기이하게도 알바니아와 유고슬라비아가 논쟁의 초점이 되었다. 중국이 알바니아인의 모스크바에 대한 독립 요구를 지지하고 있었기 때문에 알바니아를 비난하는 것은 곧 중국을 비난하는 것임을 알 만한 사람은 다 알았다. 이에 대응하여 중국은 유고슬라비아를 비판함으로써 사실상 소련을 비난하는 입장을 취했다. 공산권 국가들이 핵전쟁과 '모든 국가의 파멸'에 대한 공포에 대해 성명을 발표했으나, 중국 언론은 1957년의 마오쩌둥의 성명에 공명하면서 중국인은 두려워하지 않는다고 주장했다. 『홍기』에 실린 논평에 따르면 핵전쟁 후에는 "죽은 제국주의의 폐허 위에 승리한 〔사회주의〕 인민들이 자본주의 체제보다 훨씬 우월한 문명과 진실로 아름다운 미래를 신속하게 창조할 것이다. 결론은 오직 이것이다. 어느 모로 보나 핵에너지, 로켓 등과 같은 새로운 기술이 레닌이 지적했던 제국주의의 세기와 프롤레타리아 혁명의 기본성격을 현대 수정주의자들이 주장하는 것처럼 바꾸어 놓지는 못할 것이다."[16]

1960년 여름 소련은 중국 내에서 일하고 있던 1,390명의 전문가와 고문들 전원을 철수시키겠다는 뜻을 발표했고, 이 위협은 9월에 실천에 옮겨졌으며,

중국측의 주장에 따르면 이들 모두가 그들의 청사진을 회수하여 고국으로 돌아 갔고, 343개의 주요 계약과 다른 257개의 기술계획이 취소되기에 이르렀다. 중국을 떠난 소련 과학자들 가운데는 핵폭탄 제조에 관한 정보 제공을 계속적으로 거부하던 2명의 핵무기 전문가도 있었는데, 중국은 이들이 "글은 읽지만 말은 못하는 벙어리 승려"라고 비웃었다.[17] 두 사람은 떠나면서 그들이 가져갈 수 없는 문서들은 모조리 조각조각 찢어 버렸다. 조각난 문서를 힘겹게 짜맞추던 중국인들은 그 속에서 핵분열에 대한 결정적인 정보를 발견해 냈다. 1960년 11월 소련이 81개국 공산당 회의를 소집하자 마오쩌둥은 참석을 거절했다. 대신 그는 당 총서기인 덩샤오핑과 대약진 기간 동안 주석직을 물려받은 류사오치를 파견했다. 회의는 성가신 협정문서를 작성하는 것으로 마무리되었는데, 전쟁과 혁명에 대해 소련이 우위에 있음을 주장했지만 특히 폭력적·지역적 분쟁의 가능성에 대해서는 중국측 입장의 타당성을 마지못해 인정해 주었다.

1961년에도 중국은 흐루시초프의 수정주의적 자세를 계속해서 공격하고, 유럽 정치에서 중국이 의미 있는 역할을 수행하겠다는 결의를—중국 역사상 최초로—표명했다. 중국은 소련 지원단의 철수가 그들에게 아무런 타격도 주지 못했음을 증명하려는 듯 알바니아에 25개의 화학공장, 야금공장, 발전소를 위한 기술적 지원과 장비를 제공하는 데 동의했다. 동시에 중국은 알바니아 정부에게 1억 1,250만 루블을 대출해 주었는데, 이 액수는 1956년 이래로 알바니아에 제공한 그들의 원조 총액이 같은 기간 소련의 원조 총액을 능가하도록 계산된 것이었다.

그러나 중국은 1960년 11월 회의 후 한 성명에서 "제국주의자들은 중국과 소련의 당 그리고 두 국가 사이의 단결을 분열시키려는 쓸모 없는 계획에 결코 성공하지 못할 것"이라고 주장했는데, 이 주장의 이면에는 소련과 실용적인 관계를 유지하길 원하는 욕구가 반영되었을 것이다.[18] 이유야 어찌됐든 모스크바에서 열린 1961년 10월 소련 당 대회에 초청받은 중국 정부는 이에 응하여 마오쩌둥의 측근이자 마오쩌둥이 가장 신뢰하는 저우언라이 총리를 대표로 파견했다. 그러나 회의에서 흐루시초프는 알바니아와 스탈린 모두에 대해 신랄한 공격을 가했다. 풍자가 너무나 신랄해서 더 이상 용납할 수 없었던 저우언라이는 곧바로 모스크바 대회장을 빠져 나와 베이징으로 돌아왔다.

정치적 심사와 '사회주의 교육'

펑더화이의 실각과 소련과의 관계 악화에 이어 1959년의 혼란스러운 기간에 중국 지도자들은 지도체제 내부에서 새로운 역할을 차지하기 위해 각축을 벌였고 인민 대다수는 생존을 위해 몸부림쳤다. 그러나 1960년 말에 이르면 대약진 전략은 대체로 불신당했다. 마오쩌둥이 자신의 주장대로 '일선에서 은퇴'하자 다른 중국의 지도자들이 국가의 경제적 피해를 복구하고 대중의 사기를 회복할 전략들을 모색했다.

그들이 채택한 한 가지 전략은 어떤 면에서 1927년과 1930년에 후난과 장시에서 마오쩌둥이 지방 현황에 대한 세심한 현지조사를 실시했던 시절을 연상시키는 것으로, 어떤 지도자들이 직접 농촌을 돌면서 그곳의 상황을 검토하게 하는 것이었다. 이런 형태의 조사 가운데 결정적인 것이 1961년 초여름 천윈에 의해 이루어졌다. 천윈은 가장 존경받고 경험이 풍부한 공산당 지도자 가운데 한 사람이었고, 당시 중앙위원회 정치국 상무위원회에서 서열 5위에 있었다. 1920년대에 식자공 출신 노동조합 조직가로 활동을 시작한 그는 철두철미한 프롤레타리아트로서 대장정에 참여했고 소련에서 공부했으며 1942~1944년 옌안 정풍운동에서 주도적 역할을 했다. 그는 1949년 이래 경제발전 문제에 대한 중국공산당 최고의 대변인이었다. 1961년 6월 말 천윈은 상하이 부근 칭푸 (青浦) 현의 인민공사를 방문했다. 그곳을 택한 이유는 그가 태어난 곳이기도 하고 1927년 청년 당 활동가로서 거기서 농민을 조직했기 때문이었다. 지역 농민과의 2주간의 집중적인 토론 속에서 천윈은 그들에게 돼지 사육 절차, 곡물 재배 유형, 자류지의 이용, 노동에 대한 보상, 그리고 지역 상업과 수공업에 대한 참여 정도 등을 조사했다. 또한 그는 정부 구매율, 지역 공산당 간부들의 행동, 그리고 지역범죄 문제에 대해서도 물었다.

천윈은 농민들이 그 지역에서 한 자신의 활동을 기억했고 따라서 "용감하게 진실을 말했다"라고 확신했다. 그들의 폭로는 생각했던 것 이상으로 심각했다. 상하이의 거대한 도시 시장에 가깝기 때문에 지극히 풍요로워야 할 이 지역에서조차 농민들은 먹을 것이 충분치 않았다. 공사의 집단농업은 제대로 감독되지 않았기 때문에 그들은 거기에는 별 열정이 없었고 그보다 자류지나 시장에 내놓을 '부수적 생산물'을 위해 더 열심히 일했다. 그들은 공사에 있는 공산당 간부들이 잘못된 명령을 내린다고 생각했고, 자기비판을 완강하게 거부했다. 그 간부들은 농민에게 일부러 높은 생산 할당량과 조달 요구량을 책정한 뒤 "노동에 정기적으로 참여하지도 않으면서 특권적 삶을 누렸다."19)

천원이 관찰하기로는 여러 면에서 지역농민들은, 자신들을 국가 규범에 끼워 맞추고 집단적 발전을 위한 이른바 '합리적인' 계획을 따르려 하는 당 간부들이 일상적인 농촌생활의 세부사항들을 무시한다고 생각했다. 그는 가장 약한 새끼돼지에게 젖이 가장 많이 나오는 암퇘지의 세번째 젖꼭지를 물려 죽지 않게 하는 방법을 아는 것은 지역 농민들이라고 지적했다. 암퇘지들이 여름에 일사병에 걸리지 않도록 젖은 짚으로 우리 바닥을 깔아 줘야 한다는 것을 아는 것도 농민들이었다. 또한 농민들은 콩 파종을 벼농사와 결합하는 것이 벼를 이모작하거나 벼와 밀을 번갈아 경작하는 것보다 훨씬 더 생산적임을 아는 것도 농민들이었다. 농민들은 곡물생산을 극대화하기 위한 공간을 확보하려고 대나무 밭을 없애면 연료가 부족해질 뿐 아니라 모두가 사용하는 간단한 써레의 갈퀴와 손잡이를 만들 재료도 줄어든다는 것을 알고 있었다.

이러저러한 다른 관찰을 통해 천원은 다섯 가지 기본 권고사항을 도출했다: 농업의 회생은 오랜 시일이 걸리고 도시의 상황은 이미 퇴보하고 있으니, 1957년 이래 도시로 밀려간 3천만 명의 농민들은 농촌의 농장으로 재배치돼야 하며 일자리가 없는 도시의 청년들 역시 농촌의 일터로 보내야 한다. 수많은 비효율적인 대약진 생산사업들이 폐지되어야 한다. 집단노동의 원칙은 지키되 농촌 토지의 6%는 자류지 형태로 농민에게 보장해야 한다. 농촌의 사영 시장은 허용되어야 한다. 그리고 각 가구는 고정된 생산할당량을 책임져야 한다. 1962년 초에 열린 회의에서 7천 명의 중국공산당 간부들이 천원의 보고를 포함한 여러 사안에 대해 소모적인 논의를 벌인 후, 천원의 비관적 보고와 그의 권고사항은 중국의 가장 강력한 지도자 3명, 곧 국가 주석 류사오치, 국무원 총리 저우언라이, 그리고 중국공산당 총서기 덩샤오핑에 의해 마오쩌둥에게 전달되었다. 마오쩌둥은 경제 회복이 잘 진행되고 있다고 느꼈고 집단단위를 해체하는 어떤 정책에도 강력히 반대했음에도 불구하고, 천원의 보고서를 회람하는 것에 동의했다.

1962~1963년 동안 당이 경제 축소정책을 채택하자 농촌의 사기가 떨어지

고 간부들이 자주 지위를 남용했다는 증거들이 속출했다. 이러한 부패에 불을 댕긴 것은 대약진 기간의 기근이었다. 국가가 현실에 맞지 않게 부과한 할당량을 채우기 위해 방대한 지역 자치의 결정권을 부여받은 간부들은 자신들과 자신이 선호하는 이들을 무원칙적으로 잘 봐주는 반면, 힘없는 자와 그들의 눈밖에 난 사람들로부터 곡식을 몰수하는 방법으로 기근 상황에 대처하려 했다. 기근이 완화된 뒤에도 그들은 계속해서 이러한 고압적 방식으로 행동했다. 도박을 하고, 불법으로 장사하고, '혼인 빙자 인신매매'를 하거나 부패한 간부들에 대한 보고가 수없이 많았다. 14세의 소녀가 750위안에 팔렸고 어떤 소녀는 13번이나 '결혼했다.' 농민들은 종종 금지된 '강신술이나 무당'의 세계에 빠지거나 모든 노동을 집단단위가 아닌 작은 자류지에 집중시킴으로써 냉소적인 반응을 보였다.

이러한 문제가 심각해지자 마오쩌둥·류사오치·저우언라이·덩샤오핑을 포함한 수많은 지도자들은 중국 사회에 사회주의의 기본적 가치들을 재도입하기 위한 새로운 종합적 사업을 시작하는 데 동의했다. 사회주의 교육운동의 기치 아래서 모두가 '네 가지 악의 일소'(四淸)를 위해 싸우자는 식의 계급투쟁이 토지라는 요소를 넘어 재차 강조되었다. 사청이란 회계절차, 곡물창고의 재고, 재산축적, 그리고 공사에서 수행한 노동시간과 종류에 따른 작업 보상 점수를 할당하는 제도와 관련된 것이었다. 수만 명의 간부들이 농민으로부터 직접 노동을 배우고 농민의 '대중노선'을 정확히 이해하기 위해 농촌에 재배치되었다. 집단단위가 개인보다 우선시되었고 공공 재산이 사유 재산보다 앞섰다. 당 이론가들이 애용하는 숫자 공식을 쓴 '세 가지의 세 번'이 있었는데, 첫번째는 집산주의, 애국주의, 사회주의의 세 가지 '주의'를 증진시키는 것, 두번째는 자본주의적, 봉건적 그리고 낭비적인 세 가지 '악습'에 반대하는 것, 그리고 세번째는 사회주의의 건설, 집단단위에 대한 애정, 인민공사의 '민주적이고 검소한' 운영 등의 '세 가지 필수'를 정착시키는 것이었다.[20]

이러한 지침들은 1963년 5월 중앙위원회 결의안의 10개항을 통해 공식적으로 표명되었는데, 중앙위원회는 이 운동을 마오쩌둥의 '사상'에 기초한 것이라고 하면서 이 노선이 "마르크스주의와 레닌주의를 대단히 풍부하게 만들고 확장시켰다. 이러한 올바른 분석과 합리적인 논리에서 출발함으로써 우리의 사회주의 건설의 위업은 절대로 그 방향을 잃지 않을 것이다"라고 주장했다. 10개 항 중 제3항은 "항상 과거로의 복귀를 획책하며" "계급적 복수를 실행하고" "지도력과 권력을 찬탈하기 위해 우리 간부들을 부패시키려는" 지주와 부농에 대해 엄중한 어조로 경고했다. '투기꾼과 타락자' 같은 비밀결사적 요소가 여전히 강하게 남아 있었던 것이다. 제5항은 농촌에서 긴장의 첨예함을 재확인하고 혁명이 흔들리지 않게 하기 위해서 빈농과 중하층 농민에 의존해야 할 필요성을 강조했다. 제10항은 "마르크스주의를 대중의 인식론으로 만들기 위해" 농촌에서 마르크스주의의 지식을 심화시킬 필요가 있다고 제안했다. "철학은 철학자 계급과 철학자의 책으로부터 해방되어야 하며, 대중의 손에 쥐어진 날카로운 무기로 되돌아가야 한다."[21]

류사오치와 그의 아내 왕광메이(王光美)의 사례에서 알 수 있듯이 사회주의 교육운동은 고위 지도부의 투쟁을 농촌으로 이동시켰다. 왕광메이는 1963년 11월 허베이 성의 타오위안(桃園)으로 가서 1964년 4월까지 그곳에 머물렀다. 가명으로 신분을 위장한 다음 평범한 작업복을 입고 얇은 천으로 얼굴을 가린 (먼지나 벌레를 막기 위해 그 지방에서 흔히 착용했다) 그녀는 대규모 집회에 참석하면서 믿을 수 있는 지역 정보원 집단을 서서히 만들어 나갔다. 지역 당 간부들에게조차 자신이 누구인지 말하지 않은 채 그녀는 그들의 수뢰나 자본주의의 싹과 관련된 서류들을 열심히 모았고, 그 결과 타오위안에는 "간부들 사이에 보편적으로 네 가지 부정이 존재한다. 크건 작건 그들 모두 문제가 있으며 신뢰할 수 없다"고 결론지었다. 그녀는 농민들 중에서도, 닭을 파는 것에서부터 독립적인 가족사업을 차리는 것까지 66가지 형태의 자본주의의 싹을 발견했다. 그녀가 자신의 보고서를 남편인 류사오치에게 제출하자, 그는 그녀에게 죄인들에 대한 대중적 투쟁을 시작하라고 지시했다. 타오위안의 47명의 간부 가운데 40명이 공식적으로 비판당하거나 면직당했다. 1964년 여름 류사오치 부부는 부패에 대한 당의 경고를 전하고 엄격한 교화의 필요성을 촉구하기 위해 중부와 남부로(허베이·후난·광둥·허난 성에 체류하며) 공개적인 여행을 떠났다. 이 여행에서, 특히 광둥에서 그들은 '모범 간부'로 알려졌던 사람들 가운데 상당수가 권력을 남용한 사례를 발견했다.

왕광메이의 혹독한 비난은 마오쩌둥의 농촌혁명 초기에 권좌에 올라 제1차 5

개년 계획과 대약진 기간에 기반을 다진 간부들에 대한 공격으로 해석될 수 있었다. 이러한 간부들 가운데 가장 유명한 이는 천융구이(陳永貴)로, 그는 산시(山西) 성 시양(昔陽) 현의 가난한 산악지대 다자이(大寨) 생산대대의 지도자였다. 이 지역은 천융구이의 지도와 그 지역 주민의 극도로 고된 노동에 의해 황폐하고 침식된 땅에서 생산을 5배로 늘림으로써, 농촌의 자존과 혁명의 열기가 중국 미래의 열쇠라는 마오쩌둥의 전망을 실현시키면서 번영하게 되었다고 알려졌다. 이러한 성취 덕분에 천융구이는 시양 현 인민대표대회 대표로 뽑혔고, 1964년 베이징의 전국인민대표대회에 산시(山西) 성 대표로 파견되었다. 그 뒤로 그는 정신이 없을 정도로 엄청난 명예를 얻었다. 예컨대 인민대표대회의 명예의장에 취임했고, 저우언라이의 공개적 칭송을 받았으며 마오쩌둥과 접견했고 자신이 선택한 주제—"자존은 마법의 지팡이다"라는 것으로 마오쩌둥의 정책에 부합하는—로 대회에 참가한 대표들 앞에서 개인적으로 연설할 수 있었다. 1964년 12월 말 천융구이의 사진은 『인민일보』의 1면 마오쩌둥의 사진 바로 옆에 실렸다. 사진설명은 그 해 초 마오쩌둥의 선언을 반복했다. "다자이에서 농업을 배우자."

이러한 공공연한 선전행위에 있어서 특별히 의미를 지니는 것은 1964년 말에 어떤 조사단—왕광메이가 타오위안에서 운영한 것과 비슷한 구성과 방식의—이 다자이에서 천융구이의 지도력에 대해 조사를 진행하고 있었다는 점이다. 조사단은 천융구이의 극적인 주장들 가운데 상당수가 부풀려진 생산 수치와 이용가능한 토지의 축소 보고, 과장된 곡식 판매량에 근거하고 있기 때문에 극히 의심스러우며 다자이 농민들은 먹을 것이 충분치 않다고 결론지었다. "다자이의 붉은 깃발 아래 있는 간부 가운데 좀벌레가 있다. 그들이 제거되지 않으면 깃발을 드높일 수 없다."[22] 일반적인 경우라면 천융구이는 타오위안에서 비판받았던 농촌 간부들이나 면밀히 조사된 다른 공동체들의 많은 사람들처럼 재교육받거나 해임되었을 것이다. 그러나 마오쩌둥의 믿음이 실린 선언에 힘입어 그는 다자이로 금의환향했고, 해임되어 당황한 것은 바로 조사단이었다.

1963년 말 공업 부문에서 일어난 "다칭(大慶)에서 배우자"라는 마오쩌둥의 주장의 핵심에는 또 다른 종류의 모호함이 내포되어 있었다. 헤이룽장의 거대한 다칭 유전은 대약진 기간에 기술자들과 농민에 의해 처음 개발되어 빠르게 중국의 주요 경제적 자산의 하나가 되었다. '자력갱생' 노선에 따라 원시적인 장비를 가진 노동자들이 희미한 목적의식만 지닌 채 영하의 기온에서 개발한 유전은 중국인의 대담무쌍함과 인내의 표본이 되었다. 그러나 마오쩌둥의 이념적 경향을 아는 유전의 당 고위 간부는 유전의 발전에 대한 지역민의 미숙한 공헌을 사실 이상으로 과장하기로 결심하고, 다칭의 관리자가 외국 시장에서 구입한 예측 장비나 정제 장비에 의존했다는 사실을 완전히 숨겼다. 그들의 성공—1963년 다칭은 중국의 총생산량의 3분의 2를 넘는 440만 톤의 원유를 생산했다—에 황홀해진 마오쩌둥은 다칭과 석유공업부의 임원들을 자신의 최고 경제계획기구로 이동시키기 시작했다. 1964년에 이 사람들은 완전히 자리를 잡아 보다 신중한 계획가들을 물리치고 마오쩌둥이 야심찬 개발계획을 추진하도록 도왔다.23)

조사단을 둘러싼 마오쩌둥과 류사오치의 갈등은 미묘하지만 중요한 문제였다. 류사오치는 중국공산당의 비리의 시정은 당 내부 문제이며, 대중의 눈으로부터 위신을 지키기 위해서 당원 자신이 처리해야 한다고 생각했다. 수많은 간부들이 대약진 기간에 있었던 무자비한 행동이나 부패로 인해 불신을 당하자, 이런 문제제기는 전에 없이 중요해졌다. 마오쩌둥은 만약 당이 심각하게 취약해진 모습을 보인다면 공개적인 토론과 비판을 통해 교화되어야 한다고 믿었고, 그 과정에는 '대중'도 참여해야 한다고 생각했다. 그러므로 마오쩌둥은 류사오치와 그의 친구들이 '사청'이나 비교적 작은 경제적 과오에 집중함으로써 문제의 핵심에서 빗나가고 있는 반면, 자신은 진정한 프롤레타리아트가 부르주아지에 대항하기에 알맞은 사회주의 운동을 요구하고 있다고 믿었다. 매우 전제적인 태도로 조사단을 이용하여 수많은 공산당원들을 불신한 류사오치는 사실상 사회주의에 반대하여 일하고 있다는 것이었다. 마오쩌둥은 "매일매일 당신은 민주주의가 있어야 한다고 반복해서 말하지만, 민주주의는 없다. 왜냐하면 당신은 다른 이들에게 민주적일 것을 요구하지만, 자신은 민주적이지 않기 때문이다"24)라고 말했다.

1965년 1월 마오쩌둥은 당 총서기 덩샤오핑도 이런 행태를 보였으므로 유죄라고 말했다. 덩샤오핑이 조사를 비밀리에 진행하고 지역의 일반 인민을 조사과정에서 배제하는 등 극히 '소극적'이었다는 것이다. 이것을 근거로 마오쩌둥은 덩샤오핑이 대중의 판단에 대해 완전한 믿음이 없으며 진정한 대중운동으로부터 멀어졌다는 점을 말하고자 했다. 물론 이런 진행과정은 혁명이 본래 그렇듯이 예측할 수 없었던 것이다. 마오쩌둥은 류사오치의 친한 친구인 또 다른 당 고위 지도자를 이렇게 꾸짖었다. "당신이 대중운동을 발전시키거나 참여하러 나갔을 때, 또 대중적 투쟁을 지도하러 갔을 때, 대중은 그들이 원하는 대로 할 것이고 그들은 투쟁과정에서 스스로의 지도자를 만들 것이다. ……전문가이건 아마추어이건 투쟁을 통해서만 배울 수 있다." 관련 당 간부 한 명이 그런 상황에서는 과도함을 막기 위해서 당원들이 '분위기를 통제'할 필요가 있다고 주장했을 때 마오쩌둥은 "대중에게 결정의 자유를 줄 필요가 있다"[25]고 날카롭게 반박했다.

'투쟁'에서 배운다는 말은 1919년 자오 양의 비극적 자살에 항거하던 청년 급진주의자였던 마오쩌둥의 과거와 관련이 있다. 또 혁명의 열기를 누그러뜨리는 데 대한 반감은 1927년에 상하이 노동자와 후난 농민이 그들의 지나친 행동을 자제했을 때 무슨 일이 벌어졌는지 목격한 사람들 사이에 널리 퍼져 있었다. 대중의 잠재력에 호소하는 것은 옌안 정풍운동의 반복이었고 대약진 우상화의 시작이었다. 그러나 그들이 국가의 발목을 잡고 있다고 생각하는 중국의 경제 입안자들에게 이런 구호는 그야말로 넌더리 나는 것이었다. 그들에게는 1962년에서 1965년까지의 성과가 명백해 보였다. 천원이 제기한 애초의 경비절약은 달성되었고, 그 결과 비생산적인 수백만 도시 노동자들이 국가의 급료 지불 명부에서 삭제되고 2만 5천 개가 넘는 사업장이 문을 닫았다. 그로 인해 석탄·시멘트·강철 생산이 줄지어 감소했지만, 1960년 80억 위안에 달한 재정 적자는 1962년에는 10억 위안의 흑자로 바뀌었다. 대약진 기간의 대규모 식량 조달 요구가 유예되자 비교적 작은 공사에서 작업하는 20~30가구의 농민 생산 소조는 새로운 경제적 기회를 맞게 되었고 그들의 자류지에서 생산한 농산물을 일반 시장에 파는 것이 허용되었다. 1965년의 농업생산 수준은 대약진 이전인 1957년 수준을 회복했고, 경공업 생산은 연간 27%, 중공업은 17%로 증가했다. 헤이룽장의 다칭 유전에서 놀라울 정도로 풍부한 매장량을 발견한 덕분에 중국은 그 동안 계속되었던 소련에 대한 석유 공급 의존으로부터 자유로워졌고, 천연가스 생산이 40배로 증가했다. 이러한 꾸준한 발전이 계속되었다면 중국은 화려하지 않았을지는 모르나 공산당의 지도 아래 진정한 경제적 진전을 이룩할 기회를 가졌을지도 모른다. 당의 전문가와 입안자들──마오쩌둥이나 대중이 아니라──은 중국이 미래에 나아가야 할 길을 제시하고 있었던 셈이다.

마오쩌둥 숭배와 비판

백화운동, 대약진운동, 소련과의 관계, 계속되는 미국과의 적대, 그리고 사회주의 교육운동의 속도와 핵심 등을 둘러싸고 벌어진 인민공화국 지도부의 분열은 마오쩌둥을 두렵게 했다. 류사오치·덩샤오핑·천윈·저우언라이는 모두 노련한 혁명가들이었지만, 계속적인 투쟁을 통한 통치라는 마오쩌둥의 미래관에 점점 덜 공감하게 되었던 것 같다. 또한 그들은 마오쩌둥의 존재나 영감을 거의 필요로 하지 않는 것 같았다. 마오쩌둥이 자부심을 회복하도록 도와 준 사람은 옌안과 내전 시절부터 군사령관으로 활동했던 노장 린뱌오였다. 1907년생으로 황푸군관학교 출신의 첫 육군 장교 가운데 한 사람인 린뱌오는 변함 없이 충성스러운 공산당원이었지만, 건강이 좋지 않아 1950년대의 중요한 정치적 사건에서는 주변부에 머물러 있었다. 그러나 펑더화이의 해임 이후 마오쩌둥은 린뱌오를 신임 국방부장이자 사실상 인민해방군의 수장으로 선택했다.

1960년대 초 경제 입안자들이 대약진의 위기 이후 경제를 회복할 방법을 모색하고 있을 때, 군부에서는 린뱌오가 위대한 지도자로서의 마오쩌둥의 위상을 강화하기 시작했다. 이를 위해 그는 마오쩌둥이 지난 30여 년 동안 발표한 방대한 양의 논문과 연설 가운데서 경구들을 발췌하여 편집했다. 1963년 무렵에는 인민해방군이 『마오 주석 어록』(毛主席語錄)을 학습하고 토론했다. 비록 끊임 없는 자기 희생과 자력갱생, 그리고 혁명의 추진력과 계속적인 투쟁을 강조하는 이 어록의 이념적 중요성이 대다수 공산당 지도자들에게는 명확히 와닿지 않았지만, 수천 수백 만의 군인들은 마오쩌둥의 교시를 학습하고 암기하면서 그에게 새로운 차원의 경외심을 표했다. 1962년에 마오쩌둥의 저작이 갖는 특별한 역할이 강조되자, 바로 이 해에 국가 주석 류사오치와 경제 입안자 천윈의 글을 모아 출판하려던 계획은 무산되었다.

린뱌오는 군 내부에서 공산당원 수를 신속하게 늘려 나갔다. 아울러 그는 특정 군구를 담당하는 사령관들을 지역 당 지부의 책임자로 동시에 임명함으로써 중남지구에서 자신이 했던 역할을 포함하여 1949년 공산당이 권력을 잡았을 때 정착시켰던 처음의 조직구조를 새롭게 재편했다. 지방 당 서기들은 민간과 군사 영역을 더욱 긴밀히 조화시킬 수 있도록 인민해방군 정치국 위원에 임명되었다. 나아가 마오쩌둥은 거대한 민병을 조직하여 인민해방군과 함께 중국의 방위를 촌락단위까지 통제할 수 있도록 함으로써 조직의 독립성을 더욱 불분명하게 만들었다.

1963년 초 린뱌오는 인민해방군 내에서 당에 대한 복무의 기본적 가치를 강조하는 대대적인 운동을 전개하여 군대의 이념을 강화시켰다. 이 운동의 초점은 최근 국가를 위해 목숨을 바친 레이펑(雷鋒)이라는 젊은 인민해방군 병사의 삶에 맞춰져 있었다. 사후에 발견된 『레이펑의 일기』는 마오 주석에 대한 흔들림 없는 헌신과, 혁명과 국가와 동지에 대한 변함 없는 사랑을 강조하고 또 강조했다. 이 『일기』는 사실 인민해방군 선전 작가들이 공동으로 지어 낸 허구였지만, 그렇다고 해서 인민공화국의 수많은 지식인과 작가들이 혁명적 열기의 쇠락에 맞서 싸우기 시작했다는 가장 중요한 사실을 간과해서는 안된다.

그와 같은 작가들은 특히 대약진 이후 다시 한번 혁명적 경험의 여러 가지 의미들, 예컨대 농민이 경제적 난국에 대응하면서 직면한 문제나 노동자와 교사들이 새로운 사회에서 행한 임무를 분석하면서 맞닥뜨린 문제에 초점을 맞추었다. 레이펑의 인생은 그러한 다양성을 허락하지 않았다. 그는 봉사와 복종을 서약했다. 그의 삶은 정직하고 진실된 것으로 그려졌으며, 그의 가족이 일본인 침략자, 국민당 우파, 그리고 탐욕스러운 지주들에게 고통받은 것 외에는 그다지 극적인 사건은 없었다. 레이펑 자신은 군대 트럭을 운전했으며, 중국의 농촌이 '기계화'되기를 열망했지만, 그의 이야기는 새로운 기술발전의 생생한 증거와는 거리가 멀었다. 그는 곤경에 처한 동료를 도우려다가 트럭에 치어서 이타적이지만 그렇다고 영웅적이지도 않게 죽었다. 레이펑의 일기는 중국의 각급 학교에 소개되었고, 마오쩌둥은 1963년 말 일기의 표지를 자신의 달필로 장식하여 그의 영향력을 확산시켰다. 마오쩌둥은 나라 전체에 "인민해방군에게서 배우자"고 요구함으로써, 이제까지 국가는 "당으로부터 배워야" 한다던 기본적인 묵계를 은연중에 폐기했다.

자력갱생과 희생 정신은 1964년에 또 다시 강조되었다. 당시 베트남 전쟁이 중국으로 확산될지도 모른다는 공포가 커지자 마오쩌둥이 서남부에 공업과 운송체제를 신속히 발전시키도록 지시했던 것이다. 만일 미국의 침략 위협을 받았다면 중국 인민은 1937년과 1938년에 일본군에 맞서서 그랬듯이 그들의 근거지 깊숙이로 후퇴했을 것이다. 그러나 이번에는 장제스의 충칭 정권 때와는 달리 중국은 장기전에 적합한 준비를 갖추고 있었다. 처음에 마오쩌둥은 명예 훼손을 당한 펑더화이를 내륙 지방의 재건을 감독하도록 기용하려 한 듯한데, 그 선택은 아마도 린뱌오의 간섭 때문이었겠지만 아무튼 실현되지 않았다. 더구나 인민해방군이 1962년 인도와의 새로운 국경분쟁에서 대단한 성공을 거두었고, 인민해방군의 감독 아래 칭하이(靑海)와 닝샤에 있는 비밀기지에서 총력을 기울여 일하던 과학자들이 독자적인 원자폭탄을 설계·제작하여 1964년 10월에 성공적인 실험*을 마쳤기 때문에 린뱌오의 특권을 견제할 사람은 아무도 없었다. 핵실험은 흐루시초프가 소련 내 쿠데타로 실각한 지 이틀 후에 중국의 새로운 기술력을 시위라도 하듯 실시되었다.

또한 린뱌오는 국내 공안기관이나 문화 관료조직과 관계를 맺고 각급 학교와 공장에 인민해방군 출신을 요직에 배치함으로써 자신의 권력기반을 군대 밖으로 확대시켜 나갔다. 국내 안보와 문화의 문제는 청 왕조나 민국 시대에도 그랬듯이 인민공화국에서도 상호간에 밀접히 연관되어 있었다. 정부정책에 반대하는 사람들은 누구도 감히 공개적으로 언급하기 어려운 부정적인 문제점들을 전달하기 위해 그림이나 문학작품을 통해 역사적 비유나 시적 암시를 이용함으로써 자신의 비판적 목소리를 냈다. 인민해방군을 마오주의로 무장시키고, 자신이 조성하고 있던 광범위한 조직적 기반을 통해 잠재적 분열을 통제한 린뱌오는 이제 막강한 세력을 형성하게 되었다.

린뱌오의 가장 막역한 동지는 문화정치 분야에서 적극적인 역할을 수행하기 시작한 마오쩌둥의 세번째 부인 장칭(江靑)이었다. 장칭은 1914년에 태어나 1930년대 초반에 산둥과 상하이에서 연극·영화 배우로 활동했다. 그녀는 산둥

---

* 중국 최초의 원자폭탄은 '596'이라는 숫자로 명명되었는데, 이것은 흐루시초프가 중국에 원자폭탄의 모형을 주지 않기로 했다는 것을 알렸던 1959년 6월을 냉소적으로 표현한 것이다.

의 농촌에서 사회주의 혁명의 메시지를 전하기 위해 연극활동을 했으며, 그녀가 맡은 역할 가운데는 입센의 『인형의 집』의 노라 역도 있었다. 그녀는 1937년 옌안으로 여행을 갔다가 곧 마오쩌둥의 동반자가 되었고, 1938년에는 그의 세번째 부인으로 간주되었다.(대장정 중에 아이를 가졌던 마오쩌둥의 두번째 부인 허쯔전은 정신적·신체적 병 때문에 치료차 소련으로 갔다.) 마오쩌둥의 두 딸을 낳은 장칭은 1960년대 초반까지 정치에는 관여하지 않았다. 그녀가 훗날 말한 바에 따르면 바로 이 무렵 그녀는 상하이에서 본 연극을 포함하여 당시 예술 대부분에 남아 있던 '전통적'이거나 '봉건적'인 요소들에 대해 심각하게 번민하게 되었고 이러한 상황에 대해 무엇인가 해보고 싶은 열망을 느꼈다고 한다. 세번째 인물 캉성(康生)도 같은 이념적 목표를 공유하고 있었다. 캉성은 국가안보기관에서 역량을 키웠고 소련의 이념적 정책과 선언들을 분석하는 문제와 관련해서 마오쩌둥의 자문역을 맡았다. 그는 1930년대에 소련의 NKVD(KGB의 전신—옮긴이) 기무국에서 훈련받았고, 옌안 정풍운동에서 탁월한 지도력을 발휘했다. 1960년대에 들어서면서 그 역시 중국 문화가 공산당과 심지어 마오 주석까지 비난하는 불온한 정신으로 물들어 있다고 확신하게 되었다. 캉성은 중국의 문학과 예술이 노동자와 농민 대중으로부터 영감을 얻었던 순수한 혁명기의 미래관으로 되돌아가, 여전히 중국 문화계의 다수를 점하고 있는 것으로 보이는 지식인 계층이 아니라 노동자 계층에서 작가와 예술가들이 나올 수 있도록 격려해야 한다고 주장했다. 린뱌오가 대중들을 고무시키기 위해 레이펑의 삶을 이용한 것은 이런 접근방식에 들어맞는 것이었다.

이러한 급진적 이념의 희생자로 명석한 역사가이자 작가인 우한(吳晗)보다 더 적합한 사람은 없었다. 명대사 전문가인 우한은 제2차 세계대전 시기에 장제스와 국민당을 비판하기 위해 명 왕조의 일화를 이용한 적이 있었다. 대약진운동기에 그는 근시안적이고 보수적인 관료제에 대항하여 인민의 경제권을 지키기 위해 굳건히 싸웠던 명의 유명한 관리 하이루이(海瑞)에 대해 글을 써 달라는 마오쩌둥의 요청을 받았다. 그러나 우한은 첫번째 글에서 하이루이가 비록 황제에게 충성했지만, 인민이 반란을 일으킬 수 밖에 없을 정도로 굶주리는 동안 명 왕조가 국가의 자원을 낭비하고 있음을 비판했던 사실에 초점을 맞추었다. 1959년 9월 우한은 『인민일보』에 하이루이에 대한 또 다른 논문을 게재했다. 이번에는 8월에 축출된 펑더화이를 빗댄 것이 분명했는데, 그는 하이루이를 "처벌의 위험에도 겁먹지 않고" 남아 있던 "언제나 용기 있는" 인물로 칭송했다. 그러나 하이루이가 섬겼던 황제는 "무모하게 불사(不死)에 집착하고" "편견이 많고 비판을 수용할 줄 모르는" 인물로 묘사했다. 황제를 보위한 대부분의 관리들은 "무언가 잘못되어 있다는 것을 알면서도 감히 거기에 반대하지 못하는" 유형의 인간으로 묘사했다.[26]

이 두 논문은 당시에는 공개적으로 비판받지 않았다. 1960년대 초반 우한은 역사적·사회적 주제들을 이용하여 공산당 정부의 정책과 인민의 견해를 정확히 파악하지 못하는 마오쩌둥의 독단을 비판하는 베이징의 신문들에 단문을 발표했던 수많은 지식인들 가운데 하나였다. 이러한 지식인들은 삼가촌(三家村)이라는 공동 가명 아래 글을 썼는데, 이 이름은 관직에서 쫓겨나 같은 이름의 마을로 낙향했던 송 왕조의 관리를 의미한다. 이 그룹의 한 사람인 덩퉈(鄧拓)는 조정의 부정에 반대했던 명 말의 동림당(東林黨)의 용기를 특히 열렬히 칭송했다. 동림 순교자들을 기념하는 시에서 그는 이렇게 썼다.

> 그들을 공론에 탐닉한 지식인들로만 생각하지 말라
> 그들의 머리가 굴러떨어질 때 핏자국은 선명했네
> 굳건한 의지로 권력에 있는 사악한 자들과 싸운
> 동림 학자들은 담대한 무리였나니[27]

우한은 하이루이의 이야기를 『하이루이의 파면』(海瑞罷官)이라는 장편 희곡으로 개작하여 1961년 2월 베이징에서 무대에 올리고 같은 해 여름 출판했다. 하이루이는 살아 있는 언어로 청중에게 그의 시대의 위기에 대해 말한다.

> 보통 사람들이 폭정 아래 있다고 하지만
> 그들을 해치는 자가 향신인 것을 아는가?
> 향신의 압정 아래 많은 것들이 이루어지지만
> 보통 사람들이 견뎌 내고 있는 가난에 대해 아는가?
> 당신은 그저 국가의 근본은 인민이라고 입으로만 떠든다

하지만 관리들은 여전히 덕 있는 체하며 대중들을 억압하고

마치 호랑이처럼 거칠게 행동하며 황제를 속인다

만일 양심의 가책을 느낀다면

당신은 밤이나 낮이나 편치 못하리라[28)]

삼가촌의 글과 우한의 연극은 여러 정치지도자들을 화나게 만든 수많은 풍자적·비판적 작품의 큰 흐름 가운데 일부에 지나지 않았다. 그러나 이 지도자들은 당이 통제하는 신문이나 잡지에도 종종 게재되는 이러한 글의 출판을 어떻게 금지시킬 것인가에 대해 분명한 입장을 갖지 못했다. 마오쩌둥은 1965년 9월에 '반동적 부르주아 이데올로기'에 대한 대대적인 비판을 촉구했다. 대부분의 잡지가 그와 적대적인 세력에 의해 통제되는 관계로, 원하는 만큼 자신의 견해를 지지하는 광범위한 비판을 이끌어 내지 못한 마오쩌둥은 그 해 11월 미지근한 반응에 분노하며 갑자기 베이징을 떠나 공식석상에서 사라졌다. 나중에 밝혀진 바에 따르면 그는 상하이로 가서 강경파 공산당 지식인 집단을 소집하여, 그들이 사회주의적 질서와 엄정함이라 여기는 것을 지식인의 생활에 다시 적용하기로 결의했다.

1965년 린뱌오는 마오쩌둥 사상의 중요성을 재확인했을 뿐 아니라 인민해방군 내의 모든 계급장과 훈장을 없애는 극단적이고도 평등주의적인 방안을 도입함으로써 인민해방군을 더욱 급진적으로 변화시켰다. 따라서 인민해방군은 장교와 사병을 제복으로는 서로 구분할 수 없었고, 또한 많은 일상생활의 업무를 공동 분담하게 되었다. 동시에 린뱌오는 인민해방군의 공안 기구에 대한 통제를 강화할 대규모 인사이동을 단행했다. 그리고 1965년 11월에 마오쩌둥의 칩거와 때를 같이하여 야오원위안(姚文元)이라는 장칭의 친한 동지—순수한 '프롤레타리아 작가'를 지지했던 이들과 협력했던—가 상하이에서 우한의 연극 『하이루이의 파면』에 대한 강력한 비판문을 출판했다. 이 논문에서 야오원위안은 우한이 마오쩌둥 사상의 주요 전제—인민 대중이 역사의 원동력이라는—를 부정하는 범죄를 저질렀다고 주장했다. 그리고 우한은 '도덕적인' 개개인이 자신의 시대의 경제적·사회적 현실을 어떻게든 뛰어넘을 수 있다고 주장했다는 것이다.

"우리나라의 농민들이 이미 사회주의를 실현하고 모든 것을 소유하고 위대한 인민공사를 건설한" 바로 이때에 농촌에서 "부정을 치유하자"는 우한의 주장은 심각한 것이라고 그는 말했다. 아울러 혹시 우한과 그의 지지자들이 "마르크스-레닌의 국가이론을 지주와 부르주아지의 국가이론으로 대체하기를" 원하는 것은 아닌가 하는 수사적인 반문을 던졌다.[29] 그리고 불과 20일 만에 야오원위안이 상하이에서 쓴 글이 수도 베이징에 있는 출판사에서 발간됨으로써 이 첫번째 공격이 지닌 함의가 단순하지 않다는 것을 보여주었다. 이제 국가의 막강한 인물들은 공개적으로 한쪽을 선택해야 했다. 그들은 우한의 편인가 아니면 그 반대편인가? 좀더 확대시켜서 펑더화이의 편인가 아니면 그 반대편인가? 궁극적으로는 마오쩌둥과 린뱌오의 편인가 아닌가?

문화혁명의 발진

1966년이 시작되면서 성향이 매우 다른 두 집단이 우한 사건과 그것에 관련된 문제를 논의하기 위해 만났다. 하나는 당시 베이징 시장이며 정치국 상무위원인 당 원로 펑전의 지도 아래 모인 5인소조(五人小組, 실제 회원수는 명칭보다 훨씬 많았다)였다. 이 집단에는 언론, 당 학예부, 문화부의 요원들이 포함되어 있었는데, 거의 전원이 현체제를 옹호하고 류사오치나 덩샤오핑과 가까운 당의 전문적 관리거나 지식인으로 볼 수 있는 인물들이었다.

문학과 공연예술의 정치적 목적을 논의하는 토론회를 이끌고 있던 장칭의 실질적인 지휘 아래 두번째 집단이 상하이에서 모였다. 이 집단에 소속된 사람들은 포괄적으로 급진적 또는 비제도권 지식인이라 일컬을 수 있다. 그들은 예술의 사회주의적 정화를 추진했고, 이른바 봉건적 또는 서구화된 5·4엘리트적 가치에 물들지 않은 새로운 극 형식의 모색을 대체적으로 선호했다. 이 집단의 구성원들은 베이징의 문화부가 과거의 광영에 매료되어 있기 때문에 '황제·왕·장군·각료부,' '재주와 아름다움부' 또는 '외국 미라부'로 이름을 바꾸어야 한다는 마오쩌둥의 냉소적 지적에 동의했다.[30] 그들은 1966년 2월 린뱌오가 인민해방군의 새로운 문화정책을 조정하도록 장칭을 공식 초청하자 예술의 내용과 형식에 대한 그들의 급진적인 견해를 확산시킬 새로운 기회가 왔음을 감지했다.

펑전의 보수적인 5인소조는 우한 사건을 계급투쟁의 핵심적인 요소가 개입된 정치적 사건이 아닌 학문적인 논쟁으로 취급함으로써 이 사건의 파장을 축소시키려 했다. 그들은 우한을 비판하는 조심스런 보고서를 작성했지만, 중국의 문화체계에 대해 총체적인 공격을 가하지는 않았다. 그럼에도 우한 사건의 중요성을 인식한 그들은 특히 "학문적 불일치의 문제는 보다 복잡하고, 어떤 것들은 짧은 기간 내에 정의되기 이려운" 까닭에 "우리는 이 투쟁을 지도부의 지휘 아래 진지하고 확실하고 신중하게 수행해야 한다"고 지적했다. 이 그룹은 토지개혁이 온건하게 진행될 때 지식노동자의 '호조조'와 '합작사' 요구와 관련해서 나온 언어를 이용하여 이런 점진적인 접근방식을 강화했다. 그들은 "심지어 일부 완고한 혁명적 좌파조차 무언가 잘못 말할 수 있다"고 지적하며 마오쩌둥과 장칭에 대해 일격을 가했다.[31] 마오쩌둥은 이런 분석이 몹시 마음에 안 들었겠지만, 공산당 중앙위원회는 1966년 2월 12일 그것을 정책토론 문서로 배포하기로 결정했다.

같은 해 2월 장칭과 인민해방군 소속 문화 일꾼들은 상하이 토론회에서 만나고 있었다. 대표들은 이미 완성된 영화나 제작 중에 있던 작품들 다수를 보았고, 3개 극장의 공연—전통적인 경극(京劇)의 새롭고 급진적인 번안작품들을 포함하여—에 참석했고, 마오쩌둥의 저작을 읽는 독서회에 참여했다. 그들은 문화에 대한 마오쩌둥의 글이 "마르크스-레닌주의 세계관의 새로운 발전"을 제시한다고 결론지었다. 그들은 마오쩌둥의 업적에도 불구하고 중국이 여전히 "마오 주석의 사상에 극렬히 반대하는 사악한 반당파와 반사회주의자의 폭압 아래 있다. 이러한 사악한 노선은 문학과 예술에 대한 부르주아 사상과 근대 수정주의 사상, 그리고 1930년대 문학과 예술의 혼합"이라고 주장했다. 그들은 우한의 작품을 바로 이러한 정치적으로 잘못된 글쓰기의 완벽한 예라고 규정했고, 중국 문화의 정원이 "반사회주의라는 독초"로 뒤덮였다고 경고했다. 그러나 최근 경극의 급진화는 "가장 막강한 요새"일지라도 "혁명의 폭풍으로 날려버릴" 수 있음을 보여주고 있다고 했다. 이러한 문화적 투쟁에서 인민해방군—"중국 인민과 세계의 혁명적 인민의 대들보이자 희망"—은 결정적 역할을 수행하고 "중국과 외국의 고전 문학에 대한 맹목적인 신념을 파괴하도록" 도울 것이라고 주장했다. 이러한 모든 사상을 설명한 토론회의 최종 보고서를 열렬히 지지한 린뱌오는 "프롤레타리아트가 문학과 예술에서 입지를 세우지 못하면 틀림없이 부르주아지가 할 것이다. 이 투쟁은 불가피하다"고 지적했다.32)

따라서 효과적인 중재도 거치지 않은 채 마침내 마오쩌둥과 그의 지지자들이 프롤레타리아 문화대혁명이라 명명한 대격변의 소용돌이를 향한 노선이 모습을 드러냈다. 이 운동의 내부에는 서로 북돋아 주는 동시에 방해하는 여러 추진력들이 포함되어 있었기 때문에 이것을 단순히 분류하기는 쉽지 않다. 우선 그 안에는 중국의 혁명이 당의 보수주의와 거대하고 비효율적인 관료제의 무기력으로 인해 추진력을 잃고 있다는 마오쩌둥의 견해가 포함되어 있었다. 마오쩌둥은 많은 당 관료들이 사회주의의 구호를 외치고는 있으나 "자본주의의 길을 향하고 있다"고 단언했다. 게다가 그는 자신이 나이가 들어가고 있음을 의식했고(그는 73세였다), 원로들이 자신을 배제하려 한다고 생각했다. 장칭과 상하이 급진주의자들과 맞서서 권력기반을 유지하려는 베이징 문화 관리들 사이의 분파적 갈등도 이 운동의 확실한 동력이었다. 정부의 정점에 있는 원로 공산주의자들 가운데 류사오치, 덩샤오핑, 천원 그리고 펑전 등과 같이 변화의 속도와 방향에 대해 마오쩌둥과 첨예하게 대립하는 이들의 정치적 전략도 문화혁명을 촉발시키는 데 한몫 했다. 군대의 역할을 정치 영역까지 확대시켜서 인민해방군을 문화혁명의 중심으로 만들려는 린뱌오와 그의 지지자들의 개인적인 정치적 야심도 빼놓을 수 없다.

이러한 분파의 불꽃은 자신들의 부모가 국민당, 지주 또는 옛 정권의 자본주의적 '착취자'와 관계가 있었다는 이유로 공산당에 의해 '해약' 요소로 분류되어 정책적으로 정치적 진출이 좌절된 학생들의 분노로 더욱더 타올랐다. 게다가 초기 당 운동기간 동안 시골로 강제 이주당했거나, 국가가 도시 거주자들에게 주는 곡물의 배급 비용을 줄이려는 천원 같은 경제 입안자들의 계획에 따라 농촌에 배치되었던 불만에 찬 수백만 도시 청년들이 있었다. 또한 대도시에는 영향력 있는 당 간부의 자녀를 위한 '예비학교'가 되다시피한 소수의 엘리트 학교에 입학하려다가 좌절당한 사람들이 있었다.(중국에서는 대학의 부족과 학생들에게 장애물이 되는 복잡한 입학시험 때문에, 이러한 몇 안되는 학교에 다니는 것만이 더 높은 교육을 받을 수 있는 유일한 길이었다.) 그리고 마지막으로 당 직책을 마오쩌둥의 옛 농민 게릴라 시절의 교양 없는 농촌 간부들이 독점하고 있었는데, 이제는 이들이 새로운 교육을 더 많이 받은 사람들에게 자리를 내주어야 한다고 생각하는 사람들도 있었다.

1966년 늦봄과 여름, 사태는 급속히 예측할 수 없는 정점으로 치달았다. 5월에 문화개혁을 요구하던 5인소조의 보고서는 중앙위원회에 의해—분명히 마오쩌둥의 강요로—거부되었고 곧바로 문화부 관리의 숙청작업이 시작되었다. 펑전이 실각하고 문화부의 주요 인물들이 해임되었으며 삼가촌 작가들이나 우한과 그의 가족에 대한 공격이 자행되었다.* 베이징 대학의 급진적인 철학 교수 녜위안쯔(聶元梓)가 대학 행정을 비난하는 대자보를 쓰자 대학체제 전반에 대한 비판과 항거도 일어났다. 덩샤오핑이나 류사오치가 소동을 진정시키기 위해 '공작조'를 대학에 보냈지만, 교원과 학생들 가운데 더 많은 급진주의자들이 당원에게 반항하기 시작하여 오히려 맞불을 놓은 결과가 되고 말았다. 소동은 베이징의 고등학교로 급속히 퍼져 나갔고 학생소조는 문화혁명 급진파가 만든 완장을 차고 '홍위병'(紅衛兵)이라는 새로운 혁명적 변혁의 전위부대가 되었다.

마오쩌둥은 7월에 정력과 건강을 과시하기 위해 1911년 혁명이 처음 일어났던 우한 부근의 양쯔 강에서 수영을 했다. 이 모습은 당 기관지의 표지를 장식했고 중국 인민에게 대단히 중요한 사건으로 비쳤다. 베이징으로 돌아온 마오쩌둥은 녜위안쯔 교수의 '대자보'가 "20세기 60년대의 파리코뮌 선언이며, 그 중요성은 파리코뮌 이상이다"라고 화려한 혁명적 수사를 동원해 찬양했다. 마르크스가 대단한 열정을 가지고 썼던 『1871년 파리코뮌』은 서양사에서 자발적인 사회주의 혁명과 조직의 정점으로 손꼽혀 왔다. 이제 마오쩌둥은 중국이 이를 앞질렀다고 주장한 것이다. 적대적인 세력은 프랑스에서도 있었듯이 중국에도 당연히 있다고 그는 지적했다. "문화혁명을 반대하는 것은 누구인가? 미제국주의, 러시아 수정주의, 일본 수정주의 그리고 반동세력들이다." 그러나 중국은 "인민에 의지하여 인민을 믿고 끝까지 싸울 것이다."33)

1966년 8월 초 중앙위원회는 혁명을 전복시키려는 내부인을 경계할 것을 촉구하면서 문화혁명에 대한 16개항의 지시사항을 발표했다. 그때까지도 냉정함

---

* 우한은 선고받은 대로 가혹한 대우를 받다가 1969년에 병에 걸려 사망했다.

을 잃지 않았던 지도자들이 있었던 까닭에 토론이 "강요나 힘이 아닌 논리에 의해 진행되어야" 한다든지 과학자나 기술자에 대해서는 '특별한 주의'가 필요하다는 항목이 첨가되었다. 그러나 8월에 접어들면서 마오쩌둥은 옛 왕조시절 베이징 자금성의 정문인 천안문의 전망대에서 조그만 붉은 어록을 흔들면서 환호하는 홍위병의 대규모 행렬을 사열하기 시작했다. 처음에는 대체로 엘리트 학교의 학생들로 구성되었던 홍위병 병사들은 이제 그들과는 달리 낙심하고 좌절했던 학생들, 그리고 혁명적 구호와 혁명의 아버지인 마오쩌둥에 대한 존경심에 이끌려 각 지방에서 올라온 학생들로 넘쳐 나게 되었다. 린뱌오는 직접 선언을 통해 대중적 우상화를 고조시켰다. 8월 18일 홍위병 집회에서 린뱌오는 "마오 주석은 현존하는 가장 뛰어난 프롤레타리아트의 영도자이며 가장 위대한 천재"라고 말했다. 마오쩌둥이 행한 것은 "인민의 정신을 개조하기 위해 마르크스-레닌주의를" 창조하는 일이었다. 8월 말에는 린뱌오가 마오쩌둥을 "우리의 위대한 스승, 위대한 지도자, 위대한 최고사령관, 위대한 조타수"라 부르는 상투어를 만들어 냈는데, 이것은 중국에서 상용구가 되었다.

1966년 가을과 겨울에 투쟁은 더욱 심화되고 격렬해졌으며 파괴행위와 인명피해가 속출했다. 혁명투쟁을 수행하기 위해 모든 학교와 대학이 문을 닫은 가운데, 문화혁명 지도자들의 격려를 받은 수백만의 젊은이들은 자신의 도시나 마을에서 오래된 건물, 절, 그리고 예술품을 부수고 그들의 스승, 학교 행정관, 당 지도자, 그리고 부모를 공격했다. 장칭과 다른 상하이 조반파(造反派)와 더불어 마오쩌둥이 신임하는 소규모 집단의 지도 아래 당은 점점 더 높은 지위의 인물들을 숙청하여 마침내 류사오치와 덩샤오핑 두 사람을 모두 축출하고 가족까지 대중 비판과 모욕의 대상으로 삼았다.

문화혁명의 지도자들은 중국 사회 안의 '사구'—구사상·구문화·구풍속·구습관—에 대한 전면적인 공격을 주장했으나, 이러한 용어들을 대상자에게 적용하는 일은 전적으로 지역 홍위병의 재량에 맡겼다. 목표물을 보다 단순하게 규정한 뒤 홍위병은 혁명에 대한 성실성을 증명해 보이길 열망한 나머지, 자기들을 견제하려는 사람들과 서양 교육을 받거나 서양 사업가나 선교사와 관계 있는 사람들, 그리고 '봉건적' 또는 '반동적' 사상의 소유자로 비난받을 소지가 있는 지식인들 모두에게 공격을 가하는 일이 비일비재하게 일어났다. 확인된 희생양이 바보모자를 쓰거나 목에 자신의 죄를 자백한 판자를 걸고 거리를 행진하고 조소하는 군중 앞에서 공개적인 자기비판을 하거나, 등을 불편하게 구부리고 팔을 쭉 뻗은 상태로 여러 시간 동안 서 있게 하는 이른바 '비행기 자세'를 시키는 등, 공개적으로 모욕을 주는 기술은 더욱 복잡해지고 잔인해졌다.

전국을 사로잡은 환희·공포·흥분·긴장과 더불어 폭력이 갈수록 강도를 더해 갔다. 수천 명의 지식인과 그 밖의 사람들이 맞아 죽거나 부상으로 인해 죽어 갔다. 그 밖에도 수없이 많은 사람들이 자살을 했는데, 그 중에는 1932년에 서로 등을 돌린 중국인들을 그토록 신랄하게 비판했던 소설 『고양이 나라』의 저자 라오서도 있었다. 홍위병이 자신의 서재나 예술 수집품을 파괴하는 것을 막으려다 실패한 뒤 스스로 목숨을 끊는 사람도 많았다. 또 다른 수천 명은 몇 년이고 독방 감옥에 갇혀 있었다. 수백만 명이 농촌에서 노동을 통해 자기 정화를 하도록 강제 이주당했다.

이러한 폭력의 분출 정도와 연장자에 대한 젊은 홍위병의 분노는 당시 중국 사회의 심장부에 자리잡은 좌절감이 실로 어느 정도였는지를 짐작케 한다. 젊은이들이 자신의 부모와 스승, 당 간부, 그리고 연장자에 반대하여 봉기하고 무수한 계획적인 가학행위를 하도록 하는 데 마오쩌둥의 선동은 거의 필요없었다. 수년 동안 젊은이들은 끊임없는 감시 아래 혁명적 희생, 금욕 그리고 국가에 대한 절대적인 복종의 삶을 살도록 요구받아 왔다. 그들은 억압받았고 분노하면서 자신들이 무력함을 인식하고 있었다. 그들은 이 모든 구속을 벗어 던지기 위해 열정적으로 질서를 장악했고, 자연히 그들의 타도 대상은 자기들의 갑갑한 삶에 책임을 져야 마땅한 사람들이었다. 그들이 보기에 마오쩌둥은 이러한 소동을 초월한 전지 전능한 사람이었다. 대약진운동의 실패는 널리 알려진 적이 없었고, 설령 알려진다 하더라도 소극적인 관료나 적대적인 소련과 미국의 탓으로 돌리면 그만이었다. 마오쩌둥은 아직도 희망과 자유를 이야기했고, 어떤 확증적인 반박이 없는 한 그의 권력에 대한 격정적인 찬사는 진실로 받아들여졌다.

이런 극심한 폭력에 대한 또 다른 설명은 지난 17년간의 중국 정치와 인물을 조종하는 방법에서 찾을 수 있다. 모든 중국인이 이때 계급을 배정받고 그들의 특정 단위의 '장'에게 완전히 의존하며 공포와 위협을 조장하는 대중운동에 익숙해짐으로써 통치체제 안으로 끌려 들어갔다. 이러한 체제는 두려움과 맹종을 키웠다.

이러한 광적인 행동 내면에는 대단히 중요시된 정치적 합의사항이 있었다. 그것은 1871년 파리코뮌의 가치에 부응하여 중국에서 마오쩌둥에 의해 생생하게 되살려진 이른바 '순수 평등주의'라 할 만한 것이었다. 이는 사유재산의 몰수나 파괴 그 이상이었다. 이제 모든 기업의 완전한 국영화, 국가 은행 예금에 대한 모든 이자의 폐지, 자기 소유의 집으로부터 모든 지주의 추방, 모든 자류지 폐지와 인민공사 체제 강화, 그리고 마을 어귀에서 자신의 손수레에 한줌의 야채를 담아 팔고 있는 가장 가난한 농민의 상행위까지 모든 사적 시장경제의 말살이 요구되었다.

이런 심각하고 급진적인 계획의 정점은 1967년 정월에 있었기 때문에 '1월 탈권(奪權)'으로 불린다. 베이징의 문혁소조(文革小組)의 지원을 받은 다양한 홍위병 군사조직들이 당 현직자들을 몰아내고 전 중국의 조직을 장악하려 했다. 이 운동은 "공장·광산·농촌 지역에서 권력자들을 전복시키기" 위해 '노동자-농민'의 단합을 요구하고 이 노농 집단이 투쟁 속에서 '혁명적 지식인'과 연대할 것을 촉구한 언론의 신년사에 의해 촉발되었다. 홍위병은 문화혁명을 한 계급이 다른 계급을 무너뜨리기 위한 투쟁으로 보아야 하며, 누구도 그 투쟁에서 예외가 될 수 없다는 말을 들었다. 중도파와 자유주의자를 배제하지 않기 위해 어느 정도 조심성을 보였던 1949년과는 달리 중국공산당은 1967년에는 "사회주의 체제와 프롤레타리아 독재에 맞지 않는 것은 무엇이든 공격해야 한다"는 지시를 받았다.[34]

그 결과 중앙 지도부가 다양한 급진주의 집단들을 전혀 통제하지 못하는 가운데 당 지도자들이 서로 다투는 혼란스러운 상황이 전개되었다. 각 성에서 벌어진 정쟁이 이를 잘 보여준다. 만주 북부의 헤이룽장 성에서는 이전에 대약진 운동에 반대했던 사람이 이제 마오쩌둥에게 자신의 혁명적 열정을 보이고 충성심을 증명하려 애썼다. 산시(山西) 성에서는 부성장이 당 지도자를 몰아내기 위해 홍위병에 가담했다. 산둥에서는 톈진 시위원회의 제2서기가 산둥 당위원회 위원과 협력하여 성(省)혁명위원회를 만들었다. 구이저우에서는 그 지역의 후보 정치위원이 홍위병과 결탁했다.

많은 경우 이것이 진짜 권력투쟁인지 거짓 투쟁인지, 다시 말해서 '대중'이 정말로 권력을 잡았는지 아니면 당 지도자들이 느슨한 홍위병의 감독 아래 그들의 예전 기능을 사실상 그대로 수행하면서 권력을 넘겨준 척했는지 구분하기는 어렵다. 광둥 성의 경우는 후자임이 분명하여, 당 제1서기인 자오쯔양(趙紫陽)이 그의 인장을 철도 노동자, 전역 군인들, 교사, 대학생과 고등학생, 영화 스튜디오 노동자 등의 방만한 연합인 '홍기파'에게 넘겼다. 이런 일을 한 뒤에도 자오쯔양과 그의 참모들은 계속 그 성을 관리했다.

조반(造反, radical)이라는 단어는 이때 여러 방식으로 쓰였다. 예를 들어 탈권이 성공적이었다고 평가되는 상하이에서는 50만 명의 노동자 조직인 강력한 적위병(赤衛兵)이 등장했는데, 이들은 더 많은 임금, 더 나은 노동조건뿐만 아니라 작업장을 떠나 '혁명적 경험'에 참여하면서 임금도 받을 수 있는 권리를 강력하게 요구했다. 이와 비슷한 요구가 삼륜자전거 운전사에서 요리사까지, 거리 행상에서 기관사에 이르기까지 전 중국의 수백만 노동자들에 의해 제기되었다. 단기 계약직 노동자나 다른 임시 노동자들이 특히 목청을 높였고, 때때로 영구적인 일자리나 며칠간 체불된 임금에 대한 보상도 요구했다. 그러나 이러한 행동은 처음에는 조반처럼 보였지만, 곧 문화혁명 지도자들에 의해 '경제주의'로 낙인찍혔다. 스스로 '조반'이라고 일컬었던 집단들, 예컨대 상하이노동자혁명조반총사령부와 같은 대규모 집단들은 적위병을 '보수적'이라고 규정했다. 1966년 마지막 수개월 동안 분쟁 중인 학생과 노동자 홍위병의 분파들이 상하이를 운영하다가 결국 시정은 마비되었다. 부두에서는 상품 선적이 완전히 엉망이 되어 버렸고, 철도 운행은 혼돈 속에 빠져서 때로는 노선이 끊겨 운행이 전면 중단되었다. 도시는 수백만의 홍위병과 귀환병, 농촌에서 온 피난민 등으로 혼란스럽기 그지없었고, 식료품 공급이 위험수위까지 감소하면서 상점들의 문 여는 시간이 점점 더 짧아졌다. 이런 맥락에서 볼 때, 1967년 1월 상하이의 '급진적' 탈권은 노동자들의 진정으로 독립적인 권력 획득을 막기 위한 성공적인 시도였다고 볼 수도 있다.

이 단계의 투쟁은 장칭의 가장 친한 동지인 장춘차오(張春橋)가 1967년 1월 초 상하이를 여행할 때 시작되었다. 장춘차오는 가장 영향력 있는 신문에 대한 통제권을 확보하고 노동자들을 작업장으로 복귀하도록 명령한 뒤, 노동자들의 임금 인상 요구에 항복하여 '경제주의' 죄로 기소된 상하이 당 지도자들을 비판하고 모욕을 가할 일련의 대중 집회와 시위를 개최했다. 야오원위안(1년 전 우한에 대한 첫번째 공격을 가했던)과 합류한 장춘차오는 도시의 질서를 회복하고 새로운 구호인 '혁명완수 생산증대'를 고양시키기 위해 인민해방군을 이용했다. 인민해방군이 비행장, 은행, 화물터미널, 부두를 경비하고 있는 동안 학생 홍위병은 여전히 작업장 복귀를 거부하는 노동자들을 대신하여 현장에 배치되었다.

그러나 장춘차오와 야오원위안은 노동자와의 연대를 희망하는 학생군사조직 홍위병과도 싸워야 했다. 1월 말 대규모 학생집단이 장춘차오와 야오원위안에 대항하는 투쟁을 시작했고, 그들의 주요 선전작가들을 '체포'하기도 했다. 2월 초에야 대규모 군사지원에 힘입어 문화혁명 지도자들이 질서를 회복했다. 2월 5일에 장춘차오는 새로운 기구인 상하이 인민공사의 설립을 선포하여 참으로 역설적인 상황을 연출했다. 왜냐하면 이와 같이 가장 혁명적인 명칭으로 외양을 갖추고 자신의 당을 깨끗이 청소하려 했던 이들이, 이제 중국의 새로운 지도자로서 자신의 지위를 강화하고 새로운 자유의 세기를 지키려 했던 바로 그 학생과 노동자들의 복종을 다시 강요하려 했기 때문이다.

당 축소와 린뱌오의 죽음

처음에 베이징은 상하이 인민공사의 성립을 환영했다. 그러나 마오쩌둥은 그런 공사들이 전국적 발전의 모범이 되기를 바랐던 초기의 태도를 갑자기 바꿔, 1967년 2월에는 보다 조심스러운 지침을 내렸다. 이 새로운 정책이 1월의 극적인 탈권을 깎아 내렸기 때문에 조반파는 이것을 '2월 역류'라 불렀다. 또한 마오쩌둥은 "장(長)이라는 직책은 산산조각이 나야 한다"고 공개적으로 선언한 그의 아내 장칭과 정면으로 대립하게 되었다. 그는 "사실 '장'들은 필요하다. 문제는 내용에 달려 있다"고 대답하여 자신의 독립성뿐 아니라 간부들에게 지도부의 역할이 필요하다는 것을 재확인시켰다.[35] 마오쩌둥은 더 이상 '권력 장악'이 실행된 후에 합법화하는 경우는 없을 것이며 먼저 당의 승인을 받아야 한다고 선언했다.

2월 말에 마오쩌둥은 장춘차오에게 상하이 공사를 '혁명위원회'로 개조하라고 지시했다. 이 위원회는 큰 도시에 있건 농촌 공사에 있건 대학·학교·신문 등의 기관에 있건 관계 없이 대중, 인민해방군, 그리고 태도와 행동이 '올바른' 간부들의 대표로 구성된 '삼결합'(三結合) 방식을 추구했다. 실질적으로 이것은 지역 지도부에서 산업노동자 대표를 상당수 배제하는 것을 의미했다. 예컨대 2월초 상하이 공사는 노동자 대표 5명, 농민 2명, 인민해방군 2명, 홍위병 1명 그리고 '혁명적' 간부 1명으로 구성된 일종의 운영위원회를 장춘차오의 지도 아래 설치했다. 2월 말 '혁명위원회'의 운영집단은 이와는 대조적으로 5명의 '혁명적' 간부와 6명의 인민해방군, 그리고 단 1명의 노동자 대표를 두었다. 유일한 노동자 대표 왕훙원(王洪文)은 방직공장의 젊은 간부이며 전에 '조반적' 노동자 총사령부에 대한 지배권을 행사했던 장춘차오의 충성스러운 협력자였다.

'2월 역류'의 지침 아래에서는 종종 중앙 당 지도자에 의해 직접 '탈권'이 조정되었는데, 그 예는 중앙정부 관료제의 여러 부에 대한 복잡한 일련의 공격을 조종했던 총리 저우언라이의 능력에서 잘 볼 수 있다. 파괴적인 폭력의 강도를 약화시키기 위해 저우언라이는 학생들에게 "수업을 재개하고 혁명을 수행하라"고 말하고 군대 인사들에게는 기초단위까지 내려가 모든 대학과 학교들에서 군사훈련을 확산하도록 했으며, 간부들에게는 "스스로를 개혁하고 공헌을 통해 자신의 실수를 보상하라"고 했다. 그 결과 너 극단적인 '조반적' 분열은 수그리들었지만 나라는 여전히 소란스러웠다.

새로운 삼결합의 주요 요소 가운데 특히 인민해방군은 정부구조 내에서 보다 확대된 역할을 수행하기 시작했다. 인민해방군 부대들은 새로운 혁명위원회를 전부 차지했을 뿐 아니라, 인민해방군 자체 조직을 뒤흔들거나 정화하려는 투쟁적인 조반파를 진압하기 위해 무력을 사용하기도 했다. 문화혁명 기간 동안 린뱌오와 인민해방군은 분쟁에 상당히 복잡하게 개입했다. 어떤 의미에서 그들은 '조반파'의 지도부이자, 『마오 주석 어록』 및 봉건적·부르주아적·서구적 요소를 척결하는 운동의 옹호자였다. 조직과 절차에서 명백히 평등주의적인 그들은 중국의 국경을 지키고 내전을 막는 임무를 맡은 직업 군대이기도 했다. 그러므로 인민해방군은 호전적인 홍위병의 급진적이고 과격한 행동을 지지하는 한편 군사장비나 비밀문서, 군수품 생산공장과 더불어 자신의 병사들은 홍위병의 간섭을 받지 않도록 했다. 또한 인민해방군은 거대한 다칭 유전의 기술장비를 홍위병이 점거하지 못하게 막았고, 홍위병 부대들—심지어 마오쩌둥의 조카가 이끄는 부대조차도—이 중국의 가장 명석한 물리학자들이 수소폭탄을 만들고 있는 비밀시설에 들어가지 못하게 했다.

장칭이 인민해방군 선전부장에게 "군대를 부르주아지의 군대로 바꾸었다"고 비난하자, 홍위병은 그녀의 주도 아래 그의 집을 공격했다. 그러나 저우언라이는 1967년 1월 말 900명의 고위 군사 지도자들의 모임에서 "군대의 위신을 깎으려" 애쓰는 자들에 대한 폭넓은 비난을 가함으로써 이에 즉각적으로 반응했다. 2월 초에 군 지도자들은 국경 군사지역은 문화혁명을 '동시에' 경험하지 않아도 된다는 마오쩌둥의 약속에 따라 이 지역들을 궁극적으로 혁명과정에서 제외했고 해군 함대와 해군·공군 훈련학교들에 대한 개입을 금지시켰다.

1967년 1월 말에 인민해방군에는 모든 '반동혁명조직'을 해체하라는 과업이 떨어졌다. 그들은 이것을 그들 자신(또는 그들의 정치적 동맹)의 조직적 이해와 첨예하게 대립하는 노선에 선 모든 군사적 혁명조직을 분쇄하라는 요구로 해석했다. 후난·광둥·안후이에서 인민해방군은 자칭 조반지휘부와 혁명조반노동자총사령부라는 반대파를 격파하기 위해 신속하게 이동했다. 쓰촨에서 조반파가 저항하자 인민해방군은 무력을 사용했고, 수천 명의 쓰촨인들이 죽거나 부상당했다. 푸젠에서는 조반파가 그곳의 인민해방군 사령부를 습격하자, 군부는 이것을 "부르주아 반동파의 새로운 반격"이라고 비난했다. 결과적으로 인민해방군이 수천 명의 푸젠 성 홍위병 활동가들을 체포했다. 이러한 숱한 대결에서 인민해방군에게 살해된 사람들의 수는 알 수 없으나, 강이 시체로 쌓인 것을 직접 보았다는 보고가 있었고, 수많은 시체가 홍콩 해변으로 떠내려왔다. 인민해방군 내의 관료집단을 정화하라는 중앙의 요청에 따라 조치를 취하고 있었던 사람들도 잔혹한 공격을 받자, 이번에는 베이징에 있는 문화혁명의 후원자들이 당혹감을 감추지 못했다. 좀더 자제하고 문화혁명의 진정한 의미를 이해하도록 촉구하는 수많은 지침이 인민해방군에게 하달되었다.

1967년 여름 동안 우한에서 인민해방군과 조반파 사이의 분쟁 가운데 가장 중요한 사건이 발생했다. 그 해 봄 인민해방군은 40만 명의 호전적 세력을 대변한다고 주장하는 급진적 홍위병과 노동자 조직의 지도자를 적어도 500명 가량 체포했다. 우한에서 계속된 투쟁은 대중적 항거와 단식 파업을 거쳐 대규모 작업중단으로 나아갔고, 마침내 무장충돌로 이어져 1천 명 이상의 시위자들이 군대에게 살해되었다. 문화혁명 지도부의 두 원로가 7월에 베이징에서 우한으로 가서 군대의 행동을 비난하자, 그 중 한 사람은 호텔에서 인민해방군 지지자들에게 납치되었고 지방군은 그를 구조하기 위한 어떤 조치도 취하지 않았다. 그는 베이징 당국이 공수부대와 해군 함대 그리고 증원 부대에게 우한으로 진격하도록 명령을 한 다음에야 풀려났다.

우한 사건은 그 해 여름 내내 중국의 많은 지역에서 계속되었던 인민해방군과 광범위한 범주의 '조반' 단체들 사이의 폭력과 대결을 야기했다. 노동자와 학생 사이의 대립적 분파들도 서로 공격을 계속했고, 인민해방군 무기고에서 탈취한 무기와 군수품을 사용하는 바람에 종종 참혹한 결과를 빚었다. 폭력은 특히 베이징과 광저우에서 심각했다. 이러한 대결은 결국 정부의 고위 인사들에게까지 퍼졌다. 1967년 8월 조반파가 외교부를 장악하여 모든 일상 업무를 혼란에 빠뜨리고 세계 도처의 부임지에 급진적인 외교관들을 '임명하기' 시작하자 진정한 탈권이 발생했다. 이러한 행동을 '반제국주의'적이라고 정당화하기 위해 조반파는 영국 대사관을 공격하여 불을 질렀다.

혼란이 걷잡을 수 없게 되자 1967년 9월경에는 마오쩌둥부터 저우언라이와 린뱌오, 그리고 장칭에 이르기까지 대부분의 지도자들은 사태가 용납할 수 없는 수준에 도달했다는 데 의견을 같이했다. 이전에 조반파와 그들 요구의 대표적 대변인이자 그들을 지속적으로 투쟁하도록 부추겼던 장칭은 이제 '초좌파적 경향'을 비난하고 인민해방군을 '프롤레타리아 독재'의 옹호자라고 칭송했다. 학생들이 분파를 이루어 서로 싸움을 계속하고 있는 동안 지도부는 학생의 지나친 행동을 막고 교정에 평온을 되찾기 위해 노동자 조직의 편으로 돌아섰다. 인민해방군은 전국적인 선전활동을 통해 이제 '주자파'(走資派, 자본주의를 추종하는 세력—옮긴이)에 대한 전면적 공격보다는 마오쩌둥의 저작에 대한 집중적인 학습을 촉구했다. 여러 성에서 전투를 벌이던 분파들과 복잡한 협상들이 체결되었고, 적대적 상황을 종식시키기로 합의하고 나자 분쟁에 쏟아부었던 열정은 이제 여러 혁명위원회의 대표 자리를 둘러싼 경쟁으로 치닫기 시작했다.

1967년 초 상하이에서 설립된 것과 같은 혁명위원회들이 각각 인민해방군, 대중, 그리고 '올바른' 간부들의 '삼결합' 방식으로 형성되었다. 성 정부와 베이징 부처들뿐 아니라 공사, 학교, 공장 등에서 위원회의 위원들은 누가 결정적인 목소리를 낼 것인지를 결정했다. 그러한 경쟁의 승자는 체제가 다시 바뀌기 전까지는 정치적 우위를 차지하게 되었다. 그럼에도 불구하고 1968년 여름—베이징의 칭화 대학 교정에서 5명의 노동자(질서를 잡기 위해 마오쩌둥이 보낸)가 학생들에게 총격을 받은 것을 비롯하여 무장 충돌로 사망한 사람이 수백 명에 달했다—까지는 질서가 잡힐 듯한 조짐은 보이지 않았다.

이러한 분열적인 사건들은 중국의 교육체계를 완전히 무너뜨렸고, 군대에 엄청난 부담을 안겨 주었으며, 중국공산당의 효율성과 사기를 결정적으로 약화시켰다. 당과 정치에 질서를 회복하려는 시도로서 1967년 말부터 1969년까지 새로운 운동이 벌어졌다. 계급대오정화운동(淸理階級隊伍運動)이라 알려진 이 운동은 마오쩌둥, 장칭과 그녀의 지지자들, 인민해방군, 그리고 충성스럽거나 지역 삼결합위원회의 통제권을 가진 간부들이 참여한 느슨한 지도자연합에 의해 조정되었다. 이 운동은 과거에 부르주아지와 관계가 있었기 때문에 '나쁜 요소'로 의심받았던 수백만 명의 간부와 '변절자나 간첩'(예를 들면 국민당이나 서양인과 관련된 사람들), 그리고 지주와 미전향 우익분자에 초점을 맞추었다. 용의자들에 대해서는, '혁명적 대중'에서 선발하여 새로 구성한 노동자 마오사상 선전단이 인민해방군이나 해당 혁명위원회와 공동으로 샅샅이 조사했다.

조사를 받은 사람은 누구나 마오쩌둥의 사상을 떠받들고 류사오치를 비난하는 이른바 연구반에서 엄청난 심리적 압박을 받았다. 이제 류사오치는 당의 주요한 적 가운데 한 명으로 지목당했다. 한때 혁명가 세대의 감동적인 교과서였던 류사오치의『훌륭한 공산당원이 되는 법』은 새삼 중상모략을 당했고 '수정주의적'이며 '부르주아적'이라고 비난받았다.(류사오치는 투옥, 끊임없는 심문, 육체적 학대 등으로 병들었지만 치료를 받지 못해 1969년에 죽었다.) 어떤 형태로든 과오에 대한 '고백'을 해야만 개인적 사면을 받을 수 있었으며, 침묵을 고수하거나 무죄를 주장하면 무서운 처벌과 끊임없는 집단 압력에 시달려야 했다. 한 자료에는 간결하게 "폭로하는 것이 폭로하지 않는 것보다 낫다. 빠른 폭로가 느린 폭로보다 낫다. 완전한 폭로가 소극적인 폭로보다 낫다. 만일 자신의 모든 범죄를 진실로 폭로하고 자신의 죄를 인민 앞에서 겸허히 인정한다면 관대하게 다루어져 올바른 행실을 지도받고 가족에게는 해가 미치지 않을 것"36)이라고 적혀 있다. 이 마지막 문구는 새로운 운동의 목적이 '나쁜' 계급성분을 가진 자들이 당을 오염시키는 것을 방지하기 위한 것이었기 때문에 더욱 의미심장했다. 급진적인 홍위병 조직의 가장 호전적인 구성원들 다수가 바로 그러한 성분 출신이었고 그들의 타고난 '혁명성'을 증명하기 위한 수단으로 문화혁명을 이용했기 때문에, 이 운동이 가족사에 초점을 맞추었다는 것은 조반파를 다시금 권력구조의 바깥으로 내몰 수도 있다는 것을 의미했다.

이러한 심사에는 술수를 쓸 여지가 많았고 조사단은 성분, 과거 공적, 현재 활동 사이의 정확한 균형을 주의깊게 가늠했다. 그 과정은 엄격하고 긴장되는 것이었지만, 결국에는 비교적 분명한 평결이 내려졌다. 연구반을 무사히 '졸업'할 경우에는 작업장으로 돌아갈 수 있는 자유의 몸이 되었다. 어떤 경우에는 더 연구하라는 지시를 받았다가 방면되기도 했지만, 연구반에서 나가라는 명령을 받으면(연구반에서 쫓겨나면) 곧 당에서 숙청되는 것을 의미했다.

수만 명의 간부와 지식인의 경우 이러한 조사는 고향에서 이루어지지 않고, 문화혁명 초기에 마오쩌둥이 중요한 지시를 내렸던 날짜를 따서 이름을 지은 5·7간부학교에서 특별히 진행되었다. 이 학교는 힘든 농업노동과 지속적인 자기비판, 그리고 마오쩌둥의 저작 연구를 결합하여 '학생들'에게 사회주의 혁명에 대한 이해를 심화시켰다. 사실상 그곳은 학교이자 감옥이어서 돌아다니거나 시간을 마음대로 활용할 수 있는 자유가 엄격히 제한되었다. 가족과는 종종 떨어져 살아야 했고, 노약자라도 건강한 사람들과 함께 일하도록 배치되었으며, 최소량의 음식배급과 가장 허름한 기숙사 시설을 할당받는 등 생활조건이 궁박했다. 간부들과 지식인들이 그들의 '학교'가 자리한 들판 주변에 있는 지역 농민들과 농업 생산량을 놓고 경쟁할 수는 없었기 때문에 작업은 대개 무의미했다. '학생들'이 농촌상황의 열악함에 대해 많이 배우기는 했지만, 생각이 근본적으로 변한 사람은 거의 없었던 것 같다. 60세가 된 베이징의 영어 교수 양장은 소설가이자 학자인 그녀의 늙은 남편 첸중수(錢鐘書, 그녀는 남편을 모춘이라고 불렀다)와 함께 그런 학교에서 2년을 지냈다. 그녀는 허난 성 남부에 있는 그들의 첫번째 5·7간부학교에서의 첫출발을 이렇게 묘사했다.

새해 4월 초에 청명절이 시작되었을 때, 간부학교가 밍강의 새로운 자리로 이전했다. 떠나기 전에 우리 전 생산대대가 마지막으로 야채밭에 집결하여 그 동안 심었던 모든 것을 뽑고 옮길 수 있는 것은 무엇이든 끌어냈다. 일을 끝내 자 트랙터가 와서 땅을 뒤엎어 밭이나 참호의 흔적이 남지 않도록 했다. 우리가 출발할 시간이 되자 모춘과 나는 마지막으로 한 번 더 보기 위해 몰래 되돌아갔 다. 초가집, 우물, 관개수로, 밭 등 모든 것이 사라졌다. 개울 둑 위의 평평한 흙 둔덕조차도 없어졌다. 남은 것이라곤 새로 뒤엎어진 넓은 땅뿐이었다.[37]

이와 같은 고된 노동과 끝없는 사상 주입을 병행하는 일은 문화혁명 기간 내 내 중국 전역의 마을에서 흔한 일이었다. 광둥 성의 한 작은 촌락공동체에 대한 자세한 연구가 이를 잘 보여준다. 천춘(陳村) 역시 정치적 긴장과 격변을 겪었 고, 그것은 두 가지 수준이 중첩되면서 일어났다. 첫번째 권력투쟁은 지역에서 이름난 두 농민 사이에서 일어났는데, 그들은 마오쩌둥과 공동체에 대한 사회 주의적 충성도를 증명하는 자신들의 기록을 지켜낼 수 있느냐 없느냐에 따라 지도자의 역할을 바꾸었다.(당시에는 청 왕조 때처럼 상황이 너무도 급변했기 때문 에 마을의 그 누구도 어떤 지도적 지위건 맡고 싶어하지 않았고, 농민들은 보갑의 장 이 되는 책임—그리고 위험—을 맡지 않으려고 도망치기도 했다.) 또 다른 수준의 투쟁은 천춘에 살면서 일하기 위해 '하방'(下放)한 학식 있는 청년과 마을 주민 사이에서 벌어졌다. 시골로 내려온 이들 청년은 고등교육을 받았기 때문에 종 종 정치적 토론을 주도했고(수많은 천춘 주민은 문맹이었다), 강력한 수준의 정치 적 비판과 대중의 인식을 고양시키기 위해 확성기—1966년 마을에 전기가 들 어온 이후 이용이 가능해진—를 사용했다. 이런 두 수준의 갈등 내부에는 헤아 릴 수 없이 많은 소소한 차이들이 있었다. 예컨대 특수한 '외양간'(牛木朋)에 격 리시켰다가 정기적으로 투쟁대상으로 삼았던 희생자에 대해서 마을 사람들은 '사구'(四舊)의 대표라고 생각했고 학생들은 '우파'라고 인식했다.

그러나 정치적 혼돈에도 불구하고 벽에 페인트로 쓴 구호와 마오쩌둥의 무 수한 등사판 초상화, 확성기 소리, 그리고 "다자이에서 배우자"는 반복되는 지 시 아래, 천춘에서는 일상적인 농사주기와 가족생활의 기쁨과 슬픔이 계속되었 다. '이기심'과 사적 생산을 버리라는 지시에 따라 마을사람들은 대약진 기간의 풍조로 되돌아가 과일나무와 작은 대나무숲, 어망, 심지어 새끼 밴 암퇘지까지도 공동 소유로 내놓았다. 모두가 서로를 잘 아는 농민들로 구성된 소규모 작업반들은 회계절차와 작업량을 할당하고 토지를 분배할 권력을 당분간 더 높은 수준의 생산대대에 빼앗겨야 했다. 이러한 변화에 대한 지역민의 우려에도 불구하고 천촌의 가장 뛰어난 농촌 노동자의 1968년 개인 수입은 지난 4년간 그 어느 때보다도 높았다. 또한 그들의 집단노동으로 이용 가능해진 새로운 자원들은 향후 마을사람들의 더 높은 수입을 보장할 수 있을 만큼 다양해졌다. 단 몇 년 사이에 천촌은 벽돌공장, 제분소, 땅콩기름 압축기, 소규모 설탕 정제소와 양조장 그리고 녹말제조공장을 지었다.

끼니 때마다 천촌 주민들은 마오쩌둥에 대한 거의 숭배에 가까운 의식을 거행하며, 그의 경구를 암송하고 홍위병 군가 「동방은 붉다」를 부르면서, 다음과 같은 짧은 기도를 큰소리로 외쳤다.

> 우리는 우리 가슴 속의 붉고 붉은 태양, 위대한 지도자 마오 주석의 장수를 기원합니다. 그리고 부주석 린뱌오도 영원히 건강하기를 바랍니다. 토지개혁으로 해방된 우리는 공산당을 결코 잊지 않을 것이며, 혁명 안에서 우리는 마오 주석을 영원히 따를 것입니다![38]

여기서 린뱌오에 내한 언급은 그저 형식적인 것이 아니었다. 진국당대회에서 마오쩌둥의 후계자로 선언된 1969년 이래 린뱌오의 명성은 계속 높아졌다. 같은 해에 인민해방군은 소련과 대치한 국경지방에서 여러 차례 심각한 무력충돌을 벌였다. 소련은 신장 서부 변경과 우수리 강변의 북만주에 많은 군대를 증파했고, 이에 따라 중국과의 긴장이 고조되었다. 이 충돌은 전면전으로 이어지지는 않았지만, 약 100명의 러시아인이 죽거나 부상당했고, 중국인은 800명이나 피해를 입었다. 이 전투는 중국 국내정책에 중대한 영향을 미쳤다. 극적인 전투소식이 반복해서 알려지면서 인민해방군의 영웅적 행위는 대중의 흥분을 불러일으켰고 반소감정을 강화시켰으며, 린뱌오의 군대가 말 그대로 중국 인민을 구원하는 것처럼 보이게 만들었다. 린뱌오의 명성은 중국 전역에서도 그랬듯이 천촌에서도 절정에 달했던 것 같다. 그러므로 1971년 말 마을의 당 지도자들이 공사 본부에 황급히 소집되어 린뱌오가 마오 주석을 배반했고 비행기 추락으로 사망했다는 놀라운 소식을 듣고, 이 사실을 비밀에 붙이기로 맹세한 뒤 돌아왔을 때 이들은 너무나 충격을 받은 나머지 완전히 얼이 빠졌다.

천촌 사람들은 마오쩌둥이 린뱌오에 대해서 다른 생각을 갖기 시작했다는 것과, 인민해방군이 당 고참 간부들에 대해 장기간에 걸쳐 숙청과 조사를 지휘했다는 것을 모르고 있었다. 마오쩌둥은 그만하면 적당히 흔들어 놓았다고 생각해서인지 당을 다시 강화하려고 모색 중이었으며, 또 다른 사람들과 함께 군이 체포와 조사 과정에서 '부주의'와 '오만'을 범했다고 비판하기 시작했다. 1970년 3월 마오쩌둥은 류사오치의 체포 이후 공석으로 남아 있던 국가 주석직을 폐지하기로 했는데, 이것은 린뱌오가 그 직위에 오를 수 없게 되었다는 것을 의미할 뿐 아니라 저우언라이가 총리로서 계속 린뱌오보다 상위에 있게 하겠다는 마오쩌둥의 의중을 드러낸 것이었다.

1970년 8월 마오쩌둥은 중국공산당의 재건을 위한 새로운 지침을 제시하면서 1960년대 초반부터 린뱌오와 인민해방군이 그토록 열성적으로 선전했던 혁명적 열정과 이념적 순수성이라는 기준을 빼 버렸다. 1971년 내내 마오쩌둥은 세 방면의 정책을 추진하기 시작했는데, 그는 후에 이를 "돌을 던지고, 진흙에 모래를 뿌리고, 주춧돌 밑을 판다"고 표현했다.[39] '돌'을 던진다 함은 린뱌오 밑의 고위 장교들 모두가 공개적으로 자기비판을 해야 함을 뜻한다. '모래'를 뿌린다는 것은, 린뱌오의 지지자들 일부를 제거하기 위해 공산당 중앙상무위원회 산하 중앙군사위원회의 인사이동이 단행됨을 의미했다. '주춧돌'은 베이징 군구의 무장군대를 뜻하며, 여기서도 마오쩌둥은 주요 인사를 교체했다. 마오쩌둥은 여전히 조심스럽게 움직이면서 인민해방군 내의 '불완전한 작업방식'을 비판하는 운동으로 한 단계 더 나아갔고, 난징과 광저우 지역 군사령관을 직접 방문하여 그들의 충성을 재확인했다.

후에 공산당에서 발행한 자료에 따르면, 자신의 정치적 야심이 무너지려 하자 다급해진 린뱌오는 마오쩌둥을 암살하기 위해 가장 가까운 동지들에게 도움을 청했다고 한다. 이 계획이 실패하자 그는 공포에 떨며 부인과 아들을 데리고 트라이던트 군용 제트기를 몰고 중국을 떠났다. 당 자료는 비행기가 소련을 향했으나 장거리 비행에 알맞은 양의 연료를 챙기지 못했다고 덧붙였다. 또한 조종사도 무전병도 태우지 않았다고 했다. 비행기는 1971년 9월 13일 몽골에 추락하여 탑승자 전원이 불에 타 죽었다. 나중에 중국 당국이 제시한 사진들은 그 진위가 의심스러웠고, 또 린뱌오의 정확한 계획과 다른 동조자에 대한 세부 사항이 모호했기 때문에, 이 이야기는 근본적으로 증명되기 어려웠다. 그러나 린뱌오의 정치적 삶이, 그리고 아마도 육체적 삶까지도 극적으로 막을 내렸다는 것은 분명했다.

린뱌오는 명실상부한 권력의 정상에 있었던 1969년 4월 1일 제9차 당대회에 참석한 대표들에게 한 연설에서 전 주석 류사오치가 "당을 배반하고 적에게 항복한 숨은 배반자이자 악한이었다"고 말했다. 1972년에는 총리 저우언라이가 '변절자, 배신자'는 바로 린뱌오였다고 선언했다. 톈촌 사람들이 다른 모든 이들과 마찬가지로 어리둥절해 했던 것은 놀랄 일이 아니다. "나는 마오쩌둥을 신뢰했었다. 그러나 린뱌오 역시 내 사고에 영향을 미쳤다"고 톈촌의 한 농민은 당시를 회상하며 말했다. 또 이 마을에 살도록 배정되었던 도시 청년들 가운데 하나는 이렇게 말했다.

류사오치가 끌려 내려올 때 우리는 지지했다. 그때 마오쩌둥은 아주 높이 올라갔고, 그는 붉은 태양, 아니 그 이상이었다. 그러나 린뱌오 사건은 우리에게 중요한 교훈을 주었다. 우리는 그 높은 곳의 지도자들이 오늘은 둥글다고 한 것을 내일은 평평하다고 말할 수 있다는 것을 알게 되었다. 우리는 체제에 대한 믿음을 잃었다.[40]

마을 사람들이 당혹스러워한 것은 충분히 이해할 만하다. 지도자들마다 처음에는 하늘까지 치켜올려졌다가 그 다음에는 격하됨에 따라, 중국인의 호인 기질은 가능한 모든 경계선을 넘어가 버렸다. 중국 사회의 가장 폭력적인 경향이 고개를 들었고, 기본적인 조직구조는 파멸점까지 도달했다. 대약진은 그 핵심에 의미 있는 경제적·사회적 전망을 지니고 있었다. 그러나 프롤레타리아 문화대혁명은 마오쩌둥도 중국공산당도 국가가 어디로 어떻게 가야 할지 알지 못했다는 것을 보여주었다.

V 세계와 더불어

1960년대 말 문화혁명의 지도자들은 소련과 서방 강대국 모두에게 등을 돌렸다. 중국은 자력으로 새롭게 정화된 사회를 창조하고, 마오쩌둥 사상의 활력이 가미된 창조적 형태의 마르크스주의를 실현하려 했다. 그러나 만일 중국이 새로운 기술적 도전─근해의 석유 자원 탐사와 같은─에 맞서려면 이런 복잡하게 뒤얽힌 접근법이 오래 지속되어서는 안되었다. 순수하기 이를 데 없는 수사가 계속되던 바로 그때에 밀사들은 미국으로 갔고, 이것은 미국의 리처드 닉슨 대통령이 중국을 방문하여 마오쩌둥을 만난 1972년에 결실을 맺었다. 이 두 인물은 미·중 관계의 현황과 타이완에 대한 입장과 관련된 공동성명을 발표했고, 중국은 선진기술의 도입을 위해 미국뿐만 아니라 일본·서독·프랑스와도 여러 협정을 체결했다.

그러나 중국의 지도자들은 무엇보다 새로운 수입비용이 너무 많이 늘어나 국제수지가 적자로 나타나자, 이 과정에 대한 현명한 대처방안을 놓고 의견이 엇갈렸다. 문화혁명 지도자들은 자력갱생의 표본으로 계속 다자이와 다칭을 들먹였지만, 정부는 외국기술의 유용성을 인정하는 방향으로 나아갔다. '린뱌오와 공자'를 표적으로 삼았던 새로운 이념운동은 많은 이데올로그들이 지나친 서구화나 마르크스주의적 가치의 폐기에 대해서 느꼈던 우려가 표면화되었던 것이다.

동시에 중국 인민은 당을 비판하고자 하는 성숙된 의지를 보였고, 1976년 봄 중화인민공화국 역사상 가장 규모가 컸던, 완전히 자발적인 시위가 베이징에서 일어났다. 시위자들은 정부에게 더 많은 개방과 독재의 종식 그리고 진정한 마르크스-레닌주의 정신으로의 회귀를 요구하였다. 경찰에게 진압당한 시위대는 1978년에 정부로부터 그 정당성을 인정받았으며, 이 사건은 민주의 벽 항거라고 알려진 그대로 정치적·지적 자유를 요구하는 도도한 새 물결로 이어졌다. 그러는 사이 마오쩌둥이 죽었고 국가는 새로이 급속한 경제발전에 착수했지만, 여전히 공업의 현대화, 농업의 현대화, 과학과 기술의 현대화 그리고 국방의 현대화라는 4개 현대화와 자력갱생을 결합한 전통적인 노선을 따르고 있었다.

1970년대 말, 중국의 경제생활에는 새로운 경향이 나타났다. 집단 내부에서의 자립이라는 오랜 이상은 지역적 주도권과 노동자의 의무를 강조하는 전략으로 대체되었다. 그 효율성을 입증한 시험계획에 따라 농가는 자류지로 경작할 수 있는 땅을 크게 넓혔으며, 자유시장에서 자유로운 가격으로 생산물을 팔 수 있게 되었다. 도시의 기업가들은 소규모 기업에 한해서 착취적이지 않은 사업을 할 수 있었다.

1982년 중국 역사상 가장 철저한 인구조사가 실시되었고, 이때 중국의 인구는 10억선을 돌파했다. 이 수치에 담긴 의미는 심상치 않았는데, 그 이유는 인구성장이 통제되지 않을 경우 농업이나 공업생산에서 이룩한 눈부신 발전도 나라 전체의 생활수준을 향상시키지 못할 것이기 때문이었다. 이 외에도 인구조사는 다른 몇 가지 문제점을 노출시켰는데, 소수민족의 높은 사망률이나 점차 줄어들고 있는 농경지의 인구밀도 증가 따위가 그것이다. 또한 연령별로 분석된 성비를 보면 중국 정부가 1가구 1자녀 정책을 농촌에서 새로 시행된 경제적 인센티브제와 결부시키면서 많은 가정에서 아들을 낳기 위해 여아를 살해하는 일이 발생했음을 추측할 수 있다.

중국이 가고자 하는 모험적인 새 길목은 정부의 구조적인 문제들로 가로막혀 있었다. 중화인민공화국 지도부는 마오쩌둥의 막강한 권위에도 불구하고 완전히 통합된 적이 결코 없었다. 그런데 그가 죽고 난 뒤 여러 해가 지나면서 중국 정부의 사업이 얼마나 커넥션·특혜·홍정·교환 등에 의존하고 있었으며, 관리와 지방정부의 모든 부문이 원활하게 기능하는 것이 얼마나 어려운지가 분명히 드러났다. 수십억 위안이 걸린 복잡하고도 장기적인 계약을 외국기업과 맺어야 하는 새로운 세계에서 이러한 구조적 문제들은 중국의 성장에 큰 걸림돌이 되고 있었다.

문화혁명의 구호와 실행을 지탱해 주던 마지막 남은 요소들이 매장당하던 바로 그 순간 새로운 경제적 발전은 놀라울 정도로 새로운 유형의 부패를 낳았고, 한편으로 서양의 문학·영화·미술·음악이 다시 소개됨으로써 지식인과 청년들 사이에는 교조적 마르크스-레닌주의에 환멸을 느끼는 사람들이 서서히 늘어났다. 이에 따라 문화활동이 활발히 분출하자 이번에는 반정신오염운동이라 명명한 정부의 가혹한 탄압이 또다시 이어졌다. 그러나 이 운동이 수많은 지식인들을 위협하고 있던 바로 그때, 정부는 공업과 농업 방면의 새로운 개인적 권리를 재확인하는 조치를 떠들썩하게 시행하면서 외국 투자가와 중국 기업인 모두를 안심시키는 법체계를 재도입하는 방향으로 움직였다.

이러한 복합적인 신호들은 모두 마오주의의 이상적인 전망이 소멸해 가고, 문화혁명기에 수많은 공산당원에 대한 대중들의 불신이 쌓이게 됨으로써 확실한 권위의 구심점이 없어졌다는 징표였다. 과거에도 공산당원들이 횡령을 하고 있었다는 사실은 의심할 여지가 없지만, 1985년경이 되면 부패의 규모가 더욱 커지고 있었다. 경제개혁으로 이익을 본 신흥 부유층의 소비재에 대한 갈망을 억제하고 값비싼 수입품의 암시장 거래를 막기는 어려워졌다. 중국 정부는 과거에 기대어 미래를 응시하는 기묘한 자세를 취하고 있는 것 같았다.

정부를 향한 학생과 지식인들의 불만은 1986년 말 폭발 직전에 달했다. 학생들은 계속되는 시위를 통해 정부의 규제에 항의하고 좀더 개방된 분위기에서 경제적 근대화가 진전될 수 있도록 중국 인민에게 민주적인 권리를 달라고 요구했다. 정부의 대응은 과거에도 그랬던 것처럼 당과 국가에 불복하였다는 이유로 학생들을 공격하고, 혁명적인 일치단결과 자기 희생이라는 신성한(그러나 이제는 낡아 빠진) 고정관념을 다시 고취시키려고 했다. 공산당의 총서기는 소요를 막지 못했다는 이유로 해임되었다. 그런데 정부는 아이러니컬하게도 모든 민주주의적 자유에 대한 요구를 짓누르는 반면, 새로운 공업이나 농업 기업체에 대해서는 법적으로 보호하여 활성화하는 방안을 채택하였다.

다수의 원로 혁명가가 1980년대 말에 물러났지만(또는 따돌림당했지만), 그들 대신에 등장한 새 지도자들은 중국 사회에 그토록 만연해 있던 모순을 결코 해결하지는 못했다. 지나친 부와 고도로 발달한 새로운 기술이 원시적인 생활조건과 공존했고, 더 많은 개방을 요구하는 목소리는 당으로부터 묵살당했으며, 만연한 경제적 부패는 소외된 사람들을 불안과 좌절로 빠뜨리는 뿌리깊은 연고주의와 정실인사로 이어졌다. 마지막으로 시위를 진압한 지 2년도 채 지나기 전인 1989년, 이러한 긴장은 다시 불거져 나왔다. 이제 대립의 강도는 인민공화국 역사상 유례가 없을 정도로 높아졌다. 5월 중순, 100만이 넘는 각계각층의 중국인이 베이징의 천안문 광장에 모여들어, 민주주의와 실생활 전반을 오염시킨 주범이 부패라고 규정하며 그 척결 문제를 놓고 정부 지도자와 면담을 요구했다. 베이징 시위자들은 33년간에 걸친 중·소 분쟁을 끝내려는 소련 지도자의 중국 방문을 완전히 무색케 만들면서 압박용 전술은 물론 단식투쟁까지 구사해 가며 자신들의 요구를 더욱더 강력히 밀고 나갔다.

중화인민공화국 정부는 이에 계엄령 선포로 대응했지만, 처음에는 베이징 시민이 시내로 들어오는 인민해방군 병사들을 용기있게 자발적으로 에워싸는 바람에 계엄령 집행이 저지되었다. 그러나 온건파보다 수적인 면에서 또 술책 면에서 우세했던 강경파 지도자들은 탱크의 지원을 받는 중무장 군대를 새로 불러들여 천안문을 향해 공격하도록 명령했다. 그로 인해 자행된 학살은 중국과 세계를 놀라게 했고, 삶과 표현의 다양성을 추구하던 이들과 여전히 1당체제의 국가통제 아래 모든 계획을 집중시키려던 사람들간의 차이를 더욱 극명하게 보여주었다.

이 사건이 주는 교훈은 지도자들이 국민의 정당한 불만에 좀더 건설적인 방식으로 대응하지 않는다면 중국의 미래에는 먹구름이 드리워질 것이라는 점이다. 만약 정부의 유일한 대답이 무력과 위협이라면, 항거와 억압의 악순환이 계속될 것이다. 현재를 과거에 저당 잡힌 중국에서 가장 오래된 인류의 투쟁 가운데 하나는 오늘의 고통으로 되풀이될 것이며, 억압을 종식시키고 미래를 활짝 열겠다고 약속했던 그 혁명적인 당은 진보의 가장 큰 장애물이 바로 자기 자신임을 발견할 것이다.

| 22장 | # 문호 재개방 |

닉슨의 방문

저우언라이가 과거의 외교정책과 어느 정도 일관성을 유지하고 외교부의 고위 인사가 비판당하거나 해임되지 않도록 노력했음에도 불구하고, 중국 외교정책 기조는 도전적이고 혁명적으로 되었다. 1965년 린뱌오는, 1948년과 1949년에 농촌혁명이 도시를 포위하여 목을 조였던 것과 마찬가지로, 이제 가난한 제3세계 국가가 초강대국과 여타 선진 자본주의 국가를 에워싸고 옥죄어 갈 것이라고 선언했다. 이 선언은 문화혁명기 동안 중국 외교정책의 기본이 되었고, 서구의 많은 관찰자들은 이것을 중국이 자본주의 국가를 약화시킬 전세계적인 격변을 주도하려는 것으로 해석했다.

그러나 이 선언은 어떤 공공연한 군사행동도 수반하지 않아 대체적으로 별 의미가 없는 것으로 드러났다. 이로써 중국은 투쟁 중인 다른 국가를 군사적으로 도와 줄 능력이 없음을 증명한 셈이었다. 그러나 린뱌오의 방식은 광범위한 해외의 급진적 저항세력들, 예컨대 아프리카와 중동의 가난한 나라나 테러리즘을 옹호한 팔레스타인 해방기구와 같은 아랍 민족주의 단체와 중국이 손잡는 것을 정당화시켰다. 중국 언론에는 중국 인민과 세계의 억압받는 인민의 고유한 동질성을 묘사하는 예언적인 글들이 등장했다. 일부 나이 많은 지식인들은 이런 글을 보고 5·4운동기 리다자오의 언설을 떠올릴 수도 있었는데, 그 당시 리다자오는 외국 제국주의가 중국 인민을 '프롤레타리아화'하고 있다고 말했기 때문이다.

중국은 내부적 혼란에도 불구하고 제3세계 국가의 주목할 만한 발전계획에 대해서는 원조를 계속했다. 마오 주석의 사상은 국제적인 혁명지침서로 숭배되었고, 그의 경구를 모은 작은 '빨간 책'은 수십 개의 언어로 번역되어 세계 각지에 수백만 부가 배포되었다. 어떤 중국 분석가는 심지어 쩡궈판과 리훙장이 태평군을 진압할 때 도움을 주었던 상승군의 영국 장교 찰스 고든이 1885년 하르툼에서 수단 반란군에게 살해당한 것은 아프리카 인민이 태평천국 희생자를 위해 고든에게 복수해야 할 필요성을 직감적으로 느꼈기 때문이라고 주장함으로써 역사적 보편주의를 가장 생생하게 보여주었다.

그러나 1960년대 말 중국은 1949년 이후 타이완의 국민당 정부가 차지하고 있던 유엔의 회원국 자리와 안전보장이사회의 상임이사국 자리를 빼앗기 위해 활발한 로비를 벌였다. 비동맹 세력의 도움으로 인민공화국의 주장은 매년 진전을 보았고, 미국을 중심으로 하는 반대파는 미국의 압력에도 불구하고 서서히 무너지고 있었다. 1971년 마침내 미국은 거부권 행사를 포기했다. 그 해 10월 유엔에서 인민공화국이 중국의 자리를 차지하고 타이완은 강제로 철수당했다.

이보다 훨씬 전에 미국은 인민공화국과 관계를 개선하기 위해 노력하고 있었다. 수년간 양국간의 교섭은 바르샤바에서 폴란드 주재 미국 대사가 중국 외교관과 가끔씩 회동하는 식의 단일 창구를 통해 우회적으로 이루어졌다. 중국에 대한 미국의 비관용적 태도를 재고한 케네디 정부의 유화적인 태도는 1963년 대통령 암살 이후 멈칫했다. 그러나 1966년에 다시 전기가 마련되었고 그 해 여름 미 국무성 장관은 중국의 일부 과학자와 학자가 미국을 방문할 수 있도록 허가하겠다는 뜻을 중국공산당 정부에 제안했다. 그러나 이러한 태도는 문화혁명의 시작과 시기적으로 일치했고 중국 정부는 이를 적대적인 강대국의 무의미한 선전책략으로 보고 단호히 거절했다.

그러나 1970년대에 접어들면서 마오쩌둥은 1969년 국경분쟁 이후 중국 국경에서 소련 군대의 계속적인 증가와 린뱌오의 야심에 대해 점점 더 우려하기 시작했다. 이에 장칭 등 문화혁명 지도자들의 혁명적·반제국주의적 구호에도 불구하고 미국과의 접촉을 재개해야겠다는 생각이 중국 지도자들 사이에 확산되었다. 다칭 유전과 기술적으로 숙련된 석유공업부의 임직원들 또한 진보된 서양기술에 대해 중국이 더 이상 거부하지 않도록 적극적인 로비를 펼쳤다. 이러한 인물들 다수는 마오쩌둥에 의해서 1964년에서 1966년 사이에 경제 입안자로 기용되었지만 1960년대 말 홍위병에게 시달리거나 5·7간부학교로 보내졌다. 1970년대 초에 이르면 그들이 개발했던 유전이 중국 경제에서 유일하게 성장한 분야라는 것이 판명되었고, 마오쩌둥은 린바오와 완전한 자력갱생을 주장하는 조반파들 일부에게 등을 돌리고 '석유그룹'을 다시 복귀시켰다. 그들은 중국의 최고 지도자들이 원하는 정도로 원유를 생산해 내려면 해안 탐사와 시추를 대대적으로 추진할 필요가 있다는 것을 알고는 있었지만, 중국은 그럴 자원도 기술도 없었다. 따라서 외국의 기술이 필수적이었고 석유 탐사기술에 관한 한 미국은 세계적으로 공인받는 선진국이었다.

1970년 1월 135차 바르샤바 정례 회의에서 중국은 타이완의 지위에 대해 격분해 왔던 통상적인 대화 유형을 깨고, "고위급 수준 또는 양측이 수용할 수 있는 창구를 통한" 회담의 가능성을 언급했다. 동시에 미국도 "귀국 관리와 직접 논의하기 위해 대표를 베이징에 파견하는 방안을 검토시킬" 것이라고 발표했다.[1] 뒤이어 파키스탄 정부의 중재 노력이 있었으나, 중국이 캄보디아 '난민촌'의 북베트남군에 대한 미국의 폭격—베트남 전쟁을 확대시키는 계기가 되었다—을 중대 사태로 인식하면서 잠시 중단되었다. 리처드 닉슨 대통령이 상당수의 미군을 철수하자 다시 자신을 얻은 중국은 10월 1일 결정적인 '신호'를 닉슨에게 보냈다. 마오 주석은 미국 언론인이자 『중국의 붉은 별』(1938)의 저자로 유명한 에드거 스노우를 초청하여 베이징에서 열린 중화인민공화국 창립 21주년 기념식에서 자신의 옆에 서도록 배려했다. 그러나 불행하게도 미국 정부는 이것이 신호였다는 사실을 전혀 눈치채지 못했다. 이 상태는 1970년 12월에 중국측이 파키스탄 정부를 통해 닉슨의 안보담당 보좌관 헨리 키신저에게 편지를 보내는 더 직접적인 방법을 다시 취할 때까지 계속되었다. 이후 양측 사이에 추가로 물밑 교섭이 진행된 뒤에, 1971년 4월 갑자기 중국은 당시 일본에서 경기 중이던 미국 탁구 선수단에게 친선경기차 중국을 방문하도록 초청했다. 이 제안은 공공연하고도 노골적이어서 놓치기에는 너무나 아까운 기회였다. 며칠 뒤 '핑퐁 외교'의 시대가 개막되었다.

처음에 키신저는 미국 국민과 의회, 국무성, 심지어 국무장관에게까지도 협상내용을 감춘 채 1971년 7월 중국을 방문하여 개인적으로 저우언라이를 만나 닉슨 대통령의 중국 방문에 대한 세부사항을 논의했다. 협상을 지원하기 위해 재무성과 다른 부서들은 미국 달러의 중국 송금 금지를 해제하고(중국계 미국인들은 이때부터 본토의 친척들에게 돈을 보낼 수 있었다), 미국기를 달지만 않는다면 미국인 소유의 배라도 중국으로 상품을 운반할 수 있도록 했으며, 한국전쟁 이후 처음으로 중국 수출품의 미국 반입을 허락했다. 미국의 캄보디아 폭격이 계속되고 베트남 전쟁에서 미국의 이중성을 극적으로 묘사한 국방성 보고서가 발표되었으며, 국무성 관리들이 중국을 유엔에서 몰아내려고 끈질기게 노력하고 있었음에도 불구하고 키신저의 임무는 결실을 맺었다. 7월 15일에 캘리포니아에서 닉슨 본인이 라디오와 텔레비전을 통해 중국 방문을 공식적으로 발표했는데, 날짜는 정하지 않은 채 그저 '1972년 5월 이전'이라고만 했다. 중국도『인민일보』1면에 작은 박스 기사로 방문이 있을 것임을 알렸다.

나중에 키신저가 회고록에서 지적했듯이, "앞으로 벌어질 일은 어느 정부보다도 타이완 정부에게 가장 의미심장한 일이었다."[2] 한국전쟁 첫해에 트루먼 대통령이 인민공화국의 침공이 있을 경우 타이완을 보호하겠다고 결정한 이래 타이완은 미국의 강력한 연합국이었으며, 미국에게 귀중한 태평양 미사일 기지를 제공해 왔고 미국의 대규모 원조와 무역 혜택을 입고 있었다. 장제스는 한편으로는 미국의 충고로, 또 한편으로는 자신의 생존과 직결된 이해관계에 따라 1950년대와 1960년대에 철저한 개혁을 단행했다. 그는 농민들이 싼 가격에 토지를 이용할 수 있게 하여 대토지 소유를 감소시켰으며, 국제적 경쟁력을 갖출 수 있도록 선별적으로 벤처기업을 지원했다. 그러나 1948년과 1949년에 본토에서 피난 온 200만 명의 국민당 지지자들이 타이완 정부를 지배하고 있었다. 1895년부터 1945년까지 일본에 종속되어 있었던 이전의 타이완 정착자들은 자신들이 국민당에 가담할 경우 새로운 개혁 아래 경제적으로 번영하고 신분상 승도 꾀할 수 있긴 하지만 독립적인 정치활동은 금지되었다는 사실을 알았다.

타이완 문제는 미국에서도 민감한 사안이었던 만큼 어떠한 대가를 치르고서라도 본토의 위협으로부터 장제스를 비호해야 한다는 '중국 로비'가 활발히 계속되었는데, 그도 그럴 것이 중국 공산주의에 대해 '온건하다'는 비난만으로도 아직 불씨가 남아 있는 매카시즘의 잿더미에 다시 불을 댕길 수 있었기 때문이다. 아마도 리처드 닉슨처럼 공산주의에 대해 강력한—심지어 무자비하기까지 한—적개심을 표출해 온 전력을 지닌 공화당 대통령만이 의회와 정부의 대립 속에서 은밀한 방법으로 그런 위험한 결정을 내릴 수 있었을 것이다. 그러나 인민공화국과 타이완 양측 모두 한쪽이 전체를 대표하는 기본권리를 부인하는 '두 개의 중국'이라는 해법에 강력히 반발할 터이므로 협상은 쉽게 이루어지지 않을 것처럼 보였다. 닉슨의 중국 방문 발표가 유엔에 미칠 영향은 예견할 수 있었다. 10월 말 총회에서 타이완이 유엔에서 의석을 유지하도록 하자는 미국 측의 제안은 반대 59, 찬성 55 그리고 기권 15로 거부되었고, 중화인민공화국은 정식 투표를 통해 그 자리를 이어받았으며, 타이완 대표는 추방당했다.

닉슨 대통령은 일부 고위 참모들이 기대했던 것처럼 흔들리는 자신의 이미지를 미국 텔레비전을 통해 높여 줄 베이징의 환영인파를 만나지는 못했다. 대신 그가 1972년 2월 21일 아침 베이징 공항의 활주로에 발을 내딛고, 마중 나온 저우언라이 총리와 공개적으로 악수(18년 전 제네바에서 덜레스가 저지른 무례를 만회하는)를 했을 때, 그곳에는 짧게 도열한 중국 장교들과 강렬한 인상을 주는 검소한 복장의 의장대가 서 있을 뿐이었다. 미국인들이 묵을 영빈관을 향해 차량행렬이 지나갈 때 거리는 텅 비어 있었고, 자금성 앞의 드넓은 천안문 광장 역시 황량하기는 마찬가지였다.

닉슨은 그날 오후 마오쩌둥을 만나러 갔다. 마오쩌둥은 환영이 신중했던 이유를 설명하면서 '반동집단'이 미국과의 어떤 공식적인 접촉도 '반대'하기 때문이라고 언급하고, 그것이 린뱌오임을 분명히 했다. 또한 마오쩌둥은 장제스 역시 회담을 반대했다고 농담을 건넸다. 또 다른 비공식적 언급—그러나 미리 주의깊게 준비된 것이 틀림없다—에서 마오쩌둥은 닉슨에게 "미국의 선거기간 동안 나는 당신이 투표에서 이기리라고 예상했습니다"라고 말하고, '우파'는 비교적 예측가능하다는 점을 지적하며 이를 뒷받침했다. 닉슨이 마오쩌둥의 글이 "한 국가를 움직였고" "세계를 변화시켰다"고 아첨하려 하자, 마오쩌둥은 "나는 세계를 변화시킬 수는 없었습니다. 나는 베이징 안의 몇몇 장소를 변화시킬 수 있었을 뿐입니다"라고 대답했다.[3] 통상적인 중국의 관례와는 정반대로 마오쩌둥과의 이 회담은 녹화되었고, 중국 국영 텔레비전에 10분 정도 방영되었다. 중국 신문들도 사진을 여러 장 실었다.

대통령과 수행원들이 만리장성과 베이징 외곽의 명대 고분을 방문하고, 끝없이 반복되는 연회를 견뎌 내는 동안, 중국과 미국의 협상자들은 장시간의 비밀 회의에서 닉슨 방문의 외교적 실체를 다듬어 나갔다. 타이완의 지위를 어떻게 할 것인가 하는 문제와, 대중국정책의 변화가 5월에 미국과 정상회담이 예정되어 있던 소련에 어떤 영향을 미칠 것인가 하는 문제가 중심 사안이었다. 그 결과 양국의 중요한 정책 변화를 암시한 선언서가 1972년 2월 28일 닉슨이 상하이를 방문하면서 발표되었다. '공동성명' 형식으로 제시된 이 문서는 세계정치에 대한 미국과 중국의 관점을 상호 조정 없이 각각 요약해 놓았다. 그 문서에 밝혔듯이 '미국측'은 베트남 전쟁에서 미국의 역할이 베트남 문제에 대한 '외부 간섭'이 아니라 '개인의 자유'에 대한 기여라는 미국의 견해를 재확인했다. 또한 미국은 남한에 대한 계속적인 지원을 보장했다. '중국측'은 "억압이 있는 곳에 저항이 있다"며 "각 국가에서 모든 외국 군대는 철수해야 한다"고 선언했다. 또한 중국은 한국이 북한이 제안한 방식에 따라 통일되어야 한다고 주장했다.

타이완 문제에 대해서 상하이 성명은 중국과 미국이 서로 다른 "사회체제와 외교정책"에 기인한 명백한 의견 차이가 있었으며 완전한 동의는 불가능하다고 조심스럽게 덧붙였다. 중국은 자신의 주장을 다음과 같이 명시했다.

> 타이완 문제는 중국과 미국 사이의 관계 정상화를 가로막는 심각한 문제이다. 중화인민공화국 정부는 중국의 유일한 합법적 정부이다. 타이완은 모국에 귀속된 지 오래된 일개 성(省)이며, 타이완의 해방은 중국의 내부문제로서 다른 국가가 간섭할 권리가 없다. 그러므로 미군과 군사기지는 타이완에서 모두 철수해야 한다. 중국 정부는 "하나의 중국, 하나의 타이완", "하나의 중국, 두 개의 정부", "두 개의 중국", '타이완 독립'을 목표로 하는 모든 활동과 '타이완의 지위는 반드시 유지되어야 한다"는 선전에 단호히 반대한다.

미국은 성명서에 자신의 해석을 이렇게 적었다.

미국은 타이완 해협 양측의 모든 중국인이 오직 하나의 중국에 속해 있으며, 타이완은 중국의 일부라는 주장을 인정한다. 미국 정부는 그러한 입장에 반대하지 않는다. 미국 정부는 중국인 스스로가 타이완 문제를 평화적으로 해결하는 데 관심이 있음을 재확인한다. 이러한 전망을 염두에 두면서 타이완으로부터 모든 미국 군대와 군사기지를 철수하는 것이 궁극적인 목표임을 확신한다. 그때까지 미국은 이 지역의 긴장이 완화되는 대로 타이완에 있는 군대와 군사시설을 점진적으로 줄여 나갈 것이다.[4]

성명서의 끝부분은 '과학, 기술, 문화, 스포츠 그리고 언론'에서 더 많은 '국민 대 국민의 접촉과 교환'의 필요성을 제안했고, 양국 사이의 무역이 증진되어야 한다는 데 동의했으며, '미국의 고위 대표'가 '수시로' 베이징을 방문해야 한다고 되어 있다.(중국은 뉴욕에 유엔대표를 둠으로써 미국 영토에 영구적으로 고위 외교관을 두게 되었다. 미국은 외교적으로 아직은 타이완이 중국을 대표한다고 인정했기 때문에 타이완은 워싱턴에 대사관을 유지했다.) 마지막으로 중국과 미국은 '아시아와 세계의 긴장 완화'와 '양국의 관계 정상화'를 위해 노력하기로 했다.

이것은 외교사에서 주목할 만한 순간이었다. 마오쩌둥은 문화혁명의 참화와 린뱌오의 죽음 이후 질서를 회복하려 애쓰고 있었고, 이미 노환의 징후를 상당히 보이고 있었다. 닉슨은 베트남 전쟁에 대한 국내의 반감 속에 자신의 인기가 시들어 가고 있다는 것을 알았고, 결국 그를 워터게이트 사건에 몰아넣어 대통령직을 박탈하게 되는 야당의 의심도 이미 상당히 커지고 있었다. 그러나 두 사람은 국제질서를 재편할 기회가 왔음을 인식했고, 그 기회를 놓치기보다는 잡기로 결심했다. 아마도 1689년 네르친스크 조약, 1842년 난징 조약, 그리고 1895년의 시모노세키 조약 등이 중국 인민에게는 더 즉각적이고 극적인 결과를 가져왔을 것이다. 그러나 이 1972년의 협의는 비록 신중하고 간결한 내용이었지만 중국의 대외관계에서 그 어느 조약 못지않게 중요한 전환점으로 평가할 수 있다.

공자와 린뱌오 비판(批林批孔)

당대와 미래의 중국 정치에서 문화혁명 지도자들의 중요성을 강조하려는 듯, 상하이 성명 발표 전날인 2월 27일에 닉슨 대통령과 수행원의 환송 만찬을 주재한 사람은 상하이 혁명위원회 의장을 맡고 있던 정치인이자 이론가인 장춘차오였다. 그는 연설에서 상하이 인민은 "독립을 유지하고 스스로 주도권을 행사하며 자신의 노력에 의존한다"⁵⁾는 주장을 펼쳤는데, 이것은 마오쩌둥의 가르침에 입각한 것이라고 설명했다. 이와 같은 자력갱생이라는 마오주의적 가치의 강조는 상황으로 볼 때 필수적인 것이었지만, 아마도 장춘차오와 청중은 미국이 소련과의 계속되는 적대적 관계 때문에 중국의 경제적·전략적 입지를 강화시켜 줄 것으로 이해했던 것 같다.

1973년 8월 베이징에서 개최된 중국공산당 제10차 대회에서 36세의 전직 상하이 방직공장 노동자 왕훙원이 최고 통치기구인 중앙정치국의 상무위원으로 임명됨으로써 문화혁명의 지도력은 더욱 강화되었다. 장춘차오는 이미 상무위원회의 일원이었고, 야오원위안 또한 핵심은 아니었으나 정치국에 있었기 때문에 마오쩌둥의 아내 장칭과 관련을 맺고 있던 문화혁명 지도자들은 굳건한 위치를 장악하고 있었다.(닉슨의 방문 기간 동안 그에 대한 장칭의 적대감은 노골적이었던 것 같다.) 그러나 린뱌오의 명예스럽지 못한 행동 때문에 정치는 혼란스러워졌고, 195명의 중앙위원회 위원 가운데 인민해방군 소속이 89명에서 44명으로 줄어들었다. 이들 문화혁명 지도부에 의해 숙청되었던 40명의 중앙위원들이 복귀하자 이전의 분쟁이 재연될 조짐이 보이기 시작했다. 이때 복권된 사람 가운데 하나가 바로 덩샤오핑이었다.

게다가 도시와 농촌에서 거는 정치적 기대는 수년 전과 달라졌다. 1966년 류사오치가 실각했을 때, 그가 국가 주석이자 40년 넘게 마오쩌둥의 측근이었음에도 불구하고 이 소식은 중국 전역에서 별다른 저항없이 받아들여졌다. 그러나 천촌의 농민들이 분명하게 말했듯이 린뱌오의 실각, 그의 배신 혐의와 죽음은 이해하기 힘든 것이었다. 린뱌오는 문화혁명의 계획과 실행의 한가운데 서 있었고, 마오쩌둥 『어록』의 서문을 썼으며, 1969년의 당헌은 그를 마오쩌둥의 선택된 후계자로 규정했다. 그렇다면 당은 어떻게 설득력 있게 그를 비방하면

문화혁명기 동안 헤이룽장 성의 얼어붙은 쓰레기 처리장에 있었던 노동수용소(스즈민 촬영)

구이저우 성에서 '위대한 조타수'를 경축하는 린바오의 인빈해방군 행렬

문화혁명기에 하방된 학생들. 난닝, 1965년(마크 리부드 촬영)

혁명 가극 「홍등」 초연 때 출연진과 함께 한 마오쩌둥(왼쪽), 린뱌오(가운데) 그리고 장칭(오른쪽). 1968년 7월

미국의 베트남 개입에 반대하기 위해 베이징에 모인 학생 홍위병과 군중의 시위

베이징 거리에서 '정치 소매치기'로 낙인찍힌 사람을 행진시키고 있는 홍위병, 1967년 1월

1966년 8월, '사구'(四舊)—구문화·구풍속·구사상·구습관—에 반대하는 운동에서 홍위병은 건물과 예술품, 이런 사찰을 수없이 파괴했다

'린바오와 공자 비판'. 1973년 이 농민화는 린뱌오와 공자를 비판하기 위한 산시 성의 한 지역대중집회를 묘사하고 있다.

천안문 사건. 1976년 4월　수천 명의 중국인들이 인민영웅기념비 주변에 모여 저우언라이를 추모하는 화환을 바치고 있다.

장춘차오

장칭

왕훙원

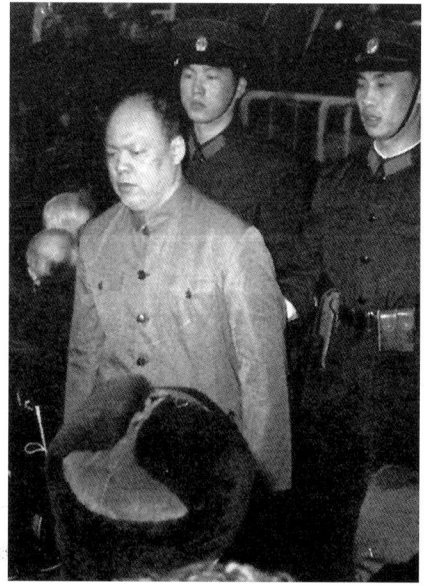

야오원위안

1976년 10월 6일, 화귀펑과 베이징 군사령관 왕둥싱은 사인방을 체포했다. 이 사진은 1981년 재판 때의 모습이다.

덩샤오핑. 두 번의 실각과 두 번의 복권을 거치면서 1978년 말 중국의 최고 지도자로 부상했다

덩샤오핑의 측근 자오쯔양은 총리로 임명되었고
1980년 정치국 상무위원의 자리에 오르게 되었다

역시 덩샤오핑에게 통치수업을 받은 후야오방(가운데)은 1980년 당 총서기이자 상무위원회 위원이 되었다
왼쪽부터 천윈, 덩샤오핑, 후야오방, 리산녠, 자오쯔양.

민주의 벽에 나붙은 대자보, 1979년

「원명원의 신생활」, 황루이 작, 1979년
문화혁명 직후 중국인의 애국심의 한 표현인 이 유화는 건륭제의 여름별궁의 폐허를 실물처럼 재현하고 있다.

웨이징성의 재판. 1979년 10월   검찰관이 웨이징성에게 잡지 『탐색』 한 부를 들어 보이고 있다. 웨이징성은 반혁명적인 글을 출판했다는 죄로 고발되어 징역 15년형을 선고받았다.

'경축 민주의 벽 탄생 1주년'. 1979년 11월
이 베이징의 대자보에는 웨이징성의 재판에서 증거물로 제시된 책자를 판매하고 있음을 알리고 있다.

'팔대〔八大〕(TV, 냉장고, 오디오, 카메라, 오토바이,
가구 세트, 세탁기, 선풍기) 중 하나를 얻고 기뻐하는
베이징의 한 젊은 부부

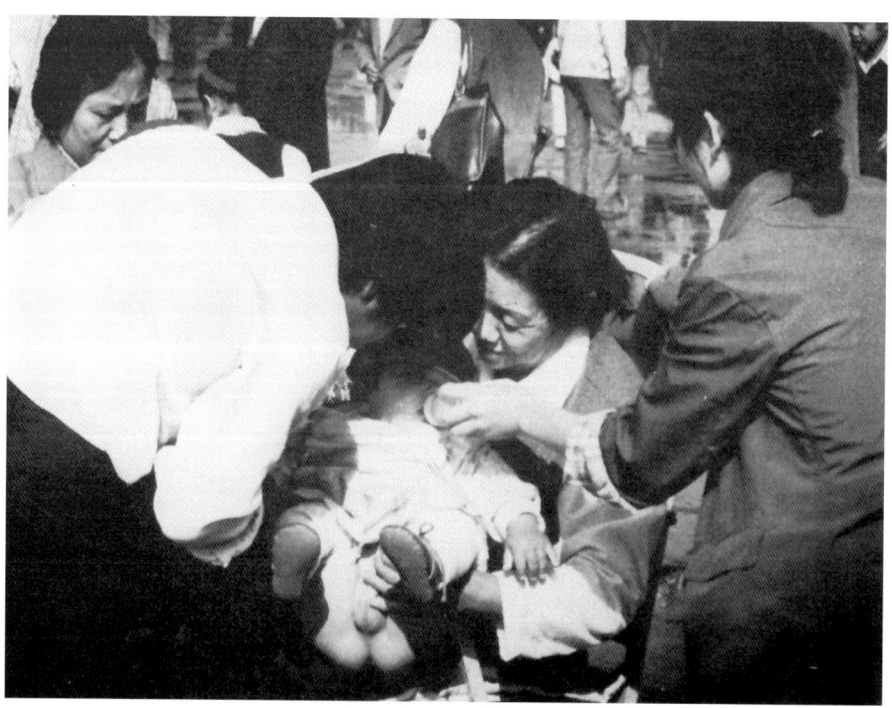

많은 가족의 관심을 받고 있는 한 '어린 황제'

민주주의를 요구하는 학생시위, 상하이 인민광장, 1986년 12월 20일

천체 물리학자이자 안후이 성 허페이 대학 부총장 팡리즈
1986년 12월의 학생시위에 이어, 팡리즈는 '부르주
아 자유화'를 옹호했다는 죄로 고발당했다. 그는 중
국공산당에서 제명되고 모든 교권을 박탈당했다.

중국 경찰서에 돌을 던지며 시위를 벌이는 티베트인들. 라싸, 1987년 10월
계엄령 선포 후 중국 군대는 독립을 주장하는 시위를 진압했다.

1987년 10월에 열린 중국공산당 제13차 대회에서 새로운 정치국 상무위원이 임명되었다
왼쪽부터 당 총서기 자오쯔양, 리펑(곧 총리에 오름), 차오스, 후치리 그리고 야오이린. 모두 양복차림이다.

1966-1976년, 중국공산당 당원수[6]

연도	중국의 인구	증가율	공산당 당원수	증가율
1966	7억 5,000만(추정)		1,800만	
1969	8억 600만	7.5	2,200만	22.2
1971	8억 5,200만	5.7	1,700만	-22.7
1972	8억 7,000만(추정)	2.1	2,000만	17.6
1973	8억 9,200만	2.5	2,800만	40.0
1976	9억 2,500만(추정)	3.7	3,400만	21.9

서도, 당의 신뢰성을 계속 유지할 수 있었던 것일까?

특히 마오쩌둥은 이 문제와 직접적인 이해관계를 갖고 있었는데, 그는 린뱌오의 죽음을 설명하는 방식을 둘러싸고 신뢰를 잃었으며, 1966년 이후 권력의 정점에 가까이 갔던 장칭, 야오원위안, 장춘차오, 왕훙원 등의 경우도 마찬가지였다. 또한 같은 기간에 권력을 얻게 된 수만 명과 당에 새로 가입한 수백만의 당원도 이해관계가 얽혀 있었다. 이 기간에 중국공산당 당원수의 증감을 보면 문화혁명 초기에는 신규 당원의 수가 급격히 증가하고 그 후로는 운동에 적대적인 이들의 숙청으로 감소한 뒤 다시 당원이 넘쳐나는 양상을 보여주고 있다. 1972년과 1973년의 두번째 급증은 마오쩌둥의 뒤를 이어 중국의 통치자를 꿈꾸는 문화혁명 지도자들이 권력기반을 강화하기 위해 추가로 신규 당원을 가입시키고 이전에 물러났던 당원들이 복귀했기 때문에 나타난 현상이다.

당의 권위를 유지한다는 어려운 과업에 대하여 공산당이 어떻게 대응했는지는 린뱌오 비판운동을 통해 추적해 볼 수 있다. 린뱌오가 죽은 후 지방의 당 지도자들은 특별한 형태의 계획된 운동이 전개될 것에 대비하여 경계태세를 늦추지 않았지만, 처음 수개월 동안 공식적으로는 그의 이름을 거론하지 않았다. 대신 언론, 당 기관지, 라디오 방송국들은 이름이 밝혀지지 않은 자들을 향해 '류사오치와 같은 사기꾼' 또는 '사이비 마르크스주의 정치 협잡꾼'으로 규정하는 연속적인 공격을 가하기 시작했다. 이 '사기꾼들'의 죄는 "혁명에 반대하기 위해 무질서를 부추기고 대중을 물들이고자 무정부주의의 망령을 이용하려고 했으며," "기만적으로 극 '좌파' 성향의 사상을 자극하고 집중 없는 민주제와 규율 없는 자유를 원했다"는 것이었다.[7] 1973년 초 일부 문화혁명 지도자들은 그러한 비방운동이 마치 그들 자신이 한 행동을 비난하는 것처럼 부자연스러웠기 때문에 아마도 실패하리라고 생각했을 것이다. 이때가 되면 중국 인민은 사기꾼의 노선이 좌파가 아니라 수정주의이며, 그와 같은 사기꾼들이 "특정 시기 특정 사안에 대해 우파적 본질을 감추고 극단적인 '좌'파의 외양을 띤다"는 경고를 들었다. 이러한 사기꾼들의 목표 가운데 하나는 "타도당한 지주와 부르주아지의 복귀를 추구하는 반혁명적 열망"이었다.[8] 중국 인민 모두가 이러한 공격이 린뱌오를 겨냥하는 것임을 깨닫고 있었음에 틀림없지만, 저우언라이가 이것을 공식적으로 대중에게 밝힌 것은 1973년 8월 제10차 당대회에서였다. 그러나 저우언라이는 린뱌오가 정확히 무슨 일을 저질렀고 어떻게 그런 일을 할 수 있었는지, 또는 그의 행동에 어떤 역사적 전례가 있었는지 납득할 만한 설명을 하지 못했기 때문에, 청중에게는 대부분 비논리적으로 들렸을 것이다.

　제10차 대회의 소집과 거의 같은 시기에 새로운 대중운동이 시작되었는데, 그 표면적인 공격 대상은 공자라는 인물과 공자가 주장하는 인본주의적이고 보수적인 가치였다. 중국의 학자들은 문화혁명, 관료제, 그리고 사회에서 노동이 차지하는 역할과 명확히 연계되어 있는 공자에 대한 논문을 출판하기 시작했다. 공자는 새로 떠오르던 봉건지주와 그들의 지지세력인 법가(法家)를 싫어했던 몰락한 노예 소유 귀족을 대표하는 인물로 묘사되었다. 기원전 5세기에 경제·사회 발전의 맥락에서는 노예제 사회에서 봉건제 사회로의 변화가 '진보'였기 때문에(뒤에 봉건제에서 자본주의로의 이행이 진보이듯이) 공자는 분명히 반동분자였다는 것이다.

　1973년 말 출판된 또 다른 논문들은 공자에 대한 비판을 기원전 221년에 중국을 통일했던 진시황(秦始皇)에 대한 찬양과 연결시켰다. 진시황은 종래 중앙집권적 질서라는 이름 아래 엄청난 고통을 초래했던 전제군주로 비난받았으나, 1973년에 학자들은 진시황과 그를 지지했던 법가를 칭송하라고 촉구했다. 학자들은 그가 공자의 책을 불태우고 유학자들을 생매장한 것(焚書坑儒)과 같은 폭정조차도 '지주 계급의 독재'를 굳건히 하기 위해 필요했다고 주장했다. 『홍기』는 5·4운동의 가장 유명한 학자 가운데 하나인 후스를 "변절자이자 배반자인 린뱌오"의 견해와 유사한 공자를 옹호한 인물로 묘사했다.(교육받은 중국인 독자였다면 후스가 나중에 공산당보다는 국민당에 동정적이었으며 1940년대 초반에 위싱턴에서 장제스의 대사로 활동했음을 알고 있었을 것이다.) 린뱌오는 "오늘날 중국의 유가(儒家)"의 하나라고 (누군가 요점을 놓쳤을 경우를 대비해) 확실하게 지적했다.9)

1974년경 이 '비림비공'(批林批孔) 운동은 중국 전역에 걸친 대중운동이 되었다. 이 운동은 1950년대 초반 통합기의 반후펑 운동이나 문화혁명으로 이어진 반우한 운동을 떠올리게 하는 방식으로 당의 소조, 대학, 인민해방군과 지방군구, 그리고 인민공사와 공장 등에서 대중집회와 격렬한 집단토론을 유도하는 데 역점을 두었다. 비록 그러한 운동의 홍수 속에서 중국 인민은 신물이 나거나 냉소적이 되었지만 연구회에 참석하여 지역 간부들과 함께 필독서들을 읽지 않을 수 없었다. 이때 중국을 방문하기 시작한 상당수의 서양인과 학계 인사들은 이 운동의 본질과 중요성, 그리고 중국사의 최근 사건들을 이해하는 것이 얼마나 중요한지에 대해 끝없이 설명을 들어야 했다. 갈채를 받은 교향악단과 서양 독주자의 연주회를 필두로 다시 중국에 침투하기 시작한 서구의 가치에 대한 보다 광범위한 공격을 암시라도 하듯이, 서양 고전음악, 특히 베토벤과 슈베르트의 음악에 대한 비판이 시작되었다. 1974년 초, 『베이징 리뷰』에는 이런 글이 실렸다.

부르주아 고전 음악에 대단한 관심을 가지고 얘기하는 사람들은, 거기에 최면이 걸리고 스스로 그 앞에 엎드려 외국의 모든 것에 대해 노예근성을 드러낸다. 그들은 민족예술에 대해서는 허무주의자이다. 외국 물건에 대한 그들의 경외심은 사실 부르주아지에 대한 경외심이다. 만일 외국 것을 칭찬하고 중국 것을 우습게 아는 이러한 잘못된 사상을 비판하지도 부인하지도 않는다면, 프롤레타리아 예술과 문학은 발전할 수 없으며, 마오 주석의 예술과 문학에서의 혁명노선은 정착될 수 없다.10)

비록 여기서 밖으로 드러난 주제는 음악이었지만, 비판은 서양에 대한 문호 개방을 적극적으로 후원하고 있었던 저우언라이를 겨냥한 것이기도 했다. 1974년에 일부 대자보에서는 저우언라이의 실명을 거론하며 그를 공격했다.

이와 더불어 이탈리아 감독 미켈란젤로 안토니오니가 만든 중국에 관한 다큐멘터리 영화가 '신'중국의 놀랄 만한 성취에 관심을 기울이지 못하고 전통적 방식의 농경, 오래된 건물, 그리고 원시적 주거형태 등에만 집착했다며 중국의 비평가들로부터 신랄한 비난을 받았다. 중국을 존경한다고 주장했던 안토니오니는 이제 "문화혁명을 욕보이고 인민을 모욕하며 지도부를 공격하는 데 카메라를 이용했다"고 힐책당했다.[11] 중국을 방문한 외국인들은 안토니오니를 공격하는 거대한 깃발들이 공장의 기계 위에 걸려 있고 인민공사마다 전시되어 있는 것을 보고 움찔했는데, 자신들이 본 것을 칭찬하지 않으면 이 나라에서 환영받지 못한다는 사실을 너무도 극명하게 외국인들에게 보여주었기 때문이다. 그러나 정부가 그런 선전이 어떻게 이용될지를 항상 예견할 수는 없었다. 일부 중국 교수들은 은밀히 수업시간에 중국 고전문학 학습을 다시 도입하는 데 공자 비판운동을 이용하고 있었다. 그러한 고전학습은 문화혁명의 절정기에는 환영받지 못했지만 이제 교수들은 순진한 척하면서 방문객들에게 이렇게 물었다. "학생들이 공자의 반동적인 언어의 모든 뉘앙스를 사용할 수 없다면 어떻게 공자를 최대한 효과적으로 비판할 수 있겠습니까?"

아마도 장칭이 의도적으로 부추겼음직한 중국 지도부 내의 반목을 반영하는 이런 문화적 긴장 뒤에는 교육체계의 재건이라는 문제가 가로놓여 있었다. 문화혁명 초기에 학교와 대학들은 빈사상태에 놓여 건물들은 수년간 폐쇄되었고, 학생들은 홍위병으로 편성되거나 외딴 농촌에 배치되었고, 행정관과 교사들은 모욕을 당하거나 해고되었으며, 새로운 책과 교재를 사용하는 것은 불가능했다. 1960년대 말과 1970년대 초 고등학교와 대학이 다시 문을 열고, 특히 1973년에 대학 입학시험이 부활하자, 지금까지와는 다른 종류의 배움을 맛본 학생들 사이에는 엇갈린 반응이 나타났다. 5년간 동북부의 랴오닝 성으로 하방당해서 생산대의 장까지 올랐던 교육받은 청년 장톄성(張鐵生)이 대학 입학위원회에 시험 답안지를 백지로 냈다는 사실이 보도되어 전국적인 관심을 끌었다. 그는 시험관에게 보낸 짧은 편지에서 자신이 인민공사에서 매일 18시간씩 일하느라 바빠 학문연구에 시간을 쏟지 못했으며, "수년간 편하게 지내면서 쓸모 있는 일이라곤 아무 것도 하지 않은 책벌레들을 존경할 마음은 없다"고 썼다. 국가를 위해 온갖 노동을 마다하지 않았음에도 불구하고 "불과 몇 시간의 필답 시험이 나를 대학 입학의 부적격자로 판단한다"는 것은 불합리하다고 그는 항변

했다.12) 장례성 사건이 전국적으로 공개되었다는 사실은 지도부에 있는 많은 사람들이 문화혁명에서 그토록 찬양했던 '혁명적 순수성'에 입각하여 대학 입학정책을 고수하고자 했음을 보여주었다.

이 시기 또 다른 두 학생의 경우도 특별한 불만을 토로함으로써 전국적인 주목을 받았다. 베이징의 한 초등학교 5학년 학생은 "교실에서 절대적인 권위를 누리는" 교사의 권리에 도전하기로 결심했다고 보도했는데, 그 여학생은 교육은 학생이 "그들의 교사가 나아질 수 있도록 도와 줄" 수 있는 상호작업이라고 믿었다. 언론은 난징 대학 2학년을 중퇴한 중이라는 이름의 철학과 학생에 대해 더 많은 관심을 보였다. 인민공사에서 일해 왔던 중은 대장정의 원로이자 군 고위간부인 자기 아버지가 입학위원회에 전화를 걸어 이 명망 있는 대학에 입학했다. 이제 중은 그러한 '연줄'과 '뒷구멍'이 전적으로 잘못된 것이며 대중에게 불공평하다는 것을 깨달았다고 썼다. 그의 자퇴는 받아들여졌고, 그는 농촌 작업장으로 되돌아갔는데, 그를 존경한 친구들이 보낸 선물을 잔뜩 받았다. 그 중에는 마르크스, 엥겔스, 레닌 그리고 마오쩌둥 선집들, 린뱌오와 공자를 비판하는 투쟁에 대한 모든 자료들, 그리고 괭이, 끌, 가위 그리고 튼튼한 짚신 한 켤레도 있었다.13)

대학 입학에 대해 대조적인 접근방식을 보였지만 농촌 인민공사에서 작업한 경험을 공유하는 학생 장과 중은 문화혁명기에 하방된(그곳의 생산 증대와 도시의 인구과밀을 해소하기 위해) 대규모의 청년집단에서 흘러나온 목소리 가운데 가장 잘 알려진 사례였다. 1,600만 명이 넘는 도시 청년들이 이 기간에 재정착했고, 그 중 100만 명이 상하이 출신이었다. 서남부의 윈난은 60만 명의 청년을 여러 도시에서 흡수했고, 소련과 맞닿은 극동북지방의 헤이룽장 성은 90만 명을 받아들였다. 이러한 대규모 재배치계획은 도시의 범죄와 인구과밀로 인한 사회문제들을 일부 해결했을지 모르나 농촌 노동에 익숙치 않은 사람들에게는 끔찍한 개인적 혼돈과 고난을 초래했고 농촌에서 새로운 차원의 사회·정치적 분쟁을 야기시켰다. 헐벗은 농촌지역에 가서 살도록 명령받은 사람 가운데, 이 청년들이 "광활하고 물자가 풍부한 농촌 지역에서 건강하게 성장하고 있다"는 활기찬 공식 평가에 공감하는 사람은 거의 없었다.

1974~1975년, 경제의 정의

1974년 무렵이 되면 머지않아 중국 지도부에 중요한 변화가 있으리라는 것이 분명해진다. 저우언라이는 총리로서 계속 바쁜 일과를 보내고 있었지만, 심하게 암을 앓고 있어 자주 입원했다. 마오쩌둥은 파킨슨씨 병의 징후를 더 이상 어쩌지 못해 간호사를 대동하지 않고는 모습을 드러낼 수 없었고, 점점 더 실질적인 행정문제보다는 철학적인 문제들에만 관심을 나타내면서 '신을 만날 준비를' 한다고 말했다. 홍군의 창설자인 주더는 80대 후반으로 현직에서 은퇴한 지 오래였다.

이때가 되면 권좌를 놓고 경쟁하던 인물들 가운데 문화혁명의 네 지도자가 활기와 권력을 지닌 막강한 집단을 형성하였고, 1966년 이후 권력에 오른 사람들은 지방과 국영 언론을 통해 이 집단을 지원했다. 중국이 서양에 대한 부분적 개방을 마지못해 수용했음에도 불구하고 그들은 '조반파'라 불릴 만한 정책을 계속 추진했다. 이것은 대약진 이후 안정화된 인민공사체제가 계속되고 있음을 의미하는데, 이 체제는 농민을 12개 가량의 가구로 구성된 수백만 개의 기초적인 소규모 생산대를 토대로 하고, 이것을 200~300가구의 더 큰 생산대로 통합한 뒤 다시 20만 개 정도의 공사로 묶는 일종의 계서제적 조직이었다. 베이징을 대표하는 인민공사의 고위간부들은 생산 할당, 개발적립금과 중장비의 할당, 지역 교육, 보건관련 시설, 그리고 군대에 대한 통치권을 강화하는 데 그들의 관료적 통치권을 행사했다.

아울러 조반파는 '다자이에서 배우자'는 슬로건을 계속 내걸었는데, 이 산시(山西) 성의 생산대대가 1960년대 초반 가까스로 개발의 성과를 거두자 언론은 다시 한번 끝없는 고된 노동과 마오주의적 자력갱생의 미덕을 통해 영웅적인 지방의 창의력을 발휘한 진정한 모범이라고 격찬했다. 다자이가 농촌의 자립적 발전의 위대한 모범이었다면, 헤이룽장 성의 하얼빈 서북쪽에 위치한 다칭 대유전은 수만 명의 노동자를 거느린 대규모 공장이 어떻게 성장해야 하는지를 보여주는 사례였다. 다칭에서 강조된 것 역시 자력갱생과 독립, 그리고 지속적인 정치적 훈련과 마오 사상의 주입을 통한 최대한의 노동력 동원 등이었던 것으로 알려졌다. 역설적이게도 그러한 자력갱생에는 지극히 많은 비용이 들 수도 있었다. 같은 기간의 보고서에 따르면, 도시 거주자들에게는 곡물이 1950년 가격으로 팔린 데 반해서 정부는 그때보다 두 배의 가격으로 농촌의 곡물을 사고 있었다. 이처럼 곡물 판매를 보조함으로써 도시의 임금을 낮게 유지하는 전략은 정부에 연간 10억 위안의 비용 부담을 안겨 주었다.

또한 조반파는 아버지가 가난한 농민이거나 공업 노동자인 '훌륭한 계급적 성분'을 가진 중국인들에게 정식 시험 없이 대학에 입학할 권리를 주어 그들의 정치적 정당성을 꽃피우게 해야 한다고 주장했다. 그들은 계속해서 교육받은 청년들을 도시에서 농촌으로 강제로 하방시켰다. 값비싼 의료기구와 병원을 필요로 하는 서양식 내과·외과 의사들보다는 '맨발의 의사' 또는 준의료 종사자들──1974년에 100만을 넘어선──을 이용하여 의료체제의 자력갱생을 촉진했다. 그리고 문화면에서는 장칭이 이전에 표명한 견해에 따라, 예술·연극·문학의 정치적 내용을 강력히 통제함으로써 계급구분이 흐려지거나 사회주의적 메시지의 도덕적 힘이 모호해지지 않도록 했다. 이를 위해 혁명적 행동주의의 순수성에 교훈적인 '올바른' 해석을 제공하는 『백모녀』(白毛女)와 『홍등』(紅燈) 같은 몇몇 '모범' 작품만 제한적으로 공연하도록 했다.

이와 같은 엄격한 토착적인 국가발전계획에 반대하며 성장하고 있었던 사람들 중에는 중국의 경제적·정치적 통합성을 보존하면서 외국의 기술과 전문지식을 끌어오는 좀더 활력 있는 경제성장을 추구하는 입안자들이 있었다. 이들이 추구한 목표는 비록 19세기에 실패한 자강 개혁가들의 목표와 같았지만, 1970년대에 이들 공산주의 후계자들은 성공할 자신이 있었다. 저우언라이도 이러한 전략의 지지자였다. 경제 입안자 천윈도 그 중 하나임이 거의 확실한데, 1961년과 1962년 사이에 그는 대약진운동에 오점을 남긴 급속한 집단화와 잘못 수립된 계획을 대신할 실용적인 대안을 개발하려 노력했었다. 그는 문화혁명 초기에 명예훼손을 당했으나 이때 복권되었다. 이러한 접근방식을 지지했던 또 한 사람은 1966년의 치욕에도 불구하고 공산당 내에 강력한 후원집단을 유지하고 있던 덩샤오핑이었다. 부총리로 복귀한 덩샤오핑은 1974년 유엔에서 행한 연설에서 중국이 무엇을 시도하고 있는지에 대해 간결하게 정의를 내렸다. 문화혁명가들이 그토록 내세웠던 발전의 '자력갱생'적 측면을 외관상으로는 칭송하면서도 그는 중요한 수식을 덧붙였다.

자력갱생은 '자기 고립'이나 외국 원조의 거부를 의미하는 것이 절대로 아 니다. 우리는 언제나 국가 주권, 평등, 그리고 호혜의 원칙 위에 경제적·기술 적 교환과 서로의 부족분을 보완하기 위해 필요한 상품을 교환하는 것이 국가 경제 발전에 이롭고도 필요한 것이라 생각해 왔다.[14)]

그리고 석유그룹 역시 우리가 본 바와 같이 다칭의 일반 당원에서 승진해 올 라왔음에도 불구하고 외부세계에 관심을 가졌다. 이러한 발전의 본질적 부분은 '기술 이전'임에 틀림없었고, 그러기 위해서는 저리의 차관, 국제무역, 그리고 외국 전문가의 고용 등을 고려했을 것이다. 기술 이전의 또 다른 방법은 산업 설비 전체를 구입하는 것이었다.

1960년대 초 다칭의 당 서기였고 국가계획위원회의 위원장이었던 위추리(余 秋里)는 1973년 저우언라이와 국무원이 미화 43억 달러어치의 외국 장비와 설 비를 수입하도록 요청하자 장기적인 종합계획을 마련했다. 이후 논의가 계속되 어 총액은 51억 4천만 달러로 늘어 났다. 같은 해 정부는 제반 공업부문에 걸쳐 10억 달러 상당의 설비를 구입했다. 그러나 이 비율은 계속 유지되지 못하고 1974년에는 상당히 감소하기도 했으나, 우한에 연간 생산량 300만 톤 이상의 대규모 공장을 건설하기 위해 일본의 신일본제철과 맺은 것처럼 일부 중요한 거래는 속속 마무리되고 있었다. 계속적인 감소에도 불구하고 이듬해에 그들은 영국의 롤스로이스사와 제트엔진공장의 건설을 위해 1억 파운드의 계약을 체 결했다. 그러나 1976년경이 되면 무역적자의 증가로 인해 설비 도입 액수는 1973년 수준의 7분의 1로 줄어들었다. 233쪽의 표들은 문화혁명 전기간뿐 아 니라 1970년대 중반의 성장과 감소를 명확히 보여준다.

이러한 감소의 이유는 경제적인 동시에 정치적인 것이었다. 중국 정부는 원 래 다칭 유전의 수출용 원유 생산을 증대하고 다른 수출품을 증가시킴으로써 외국 설비의 수입 비용 대부분을 상쇄하려 했다. 중국의 입안자들은 전세계적 인 경기후퇴와 인플레이션을 미처 계산하지 못했고, 이로 인해 1974년 무렵 중 국의 수출시장은 축소되고 기술도입을 위해 중국이 지불해야 할 비용은 급격히 증가했다. 그 결과 1974년 중국의 무역수지적자는 7억 6천만 달러에 달했고, 이는 '노예근성의 매판 철학'을 따르는 자들의 '외래품 숭배'를 비난하는 조반

중국의 무역과 전체 설비 구입[15]

(100만 달러)

연도	총수입	총수출	무역수지	기계류와 장비 수입	전체 공장 계약건수
1966	2,210	2,035	175	455	0
1967	1,960	1,955	5	380	0
1968	1,960	1,825	135	275	0
1969	2,060	1,835	225	240	0
1970	2,095	2,245	-150	395	0
1971	2,500	2,310	190	505	0
1972	3,150	2,850	300	520	0
1973	5,075	5,225	-150	860	1,259
1974	6,660	7,420	-760	1,610	831
1975	7,180	7,395	-215	2,155	364
1976	7,265	6,010	1,255	1,770	185
1977	7,955	7,100	855	1,200	80
1978	10,260	10,650	-390	2,500	6,934

파의 매서운 반격으로 이어졌다.

과거에도 종종 그랬던 것처럼 역사적 '분석'은 현실적으로 필요한 비판의 계기를 조성하기 위해 이용되었다. 이러한 논문 가운데 하나는 자강주의자 리훙장이 19세기에 외국인들로부터 고도의 기술을 받아들이고 중국 공장을 외국인들로 하여금 운영하도록 한 것을 비난했는데, 이것은 총리 저우언라이를 빗대

산업별 전체 설비 계약 [16]

(100만 달러)

	1973	1974	1975	1976	1977	1978	합계
석유화학	698	114	90	136	39	3,325	4,402
철·강철		551		40		2,978	3,569
비료공업	392	120		8			520
석탄·전력	161	46				202	409
운송			200			79	279
교통·전자						217	217
비철금속						127	127
제조업	8		74	1	21	6	110
석유·가스					20		20
합계	1,259	831	364	185	80	6,934	9,653

고 있었음에 틀림없다. 청의 중요한 자강주의자 중 마지막 인물이며 영향력 있는 체용(體用)이론을 유행시켰던 총독 장즈둥을 공격한 또 다른 논문은 덩샤오핑을 공격하고 있음이 분명해졌다. 1975년 가을에 비슷한 비평들이 하나의 논문으로 엮어져서 량샤오(梁效)라는 가명으로 중국의 주요한 역사잡지에 실렸는데, 이 이름은 문화혁명 지도자들의 급진적인 정책에 대한 옹호자로 활동하는 베이징 지식인 집단이 사용하던 것이었다. 19세기에 대해 언급하면서 이 논문은 다음과 같이 단언했다.

> '무비판적 서구화'는 정치적으로 주권의 상실과 민족적 굴욕, 중국의 독립과 민족자결에 대한 완전한 배신을 의미했다. …… '무비판적 서구화'는 이념적으로 외국 것을 숭상하고 중국 것을 업신여기며 중국 정신에 대한 국민적 자각을 저해하기 위해 전국적으로 허무주의를 전파하는 것을 의미했다. …… '무비판적 서구화'는 경제적으로 중국 경제를 제국주의의 완전한 부속물로 만들기 위해 서구의 자본주의적 물질문명에 대한 맹목적인 믿음을 퍼뜨리는 것을 목표로 했다.[17]

조반파의 반격의 강도는 1975년 9월과 10월에 산시(山西) 성에서 개최된 '다자이에서 농업을 배우는 제1차 전국회의'를 둘러싼 화려한 행사에서 가장 잘 느낄 수 있다. 참석한 7천여 명의 명사들 중에는 원한 맺힌 정적이며 국가 발전의 대조적인 전략을 대표하는 장칭과 덩샤오핑도 있었다. 그러나 기조 연설을 한 사람은 장칭도 덩샤오핑도 아닌, 마오쩌둥의 고향 후난 성에서 온 전 당 서기이자 최근 국무원 부총리에 지명되어 중국의 농업발전을 책임지게 된 화궈펑(華國鋒)이었다. 1920년 산시(山西) 성에서 태어나 1950년대 초에 후난에 발령받은 화궈펑은 1959년 후난에서 대약진운동을 진전시켜 긍정적인 평가를 받았고 마오쩌둥으로 하여금 다시 자신감을 갖게 함으로써 권력 획득의 기반을 마련한 사람이었다. 그는 1964년 후난에 모범적인 '다자이' 대대를 창설하고 마오쩌둥의 고향 마을에 홍위병 방문을 지휘함으로써 더욱 마오쩌둥의 환심을 샀다. 1960년대 말 숭배심에 가득 찬 군중에게 마오쩌둥의 고향은 성지가 되었다. 화궈펑은 후난에 있는 공장에서 연간 3천만 개의 마오쩌둥 뺏지를 생산하도록 독려하여 더욱 치적을 쌓았다. 그 뒤 그는 이른바 린뱌오의 마오쩌둥 암살 기도사건을 조사하면서 정치력을 강화했고, 1975년 1월에는 공안부장으로 승진했다. 다자이에서 배우기 대회에서 행한 화궈펑의 긴 연설은 여러 문장에서 보이듯이 대약진 기간에 처음으로 표면화되었던 사상을 태연히 되풀이하면서, 특히 다자이 운동이야말로 중국의 인민공사가 "공업·농업·상업·교육·군사 문제를 결합한" 조직으로 성공할 수 있었던 증거라고 주장했다. "규모가 크고 상당한 수준의 공공 소유가 이루어진" 인민공사가 제대로만 발전한다면 "도시와 농촌, 노동자와 농민, 그리고 육체 노동과 정신 노동 사이의 격차를 줄이기 위한" 마오쩌둥의 위대한 목표는 달성되리라는 것이었다.[18]

그는 다자이의 성공이 부분적으로는 자력갱생과 높은 수확량에 기초한 것이며, 또 일부는 기계화의 진전 덕분이라고 지적했다. 그는 300여 현이 이제 비슷한 정도의 기계화와 조직화를 이루어 냈으며, 1980년까지 전 중국의 3분의 1이 이러한 수준에 도달해야 한다고 주장했다. 뒤떨어진 현이나 공사는 집중적인 정치운동으로 자극했다. 곡물 생산은 '핵심적 연결고리'로 남아 있어야 하지만, 면화·식용유·양돈·임업 그리고 어업도 모두 발전해야 할 상황이었다. 기계화뿐 아니라 각 지역의 토질 향상, 퇴비 이용, 저수지 확보, 고수확 품종 개발, 고밀도의 파종, 작물 보호, 농지 관리, 그리고 농장 장비 이용의 혁신을 결합한 '팔자방침'(八字方針) 또한 그러한 성장을 지원해 줄 것이었다. 과학적 실험작업은 12개 남짓의 가구로 구성된 생산대를 통해 실섭 수행해야 하며 현이나 공사에만 집중되어서는 안되었다.

화궈펑은 그러한 체제가 자리를 잡는다면 전체가 다자이로 구성된 산시(山西) 성이 성내의 곡식 총생산량을 현재 수준의 2.5배로 증가시키고 시장성 있는 곡물의 양을 4배로 증가시키지 못할 이유가 없다고 생각했다. 실질적인 수확물의 유형이나 자원의 지역적 차이는 거의 고려하지 않은 일종의 도식적인 사이비 정밀성을 근거로 화궈펑은 성장목표의 수치, 곧 무(畝, 약 200평)당 농업 생산량을 황허 강과 친링(秦嶺) 산맥 북쪽지역에는 200kg, 황허 강과 화이허 강 사이의 지역에는 250kg, 그리고 화이허 강 이남 지역에서는 400kg으로 잡았다.

화궈펑이 전망한 바에 따르면, 경제에서 집단단위의 경제영역이 꾸준히 증가하고, 모든 당원이 적극적으로 지도적 역할을 맡으며, 지역의 당위원회에 의해 "하나의 계급으로서 가난한 중하층 농민의 지배"가 정착된다면 이러한 성과는 달성될 수 있으며, 더 나아가 그들이 연합하여 "자본주의적 활동에 대한 단호한 투쟁을 벌일" 수 있다는 것이다. 그는 여기서 산업경영자나 외국인의 활동에 대해 언급하지 않았으나, '부유한 중농'은 그들의 탐욕에 영향받지 않을 수 없다고 주장했다. 다시 말해서 시장경제를 풀어 주지는 않을 것이며, 자류지의 규모와 거기에서 얻는 가계의 생산물 양을 엄격히 제한하는 정책에도 변화가 없으리라는 것이었다. 화궈펑은 이런 방식으로 농업의 현대화가 달성될 경우, "공업·국방·과학기술의 현대화는 더욱 효과적으로 보장받고 진전될 수 있을 것"이라고 지적했다.[19] 저우언라이와 덩샤오핑은 이미 이것들이 현대화가 시급한 4대 주요 분야라고 제시한 바 있었지만, 화궈펑은 경제성장을 위한 현실적인 정책을 지지하는 한편 인민공사에 대한 마오주의적 수사에 호소함으로써 타협의 주창자로서 자신의 입지를 강화시켜 나가고 있었다.

1975년 10월 19일 다자이 대회를 마감한 지 며칠 후에 전국 언론사의 기사·논평·방송들은 위에 언급한 주요 주제를 선택하여 그 급진적인 내용을 각 가정에 주입시켰다. 회의와 집회에서는 화궈펑의 논점을 반복했고, 각 지역의 생산량이 새로운 목표에 도달할 수 있는 방안을 강구했다. 연말에는 모든 작업조와 선전조를 통해 적어도 100만 명의 간부들이 자신의 공동체에서 '최일선으로' 파견되었고 수많은 지도자들이 '개조'를 받을 예정임이 보고되었다.

마오주의적 혁명관에 담긴 주장과 관념을 전체적으로 부활시키려는 이러한 시도는 마오쩌둥의 주장에 대한 2명의 반대자들이 역사의 무대에서 사라진 직후부터 중국 전역으로 확대되었다. 반대자 중 한 명은 1959년 루산에서 마오쩌둥의 대약진운동을 비판하다가 군사령관으로서의 지위를 상실한 펑더화이이며, 다른 한 명은 20여 년간 마오쩌둥의 농촌혁명과 싸우다가 타이완으로 탈출하여 그곳에서 자체적인 토지개혁을 성공시킨 장제스였다. 두 사람은 모두 중국의 긴축정책에 대한 언론 보도가 달아오르기 전에 사라졌다. 펑더화이는 1974년 11월 66세로 죽었고, 장제스는 다자이 대회가 시작되기 불과 몇 개월 전에 87세를 일기로 사망했다.

1976년, 노위병의 죽음

이제 연로한 혁명 지도자들의 죽음이 다가오고 있었다. 78세의 저우언라이가 1976년 1월 8일 아침 4년간 투병했던 암으로 제일 먼저 사망했다. 많은 사람들이 의아해 할 정도로 마오쩌둥은 마지막 수개월 동안 저우언라이에게 문병가지 않았고, 혁명에 남긴 저우언라이의 업적과 헌신에 대해 어떤 사건도 발표하지 않았다. 당에 봉사하며 일생을 보낸 대단한 혁명가인 저우언라이의 미망인에게 공식적인 조문도 하지 않았다. 그리고 그는 그 다음주에 인민대회당에서 열린 장례식에도 참석하지 않았다. 그 자신 역시 매우 아팠을 수도 있지만, 그는 저우언라이가 죽기 2주전만 해도 상투메 프린시페 공화국의 대통령을 접견했고, 또 2월에도 전 미국 대통령 리처드 닉슨을 접견할 정도는 되었다. 아마도 마오쩌둥은 문화혁명의 복잡한 소용돌이 속에서 저우언라이의 진실성에 대한 불신이 커졌던 것이 아닐까.

그러나 마오쩌둥의 태도에 관계 없이 전국은 애도의 분위기에 빠져 들었다. 베이징의 외국 특파원들은 유령 도시를 보는 것 같다고 묘사했다. 또 저우언라이가 자신을 거대한 묘에 안장하지 말고 사랑하는 조국의 강과 언덕에 재로 뿌려 달라고 유언했다는 소식은 큰 감동을 불러일으켰다. 그가 죽자 얼마나 많은 이들이 그를 존경했으며 올바른 삶의 표상이자 어려운 시절에 품위의 상징으로 여겼는지가 바로 느러났다.

1월 15일 저우언라이의 국장에서 찬양연설을 한 것은 부총리 덩샤오핑이었다. 비록 그의 연설은 대부분 저우언라이가 죽은 날 발표된 중앙위원회의 공식 표현을 반복하고, 저우언라이의 뛰어나고 헌신적이며 활발했던 정치적 생애를 세세히 요약한 것이었지만, 덩샤오핑은 연설문 말미에 자신이 오랜 세월 모셨던 인물의 인격에 대한 좀더 개인적인 존경을 덧붙였고, 그것은 비록 의례적인 행사용 수사를 사용한 것이긴 하나 마음속에서 우러나온 말로 받아들이기에 충분했다.

그는 당당하고 솔직했으며 전체의 이익에 관심을 기울였고 당 규율을 준수했으며 자신을 '분석'하는 데 철저했고 간부 대중을 단합시키는 데 뛰어났며 당의 단합과 단결을 도모했습니다. 그는 대중과의 광범위하고도 밀접한 연대를 유지했고 모든 동지와 인민을 향한 끝없이 따뜻한 마음을 보여주었습니다. ……우리는 검소하고 신의가 있으며 겸손하고 친근하며 자신이 직접 행동으로 본을 보이고, 소박하고 열심히 일하는 그의 훌륭한 태도를 배워야 합니다. 우리는 프롤레타리아식 삶을 고수하고 부르주아식 삶을 거부한 그를 본받아야 합니다.[20]

이 간결한 글은 억제되기는 했지만 마오쩌둥과 다른 문화혁명 지도자들에 대한 통렬한 비판으로 볼 수도 있다. 왜냐하면 그들 가운데 누구도 "당당하고 솔직하며" "간부 대중을 단합시키는 데 뛰어나다"거나 "따뜻한 마음"을 보이지 못했으며, 검소함, 신의 또는 사교성으로 칭찬받기란 거의 불가능했기 때문이다.

덩샤오핑의 연설이 이미 널리 퍼져 있던 그에 대한 반감을 심화시켰는지 아니면 단순히 그의 정적들에게 그를 다시 어둠 속으로 몰아넣는 구실을 제공했는지는 정확히 알려져 있지 않다. 그러나 1976년 2월 첫째 주에 중앙위원회가 화궈펑을 총리로 임명한 뒤, 1975년 말부터 시작된 덩샤오핑 반대운동은 상당히 격화되었다. 멀지 않은 과거에도 너무나 자주 그랬던 것처럼, 운동은 대자보와 집회로 시작되었고 진짜 목표는 드러내지 않았다. 베이징 대학과 칭화 대학의 학생들은 농촌과 도시의 가난한 사람들도 고등교육을 받아야 한다고 주장하면서, '수정주의자들'과 '주자파'들이 낡은 지적 엘리트주의의 재건을 주장하고 있으며, "과학자들을 골방에 가두는 데 찬성하고 과학을 발전시킬 토대인 경험"을 무시하고 있다고 말하기 시작했다. 시위는 다른 대학으로 번졌고, 대중집회가 상하이에서 개최되어 '중국의 두번째 흐루시초프'(첫번째는 류사오치였다)에 대한 공격이 시작되었으며, 스스로 량샤오라고 칭하는 이론가들이 '부르주아적 권리'를 옹호하는 덩샤오핑과 류사오치를 겨냥했음이 확연히 드러나는 논문을 출판했다. 3월에 과학원은 공식적으로 중국의 '주자파'를 비난했고, 『홍기』에 실린 한 논문은 여전히 실명을 언급하고 있지는 않았지만 덩샤오핑임이 분명해 보이는 사람에 대해 맹렬한 공격을 퍼부었다. 이 논문의 내용을 보면 이 글이 장칭의 지시로 쓰였다는 것과, 장칭이 무대에 올린 조반파의 가극에 덩샤오핑이 거부반응을 보인 데 대해 그녀가 얼마나 분통을 터뜨렸는지를 암시하고 있다.

그는 대표적인 혁명극을 관람하는 것을 거부했을 뿐 아니라 대표적인 혁명극에서 얻은 경험을 바탕으로 창조한 뛰어난 작품들도 싫어했다. 그는 영화 「봄 사냥」을 불쾌하게 반쯤 본 뒤 극좌파적이라고 비난하면서 자리를 떴다. 대표적인 혁명극과 상반된 견해를 가진 작품이나 노동자·농민·군인에 대한 이미지를 훼손하는 작품들에 대해서는, 첫눈에 반하여 작품 생산을 개인적으로 후원하며 지지했다. 간단히 말해서 그는 프롤레타리아트가 지지하는 것은 반대했고 프롤레타리아트가 반대하는 것은 옹호했다.[21]

운동이 이러한 단계에 접어들 무렵, 그때까지 인민공화국의 역사에서 가장 특별한 사건 하나가 발생했다. 그것은──이후 14년 동안 이어진 다른 사건들과 마찬가지로──국가체제가 인민들에게 혁명적 통일성을 부여하려고 노력하였음에도 불구하고 대중의 자발성과 즉흥적인 행동이 일치할 때 얼마나 결정적인 중요성을 지니는 도화선이 될 수 있는지 보여주었다. 1976년 4월 4일, 조상을 기리는 축제인 청명절 전날, 수천 명의 대중이 자금성 앞의 드넓은 천안문 광장 한가운데 있는 거대한 박공받침 위의 인민영웅기념비 주위로 모여들었다. 1966년과 1967년에 마오쩌둥과 린뱌오가 경례하며 지나가는 수백만 홍군을 사열했던 곳이 바로 이 광장이었다. 베이징 시민들은 청명절을 맞아 화환·깃발·시(詩)·플래카드·꽃을 들고 죽은 저우언라이를 추모하기 위해 모였다.

4월 5일 아침 다시 묘지에 모인 군중은 전날 바친 모든 헌성물을 경찰이 수거해 갔다는 것을 발견했다. 군중의 저항은 몸싸움과 주먹질로 이어졌다. 경찰차들이 불에 타는 아수라장 통에 10만 명이 넘는 군중은 광장 주위의 정부 건물들로 쇄도해 들어갈 수밖에 없었다. "분열과 분란을 조장하며 반혁명적 소요에 가담한 불순분자들"에게 '기만'당하지 말라는 베이징 시장의 경고성 방송연설[22]이 있은 뒤 저녁 6시경 대부분의 군중은 해산했다. 그러나 비타협적인 그룹은 밤 10시까지 남아 있었다. 그때 '수만 명의 노동자 민병'의 지원을 받은 공안군이 시위자들에게 접근했고, 실제 수는 분명 훨씬 더 많았겠지만 아무튼 공식적으로는 388명이 체포되었다. 체포된 사람들 중 여러 명이 베이징 대학에서 공개적인 '인민재판'에 회부되었고, '노동을 통해 스스로를 개조'하기 위해 투옥된 사람들도 있었다. 같은 정도의 규모는 아니라 하더라도 저우언라이를 기리는 시위는 허난 성의 정저우, 윈난 성의 쿤밍, 산시(山西) 성의 타이위안, 지린 성의 창춘과 상하이, 우한, 광저우 등 다른 많은 지역에서도 광범위하게 발생했다.

당국자들을 특히 격분시킨 것은 진시황의 통치는 이제 끝났고 '진정한' 마르크스-레닌주의로 복귀해야 한다는 시위자들의 외침과 플래카드였다. 이것은 명백히 마오쩌둥과 문화혁명의 급진적 지도자들에 대한 비판이었기 때문에, 덩샤오핑과 그의 지지자들이 이 시위에 개입했든 안했든 간에, 중앙위원회는 반격을 개시하기로 결정했고, 여기에는 필시 마오쩌둥의 입김이 작용했을 것이다. 4월 7일 마오쩌둥과 중앙위원회의 이름으로 발표된 간단한 성명은 덩샤오핑을 당원 자격을 유지하는 것말고는 '당 내외'의 모든 직위에서 해임한다고 발표했다. 같은 날 역시 간단한 다른 발표문을 통해 화궈펑이 중국공산당 중앙위원회의 제1부주석(오직 마오쩌둥에게만 뒤지는 지위) 겸 국무원 총리로 임명되었다.

반덩샤오핑 운동은 이후 몇 달이 넘게 이어진 전국적인 집회와 연구회를 통해 심화되었다. 천안문 사건은 1956년 헝가리 폭동에 비유되었고, 덩샤오핑은 새로 등장한 나지(Nagy) 수상으로 매도당했으며, 기념비 위에는 마오쩌둥을 은밀히 공격할 때 린뱌오가 사용한 반동혁명가의 '악의에 찬 언어'와 동일시된 시들이 나붙었다. 반덩샤오핑 운동이 확산되면서, 덩샤오핑은 중국에서 계급투쟁이 끝났다고 믿으며, 문화혁명의 성과를 폐기하려 하고, 자본주의의 복구를 갈망하며, 다자이 대회에서 언급된 4개 현대화를 달성하려면 "기술적·전문적 작업에 능한 사람에게 의존하고 발전된 외국기술을 더 많이 소개해야 한다"고 확신하고 있다는 비난이 쏟아졌다.[23] 사실 덩샤오핑은 지난 2년간 솔직하게 드러내놓고 표현함으로써 그런 운동에 많은 빌미를 제공했다. 예컨대 마오주의자를 '분파주의자'라고 공격하거나, 반복되는 정치적 숙청을 조롱했으며, 자신의 조국을 "이곳에는 모두가 겁에 질려 소극적이 되었다. 젊은이도 그렇고 늙은이는 더욱 그렇다. 그것이 바로 우리 기술이 이렇듯 뒤처져 있는 이유이다"[24]라고 비관적으로 이야기한 것 등이 그것이다.

반덩샤오핑 운동이 불붙고 화궈펑이 권력기반을 다지고 있을 때, 마오쩌둥이 그리 오래 살지 못하리라는 것이 분명해졌다. 그는 1976년 5월 27일 파키스탄의 수상 줄피카 알리 부토를 접견함으로써 공식적인 역할을 마감했다. 그 해 6월 중앙위원회는 그가 앞으로 외국인 방문객을 접견하지 않을 것이라고 발표했고, 유럽에서 그를 치료하기 위해 유명한 신경학자가 왔다는 소문이 떠돌았다. 바로 이때 국민의 주의를 집중시키는 또 다른 죽음, 곧 주더의 죽음이 7월 초 그의 90번째 생일 직후에 찾아왔다. 화궈펑은 신임총리로서 육군대장, 군사전략가, 1930년대와 1940년대 홍군의 창립자로서 주더의 혁혁한 경력을 간추린 조문을 낭독했다.

그 뒤 3주가 채 지나지 않은 1976년 7월 28일 허베이 성의 탕산을 진원지로 하는 중국 역사상 가장 강력한 지진이 발생했다. 지진의 강도가 너무도 강력하여 서남쪽으로 96km 떨어진 톈진에 막대한 피해를 입혔고, 심지어 160km 바깥의 베이징도 피해를 입었다. 탕산 시는 실질적으로 폐허가 되었으며, 나중에 공식적으로 보고된 사망자 수가 24만 2천 명에 부상자는 16만 4천 명이었다.(허베이 혁명위원회에 의한 애초의 추정은 훨씬 더 많아서 사망 65만 5천 명, 부상 77만 9천 명이었다.) 어느 쪽이 되었건 어마어마한 인류의 비극이었다. 급진적인 자력갱생 정신에 어울리게 중국은 외국과 유엔의 인도주의적 원조 제공을 거절했다. 대신 전국적인 구호운동이 시작되었고, 재앙 이튿날 상하이에서 도착한 56명의 의료단이 선두에 섰다. 사실상 중국의 모든 성과 자치 지역으로부터 의료 및 구조단이 탕산에 파견되었다. 인민해방군은 복구 노력에서 중요한 역할을 수행하여 문화혁명기의 홍위병 살해와 지도자 린뱌오의 이른바 반역 의혹으로 인해 형편없이 실추됐던 이미지를 어느 정도 회복했다.

중국은 재난을 극복할 수 있는 능력이 있었다. 동강난 교각과 철교를 재건하고 탄광의 조업을 신속히 재개하고 또 제련소의 용광로를 수리하여 재가동시켰으며, 전국적으로 이에 대한 토론과 축하행사가 벌어졌다. 9월 1일에 소집된 재난구호대회를 통해 화궈펑은 '마오쩌둥 주석을 대신하여' 지진을 정치적 쟁점으로 만들 수 있었다. 그는 대약진운동에 이은 1960년의 자연재해를 류사오치와 덩샤오핑이 자류지의 확대, 자유시장의 허용, 가내 생산과 소규모 자영업의 고양을 부추기는 구실로 부당하게 이용했다고 지적했다. 그때와 대조적으로 1976년에는 사회주의적 원칙이 재해를 다루는 열쇠가 되었다. 이러한 맥락에서 화궈펑이 마오쩌둥을 끌어들인 것은 흥미로운 일인데, 중국의 전통적인 역사서술을 볼 때 왕조의 몰락을 초래하는 심각한 정치적 격변은 대개 지진이나 홍수와 같은 자연재해나 신의 계시에 의해 예고되었기 때문이다. 물론 이러한 조잡한 미신은 이미 역사의 쓰레기통에 버려졌지만, 9월 9일 자정이 10분 지난 후, 마오쩌둥이 긴 병마로 인한 합병증으로 죽었을 때 많은 중국인들은 마음속으로 이 두 사건을 연관지었을 것이다.

일주일간의 애도기간이 선포되었고, 마오쩌둥의 유해는 군중이 줄지어 볼 수 있도록 관에 넣어 인민대회당에 안치했다. 30만여 명이 참배했고 인민은 충격을 받아 말을 잊었지만, 저우언라이가 죽었을 때와 같은 감정의 소용돌이는 없었다. 세계 각지로부터 슬픔과 존경의 조문이 답지했지만, 주목할 만한 예외가 있었다. 그것은 소련으로, 마오쩌둥의 사망소식을 『이즈베스티아』의 3면 하단에 싣고 '국가 대 국가' 차원의 조문사절 파견을 거부했다. 반면 러시아가 '당 대 당'으로 보낸 전언은 부적절하다는 이유로 중국이 거부했다. 마오쩌둥의 덕을 찬양하는 중앙위원회의 공식적인 성명서와 천안문 광장에 모인 100만 중국인 앞에서 행한 화궈펑의 연설은 마오쩌둥의 남다른 업적에 대해 지나친 찬사를 늘어놓았을 뿐 아니라 직접적인 정치적 함의도 담고 있었다. 성명서와 연설문은 마오쩌둥의 가장 위대한 업적 가운데 하나가 천두슈, 취추바이, 리리싼으로 시작하여 펑더화이, 류사오치 그리고 덩샤오핑으로 끝나는 '당 내 우파·좌파의 기회주의적 노선' 모두를 억제한 것이었다고 칭송했다.

중앙위원회는 전국적으로 애도를 표해야 한다고 명령에 가까운 어조로 요구했다. 9월 18일 오후 3시 장례식이 거행될 때 중국 전역의 인민들은 하던 일을 멈추고 3분간 묵념해야 했다. 이 성명의 내용을 보면 중국이 동쪽에서 서쪽으로 4,800km가 넘는 범위에 걸쳐 있음에도 불구하고 베이징 시각을 기준으로 전국이 동일하게 행동했음을 알 수 있다. 동시에 모든 기차, 선박, 군함, 공장이 3분 동안 경적을 울리게 했다. 모든 정부기관, 공장, 광산, 군부대, 학교, 인민공사, 그리고 이웃들은 한데 모여서 베이징에서 거행되는 장례식을 라디오로 듣거나 텔레비전으로 시청하도록 했다.

마지막 조문을 읽어 상당한 대중적 관심을 모은 화궈펑 외에 문화혁명의 급진적 지도자 네 명 역시 주목을 받았다. 왕훙원은 장례식을 주재했고, 장춘차오는 장례위원회의 위원장이었다. 마오쩌둥의 남은 자녀를 데리고 나온 장칭은 장례식에서 특히 세인의 눈길을 끌었고, 사진사들은 야오원위안에게도 부지런히 앵글을 맞추었다. 그러나 이미 너무나도 극적이었던 이 해의 마지막을 장식한 깜짝 놀랄 만한 사건은 10월 6일에 4명의 문화혁명 지도자 전원이 사전 경고 없이 화궈펑의 명령으로 갑자기 체포되어 모처에 감금된 일이었다. 그들은 일종의 비밀결사 또는 '사인방'(四人幇)을 결성하여 마오쩌둥의 엄중한 경고에도 불구하고 악행을 계속해 왔다는 죄목으로 기소되었다.

화궈펑이 정적을 제거하는 데 성공한 것은 그의 정치적 능력 때문이라기보다는 베이징의 핵심적인 군 사령관 왕둥싱(汪東興)의 지원 덕분이었다. 가난한 농민 가정 출신의 17세 고아로서 1933년에 장시 소비에트에 가담한 이래 마오쩌둥에게 열정적으로 충성해 온 왕둥싱은 대장정 당시 마오쩌둥의 경호원으로 일했고 옌안 시절과 내전기에도 그를 보호했다. 1949년 이후 왕둥싱은 8341부대로 알려진 정예 부대를 육성하여 중국의 최고 지도자들을 경호하는 책임을 맡았다. 이 부대의 지휘권과 공안직을 겸하고 있는 그는 막강한 권력을 행사했다. 8341부대는 펑전·류사오치·덩샤오핑과 같은 문화혁명 희생자들의 체포와 구금을 관장했다. 8341부대는 당의 비밀문서들을 경비했고, 1967년에는 가장 투쟁적인 공장과 대학을 강제로 점령함으로써 베이징의 '질서'를 회복했다. 또한 화궈펑이 마오쩌둥의 진정한 후계자라 믿게 된 왕둥싱은 10월 6일에 사인방이 당대회를 소집하자 8341부대에게 그들을 체포하라고 지시했다. 비록 왕둥싱의 경력은 그다지 잘 알려져 있지 않았지만, 그의 권력의 크기와 본질은 중국 공산당의 핵심에 군과 비밀경찰이 연계된 은밀한 하부구조가 도사리고 있음을 암시해 준다.

10월과 11월에 비난이 더욱 더 거세지면서 '사인방'이라는 용어는 중국의 모든 사람들에게 알려졌다. 그들은 법전에 나오는 거의 모든 범죄혐의로 기소되었는데, 그 속에는 저우언라이에 대한 분파적 공격, 마오쩌둥의 서명 위조, 자신들의 위신을 세우기 위해 린뱌오에 대한 비판을 희석시킨 점, 사병을 조직한 점, 교육에 대해 간섭한 점(그리고 장톄성의 백지 시험지 이야기 조작), 대중을 이간질한 행위, "지연되는 사회주의 열차가 정시에 운행하는 수정주의 열차보다 낫다"는 등의 거짓 주장으로 비효율적인 기술을 옹호한 점, 정부의 유능한 간부를 비난한 점, 다자이와 다칭을 비판하고 공업생산을 붕괴시킨 점, 지진 구호작업을 방해한 점, 화궈펑을 모독하고 하극상을 조장한 점, 반동적 영화를 제작하고 존경받는 교사를 비판한 점, 외국과의 무역을 거부하고 젊은이들을 마르크스주의에 반대하도록 한 점, 그리고 자신들의 목적을 위해 공안기구를 이용한 점 등이 포함되었다. 문화혁명기에 중국공산당의 저명한 지도자들에 대한 독기 어린 비난을 생각해 내는 데 그토록 천재적 재능을 발휘했던 사인방은 이제 그들 자신이 똑같은 과정의 종말을 맞이하고 있다는 것을 깨닫게 되었다.

이제 린뱌오의 몰락으로 당황했던 사람들은 좀더 생각할 여유를 가질 수 있었지만, 자신들이 느끼는 의문점을 공공연하게 드러낼 수는 없었다. 1976년 10월 7일 화궈펑은 마오쩌둥에 이어 중국공산당 중앙위원회의 주석 겸 군사위원회 주석으로 지명되었기 때문이다. 따라서 그는 중국 정부를 구성하는 군·정·당이라는 3부 구조의 정점에 서 있는 것처럼 보였다.

1976년 10월 말 상하이와 베이징에서 100만 명이 넘는 군중이 모여 집회를 열고 화궈펑 주석 시대의 개막을 축하했다. 그리고 11월 화궈펑은 천안문 광장에 공식적으로 마오쩌둥의 유물을 보관할 새 영묘의 초석을 놓았다. 이 영묘는 정확히 자금성 중앙에서 뻗어 나온 선 위에 세워졌는데, 문과 문을 지나 남쪽으로 시선을 이끌었던 이 선은 중화제국의 중심적인 힘이 자금성을 통해서 성벽 너머 나라 전체의 백성들에게 퍼져 나간다는 것을 상징하는 상상 속의 선이었다. 이제 방부 처리된 마오쩌둥의 시신을 안치한 기념당은 그러한 전망을 가로막는 영원한 장벽이 되고 말았다.

23장 | 혁명의 재정의

4개 현대화

마오쩌둥을 방부 처리하여 안치하자마자 중국공산당 내의 권력투쟁은 새로운 긴장국면에 돌입했다. 비판당한 덩샤오핑은 1976년 봄 일찌감치 베이징을 떠나 저 멀리 남쪽 광저우에서 피난처를 찾았다. 광저우의 군사령관 쉬스유(許世友) 장군으로부터 보호를 받은 덩샤오핑은 조심스럽게 정계 복귀를 도모했다. 쉬스유는 군벌 우페이푸 밑에서 경력을 쌓기 시작하여 공산당으로 전향한 강건한 노병이었다. 그는 1937년에 한번 반란을 시도한 이후 마오쩌둥에게 충성을 바쳐 왔으나, 사인방이나 화궈펑의 총애를 받지는 않았다. 그러나 정치적으로 볼 때 가장 중요했던 것은 쉬스유가 광둥에서 주요 군사권력을 장악했을 뿐 아니라, 이전에 19년간(1954년에서 1973년까지) '난징 군구'의 사령관으로 재임했던 관계로 중국 동부에 제2의 권력기반을 가지고 있었다는 점이다. 이 중추적 지역은 장쑤·안후이·저장 등의 부유한 성으로 구성되어 있었다. 따라서 1977년 초에 쉬스유는 광둥 성 당 제1서기의 도움을 받아 덩샤오핑을 중앙위원회에 복권시키도록 압력을 넣었고, 결국 자신의 목적을 달성할 수 있었다. 화궈펑이 그 전 해에 획득한 고위직을 계속 유지하는 가운데 1977년 7월 덩샤오핑은 부주석, 정치국 위원, 군사위원회 위원에 재임명되었다.

덩샤오핑의 정치철학과 화궈펑의 정치철학의 차이를 고려할 때 1977년과 1978년에 중국의 국내외 정책의 방향이 모호했던 것은 놀라운 일이 아니다. 인민공사가 농촌사회의 기본조직으로 지속되었고 농민들은 여전히 과도한 과외 생산활동에 가담했다는 이유로 비판받거나 처벌받았으며 공업은 정부의 융통성 없는 계획에 묶여 있었지만, 중국은 고도의 과학적 기술이 뒷받침되어야 가능한 여러 주목할 만한 성과를 거두고 있었다. 국내선과 국제선 항공체계를 놀라울 정도로 발전시켰고, 산하이관의 허베이 항구(1644년에 명에 '보복'하기 위해 도르곤의 군대가 중국에 진입했던)에 거대한 항만시설을 완성했고, 5만 톤급 유조선을 처음으로 건조하여 진수했으며, 일본과의 해저 통신망을 마무리지었다. 지상과 지하에서 수소폭탄과 핵실험을 여러 차례 시행했고, 1975년부터 시작한 적극적인 위성발사계획을 성공적으로 이어갔다. 또한 자체적인 ICBM 탄두 발사시스템 개발을 시작했다.(첫번째 성공은 1980년 5월에 발표되었다.) 그리고 비록 미국과의 경제교류는 더디게 진행되었지만, 100억 달러 산업협정을 일본과 체결했고, 보하이 만(북중국해)에서 중·일합동석유탐사를 시작했으며, 영국이나 프랑스와 새로운 대규모 통상협정도 동시에 추진하여, 중국이 결코 국제무대에서 물러나 있는 것이 아님을 보여주었다.

외교정책 면에서 보면 특히 소련이 베트남에 대한 원조를 증가하고, 재통일되어 더욱 강해진 나라에 소련 해군이 주둔함에 따라 소련과의 긴장이 극도로 고조되었다. 베트남의 중국인 거주자들에 대한 국지적인 공격은 더욱 맹렬해져서 수천 명이 집과 재산을 버리고 중국으로 돌아올 수밖에 없었다. 폴 포트의 크메르 루즈군이 자국민에 대해 끔찍한 만행을 저질러 전세계에 충격을 던져 주었음에도 불구하고 중국은 캄보디아 정부를 열렬히 지원했다. 심지어 베트남이 폴 포트를 추방하려는 움직임이 점점 확실해지고 있을 때에도 화궈펑과 덩샤오핑을 비롯한 중국 고위 지도자들은 프놈펜을 방문하여 중국이 폴 포트 정권을 캄보디아의 합법적 정부로 여기고 있음을 보여주었다. 1972년 상하이 성명 이후 그토록 전도양양해 보였던 대미 관계는 워터게이트 사건 이후 미국정책의 혼선 때문에 본격적인 국교수립 단계로 나아가지 못하고 있었다. 그러나 중국과 완전한 국교 '정상화'를 지향하겠다는 미국 대통령 지미 카터의 제안은 베이징에서 호의적인 반응을 얻어, 1978년에 사이러스 반스 미 국무장관과 카터의 안보

담당 특별보좌관 즈비그뉴 브레진스키의 중국 방문으로 이어졌다.

국내에서는 화궈펑 주석이 주도권을 장악하고 있었고, 여전히 농업과 공업에서 "다자이와 다칭에서 배우자"는 급진적 사업을 옹호하고 있었다. 그는 이것이 '4개 현대화'(Four Modernization, 지은이는 modernization을 '근대화'의 개념으로 쓰고 있다. 다만 '4개 현대화'와 뒤에 나오는 '제5 현대화'처럼 고유명사로서 쓰일 때는 중국의 용례대로 '현대화'로 옮겼다―옮긴이)를 달성할 수 있는 진정한 길이라고 주장했다. 4개 현대화는 이제 일상화된 개념으로 농업, 공업, 국방, 그리고 과학기술 관련 분야를 지칭하는 용어였다. 1978년 2월에 화궈펑은 공업생산을 매년 10%, 농업생산을 4~5% 증가시킬 것으로 기대하는 야심찬 10개년 계획과 이 모호한 구호를 결합시켰다. 같은 시기 덩샤오핑은 문화혁명 때 실각했던 중국공산당 간부들을 될 수 있는 대로 많이 복귀시키고, 외국의 투자와 기술을 중국학생의 해외 연수와 연계시키는 전면적인 현대화계획에 성공을 거두고 있었다. 1978년 3월 베이징에서 열린 전국과학대회에서 덩샤오핑과 화궈펑 두 사람 다 연설을 했고 이 현대화계획은 더욱 추진력을 얻게 되었다. 최우선 영역인 에너지 자원, 컴퓨터, 레이저와 우주 기술, 고에너지 물리학, 유전학 등을 발전시키기 위해 새로운 연구소들을 국가 차원에서 통합·발전시키는 한편, 중국에 있는 80만 명의 과학 연구 노동자에 대해 연수를 실시할 것이라는 공표가 있었다.

그 후 수개월에 걸쳐 엄격한 시험을 통과해야만 입학할 수 있는 88개의 '중심 대학'과 그보다 낮은 수준의 여러 기술대학을 만드는 작업을 시작했다. 학교는 재능 있는 어린이를 조기에 선발하여 고급 훈련을 시키도록 지시받았다. 과거에 농촌으로 하방시켰던 과학자들을 다시 불러들여서 전문적인 작업에 배치했다. 1978년 3월에 제정된 새로운 중국 헌법은 기술요원의 필요성과 이들에게 제공해야 할 후원의 내용에 대해 특별히 명시했다. 1978년에는 480명의 유능한 중국 학생들을 연구 목적으로 28개국에 파견했다. 1978년 말 미국과의 '정상화' 논의가 급진전되자 중국 정부는 '중화인민공화국과의 학술적 교류를 위한 미국위원회'에 더 높은 수준의 기술연수를 요구하는 방대한 목록을 제시했다. 이러한 요구들 모두가 즉시 수용될 수는 없었지만, 그 목록은 중국이 마오쩌둥 이후 시대에 기술 연수에 얼마나 우선 순위를 두었는지를 잘 보여준다.

**1978–1979년,
미국에 파견된 중국 유학생의 연구분야[1]**

분야	학생수
수학	30
물리학	58
화학	30
기계학	10
물질과학·공업기술	15
천문학·천체물리학	6
기상학	7
생명과학	25
의학	29
방사전자학	50
컴퓨터과학·컴퓨터공학	45
제어공학	15
항공공학	15
우주공학	15
핵공학	10
건축공학	10
기계공학	8
야금공학	10
화학공학	10
농학	11
기타	24
합계	433

　이들 새 정책이 공식적으로 제출되어 인준받은 가장 중요한 회의는 1978년 12월 말에 열린 중국공산당 11기 제3차 중앙위원회 전체회의(이하 3중전회—옮긴이)라는 공식 명칭을 가진 당대회였다. 이 결정적인 회의는 네 가지 의미심장한 외교정책상의 변화와 세 가지 국내정책상의 변화가 있은 직후에 열렸다. 외교정책상의 사건은 중·일평화우호조약 조인(10월 23일), 새로운 소련·베트남 우호협력조약이 태평양의 평화와 안전에 대한 위협이라는 덩샤오핑의 비난(11월 8일), 미국과 중국이 1979년 1월에 국교를 수립하고 그 해 3월 1일에 대사를 교환할 것이라는 선언(12월 15일과 16일), 그리고 베트남이 폴 포트 정권을 전복시키기 위해 '감푸치아 민족연합전선'을 지원하고 있다는 비난(역시 12월 16일)이었다. 국내적으로 중요한 사건들은 베이징시 당위원회가 1976년 4월에

저우언라이를 추모하기 위한 천안문 시위가 '전적으로 혁명적인 행위'로서 호의적으로 조명되어야 한다고 발표한 일(11월 15일), 과거 1957년의 반우파운동 때 부당하게 처벌당한 사람들에 대한 복권(마찬가지로 11월 15일), 그리고 마오쩌둥이 사인방의 지지자였으므로 그가 천안문 사건 이후 덩샤오핑의 축출에 책임이 있다고 선언하는 긴 대자보가 베이징 시내에 공공연히 나붙은 사건(11월 19일) 등이었다.

3중전회에서는 비록 여전히 뭔가 생략된 것처럼 들리지만 4개 현대화의 필요성이 분명하게 언급되었다. 회의는 린뱌오와 사인방에 대한 투쟁에서 승리를 거두었으므로 지금이 '당 사업의 비중'을 '1979년부터' 사회주의적 현대화로 옮기기에 적당한 시기라고 결론지었다. 이 결정은 그리 쉬운 것이 아니었다.

> 4개 현대화를 수행하기 위해서는 엄청난 생산력의 발전이 필요하고, 이를 위해서는 생산력의 발전과 조화를 이루지 못하는 생산관계와 상부구조에 다양한 변화가 필요하며, 그러한 성장을 가로막는 모든 방식의 경영·행동·사상이 변해야만 한다. 따라서 사회주의적 현대화는 심오하고도 포괄적인 혁명이다.[2]

이러한 새로운 혁명이 직면한 한 가지 문제——중국 내에 "사회주의적 현대화를 원치 않고 그것을 비난하려는 소수의 반혁명분자와 범죄자들"이 여전히 존재하고 있다는 것——는 익히 알려져 있는 것이지만 해결할 수 있는 것이었다. 오히려 팽배해 있는 현실 관료제의 문제들, 특히 '권한의 과도한 집중'을 해결하는 것이 더 어려운 문제였다. 회의는 앞으로 일어날 중대한 변화에 대한 암시로 볼 수 있는 말들을 통해, 당의 권한은 '지도부로부터 하층'으로 이동해야 하며 생산 등식의 3요소, 곧 공산당, 지방정부, 농촌 기업간에 명확한 구분이 이루어져야 한다고 지적했다. 당은 정부의 기능을 빼앗아서는 안되며 정부는 기업을 방해하면 안되었다. '관리'는 효율성의 범위를 규정하고 우수한 작업을 포상하며 '처벌'과 '강등'을 통해 불량한 작업을 벌주는 데 대해 더 큰 책임감을 가져야 했다.

농업정책에 대해서 회의는 다음과 같이 중요한 발언을 덧붙였다.

국가 경제의 전반적인 신속한 발전과 전인민의 지속적인 생활수준 향상은 농촌생산의 활기차고 빠른 회복과 농업·임업·축산업·부업·어업을 동시에 발전시키는 정책, 곡물을 중심으로 하여 다방면의 발전을 확보해 나가는 정책, 지역환경에 맞추어 특정지역에 특정작물을 적절하게 집중시키는 정책, 그리고 농촌 노동의 점진적인 현대화를 단호하고도 철저히 실시하는 데 달려 있다.[3]

여기서 핵심적인 어구는 '부업'인데, 이것은 지역민이 자체적으로 기르고 파는 수많은 종류의 곡물·과일·야채와 가축·가금 등으로 종종 농민의 고집스러운 '자본주의적 경향'을 색출하려 애쓰던 '좌파' 계획가들과 간부들의 표적이 되어오던 것이었다. 3중전회 결의사항은 그와 같은 소규모 자류지는 '가내 부업'이나 '마을 시장'과 더불어 사회주의적 생산에 필수적인 것이어서 '방해받아서는 안된다'고 확실하게 덧붙였다. 중국 농민에 대한 좀더 직접적인 조처로서, 3중전회는 다가올 1979년 여름부터는 추곡수매가를 20%, 그리고 할당량 이상 추수하는 곡물의 수매가를 50% 인상하도록 권고했다. 곡물정책의 이러한 변화는 모든 중국인의 경제생활에 중대한 영향을 미쳤다. 또한 회의는 농장 기계, 화학 비료, 농약, 농업용 플라스틱 제품 등 국영공장에서 만드는 물건의 가격을 10~15% 가량 내리도록 했다. 이러한 개혁의 여파로부터 도시 노동자들을 보호하기 위해 식료품비의 국가 보조금을 적정비율로 인상하여 노동자들의 부담이 전보다 늘어나는 일이 없도록 했다.

그 밖에 1978년 12월 3중전회의 선언은 현대화의 성공을 확고히 하기 위해 새롭게 '중앙집권'과 '인민 민주주의'를 결합하는 데 힘쓸 것을 요구했고, 그와 같은 성공을 지탱하는 데 있어서 법의 중요성을 재확인했다. 또 다른 중요한 변화를 암시하는 것으로 전회는 사법기관이 "적당한 정도의 독립을 유지해야 한다"고 선언했다. 사법기관은 반드시 "인민의 법 앞에서 모든 인민의 평등을 보장하고 어떤 자에게도 법을 넘어서는 특권은 주지 말아야"[4] 했다. 중국에 독립적인 사법부가 없다는 것을 고려해 볼 때, 이 말이 정확히 무엇을 뜻하는지는 알 수 없다. 그러나 회의는 증가하는 외국과의 계약은 물론 각 지역의 상업적 주도권과 독립적 생산이라는 새로운 세계가 새로운 판단을 요구한다는 것을 인식하고 있었다. 청 왕조를 괴롭히다가 결국 서양에 치외법권을 주는 것으로 귀결됐던 법적 분쟁을 피하기 위해 중화인민공화국 정부는 새로운 종류의 보호막을 마련해 두어야 했던 것이다.

3중전회는 결론에서 그 모든 핵심적인 권고사항들이 모두 '지울 수 없는' 마오쩌둥의 사상적 성과를 전제로 한 것이라고 덧붙였지만, 이 부분은 많은 이들이 새겨서 읽어 보아야 하는 대목이었다. 그들은 마오쩌둥이 '모든 결점과 실수'로부터 자유로웠던 것은 아니었지만, 마오쩌둥 자신이 그렇게 주장한 적은 결코 없음을 인정했다. 기본적 핵심은 중국 인민이 "마르크스주의−레닌주의−마오쩌둥 사상의 보편적 원칙을 사회주의적 현대화의 현실적인 실천과 결합하고 그것을 새로운 역사적 상황 아래에서 발전시키도록" 하는 것이었다.[5]

3중전회는 1978년 12월 22일에 막을 내렸다. 3일 전인 12월 19일, 워싱턴 주 시애틀에 있는 거대한 보잉 항공사의 중역진은 중국이 3대의 점보 747 제트 비행기를 주문했다고 발표했다. 같은 날 조지아 주 애틀랜타에서 코카 콜라사 사장이 중국 내에서 청량음료를 판매하기로 하는 합의에 도달했으며, 음료를 병에 담는 공장을 상하이에 설립할 것이라고 발표했다.

그 후 일련의 사건들이 연이어 발생했다. 크리스마스 날 대규모 베트남 군대가 폴 포트 정권을 몰아내기 위해 캄보디아를 침공했다. 1979년 1월 1일에 예정대로 미국과 중국은 정식 외교관계를 수립했고, 워싱턴은 타이완과의 공식적인 유대를 끊었다. 중앙위원회가 지주나 부농의 자녀에 대한 차별을 없애라고 명령한 1월 28일, 덩샤오핑은 미국의 수도 워싱턴으로 날아갔다. 그는 열광적인 군중과 열띤 언론의 환영을 받았고, 그 사진은 때맞추어 위성을 통해 중국 인민이 시청하는 텔레비전으로 전송되었는데, 이것은 중국의 매스컴 역사상 최초의 대성과였다. 덩샤오핑은 워싱턴에서 카터 대통령과 영향력 있는 의회 지도자들을 방문했고 케네디 센터에서 열린 유쾌한 환영연에 참석했다. 그러고 나서 그는 휴스턴 우주 센터를 방문하여 미국 우주인 교육시설을 둘러보고, 코카 콜라사와 보잉사와의 새로운 합작계약과 관련된 생산시설을 시찰하기 위해 애틀랜타와 시애틀에도 들렀다. 덩샤오핑은 일본 수상과의 회담을 위해 도쿄를 이틀간 방문한 뒤 2월 8일에 중국으로 돌아왔다.

이쯤 되면 누구나 중국이 세계 평화를 위해, 또 외국의 투자와 국제적 신용을 높이기 위해 무엇이든 할 준비가 되어 있다고 생각했을 것이다. 그러나 2월 17

일 새벽, 중국 인민해방군의 대병력이 국경을 넘어 베트남 북부로 쳐들어갔다. 중국은 이 침공이 베트남의 계속되는 국경 도발에 대한 응징이며, 캄보디아에서의 행동과 소련으로의 극단적인 편향에 대한 항의의 표시라고 주장했다. 중국이 무력을 과시한 데는 또 다른 동기가 있었다. 국내경제가 그토록 현저하게 확대되고 있을 때, 중국 지도자들은 농업개혁, 기술습득 그리고 공업발전—모두가 3중전회에서 강조했던 사항이다—에 중점을 두고 있지만 네번째 현대화 또한 경시하고 있지 않다는 것을 보여주기로 한 것이었다. 바로 국방이었다.

제5 현대화

중국공산당 11기 3중전회와 덩샤오핑의 미국 방문은 중화인민공화국 내에서 지적 자유라는 새로운 분위기가 처음 나타난 듯한 상황에서 이루어졌다. 20년 이상 중국의 그 누구도 자신들을 통제하는 국가에 반대하는 말을 자유롭게 할 수 없었다. 홍위병도 예외는 아니었는데, 왜냐하면 그들은 특정한 정설을 가지고 다른 것들을 비판했고 마오쩌둥 사상으로 자신들의 비판을 정당화시켰기 때문이다. 그러나 1978년 11월과 12월, 한편으로는 1976년에 있었던 천안문 시위자들에 대한 '결정 번복'에, 또 한편으로는 서양에 대한 새로운 개방에 의해 자극받은 수천 명의 중국인들이 자신들의 생각을 말로 옮기고, 그 말을 종이 위에 쓰고, 그리고 그 글을 지나가는 모든 이가 읽을 수 있도록 벽에 붙이기 시작했다. 이런 대자보를 붙이는 장소로 가장 유명했던 곳은 자금성 서쪽에 위치한 장식 없는 긴 벽이었는데, 그때 이미 이 지역의 일부는 공공 박물관과 공원이었으며 일부는 중국 최고위급 국가 지도자들의 거주지였다. 이러한 대자보 가운데 일부가 보여준 솔직함 때문에, 그리고 다수가 중국에 민주주의적 자유가 어느 정도는 도입되어야 한다고 주장했기 때문에 베이징의 이 지역은 '민주의 벽'으로 알려지게 되었다.

'민주의 벽'의 역사적 전통은 20세기의 첫 10년간 청에 도전했던 쩌우룽이나 추진 같은 젊은 지식인과, '봉건적'인 고리타분한 가치와 군벌이 지배하는 사회를 공격했던 후스, 천두슈, 루쉰 등과 같은 5·4운동기의 인습타파론자들에서 찾을 수 있다. 1930년대와 1940년대 국민당이나 공산당의 사상적 빈곤과 검열을 비판했던 사람들이 이 전통을 이어갔고, 이들은 백화운동에서 감히 큰 소리를 냈다가 1957년 반우파투쟁 때 진압당했다.

최근의 선두주자는 광저우에 사는 3명의 홍위병 출신으로, 이들은 1974년에 도시의 벽에 장문의 여러 선언문을 써 붙였던 그룹의 일원이었다. 자신들의 본명에서 각각 한 자씩을 따서 '리이저'(李一哲)라고 명명한 이들은 중국 내의 부패의 결과로 나타나고 있던 사회주의에 대한 왜곡과 이에 편승하여 대중 위에 군림하고 독재를 자행하는 일부 중국공산당 간부들을 공개적으로 비판하고 나섰다. 그들은 전국인민대표대회의 대표들과 함께 중국 시민에게 사회 민주적 권리를 되돌려주고, 자유롭게 글을 유포할 수 있도록 허용하며, 특히 오랜 시간 열악한 조건에서 저임금을 받고 일하는 중국인들에게 강요하는 '우스꽝스러운 충성춤'을 끝내라고 요구했다. 세 사람 모두 거침없이 떠들어 댔다는 이유로 투옥당했다.

1978년 국영 언론과 잡지에 새로운 글들이 많이 발표되었다. 문화혁명에서 많은 사람들이 경험한 공포와 비극에 초점을 맞춘 이른바 '상처받은 이들의 문학'(傷痕文學)은 중국의 과거와 미래의 전망에 대한 토론과 반성을 촉구했다. 새로운 문화적 해빙을 알리는 듯한 여러 신호 가운데는 베르톨트 브레히트의 『갈릴레오』와 더불어 베이징에서 무대에 올리기로 결정된 우한의 연극 『하이루이의 파면』도 포함되어 있었다. 또 다른 예로 오랫동안 금기시했던 수제인 비교종교학회가 머나먼 윈난 성의 쿤밍에서 소집되어 불교, 도교, 이슬람교, 기독교에 대한 논문이 발표된 것을 들 수 있다.

짧은 민주운동기간의 주요 표현양식은 대자보 ─ 논설이나 시로 구성된 ─ 와 여러 범주의 소규모 잡지들이었는데, 대개 친구들끼리 운영하면서 한정된 부수를 등사했기 때문에 항상 구하기 어려웠다. 5·4운동 때도 그랬던 것처럼 새로운 책이 봇물처럼 쏟아져 나왔고, 잡지의 이름도 『중국의 인권』, 『탐색』, 『계몽』, 『4·5논단』, 『가을 열매』(秋實), 『과학, 민주와 법제』, 『군중참고소식』, 『오늘』, 『베이징의 봄』과 같이 각 잡지가 자극하고 추구하고자 하는 정서를 강조하는 것들이었다. 이들 잡지에 게재된 시 중 일부는 중국의 새로운 지도자로 떠오르고 있던 덩샤오핑에게 공개적으로 정치적 찬사를 보내는 것이었는데, 그런 시에서 미학적 신비감은 거의 또는 전혀 찾아볼 수 없었다.

덩샤오핑

주공*처럼 현명하고 재능 있는
그는 화귀펑의 오른팔
맘 편히 웃고 이야기하며
손가락 하나 치켜드는 것만으로도
인민과 나라를 행복하고 평화롭게 한다
그가 두 번 넘어지고 세 번 일어났다 하여 놀라지 말라
혁명으로 가는 길에 배신자는 늘 있는 법6)

또 다른 시인은 마오쩌둥을 과거의 폭군에 비유하면서 그가 중국에 미친 영향을 혹평했다.

주석의 무덤과 황제의 궁이
광장을 가로질러 마주보고 있다
한 위대한 지도자는 그의 지혜로
셀 수 없이 많은 우리의 앞날을 휑하니 만들어 버렸고
대리석 계단 하나하나는
그 아래 수많은 시체들을 감추고 있다
멋진 건물 처마에서는
갓 솟아오른 붉은 피가 사방에서 떨어진다7)

그러나 일부 젊은 시인들은 중화인민공화국이 건설된 이래 허용되지 않았던 출판의 자유를 누리게 된 자신들의 세상에 매료당했다. 그 동안 당국이 이를 불

---

* 주공(周公)은 중국의 가장 오래된 왕조 가운데 하나를 세운 사람의 현명한 고문이었으며, 공자가 『논어』에서 찬양한 인물이기도 하다. 이 이름은 1973년부터 1974년까지 반공자 운동 때 저우언라이 총리를 지칭하기 위해 비유적으로 사용된 적이 있다.

허한 이유는 그러한 정서가 뻐닥하고 태도가 모호하며 계급분석의 틀을 넘어서 정치적 사업에 무관심했기 때문이었다. 다음은 민주운동 과정에서 부상한 가장 뛰어난 시인 가운데 한 명인 베이다오(北島)의 시 「가자」이다.

가자──
낙엽은 깊은 계곡 속으로 흩날리건만
노래는 돌아갈 집이 없다

가자──
얼음 위의 달빛은
강바닥 저편으로 넘쳐 흐른다

가자──
두 눈은 제 눈동자만한 하늘 조각을 바라보고
심장의 고동은 여명의 북을 두드린다

가자──
우린 아직 기억을 잃어버리지 않았으니
우린 아직 삶의 연못을 찾을 수 있으리라

가자──
길, 길은
떠내려 온 진홍빛 양귀비로 가득 덮여 있다[8)]

이 시기에 쏟아져 나온 글들 가운데 웨이징성(魏京生)이라는 이름의 청년의 글만큼 큰 영향을 끼친 것은 없었다. 웨이징성의 영향력은 한편으로는 그의 사상의 힘을 통해, 또 한편으로는 1978년 12월 5일 베이징의 대자보 제목으로 붙인 '제5 현대화'라는 인상적인 용어를 통해 형성되었다. 이것은 분명히 4개 현대화가 중국을 개조하는 데 충분한 기반이라 선언했던 덩샤오핑을 포함한 중국공산당 지도부의 면전에 도전장을 던진 것이나 마찬가지였다. 웨이징성은 중국이 제5 현대화를 포용할 때까지 다른 네 가지는 "그저 별개의 약속일 뿐"이라고 주장했다. 웨이징성이 말하는 제5 현대화는 민주주의이며, 노동자와 농민에게 새로운 '전제정치'를 실시하는 부패한 당의 대표자가 아니라 "노동하는 대중 자신이 권력을 가지는 것"이었다. 그는 대자보에서 수사적으로 "무엇이 진정한 민주주의인가?"라고 물었다. "그것은 인민의 의지에 따라 인민의 이해에 맞게 일할 대표를 인민 스스로 선택할 권리를 의미한다. 오직 그것만이 민주주의라 불릴 수 있다. 나아가 인민은 언제든지 그들의 대표를 바꿀 권한을 갖고 그 대표들이 인민의 이름으로 다른 사람들을 기만할 수 없도록 해야 한다."9)

명료하고 용감하며 분노에 찬 웨이징성이야말로 신중국의 목소리 바로 그것이었다. 당 관료체제의 높은 서열에 있었던 열렬한 마오주의 혁명가의 아들로 태어난 웨이징성은 매일 마오쩌둥의 책 한 장을 학습해야만 저녁을 먹을 수 있는 환경에서 자랐다. 그는 1966년 중반에 설립되어 주로 당 간부의 자녀로 구성된 가장 명망 있는 베이징 부대에 속한 홍위병이었다. 그러나 웨이징성의 부대는 장칭에게 충성하는 경쟁집단과 충돌했다. 체포되어 4개월 동안 감옥살이를 하게 되었는데, 이때 그는 열람이 제한된 당 간행물을 입수할 수 있었던 아버지를 통해 희귀한 자료를 구해 보며 국제 정치학을 섭렵할 수 있었다. 그는 전기공으로 일했으며, 인민해방군에 지원하여 4년을 복무한 뒤 다시 전기공으로 돌아왔다. 그는 1976년 4월 시위에 깊은 감명을 받았고, 정치적 이유로 아버지를 잃은 베이징의 한 젊은 티베트 여성과 사랑에 빠졌다. 웨이징성이 1978년에 쓴 글들은 이처럼 감정적으로 격앙된 상태에서 나왔다.

웨이징성은 열렬한 사회주의자로서, 그리고 문화혁명이 '전제적 폭군'에 의해 퇴색하기 전까지 초기의 좋은 면을 많이 보았던 한 사람으로서 글을 썼다. 왜냐하면 그는 문화혁명이 초기에 전체 중국 인민의 강인함과 민주주의를 향한 투쟁의 힘을 보여주었다고 느끼고 있었기 때문이다. 또한 그는 자신을 둘러싼 중국 전역에 극심한 가난이 팽배해 있음을 목격했지만, 중국 인민의 재능, 기술, 그리고 자원을 고려해 볼 때 그러한 가난이 불가피한 것은 아니라고 생각했다. 그는 분석을 해나가는 과정에서 감히 마오쩌둥뿐 아니라 레닌의 기본 가정에도 도전했다. 그는 레닌이 주장한 것처럼 민주주의가 사회발전의 결과일 뿐 아니라, 고도의 생산력 발전의 조건이기도 하다고 썼다. "이 조건이 없으면 사회는 정체되고, 경제발전은 극복하기 어려운 장애에 부딪치게 될 것이다."[10]

1978년 12월과 1979년 1월에 출판된 『탐색』(探索)의 권두언에서 웨이징성은 이러한 주장을 더욱 발전시켰다. 그는 중국의 내핍을 정당화시킨 결과의 대부분이 그들 자신에게 되돌아올 수 있다고 보고, 공산당이 중국의 문제점을 해결하지 못했다는 것을 알기 위해서는 빈민가, 지속적인 매춘(또는 이와 유사한 것으로 공산당 간부에 의한 여성의 성적 학대), 그리고 도처에서 사람들이 비참할 정도로 가난하게 살며 구걸하는 모습을 보기만 하면 된다고 썼다. 중국이 서양 문명의 부패를 보여주기 위해 이용했던 19세기 서양의 가장 위대한 사회소설들(웨이징성은 디킨스를 생각했을까? 발자크? 아니면 졸라?)은 "우리의 현재 상황을 너무나 완벽하게 그려낼 수 있는 예가 되고 있으며, 과거의 역사가 거의 변치 않고 그대로 되풀이되고 있는 것"은 끔찍한 사실이라고 했다. 전세계 '사회주의' 국가들―세계에서 가장 가난한 국가들이기도 하다는 것이 우연의 일치만은 아닌―이 호언장담하던 집산주의는 "개인주의의 독립성을 위한 공간을 전혀" 허용하지 않았다는 점에 결함이 있었다. 그는 중국인은 "의미 있는 삶을 살" 권리를 위해 싸워야 하며, 그러한 자유가 국가의 현대화를 이룩한다고 결론지었다. "우리는 또다시 노예화되어서는 안된다."[11]

민주운동은 말로만 하는 것은 아니었다. 1978년 12월 17일 28명의 청년이 중국 서남부 농존생활과 노농조건에 항의하기 위해 천안문 광장에서 시위를 벌였다. 그 수는 가여울 정도로 몇 안되었지만, 시위자들은 윈난에서 농장 노동을 하도록 '하방된' 5만 명의 청년들, '인간의 권리를 짓밟은' 지역 공산당 간부들에 대한 저항으로 12월 9일부터 '총파업'을 벌이고 있었던 청년들을 대변한다고 주장했다.(12월 9일이라는 날짜는 국민당의 무능력에 항거하기 위해 베이징에서 벌였던 1935년의 12월 9일 시위자들의 용기를 본받기 위해 선택한 것으로 알려졌다.) 1979년 1월 8일에는 베이징 주변 농촌으로 하방된 수천 명의 사람들이 "우리는 굶주림을 원치 않는다"거나, "우리는 인간의 권리와 민주주의를 원한다"고 쓴 깃발을 들고 시내에서 시위를 벌이는 또 다른 사건이 있었다. 1월 말에 3만 명으로 추정되는 하방했던 노동자들과 그 자녀들이 수도로 올라와 철도역 주변과 길가에 노숙하면서, 영하의 날씨에도 불구하고 대부분이 누더기만 걸친 채

정부 지도자들에게 도움을 청하고 있었다. 최소한 여덟 명이 추위를 견디지 못해 얼어 죽었다. 상하이에서는 하방됐던 청년들이 시내로 진입하여 몇 시간 동안 공산당 당사를 점거했다. 항저우에서는 '인간으로서 살 권리'를 요구하는 대자보와, 30세 이상의 부부들이 사생활을 영위할 만한 방 한 칸도 얻지 못하는 중국의 경악스러운 주택 부족에 항의하는 대자보가 나붙었다. 광저우에서는 불만에 찬 잡지들이 무수히 생겨났고, 그 중에는 1974년 '리이저' 사건의 재심을 요구하는 글이 실리기도 했다.

1979년 1월 중순 덩샤오핑이 워싱턴으로 떠나기 전에 예측한 대로 정부의 강경조처가 내려졌다. 민주의 벽에 나붙은 대자보들의 현대화에 대한 견해는 덩샤오핑의 견해와 일치했고, 또 대자보가 화궈펑이나 다른 급진적 마오주의자들을 비판 또는 조롱했기 때문에 덩샤오핑이 애초에 그들을 부추겼다고 볼 수도 있다. 그러나 그들이 중국공산당 자체의 기본적 전제들에 도전하면서 지나치게 앞서 나가자 덩샤오핑은 등을 돌렸다. 이와 같은 덩샤오핑의 행동은 1957년 마오쩌둥이 막 시작된 백화운동을 진압하기 위해 반우파운동을 부추겼을 때와 유사했다. 덩샤오핑도 당시 1957년에 중국공산당 총서기로서 대규모 지식인 숙청을 단행하는 데 중요한 역할을 했다.

1979년 반민주 조치의 첫번째 희생자는 푸웨화(傅月華)라는 젊은 여성으로, 베이징에서 시위를 했다가 농촌으로 하방됐던 청년들을 선동하고 조직한 죄로 구속되었다. 푸웨화는 결혼생활에 실패했고, 성적으로 치근대는 작업반장에 시달리다가 결국 해고당하는 불행한 삶을 산 여성이었다. 반장의 행위를 조사해 달라는 그녀의 호소는 아무런 답변도 얻지 못한 채 묻혀 버렸는데, 아마도 그녀가 시위자들을 돕게 된 것은 이러한 개인적 분노와 고뇌에서 비롯되었을 것이다. 푸웨화는 소요를 일으켰다는 죄목으로 징역 2년을 선고받았다.*

연루된 지하 잡지의 편집자와 저자들에 대한 검거가 잇따랐다. 정부정책이 위험스러운 변화를 겪고 있는 시기에, 그들은 "국가체제를 손상시킬" 뿐 아니라, 반역의 범주에 속하는 활동을 하는 것으로 알려진 일부 "외국인의 도움을 받고" 있다는 혐의를 받았다. 그동안 더욱 도발적인 글들—하나는 중국이 필

---

* 형기가 끝날 무렵 그녀는 석방되지 않고 노동수용소로 보내졌다. 그녀는 풀려나지도 재진술할 기회도 얻지 못했다.

요로 하는 것에 대한 덩샤오핑의 무신경에 대해 날카롭게 공격한 것이고, 다른 하나는 중국에서 가장 철저하게 감시받는 정치범 수용소의 상황을 폭로한 것—을 써 왔던 웨이징성은 1979년 3월 말에 체포되어 재판에 회부되었다. 그는 글 때문만이 아니라 중국과 베트남간의 전쟁에 관한 정보를 외국 언론인에게 누설한 간첩행위로도 고발당했으며, 유죄가 확정되어 15년형을 선고받았다. 국가 기밀을 입수한 적이 없다는 그의 주장에 부분적으로 기초한 상소는 기각당하고 말았다.

이 고발이 특히나 역설적이었던 것은 당시 중국이 베트남과의 전쟁—캄보디아를 침공한 베트남인을 훈계하고, 소련을 비롯한 나머지 국가들에게 현대화된 인민해방군의 능력을 과시하기 위해 단기간의 신속한 침공으로 계획되었던—에서 극도로 값비싼 대가를 치르고 있었기 때문이다.(중국군 총사령관은 2년 전 덩샤오핑을 보호해 주었던 쉬스유 장군이었는데, 그는 무능한 전략가로 판명되어 결국 강등당했다.) 중국군은 막대한 인명피해와 병참상의 곤경을 겪은 뒤 1979년 3월 5일 철수를 시작하여 3월 16일에 완료했는데, 그것은 웨이징성이 체포되기 꼭 2주 전이었다. 이후 사태는 더욱 진전되어 덩샤오핑이 직접 민주운동의 무절제함을 비난했고 뒤이어 남아 있던 잡지들도 하나둘 폐간되었으며, 4월 1일이 되자 경찰의 감독 아래 있는 몇몇 특별한 곳을 제외하고는 대자보조차 붙일 수 없게 되었다. 1979년 청명절인 4월 5일에는 1976년 그날의 맥을 이어 대규모 시위가 일어날 것으로 예상했으나, 민주운동 지지자들은 너무 큰 타격을 받은 나머지 다시 행동을 취하지 못한 채 그날을 맞이했다.

그러나 이 짧은 운동의 경과에 대한 일부의 반응은 유달리 분명했고, 여기서 일시적으로 방출됐던 힘은 영원히 진압할 수 없을 것이라는 점을 정부에게 경고하고 있었다. 1979년 5월에 체포된 한 시위자는, 자신은 인민공화국의 공산당 통치 아래서 자라난 중국의 '제2세대'를 대변하고자 노력해 왔으며, 공산당에 '자발적으로' 도전하기로 결심했다고 썼다. 그는 중화인민공화국의 평론가에는 두 종류가 있다고 날카롭게 지적했다. 한 부류는 공산당이 마르크스-레닌주의 원칙에 충실하지 못했기 때문에 실패했다고 믿는 사람들이며, 또 다른 부류는 공산당이 완전히 마르크스-레닌주의적이었다고 믿는 사람들이었다. 후자의 경우 "끔찍한 것은 바로 이 마르크스-레닌주의 자체가 불합리한 오류투성이었다는 점이다." 그는 지식인들이 모두 동참했었다면 민주운동이 훨씬 더 많은 일을 해냈을 것이라고 믿었다. 그러나 그들은 대개 멀찍이 떨어져 있었으며, 통치하는 당이 내키는 대로 던져 주는 '맛있는 음식 한 조각'을 거부하지 않았다. 운동의 주요 성과는 20세와 30세 사이의 그저 중등학교 정도의 교육을 받은 '대학에 가지 않은 청년 노동자들'이 이루어 냈다. 그럼에도 불구하고 한 익명의 작가는 이 운동이 어떤 잠재력을 보여주었다고 결론지었다. 왜냐하면 중국 공산당은 전지전능한 권력과 거대한 관료조직과 군대를 보유하고 있음에도 "몇 장의 종이와 몇 줄의 글, 몇 번의 외침에 놀라 제 정신을 잃었기" 때문이다.[12]

그 밖의 사람들은 정치적인 분석을 포기하고 시로 돌아갔다. 목격자들에 따르면, 1979년 4월 1일 정부의 강경탄압 선언 직후, 이제는 금지되었지만 한때 군중들로 붐볐던 민주의 벽에 구경꾼들을 헤치고 나온 한 젊은이가 마지막 시 한 편을 붙인 뒤 말없이 금방 사라졌다고 한다. 그의 시에는 「너를 위하여」라는 제목과 '고드름'(零氷)이라는 가명이 씌어 있었다.

벗이여,
떠날 시간이 다가오는구나
안녕── 민주의 벽
내가 너에게 무어라 말할 수 있겠니?
봄의 불감증에 대해 이야기해야 할까?
너는 시들어 버린 겨울꽃 같다고 해야 할까?

아니, 나는 행복에 대해 이야기하겠어
내일의 행복
순수한 연보랏빛 하늘에 대해
황금빛 들꽃에 대해
아이의 빛나는 눈동자에 대해
한마디로 말해서 우리는
당당하게 헤어져야 해
어때?[13]

타이완과 경제특구

중국의 대미 개방정책이나 민주운동가들의 공산당 정부에 대한 도전은 타이완이 새로운 번영기를 맞이하고 미래를 재규정하고자 애쓰고 있던 시기에 발생했다. 1979년 대미관계 '정상화'에 대한 공식 문건에서 중국공산당은 다음과 같이 선언했다.

> 주지하다시피 중화인민공화국 정부는 중국의 유일한 합법적 정부이며 타이완은 중국의 일부이다. 타이완 문제는 중국과 미국의 관계 정상화를 가로막는 결정적인 문제였다. 이제 이것은 상하이 공동성명의 정신과 양국간의 상호 노력을 통해 해결되었고, 그리하여 양 국민이 그토록 열렬히 원하던 관계 정상화가 가능해졌다. 타이완을 모국의 품으로 되돌리고 국가를 통일하는 방법에 관한 사항은 전적으로 중국 내부의 문제이다.

미국의 성명은 좀 다른 뉘앙스가 풍기고 있었는데, 그것은 타이완과의 외교관계 종식이나 상호방위조약의 폐기와 관련된 추가 조항이 포함되어 있었기 때문이다. 미국은 타이완에 남아 있는 군속을 1979년 1월 1일부터 4개월 이내에 철수시키겠다고 선언했는데, 이것은 중국과의 협정에서 서명한 사안이었다. 타이완의 미래에 대해 미국은 "중화인민공화국 정부가 중국의 유일한 합법적 정부"라는 중국의 선언에 동의했지만, 다른 통로를 통해 그것이 타이완에게 의미하는 바를 설명했다.

> 앞으로 미국 국민과 타이완 국민은 공식적 정부대표나 외교적 관계 없이 상업적, 문화적, 그리고 여타 다른 관계들을 유지할 것이다……
> 미합중국은 타이완 국민이 평화롭고 풍요로운 미래를 맞이할 것이라 확신한다. 미합중국은 타이완 문제의 평화로운 해결에 계속 관심을 가질 것이며 중국인 스스로가 타이완 문제를 평화적으로 해결하기를 기대한다.[14]

"타이완을 모국의 품으로 되돌리는" 것이 "중국 내부의 문제"라는 인민공화

국의 성명은 타이완이 중국의 일부, 곧 일시적으로 고국을 잃은 하나의 성(省)
이라고 간주할 때에만 이치에 맞았다. 그러나 실제로 여전히 타이완이 자신의
정부가 전 중국 인민을 대표한다고 주장하고 있었음에도 불구하고, 1949년 이
후의 발전과정을 통해 타이완은 여러 중요한 의미에서 완전한 독립적 사회로서
나름의 경제적·정치적 구조를 갖춰 오고 있었다.

정상화 선언 당시 타이완의 인구는 1,700만으로, 9억 5천만으로 추정되는 인
민공화국 인구의 1.8%를 차지했다. 그러나 1979년 타이완의 1인당 GNP는 인
민공화국의 6배 가량이었고 1952년에서 1979년 사이에 무려 416%나 증가했
다. 이러한 성장은 그리 만만한 일이 아니었으며, 처음부터 미국에 의해 주도면
밀하게 육성된 것이었다. 특히 미국은 1950년대에 농촌재건합동위원회를 통해
타이완의 자영농을 돕기 위한 지대인하계획과 토지판매계획을 지도했다. 이러
한 계획이 성공하기 위해서는 1940년대에 중국과 마찬가지로 타이완을 괴롭혔
던 극도의 인플레이션을 통제하는 것이 필수적이었다. 타이완 통화는 1949년
에 구화폐 4만 위안당 새 화폐 1달러 비율로 대체되어—1947년 본토에서 실험
했던 금위안 개혁 대실패와는 달리—성공적으로 안정되었는데, 그것은 타이완
의 규모가 작아 투기를 막고 금 매매를 통제하는 것이 가능했기 때문이다.
3,400%에 달하던 1949년의 인플레이션율은 1950년에 306%로 감소했고
1951년에는 66%, 그리고 1952년부터 계속적으로 연 8.8%까지 서서히 떨어졌
다. 1961년에는 3%까지 낮아졌다.

1953년과 1962년, 타이완의 경제기반 [15]

	1953	1962
취업률		
농업	61	55
공업	9	12
국내총생산 비율		
농업	38	29
공업	18	26
수출 비율		
농산물	93	49
공산품	7	51

인플레이션과의 투쟁에 사용한 방법은 처음에는 인민공화국이 시도했던 방법과 크게 다르지 않았다. 예금 금리를 10% 정도로 정하고 정화 유통을 규제함으로써 정부는 새로운 통화에 대한 통제권을 장악했다. 타이완 정부는 '토지를 경작자에게'라는 계획 아래 국영기업의 몫을 농민에게 분배하여 안정을 도왔고, 소작 농민은 10년간 국가가 할당한 양의 곡물을 보상하는 계약을 맺을 경우 해당 토지에 대한 소유권을 보장받았다. 타이완 역시 일당체제의 국가(대략 200만 명의 본국 피난민이 장제스가 장악하고 있는 국민당을 통해 지배하는)였으므로 이러한 개혁을 실시하는 데 민주적 절차는 필요하지 않았다.

그러나 타이완의 농업 생산이 국내 수요를 충족시킬 만큼 고무적으로 증가하자 정부는 1895년에서 1945년까지 일본 점령기 동안 주로 쌀과 설탕 수출에 의존했던 경제에서 공업생산에 중점을 둔 경제로 바꿔 나가기로 결정했다. 그 결과 타이완의 수출은 262쪽의 표에 나타나는 것과 같이 경이적이었다. 1960년대에 경제의 초점은 전자공학이나 기타 첨단 기술 산업에 맞추어졌으나 고무, 화학제품, 플라스틱뿐만 아니라 섬유생산에서도 대단한 발전을 이룩했다. 1973~1974년 세계 석유파동은 원유 수입에 과도하게 의존하던 타이완 경제에 심각한 혼란을 가져왔지만, 곡물가격의 안정과 극도의 재정긴축정책은 위기가 재앙으로 확대되는 것을 막았다.

타이완의 성장률은 인민공화국의 성장률과 비교하면 제1차 5개년 계획 시기 동안은 비슷했지만, 대약진 이후의 경제적 붕괴와 너불어 급격한 차이를 보이게 되었고 문화혁명 시기 동안 우위를 지속해 나갔다.(일본의 통계는 이 기간에

1952-1972년의 성장률 : 타이완·중화인민공화국·일본[16]

	1952-1960	1960-1965	1965-1972
총 GNP 성장률			
타이완	7.2	9.6	10.1
중화인민공화국	6.0	4.7	5.7
일본	8.3	9.8	10.8
1인당 GNP 성장률			
타이완	3.6	6.4	7.3
중화인민공화국	3.6	2.9	3.3
일본	7.2	8.8	9.5

타이완이 거의 일본의 성장률에 육박했음을 보여준다. 263쪽의 표를 보라.)

타이완 정부는 국제수지를 악화시키는 공산품의 수입, 특히 사치품으로 간주되는 물건이나 타이완 제조업계와 직접적인 경쟁상대가 될 상품의 수입은 가능한 한 제한했다. 그러나 수출의 경우에는 수출품 제조업자들에게 저리의 자금을 대출해 주고 일련의 수출가공지구에서 특별한 경제적 지원을 해주는 등 적극적으로 촉진시켰다. 수출진흥책 가운데 제일 먼저 꼽을 수 있는 것은 1966년 타이완 남부 가오슝(高雄)에 항구를 건설한 것인데, 이곳은 미국의 지원으로 활기 넘치는 항구로 발전했다. 1969년에 이러한 지구가 2개 더 건설되었다. 이들 지구의 공단에서는 감독체계를 간소화했기 때문에 정부의 형식적 관료주의를 피할 수 있었고, 외국인 회사든 타이완인 회사든 관계 없이 만일 그들이 생산한 완제품을 모두 수출한다면 특정 기계류에 대한 수입세 면제나 세금 감면 혜택을 받았다.

1972년의 상하이 성명이 타이완의 경제적 지위에 어떤 결정적인 영향을 미치지는 않았지만, 발표 전에 장제스 정부와 아무 의논도 없었다는 사실은 타이완으로서는 모욕적이었다. 그리고 타이완인들이 이러한 모욕을 유엔에서 타이완의 의석 상실이라는 문제와 함께 돌이켜봤을 때, 그들의 분노와 혐오감은 극대화되었다. 그 결과 1971~1972년에 타이완에서 반미폭동이 발생했다. 이 폭동은 경직된 장제스 정권, 대표성을 지니지 못하는 국민당 정부의 성격, 그리고 여전히 타이완 일상생활의 일부로 자리잡고 있던 개인의 자유에 대한 엄격한 제한 등에 저항하며 지속되었다. 이러한 불화의 밑바탕에는 인구의 다수, 곧 1949년 이후 본토 난민의 점령에 분개해 온 1945년 이전 정착자들의 견디기 힘든 무력감이 깔려 있었다. 이 두 집단 사이의 첨예한 갈등은 결혼에서부터 교육까지 모든 부문에 걸쳐 있었고, 그로 인해 심각한 폭력의 가능성마저 두드러지게 나타났다. 장제스 정부는 이러한 광범위한 저항이 비록 소규모이기는 했지만, 뚜렷이 대두되고 있던 타이완 독립운동을 고무시켜 언젠가는 국민당 권력에 대한 잠재적 위협이 되지 않을까 우려했다. 그러나 국민당은 필요할 경우 막강한 군사 지원을 바탕으로 강력한 경찰과 정치적 통제를 통해 국내의 불만 세력을 억누르는 데 성공했다. 인민공화국은 내부 문제로 분열되어 있어서 타이완의 분열을 정치적으로 이용하지 못했다.

  그러나 1979년 카터와 덩샤오핑의 정상화 협정은 적어도 미국의 국민당 지
지자들이 보기에 타이완에게 위협적인 것 같았다. 장제스는 1975년에 죽었고
비록 그의 아들 장징궈가 총통직을 세습했지만, 그는 타이완을 하나로 유지할
권위는 갖지 못한 듯했다. 미국이 타이완과의 모든 공식적인 외교적 교류를 끝
낸다는 것은 이후의 양국관계가 타이페이와 수도 워싱턴에 있는 두 '기관' ─
비록 이 기관들은 업무를 수행하는 기간 동안 휴가 중인 것으로 처리되는 전문
적 외교관들로 주로 구성되었지만─을 통해서만 진행되리라는 것을 의미했
다. 타이완 지지자들의 눈에 특히 위협적으로 보였던 것은 군 병력 전원을 4개
월 안에 철수시키고 상호방위조약을 폐기하겠다는 미국의 주장과, 타이완에 새
로운 공격용 무기를 제공하지 않을 뿐 아니라 전반적인 군사 지원을 점진적으
로 줄여 나가겠다는 인민공화국과 미국 사이의 합의였다.

  결국 1979년 4월 미 의회는 친타이완 세력의 불안이 반영된 강력한 타이완
관계법을 통과시켜 타이완에 대한 미국의 개입을 재확인하고, "타이완의 미래
는 평화적인 수단으로 결정될 것이며," 인민공화국의 타이완에 대한 어떠한
"불매운동이나 통상정지"도 "태평양 서안의 평화와 안전에 대한 위협"으로 간
주될 것임을 특별히 강조했다. 나아가 의회는 "방어용 무기를 타이완에 제공"
할 것을 확실하게 약속하고, "타이완 국민의 안전이나 사회적·경제적 체제를
위험에 빠뜨릴 여하한 무력행사나 다른 어떤 형태의 강요에도 반대할" 것임을
약속했다. 이 법에서 중국에 관대한 입장을 취했던 카터의 체면을 세워 준 유일
한 양보는 미국이 "타이완의 모든 국민의 인권 보호와 강화"를 위해 노력할 것
이라는 조문이었다.[17]

  결과적으로 볼 때 1979년 미국이 외교적으로 타이완을 인정하지 않은 것이
타이완 경제에 불리한 영향을 미치지는 않았다. 오히려 1979년은 타이완의
GNP가 20.3%까지 증가하여 32억 달러라는 사상 최고치를 기록한 해였다. 타
이완은 대미무역 의존도를 어느 정도 줄였지만(그것은 어디까지나 실질적인 조치
였다), 120개의 다른 국가들과 이루어지는 전체 무역은 같은 해에 31% 증가했
다. 타이완 내의 외국인 투자 역시 놀랍게도 50% 이상 증가하여 1978년의 2억
1,300만 달러에서 1979년에는 3억 2,900만 달러를 기록했다. 타이완의 주요
문제는 하루 38만 배럴씩 연간 20억 달러 이상의 비용이 드는 원유 수입이었

1970년대 중반 상하이와 타이페이의 구매력 비교[18]

품목	가격		수입(收入)가격*		
	상하이 (상하이 위안)	타이페이 (타이완 달러)	상하이(%)	타이페이(%)	상/타
식료품(kg)					
쌀	0.28	16.90	1.04	0.88	1.18
밀가루	0.28	13.30	1.04	0.69	1.51
돼지고기	1.80	78.00	6.67	4.04	1.62
닭고기	2.50	110.00	9.26	5.70	0.85
생선	0.44	37.00	1.63	1.92	3.22
계란	1.60	35.50	5.93	1.84	0.85
백설탕	1.45	15.80	5.37	0.82	6.56
간장	0.54	16.70	2.00	0.86	2.31
소금	0.28	5.00	1.04	0.26	4.00
감자	0.06	12.80	0.22	0.66	0.34
부추	0.15	10.00	0.56	0.52	1.07
두부	0.52	12.50	1.93	0.65	2.97
팥	0.11	18.30	0.41	0.95	0.43
배추	0.06	15.00	0.22	0.78	0.29
의류					
양말(남성용: 켤레)	2.50	16.00	9.26	0.83	11.17
폴리에스테르 셔츠(남성용)	6.00	150.00	22.22	7.77	2.86
면자킷(남성용)	12.50	240.00	46.30	12.43	3.72
플라스틱 샌달(켤레)	4.50	35.00	16.67	1.81	9.19
운동화(남성용: 켤레)	9.50	130.00	35.19	6.74	5.22
코트(여성용)	66.00	400.00	244.44	20.72	11.80
소비재					
자전거	120.00	2,400.00	444.44	124.25	3.57
야구공	15.00	280.00	55.56	14.51	3.83
선풍기	179.00	864.00	662.96	44.76	14.81
전자시계	19.00	683.00	70.37	35.39	1.99
재봉틀	150.00	2,725.00	555.56	141.18	3.93
텔레비전(11인치)	700.00	5,000.00	2,592.59	259.05	10.01
라디오	30.00	320.00	111.11	16.58	6.70

* '수입가격'은 1단위 구매비용이 1인당 한 달 소득에서 차지하는 비율. 월수입은 상하이의 경우 27위안, 타이페이의 경우 1,930.10달러이다. '상/타'는 상하이와 타이페이 사이의 수입가격 비율.

1970년대 중반 상하이와 타이페이의 월 가계(家計) 비율[19]

항목	상하이	타이페이
식료품	38.55%	36.24%
의류	15.06	4.30
주택	5.62	17.54
가구	5.95	2.05
공공설비	5.30	4.38
의료	1.20	3.25
교육	4.22	4.25
교통	6.02	2.33
유흥	6.02	1.77
저축	6.02	16.46
세금·이자	0.00	3.45
송금	6.02	0.00
기타	0.00	6.14

다. 그러나 핵발전 시설의 확장은 이 문제를 얼마간 해소시켜 줄 것으로 전망되었다.(1980년에 타이완은 국제통화기금과 세계은행의 회원 자리를 인민공화국에게 빼앗겼다. 그러나 이 역시 경제에 뚜렷한 악영향을 끼치지는 않았다.)

중화인민공화국의 지도자들은 타이완의 번영을 직시하고, 만일 양국의 경제적 격차가 이 상태로 계속된다면 '재통일'에 대한 자신들의 외침이 아무리 강력하더라도 현실적으로 그것을 기대할 수 없다는 것을 서서히 깨닫기 시작했다. 266쪽의 표는 1970년대 중반 상하이와 타이페이 노동자들의 식료품, 의복 등의 소비재 구매력을 비교한 것이다. 이에 따르면 노동자 수입에 대한 비율로 따졌을 때, 대체로 타이페이(타이완의 수도)의 공산품 가격이 상하이보다 낮았다. 인민공화국에서는 도시 거주자들을 위해 식료품비를 보조해 주고 있었지만, 거의 예외없이 타이완의 노동자가 더 많은 물건을 살 수 있었다. 상하이와 타이페이의 월 가계(家計)를 비교해 보면 총수입에서 대체로 같은 비율만큼을 식비로 지출했음을 알 수 있기 때문에, 결국 타이페이의 노동자가 상하이의 노동자보다 훨씬 더 잘 먹었음을 의미하고, 이것은 통계에 관심 없는 관찰자라도 명백히 알 수 있는 것이었다. 주거비와 건강관리비의 경우도 타이완 노동자의 소득에서 상대적으로 더 높은 비율을 차지했다.

인민공화국의 과제는 4개 현대화('제5 현대화'는 여기서 문제삼지 않았다)를 좀

더 빠른 속도로 정착시킬 방법과 중국을 세계 금융공동체에 더 자유롭게 다가 갈 수 있게 할 방법을 찾는 것이었다. '특별지구'를 정하여 그 지방의 특별한 경 제적 자원을 발전시키도록 하자는 발상을 덩샤오핑에게 처음 제안한 사람은 광 둥 출신의 2명의 당 관료였다고 알려져 왔다. 그러나 중국 정치의 많은 측면이 너무나 비밀스러운 까닭에, 덩샤오핑이 이 두 사람을 광둥에 파견한 뒤 그들이 속한 지방의 요구를 주장하는 것처럼 보이게 하면서 실제적으로는 덩샤오핑 자 신의 의도를 복창하게 했을 수도 있다는 그럴싸한 가정이 제시되기도 했다. 어 떤 경우였던 간에 덩샤오핑은 1979년 4월 중앙위원회의 업무회의에서 이 발상 을 밀어붙였는데, 이때는 단기간의 중국·베트남 전쟁이 종결되고 민주 저항자 들이 전반적으로 침묵을 강요당하던 시기였다. 이에 따라 특구 작업조가 남부 해안의 광둥과 푸젠 두 성으로 파견되었고, 1979년 7월에 중앙위원회는 4개의 '수출 특별지구'를 건설하기로 했다. 이듬해에 명칭을 '경제특별지구'(이하 '경 제특구' ─옮긴이)로 바꿈으로써 보다 폭넓은 경제활동의 범위임을 시사하는 동 시에 타이완의 '수출가공지구'와 비슷한 인상을 주지 않도록 했다.

네 특구는 외국자본에 얼마나 가까이 있으며, 얼마나 쉽게 접근할 수 있느냐 에 따라 신중하게 선택되었다. 주하이(珠海)는 마카오에 인접해 있었고, 선전 (深圳)은 홍콩의 북쪽 경계 바로 위였으며, 산터우(汕頭)와 샤먼은 타이완 맞은 편에 있었다. 산터우와 샤먼(아모이)은 19세기 영국이 고대 로마식으로 팽창해 가고 있을 때 청 왕조에 강요했던 개항장들이었다. 중국의 지도자들은 이런 선 택이 제국주의 세력을 상기시킨다는 점에서 다소간 마음이 편치 않았겠지만, 엄격한 통제와 감독을 통해 이 지역에 대한 외국인의 지배를 막을 수 있다고 확 신했던 것으로 보인다. 그럼에도 불구하고 네 특구에서 외국인과 화교들에게 베푼 편의는 상당했다. 인민공화국은 외국 투자가들의 주문에 따라 공장을 건 설하고 잘 훈련된(그리고 아마도 복종적이고, 노동조합을 결성하지 않는) 노동력을 경쟁적으로 싼 값에 제공했다. 또한 그들은 투자가들에게 세율을 낮춰 주었고, 특구의 교통망 개발을 포함한 다른 재정적 유인 요소들을 제공했다.

투자가들이 반응을 보이기는 했지만, 중국 정부가 기대했던 것처럼 빠르지 는 않았고 기대했던 선진기술의 이전 약속도 없었다. 중국의 노동력은 대개 외 국인 투자가들이 기대했던 만큼 숙련되어 있지 않았고, 관리들은 여전히 성가신 존재였으며 품질의 수준은 낮았다. 특구가 부상했다고 하나(특히 선전 특구는 고도로 성장한 이웃 홍콩에 조금 못 미칠 정도로 성장했다), 인민공화국의 입안자들에게 이러한 부흥은 값비싼 대가를 요구하는 것이어서 건설 등 여타 지원사업에 예상보다 훨씬 더 많은 국고를 쏟아부어야 했다. 선전특구로의 수입(輸入)이 놀라운 비율로 증가한 것도 입안자들은 미처 예상치 못한 일이었다. 동시에 특구에서 여러 가지 사회문제들이 나타나기 시작했다. 그것은 홍콩 화폐의 일상적 이용, 암시장, 관리들의 부패로부터 노상 범죄와 매춘까지 다양했다. 중국 정부의 고위 지도자들—아마도 일부는 이미 덩샤오핑의 야심찬 계획을 경계하고 있었을 것이다—은 가속화하는 변화속도에 대해 점점 더 우려하기 시작했다.

일찍이 1979년 7월에 전국인민대표자대회는 농업에 다시 더 많은 관심을 기울이는 경제 형태로 돌아갈 것을 주장했고, 4개 현대화의 다른 세 가지에 더 관심을 가질 것을 요구했다. 노련한 경제 입안자인 천윈은 1979년 중앙정치국 상무위원회의 상무위원이 되었고, 이듬해 말에 재정긴축기간을 둘 것을 요청했다. 이러한 결정을 이끈 요인 중 하나는 경제성장 전망을 기대할 만하고 특구의 잠재적 이익이 아무리 많다 하더라도 1979~1980년의 대외무역 적자가 39억 달러에 달했다는 사실인데, 이는 중국 역사상 단연 최고치였다. 기술적으로 선진화된 무역국들의 사회와 융합한다는 일은 비싼 비용을 치르는 사업이 될 것이 뻔했다.

정도의 차이는 있을지라도 나름대로 일을 방해하기는 마찬가지인 사건이 1979년 4월 23일자 『인민일보』에 보도되었는데, 이는 인민공화국에서 지금까지 밝혀진 부패 사건들 가운데 최악의 것이었다. 왕서우신(王守信)이라는 이름의 중국공산당 중간급 간부는 헤이룽장 성 북부에서 대부분 당직이나 관직을 가진 일군의 동료들과 함께 일하면서 7년에 걸쳐 사기와 절도로 적어도 53만 6천 위안에 달하는 국가 재산을 횡령해 왔다. 왕서우신 사건은 그녀가 감독하던 석탄공사와 그 공사에 부속된 분배체제의 조작을 이용한 아주 복잡한 것이었다. 이 사건은 중국에서 가장 영민한 작가 가운데 한 명이며 반우파운동과 문화혁명의 외중에서 고통을 받았던 류빈옌(劉賓雁)의 관심을 끌었다. 1970년대 말의 '조사 보고원'이라는 직업은 부패한 간부에 대한 대중의 불만을 말하게 하는 하나의 방법으로 권장되었고, 류빈옌은 중국의 통제된 언론세계에서 그러한 역할이 얼마나 큰 효과를 거둘 수 있는지 보여준 단적인 예가 되었다. 그는 왕서우신의 직장(單位)에서 일하던 사람들을 면담하고 사건의 전말을 밝히고자 헤이룽장으로 취재하러 갔다. 그는 「인민이냐 괴물이냐?」라고 이름 붙인 주목할 만한 60쪽짜리 폭로문을 1979년 9월 『인민문학』에 발표했다. 이 잡지가 '기관지' 였다는 점에서 공산당 문화정책 당국이 류빈옌의 공산당 내 특정 계층에 대한 기본적 고발에 동의했음은 분명했다.

류빈옌은 왕서우신이 "좋고 싫음을 분명하게 구분하는 따뜻하고 감성이 풍부한 여성이었고, 수만 톤에 달하는 석탄과 9개의 손수레는 그녀가 매일 서정적인 시를 쓰는 데 사용했던 붓과 잉크였다"고 냉소적으로 묘사했다. 왕서우신이 지은 '시'는 자신의 가족을 보호하고 승진시키기 위해, 그리고 모든 서열의 당원과 간부들을 선택적으로 조종하고 매수함으로써 그들의 환심을 사기 위해 계획되었다. 내친 김에 류빈옌은 사실 왕서우신이 그다지 특별한 사례가 아니라고 말했다. 단지 행위의 규모가 범상치 않았을 뿐이다. 그녀는 단지 하나의 징후, 다시 말해서 수년간 "사회의 도덕성이 전반적으로 무너지고 범죄행위가 점차 합법화되고 아울러 인민들이 도덕적 부패에 대해 점점 무감각해짐으로 해서 겉으로 드러나지 않았던" 부정한 행위를 저지른 그저 한 인간일 뿐이었다.[20] 만일 왕서우신 사건이 예외적인 사례가 아니라 정말 하나의 징후였다면 서양에 대한 중국의 개방은 기회만큼이나 많은 유혹을 제공하고 있는 셈이었다.

'실사구시'

1976년 마오쩌둥이 죽은 뒤 4년 동안 중국 경제정책의 부침현상은 정부 핵심부에서 진행된 덩샤오핑과 화궈펑간의 불화를 반영한 것이었다. 사안의 중요성이나 권력구조의 정점을 평화적으로 이양할 수 있는 정교한 장치가 없다는 점을 고려한다면, 덩샤오핑이든 화궈펑이든 머지않아 서로의 경쟁자를 밀어내야만 했다. 결국 권력투쟁에서 승리를 거둔 쪽은 덩샤오핑이었다.

화궈펑이 더 인상적인 공식 직함——공산당 주석, 국무원 총리, 그리고 군사위원회 주석—을 가지고 있었던 것은 분명하지만, 덩샤오핑은 당과 군대뿐만 아니라 쟁쟁한 지식인들과 훨씬 강력한 이해관계를 맺고 있었다. 화궈펑은 자신이 마오쩌둥이 선택한 후계자라는 주장을 내세우며 권좌에 오르려 했다. 그러나 사인방의 체포 이후 마오쩌둥에 대한 비판이 공공연하게 들려오기 시작하자 화궈펑은 마오쩌둥의 후계자라는 것이 별 도움을 주지 못하는 유산임을 깨달았다. 게다가 덩샤오핑은 1970년대 말과 1980년에 화궈펑을 불신임하기 위한 작업을 꾸준히 추진했다. 화궈펑은 1976년에 권력을 잡은 뒤, 모든 중국인이 행복한 미래를 맞기 위해서는 "마오쩌둥이 지시한 것에 무조건 복종하고, 그가 결정한 것을 무조건 계속 수호해야" 한다고 경솔하게 주장함으로써 자신과 자신의 친한 벗들을 '양개범시'(兩個凡是, 마오쩌둥의 결정과 지시를 절대시하는 것—옮긴이)의 맹목적인 추종자로 만들었고, 그로 인해 심지어 순수한 마오주의 원칙의 필요성을 자신있게 제시할 때조차 남들의 비웃음을 샀다. 덩샤오핑은 '실사구시'(實事求是)라는 마오쩌둥식 구호를 공개적으로 옹호하면서 실용주의자라는 자기 이미지를 적극적으로 강화했고, "그리고 실제를 진실의 유일한 기준으로 삼으라"는 결정적인 문장을 추가함으로써 마오쩌둥의 문구가 지닌 전체적인 의미를 확대시켰다.

덩샤오핑은 두 명의 후계자를 천거함으로써 화궈펑에 대한 권력투쟁에서 승리를 다졌다. 덩샤오핑이 선택한 두 인물 후야오방(胡耀邦)과 자오쯔양(趙紫陽)은 불명예를 당한 사인방보다 더 강력하게 혁명적 신임장을 요구할 수 있었다. 그들은 혁명 초기에는 성인으로서 참여하지 못했지만, 그들의 인생은 반세기 동안 중국이 겪은 다양한 수준의 투쟁을 상이한 방식으로 보여주고 있었다. 연장자인 후야오방은 1915년(일부 자료는 1913년이라고 한다) 후난 성의 가난한 농민가정에서 태어나 소년시절에 마오쩌둥의 1927년 가을 추수폭동에 가담했다. 그는 1933년 장시 소비에트에서 중국공산당에 입당했고 대장정에 참여했으며 옌안 시절과 내전기에 당 서열이 꾸준히 올라가 공산주의청년단의 지도자가 되었다. 그는 1966년 실각했는데, 그것은 홍위병이 문화혁명에서 주도권을 잡기 위해 잠재적 경쟁자로서 청년단—당시 3천만 명의 가입자가 있었다—을 겨냥했기 때문이다. 1975년에 명망 높은 과학원의 당비서로 복귀한 그는 재능 있는 학자들이 연구시간을 침해받지 않도록 그들의 권리와 과학을 강력히 옹호함으로써 명성을 더해 갔다. 늘 기지가 풍부하고 솔직담백했던 그의 언어는, 인민에 대한 봉사를 강조하는 마오쩌둥식 수사에 수십 년간 익숙해져 있던 많은 이들에게 신선한 느낌을 주었다. 한 번은 후야오방이 "과학원은 과학원이다. 그곳은 생산원이 아니다. 그곳은 연구를 하는 곳이지 배추를 심는 곳이 아니다. 그곳은 감자밭이 아니라 과학, 자연과학을 연구하는 곳이다"[21]라고 말한 적이 있다. 1976년에 덩샤오핑과 함께 파면당했던 그는 1977년에 중앙당학교의 부교장이자 중앙위원회의 조직부장으로 승진되어 돌아왔다. 1978년 12월 말 그는 정치국원으로 임명되었고, 1980년에는 정치국 상무위원으로 선출되고, 당의 총서기로 지명되었다. 1981년 화궈펑을 축출하는 데 성공하자 그의 지위는 더 높아져 중앙위원회의 주석직까지 겸임했다.

덩샤오핑이 권력의 후보자로 조련시켰던 두번째 인물은 자오쯔양이었다. 자오쯔양은 후야오방과는 전혀 다른 배경과 경력의 소유자였지만, 후야오방과 마찬가지로 뛰어난 행정가이자 노련한 정치가였다. 1919년에 허난의 지주 가문에서 출생한 자오쯔양은 1932년 학생이었을 때 공산주의청년단에 가담했다. 19세에 공산당에 입당했고, 제2차 세계대전과 내전기에 특히 어려움이 많았던 산둥, 허난, 허베이 접경지대에서 게릴라 근거지 조직가로 활동했다. 1940년대에 그 지역은 여전히(1813년 린칭〔林淸〕이 팔괘교 반란의 기지로 만들었을 때와 비슷하게) 사회불만세력과 빈민들을 모으기 쉬운 지역이었다. 공산당의 승리 이후 자오쯔양은 광둥으로 가 그곳의 성 내 권력서열에서 꾸준히 승진하여 1961년에 당 서기가 되었다. 1950년대에 그는 새로운 정치상황에 적응하여 토지개혁을 엄격하게 추진했고, 대약진의 실패 후 가구단위 생산을 옹호했으며, 광저우의 홍위병 지도자로서 문화혁명의 첫번째 국면을 주도했지만, 더 급진적인 홍위병에 의해 1967년에 축출되었다. 1970년대 중반 내몽골에서 단기간 근무한 뒤 자오쯔양은 광저우로 돌아왔다. 여기서 자오쯔양은 1974년에 3명의 작가가 '리이저' 대자보를 붙이는 것을 허락해 주고, 일단 이것이 실행에 옮겨지자 그들을 체포하는 데 동의함으로써 끊임없는 유연성을 보여주었다.

그러나 자오쯔양의 경력이 본격적으로 화려해지기 시작한 것은 그가 1975년에 쓰촨의 당 서기 겸 청두 지역의 정치위원으로 전근한 뒤였다. 1970년대 중반에 인구 9,700만으로 전통적으로 중국에서 가장 번영하고 생산적인 성 가운데 하나였던 쓰촨은 문화혁명기에 참담한 좌절을 경험했다. 급진적인 간부들이 열성적으로 추진한 극단적인 정책들이 농업과 공업에 심각한 해를 끼쳐 중국의 비축용 '쌀 가마니'로 여겨지던 쓰촨은 수십 년 만에 처음으로 주식 곡물의 자급에 실패했다. 또한 린뱌오가 죽은 지 이미 오래되고 중국의 다른 모든 지역에서 그의 추종자들이 축출되었는데도, 성의 복잡한 정책들로 인해 쓰촨은 여전히 린뱌오 지지자들의 요새로 남아 있었다.

당 서기로서 자오쯔양은 이러한 문제투성이의 유산을 극복해야 했으며, 처음에는 대약진 기간에, 그 후에는 문화혁명에 오점을 남긴 경제적 급진주의를 불식시키기 위한 일련의 정책을 1976년 말에 시행하기 시작했다. 자오쯔양은 당시까지 아직 허용하고 있던 소규모 자류지의 확대를 주장하면서 쓰촨 인민공사에게 15%에 달하는 토지를 사적으로 경작하도록 하고, 그 생산물을 가격 규제 없이 개인적으로 시장에 내다 팔 수 있도록 허가했다. 또한 그는 소규모의 여러 '부업'을 허용하여 각 가구의 수입을 보충할 수 있게 했다. 결과적으로 개인의 경제 동기가 새로운 자유를 얻은 만큼 생산은 놀라울 정도로 증대했다. 쓰촨에서 곡물생산량은 1976년과 1979년 사이에 24%나 증가했다.

자오쯔양은 해당 지역에 기반을 둔 국영 공업에 대해서도 마찬가지로 유연성을 보였다. 설비 관리자는 실질적인 재정적 자율권을 가졌고, 시장 이용 여부를 결정할 수 있었으며, 다른 부문과의 결합을 통해 모험적 사업을 추진할 수 있었다. 노동자들은 생산을 증대시킬 경우 수당을 받았고 공장에서의 작업은 엄격히 관리되었다. 그 결과 1976년부터 1979년까지 3년 동안 공업생산량은 놀랍게도 80%의 증가를 기록했다. 사람들 사이에서는 '찾다'(找)와 자오쯔양의 성(姓) 자오의 발음이 비슷한 데서 착안해 장난삼아 만든 "먹고 싶으면 쯔양을 찾아봐"(要吃糧, 找紫陽: 야오츠량, 자오쯔양)라는 우스갯소리가 유행했다. 바로 자신이 쓰촨 사람이던 덩샤오핑은 1977년에 복권되자 자오쯔양을 정치국 후보위원으로 지명했고, 이후 그는 빠르게 승진했다. 1979년 정치국의 정식 일원이 되었고, 1980년 2월에는 정치국 상무위원으로 임명되었으며, 1980년 4월에는 중국의 부총리가 되었다. 그 해 9월 그는 화궈펑을 대신하여 총리가 되었다.

1978년에 화궈펑으로부터 중앙군사위원회의 주석직을 승계한 덩샤오핑은 1980년경에는 확실히 자신의 목표를 달성했다. 중국의 세 핵심부분이 이제 그 자신과 두 심복의 손아귀에 있었다. 화궈펑은 더 이상의 벌을 받지는 않고, 중앙위원회의 평위원이라는 약간의 지위와 권위를 유지할 수 있었다. 그러나 그는 마오쩌둥의 후계자로서 국가를 운영할 기회를 상실했고, 덩샤오핑은 과거와의 단절을 강조하면서 당 차원에서 마오쩌둥의 유산을 평가하는 어려운 과업을 이끌었다. 이것은 당이 자신의 권위를 스스로 훼손시킬 수도 있고 공식적으로 불신되던 민주운동세력에게 유리한 이론적 근거를 제공할 수도 있는 민감한 사안이었다. 당은 1960년대와 1970년대에 마오쩌둥 정책의 여러 측면들을 비판하던 사람들과, 기록을 바로잡으려는 불굴의 결단으로 인해 탄압받거나 심지어 고문·살해당한 사람들의 사례들을 공개하는 것으로 이 일을 시작했다. 그러자 중앙위원회는 자체적으로 신중하게 분석하여 1981년 여름에 이를 종결지었다. 마오쩌둥은 말년에 부르주아지가 당 내에 계속 존재할 수도 있으며, 수정주의에 반대하는 대중혁명이 고무되어야 하고, 또 '프롤레타리아 독재하의 계속혁명'이 필요하다는 믿음에서 기인한 지나치게 '좌파적'인 만행을 저질렀다고 비난받았다. 최종 결론은 마오쩌둥은 전 기간 중 70%는 옳았고 30%는 옳지 않았으며, 그 과오 가운데 대부분은 그의 말년에 집중되어 있다는 것이었다. 그러나 이러한 과오를 악용하여 "마오쩌둥 사상의 과학적 가치를 부정하고 우리의 혁명과 건설에서 그의 사상의 지도적 역할을 무시하려는 것"은 '완전히 잘못된' 일이라고 중앙위원회는 결론지었다. "오직 사회주의만이 중국을 구원할 수 있다."22)

이 정치투쟁이 서서히 종국에 다다르자, 국영 언론은 중국에서 지역적 이니셔티브의 사례를 강조하거나 소규모 사업의 특정 유형들이 어떻게 번영할 수 있는지 보여주는 기사들을 보도하기 시작했다. 처음의 사례들은 신중을 기한 기사들이 많았는데, 1980년 당시 예전의 일반 상점 자리에서 수십 년간 작은 여관을 운영하고 있던 한 늙은 부부의 이야기 같은 온건한 것이었다. 이 부부가 운영하는 '천의(天義)여관'은 베이징을 방문한 사람들 중에 일반 숙박소에 들기에는 너무 가난한 사람이나 농민이 주로 이용했고, 한 캉(炕, 벽돌로 쌓은 단 위에 이부자리를 깔고 밑에서 불을 때는 중국 북부의 일반적인 잠자리) 위에서 한꺼번에 8명이 잘 수 있었다. 여자 손님들은 여관의 여주인과 함께 잤고, 주인 남자는 다른 남자들이 있는 곳으로 갔다. 정치적 풍파 속의 모든 격변을 잊은 듯한 이 부부는 이와 같은 간단한 방법으로 30년에 걸쳐서 4만 6천 명의 길손들을 보살폈다고 언론은 설명했다. 당 기관지는 그들 부부가 언제나 "자신의 노동에만 의지했고 다른 어느 누구도 착취하지 않았기 때문"에 그들의 사업이 '자본주의적'으로 여겨질 수 없다고 주장했다.[23]

같은 해 더욱 널리 알려졌던 또 다른 이야기는 "근면한 노동을 통해 부"를 획득했다는 인증서를 받은 청두 근방에 사는 쓰촨 출신의 여러 가구에 대한 것이었다. 이들은 주어진 인민공사의 토지를 경작할 권리를 청부계약하기 위해 새로운 '책임제'를 이용했다. 국가에서 부과한 할당량 이상으로 생산되는 모든 잉여는 각 지역별로 자유시장에서 판매할 수 있었다. 부업 가운데는 인민공사의 비단 직조에 필요한 양잠과 판매용 양돈도 있었다. 이러한 활동에 가담한 가구는 적어도 연간 700달러를 벌었는데, 쓰촨의 가장 부유한 인민공사의 경우 인구 1인당 수입이 연 160달러 정도였고 성 전체의 평균은 55달러였기 때문에 새로운 시도는 놀랄 만한 기회를 제공하는 것이었다. 농촌지역에서 이와 같은 상업적 성공 사례들은 그 해 말이 되면 중국의 독자들에게 친숙한 이야기가 되었다. 이러한 일화에서 소수의 악역을 맡은 사람들은 지역 간부들로, 이들은 복잡한 절차에 얽매여서 필요한 서류작업을 처리하는 데 수개월을 허비했기 때문이다.

이와 같이 자영업에 대한 도취감이 확산되어 가는 분위기 속에서 한때 명예훼손을 당했던 당 지도자 류사오치는 문화혁명 때 그에게 쏟아졌던 온갖 비난에서 공식적으로 벗어났다. 류사오치는 이보다 훨씬 선인 1969년에 폐렴으로 추정되는 병으로 사망했다. 그러나 대약진 이후 조사반에 가담하여 마오쩌둥을 그토록 분노케 했던 그의 미망인 왕광메이는 아직 생존해 있었고, 죽은 남편의 명예를 회복하는 연설을 듣기 위해 모습을 드러냈다. 류사오치의 결백이 증명된 것은 많은 청년 당원들에게는 류사오치가 받았던 바로 그 비난이 자신의 부모에게 쏟아진 것만큼이나 당혹스러웠을 것임에 틀림없다. 왜냐하면 류사오치가 실각한 이후 중국공산당은 규모 면에서 두 배로 커졌고(1966년 1,800만에서 1980년 3,800만으로), 당원의 절반이 류사오치는 "변절자, 악당, 자본주의를 추종한 최고위급 인물"이었다는 믿음(또는 적어도 겉으로 그렇게 믿는 모습) 속에서 당 활동을 해왔기 때문이다. 1971년 린뱌오가 죽었을 때처럼 당의 신뢰도는 다시 한번 한계에 도달했다.

이런 1980년의 전환기에 시의적절하게도 마침내 사인방에 대한 재판이 실시되었다. 재판이 시작될 것이라는 발표 소동이 1980년 내내 있었지만 계속 오보로 판명되자 사인방이 계속 자신들의 죄를 자백하지 않고 있다는 소문이 나돌았다. 그들은 이러한 비타협적 태도를 보임으로써 오직 자신의 죄를 인정한 자만을 재판정에 세운다는 중국인들의 정의관——중화인민공화국 치하에서도 청대와 마찬가지로 유효한——을 혼란스럽게 만들었다. 그러나 결국 1980년 11월, 35명의 배심원단 앞에서 재판이 열렸다. 배심원 가운데는 1957년에 '우파'로 몰려서 죄를 뒤집어쓰고 결국 1980년에야 공식적으로 혐의를 벗은 페이샤오퉁도 있었다. 바로 이 뛰어난 사회학자——23년간 아무 것도 출판하지 못하도록 금지되었던——에게 마오쩌둥의 가장 극단적인 추종자들에 대한 유죄판결을 돕도록 한 것은 상징적인 면에서 적절한 선택이었다. 재판은 '국가 기밀' 관계상 외국 기자들의 방청이 금지되었지만, 진행과정의 일부가 매일 국영방송을 통해 전국의 청취자에게 전해졌다. 피고는 모두 10명으로, 사인방과 린뱌오의 책략에 협조한 혐의로 기소된 5명의 육군 장교, 그리고 마오쩌둥의 전 비서이자 이념 전문가로서 문화혁명 초기의 주도적 인물이었던 천보다(陳伯達) 등이었다.

재판에 대한 국내외적 관심은, 문화혁명기에 3만 4,800명으로 추정되는 인민을 "죽음으로 몰고 갔고" 또 권좌에 있던 기간에 또 다른 72만 9,511명에게 "누명을 씌워 죽인" 죄로 고발당한 사인방에게 집중되었다. 검사들은 1960년대 말과 1970년대 초반에 저지른 범죄에 초점을 맞추되, 훨씬 과거로 거슬러올라가 혐의사실을 찾아냄으로써(또는 꾸며 냄으로써) 사인방의 정치적 성격을 약화시키려 했던 초기 비판방식을 탈피했다. 예컨대 체포 당시 장칭은 1934∼1935년에 국민당과 협력했고 장제스의 경찰에게 지하 조직원들을 밀고했다는 혐의로 고발되었다. 이와 유사하게 장춘차오도 1930년대 중반에 국민당의 특무대에 가담하고, 1940년대 초 옌안에 도착한 다음에도 계속해서 국민당을 위해 비밀리에 일했다는 죄로 고발되었다. 야오원위안은 그의 가족이 저장 성에서 5대에 걸쳐 지주였으며 자신이 국민당 비밀경찰의 고위간부의 수양아들이라는 사실을 은폐한 혐의로 고발당했다. 네 명 가운데 가장 나이가 어려서 혁명 초기의 그러한 격동기에 태어나지도 않았던 왕훙원은 한국전쟁 복무 중에 보직 변경——기수에서 군악대의 트럼펫 주자로——을 조작한 혐의로 고발되었다.

죽은 마오쩌둥의 미망인 장칭은 재판에 불복했고 증인들에게 고함을 치고 배심원들을 '파시스트, 국민당'이라 부르는 바람에 법정에서 퇴정명령을 받기도 했다. 그녀는 마오쩌둥이 문화혁명기 동안 자신의 활동을 지원했기 때문에 궁극적으로 그의 뜻에 복종했을 뿐이라며 자신을 방어하려 했다. 장춘차오는 검사의 질문에 대답하기를 거부하면서 재판과정에 철저히 초연했다. 다른 피고들은 대부분 혹독한 감옥생활에 한풀 꺾인 듯 한층 순종적이었다. 그러나 재판은 청중들에게 중국에 법치(法治)가 다시 자리를 잡는다는 인상을 주지 못했다. 많은 중국인들은 그토록 특별했던 전 지도자들이 하찮게 취급되는 것을 보며 기뻐하긴 했지만, 사실상 재판과정은 아무도 액면 그대로 받아들이지 않는 신기한 구경거리였을 뿐이다.

1981년 1월 25일에 내려진 공식 판결에서 사인방 중 가장 완고한 두 명인 장칭과 장춘차오는 사형을 선고받았으나, 2년의 유예기간 안에 '참회'하면 처형을 면할 수 있었다. 왕훙원은 종신형을 선고받았고, 야오원위안은 18년형을 받았다. 천보다와 5명의 군인은 모두 16년에서 18년형을 선고받았다.

이러한 판결과 화궈펑의 확실한 정치적 몰락으로 중국에서 '좌파' 정치의 시대는 마침내 끝난 것처럼 보였다. 이는 류사오치의 명예회복으로 더욱 강조되었을 뿐 아니라, 취추바이나 리리싼과 같이 오랫동안 비난받아 왔던 1920년대 말과 1930년대 초의 당 지도자들에 대한 우호적 재평가를 통해 확실해졌다. 이세 당 지도사들은 만약 나라의 사회주의 경제를 재구성하려고 한다면 과기 당의 교훈적인 모습도 재구성해야 한다는 것을 깨달은 듯했다.

24장

권력의 층위

10억 인민

1981년에도 경제 변화의 적절한 속도를 둘러싼 지도부 사이의 견해 차이는 계속 있었지만, 인구 억제에 대한 철저한 계획이 없다면 중국도 다른 개발도상국들처럼 애써 이룩한 모든 물질적 성과가 물거품이 되고 말 것이라는 데는 의견이 일치했다. 이때까지 중화인민공화국은 인구조사를 두 번 실시했는데, 1953년의 조사에서는 총인구가 5억 8,260만이었고, 1964년에는 6억 9,460만을 헤아렸다. 그러나 그 어느 조사도 미래를 위한 현명한 계획을 세우기에는 역부족이었기 때문에 지도부는 중국 인구의 정확한 규모와 증가 속도를 파악하는 것이 급선무임을 깨달았다. 이에 따라 1982년 7월 1일을 완전한 국내 인구조사일로 정했다.

인구조사 결과는 중국의 인구학자와 경제 입안자들이 예상했던 것을 확실히 증명해 주었다. 이때 이미 총인구는 10억을 넘어서 있었다. 외국 인구학자들은 특히 예상수치와 발표수치가 너무 정확하게 들어맞은 지역들에 대해 의문을 제기했지만, 통계는 대체로 신뢰할 만한 것으로 평가받았다. 이미 수개월 전부터 신중하게 계획했고, 미국 인구 전문가들의 조언에 따라 인구조사가 진행되었으며, 500만 명의 호구 조사원들이 수집한 자료는 29대의 대형 컴퓨터

1982년, 중국 남녀의 연령별 구성 [1]

연령집단	전체	남성	여성	성비 (여성=100)
전체	1,008,152,137*	519,406,895	488,745,242	106.27
0~4	94,704,361	48,983,813	45,720,548	107.14
5~9	110,735,871	57,026,296	53,709,575	106.18
10~14	131,810,957	67,837,932	63,973,025	106.04
15~19	125,997,658	64,420,607	61,577,051	104.62
20~24	76,848,044	40,300,907	36,547,137	110.27
25~29	93,142,891	48,310,132	44,832,759	107.76
30~34	73,187,245	38,153,148	35,034,097	108.90
35~39	54,327,790	28,669,005	25,658,785	111.73
40~44	48,490,741	25,878,901	22,611,840	114.45
45~49	47,454,949	25,123,395	22,331,554	112.50
50~54	40,856,112	21,568,644	19,287,468	111.83
55~59	33,932,129	17,530,819	16,401,310	106.89
60~64	27,387,702	13,733,702	13,653,367	100.59
65~69	21,260,370	10,171,973	11,088,397	91.74
70~74	14,348,045	6,434,731	7,913,314	81.32
75~79	8,617,043	3,496,703	5,120,340	68.29
80 이상	5,050,091	1,765,823	3,284,268	53.77

* 몇몇 경우 정확한 나이를 알 수 없기 때문에 이 수치는 총인구수(1,008,175,288)보다 약간 낮다.

를 이용해서 계산했기 때문이다. 따라서 중화인민공화국의 총인구수 10억 817만 5,288명은 주어진 조건에서 최대한 정확도를 기한 것으로 인정받았다. 정치적으로 타이완이 중국의 일부로 계산될 필요가 있었기 때문에 결국 발표한 총인구수는 타이완, 홍콩 그리고 마카오의 인구를 합한 10억 3,188만 2,511명이었다.

1982년 인구조사에서 두드러진 한 가지 사실은 보기 드물게 저연령층 인구가 많다는 점이다. 통계에 따르면 중국 여성 가운데 6천만 명이 30대였고, 8천만 명은 20대였으며, 1억 2,500만 명이 10세에서 20세 사이로 곧 결혼할 나이에 임박해 있었다. 또한 평균수명도 놀랍게 늘어나 있었다.

이러한 어마어마한 가임여성의 수는 더욱 강력한 가족계획정책을 펼쳐야 한다는 사람들의 주장에 설득력을 더해 주었다. 중화인민공화국의 창설 이래 인구정책을 두고 사회주의적 낙관론과 '맬서스주의'의 인구제한법칙에 근거한 비관론* 사이에 갈등이 있었는데, 후자는 사회주의가 인간생활에 가장 극적인 변화를 가져다 줄 것이라는 희망에 맹렬히 반대했다. 1950년대 초 중국 최고의 경제학자 몇몇은 국가의 전반적인 인구상(像)에 면밀한 주의를 기울이지 않는다면 문제가 생길 것이라고 경고했다. 수많은 요인들이 이러한 결론을 뒷받침했다. 1950년 새 혼인법은 남성뿐 아니라 여성에게도 마음에 맞지 않는 배우자를 떠나 새로운 짝을 찾을 기회를 주었다. 더 나아진 보건위생 덕분에 유아사망률이 낮아졌으며 노년층의 식생활 개선과 건강 보호에 따라 평균수명이 늘어났다. 또한 수도원과 수녀원이 폐쇄되고 매춘이 금지되어 더 많은 여성이 결혼시장에 뛰어들었다. 많은 자녀, 특히 많은 아들을 두어 종족(宗族)의 존속과 번영을 동시에 추구하려는 중국인의 성향도 이에 한몫 했다.

이러한 경고는 1953년 피임과 낙태에 대한 법률 통과와 1954년 인구억제 연구회 설립을 앞당겼다. 1956년에는 저우언라이가 산아제한을 주장했다. 그러나 그러한 견해를 가진 보다 영향력 있는 경제학자들이 1957년 반우파운동 때 숙청당했고(저우언라이는 권력을 유지했다), 대약진과 문화혁명이라는 정치적으로 극단주의적인 시기에는 인구 증가를 분석하거나 제한하려는 시도가 거의 없었다. 1960년대와 1970년대 초에는 많은 가정이 대여섯 명의 자녀를 낳았다. 대약진 이후 기근이라는 재앙이 닥치지 않았다면, 또 이른바 '소수민족' 지역과 가난한 농촌지역들의 보건상태가 열악하지 않았다면 인구증가율은 더욱 높았을 것이다.

그러나 1974년 국제회의에서 중국의 대변인은 여전히 청중을 향해 '인구폭발' 이론은 '강대국에 의해 조작된 오류'라고 주장2)하고 있었던 반면, 정부는 이미 대중선전을 통해 피임법을 홍보하면서 인구 증가를 억제하기 시작했다. 1974년 4.2%였던 중국 여성의 출산율은 1976년 3.2%로, 1980년에는 2.2%로 떨어졌다. 몇 가지 중요한 문제에 관해서 아직 정부의 대변인으로 일하고 있었던 화궈펑은 1980년 9월 전국인민대표자대회에서 이제부터 중국 가정은 자녀의 수를 하나로 제한하는 데 힘써야 하며, 가족계획이 중국의 장기적 발전전략

---

* 토머스 맬서스(1766~1834)는 『인구론』(1798)에서, 한 국가의 인구가 이용 가능한 자원의 한계를 지나치게 압박할 경우 기아나 질병, 전쟁이나 다른 재앙에 의해 인구가 억제된다고 보았다. 거의 같은 시기인 건륭제 말기에 홍량지도 급속히 증가하는 인구가 중국에 해를 끼칠 것이라고 경고한 바 있다.

안에서 수립되어야 한다고 말했다. 예외는 '소수민족'에게만 허락될 것이라고 했다.

화궈펑의 연설에 따라 인민공화국의 '개정 혼인법'이 제정되어 혼인연령을 남성은 22세, 여성은 20세로 규정했다.(1950년 혼인법에서는 각각 20세와 18세였다.) 정부정책이 만혼을 강조했기 때문인지 남성과 여성의 실제 혼인연령은 이 새로운 기준보다도 상당히 높았다. 이 법의 의도는 결혼에 관한 규칙을 제도화하고, 조혼을 막는 동시에 '만혼과 만산'을 권장하려는 것이었다. 법의 권장지침에 따르면 여성의 초혼은 24세, 그리고 첫(동시에 이상적으로는 마지막) 출산은 25세였다.

국가가족계획위원회는 화궈펑의 주장을 강화하면서, 1981년의 출산에 관한 연구 결과들에 따르면 이미 1명의 자녀가 있는 가구에서 새로 태어난 아기가 600만에 달하고 있고, 이것은 확실히 1가구 1자녀 정책을 위협하고 있다고 지적했다. 놀랍게도 이미 다섯 또는 그 이상의 자녀를 가진 가구에서 새로운 아이가 태어난 경우도 170만 건에 달했다. 그 결과 정부는 산아제한계획을 강화하고, 이미 1명의 자녀를 출산한 여성에게 강제로 불임기구를 삽입하도록 했으며, 두번째 아이를 낳으면 부부 중 한 사람은 반드시 불임수술을 받도록 했다. 성(省)마다 불임수술 할당량을 배정했고, 성은 다시 현과 시 정부로 하달하여 실행하도록 했는데, 임신 말기에 낙태를 강요받은 여성도 많았다. 더욱이 많은 낭 관리들은 농가와 토지계약을 맺을 때 그 토지에서 일하는 동안 아이를 갖지 않겠다고 서약하는 제2의 계약서에도 서명을 하도록 했다. 만일 이 같은 계약에 서명을 하고도 아이를 가지면 벌금을 물거나 심지어는 토지를 포기해야 했다. 지역 불임수술단이 마을에 들어오자 도망친 부부도 있고, 산아제한을 담당하던 어떤 간부는 신변의 위험을 느껴 무장 경호를 요청하기도 했다. 1981년 9월에서 1982년 12월 사이에 총 1,640만 명의 여성이 난관수술을, 400만 명의 남성이 정관수술을 받았다.[3]

인구 과잉의 곤경에서 벗어날 또 다른 방법은 여성이나 남성이 아예 독신으로 살도록 장려하는 것이었을텐데, 이것을 일부 인구분석가들이 넌지시 제시했을지도 모른다. 실제로 19세기 말과 20세기 초에 일부 여성이 이같이 살았으며, 그때 그들은 '자매단'을 만들어 공동생활을 하고 수입과 고용기회를 공평히 나누었고, 대개 용기를 얻기 위해 불교를 믿었다. 그러나 1982년 인구조사에서 추출한 또 다른 통계가 명확히 보여주는 바와 같이 결혼은 궁극적으로 인민공화국 모든 여성의 희망사항이었다. 결혼 비율은 남성의 경우에도 역시 높았다. 청대와 민국 시기에 수많은 빈민 남성은 경제적 이유 때문에 결혼을 할 수 없었고 반면에 약간의 결혼비용이 있는 남성도 부유층의 축첩과 극빈자들의 여아 살해 관행 때문에 여성이 부족하여 결혼할 수 없었다. 인민공화국에서의 사회 변화는 그런 관행을 근본적으로 종식시켰지만, 20대와 30대의 남녀 구성비율은 여성 100명당 남성 102~107명 정도로 여전히 일부 남성은 원한다고 해도 배우자를 구할 수가 없었다.

중국의 입안자들이 새로운 인구통제정책을 수립할 때 고려해야 할 요인들 중 다섯 가지 정도가 중요했던 것으로 보인다. 전 중국의 가경지(可耕地), 총인구의 연령별 분포, 도시와 농촌 성장의 균형, 노동자의 성향, 그리고 대중의 교육수준이 그것이다. 1982년 인구조사는 이러한 모든 측면에서 새롭고 의미심장한 자료들을 제공했다.

첫번째로 1인당 농경지 크기를 보면 많은 다른 국가에 비해 열악해서 창의적인 경영자가 이용할 땅이 거의 없었다. 중국의 육지 면적은 미국보다 컸지만(9억 6천만ha 대 9억 3천만ha), 경작지는 겨우 절반 수준이었다.(1970년대 말에 중국은 9,900만ha였는데, 미국은 1억 8,600만ha였다.) 이 경작지를 중국의 거대한 인구와 대비해 볼 때, 1인당 경작지는 미국이 약 2,570평인 데 비해 중국은 306평

1982년, 연령별 미혼자의 비율[4]

연령집단	전체	남성	여성
15~19	97.38	99.07	95.62
20~24	59.45	71.98	46.45
25~29	14.72	23.59	5.27
30~34	4.93	8.84	0.69
35~39	3.70	6.77	0.28
40~44	3.13	5.71	0.20
45~49	2.39	4.37	0.18
50~59	1.66	2.98	0.21
60~79	1.37	2.56	0.30
80 이상	1.11	2.63	0.29

에 불과했다. 게다가 중국의 가경지의 크기는 대약진 직전에 절정을 이룬 이후 계속 서서히 줄어들고 있었다. 이것은 부분적으로 생태계와 환경에 끔찍한 영향을 끼친 정부의 결정들——무제한적 벌목, 주먹구구식 수력발전용 댐들, 그리고 막대한 산업 공해——의 결과였고 부분적으로는 새로운 주거지, 공장, 도로, 철도 건설이 계속되었기 때문이다. 비록 다수확 품종, 보다 집약적이고 효율적인 토지 이용, 관개, 화학비료 등이 이러한 감소를 얼마간 보완해 줄 수는 있었지만, 들판에서 실제로 자기 손으로 농사짓는 농민에게 가경지의 감소는 경악할 만한 일이었다. 경작지가 부족한 만큼 농업에 의욕을 불어넣는 새로운 체제를 통해 생산성을 향상시켜야 했다. 아래의 표는 이를 분명하게 보여준다.

두번째로 매우 위험한 감염이나 기생충에 의한 질병 대부분을 박멸하거나 효과적으로 예방하여 전체인구의 연령별 분포는 급속히 노령화하고 있었다. 1982년에 도시 사망자의 63% 이상이 '뇌질환'(예컨대 뇌일혈), 심장병 또는 악성종양(암)으로 사망했고, 농촌 사망자의 53%가 같은 질병으로 사망했다. 호흡기질환은 도시(8.7%)와 농촌(11.5%) 모두에서 네번째로 높은 사망원인이었다. 이와 같은 질병 유형의 변화는 1981년 중국 남성의 평균수명이 도시가 69세, 농촌이 65.5세, 여성의 경우 도시가 72.5세, 농촌이 68.5세로 늘어나는 데 부분적인 요인으로 작용했을 것이다.(1957년 통계와 비교해 보면, 이 당시 남성은 63.5세와 59.25세였고 여성은 63세와 59.75세였다.)

세번째 측면인 도시/농촌 균형 면에서는 중국의 인구가 서서히 노시도 집중

1949-1978년, 중국의 경작지 변화[5]

연도	총 경작지 (1,000ha)	인구 1인당 평균 (acre)	농업인구 1인당 평균(acre)	신체건강한 농민 1인당평균(acre)
1949	97,881	0.44	0.54	—
1952	107,919	0.46	0.54	1.53
1957	111,830	0.42	0.51	1.43
1962	102,903	0.38	0.45	1.19
1965	103,594	0.35	0.42	1.09
1970	101,135	0.30	0.36	0.89
1975	99,708	0.27	0.31	0.83
1977	99,247	0.26	0.30	0.83
1978	99,389	0.25	0.31	0.82

1949-1983년, 중국의 도농인구 비율[6]

연도	도시인구 (1만 명)	전체 인구 중 도시인구(%)	농촌인구 (1만 명)	전체 인구 중 농촌인구(%)
1949	5,765	10.6	48,402	89.4
1958	10,721	16.3	55,273	83.7
1966	13,313	17.9	61,229	82.1
1976	16,341	17.4	77,376	82.6
1981	20,171	20.2	79,901	79.8
1983	24,126	23.5	78,369	76.5

되고 있었다. 중국의 경우 이 과정이 다른 개발도상국들에 비해 느렸는데, 그 이유는 전 국민을 등록하여 경찰의 감시 아래 두었고, 식품과 의복의 배급을 등록거주지에 제한하였으며, 수백만의 도시 청년('우파' 지식인들이나 불명예를 당한 간부들과 더불어)의 하방을 통해 인구의 유동성을 효과적으로 통제한 데 있었다. 그러나 문화혁명기 동안 관리들이 이 노선을 성공적으로 유지했음에도 불구하고 중국의 인구 규모를 고려할 때 도시/농촌 구성에서 인구이동은 뚜렷했다. 1982년 인구조사는 이러한 전반적인 균형 속에서도 지역별 불균형이 두드러졌다. 이 조사를 바탕으로 예를 들면 4세 이전의 유아는 더 나은 보건시설을 갖춘 도시보다 특정 빈곤지역에서 6배 정도 많이 사망했다.

네번째 중요 영역인 노동력에서도 좋지 않은 상황에 직면하게 되었다. 일본이나 미국의 노동자와 비교할 때, 중국의 경우 실제 취업노동력은 어려서 취업하여 조기 은퇴하는 경향이 있었다. 1982년 인구조사에 따르면 실제 취업노동력의 18.09%가 15세에서 19세 집단에 속했다.(대조적으로 일본의 노동자는 3.25%, 미국의 노동자는 7.94%가 이 범주에 속했다.) 이러한 젊은 노동자들은 고등교육의 기회를 갖지 못했다. 중국 전체인구의 연령층 굴곡 때문에 실제 취업노동력의 경우 38.15%만이 경험이 풍부하고 책임감과 경쟁력을 기대할 수 있는 35세에서 60세에 속했다.(일본은 53.57%, 미국은 54.41%였다.) 1982년 중국의 노동자 5억 2,150만 명 가운데 56.3%가 남성이고 43.7%는 여성이었다. 남성은 건설(81.13%), 광산과 임업(80.64%)과 같은 육체노동에 집중되어 있었다. 교육과 정부 기관 고용에서 여성의 평등을 주장했음에도 불구하고 '정부기구, 당과 대중조직' 같은 육체적인 힘이 필요치 않는 일자리 역시 주로 남성들이 차지해 직원의 79.55%가 남성이었고, 여성에게 맡겨진 일의 대부분은 가장 낮은 직책들이었다. 기본적인 농업, 요식업, 상업, 공공시설 근무, 지방관청에서는 양성의 비율이 거의 비슷했다.

또한 전체 노동자의 교육수준이 낮다는 것을 인구조사에서 볼 수 있는데, 많은 관찰자들, 특히 인민공화국에서 문맹이 완전히 근절되었다는 중국 정부의 단호한 주장을 믿어 왔던 서양인들에게 충격을 주었다. 중국 노동력의 0.87%만이 대학을 졸업했고, 10.54%가 상급중등학교(예컨대 고등학교) 교육을 받았고, 26%가 중등학교 교육을 받았다. 34.38%는 초등학교 이상의 교육을 받지 못했고, 28.2%는 '문맹 또는 반문맹'으로 분류되었다.

인구조사 컴퓨터가 이와 같은 수치들을 계산하여 여러 가지 분석이 가능해지자, 중국의 지도자들은 1949년의 '해방'으로부터 33년이나 지났음에도 불구하고 전국 농민의 73.69%가 아직 초등학교 이상의 교육을 받지 못했다는 사실을 냉정하게 수용해야만 했다. 중국의 관료와 당 간부 가운데 초등학교 졸업이 26.96%, 중등학교 졸업이 42.78%라는 사실은 그들의 심기를 더욱 불편하게 했음에 틀림없다. 나머지 가운데 겨우 21.87%가 상급중등학교 교육을 받았고, 5.85%가 각종 대학 수준의 교육을 받았다. 이러한 통계는 게릴라 전투를 위해 대중동원을 한 시기나 토지개혁, 대약진 또 문화혁명의 초기라면 별 의미가 없었을 것이다. 그러나 중국이 새로운 야심을 가지고 4개 현대화를 이룩해 보려는 상황에서 이런 수치는 실망스러운 것이 아닐 수 없었다.

1980년대의 중국 통치

1980년대 말까지 중화인민공화국 정부는 10억 인구를 통제하고, 수십억 위안에 달하는 외국과의 계약을 처리해야 했으며, 경제를 완전히 개편하고, 파괴된 학교와 대학을 복구하여 국제적 수준에 맞는 지적·과학적 연구장소로 만들어야 하는 과업에 직면했다. 그러나 당시 중국을 운영하고 있는 정부체제는 체계적이지 못하여 업무의 중복과 모순이 심했고, 정부가 봉착한 특별한 도전에 대응할 만한 능력을 갖추고 있지 못했다. 게다가 인민공화국 정부는 짧은 역사 동안 여러 차례 그 핵심까지 뒤흔들리기도 했다. 대약진과 문화혁명은 그 가운데서도 가장 대표적인 예이지만, 1953~1954년의 가오강과 라오수스 위기, 1957년 반우파운동, 1964년의 사회주의 교육운동에 대한 논란, 1971년 린뱌오의 죽음, 1976년 덩샤오핑의 실각과 사인방의 체포, 1978년 3중전회에서의 극적인 정책 전환 등의 사건들도 근본적인 정치, 경제 또는 지적 문제에 대해 지도자들이 얼마나 심각하게 분열되어 있었는지를 보여준다. 이와 같은 사건이나 해임, 체포, 죽음 등을 둘러싼 격렬한 분쟁은 인민공화국이 불만을 토로할 공적인 또는 중립적인 논의의 장이나 평화로운 권력 이양을 보장하는 효과적인 장치를 허락하지 않는, 다시 말해서 정부가 법 위에 존재하는 일당체제 국가였음을 잘 말해 준다. 공식적인 견제와 균형이 부재한 가운데 개별 지도자가 특정한 개혁이나 계획을 시기 적절하게 추진하는 것을 상호대립적인 세력들이 어떻게 난관에 빠뜨리는지를 알기 위해서, 우리는 1980년대 초반에서 중반까지 이 정부의 형태를 들여다볼 필요가 있다.

중국 정부의 정상은 25명에서 35명 정도의 집단이 지배하고 있었는데 그 중 한 명을 제외한 전원이 남성이었다.* 이들은 공식적으로는 지배집단으로 알려져 있지 않았고, 그 구성원이 반드시 관직이나 명목상의 직함을 가졌던 것은 아니다. 그래서 중국 정치에 꽤나 정통하지 않으면 이 집단에 누가 속해 있는지 알기 어렵다. 이들은 대부분 사방에 벽을 쌓고 경비를 펴는 중난하이(中南海) 단지—자금성 서쪽에 있다—에서 살거나 일했다.[7]

이 지배집단에는 네 가지 범주의 지도자가 있었다. 첫번째 범주는 경험이 매우 풍부하고 권위가 있어서 그럴듯한 관직에 있지 않더라도 그들의 견해를 결코 무시할 수 없는 네다섯 명의 당 원로들로 구성되었다.† 그들이 혁명기의 추억을 깊이 간직한 다른 당 원로나 군 동지들을 접촉하는 것은 가장 중요한 결정사항을 실행하는 데 필수적이었다. 두번째 범주는 탁월한 지도자이며, 관계하는 인물이나 경험이 매우 광범위하고 당 내에서의 지위도 상당히 높아 꼭 따르지는 않는다 해도 그의 견해를 결코 무시할 수 없는 그런 인물로 구성되었다.

* 이 권력 중추부 또는 그 주변부에 있었던 유일한 여성은 첸정잉(錢正英)으로, 1982년 수리(水利)전력부장으로 임명되었다. 그녀는 대학에서 공학을 전공했고 제2차 세계대전 당시 신사군에 복무했다. 이어 그녀는 에너지 전문관료로 빠르게 승진했다.
† 1980년대 초반 이 집단에는 리셴녠(李先念), 펑전, 천윈, 예젠잉(葉劍英)이 포함되었다.

1978년 화궈펑에 대한 승리 이후 이 같은 지도자는 의심할 바 없이 덩샤오핑이었다. 비록 덩샤오핑은 마오쩌둥과 같은 특권을 누리지는 못했고, 또 자신이 두번이나(1966년과 1976년) 숙청되어 공적으로 비난당했지만, 프랑스에서의 근공검학으로부터 장시 소비에트, 대장정, 그리고 옌안 시절을 거치면서 쌓아 온 혁명적 신임도는 흠잡을 데 없었다. 더욱이 그는 오랫동안 공산당 총서기로 일했고 나중에는 군사위원회의 주석으로 있으면서 그에게 평생 갚지 못할 빚을 진 수많은 친구와 동지를 사귈 수 있었다.

세번째 범주는 지배집단이 효율적인 결정을 내리는 데 필수적인 특정한 훈련을 거친 전문가들로 구성되었다. 가장 중요한 전문 분야는 경제, 에너지, 군사, 선전과 국내 안보였다. 이러한 지도자들은 정치국 상무위원회의 위원일 수도 있었고, 국가위원회의 주석이나 부주석 가운데 한 사람, 인민해방군이나 다른 군사조직의 장, 또는 중요한 부서나 위원회의 장일 수도 있었다. 네번째 유형의 지배집단 대부분도 이들과 동일한 관료들로 구성되었다. 이들은 광범위한 기초적 정치경험을 가진 다재다능한 인물들이며, 특정 분야의 경계를 뛰어넘는 장기적인 정책을 수립하는 데 능력을 발휘할 수 있을 것으로 기대되는 사람들이었다. 1980년대 중반까지 이 집단에서 가장 눈에 띄는 인물로는 자오쯔양, 후야오방 그리고 더 젊은 인물로는 에너지 정책의 책임을 맡은 만능재주꾼 리펑(李鵬)을 꼽을 수 있다.

거의 모든 일을 직접 처리하는 것이 어느 정도 가능했던 옌안 시기나 내전기 그리고 1950년대와 같이 경제적·기술적으로 보다 단순했던 때와는 달리 이러한 지도자들이 산적한 많은 문제들을 모두 직접 처리하기란 불가능했다. 따라서 1980년대가 되면 지배집단은 수많은 연구단체와 전문가들(개별 지도자들의 권위는 종종 그들의 지지조직의 복잡성과 그 범위에 따라 달라졌다), 그리고 지도자들이나 그들의 참모들과 함께 긴밀히 작업하면서 국가정책을 평가하고 조절하는 4개의 기구에 의존했다. 그것은 국가계획위원회, 국가경제위원회, 국가과학기술위원회 그리고 재정부였다. 이 4개의 기구는 기술훈련을 받은 재능 있는 졸업생들을 적극적으로 끌어들였고, 다른 정부 부서들보다 우위에 있었기 때문에 특정한 이해의 간섭 없이 계획을 세우고 실행할 수 있었던 것으로 보인다. 이미 살펴본 바와 같이 1973년에 국가계획위원회는 중국으로의 기술 이전을 위해 43억(뒤에 51억으로 증가된다) 달러짜리 청사진을 마련했다. 위원회의 사업은 원유·전기·시멘트·강철과 같은 이른바 '기초 산업'을 모두 포함했다. 국가경제위원회의 업무는 국가계획위원회가 추천한 사안을 어떻게 실행에 옮길 것인지 그 방법을 모색하고, 기술상·경영상의 개선책과 천연자원의 분배와 수출, 그리고 에너지 할당 문제를 연구했다.

지도자와 그 참모들이 승인하고, 위원회에서 가능하다고 판단한 후 재정부가 자금을 조달할 수 있다고 결정을 내린 계획은 베이징의 38개 정규 부서로 하달되어 논의와 실행에 들어갔다. 각 부서는 나름대로 독자적인 전문 분야와 참모진, 그리고 예산을 가지고 있었다. 이 부서들은 각 성과 서열상 같았기 때문에 어떤 부서도 해당 성에 자신의 의지를 간단히 관철시킬 수는 없었다. 따라서 '전국적인 정책'을 수행하기 위해서는 각 부서가 항상 그 정책 결정에 영향을 받거나 기여할 것으로 기대되는 성과 조심스럽게 협의해야 했다.

성 정부는 독립적인 구조와 권한을 가지고 있었고, 따라서 베이징 정부에 반드시 협조했던 것은 아니다. 각 성의 정치활동은 3명의 관리, 곧 제1 당 서기, 성장, 그리고 인민해방군의 최고위 장교―만일 성도가 사령부라면 지역 사령관이고, 그렇지 않은 경우는 성이 위치한 군구의 고위 장교―가 주도했다. 이 세 관리는 각 성의 생활에서 서로 다른 측면을 책임지고 있었다. 당 서기는 이념적 업무, 대중운동, 농촌정책 그리고 인사정책을 관장했고, 성장은 교육과 경제발전을 감독했으며, 인민해방군 장교는 군사업무와 더불어 인민해방군의 특별한 요구나 전략적 계획에 관계되는 여러 경제적 시도(공장·광산·통신)를 관장했다. 또한 그는 인민해방군 문화단과 국내 안보의 여러 측면을 담당했다.[8] (이러한 분담은 행정적 논리에 근거한 것으로 시간이 지나도 거의 변하지 않았다. 청대의 성은 이와 유사하게 성의 일반 관리를 맡는 순무, 재정을 담당하는 포정사 그리고 기군이나 녹영의 최고위 장교에 의해 통치되었다.) 세 명의 최고 관리들 사이의 권력 균형은 당, 정부, 또는 군대의 지도자 가운데 누가 가장 두드러진 인격의 소유자인지, 누가 베이징의 정부와 가장 긴밀한 관계에 있는지에 따라 차이가 있었다.

3인의 주요 성 지도자들은 각기 도시에서 현, 그리고 인민공사나 마을로 내려가는 명령계통을 통해 성의 운영을 관장하는 전문 참모들과 관리들을 거느리

고 있었다. 이 구조의 토대에는 모든 중국인 남녀가 구(區), 공장, 농촌의 생산
대대, 병원, 학교, 또는 사무소 등과 같은 노동단위별로 등록이 되어 있었다. 각
직장(單位)의 당 지도자는 그 직장 구성원에 대해 막강한 권력을 행사했는데,
그도 그럴 것이 이들은 작업 할당, 교육 기회, 국내외 여행, 또는 결혼이나 출산
과 관련해서 결정권을 갖고 있었기 때문이다. 한편 학생들은 가구별로, 그리고
학교별로 등록되었다. 따라서 남녀노소를 막론하고 모든 중국인은 집, 방, 또는
아파트에서 성 당국을 거쳐 베이징의 중앙정부의 지도자들에게까지 이어지는
명령체계에 매여 있었다.(이는 청 황제들——그리고 후에는 국민당——이 보갑제를
이용하여 달성하고자 한 목표이기도 했다. 그러나 그들은 결코 이토록 효과적으로 이
념적 통합과 치안 통제를 확실하게 관리하지는 못했다.)

중앙과 지방 권력간의 복잡한 힘 겨루기에서 인구적 요인, 개인적 이윤, 장기
적인 상호관계, 그리고 지역 연고 등은 모두 중요한 역할을 했다. 어떤 성은 다
른 곳보다 인구가 많아(1980년대 중반 무렵 가장 많았던 곳은 1억 명인 쓰촨, 각각
7,500만에 달하는 허난과 산둥, 그리고 각각 6천만 명을 조금 넘는 장쑤와 광둥이었
다), 중앙정부에 더 많은 관심을 요구할 수 있었다. 일부 성은 천연자원의 핵심
적인 보고로서 3개의 국가위원회나 각 부의 분국 전체를 자신의 성도(省都)에
두기도 했다. 석유공업부는 헤이룽장·랴오닝·산둥·허난에 있는 자체 유전을
직접 감독한 반면, 남부에서는 새로 생겨난 공기업들이 광둥과 푸젠 연안 바깥
에서 새 유전개발을 관장했다. 석탄공업부는 산시(山西), 장쑤 그리고 다른 곳
의 탄광을 돌보기 위해 특별 하급기관을 두었다. 역으로 각 성은 수도에 있는
각 관청에 관리를 두어 자기 성에서 원하는 바를 직접 로비할 수 있도록 조치를
취했다. 베이징의 중앙 지배집단의 일부 성원들은 자신의 출신 성에서의 추억
에 사로잡혀 그 성에 편의를 보아주길 기대한 적도 있었다. 1980년대 초에 어
떤 성의 관리는 이렇게 설명했다.

어떠한 단체나 개인도 정확하게 규정에 따라 당신에게 무엇을 해주지는 않
습니다. 오히려 당신은 관시(關係, 인맥)를 맺어야 합니다. 그렇지 않으면 아
무 것도 얻을 수 없습니다. 이는 어디서나 마찬가지지만 남부에서는 특히 그
렇습니다. 관시는 구래의 학연 같은 것과는 다릅니다. 관시는 이익에 근거합

니다. 어디까지나 당신이 내 등을 긁어 주면 나도 당신 등을 긁어 주마 하는 식
이지요. 상품과 편의의 교환이 거래를 결정합니다. 이런 상황이 팽배한 까닭
은 이것이 고위층의 일 처리방식이기 때문이며, 따라서 그들이 이 방식을 바
꾸지 않는 한 아무도 변하지 않을 것입니다.9)

이와 같은 정치적 타협이 현실적으로 어떻게 나타나는지는 1980년대의 세
가지 일화를 통해 알 수 있는데, 각각의 사건은 중국 경제나 관련 지역의 잠재
적이고도 장기적인 성장에 중요한 의미를 지니고 있었다. 덩샤오핑이 거대한
노천 광산을 개발하기 위해 외국기술 사용에 개인적인 관심을 표명했던 산시
(山西) 성의 경우, 중앙정부는 석탄생산 전반에 걸쳐 그들 마음대로 강요할 수
만은 없었다. 성의 탄광은 세 개의 전혀 다른 행정적 범주에 속해 있었는데, 각
범주는 더욱 세분화되어 모두 각각의 하급기관과 전문화된 임원, 감독관, 그리
고 노동자를 거느리고 있었다. 일곱 개의 대규모 탄광이 석탄공업부의 산시(山
西)석탄관리지구라는 부속 관청을 통해 운영되고 있었고, 209개의 소규모 광산
은 별도로 산시(山西)지역석탄관리국이 운영했다. 이들 광산은 경영방식에 따
라 다섯 개의 소그룹으로 나뉘어 조직되었다. 소그룹 하나는 시위원회나 현 정
부가 공동으로 운영했고, 여기서 생산되는 모든 석탄은 성 바깥으로 운송되었
다. 또 다른 소그룹은 지역민이 경영하고 대부분의 생산물을 산시(山西) 안에서
사용했다. 세번째 소그룹은 해당 공사의 관료와 산시 제2경공업부가 공동으로
운영했다. 네번째는 성노동개혁국과 공동으로 경영되었는데, 이 그룹에 소속된
광부들은 유죄판결을 받고 '개조' 중에 있는 노동자들이었다. 다섯번째 소그룹
은 인민해방군과 공동으로 관리되었으며, 이곳에서 생산하는 석탄은 모두 군납
용으로 쓰였다. 또 다른 3천 개의 작은 탄광은 지역 마을(鄕)이 경영했는데, 그
생산물은 또 다른 기관인 산시(山西)마을사업관리국에 의해 조정되었다.

이러한 모든 부분을 통괄하는 것은, 각 가정의 조리와 난방에서부터 전국의
중공업과 전력에 이르기까지 가장 중요한 할당량을 결정하고 석탄의 수송을 감
독하는 국가·성·시의 각급 지국들이었다. 이 체제에서는 석탄을 운반하기 위
한 궤도차의 생산과 공급 같은 세부사항도 대단한 중요성을 띠게 되었다. 많은
경우 비교적 작은 탄광은 석탄을 지역시장이나 전국시장으로 운반하기 위해 한

두 주 동안 궤도차를 강탈했다가 그 형식적 소유주인 대규모 광산에 되돌려주
곤 했다. 그러므로 석탄을 재분배한다거나 새로 큰 탄광을 개발하겠다는 중앙
정부의 결정은 단순한 일이 아니었고 덩샤오핑마저도 자신이 운용하기 원했던
탄광을 성공적으로 개발하기까지 그것을 흥정하고 계산하는 데 여러 해가 걸렸
다.[10]

중앙과 지방 사이의, 그리고 각 성 당국 내에서의 이와 같은 잠재적 긴장은
국가계획을 경직시키는 결과를 가져올 수 있었다. 계획과정 자체가 지역까지
하달되려면 수많은 경로를 거쳐야만 했다. 중국에서 계획한 가장 대규모 사업
가운데 하나인 이창(宜昌) 위의 양쯔 강 상류 싼샤(三峽) 댐 건설은 1950년대
중반에 처음 논의되었으나 1980년대 말까지도 여전히 착수되지 않고 있었다.
이 댐은 수천년간 중국을 괴롭혀 온 양쯔 강의 범람──가장 최근에 재앙을 몰
고 온 수해는 1870년에 있었고 1931년·1935년·1949년에도 심각한 홍수가 발
생했다──을 막고, 중국의 수력 발전을 연간 649억kwh로 증가시키기 위해 계
획되었다. 그러나 댐이 가져올 생태학적·경관적 파괴 때문에 치열한 논쟁이 벌
어졌고, 댐이 파손될 경우 강 수위보다 낮은 도시에 미칠 재해도 무시할 수 없
었다.

댐 건설의 실현 가능성, 그 위치와 고도, 그리고 바람직한 댐 수위에 관한 결
론 없는 논쟁이 1980년대까지 30년간 계속되었는데, 여기에는 수많은 주체들
이 관여했다. 예컨대 양쯔계곡계획사무소(1985년 당시 여기에만도 1만 2천 명의
임직원이 있었다), 여러 행정부서들(특히 재정부·수리전력부·전자공업부·교통부·
기계공업부 등), 중앙 지배집단의 구성원과 그 참모들, 그리고 베이징의 주요 위
원회들, 쓰촨에서 장쑤까지 양쯔 강과 관련된 모든 성의 정부와 상하이 시위원
회, 충칭 시, 수몰되거나 수몰지역 이주민을 받아들이게 될 가능성이 있는 댐
건설 예정지와 충칭 사이에 있는 모든 주요 도시와 마을들, 이와 관련해서 전문
적인 연구·설계·건설을 맡고 있는 58개의 작업단과 공장들, 11개의 연구기관
과 대학, 미국·일본 등 다른 외국에서 온 수없이 많은 자문단과 기업가들이 있
었다.[11]

중국 동남부 근해의 석유 자원 개발을 책임진 관료구조는 이보다 약간 덜 복
잡하긴 했지만, 마찬가지로 중앙정부의 위원회, 다양한 핵심 부서(특히 대외경

제무역부), 중국은행 그리고 중국근해석유회사(석유공업부 산하로 1982년에 설립) 등이 개입했다. 중국근해원유회사는 자체 부속 기구의 장을 동부 해안 여기저기로 파견하여, 광저우에서 조그맣지만 전략적 위치에 있는 항구나 교통 중심지에 걸친 다수의 지역 정부들이나 외국기업과 협력을 추구했다. 사실 이렇게 얽히고 설킨 조직망 속에서는 어느 부분의 누구라도 다른 사람이 중요하게 여기는 계획을 지연시키거나 방해할 수 있었다. 중국 관료의 입장에서는 막대한 이윤과 부정이익의 가능성이 큰 만큼 계약체결이 실패할 가능성도 높았다.

청 왕조의 통치자들은 두 세기에 걸친 통치기간 동안 복잡한 절차를 간소화하고, 탐관오리들을 계도하고 감독하며, 각 성들을 중앙에 복종시키고, 부패로 인한 사회혼란을 진정시키기 위해 투쟁을 벌였다. 국민당 치하에서는 이런 싸움이 관료들의 성장과 중앙정부의 약화로 더욱 힘들어졌고 그만큼 부정·부패·비효율이 만연했다. 중화인민공화국 지도부는 그러한 과거의 악폐와 완전히 결별하고자 노력했지만 이제는 가장 선진적인 수준의 기술계획마저도 지역주의와 유혹에 빠지기 쉬운 인간의 나약함이라는 과거와 똑같은 강력한 사슬에 묶여 버렸다.

1983~1984년, 번영의 뒤안길

불가피하게 좌절과 비판에 직면한 4개 현대화의 추동력을 이끌어 나가야 했던 사람은 이 복잡하고 상반되는 이해관계 속에서 탁월한 지도력을 발휘한 덩샤오핑이었다. 1977년에서 1982년 초까지 덩샤오핑은 잔존하던 마오주의의 영향력에 휩쓸리지 않으면서 복잡한 국제적 관심사와 외교·기술 영역에 참여할 수 있도록 준비하는 데 모든 정열을 쏟아부었다. 1983년과 1984년의 그의 과업은 더욱 어려운 일이었지만, 어느 정도는 지난 5년간의 성공을 전제로 한 것이었다. 이제 그는 당 중앙의 권위를 유지하고 서양의 영향으로 인한 중국의 마르크스주의적 가치의 침식을 최소화하기 위해 보다 신중한 변화를 옹호하는 사람들과 개혁이 가속화되기를 희망하는 사람들 사이에서 중재자의 역할을 강화해야만 했다. 양 견해의 대표자들 모두가 당 서열상 최고위에 있었던 까닭에, 정책은 '현대화된' 중국을 향해 순탄하게 진행되지 못하고 일련의 이탈, 후퇴, 갑작스런 도약이 불연속적으로 이어졌다.

이러한 정책들의 노선은 몇 가지 경제적·사회적 척도를 통해 가장 잘 도식화할 수 있다. 그 중 세 가지는 본질적으로 광범위하고 역사적으로 풍부한 배경을 가지고 있는 것으로서 혁명 모델의 소멸, 경제성장 자체를 근본적 목표로서 인정하는 것, 그리고 '반정신오염운동'으로 정점에 달했던 문화와 예술에서 수반된 변화가 그것이다. 이외에 보다 최근의 문제와 관련된 것으로는, 농업 부문의 책임제와 공업 부문의 인센티브제가 짝을 이루어 발달한 것, 이러한 변화상이 1984년 1월 '1호 문서'를 통해 비준된 것, 경제특구의 개념을 확대한 것, 마지막으로 번영의 문제점을 드러낸 새로운 형태의 심각한 부패가 발생한 것 등 네 가지를 들 수 있다.

1982년에 이르러 인민공화국에서는 마오쩌둥 비판을 허용했다. 그는 혁명이 전개되는 시기에는 위대한 지도자였으나 대약진 때부터 정책을 엉뚱한 방향으로 이끌기 시작하여 때로는 파괴적이기까지도 했다는 데 의견이 일치했다. 이 무렵이 되면 그의 방대한 저서들은 대체로 읽히지 않아 서점 구석에 처박혀 있었고, 전국의 벽이나 공공 장소에서 그의 초상화가 서서히 철거되었다. 도시 경관과 광장을 압도하던, 코트를 입고 한 손을 치켜들고 있는 그의 콘크리트 동상도 많이 철거되었다. 합작사 내의 새로운 경제계획을 '우매'하다고 묘사한 1980년의 『인민일보』 기사를 통해 다자이 징신은 공개적으로 비판받기 시작하여 다자이 생산대대의 혁명적 지도자인 천융구이—1966년에 마오쩌둥의 측근이 되어 1969년 중앙위원에 선출되고 1973년에 정치국 위원에 선임되었던—가 1981년에 마침내 정치국 위원 자리를 상실하면서 완전히 실각했다. 그리고 인민해방군의 모범적 혁명영웅이었으며 자기희생적인 레이펑 역시 1980년대 초반에 군에 의해 일시적으로 부활했다가 역시 무대 뒤로 사라져 갔다. 그가 비타협적인 자세로 자력갱생을 주장한 것이 서양으로부터 최신 선진 기술을 습득하자는 당시의 목표와 쉽사리 조화를 이루지 못했기 때문이다.

한때 혁명에 대한 헌신의 유력한 상징이었던 이들은 이때가 되면 권력을 상실하고, 오로지 경제성장이 관심의 초점이 되어 그 속도와 강도만이 논의의 대상이 되었다. 1979년에 처음으로 경제적 낙관주의가 유행했다가 1980년에 막대한 무역적자가 뒤따르자 1981년과 1982년은 당 원로인 천원이 선호했던 좀 더 신중한 발전의 시기가 도래했다. 투자는 위축되었고, 많은 비용이 드는 외국과의 계약이 취소되었으며, 국내 예산도 삭감되었고, 철저한 수출장려정책으로 무역적자를 극복했다. 그리하여 인민공화국은 1982년 62억, 1983년에는 52억 달러의 무역흑자를 발표할 수 있었다.

1981년과 1982년에는 내적으로 급격한 정책의 변화는 없었고, 대중의 관심은 국가가 배정한 할당량 이상으로 생산한 생산물을 자유롭게 팔 수 있는 새로운 권리를 기술적으로 이용한 사람이나, 자신의 이윤을 고향에 창조적으로 투자한 가족들의 성공담에 쏠렸다. 농촌에서는 무수히 많은 소규모 사업이 계속 성장했다. 비록 그들 가운데 일부만 진정한 의미에서 산업적이라 볼 수 있었고 나머지 대부분은 거리 노점이나 행상, 또는 뜨거운 간식류를 팔거나 자전거와 신발을 고치는 길거리 장사꾼보다 조금 나은 정도였다. 그들의 활동은 어떤 이윤이건 쌓이면 모아서 나누는 '농업생산 합작사'에 의해 느슨하게 통제되었다. 산업 전반에 대한 국가의 통제는 여전히 강력했다.

나아가 문화와 예술분야에서 쏟아져 나온 혁신과 흥분에 대응해 당의 반격이 있었다. 그것은 부분적으로 서양 영화 상영, 서양 추상화의 전시, 그리고 서양 연극 공연에 의해, 그리고 부분적으로는 민주의 벽 기간에 나타났던 일종의 비판적인 자기 탐구에 의해 촉진되었다. 가장 악명높은 사건은 극작가 바이화(白樺) 사건으로, 그의 뛰어난 영화각본 『짝사랑』(苦戀)은 1980년에 큰 인기에도 불구하고 영화가 '부정적인' 견해를 담고 있다는 이유로 탄압받았다. 이 영화에서 바이화는 링천광(凌晨光)의 가상적 이야기를 보여주고 있다. 링천광은 젊은 혁명운동가이자 예술가로서 제2차 세계대전 기간에 용맹하게 싸웠으며 1946년에 국민당의 억압을 피해 미국으로 도망쳤다. 링천광은 샌프란시스코에서 첨단을 걷는 화가가 되었음에도 불구하고 1950년에 부인(원래 중국에서 자랐으나, 선상생활을 하는 소수민족 출신인)과 갓 태어난 딸을 데리고 혁명에 봉사하기 위해 인민공화국으로 돌아오기로 결심했다. 인민공화국 초기에 행복하고 풍족한 생활을 했던 링천광과 그의 가족은 문화혁명기에 과거 서양과 접촉했다는 사실 때문에 짐승처럼 취급당했다. 그러한 수모를 더 이상 견딜 수 없었던 링천광은 어느 겨울날 노동수용소에서 도망쳤고, 자신을 추적하는 한 무리의 사람들

을 피하다 탈진하여 죽는다. 그러나 사실 그들은 추적자가 아니라 그의 모든 고
통이 끝나고 마침내 국가에 의해 무죄방면되었다는 사실을 알려주려 한 간부들
이었다. 영화의 마지막 장면에서 카메라는 눈 위에 쓰러져 있는 링천광의 주검
을 훑어 올라가는데, 이 장면에서 관객은 그의 웅크린 시신이 흰 설원 위에 검정
물음표를 그리고 있음을 보게 된다.

영화는 즉각적으로 특히 인민해방군의 정치잡지에서 날카로운 비판을 불러
일으켰으며, 처음에는 침묵을 지켰던 덩샤오핑과 후야오방도 곧 비판대열에 합
류했다. 비판은 서서히 확산되어 비슷한 시기에 발표된, 중국공산당 간부와 인
민해방군 장군들의 손에 중국 인민이 희생당한 사건을 기록한 일련의 우울한
시 같은 문학작품까지 대상으로 삼았다. 1982년경에는 이 새로운 운동의 윤곽
이 분명히 드러났고 갖가지 불평은 중국공산당에 의해 '정신오염'이라는 말로
뭉뚱그려져서 무차별적인 비난을 받았다. 이 용어는 서양의 퇴폐적인 영향이
초래한 폐해의 정도를 나타내기 위해 만들어졌다. 바이화의 영화가 3세기 전
쿵상런이 『도화선』에서 자아, 연인 그리고 국가에 대한 충성과 의무를 표현한
것의 일종의 반복으로 볼 수 있듯이, 반정신오염운동 또한 청 말에 '실용'을 위
해 서구화의 요소들을 지지하면서도 중국 유교의 순수한 '본질'을 유지하려 했
던 보수적인 자강론자들의 시도에 공명한 것이라고 볼 수 있다.

반정신오염운동은 중국공산당이 시민생활의 주요 부분에서는 어떤 측면도
봉제를 완화할 뜻이 없다는 것을 분명히 보여줌으로써 중국의 국내외 지식인
모두를 실망시켰다. 당시 수천 명의 서양인들이 중국을 여행하고 있었고, 사업
이나 합작, 연구, 교육을 위해 오랜 기간 살고 있는 경우도 많았는데, 이 운동은
18세기에 프랑스 철학자들이 공자를 칭송한 이래 드물게 고조되고 있던 서양
의 중국에 대한 열광에 찬물을 끼얹고 말았다. 그러나 마치 중국인이 겪어 온
경험의 한복판에 존재하는 모순을 다시 한번 강조라도 하듯이, 개혁은 반정신
오염운동과 중첩되면서 새로운 국면으로 접어들었다. 이 새로운 개혁은 중국
경제를 뒤흔들고 거의 30여 년간 경제생활을 지배해 왔던 집단체제를 무너뜨
릴 수 있을 만한 것이었다.

1983년 1월 1일 『인민일보』에 게재된 신년사는 이 해가 중국 현대화계획에
서 중요한 한해가 될 것이라고 약속하면서 새로운 개혁 분위기를 조성했다. 국

가의 우선 사업은 성·지구·도시 수준에서 "당의 사업 방식을 개선하기 위한 …… 구조적 개혁"을 완수하고 1981년 수준과 동일하게 경제적 발전을 유지하는 것으로 상정했다. 자오쯔양 주석은 더 심도 있는 경제적 변화를 요구한 반면, 당의 다른 이론가는 당과 정부 내에서 대학 교육 또는 전문적인 훈련을 받은 간부에게 신속하게 각 성(省)을 주도하도록 해야 한다고 주장하면서 젊은 간부가 권력의 자리에 오르도록 후원했다. 쓰촨 성은 경제개혁에서와 마찬가지로 여기서도 향도임을 증명했다. 성의 지도자들은 행정 사무원의 수를 줄였고, 현직 관리의 평균 연령을 60.6세에서 52.5세로 낮추었으며, 정부 내에 대학 교육을 받은 사람이 차지하는 비율을 16.8%에서 32.2%로 늘렸다. 각 시 당국은 지구·현의 행정직에 새로운 체계를 도입하여 인민공사의 역할을 대폭 축소시켰다. 각 시는 이제 '인근 지역의 정치·경제·재정·과학·문화·교육·의료의 중심지'임을 선언했고, 그 중에서 가장 중요한 역할은 경제 지도였다. 행정단위인 향(鄕)은 인민공사를 대신했고, 촌(村)은 준인민공사(지금은 준향) 수준의 생산대대를 대체하기 시작했다. 랴오닝·장쑤·광둥에서도 이와 같은 선구적 사례들이 나타났다는 보도가 있었다.

새로운 농촌계약제, 곧 '농업생산책임제'의 지역적 성공에 많은 관심이 쏠렸다. 여기에는 1983년까지 적어도 세 가지의 변형이 나타났다. 하나는 노동계약제(또는 작업책임제)로, 이것은 몇몇 가구로 이루어진 소집단이나 개인 가정, 또는 개별 노동자가 지역 마을과 양·질·비용을 고려하여 정해진 작업수준에 맞게 특정한 농장일(파종·이앙·수확 등)을 하기로 계약하는 것이다. 보수는 성공을 거두면 더 높은 작업 점수를―따라서 더 많은 돈이나 식량을― 할당받고, 실패하면 낮게 할당받았다. 두번째로 각 가구가 특정지역에서 정해진 양의 곡물을 의무적으로 생산하도록 하는 생산량계약제(또는 생산량책임제)가 있었다. 도급량을 달성하고 잉여가 발생하면 그것을 가질 수 있지만, 실패하면 부족분을 벌충해야 했다. 세번째는 역시 가구별로 수행하는 순생산량납부제인데, 이 제도는 계약한 가구가 국가의 할당량을 달성하고, 잉여는 집단단위에 제공하는 대신 계약자에게 생산방식과 그들이 사용할 수 있는 농기구나 가축의 소유량에 대해서 완전한 자유를 보장했다.[12]

1984년에 중앙위원회가 첫번째로 발행한 문서여서 '1호 문서'라고 명명된 문서는 새로운 경제정책과 그 이론적 근거를 명확하게 요약하고 있다.

> 토지계약기간의 연장은 농민에게 투자를 늘리고, 토지의 원래 지력을 보존하고, 집약적 농업을 시행하도록 고무시킬 것이다. 일반적으로 토지계약기간은 15년 이상이 되어야 한다. 생산물이 성장 중이거나 결실을 맺기까지 보다 오랜 시간이 걸리는 부문에서는(예컨대 과일 재배, 임업, 또는 황폐한 구릉이나 버려진 땅의 개간 등) 기간이 더욱 길어야 한다. 그러나 계약기간을 연장하기 전에 토지 재조정 문제에 관한 인민의 모든 요구사항이 철저히 논의되어야 하며, 계약기간 연장에 대한 통일된 결정이 '광범위한 안정을 위한 작은 재조정'이라는 원칙에 맞게 집단단위에 의해 시행되어야 한다.

여기서 핵심적인 사항은 계약기간을 15년 이상으로 규정함으로써 정부가 그 어느 때보다도 토지 이용과 생산물에 대한 사적인 지배를 회복하는 방향으로 가까이 다가갔다는 점이다. 이러한 극단적인 해석을 사전에 막기 위해서 1호 문서는 집단의 역할을 강조했고, "자류지와 계약상의 토지는 매매할 수 없으며" 제3자에게 임대할 수도 없고 건축부지나 비농업적 용도로도 쓰일 수 없다고 구체적으로 덧붙였다. 그러나 전체적인 메시지는 분명했다.

또 하나 중요한 내용은 농촌 자본에 대한 1호 문서의 언급이다.

> 농민과 집단단위에 속한 자본이 일체의 지리적 제한 없이 자유롭게 또는 조직된 방식으로 순환하도록 허용해야 한다. 농민이 모든 종류의 사업에 투자하고 이윤을 나누어 갖도록 격려해야 하며, 자발적 참여와 호혜의 원칙에서 농민과 집단단위 양측은 기금을 모으고 여러 가지 합작(공동)기업을 설립하기 위해 노력해야 한다. 특히 발전추세에 있는 사업을 북돋아 주는 데 도움을 주어야 한다. 국가는 투자가의 법적 권리와 이윤을 반드시 보호해야 한다.

비록 1호 문서는 계약자들이 의무량을 달성하기 위해 고용한 노동자를 착취하지 못하도록 특별 보호대책을 언급하고 있지만, 이때 이미 국가는 노동자와 그들의 '감독' 사이의 상당한 임금 격차를 인정하려 하고 있음이 분명히 드러났다. 또한 중앙위원회가 이러한 새로운 농촌 기업가들에게 경의를 표했다는 사실은 그들이 과거 부농의 세계와 부농에게 착취당하는 고용노동자의 세계를 갈랐던 불행한 평행선에 대해서 개의치 않는다는 것을 보여주었지만, 여전히 많은 사람은 농촌혁명이 착취받는 고용노동자의 이름으로 이루어졌다는 사실을 기억하고 있었다.

> 생산량계약제의 부흥으로 농촌에 등장한 전문화된 농가는 우리 농촌 발전에 있어 무언가 새로운 것이다. 그들은 고된 노동으로 일용품 생산을 증가시키고 생산기술을 발전시키면서 부유해진 선구자들이다. 우리는 그들을 아끼고 소중히 생각하며 적극적으로 지원해야 한다. 그러한 지원을 늘리는 가장 효과적인 방법은 그들에게 필요한 사회자원을 제공하고 정보, 공급 그리고 마케팅이나 기술적 진보와 관련해서 그들의 요구를 충족시키는 것이다.[13]

공업에서도 중요한 개혁이 있었다. 기업은 연간 총 수입에서 55%의 세금을 국가에 내야 했지만, 생산비용을 뺀 나머지는 챙길 수 있었다. 이전에는 모든 이윤을 국가에 납부했다. 이러한 인센티브제는 농촌 인센티브제가 농민을 고취시켰던 것만큼이나 공업생산을 촉진시킬 것으로 기대되었다. 일부 기업에서는 계약제를 만들고자 하는 시험적 시도들이 있었고, 경영책임제의 확대에 대한 논의도 있었다.

공장장과 관리자가 전적으로 공장의 생산성과 경영에 책임을 지는 방식을 실험할 장소로 여러 주요 지역이 선정되었다. 이러한 개혁은 1950년대 중반 이후 인민공화국의 공업조직의 기본이었던 당 감독 하의 집단지도라는 사상을 효과적으로 약화시켰다. 실험장은 중국 본토의 중공업 생산기반을 대부분 포함했기 때문에(다롄과 선양, 베이징, 톈진, 그리고 상하이를 포함) 이 개혁이 표준이 되리라는 것은 분명했다. 국가위원회는 별도의 지시사항들을 통해 공장 관리자에게 공장 십장을 임명하고 무능한 노동자를 해고(이것은 과거 인민공화국 공장 노동자의 '철밥그릇'(鐵飯碗, 해직될 우려가 없는 확실한 직업—옮긴이) 체제 하에서는 거의 불가능했다)하는 한편, 뛰어난 노동자에게 승진이나 상여금을 지급할 수 있는 얼마간의 권한을 주었다. 그러나 그 상여금에는 세금이 부과되었다.

지방에서 상업적 진취성이 얼마나 큰 성공을 가져다 주는지 보여주는 두 가지 일화가 있다. 하나는 고전을 면치 못하던 안후이의 한 제약회사의 경우로, 34세의 여성 기술자와 8명의 사원이 회사를 인수했다. 이들은 신상품을 개발하고 더 효율적인 제조방법을 도입함으로써 첫해에 20만 위안의 수익을 올렸다. 다른 하나의 일화는 저장 성의 한 파산한 셔츠 공장에 새로 부임한 공장장이 세 가지 수완을 통해 기업을 살리고, 더 나아가 이 공장을 성에서 가장 번창하는 기업으로 만든 사례이다. 그 세 가지 수완이란 생산량과 임금을 바로 연결하는 물적 인센티브제를 도입하고, 모든 노동자가 배우고 함께 따라 부를 수 있는 사가(社歌)를 만들어 노동의욕을 고취시켰으며, 부적절한 고용인은 해고한 것이다.

1984년 중앙위원회의 또 다른 중요한 결정은 경제특구의 개념을 14개의 해안 도시와 개발과 관광 중심지로 부흥하고 있던 광둥 성의 하이난 섬까지 확대한 것이었다. 이 도시들은 특별한 첨단기술개발 지역으로 선정되었고, 외국인 투자가에게 면세와 제반 혜택을 제공했다. 이 밖에도 광둥의 주 강 삼각주, 푸젠의 민(閩) 강 삼각주, 그리고 양쯔 강 삼각주 등 세 개의 '개발 삼각주'가 신속한 경제성장의 대상지로 선정되었다. 중앙위원회는 이곳을 '무역과 투자촉진지구'로 계획했고, 다시 한 번 과거 자강론자의 말투를 본떠서 "찌꺼기를 거르고 핵심만 골라 낼 수 있도록" 현대 과학·기술을 '소화'하는 '여과기'로 만들겠다고 선언했다.[14]

이와 같은 개혁은 성장에 대한 낙관론 속에서 전반적으로 확대되었다. 1983년 외국인의 직접 투자는 9억 1천만 달러로 추정되었고, 인민공화국은 차관을 통해 10억 5천만 달러를 더 끌어들였다. 1979년 이래 중국을 방문한(여행·무역·학술이나 기타 상호교류를 위해) 외국인 여행자 수는 놀랍게도 총 947만 7천 명을 기록했다. 한편 1만 1천 명의 중국 학생들이 국비로 54개국에서 공부하고 있었고, 또 7천여 명은 자비로 해외의 학교에 다니고 있었다. 1984년 4월 인민공화국은 외국인의 특허를 보호하기 위한 특허법을 제정했고, 이를 통해 최첨단 기술 도입을 유도하고 중국의 발전을 자극했다. 특히 선전 경제특구가 번성했다. 그곳의 기업 대표들은 외국 회사와 2,500건에 달하는 여러 종류의 계약을 맺었고, 18억 달러 상당의 투자를 이끌어 냈다. 홍콩·선전을 통한 무역에는 관세를 면제했다.(타이완에 대한 관세는 '타이완은 중국의 일부'라는 근거로 이미 폐지되었다. 그러나 양국간에 직접적인 합법적 무역이 없었기 때문에 이는 유명무실했다.)

이 모든 활동에는 문제점이 있었는데, 그 중에서 네 가지가 가장 심각했다. 첫번째는 농촌의 새로운 인센티브제의 시행에 대한 반대——정부는 이를 '좌파'라 불렀다——가 거셌다. 어떤 이들은 문화혁명 때의 구호를 계속 외침으로써 과거 『홍기』(한때 그 운동의 급진적 기준의 수호자였던)가 '독특한 정신장애'라 불렀던 병을 앓고 있음을 스스로 입증했다. 두번째는 새로운 노동기회에 따른 노동자의 이동으로 공안부가 모든 시민의 행적을 파악하기 어려워졌다는 점이다. 이에 따라 1984년 5월 7일부터 16세 이상의 모든 중국인은 신분증을 소지하고 다녀야 했다. 세번째는 해안도시, '삼각지대', 그리고 하이난에 대한 개혁 프로그램의 실시가 잠재적인 경제적 팽창을 가져와 중국의 내륙지방, 특히 인구밀도가 높고 가난한 서남부지역에 큰 피해를 줄지도 모른다는 우려를 낳았다는 점이다.

마지막으로 새로운 경제적 인센티브제는 기록적이고도 경이로운 경제범죄의 증가를 초래했다. 1983년 10월에서 1984년 4월 사이에 국가곡물국에서만도 1만 4,700여 건의 범죄가 발생했다고 보고되었는데, 여기에는 현금 1,500억 위안(약 400만 달러)과 수백만 되(bushel)의 곡식과 기름의 횡령이 관련되어 있었다. 정부는 이러한 범죄를 저지른 '곡식 들쥐'들을 발본색원하고, 그 중 가장 사악한 범죄자를 처형했다. '관료제와 독직'의 결과인 적어도 3만여 건의 경제범죄들이 국가에 8,800만 위안의 부담을 더 안겼고, 때로는 외국기업까지 연루되기도 했다. 예를 들어 광저우의 한 공장의 부공장장은 홍콩 사업가로부터 미화 4만 2천 달러의 뇌물을 받았는데, 이 사업가는 그 뒤 인민공화국에게 미화 297만 달러를 사기쳤다. 부공장장은 사형을 선고받았고, 사업가는 종신형을 선고받았다.

중국 정부가 마르크스 서거 100주년을 기념하여 담화를 발표하고 집회를 열자 어떤 이들은 여기서 위험한 징후를 보았다. 하지만 중국공산당 총서기인 후야오방은 침착했다. 허난과 후베이 시찰여행 중 그는 공산당 간부에게 '번영을 두려워하지 말라'고 간단명료하게 지시했다.[15]

법의 재건

중국에서 개혁 실행상의 제반 변화는 1984년의 과감한 결정으로도 끝나지 않았다. 개혁은 실업, 인플레이션을 수반한 경제 과열로 이어졌고 다시 무역적자를 초래하여, 중국 지도부 가운데 좀더 신중한 소수는 1985년에 두번째 긴축기 (1982~1983년의 긴축기와 짝을 이루어)를 요구하고 나섰다. 그러나 이러한 소강기는 짧았고, 1986년 자오쯔양과 후야오방이 이끄는 것으로 알려진 신속한 변화를 추구하는 이들은 덩샤오핑의 격려를 받으며 다시 공세로 돌아섰다. 수많은 공산품에 대한 가격통제가 철회되었고, 노동 인센티브제에 대한 과감한 실험이 다시 추진되었으며, 보다 많은 농촌생산이 가구계약 단위의 수중으로 들어갔고, 생산원료를 매매하기 위한 공개시장의 허용 여부가 논쟁과 실험의 주제가 되었으며, 일부 국영기업이나 집산적 기업이 개인 기업가나 노동자 집단에게 임대되었다. 어떤 경우에는 이러한 기업가들이 주식을 발행하고, 자체 이사회를 구성하여 자금을 모았고, 상하이에는 소규모 증권거래소가 문을 열었다.

그러나 변화의 속도에 관계없이 피할 수 없는 한 가지 사실이 있었다. 중국정부는 이제 스스로의 선택에 의해 그토록 다양하고 복잡한 법을 연구하고 이해하고 시행해야 하는 세계로 진입했던 것이다. 이 문제는 너무나 다면적이어서 단순한 해결책으로는 불가능했다. 그러나 우리는 네 가지 측면—변호사 양성, 세법의 본질, 가속법의 강화, 그리고 국제법 연구—을 간단히 살펴봄으로써 세계 속에서 살아 가기 위한 중국의 적응 노력이 어떤 일반적인 의미를 지니는지 이해할 수 있을 것이다.

법률을 발전시키고 실행하기 위한 필수적인 예비단계로서 중국은 자체적으로 변호사를 양성해야 했다. 인민공화국 지도자에게 이것은 힘든 과제였다. 국민당 통치 말기 꾸준히 성장하고 있던 전문 법률지식은 1949년 공산당의 승리 이후 전면적으로 중단됨과 동시에 모든 개인적인 변호사업은 금지되었으며, 전문 법률지식의 응용은 특정 정부 부서와 국가가 통제하는 사법조직 안에 국한되었기 때문이다. 백화운동 당시 중국에는 2,500명의 상시 변호사와 300명의 임시 변호사가 일하는 800개 정도의 '법률 자문인 사무소'가 있었다. 이런 노련한 개업 변호사들 대부분이 1957년 반우파운동 기간에 파면당했다. 1959년에는 일부 법률학교가 문을 열고 있었지만, 학생이 거의 없었을 뿐 아니라 전문적인 법률교육보다는 정치적 훈련에 중점을 두었다. 심각한 범죄의 경우 보잘것없는 것이긴 했지만 아무튼 '법'은 국가재판소와 국가검찰제도 아래에서 다루어졌다. 국가안보 문제는 공안부가 담당했고, 법을 위반한 당원에 대해서는 각 성의 당위원회가 해당 사건을 독립적으로 조사하고 처벌하는 체제였다. 민사사건 같은 것은 대개 시구(市區)나 농촌 생산대대의 중재자에 의해 처리되었다. 문화혁명 초기에는 남아 있던 얼마 되지 않는 법률학교들마저 문을 닫았고, 도서관은 해체되거나 파괴되었으며, 교수는 하방되었다.

10여 년간 이런 상황이 계속되다가 1979년에 가서야 정부는 법체제의 기초를 재건하기 시작했다. 법률학교가 다시 문을 열었고 하방되었던 법조계 인사들이 복귀했으며, 사법부가 다시 설치되었고, 국가 재판소의 4심제도 활성화되었다. '반혁명분자나 반사회주의 반동'은 공개재판 없이 노동수용소로 보낼 수 있다는 규정은 여전히 당이 사법제도를 통제하고 있다는 사실을 보여주는 것이다. 1980년 '변호사에 대한 예비 규정'이 제정되었고, 1982년이 되면 5,500명의 상시 변호사와 1,300명의 임시 변호사가 다시 일하게 되었다.

법조계에 더 많은 사람을 충원하기 위해 인민해방군과의 교묘한 연계가 이루어졌는데, 정부는 당시 인민해방군의 규모를 축소하려고 노력하고 있었다. 1982년에 사법부는 5만 7천 명의 '뛰어난 육군 장교'를 민간 부문으로 전출시켜 법률 수련을 받게 하고 나서 법원이나 공안부서에 배치할 것이라 발표했다. 또한 의사의 범위를 넓히기 위해 시행했던 '맨발의 의사'를 본떠 정부 업무에 얼마간의 경험이 있는 20만여 명의 '사법 노동자'를 법조계에 배치했다.

1982년까지 20개의 대학과 기관이 4년제 법률 학부과정을 개설했고, 2천 명의 학생이 등록했다. 이 혜택받은 학생들이 변호사가 되려면 학업을 마친 뒤 "인민공화국을 경애하며 사회주의 체제를 지지한다"는 것을 증명하고, 적어도 2년 동안 어떤 형태로든 사법 업무나 법률 연구에 복무하는 수련과정을 거친 다음, 변호사 시험에 합격해야 했다. 이 밖에 100개의 전문대학과 사법부에도 이에 준하는 또는 시간제의 법률 수련과정이 있었다.

법률 수련과정 지원자를 뽑기 위해 법무부가 출제한 시험문제의 예를 보면 학생들은 여전히 현 정치노선의 미묘한 변화에 민감해야 했음을 알 수 있다.

1979년에 출제된 총론 문제에는 다음과 같은 것들이 포함되어 있었다.

· 4개 현대화를 달성하기 위해 우리가 고수해야 하는 네 가지 기본원칙은 무엇인가?
· 두 가지 다른 종류의 모순을 다루는 올바른 방법은 무엇인가?
· 민주주의와 중앙집권주의 사이의 변증법적 관계에 대한 이론을 이용하여 급진적 민주주의의 오류를 분석 비판하라.
· 유물론적 변증법과 형이상학 사이의 기본적 차이는 무엇인가? 형이상학의 오류를 전파한 '사인방'을 비판하라.

역사 부문에 분류되어 있는 문제들은 야심찬 법률학도가 되려면 청, 민국 그리고 제2차 세계대전의 역사를 해석하는 방법도 알아야 했다는 것을 보여준다.

· 아편전쟁 전후의 정치적·경제적 상황 변화를 근거로 우리나라가 어떻게 반식민·반봉건적 사회로 몰락하기 시작했는지 분석하라.
· 우리나라 민주혁명의 각 시기별로 저우언라이 동지의 주요 혁명활동을 뽑아서 기술하라.
· 제2차 세계대전 중 제국주의 국가가 감행한 기습의 세 가지 예를 들고 그것이 함축하는 역사적 교훈을 설명하라.[16]

학생들은 또한 표점이 없는 자료를 읽을 수 있어야 했다. 왜냐하면 표점은 20세기 이전에만 잠시 간헐적으로 사용되었을 뿐 전통적인 중국 자료에는 표점이 전혀 없었는데 판사는 원자료를 찾아 고어의 가시밭길을 걸어야 하는 경우가 생길지도 몰랐기 때문이다. 그러나 시험에는 고대 중국 법률 고전의 지문이 아닌 그저 표점을 지운 근대의 정치문건만이 출제되었다.

입학시험의 정치화에도 불구하고 일단 법학과정에 들어 간 학생은 대체적으로 훌륭한 기초교육을 받았다. 교수의 대부분은 훨씬 나이든 세대였고, 그 중 다수가 유럽이나 일본, 미국 또는 소련에서 유학했으며 각 학교에서 중국 헌법, 법이론과 법리학, 민법이나 형법 등의 핵심적인 과목을 가르쳤다. 일부 학교에는 전공분야가 추가되기도 했는데, 베이징 대학과 상하이의 화둥(華東) 학원은 국제법과 경제법 과목을 제시했다. 상하이에서는 학생들이 환경법 과목을 선택해야 했고, 난징에서는 혼인법이 필수과목이었다.

법률학교의 발전과 때를 같이하여 중화인민공화국 민사소송법의 초안이 만들어지고 있었는데, 이는 1979년에 시작되어 중국의 법리학자와 정치인 사이의 수많은 토론, 수정 그리고 연구모임활동을 거쳐 1986년에야 완성되었다. 이 법의 개정은 수많은 새로운 민법의 제정과 더불어 혼인법(1980), 경제계약법(1981), 등록법(1982), 특허법(1984), 상속법(1985)의 완전한 개정으로 이어졌다. 민사소송법은 시민의 자격과 책임(미성년자나 정신질환자의 그것과 비교하여), 합법적인 제휴, 법 아래 동등한 권리를 갖는 '법인'으로서 '기업'에 대한 정의, 공식적으로 조약에 의해서 면제되지 않는 한 완전히 중국법의 적용을 받는 중-외 합작회사와 '완전한 외국인 소유 기업'의 법적 의무 등의 문제를 다루었다. 집단단위와 계약을 맺은 토지에서 일하는 개인들은, 그들이 "매매, 임대, 저당 또는 다른 불법적인 방법으로 전용하지" 않는 한 특별히 법의 보호를 받았다. 노인, 어머니, 어린이 그리고 장애자는 법의 보호를 약속받았고, 결혼의 자유도 보장되었다. '혼인 매매 또는 중매'는 모두 금지되었다.[17]

특정 부문의 법률은 급속하게 중요성을 띠게 되었고, 이것은 중국 정부에게 새로운 개혁이 단순한 일이 아니라는 사실을 한층 더 깨닫게 해주었다. 그 중 하나는 세법인데, 세법이 중요해진 이유는 개혁 노선 아래에서 발생한 어떤 형태의 이윤이나 상여금이 중-외 합작회사나 완전히 외국인이 소유한 기업의 이윤과 더불어 과세대상이 되었기 때문이다. 1980년에는 중화인민공화국 최초의 소득세법이 제정되었다. 당시 도시 노동자의 한 달 소득이 50위안을 채 넘지 못했고 농촌의 경우 15위안 정도였지만 한달에 800위안을 공제해 줌으로써 대부분의 중국인에게는 해당사항이 없었다. 이 초기 세법은 대체로 중국에 거주하는 외국인, 특히 미국인을 겨냥한 것으로 보이는데, 왜냐하면 법전의 세부사항이 당시 미국의 내국세 수입 업무 규정을 충실히 따르고 있었기 때문이다. 중국 시민들은 주로 상업세나 농업세를 냈고, 때로는 염세, 관세, 자동차세, 그리고 도시부동산세를 냈다. 그러나 특정 중국인들이 새로운 사업에서 막대한 수입을 올리기 시작하자, 정부는 수입 과다 부분을 흡수하기 위해 더 엄격한 '소득조정

세'를 제정했다.

또 하나 대두된 복잡한 분야가 혼인법과 상속법이었다. 민사소송법에 여성의 혼인권을 지지한 문구는 1980년 혼인법에 사용된 문구를 본뜬 것이지만, 사실상 그것은 잘 지켜지지 않았다. 여성과 소녀를 결혼이라는 허울로 팔아넘기고 과부에게 재혼을 강요하고, 신부를 사고, 다양한 형태의 '신부값'을 조건으로 부모가 자식의 결혼을 흥정하는 일 따위는 없어지지 않았다. 1980년대 초에 공개된 사건을 보면 부모가 자식의 연애결혼을 금전적인 이유로 간섭했을 때 나타나는 우울한 결과를 확인할 수 있다. 또한 결혼계약을 둘러싼 법적 분쟁도 자주 일어났는데 관련 금액이 당시 일반적인 수입에 비해 큰 액수였다. '약혼예물'은 1,000~5,000위안에 달했고 신부의 가족이 신랑에게 125위안짜리 시계, 도정한 쌀 19진(斤, 1진은 약 590g), 오리 19마리, 돼지고기·계란·오렌지 각각 109진, 거기에 현금 1,900위안을 요구한 사건도 있었다.[18] (여기서 9라는 숫자가 자주 보이는 것은 과거 흙점 신앙에서 9가 행운의 숫자였기 때문이기도 하지만, 또 한편으로는 동시에 단지 돈을 한푼이라도 더 받기 위한 것이기도 했다.)

1980년 혼인법의 시행은 아내에 대한 남편의 구타나 심지어는 고문을 재판을 통해서 금지시킬 수 있었다는 점에서 대단히 중요한 의미를 갖는다.(배우자 강간으로 남편을 유죄판결한 장쑤 성의 판사의 경우처럼 중국인의 어떤 결정은 대부분의 서양 법정에서도 이례적인 것으로 간주될 만했다.) 여성의 이혼권리를 법이 재확인해 줌에 따라(1950년 법에도 역시 존재했었다) 이혼율은 1983년 전체 결혼의 5.5% 정도로 증가했고(1979년에는 3.0%였다), 1983년 이혼 청구인의 70% 이상이 여성이었다. 또한 1980년 혼인법은 이혼한 여성에게 결혼기간 동안 공유했던 공동의 재산에 대해 소송을 제기할 수 있는 좀더 많은 기회를 주었다.(그러나 결혼 이진에 소유했던 재산에 대한 개인적 권리는 복잡한 법률문제로 남았다.) 새로운 경제체제하의 농장이나 과수원을 공동으로 계약했다가 이혼한 부부는 국가에 대한 재정적 의무에 영향을 주지 않는 범위 내에서 그것을 나누어야 했다.

일반적으로 경제개혁이 가져다 준 지역적 번영과 인민공사의 해체로 인해 이혼시 재산분쟁이 크게 증가했다. 그 밖에도 1가구 1자녀 정책을 준수한 부부가 이혼할 때 자녀양육권을 놓고 특히 거칠게 싸웠다. 이혼 사례가 그 수와 강도가 더해 감에 따라 이혼을 하려면 공식적인 법정 출두, 법률 자문인이나 중개인의 개입, 또는 좀더 간단하게 가족이나 직장을 통한 압력 등 다양한 방법으로 처리되었다. 증가하는 사건을 처리하기 위해 중국 정부는 더 많은 변호사를 양성하는 데 힘썼고, 1986년 7월 제1차 전국변호사대회는 2만여 법률 전문가를 대변한다고 주장하였다. 국가의 목표는 1990년까지 5만 명의 변호사를 양성하는 것이었다.

중국 법리학의 또 다른 한 영역인 국제법은 1980년대에 극심한 변화를 겪었다. 1971년의 유엔 가입과 1972년의 상하이 공동성명에도 불구하고, 중국이 새로운 기회와 도전을 적절히 이용하기 위해 조직적으로 국제법 관련 전문가를 양성하기 시작한 것은 1978년에 이르러서였다.(1860년대에 공친왕 휘하의 총리아문이 W. A. P. 마틴이 번역한 국제법 관련서를 출판·배부했던 것도 청이 외국인에 더 잘 대항하기 위해서였다.)

이러한 움직임은 1978년 12월 11기 3중전회에서 비롯되었는데, 이 회의에서는 사회·경제·문화 정책 면의 다른 많은 변화에 대해서도 논의되었다. 1979년 3월 베이징에서 열린 법률 연구에 관한 후속 계획회의는 국제법을 중국의 최우선 분야 가운데 하나로 상정했다. 이어서 9월에 베이징 대학은 국제법 전공 학부생 30명을 입학시켰는데, 그러한 포괄적인 학과는 중국 역사상 최초였다. 학구적 연구 성과가 곧 활발하게 나왔다. 1965년에서 1978년 사이 중국에서는 국제법 관련 논문이 한 편도 출판되지 않았지만 1979년에 13편, 1982년에 73편 그리고 1984년에는 110편이나 나왔다.[19] 20명의 중국인 원로 법리학자들이 기고한 국제법 교과서의 완성판이 1981년에 출판되어 이 분야의 전반적 발전방향을 제시했다. 베이징의 관리는 외국의 수많은 법률 전문가를 초청하여 국제절차를 분석하는 데 도움을 받았다. 그 결과 중에 하나가 1986년의 "기업 도산에 대한 중화인민공화국의 법" 같은 것이다.

중국의 국제변호사는 대체로 이론과 거리를 두는 대신 덩샤오핑의 '실사구시'라는 요구를 따랐다. 국제관계와 국제법에 대한 논쟁적인 마르크스주의의 전제를 고집하려는 시도는 이때가 되면 거의 없어졌다. 중국 정부는 4개 현대화를 달성하려면 국제적 경제 관행을 받아들이고 세계적인 경제기구에 가입해야 한다는 것을 깨달았다. 1978년 3중전회 이후 2년 내에 중화인민공화국은 어려운 재정적·기술적 요구사항을 충족시키면서 국제통화기금과 세계은행에 가입했다. 반면 타이완은 그 같은 기구로부터 탈퇴를 강요받았다. 인민공화국은 새로운 권리를 적극적으로 확보하여, 국제통화기금의 배분액이 17위였던 타이완보다 더 높은 8위를 점하면서 15억 6천만 달러를 이용할 수 있게 되었다. 1983년 중국이 얻게 되는 배분액은 26억 3천만 달러로 늘어났다. 또한 중국은 세계은행과 끈질기게 협상하여, 1981년 26개 주요 대학의 과학수준을 높이고 입학 정원을 늘리기 위한 대학발전계획을 위해 2억 달러의 차관을 유지했다. 1982년 또 다른 세계은행 차관 6천만 달러는 북중국 평원의 관개와 수로 시설을 위해 배정했다. 다칭 유전의 확장, 헤이룽장의 토지 개간, 그리고 TV대학의 발전을 위한 보조금과 차관이 뒤따랐다.

전체적으로 국제무대에서 중국이 마오주의의 이념적 원칙과 결별했음을 가장 의미심장하게 보여준 것은 아마도 헤이그의 국제사법재판소에 파견할 중국 대표로 니정위(倪征噢)가 선출되고 또 그가 그 영광을 받아들인 사건일 것이다. 제2차 세계대전 전에 스탠퍼드 법과대학을 졸업한 니정위는 선출 당시 75세였는데, 그가 임명을 받아들인 것과 재판소에서 보여준 공헌은 중국이 국제질서 안으로 복귀했음을 알리는 신호였다. 모스크바에 대한 베이징의 적대적 언사는 계속되었지만, 유엔 총회에서 중국은 소련이나 제3세계 국가들 다수와 비슷한 투표 성향을 보였다.

중국의 새로운 국제적 지위를 보여주는 것 가운데 홍콩 반환과 관련한 영국과의 합의보다 더 충격적인 사건은 없을 것이다. 1983년과 1984년에 중국 정부는 영국 식민지, 곧 1840년에 정복되어 2년 후 난징 조약에서 청이 억지로 인준했던 "메마르고 주민도 없는 바위섬"의 미래의 지위에 대해 단호하고도 끈질기게 협상했다. 1898년 영국은 홍콩 섬에 인접해 있는 신계(新界)라고 불리는 중국 본토 지역을 99년간 '조차'함으로써 식민지의 힘을 강화시켰다. 1980년대 초반 영국이 식민지의 미래의 지위에 대해 문제를 제기했을 때, 인민공화국 정부는 1997년에 신계의 조차를 갱신해 주지 않을 것임을 분명히 했다. 홍콩을 군사적으로 방어할 수 없음──심지어 홍콩은 식수 전량을 중화인민공화국에서 가져온다──을 아는 영국은 동시에 홍콩 섬도 내달라는 중국의 요구에 따르는 수밖에 없다고 결론지었다.

자유분방하고 투자적 성격이 강한 홍콩 경제가 성장 중인 중화인민공화국의 체제에 정확히 어떻게 맞물려 갈 것인지 예측하기 어려웠지만 영국과 중국은 문제를 마무리지었고, 식민지 정부에 거의 대표를 내지 못한 홍콩 중국인들의 의견은 고려되지 않았다. 1984년 9월 26일 베이징에서 영국과 중국 사이에 조인된 협정은 홍콩의 주권이 1997년 7월 1일에 중국으로 반환되지만, 그 날로부터 50년 동안 전(前) 식민지는 '1국 2체제'의 원칙 아래 자본주의 경제를 유지하는 '특별행정구'가 될 것임을 명시했다. 베이징은 대외정책과 국방정책을 통제하지만, 섬은 전반적인 경제적 자율권을 유지하며 자유항이자 세계 금융 중심지로서의 역할을 계속하기로 했다. 또 홍콩 거주자는 중화인민공화국에 세금을 내지 않으며, 영어를 50년 동안 공식언어로 사용하기로 했다.

협정서의 두 조항은 홍콩 거주자의 권리를 보호할 것임을 확신시키려는 시도였다. 3항은 "홍콩에서 현재 시행 중인 법은 근본적으로 불변할 것이다"라고 명시했고, 5항은 이보다도 더 철저했다.

> 홍콩의 현 사회·경제 체제는 변하지 않을 것이며 생활방식 또한 마찬가지이다. 인권, 언론, 출판, 집회, 결사, 여행, 사회운동, 서신 교환, 파업, 직업 선택, 학술 연구, 그리고 종교 등의 자유와 권리를 포함하여 여타의 권리와 자유는 홍콩특별행정구의 법에 의해 보장될 것이다.[20]

이것은 중화인민공화국이 여러 차례 헌법을 통해 자국민에게도 똑같이 보장했지만 거듭 철회한 권리였다. 과연 중국 정부가 법의 의미를 완전히 재고하여 그러한 기본적 자유를 보호할 의지가 있는 것인지, 아니면 1949년 이후 줄곧 그랬듯이 자신의 목적에 맞지 않을 경우에는 모든 법을 무시할 것인지는 이제부터 지켜 보아야 할 것이다.

25장 | 한계의 시험

1985년, 긴장의 고조

1985년은 마오쩌둥 이후 시대의 모든 내재되어 있던 긴장과 전조가 갑자기 한꺼번에 몰아닥친 것처럼 보였다. 중국인의 거의 모든 생활에서 모순적인 징후가 나타났고, 모든 견해는 현실적으로 재확인해야 할 필요가 생겼다. 농업 생산, 1가구 1자녀 정책, 공업 인센티브제와 경제특구, 지적 표현, 대미·대소 관계, 당 조직과 군대의 정리와 재편, 인민 저항의 합법성 등의 문제 하나하나가—때로는 서로 얽히면서—국가의 초미의 관심사이자 불화의 근원이었다.

인민공사의 해체와 가구 수준에서 운영되는 계약제의 신설은 수많은, 아마도 과반수 이상의 농민에게 새로운 자유와 이윤을 가져다 주었다. 그러나 이러한 변화가 보편적으로 환영받은 것은 아니었다. 인민공사나 생산대대라는 집단 구조하에서 번영했던 농민, 그런 형태의 사회적·경제적 조직의 정치적 합리화를 확신했던 농민, 그리고 인민공사야말로 중국의 길고 피비린내나는 혁명이 가져다 준 최고의 은혜라고 생각했던 농민은 이제 과거의 삶을 버리고 가족을 데리고, 또는 가족이 없다면 혼자서라도 계약 농업에 가담해야 한다는 것을 깨달았다. 이러한 과정에는 엄청난 낭비가 뒤따랐다. 예를 들어 산시(山西) 같은 북부의 성의 넓은 들에서는 밀 같은 곡물농사가 적당한데, 인민공사는 대약진 이후 수만 위안을 투자하여 국가로부터 트랙터나 콤바인 같은 기계를 사들였 다. 그러나 이제 경작지가 또다시 작은 조각으로 나뉘면서 그런 기계는 무용지 물이 되어 인민공사 창고에서 녹슨 채 방치되거나 개인 소유 장비의 부품으로 이용되었다. 남부에서는 농민들이 고소득을 가져다 주는 환금작물에만 관심을 쏟게 되면서 인민공사를 기반으로 했던 수천 개의 제조회사가 입찰에 붙여졌지 만 아무도 응하는 사람이 없었다.

농촌 생산대대가 더 이상 농촌공동체 일원에게 최소한의 곡물 제공도 보장 하지 못하게 됨에 따라, 가까운 시가지로 통근할 수 있는 사람은 계약한 곡식 생산을 여성 노동자나 어린이, 또는 노인들에게 맡겨두고 기본 임금을 벌기 위 해 도시로 출퇴근했다. 중국 남부에서 사업을 하는 기업농은 재정적 능력을 발 휘하여, 일단 국가와 대규모 곡물계약을 하고 그 땅에 고소득을 올릴 수 있는 사탕수수를 심었다. 그리고는 사탕수수를 판 돈으로 다른 성에서 곡물을 대량 구입하여 국가에 납입하고 두 작물 사이의 가격 차이에서 발생하는 이윤을 챙 겼다. 광둥의 한 공사는 적어도 100만 위안을 들여 후베이의 곡물을 사들여서 이를 다시 국가에 넘겼다.

지난 수십 년간 하방되었다가 그때까지 귀향이 허용되지 않아, 농촌에 잔류 해 있던 수백만 도시 청년의 문제는 농촌에서 새로운 기업 전환이 이루어지는 동안 거의 잊혀져 있었다. 그들 중 일부는 급진적인 마오주의자였고 인민공사 체제에서 의미를 찾기도 했다. 하지만 대다수는 고향이나 가족과 멀리 떨어진 일종의 난민이 되어 있었고, 남자의 경우에는 신분이 불안정한데다가 농촌에서 태어난 농민보다 농사를 잘 짓지 못했기 때문에 현지에서 배우자를 찾을 수 없 었다. 마오쩌둥에게 봉사하기 위해 17년 전 젊은 나이에 산시로 갔던 수백 명의 사람들이 1985년 4월 법을 어기고 베이징으로 돌아왔다. 그들은 귀향금지에 항의하기 위해 중국공산당 본부의 계단에서 점거농성을 벌이며 덩샤오핑에게 자신들의 사연을 들어 달라고 호소했다. 그들은 경찰에게 심한 탄압을 받지는 않았지만, 그렇다고 자신들의 요구에 대한 분명한 대답(수도로 돌아와도 좋다는) 을 듣지도 못했다. 그들은 자신들이 산시의 2만 명의 '도시 난민'을 대표하며, 산시에 모두 40만 명이 넘는 청년이 하방되었다고 주장했다. 그들의 요구는 정부의 골칫거리가 되었는데, 그도 그럴 것이 베이징에는 주택 입주 대기자가 너무 많아서 아주 작은 집이라도 몇 년을 기다려야 할 정도였기 때문이다.

한편 1가구 1자녀 정책은 농촌에서 새로운 문제를 야기했다. 가구 인센티브제는 가족 중심의 노동력이 절대적이었기 때문에 많은 농가는 국가의 요구대로 가족을 지나치게 줄이는 것보다 여러 자녀를 두는 편이 토지를 경작하는 데 더 유리하다고 생각하게 되었다. 게다가 도시에서와는 달리 농촌에서는 피임기구도 쉽게 구할 수 없었다. 또한 생산대, 생산대대, 인민공사 등의 계서제적 통합체제의 해체는 국가의 인구통제 정책의 시행을 더욱 어렵게 만들었다.

국가는 한 자녀 정책을 위반하는 가구에게 가혹한 처벌을 내렸다. 자녀가 하나뿐인 가구에게는 경제적, 교육적 그리고 주거상의 혜택을 주었지만, 자녀가 여럿인 가구에게는 벌금을 부과하거나 거주나 교육의 권리를 유보시켰다. 불임수술을 강요하는 일은 줄어들었지만, 임신 초기가 지났더라도 자신의 의지에 상관없이 임산부에게 중절수술을 받게 하는 1970년대 말 이래 관행은 없어지지 않았다. 개인이 저지르는 폐해 중에는 다른 마을로 여아를 팔아 넘겨 미래의 사돈집에서 자라게 하는 경우도 있었다. 비극적인 상황에서 절망에 빠진 많은 가족들은 여아를 살해하곤 했다. 이 관행은 국가가 철저히 단속했는데, 바로 그렇게 했다는 것 자체가 문제의 심각성을 드러낸 것이며, 중국의 인구통계학 자료를 분석한 일부 서양 분석가들은 한 해에 20만 명 가량의 여아가 살해되었다고 추정하고 있나. 어떤 부모는 임신 초기에 내아의 성을 판별하기 위해 양수검사를 하고, 만일 검사 결과 태아가 딸이면 낙태시켰다. 또한 중병에 걸린 수많은 소녀를 죽게 내버려 두는 일도 많았다.

공업 부문에서는 한때 국영이었던 회사를 공장장이 독립적으로 경영하면서 보여준 창의력과, 스스로 사업을 창조하고 발전시킨 개인에 대해 대중적 찬사가 쏟아졌다. 1985년 여름, 정부는 200대가 넘는 공군 화물수송기를 개인 회사와 지방 항공사에 판매하는 고도의 사업을 추진했다. 엔진, 연료, 여분의 부품, 유지보수시설, 승무원, 활주로 같은 자원의 개방도 이루어졌다. 다른 기술 부문에서는 간쑤 성에 태양열 발전소를, 막대한 전력이 필요한 상하이를 위해 저장에 원자력발전소를 건설할 수 있는 가능성에 대해 조사하기 시작했다. 정부는 저장의 발전소를 서기 2000년까지 전체 핵발전 용량을 1천만kw로 증대시킬 발전소 중의 하나로 계획했다. 공산당이 아직 미성숙했던 과거 1920년대에 노동조합 조직을 육성하는 데 역점을 두었던 석탄산업 부문에서는 국가가 1985년 초에 안후이에 두 개의 대규모 탄광을 개발했다. 이 탄광은 생산증대와 효율증진을 약속할 수만 있다면 지역 합작사나 심지어 개인도 입찰할 수 있었다.

공업 부문의 개혁을 가로막는 문제도 많이 있었다. 여전히 관료주의와 '평등주의'(이때가 되면 인센티브제에 대한 저항이라는 부정적 의미를 띠게 된다)가 지나치게 팽배했고, 1985년 초 『인민일보』는 중국의 '중간 규모의 기업이나 대기업들' 중 고작 15%만이 경제적인 조직과 생산을 '활발히 하고' '순조롭게 발전'하고 있다고 보도했다. 대부분(65%)은 그저 초보적인 발전을 보였고, 다수(20%)는 거의 답보상태였다.[1] 경제발전의 부정적인 영향 또한 점점 뚜렷이 드러나고 있었다. 1985년 여름, 정부는 1950년대 경제 국유화 이후 처음으로 기업 파산이 발생했다고 발표했다. 동북부의 공업도시 선양(이전의 펑톈)에서 농기계를 생산하는 중간 규모의 공장 3개가 총자산을 초과하는 60만 7천 달러의 부채를 지고 파산한 것이다. 계획체제와 시장체제가 혼재한 중국의 경제에서 자산의 가치를 계산하기란 실질적으로 불가능했고, 그러다 보니 많은 기업이 부족한 자본으로 더 많은 위험을 무릅쓰게 되면서 이와 같은 사건은 늘어났다. 이를 사회주의 원칙에 대한 조롱이라고 생각한 극도로 보수적인 당 지도자들의 거센 반대에도 불구하고 마침내 파산법 초안이 마련되고, 그 이듬해에 제정되었다.

전반적인 이니셔티브의 결여, 파산의 위협과 더불어 서양에 대한 경제개방이 계속 됨에 따라 부패가 확산되었다. 지방 간부는 신흥 부농과 노동자라는 거대한 잠재적 시장을 파고들 소비재 수입을 관장할 수 있는 호기를 맞았다. 1985년 중반 하이난 섬 사건은 중화인민공화국 36년의 역사에서 단연 최악의 경제 추문으로, 1970년대 헤이룽장에서 발생한 왕서우신의 석탄 분배 범죄가 하찮게 보일 정도로 심각했다. 일단의 관리—일부는 하이난 섬에, 일부는 중국 내륙 성에서 근무하는—가 중국 경제성장을 대표하는 '사업지구'를 이용하여 음모를 꾸몄다. 하이난의 관리는 발전기금으로 모인 돈을 베이징의 은행에서 빼돌려 외국 물건을 사서 중국 전역에 팔았다. 1984년 1월부터 1985년 3월 사이에 이들이 불법 판매를 목적으로 사들인 물건 중에는 자동차 8만 9천 대, 텔레비전 290만 대, VTR 25만 2천 대, 그리고 오토바이 12만 2천 대가 포함되어 있었다. 그들의 부정행위는 총 15억 달러를 넘는 규모였다.

베이징 정부의 위임을 받은 100명의 조사단이 뒤늦게 밝힌 사실에 따르면, 하이난의 부패한 관리는 29개의 성과 27개의 대도시에서 구매자와 연결되어 있었다. 적어도 7억 달러의 돈은 회수가 불가능했으며, 조사 진행과정에서 수백 대의 일본제 트럭과 자동차가 하이난 해상에서 녹슬었다. 이 사건의 주범들은 그와 같은 무역에 대한 법적 규제가 명확하지 않았기 때문에, 그리고 어쩌면 사건을 축소해서 4개 현대화운동의 사업지구 전반에 대한 불신을 막기 위해, 단지 수입품을 되팔아서는 안된다는 정부의 경고를 무시하고 '과실'을 범했다는 죄만을 물어 강등이라는 극히 가벼운 처벌을 받았다.(압수된 자동차 가운데 상태가 좋은 것은 결국 베이징으로 운반되어 다른 관리들이 판매했다.)

이 추문은 경제특구의 효용성에 대한 문제를 제기했다. 특히 선전 특구는 외국 투자를 충분히 유치하지 못한데다가 부정부패가 만연했으며, 또 고위 관리—그들의 장성한 자녀 다수가 선전에서 수지맞는 일에 참여하고 있었다—와 유착관계를 맺고 있었기 때문에 거센 비난을 받았다. 그러나 만약 홍콩이 중화인민공화국에 성공적으로 통합된다면, 그리고 타이완이 오랜 세월이 흘러 중국에 복속된다면 그러한 경제적·사회적 이니셔티브는 계속되어야만 했다. 그러므로 덩샤오핑이 새로 개방한 해안의 경제특구 14곳 가운데 10곳은 확장을 늦추고, 선전 지역은 언제라도 '바뀔' 수 있는 '실험장에 불과'했다고 공개적으로 선언하던 그 시각에, 중국 정부는 외국이 통치하는 중국 본토의 마지막 부분인 마카오 반환을 둘러싸고 포르투갈과 훨씬 진전된 협상을 벌이고 있었다.

1985년은 지적 표현 영역에서도 다양한 암시가 교차하는 해였다. 1984년 12월 말 중국작가협회의 집회에서 당 고위 지도부는 백화운동에 뒤따랐던 반우파 운동이나 문화혁명의 보증서였던 표현의 자유에 대한 억압은 다시는 없을 것이라고 다짐했다. 1930년대의 가장 유명한 소설 가운데 하나인 『가』(家)를 썼으며 이제 80줄에 접어든 바진(巴金)은, 비록 병으로 참석하지는 못했지만 대독(代讀)한 연설을 통해 이제 중국 작가들이 옛 당(唐)대 시인이나 청조의 『홍루몽』과 같은 작품에 버금가는, 그리고 중국의 '단테, 셰익스피어, 괴테 그리고 톨스토이'를 낳을 새로운 장르의 '서사 대작'을 쓸 분위기가 무르익었다고 주장했다. 불과 일주일 뒤인 1985년 1월 5일에 당은 문인들을 위해 새로운 '헌장'을 발표하여 그들에게 '민주주의와 자유'의 새로운 권리를 약속하고, 다시 한번 "백 가지 꽃을 피우고 백 가지 사상을 논쟁할 것"이라고 주장했다.

그러나 이러한 '제방'(齊放)이 통제를 벗어나 다시 '부르주아 자유화'니 '정신 오염'이니 하는 비난을 받지 않도록, 작가들은 "새로운 전제를 타도하기 위해" 작업하는 경우는 "공산당에 의해 지도되고 마르크스-레닌주의에 의해 영도되어"야만 했다. 그러나 당 총서기 후야오방이 1985년 1월에 행한 연설은 이러한 언어에 함축된 위협과는 대조적이었다. 후야오방은 보기 드물게 솔직한 어투로 당 훈련학교 졸업생들에게 "사회주의의 잡초를 자본주의의 묘목보다" 선호하는 "극좌파적 어리석음"을 다시는 절대로 지지하지 말라고 당부했다.[2]

또 하나의 아주 모호한 분야는 중국의 외교정책, 특히 미국과 소련에 대한 태도였다. 중국은 적어도 부분적이나마 소련 쪽으로 돌아서서 미국에 대해서는 좀더 조심스러운 태도를 취할 가능성이 많았다. 그러나 여기서도 신호는 모순적이었다. 미국과 중국간의 원만한 관계에 대한 암시는 미합동참모본부의 의장이 인민해방군 고위 장교를 만나기 위해 중국을 방문한 일에서 나타났다. 미국은 상당 규모의 첨단 무기를 중국에 판매했고, 중국의 원자력발전 계획을 가속화할 장비를 제공하겠다는 협약에 서명했다. 그러자 중국은 다른 핵 강국과 함께 민간 원자력발전소에 대한 국제원자력기구(IAEA)의 안전 검사를 받는 데 동의함으로써 서구 열강을 놀라게 했다.

부정적인 측면도 있었다. 중국 정부는 중국이 자국 여성에게 강제 낙태를 실시하고 있다는 이유로 미국이 유엔인구기금의 지원을 거부한 데 대해 분노했다. 한편 미국은 중국의 한 호텔 방에서 담배를 피다가 잠드는 바람에 큰 화재를 내고 10명의 호텔 손님을 숨지게 한 미국인 사업가가 18개월의 징역과 4만 6,900달러의 벌금을 선고받은 사건에 신경을 곤두세웠다. 이것을 우발적 살인이 아니라 범죄행위로 기소해야 한다는 중국의 주장은 중국의 비교법 체계와 사법권에 대한 의문을 불러일으켰는데, 이는 150여 년 전 레이디 휴즈호나 에밀리-테라노바 사건을 상기시키는 부분이 많았다. 중국은 1985년 추수감사절 날 이 사람을 복역 5개월 만에 석방함으로써 긴장을 해소시켰다. 그러나 미국은 신임했던 CIA의 통역가이자 분석가인 래리 친――내란기에 미국에 포섭되어 CIA에서 1952년부터 1981년까지 일했던 사람――이 오랫동안 인민공화국에 비밀정보를 제공했고, 중국은 그 대가로 홍콩에 있는 친의 세 비밀구좌에 돈을 입금시켜 왔다는 사실이 밝혀지자 또 한번 분노하고 당혹스러워했다.

중국은 소련과의 관계에서 보다 건설적인 대화가 가능하려면 먼저 세 가지 의견의 차이를 해소해야 한다고 주장했다. 그것은 중국의 북부 국경에 소련군 증강 배치 중단, 아프가니스탄 내 소련군 철수, 그리고 캄보디아를 점령한 베트남에 대한 소련의 원조 중지 등이었다. 그러나 새로운 소련 지도자 미하일 고르비초프의 긴장완화 요청은 1985년 상당한 성과를 거두어 무역과 문화적 접촉의 확대, 중국의 소련 제트기 17대 구입, 1960년대 초반 양국 사이가 소원해진 이후 처음 열린 공식 외무장관 회담 그리고 상하이와 레닌그라드에 양측 영사관의 재개설 등이 성사되었다.

관료제가 계속 비대해져 왔기 때문에 시급히 정부 구조를 개혁하고 군대를 개혁하는 문제에서 덩샤오핑과 그를 따르는 동지들은 1985년에 일부 획기적인 성공을 거둔 것으로 보인다. 전하는 바에 의하면 적어도 140명의 중국공산당 원로 지도자가 정치국, 중앙위원회, 그리고 다른 고위 공직에서 자진 사임했다. 각급의 관리 가운데 60세 이상이 된 90만 명 가량의 간부도 같은 시기에 은퇴했다. 원로 지도자가 물러난 자리에는 그들보다 훨씬 젊은—평균 연령이 50세 정도인—64명의 관리가 임명되었는데, 그들 가운데 4분의 3이 대학교육을 받은 사람이었다. 1985년 3월 대다수가 1949년 이전 마오쩌둥의 게릴라 부대 출신인 4만 7천 명의 나이 든 장교의 전역 발표를 시작으로 오랫동안 고대했던 군대의 개혁이 가시화되었다. 4월에는 420만 명의 군인 가운데 거의 4분의 1을 전역시키기 위한 복잡한 계획이 수립되었으며, 이들 100만 명은 민간 노동력으로 통합되거나 무장 경찰이나 공안국으로 전출되어 민간인 통제 아래로 편입될 예정이었다. 인민해방군은 장교와 사병의 계급을 부활시켜 계급장을 없애려던 린뱌오가 남긴 마지막 흔적까지 지워 버렸으며, 이제부터 군인은 새로운 전문가적 자질을 요구받게 되었다.

중국 내에서 이런 변화의 당위성에 이의를 제기하는 사람은 거의 없었지만, 그 시행에는 고통이 따랐다. 중화인민공화국 사회에서 개인의 신분과 명예의 상당 부분은 당, 정부 또는 군대에서 차지한 지위에 따라 좌우되었고, 그런 지위는 자동차, 넓은 주거지, 특별한 음식, 기밀정보 접근권, 그리고 다른 부수입을 가

저다 주었다. 이런 기존의 체제를 뒤흔드는 시도는 사소한 것이라도 으레 반발을 불러오기 마련이지만, 그런 반발을 등에 업고 새로운 기술훈련을 받은 젊은 간부집단은, 교육수준이 낮은 대신 혁명성이 뛰어났던 앞 세대를 앞질러 속속 고위직으로 승진했다. 권력구조의 외곽에서 여러 해 동안 그날을 기다려 온 앞 세대의 노장들은 이제 영원히 그곳에 도달할 수 없다는 것을 깨닫게 되었다.

1985년에 발생한 공개적인 저항은 대부분 4개 현대화와 관련된 새로운 분위기에 반대하는 사람들이 주도했다. 이러한 소요 가운데 일부는 공적인 모멸감에 대한 분노로 발생했는데, 예컨대 베이징에서 열린 국제경기에서 홍콩 축구단이 중화인민공화국을 물리친 뒤에 발생한 사상 최초의 축구장 난동사건과 같은 것이 그러했다. 어떤 이들의 '진보'에 대한 적대감은 공감할 수 있었는데, 그 한 예로 신장 출신의 위구르 소수민족 수천 명이 우루무치·상하이·베이징에서 신장 성 뤄부포 주변의 실험장에서 계속된 지상 핵실험에 반대하여 과감히 시위를 벌인 것을 들 수 있다. 많은 중국인은 중화인민공화국에서 일본의 경제적 영향력이 커지는 데 대해 우려를 표명하기 시작했고, 냉소적으로 이를 '일본의 제2의 점령'이라 불렀다. 1985년 연말이 다가오면서 학생 그룹들이 항의시위를 준비하고 있다는 것이 알려지자 정부는 12월 9일 자체적인 기념대회를 열겠다고 선언함으로써 정확히 50년 전 장제스에 반대했던 12·9사건과 유사한 반국가적 적대감의 발화를 사전에 막으려 했다. 그러나 그런 유희는 신중히 진행시켜야 했다. 덩샤오핑이나 문화혁명 때 숙청당했던 원로들이 가장 경계했던 것은 통제 불가능한 대중운동 속에서 한 세력이 다른 세력에 대항하여 새로운 청년 폭력의 물결을 일으켜, 결과적으로 중국공산당이 붕괴되거나 무력화되는 것이었다. 그들은 대중운동이 어디까지 갈 수 있는지를 이미 경험했기 때문이다.

민주주의의 합창

덩샤오핑이 제대로 예측한 덕분에 1985년 12월 9일에 대규모 반정부시위는 없었지만, 침울한 분위기는 전반적으로 확산되었다. 수백만의 중국인—특히 학생과 교사 다수와 점점 늘어가던 실직 청년—은 점점 더 분명히 중국이 왜 이렇게 변해 가는지 답답해 했고, 자신들이 어디로 가는지 모른다는 사실을 깨닫고 있었다. 이제 많은 이들이 소설, 연극, 대중가요, 시, 그림, 만화, 영화 등을 통해 좌절감을 표현하기 시작했고, 비록 일부는 당의 검열을 받긴 했지만 1949년 이래 그 어느 때보다도 자유롭게 널리 퍼졌다. 마침내 마음의 위안을 찾을 길 없던 중국인이 자신의 의문과 불안을 큰 소리로 외치기 시작한 것이다. 쓰촨 성 청두에서 1986년 5월 4일에 발표된 「비비선언」(非非宣言)의 저자들도 최근의 정치를 불합리한 것으로 보고 일부는 도교에서 일부는 1920년대 서구의 전위예술운동에서 도출한 듯한 상상과 논리로 반응했다.

非非 : 전(前) 문화적 사상 원리의 대상, 형식, 내용, 방법, 과정, 방식과 결과 모두를 포괄하는 용어. 이것은 또한 우주의 본원적 형태의 묘사이기도 하다. 非非는 '아니다'가 아니다.

인간과 대상 사이의 관계를 전 문화적 상태로 해체한 뒤의 우주에는 非非가 아닌 것은 아무 것도 없다.

非非는 어떤 것에 대한 부정이 아니다. 그것은 그 자체가 표현일 뿐이다. 非非는 해방이 무한 속에 존재함을 깨닫는다.[3]

산시의 시안에서 열린 장제스 납치 50주년 기념식에서 시인 다오시는 중국을 「종말의 땅」이라 부를 만큼 우울한 곳으로 묘사했다.

표상은 나부낀다
별들은 무르익는다
고대의 비밀로 둘러싸인 연못에 썩고 있는
검은 정신은 과거로 질주한다 ─
　마지막 심판의 날을 가까이 한 채

황야의 이리 뼈가 일깨우는
　슬픈 아름다움
만가지 증오에 찬 경기가

펼쳐지고
하나의 염색체에 의해 수그러들었다

개미는 머리와 발톱을 씹으며
부패한 소식을 땅 밑에서 가져오고……4)

중국이 창조적 변화를 이룰 수 있을지 의문을 표시하고, 전체 중국인의 성격에 대해 비난하는 이상한 소책자 하나가 1986년에 유포되기 시작했다. 이 책의 제목은 『추한 중국인』이며, 1984년 타이완 출신의 보양(柏楊)이라는 가명을 사용한 사람이 쓴 것이었다. 중화인민공화국에서 이 냉소적인 작품이 돌려 읽혀졌다는 것 자체가 놀라운 일이었는데, 그 이유는 그가 청 말의 쩌우룽의 『혁명군』이나 1930년대 루쉰의 촌철살인 같은 수필을 떠올리게 하는 열정과 신랄함으로 중국인의 실패와 자기비하를 공격했기 때문이다. "무엇이 중국인을 이처럼 잔인하고 비열하게 만드는가?"라고 그는 물었다. "무엇이 중국인을 그처럼 우쭐대게 만드는가?" 그의 대답은 가혹했다.

　　편협성과 이타주의의 결핍은 양 극단을 끊임없이 오가는 불균형적인 인간상을 양산해 낸다. 하나는 만성적인 열등감이고 하나는 극단적인 오만함이다. 열등감을 가질 때 중국인은 노예이고, 오만할 때는 폭군이다. 남자든 여자든 건강한 자존심을 가진 사람이 없다. 열등감에 사로잡혀 있을 때는 다른 모두가 자기보다 낫고, 영향력 있는 이들과 가까워질수록 미소가 커진다. 마찬가지로 오만함에 젖어 있을 때는 지구상의 누구든지 전혀 가치가 없어진다. 이러한 양 극단은 분열된 인격을 지닌 이상한 동물을 탄생시킨다.5)

그러나 모든 중국인이 보양, 비비주의자, 그리고 리산 등이 제시한 절망을 모두 느끼고 있었던 것은 아니다. 중국인은 고난에도 불구하고 다시 일어섰고, 삶과는 상반되는 해학적 여유를 보여주었다. 이러한 분위기를 전해 주는 일례가 있는데, 그것은 두 명의 중국인 작가가 기차와 도보로 지방을 여행하면서 모든 계층의 남녀를 면담하고 녹음 테이프에 담긴 면담 내용을 활자화한 것이었다.

면담에 응한 사람들 일부는 신변보호 차원에서 익명을 요구하기도 했으나 그들의 신랄한 이야기와 견해는 1985년 초 소규모로 유통되는 문학잡지에 실렸고, 1986년에는 책으로 출판되어 독자를 사로잡았다. 이제 모든 계층의 중국인이 자신의 동료 시민이 살고 있는 환경에 어떻게 반응하는지 알 수 있었다. 예를 들어 충칭에서 한때 유행의 첨단을 걷던 미용실의 최고 미용사는 중국 정치에 대해 자기 나름의 독특한 견해를 피력했다.

> 분명히 말해서, 정치적 변화를 알아차리는 데는 미용사를 당할 사람이 없어요. 후펑 반대운동을 예로 들어볼까요. 모든 지식인은 당장 머리를 자르러 왔습니다. 그들은 꼭 쥐 같았어요. 사람들에게 알려지거나 기억에 남았다가 사건에 말려들지 않을까 공포에 질려 있었지요. 당신이 내게 물어본다면, 그 운동은 교육받은 사람들이 내리막길을 타기 시작한 것이었다고 말해 주겠어요. 운동이 있을 때면 우리 일은 늘 장사가 안됐어요. 반우파운동, 1962년 계급투쟁, 1964년 '사청운동', 그리고 1966년 문화혁명의 시작 등등 말예요. 그럴 때는 여자들의 머리 모양이라고는 단발머리밖에 없었으니까요.[6]

한 전직 농부는 그가 12세였던 1960년의 기근 때는 거리에서 구걸을 하며 살아남았다. 문화혁명기에는 모든 분파를 따르는 척하여 모두에게서 배급품을 받으면서 편안히 살았는데, 당시는 고향 공장에서 플라스틱 조형물을 만들어 팔았고, 부업으로 부정한 짓을 했다. 다음은 4개 현대화에서 살아남기 위한 그의 견해이다.

> 장사의 묘수? 그야 많지요! 나는 공책에 의지하지 않습니다. 만일 공책을 잃어버리면 망하니까요. 나는 모든 것을 머리속에 넣어 둡니다. 다른 사람들의 직업이 뭔지, 그들이 뭘 먹고 싶어하는지, 무엇을 원하는지, 그들로부터 내가 무엇을 얻을 수 있는지를 말입니다. 나는 새로운 곳에 갈 때면 그곳에 무엇이 부족한지 알아냅니다―물건의 가치를 만드는 것은 희소성이니까요. 그게 바로 국가 경제나 인민의 생활이 의미하는 바 아니겠어요? 그들은 정부의 계획을 수립해서 국가 경제를 돌보고, 나는 인민의 살림―음식, 옷, 소비품, 오

락— 을 정상적으로 만듭니다.7)

그리고 공장으로 출퇴근하기 위해 매일 두 시간 동안 자전거를 타는 베이징의 한 조용하고 자부심 넘치는 어머니는 이렇게 회상했다.

> 자전거를 타는 사람들은 서로를 모르고, 서로 얘기하지도 않고, 각자 다른 길을 갑니다. 나는 노동자, 학생 그리고 보통 간부, 이 모든 자전거 타는 사람들이 다 같다고 생각해요. 한 번은 누군가가 우리를 필름에 담아서 20년이고 30년 후에 우리 자식이나 손자에게 이 모습을 보여주어야 한다는 생각이 들었어요. 걔들이 면허증, 배급통장, 곡식교환권, 기름교환권 같은 것을 갖고 이렇게 자전거 페달을 밟으면서 우리가 자기들을 어떻게 키웠는지 알아야 하니까요. ……아침부터 밤까지 나라와 가족을 위해, 우리는 중국이 현대화하는 데 일조하기 위해 자전거를 타고 거리를 누비고 다닙니다.8)

그리고 그런 어머니가 키운 아이들 역시 인터뷰를 하는 사람에게 정직하고 때로는 재치있게 대답했는데, 그들은 긴장이나 기쁨을 가족들과 공유하고 끊임없이 경쟁적인 학교생활을 열린 미래의 더 나은 환경 속에 자리매김하려 한다는 것을 분명하게 보여주었다. "나는 달이나 다른 행성으로 여행하는 상상을 많이 해요"라고 9세 소년은 말했다. "거기 가면 재미있을 것 같아요. 달은 중력이 약하기 때문에 사람이 굉장히 높이 뛰어올랐다가 천천히 내려올 수 있죠. 그게 너무 재미있을 것 같아요." 두번째로 13세 소녀는 "나는 운동선수, 달리기 선수가 되고 싶어요"라고 말했다. "저는 더 빨리 뛰고 싶고 더 훌륭해지고 싶어요. 저는 의학 공부도 하고 싶어요. 의사가 될 거예요." 세번째인 12세 소년은 "저는 집에 혼자 있을 때 제가 물건을 만드는 것을 상상해요. 그런 상상을 하지만 사실 만들 수는 없죠." "나는 뭐든지 공상해요"라고 15세 된 네번째 소년이 말했다. "제 야심은 높은 관리가 되는 거예요. 우습다고 생각하시겠지만 정말이에요. 높은 관리가 되고 싶어요. ……간혹 저는 외국인과 대화를 나누는 공상도 합니다. 저는 세계의 일, 그러니까 미국 정치 같은 것에 대해 전부 알고 싶어요. 저는 그들의 대통령선거에도 관심이 있어요."9)

1989년 4월 15일 후야오방의 사망 이틀 후, 수천 명의 베이징 지역 대학생들이 천안문 광장으로 행진하여 1987년 1월 강제 해임된 전 중국공산당 총서기에게 조의를 표하며 인민영웅 기념비에 화환을 얹어 놓았다. (르네 버리 촬영)

1989년 4월 22일 인민대회당에서 열린 후야오방의 공식 장례식　왼쪽부터 완리(萬理), 양상쿤 국가주석, 자오쯔양, 덩샤오핑, 리펑 총리. 대회당 밖에는 약 20만 명의 시위자들이 천안문 광장에 운집해 있었다.

베이징 대학 역사학도이자 학생 시위 지도자 중의
한 명인 왕단. 1989년 5월 27일

단식투쟁 6일째인 1989년 5월 19일, 공산당 총서기 자오쯔양이 천안문 광장의 학생들에게 단식투쟁을 그만두라고 호소하고 있다.
자오쯔양은 울먹이는 목소리로 "내가 너무 늦게 왔습니다. 너무"라고 인정하면서도 "여러분이 제기한 문제들은 결국에는 해결
될 것입니다"며 학생들을 확신시켰다.

계엄령이 선포되고 이틀이 지난 5월 22일에도 여전히 고조된 분위기다

시위의 상징물 민주주의와 자유의 여신. 1989년 5월 30일

1989년 5월 16일 아침(패트릭 잭먼 촬영)
다음날 100만 명이 넘는 중국인들이 민주운동을 지지하며 베이징 거리로 나섰다.

1989년 5월 19일 밤(패트릭 잭먼 촬영)　이날 밤 TV 연설에서 리펑 수상은 시위자들을 '반혁명분자'라고 비난하고 군대를 투입
했다. 5월 20일 베이징에 계엄령이 선포되었다.

리펑을 돼지코를 한 나치 장교로 묘사한 포스터. 천안문 광장, 1989년 5월 말.
오른쪽 포스터에는 리펑의 어머니가 아들이 '미쳤다'고 한탄한다. 그의 아버지는 "우리 아들은 자멸을 자초하고 있소.
그는 감히 인민의 적이 되려 하고 있소. 그러고도 그가 어떻게 편안히 죽을 수 있겠소?"라고 화답한다.

100만 명 이상의 중국 시민들이 계엄령에 반대하며
베이징 중심가로 들어오려는 군인들을 가로막고 있다.
1989년 5월 21일

대학살. 베이징, 1989년 6월 3~4일   수만 명의 중무장한 인민해방군이 천안문 광장과 다른 베이징 지역의
시위를 진압하면서 700명 이상의 시위자들을 죽였다.

무장하지 않은 한 중국 시민이 천안문 광장으로 향하는 탱크대열을 정지시키고 있다. 1989년 6월 5일
선두에 있는 탱크 승무원에게 자신의 의사를 전달한 뒤, 그는 무사히 끌려나왔다. 이후 그의 생사는 확인되지 않는다.

자기 회의, 냉소, 자부심, 희망——여기에는 다양한 세대의 서로 다른 목소리가 담겨 있다——은 팡리즈의 사상 속에서 신기한 조화를 이루었다. 1936년에 태어나 16세에 천체물리학을 공부하기 위해 베이징 대학에 입학한 뛰어난 학생이었던 그는 1957년 반우파운동 때 당에서 제명당했다가 1970년대 말에 복권되어 중국에서 가장 유명한 교수 가운데 한 사람이 되었다. 한때 베이징 대학의 부속기관이었다가 안후이의 허페이(合肥)로 이전한 과학기술대학의 부총장으로 임명된 팡리즈는 민주주의의 기본 가정에 대한 그의 견해를 반영하는 새롭고 더 열린 형태의 학교를 재건하는 데 힘썼다. 팡리즈는 권력남용을 막기 위해 권력은 분산되어야 하며 결정은 공개적으로 이루어져야 하고 의견차이는 정당한 방법으로 대응해야 하고 자유로운 언론은 보호되어야 한다고 생각했다. 따라서 대학이야말로 국민생활에 가장 기여할 수 있고 4개 현대화의 명분을 세울 수 있는 곳이었다. 팡리즈는 허페이와 베이징에서 학생들에게 "당 지도자의 비윤리적 행동"이 "오늘날 우리나라의 사회적 병폐"의 가장 큰 요인이라고 공공연히 말했다. 팡리즈는 학생들에게 이에 대해서 좀더 상세히 덧붙였다.

또 다른 이유는 해를 거듭하면서 공산주의에 대한 우리의 선전이 심각하게 손상되어 왔다는 점이다. 내가 보기에 이 선전의 가장 큰 문제점은 너무나 편협한 해석을 한다는 것이다. 너무 편협할 뿐 아니라 너무도 천박하다. 나 역시 공산당원이다. 그러나 내 꿈은 그렇게 편협하지 않다. 내 꿈은 열린 사회이며, 차이가 허용되는 곳이다. 인간 문명에서 표현된 모든 탁월한 것을 위한 공간이 마련되어야 한다. 우리의 편협한 선전은 우리 앞의 그 무엇도 아무런 장점도 없다고 말하는 것과 같다. 이것은 가장 쓸모없고 파괴적인 형태의 선전이다. 선전은 공산당 영웅을 찬양하는 데 사용해도 좋지만, 다른 영웅을 갈가리 찢는 데 사용해서는 안된다.[10]

팡리즈는 이러한 말을 통해 국민 대다수의 심금을 울렸다. 어린이조차 미국의 선거에 흥미를 느끼는 판에 대학생이 그렇다는 것은 놀라운 일이 아니다. 덩샤오핑, 자오쯔양 그리고 다른 이들은 입으로는 정부의 '개혁'을 촉구했지만, 진정한 대중참여를 위하여 체제를 개방하는 문제에 대해서는 어떤 구체적인 작업도 하지 않았다. 1953년에 제정하고 1979년에 수정된 선거법은 이른바 입법부의 4단계 체제를 확립했다. 맨 밑에는 2년마다 선출되는 각 인민공사(1986년경부터는 이것이 행정단위인 향이 되었다)별 대회가 있었다. 그 위에는 3년마다 선출되는 2,757개의 현 대회가 있었다. 그러고 나서 중국의 29개에 달하는 성, 자치구, 그리고 상하이, 베이징, 톈진의 3개 직할시에서 5년마다 구성되는 대표대회가 있었다. 맨 위에는 베이징에서 열리는 전국인민대표대회가 있었다. 당은 이 체제를 '중앙집권주의의 지도를 받는 민주주의'라 규정하고,[11] 모든 대회의 대표들이 중국공산당의 노선을 따르도록 했다. 이러한 선거에 진정한 힘을 실어야 한다고 생각하는 학생들은 때때로 인민공사나 향 대회의 대표 자리를 차지하기 위해 대결하기도 했는데, 특히 1980년에 베이징과 창사에서 맹렬한 선거유세가 벌어졌다. 그러나 이 학생들은 선출이 되어도 의석을 차지할 수 없었고, 공산당은 1982년과 1984년에 사전에 계획된 후보자 명부를 강요함으로써 그런 논란 많은 선거를 철저히 탄압했다.

지도부는 1986년에 또다시 그러한 탄압에 성공했다고 믿었지만 그것은 오산이었다. 허페이에서 12월 5일과 12월 9일에 3천 명 이상의 학생들이 도시와 대학에서 조작된 선거에 항의하며 분노에 찬 시위를 벌였다. "민주주의 없이 현대화 없다." 또는 "신문은 거의 매일 민주주의를 이야기한다. 그러나 실제로 어디서 그 비슷한 것을 찾을 수 있겠는가?"[12]와 같은 그들의 구호나 대자보는 현재를 이야기하면서도 과거를 반향해 주고 있었다. 그 주에 우한에서는 적어도 5천 명 이상이 행진을 벌였다. 소요 소식은 곧 베이징으로 전해졌고, 그곳에서도 민주주의를 요구하는 대자보가 열악한 생활환경과 졸업생의 낮은 임금에 불평하는 대자보와 함께 대학 교정에 나붙기 시작했다. 모든 대자보는 대학 당국에 의해 밤 사이에 철거되었지만, 다음 날이면 새로운 대자보가—더 많이—나붙었다. 시위가 벌어지고 허가받지 않은 대자보가 나붙는 것 모두가 민주의 벽 사건에 이은 1980년의 헌법 개정 이후 금지되었기 때문에, 이 모든 반대파 학생들은 학적부에 부정적으로 기재되거나 정학, 취업 기회의 박탈, 심지어 구속될 위험까지도 있었다.

1986년 12월 20일 상하이에서 적어도 3만 명의 학생들이 저지받지 않고 열을 지어 인민광장과 '둑길'을 걸어 행진했는데, 제방가에는 당사와 관공서가 오래 전 영국 금융회사가 세운 거대한 석조건물들에 자리잡고 있었다. 학생들은 3만에서 4만으로 추정되는 시민들과 합류했다. 깃발 가운데 가장 흔한 것은 '자유만세' 그리고 "우리에게 민주주의를 달라"였다. 시위 본대는 경찰의 방해를 받지 않았지만, 시청 건물에서 연좌농성을 하려던 학생들은 강제로 쫓겨났다. 쿤밍, 충칭, 선전 경제특구 등지에서도 시위를 한다는 보고가 있었다. 상하이의 어떤 학생들은 어조와 내용 면에서 오래 전 5·4시위자들이 썼던 선언문을 연상시키는 간결한 선언을 준비했고, 그것을 3″×5″ 크기 종이에 인쇄하여 군중에게 나눠 주었다.

> 동포에게
> 우리의 지도원칙은 인민 사이에 민주주의 사상을 전파하는 것이다. 우리의 구호는 관료주의와 권위주의에 반대하고 민주주의와 자유를 추구하는 것이다. 오랫동안 억압받아 온 민주주의 사상을 일깨울 시간이 도래했다.[13]

상하이의 대자보와 구호는 논쟁을 대결 수준으로 끌어 올리는 직설적인 메시지를 던졌다.

> "언제 인민이 책임을 맡을 것인가?"
> "자유가 무엇인지 알고 싶다면 웨이징성에게 물어보라."
> "마르크스주의-레닌주의-마오쩌둥 사상은 지옥으로."[14]

정부 관리는 학생들의 의견이 대중매체에 실리지 않도록 했고 현재 일어나고 있는 일이 다른 지역에 알려지지 않도록 했다. 영리하게도 학생들은 수백 장의 편지와 선언문을 중국 전역에 있는 친구와 타교생에게 보냄으로써 소식이 두절되지 않도록 했다. 또 다른 학생들은 기차역으로 나가 타지로 떠나는 승객들에게 이 소식을 전해 달라고 부탁했으며, 미국 영사관 바깥에서 집회를 열고 자신들의 주장을 외침으로써 이 일이 해외에 알려지도록 했다. 마침내 3일간의 시위 후 상하이 경찰은 모든 종류의 집회에 대해 공식적인 금지령을 발표했다. 공식 정부 발표문은 저항운동이 문제가 많은 것으로 평가하고 그것을 단지 극소

수 불순분자가 선동한 것으로 단정지으려 했다.

> 극소수의 사람들이 학생들의 애국적 열망과 민주주의에 대한 갈망을 이용
> 하여 안정과 단합을 깨뜨리고 생산과 사회질서를 교란시키려 하고 있다.[15]

당국의 금지와 비난에도 불구하고 톈진과 난징에서 새로운 시위가 발생했
다. 투옥당할 위험이 있었음에도 불구하고 베이징에서만도 적어도 4개의 주요
대학의 학생 수천 명이 겨울의 혹독한 추위 속에서 대규모 경찰과 대치한 가운
데 행진과 시위를 벌였다.

학생들 사이에서는 '민주주의'가 무엇을 의미하는 것인지에 대한 뜨거운 논
쟁이 불붙었다. 어떤 학생은 그것을 무의미한 구호라고 생각했고, 또 어떤 학생
은 허페이 학생들의 생각을 전하면서 예비된 후보자 명부로 선거를 치르는 정부
의 구태의연함에 대해 강력하게 반발했다. 학생들은 이런 선거는 합법적인 정치
사상을 완벽하게 가장한 것에 불과하다고 주장했다. 그러나 또 다른 사람은 선
거를 5·4운동의 중심이었던 '과학과 민주주의'를 통한 해방의 두번째 구성요소
였다고 생각했다.

시위에 찬물을 끼얹는 후속조치로서 베이징의 몇몇 정치 지도자는 학생들의
행동에 대해 비난하고, 아울러 대학에 더욱 엄한 규율과 정치적 교화를 요구하
기 시작했다. 1987년 1월 초, 베이징 학생들이 다시 한번 경찰의 금지를 어기고
천안문 광장에서 대규모 집회를 개최하자, 한 정치국원은 강경파의 공통된 입
장을 강력하게 옹호하고 나섰다.

> 중국공산당은 위대하고 영광스러우며 정치적으로 올바른 정당으로서 언제
> 나 혁명적 열의를 간직해 왔다. 공산당의 지도력은 하늘에서 부여받은 것이
> 아니며 수많은 혁명적 순교자, 반세기 동안 물결에 물결을 이어 피를 흘리고
> 자신을 희생한 이들에 의해 얻어진 것이다.[16]

이로부터 당의 강경파(그들의 행동에 대한 해석에 따라 '보수파' 또는 '조반파'로
도 불릴 수 있는 이들)는 막 싹트던 학생운동을 신속하게 짓밟기 시작했는데, 그

들은 학생들을 직접 공격하지 않고 학생들에게 가장 큰 영감을 불어넣는 사람을 겨냥했다. 그 가운데 하나가 팡리즈였다. 그를 공산당에서 제명하고 모든 교직과 연구직에서 해임한다고 발표한 안후이 성 당위원회 비서는, 덧붙여 팡리즈의 정치 신조를 날카롭게 비판했다.

> 팡리즈는 부르주아 자유화를 옹호했고, 당 지도부와 관리를 모독했으며, 과거 수십 년 동안 이룩한 당의 성과를 부정했고, 사회주의 체제를 비방했다. 또한 그는 당과 지식인 사이에, 특히 젊은 지식인 사이에 불화의 씨를 퍼뜨렸다.[17]

두번째로 눈에 띄는 희생자는 헤이룽장의 부패한 간부 왕서우신에 대한 보고문 「인민이냐 괴물이냐?」로 1980년대 초반에 큰 반향을 불러일으킨 바 있었던 작가 류빈옌이었다. 류빈옌은 그 보고문에 이어 또 다른 글들을 통해 당의 무신경과 부패를 묘사하고, 당의 보수파가 개혁을 가로막고 있으며 충심어린 반대의 가치를 알지 못한다고 비난했다. 그는 「두번째 종류의 충성」이라는 제목의 통렬한 글에서 건강한 국가가 되기 위해서 그러한 반대는 필수적이라고 강력히 주장했다. 류빈옌이 자본주의와 부르주아 사상에 대한 지나친 공감과 "당의 원칙과 규율 위반"을 이유로 당에서 축출된 것은 대단히 역설적인 일이었다.

이러한 인기 있는 인물들이 숙청당하는 바람에 후야오방 총서기가 1987년 1월 공식석상에 모습을 드러내지 않았다는 사실이 처음에는 세인의 관심을 별로 끌지 못했다. 1월 중순에 덩샤오핑이 '부르주아 자유화'에 대한 전체적 비판에 가담하게 되면서, 후야오방은 희생양이 될 가능성이 매우 커졌다. 급속한 개혁의 필요성에 대한 그의 솔직담대함, 그리고 마오주의자의 난폭함에 대한 공공연한 경멸은 어쨌든 간에 그를 논쟁의 여지가 있는 당 지도자로 보이게 만들었다. 1월 16일에 베이징에서는 후야오방이 "정치적 원칙의 주요 문제들에 대한 자신의 실수를 자기비판"한 뒤 총서기직에서 "물러났다"는 발표가 나왔다. 후야오방은 정치국 상무위원의 자리를 유지했지만, 정식 후계자가 나올 때까지 자오쯔양 총리가 그를 대신하여 총서기의 임무를 맡기로 했다.

며칠 후 정부는 새로운 국가기구의 설립을 발표했는데, 그 기구의 역할은 중화인민공화국 내의 모든 출판과 인쇄를 통제하고, 잉크, 종이, 인쇄기 등 인쇄에 필요한 모든 원자재의 보급을 감독하는 것이었다. 정부는 시위가 벌어졌던 도시의 '불순분자'들을 색출하여 체포한 뒤 '반혁명활동'의 죄목으로 장기 징역형에 처했다. 2월 초 중국공산당 선전국장——후야오방이 후견인이었던——이 해임되었고, 강경파 당 기관지 『홍기』의 편집차장이 대신 기용되었다. 자오쯔양 총리는 그의 상징이 된 우아한 서양식 양복과 넥타이를 여전히 착용하고 있었지만 대세에 굴복하여 서양 사상이 끼친 '치명적인' 해악을 비판했고, 중국이 직면한 두 가지 주요 과제는 첫째는 "생산을 늘리고 절약하는" 것이며 두번째는 "부르주아 자유화에 맞서 싸우는" 것이라고 선언했다.

당은 다시 한번 레이펑의 이미지를 모범으로 내세움으로써 친민주주의 시위자의 주장에 대해 얼마나 무관심한지를 보여주었다. 중국 인민에게 인민해방군 병사의 단순한 자기 희생정신을 불어넣기 위한 전국적 규모의 운동이 시작되었다. 린뱌오 시절 레이펑의 이미지를 만들었던 원작자는 이 청년이 "나는 절대로 녹슬지 않는 나사가 될 것이고 놓이는 곳 어디서나 빛날 것이다"라고 혼잣말을 하게 했었다. 1987년에 이 은유는 다시 한번 이용되었다.[18] 1987년 3월 인민해방군 정치부장은 벽으로 둘러싸인 중난하이 단지 안에서 개최한 '레이펑 정신 토론회'에 모인 공산당 고위 지도자들에게 이렇게 말했다.

> 레이펑 정신은 공산주의 정신이고, 진심으로 인민을 위해 봉사하는 정신이며 충심으로 당을 온화하게 사랑하는 정신이고 조국과 사회주의를 따뜻하게 사랑하고 열심히 공부하며 열성적으로 투쟁하고 이타적이고 타인을 돕는 데서 즐거움을 찾는 정신입니다. ……그것은 젊은 세대의 앞선 이념을 대표하며 우리 시대의 위대한 정신의 핵심 부분이 되었습니다.[19]

아마 민주주의를 요구하는 시위자들이 '앞서지' 못했을 뿐 아니라 국가가 진정으로 필요로 하는 것에 역행하려 했다는 말을 이보다 더 날카롭게 표현할 수는 없었을 것이다.

기반의 확대

이러한 권력 이동과 역행은 변화의 빠른 속도를 유지하려는 덩샤오핑의 움직임에 제동이 걸렸음을 암시하는 듯했다. 그러나 또 한편으로는 덩샤오핑이 당 조직에 관한 한 아직 이념적으로 보수적이었고, 레닌주의의 확고부동한 원칙에 따라 계획경제를 유지하길 바라는 정치국의 좀더 신중한 세력과 열정적인 개혁의 제창자를 중재하는 것이 그의 역할이었다고 보기도 한다. 그러한 균형을 유지하기 위해 덩샤오핑은 필요하다면 기꺼이 자신의 동지 후야오방을 희생시킬 준비가 되어 있었다. 그러나 이것이 서양에 대한 개방과 상당수에 달하는 사회주의 경제 내 자유기업의 발전을 위협할 경우에도 강경파를 그냥 내버려 두겠다는 것을 의미하지는 않았다. 1987년 여름과 가을의 덩샤오핑은 후자의 노선에 따라 행동했다.

　1987년 10월 25일 베이징에서 소집된 중국공산당 제13차 전국 대표대회는 중화인민공화국의 정책방향에서 이러한 핵심적인 결정을 내리기 위한 논의의 장이었다.(12차 대회는 1982년에 열렸다.) 서양에 문호를 개방하겠다는 의지는 당 지도부가 사상 최초로 이 대회에 서양인 기자를 기꺼이 입장시킨 것에서 분명히 드러났다. 그러나 이들의 대회 참관 허용은 단순한 제스처 이상이었다. 왜냐하면 라싸에서 수백 명의 티베트인이 중국군 주둔을 반대하며 대규모 봉기를 일으켰을 때, 서양 기자들이 촬영한 오싹한 장면들이 해외에 전해지자, 중국 정부는 라싸에 계엄령을 선포하고 모든 서양 기자들에게 티베트를 떠나도록 명령했었기 때문이다. 나중에 중국 정부는 티베트에 대한 뉴스 보도금지령까지 내렸었다.

　자오쯔양은 1987년 10월 25일 베이징의 인민대회당에서 당 대표 1,936명에게 행한 연설을 통해 몇몇 농산물을 제외한 모든 상품에 대해 시장 가격을 적용할 필요가 있음을 강조했다. 그는 나아가 공산당이 정부와 산업을 지배하는 방식에서 서서히 벗어나, 그 지도력을 전문적인 민간 공직자와 경영자에게 넘겨주어야 한다고 제안했다. 다음날 기자회견에서 중국 농업정책연구소 소장은 농민이 일하기로 계약한 토지의 권리를 사고 팔 수 있도록 하고 또 그러한 토지권 상속을 허가할 것을 정부가 고려하고 있다고 발표했다.

외국 기자의 방청은 불과 이틀 후 갑자기 중단되었는데, 이때 외국 기자들이 의사록을 보지 못하게 한 것을 감안하면 자오쯔양의 연설과 토지권 매매 가능성에 대한 성명에 뒤이어 진행된 토의가 매우 심각했다는 것을 짐작할 수 있다. 당시 83세였던 덩샤오핑은 자신의 정책 실행을 확실히 하기 위해 싸우고 있으며, 그의 정책이 확고히 자리를 잡았다고 판단되면 중앙위원회에서 물러나는 데 동의하리라는 소문이 베이징에 파다하게 퍼졌다. 덩샤오핑이 중앙위원회에서 사임한다는 11월 1일의 발표는 개혁의 속도에 대해 우려했던 강경파 천원과 펑전의 사임으로 이러한 소문이 기정사실인 것처럼 보였다. 상무위원회의 다른 4명의 위원도 사임했다. 이튿날 자오쯔양이 중국공산당——이제 4,600만 명의 당원으로 구성된——의 총서기로 공식 선출되었는데, 그는 당의 예산을 감축하고 보다 나은 교육을 받은 당원의 수를 통제 가능한 수준으로 줄여야 했다.

정치국 상무위원회에서 자오쯔양과 함께 일할 4명의 새로운 구성원이 선출되었다. 그들은 은퇴한 노인들보다 훨씬 젊은 연령집단을 대표했지만, 한 명은 70세였고 다른 이들도 50대 후반이나 60대 초반이었다. 넷 가운데 리펑이 가장 좋은 배경을 가졌다.* 1928년에 쓰촨에서 태어난 리펑은 그의 아버지가 국민당에 의해 살해되었을 때 겨우 일곱 살이었다. 이 소년은 자식이 없는 저우언라이와 1939년에 충칭에서 개인적으로 친해졌고 후에 옌안에서는 그의 보살핌을 받았다. 전쟁 후 리펑은 전력관계 공학 분야에서 보다 나은 수련을 받기 위해 모스크바로 파견되었고, 그곳에서 1940년대 후반과 1950년대 초반을 보냈다. 1950년대 말과 1960년대에 리펑은 전력관계 분야의 실력자 밑에서 조심스레 지도력을 쌓았고, 순탄하게 승진을 거듭하여 1979년에는 전력부장이 되었으며, 소규모 지배집단 내에서 전력문제 전문가로 활동했다.(그는 문화혁명 당시 베이징의 전력 공급을 담당하고 있었기 때문에 해를 당하지 않고 살아남았다.)[20] 중국 사정에 정통한 관찰자는 자오쯔양이 1987년 11월 말에 리펑을 임시 총리로 임명했을 때 별로 놀라지 않았다.

그러나 덩샤오핑은 여전히 중국의 독보적인 지도자로 남아 있었고, 군사위원회의 주석으로 계속 활동하면서 인민해방군에 대한 절대적인 통제력을 가지

---

* 나머지 세 사람은 야오이린(姚依林)·차오스(喬石)·후치리(胡啓立)였다.

고 있었다. 덩샤오핑은 또한 84세의 양상쿤(楊尙昆)이 중국의 국가주석으로 임명되도록 힘을 썼다. 양상쿤은 당과 군대에 막강한 인맥을 가졌고, 그의 동생은 인민해방군 선전국장이었으며, 자신은 중앙위원회의 인사부장과 덩샤오핑 휘하의 군사위원회의 부주석으로 오랫동안 일해 왔다. 더욱이 덩샤오핑과 마찬가지로 양상쿤은 쓰촨 출신이며 전 생애를 통해 이 나라의 혁명사를 체현한 인물이었다. 그는 1927년 상하이에서 젊은 노동조직가로 활동했으며 모스크바에서 공부했고 1930년에는 '돌아온 볼셰비키' 가운데 하나였으며, 옌안시절과 내전기 동안 꾸준히 당 서열이 올라갔다.

자오쯔양과 리펑은 이러한 강력한 지지세력의 도움을 얻어 중국의 경제개혁을 추진해 나갈 천금 같은 기회를 얻었다. 1988년 초반의 경제 지표가 신통치 않았기 때문에 이 작업은 더욱 시급했다. 물가는 계속 오르고 있었고 농민은 공장으로 일자리를 옮기거나 더 수지맞는 환금작물을 재배했기 때문에 식량 생산은 또다시 줄어들고 있었다. 돼지고기·설탕·계란과 같이 매우 인기 없는 배급품이 다시 등장했다.

1988년 초에 가장 시급한 현안에 대한 예비토론을 한 후 새로운 당 지도부는 3월과 4월의 제7차 전국인민대표대회를 당면한 변화를 굳건히 하기 위한 토론장으로 이용하기로 결정했다. 과거에 대회는 일반적으로 미리 정해진 당의 결정사항을 무조건 찬성하는 역할을 해왔다. 그러나 7차대회는 진정한 토론과 논의의 중심지가 되었다. 1,970명의 대표 가운데 /1%가 새로 선출된 사람이고, 그들 다수가 독자적이고 명확한 견해를 표명했다. 자동적으로 만장일치로 거수함으로써 모든 정책 논의를 종결하던 이전과는 전혀 다르게 이제 대표들은 반대표를 던지기 시작했다. 이러한 추세는 광둥 대표단의 일원으로 참석한 홍콩 출신의 변호사에 의해 시작되었는데, 그녀는 어떻게 선발되었는지 알지도 못한 채 사전에 준비된 위원회 후보 명부에 투표할 수는 없다고 불평했던 것이다. 과거에 타이완에 거주하다 이제 중국에서 살면서 과학자로 활동하고 있던 어떤 사람도 위원회 주석직에 89세의 후보를 선출하지 말라고 대표들을 향해 목소리를 높였다. "그는 너무 늙었고 쉴 시간을 더 주어야 한다"고 말하자, 동료 대표들은 깜짝 놀란 듯 잠시 침묵했다가 일제히 박수를 보냈다.[21] 이러한 선례에 용기를 얻어 더 많은 대표들이 발언을 하고 반대표를 던지기 시작했는데, 부주석 후보인 왕전(王眞)의 경우에는 자그마치 200표의 반대표가 나왔다. 그는 전년에 발생한 학생시위에 대한 가장 강경한 비판자 가운데 하나였다.

회의의 일부가 중국 국영방송을 통해 중계됨으로써 보는 이에게 참여감을 주고 살아 있는 토론이 정말 가능하다는 것을 알려준 것 역시 새로운 변화였다. 외국 언론인은 대회 전 기간 동안 참석이 허용되었고(작년에 당대회에서처럼 처음에는 허용되고 나중에는 금지하는 식이 아니었다), 기자회견과 공개토론도 자주 열렸다.

7차대회에 앞서 가장 중요한 쟁점은 리펑에 의해 제시되었는데, 그는 비록 때때로 발표문에 제한조건을 두고 주의를 환기시키는 등 보호막을 쳤지만 많은 고위 당 관계자들이 원하는 완만한 속도의 4개 현대화 추진과 반대되는 급속한 현대화 노선을 강력히 지지하는 듯했다. 그 중에서 가장 급진적이었던 결정은 이제부터 인민의 토지이용권이나 기업에서 자신의 지분을 사고 팔 수 있는 자유를 법적으로 보호하겠다는 것이었다.(1985년 이후 이런 권리는 계약자가 사망하는 경우에만 상속되었다. 그러나 이제는 양도가 더 융통성 있게 되었다.) 또한 주택 역시 자유시장에서의 농업 생산물이나 새로운 도시 기업의 공업생산품처럼 시장 상품으로 자유롭게 매매할 수 있어야 한다는 리펑의 결단도 잠재적으로 대단한 중요성을 내포하고 있었다. 리펑은 그런 면에서 주택이 '냉장고나 자전거'처럼 취급되어야 한다고 제안했지만, 그러한 비유는 그가 사실상 제안하고 있는 바의 중요성을 축소시키고 있는 것이었다. 중국에서 좋은 주택은 극심하게 공급이 부족했기 때문에 훌륭한 집을 얻는 것은 권력과 지위의 결정적인 척도였다. 이제 만일 주택이 시장에 자유롭게 나오게 되면, 이는 당 후원체제에 엄청난 압력을 줄 수도 있고, 도시와 농촌 양쪽에서 싹트고 있는 경제적 불평등을 가속화시킬 수도 있었다.

전면적으로 시행될 경우 리펑의 제안 못지않은 중요성을 가질 관료제 재편에 대한 계획이 정치국의 다른 위원에 의해 제기되었다. 자오쯔양이 공식화한 사상에 기초한 이 계획은 전 관료의 20%의 인원 감축을 요구했고, 정부 부서에 의한 기업의 최종적 통제를 없애고 경영과 이윤의 책임을 전적으로 기업에 맡기는 것이었다. 그러한 감축조치를 통해 수백만 중국인이 지난 수십년간 향유해 온 연줄과 부수입을 잃을 수도 있었다. 중국의 에너지와 운송체제의 핵심을 운영하는 네 개의 중앙 부서—철도부, 석유공업부, 석탄공업부, 핵공업부—
가 폐지되고 각각 독립적으로 운영되는 주식회사로 대체될 예정이었다. 그러면
이 능률화된 중국 관료제는—이 공상적인 계획 속에서—당에 대한 기여보다
는 능력을 기준으로 선택된 인물로 구성된 진정한 시민의 봉사기관이 될 것처
럼 보였다.

　이러한 부서 가운데 두 군데는 조직상의 변화가 이미 진행 중이었다. 앞에서
살펴본 바와 같이 석탄 생산을 재조직하기 위한 실험이 진행되고 있었고, 석유
공업 부문에서는 중국 회사들이 일본·영국·미국 기업들과 광범위한 합작사업
을 운영하고 있었다. 그러나 독립적인 민간기구가 어떻게 아직 걸음마 단계에
있는 원자력 산업을 경영할 것인가 하는 문제는 세계가 체르노빌과 스리마일
섬에서 발생한 원전사고로 인해 고민하고 있는 상황에서 대단히 어려운 과제였
다. 마찬가지로 1949년 이래 어마어마하게 확장해 온 거대한 규모의 철도망은
법인 경영을 시행하기 어려운 상태였다. 그러나 철도 체계의 개혁 필요성은 상
하이에서 발생한 암표상 사건과 관련해서 290명이라는 엄청난 수가 체포되었
다는 소식—제7차 대회 기간 중에—이 전해짐으로써 더욱 고조되었다. 암표
상들은 표를 무더기로 사서 그것을 꼭 필요한 승객들에게 정상 가격의 6배까지
받고 팔았다.

　인민해방군은 자체적으로 조직의 변화를 경험하고 있었다. 무기와 공급체계
의 발전을 위해 군대가 혁신적인 역할을 맡도록 독려하기 위해 중국 정부는 인
민해방군이 무기를 수출하고 거기서 얻는 외화의 많은 부분을 자체적으로 사용
할 수 있게 허락했다. 이러한 정책은 1988년 초에 거의 10여 년을 끌어온 전쟁
으로 황폐화된 이란과 이라크가 중국의 전산화된 단거리 '누에'(실크 웜)미사일
로 상대방의 도시를 폭격하기 시작하면서 결실을 맺었는데, 이는 중국인이 직접
팔았거나 중개인을 통해 판 것이었다. 1984년과 1987년 사이에 중국은 이란과
25억 달러 정도의 무기 거래계약을 체결했고 이라크와는 15억 달러어치를 계
약했다. 1988년 여름 무렵 중국은 시리아와 유효 사거리 600km의 신형 M-9
미사일을 판매하기로 협의했는데, 이 미사일은 화학탄을 탑재할 수 있는 것이
었다. 리비아도 같은 미사일을 대상으로 협상 중인 것으로 보도되었고, 리비아
는 저장의 비단공장에 막대한 돈을 투자하여 중국에 호의를 보이려 했다. 또한

사우디아라비아에 탄도탄을 판매했다.* 아르헨티나가 발사한 프랑스제 엑조세 (Exocet) 로케트가 포클랜드 섬에 있는 영국 선박을 거의 쓸어 버리다시피하고, '이란 게이트' 자금이 미국의 유령회사를 거쳐 니카라과 반군에게 무기로 바뀌어 전달되는 세상에서, 중국인 역시 예외없이 국제사회와 국제무역의 이러한 특별한 측면을 이해하게 되었음을 서양에 보여주었다.

이러한 조직상의 변화와 계획이 중국의 인플레이션—1988년 1/4분기 동안 도시에서는 20%를 상회하고 있었다—의 원인을 설명해 줄 수 있을지는 분명치 않다. 그러나 제7차 대회는 리펑이나 다른 이들이 제안한 법적·경제적·조직적 개혁의 모든 계획을 최종적으로 승인함으로써 독립적인 사업지구를 발전시키려는 확고한 의도를 재확인시켜 주었다. 이 최종 투표에 의해 하이난 섬은 광둥 성 관할에서 떨어져 나와 하나의 성(省)이 되었다. 이에 따라 이 섬은 외국인 투자의 유치, 관광무역의 확대 그리고 상품과 용역의 자유로운 유출입 등과 관련해서 광범위한 자치권을 가지게 되었다. 하이난 섬의 외국인 방문객은 비자도 필요없게 되었다. 1년 전의 악명 높은 하이난 수입사건을 생각한다면 대단히 과감해 보이는 이러한 결정은 홍콩을 다룰 방법을 배우기 위한 탐색 기구이거나 장기적으로 타이완에게 중국의 매력을 높여 줄 수 있는 독립된 행정적·경제적 구조를 실험해 볼 수 있는 기회였다. 만일 성공을 거둔다면 이 사례는 중국의 주요 도시에서도 채택될 것이었다.

타이완 문제가 당면 현안과 더욱 관련을 맺게 된 것은, 1975년 이래 타이완의 총통이었던 장제스의 아들 장징궈가 1988년 초 전인대회 개회 직후에 사망함으로써 타이완과 중화인민공화국의 관계의 흐름이 바뀌었기 때문이다. 장징궈는 총통 임기 말년에 상당히 의미 있는 민주적 개혁을 실현했다. 이제 타이완인이 스스로 자기 나라의 많은 부분을 운영하고 있었다. 타이완 법률에 따라 총통직을 계승한 사람은 장징궈의 부총통이었던 타이완 원주민 출신 리덩후이(李登輝)였다. 1923년에 쌀과 차를 재배하는 농가에서 태어난 리덩후이는 일본지배 하의 타이완에서 자랐고 일본에서 대학교육을 받은 뒤 타이페이로 돌아와

---

* 컴퓨터의 창의적인 이용은 중국의 군사 및 우주계획 외에 다른 많은 영역에서도 이루어지고 있었다. 예를 들면 선전 경제특구의 한 대학 중문학부는 컴퓨터 과학부와 협력하여 18세기 차오쉐친의 소설 『홍루몽』 전권을 단어 검색 프로그램으로 만들었는데, 이 작업으로 청의 감성을 추구하는 사람은 몇 초 내에 자신이 선택한 단어나 심상과 관련되는 용어는 무엇이든 찾을 수 있게 되었다.

농업경제학을 연구했다. 그 후 그는 미국에서 대학원 과정에 입학했고 아이오
와 주립대학에서 석사를, 그리고 코넬 대학에서 박사학위를 받았다.

　리덩후이 총통은 직위를 물려받으면서 중국은 하나라는 장징궈의 수사를 반
복함으로써 타이완 독립운동의 반중정책에 동조하고 있지 않음을 분명히 했다.
그가 총통직에 오른 지 몇 개월 만에 중화인민공화국의 친척을 방문하기를 희
망하는 타이완인에게 모든 여행에 대한 제한조치가 철폐되었다. 그 결과 타이
완에서 본토를 방문하는 중국인이 놀라울 정도로 쇄도하여 1988년 5월 한 달
동안 1만 명에 이르렀다. 오랜 동안 홍콩의 지사나 대리인을 통해 중화인민공
화국과 불법적으로 거래를 해오던 타이완의 기업가들은, 경제특구의 세제혜택
이나, 어떤 경우에는 타이완 임금의 10분의 1 수준에 불과한 임금률을 이용하
기 위해 드러내놓고 중국으로 생산기지를 옮기기 시작했다.

　그럼에도 불구하고 이러한 접촉의 확대는 두 사회가 공유하는 유산만큼이나
엄청난 괴리감을 확인시켜 주었다. 홍콩을 모델로 한다 해도 신속한 통일의 가
능성은 거의 없어 보였다. 1988년 7월 리덩후이 총통은 타이완 국민당의 총재
로 선출되어 권력기반이 상당히 강화되었고, 따라서 타이완인과 1949년 이후
피난 온 중국인의 가족을 섬에서 더욱 더 번영하는 연합체로 통합시킬 수 있었
다. 1972년과 1979년에 미국 정책 결정자의 꼭두각시에 불과한 것처럼 보였던
타이완은 이제 국제무대에서 완전히 독립적이고 유능한 주체가 되어 있었다.
타이완이 본토와의 정치적 유대를 발전시키기 전에 중화인민공화국은 안정된
수준의 경제적 성장과 발전을 이룩할 수 있다는 것을 스스로의 힘으로 증명해
야만 했다.

사회적 긴장

중국 내에서 민주주의를 이야기하는 사람이나 '부르주아 자유화'라는 가치의 포
로가 된 것으로 알려진 사람에 대한 탄압이 계속되는 동안에도, 개혁의 혜택을
받은 수백 만명의 사람들은 거리낌없이 물질주의적으로 변해 갔다. 정치적 행
동의 범주를 숫자로 표시하던 과거 마오주의적 성향을 본떠 만든 대중의 재미

있는 구호에 따르면 현재 중국의 남자는 '사필'(四必)로는 충분치 않고 반드시 '삼고'(三高)와 '팔대'(八大)가 필요했다. '사필'은 마오주의 아래에서 물질적 욕망의 최대한을 설정한 것으로 자전거, 라디오, 손목시계 그리고 재봉틀이었다. 이것은 새로운 덩샤오핑 시대에 '팔대'로 바뀌었는데, 컬러텔레비전, 냉장고, 오디오, 카메라, 오토바이, 가구 세트, 세탁기 그리고 선풍기가 그것이다. '삼고'는 남자가 아내를 얻기 위해 필요한 것으로 고임금, 고학력 그리고 168cm 이상의 키를 가리켰다.

1988년 초 중국과 외국의 언론매체는 이러한 낙천적인 삶의 접근방식을 강조하기 위해 공업과 농업 분야에서 이전과 다른 유연성을 발휘하여 성공한 개인 기업가를 칭송하기 시작했다. 대표적인 것으로 1988년의 두 사례를 들 수 있다. 1987년 랴오닝 성에 위치한 인구 70만 명의 푸신(阜新) 시의 신임 시장은 1,300여 개의 국영 상점, 기업, 그리고 공장이 적자운영을 하고 있으며, 도시 자체가 파산상태에 처해 있음을 알게 되었다. 그의 해결책은 거의 모든 기업을 지역의 입찰자에게 경매하는 것이었는데, 1988년이 되자 이 도시의 기업은 흑자로 돌아서게 되었다. 중국 전역에서 모범으로 칭송된 한 예는 푸신의 양말공장이었다. 이 공장은 1966년에 설립된 이래 계속 적자였고, 1985년과 1986년에는 10만 달러 이상의 적자를 냈다. 시장은 공장을 그 공장 노동자인 천즈친에게 임대했는데, 그녀는 자신이 모을 수 있는 최대 금액이었던 1만 2천 위안(3천 달러)을 저당잡혔다. 만일 그녀가 10만 위안의 이윤을 내지 못하면 그 저당금은 환불받지 못하지만 그 이상으로 번다면 세금을 제외한 모든 이윤을 가질 수 있었다. 관리부서 인원을 감축하고 판매기술을 한 단계 높이고 상점을 재배치함으로써 이 새 공장장은 경영 첫 해인 1987년에 100만 위안에 가까운 이윤을 올렸다.

이와 필적할 만한 농촌의 모범은 리춘주라는 인물에게서 찾을 수 있었다. 산시(山西) 성 남부의 진청(晋城)에서 농사짓던 리춘주는 지주가 축출당하고, 토지가 농민에게 재분배되었다가 다시 집단화되고, 집단화된 토지가 인민공사로 집중되었다가 다시 인민공사가 해체되어 마침내 1980년대 초에 개별 가구가 그 토지를 이용할 수 있게 된 전 과정을 직접 지켜 보았다. 또한 그는 계약제에서 기회를 발견하고는 다른 빈농이 새로운 기업에서 일하기 위해 토지를 떠나거나 모두들 환금작물이나 채소 재배에 열중하던 때 곡물농사를 확대시켜 기계화하기로 결심했다. 1988년, 그는 국가에서 정한 가격으로 일정량의 밀을 공급하는 조건으로 장기 계약을 맺고 207무(약 41만 2천 평)의 토지를 경작하고 있었다. 청, 민국 또는 인민공화국 초기였다면 그만한 농지를 얻을 수 없었을 것이다. 그러나 그는 자신의 자녀와 친척 등 모두 9명의 노동력을 이용했고, 현 당국으로부터 대출을 받아 농기계—트랙터와 추수기—를 사들여 계약한 토지를 집약적이고 효율적으로 경영했다. 그는 자신의 수확량이 소규모 가족 농지를 전통적인 방법으로 경작하는 다른 농민보다 80% 이상 높다고 계산했다.

"어떤 사람은 무조건 농사를 싫어한다"고 자신을 방문한 서양 기자에게 그는 말했다. 그는 새로운 기술에 매료되어 있었다. "기계를 이용하면 생산이 늘어난다"는 단순한 공식이 리춘주가 도달한 결론이었다. 그리고 머리를 쓰고 읽는 법을 배우고 미래의 모습을 그려 봄으로써 그는 새로운 기회를 최대한 활용할 수 있었다. 리춘주는 어디를 가든지 생산 수준, 밀 가격, 비료, 농약 등에 대한 자료로 가득 찬 파란색 비닐 공책을 가지고 다녔다. 그의 생각으로는 이것이 4개 현대화의 하나였으며, 그는 정부의 요청에 따르면서도 멋진 인생을 살고 있었다.[22]

그러나 1988년 말과 1989년 초에 이러한 고무적인 기업가의 사례 연구는 이들 성공이 경제적·관료적 맥락에서 볼 때, 극심한 갈등과 문제점을 안고 있다는 점을 분명히 드러냈다. 과거의 경험에 비추어 볼 때 이런 문제는 중국이 덩샤오핑과 그의 동지들이 결정한 새로운 힘을 유지하기가 얼마나 어려운지 보여주는 것이었다. 정부가 1988년 말 중앙위원회 전원회의와 1989년 초의 전국인민대표대회에서 논의하기 시작하여 중국 신문에 집중적으로 다뤄졌던 문제 가운데 일곱 가지가 가장 시급했다. 인플레이션, 낮은 곡물 생산, 노동 불안, 수뢰, 통제되지 않는 인구이동, 급속한 인구 증가, 그리고 문맹이 그것이다.

이제 4개 현대화와 새로운 경제 자유화의 혜택을 입고 돈을 번 중국인은 소비재와 새로운 주거지와 자본 창출에 대한 끊임없는 욕구를 가지게 되었다. 한동안은 이러한 요구가 노동자나 농민에게 더 많은 고용의 기회와 더 많은 선택권을 제공했다. 그러나 그것은 물가를 부추겼고, 물가상승률은 1988년 초반에 20%이던 것이 연말에는 도시지역에서 26% 이상이었다. 수많은 도시인의 생활수준이 하락했고 정부 주도사업의 축소는 수많은 실직자를 양산했다. 공포에 찬 사재기가 곡식에서 식용유·치약·비누에 이르기까지 광범위한 생산품에 영향을 미쳤다.

사재기는 1988년의 곡물생산 감소에 의해 초래된 문제점을 더욱 악화시켰다. 감소의 원인은 많았다. 농민의 투쟁으로 정부의 곡식수매가는 올랐지만 자유시장 가격이나 설탕·담배 같은 환금작물(이러한 작물의 생산은 같은 시기에 급속히 증가했다)에서 얻을 수 있는 이윤에 비한다면 여전히 비현실적일 만큼 낮았다. 정부는 현금이 부족하여 국가의 의무적 수매대금을 약정서나 약속어음으로 지급하기 시작했다. 그러나 농민은 필수적인 연료나 식료품 거래에 이런 차용증서를 사용할 수 없었기 때문에 더 큰 고통을 겪었다. 가경지는 토지의 용도변경——예컨대 새로운 기업 전체의 80%가 농촌지역에 있었다——에 따라 계속 감소했다. 지방정부에 판 잉여곡물이 2.5배 이상의 가격으로 되팔리는 것을 본 농민은 생산한 곡식을 그냥 쌓아두기 시작했다.

노동시위는 부분적으로 도시의 인플레이션에서, 또 다른 한편으로는 새로운 형태의 기업가적 관리인이 요구하는 가혹한 노동조건에서 기인했다. 이 같은 관리인은 대부분의 경우 사실상 지역 당 관리와 긴밀한 관계를 맺고 있었고, 계약체결이나 원료구입, 상품운송, 세금 등에서 특혜를 받기 위해 지역의 정치지도자와 결탁했다. 임금이 낮아지고 해고가 늘어나자 많은 노동자가 파업을 시작했다. 민국 시대에 흔히 보던 규모는 아니었지만, 1988년에 발생한 몇몇 파업은 상당히 거셌다. 예컨대 저장 성의 섬유공장에서는 1,500명의 노동자가 이틀간 파업을 했고, 의료기구 공장에서는 1,100명의 노동자가 3개월 동안 태업을 했다.

중국공산당 당원——이들 중 다수가 지역 기업의 관리자와 연계되어 있었다——의 수뢰와 부패도 계속 늘어났다. 1988년에 공개된 1987년의 자료에 따르면 조사받거나 고발당한 당원의 수는, 알려지지 않은 것은 제외하고라도 무려 15만 명에 달했으며, 이들은 부패나 권력남용 혐의로 처벌을 받았다. 그 가운데 2만 5천 명은 당에서 제명되었다. 같은 해에 전체 기업의 절반이 갖가지 방법으로 탈세를 저질렀고, 개인 사업가 가운데는 80%가 그러했다. 농촌지역에서는 당국이 기준치 이하의 농약, 화학 비료, 그리고 종자를 판매함으로써 농업생산이 더욱 더 어려움을 겪었다. 정부는 앞으로 매년 모든 공산당원의 정직성과 당 충성도를 재평가하겠다는 뜻을 밝혔다.

시간제 노동자와 불만을 품거나 실직한 농촌이나 도시 인구의 국내 이동도 더 이상 통제불가능하다고 보고되었다. 대략적인 정부 통계에 따르면 1982년 인구조사 당시 농촌에 거주하던 인구가 1년에 800만 명 정도씩 도시로 이동했는데, 이것은 4억의 인구가 거주하는 365개 대도시에 도시인구가 증가하는 요인이 되었다. 쓰촨 철도역에는 매일 3만 명의 이동 노동자가 몰려든다고 보고되었고, 실업자나 해고 노동자들로 보이는 '노숙자'가 상하이에서는 180만, 베이징과 광저우에서는 각각 110만을 넘었다고 한다. 그러한 대규모 이동 자체는 더 큰 문제의 일부일 뿐이었다. 왜냐하면 농촌의 토지 이용이나 생산방식의 변화는 정부의 새로운 주요 건설계획을 축소 또는 동결시킴으로써 1억 8천만 명의 농촌 노동자를 '과잉'상태로 만들었기 때문이다. 이후 10년 동안 2억 명이 같은 처지에 처할 것으로 예상되었다.

전반적인 인구 증가 수치도 정부의 입안자를 안심할 수 없게 만들었다. 당국은 가임여성의 수와 그들의 나이가 어리다는 것을 고려할 때 향후 8년간 매년 적어도 2천만 명의 신생아가 태어날 것으로 추정했다. 최근의 도시 출생률인 1,000당 14.3과 농촌의 출생률 24.94가 지속된다면 중국 인구는 2000년에 틀림없이 13억에 달할 것으로 보았다. 1가구 1자녀 정책은 실행하기 어려운 것으로 판명되었다. 최근 출생자 가운데 32.33%가 둘째아이였고, 14.95%는 셋째아이였다. 중국은 30억 달러의 무역적자를 고려한다면 이미 너무 많이 곡식을 수입하고 있었음에도 불구하고, 인구당 연간 곡식 소비량은 꾸준히 줄어들어 1984년과 1988년 사이에 40kg(400kg에서 360kg으로)이나 감소했다. 또한 이렇게 증가하는 인구의 대부분은 중화인민공화국의 이전 세대보다 더 나은 교육을 받지는 못할 것으로 예상되었다. 국가 통계청은 2억 3천만 명의 인구(농촌 인구의 95%와 여성의 70%)를 '문맹'으로 분류했다. 국가교육위원회는 심지어 농장과 공장에서 값싼 아동 노동을 원하는 부모와 고용주 사이에서 초등교육에 대한 거부감이 커지고 있음을 주목했다. 1988년에 700만 명 이상의 어린이가 학교를 그만두었는데, 이 수치는 중등학교 학생의 거의 7%, 그리고 초등학교 학생의 3.3%에 달하는 것이었다.[23]

　이런 모든 국내 문제는 변화를 도모하는 중국 정부를 결코 빠져 나오지 못할 구렁텅이로 빠뜨릴 것 같았다. 외국과 관련된 소식도 이보다 더 나을 게 없었다. 1988년에 중화인민공화국의 외국인 투자 총액이 약 52억 달러이고, 여러 종류의 합작 계약이 6천 건에 달했지만, 애초에 중국 정부가 기대했던 것에 비하면 근처에도 가지 못하는 수준이었다. 1988년 중국의 수출은 47억 달러였으나, 수입은 54억 달러였다. 전세계 수출국 가운데 중국은 16위였고 홍콩은 11위, 타이완은 12위였다. 그리고 많은 경우 외국의 대중국 투자의 공식 수치를 주의 깊게 살펴보면, 심하게 부풀려져 있음을 알 수 있다. 가장 잘 알려진 다수의 합작사업——아메리칸 모터스사와 베이징 지프사의 합작과 같은——은 낮은 생산 수준, 중국인 공장장의 늑장과 회피(미국인의 비타협적 자세와 비현실적 기대와 더불어), 그리고 현장 노동자 사이의 커가는 적대감으로 인해 결정적인 위기에 봉착했다. 합작사업에 의한 동남 해안 근해의 원유 시추는 수년 전 은근히 기대했던 그런 막대한 양을 산출하지 못했다. 그리고 경제특구 역시 종종 잘못 운영되거나 부패에 찌들어 버렸다. 특구의 기업들이 대부분 당 정치인의 자녀나 친척에 의해 경영되는 일이 많았기 때문에, 그러한 특권이 없는 대다수 중국인은 '상속자 당'이나 '왕자 당' 등에 대해 공공연하게 험담하기 시작했다. 환상에서 깨어난 청년 지식인에게는 교제와 관시(關係)만이 출세할 수 있는 길로 보였다. 그들로서는 연줄 없는 돈벌이가 되는 일자리를 얻을 수 없었기 때문에 직업을 스스로 찾을 수 있는 새로운 '자유'를 두려워했다. 이런 각성에는 정부의 지속적인 경비 감축으로 인해 많은 대학이나 전문대학의 시설이 황폐해진 탓도 있었다. 기숙사나 식당은 너무 낡아서 학생과 교수들은 그런 환경에서는 도저히 효과적인 연구를 할 수 없다고 불평했다. 중국의 경제를 개혁하고 국가 전체를 현대화한다는 꿈은 인민의 눈 앞에서 산산이 부서지고 있는 것 같았다.

파국

1989년 새해는 중국에게 특별한 의미를 지니는 기념할 만한 한해가 될 것으로 기대되었다. 이 해는 프랑스혁명 200주년이 되는 해이며, 5·4운동 70주년이 되는 해이자 중화인민공화국의 40번째 생일이고, 미국과의 공식 외교관계가 재개된 지 10년이 되는 해였다. 중국의 수많은 저명한 과학자와 문인—해임된 당원 팡리즈와 시인 베이다오를 포함하여—이 덩샤오핑과 다른 지도자에게 이 해를 중국 정치의 유연성과 개방성을 강화하는 도약의 발판으로 삼으라는 편지를 보냈다. 그들은 1978년 민주의 벽 운동으로 10년째 감옥생활을 하고 있는 웨이징성과 오직 정치적 견해의 차이로 인해 수감되어 있는 사람들을 사면해 줄 것을 요청했다. 또한 진정한 과학적·경제적 진보에 필수적인 활발한 지적 교류를 위해 표현의 자유를 보장하고, 국가 전체를 위해 교육에 더 많은 투자를 하라고 정부에 요구했다. 전국인민대표대회에서 대표들은 '정치적·사회적·문화적 민주화'와 현재 논의 중인 경제개혁이 결합된 '사회주의적 민주주의'가 가장 좋은 해결책이라고 제안했다. 다른 지식인은 1970년대 말에 덩샤오핑의 유명한 표현 "흰 고양이건 검은 고양이건 상관없다. 쥐만 잡으면 좋은 고양이다"가 의미하는 종류의 실용주의로 복귀할 것을 주장했다. 혹자는 한 걸음 더 나아가기도 했는데, 마르크스주의-레닌주의-마오쩌둥 사상연구소의 전(前) 소장이었던 쑤사오즈(蘇紹智) 같은 사람은 이론과 실제의 분리는 이제 '만성적인 질병'이 되었다고 지적했다. 그는 탄핵당한 당 총서기 후야오방의 말에 공감한 듯 중국의 마르크스주의가 최근 '완고한 교조'의 손아귀에서 얼어붙은 것 같다고 지적했다. 진정한 개혁은 모든 '이념적 편견과 관료주의', 모든 '문화적 폭정'을 거부해야 하며, 그래야만 마르크스주의에 생기를 불어넣을 수 있다는 것이었다.

이러한 목소리는 1986년에 허페이에 운집한 학생들의 요구나 1978년과 1979년 웨이징성의 과감한 제안과 본질적으로 같았다. 그것은 바로 마르크스주의의 정신을 버리지 않고도 창조적 성장과 변화가 가능하다는 것이었다. 덩샤오핑이나 리펑이나 자오쯔양은 이러한 다양한 제안에 대해 공개적인 반응을 보이지 않고 그 임무를 아랫사람들에게 맡겼는데, 그들의 반응은 가혹한 경멸로 나타났다. 그들은 그런 요구와 비판은 대중을 '자극'하는 것이며 정부에 '압력'을 가하려는 시도라고 주장했다. 또한 중국에 정치범은 없기 때문에 웨이징성을 비롯한 다른 사람들을 '풀어 달라'는 요청은 어불성설이라고 했다.

이와 같이 불안한 분위기 속에서 1989년 4월 15일 후야오방이 심장마비로 급서했다. 대장정에 참가한 노병이자 공산주의청년단의 지도자인 후야오방은 덩샤오핑이 선택한 공산당의 총서기였지만, 1986~1987년 학생시위를 과열시켰다는 죄를 뒤집어썼다. 1987년에 후야오방이 당직에서 해임당할 때, 중앙위원회는 그에게 치욕적인 '자기비판'서를 제출하게 했다. 이 치욕의 본질과 덩샤오핑이 이를 묵인 또는 조장한 것은 중국인에게 씁쓸한 뒷맛을 남겼다. 후야오방의 사망소식이 전해지자 베이징의 학생들은 정부에게 경제적·민주적 개혁을 더 강력하게 추진하도록 압력을 가할 수 있는 방법을 찾아냈다. 1978년에 저우언라이를 추모하면서 1976년 천안문 시위에 대한 '결정을 뒤집고' 그러한 행위의 정당성을 공개적으로 시인한 사람은 덩샤오핑이었다. 학생들은 친후야오방 시위를 벌이고 후야오방에 대한 결정을 재고해야 한다고 요구함으로써, 1986~1987년 친민주주의 저항의 모든 쟁점과 1978~1979년 민주의 벽의 쟁점들까지도 다시 한번 국민의 가장 큰 관심사로 부각시키려 했다.

이러한 생각은 베이징의 인민대학 당 역사분과 학생들로부터 비롯된 것으로 보인다. 이 학생들 다수는 당원이었고 공산당 고위 간부의 자녀로, 곧 당 부서나 새로운 기업체에서 경력을 쌓을 것으로 기대되는 사람들이었다. 그들은 어떻게 정치적 압력을 가하고 어떻게 그것을 유지하는지 알고 있었다. 베이징 대학을 포함한 베이징의 다른 대학의 학생 수천 명도 4월 17일에 천안문 광장에서 열린 집회에 참여했다. 그들의 목적은 후야오방의 서거를 애도하면서 정부 내의 부패와 연고주의의 종식을 요구하고 정책결정에서 더 많은 민주적 참여와 더 나은 대학 환경을 요구하는 것이었다. 많은 곳에 ―1980년 이후 당에 의해 불법으로 간주된― 대자보가 나붙었는데, 대부분이 공개적으로 후야오방 개인과 그의 자유주의나 정치·경제적 개혁에 대한 지지 성향을 찬양하는 내용이었다. 방과 후에, 그리고 도서관이 닫히면 흥분한 청년 그룹들이 자발적으로 모여 서로의 감정을 토로했다. 그러한 모임으로부터 새롭고 자치적인 학생연맹체가 탄생했다. 상하이와 다른 도시의 학생들도 그러한 분위기에 동참하여 같은 주장을 내세웠다. 4월 18일에 학생들은 천안문 광장의 인민대회당 근처에서 연좌농성에 들어갔다. 그날 밤 그들은 인민공화국 치하에서 전례 없는 과감성을 발휘하여 자금성 끝 중난하이 단지에 있는 당 본부와 당 최고위 지도자들의 거주지 앞에서 연좌농성을 벌였다. 정부는 4월 22일을 후야오방의 장례식날로 공식 선포하고, 시위를 금하고 천안문 광장 전체의 교통을 통제하는 계획을 세웠다. 그러나 베이징 학생들은 지혜롭게 준비하고, 전후상황을 잘 파악하여, 경찰이 배치되기 전에 광장으로 들어와 대규모 평화시위를 벌였다. 청대부터 내려온 관습에 따라 의례적이긴 하지만 진지한 자세로 여러 학생들이 대회당 계단에 무릎을 꿇고 리펑 주석과의 대화를 요청했다. 그러나 리펑은 나오지 않았다. 4월 24일 학생들은 정부 지도자들이 그들의 요구를 받아들이도록 압력을 가하기 위해 집단적으로 수업을 거부하기 시작했다.

이 시점까지는 설령 시위자들이 1976년, 1978년 또는 1986년에 시도했던 모든 행동의 한계를 벗어난다 해도 다양한 타협이 가능할 것으로 보였다. 학생들은 자오쯔양이 그의 수많은 선배들과 마찬가지로 변화를 놓고 대화할 수 있는 인물이라 생각했고, 그가 공산당 총서기인 만큼 당을 그 같은 방향으로 설득할 수 있을 것이라 믿었다. 자오쯔양의 입장에서는 학생 시위대가 자신의 당 기반을 강화시키고 리펑과 심지어는 덩샤오핑까지도 능가할 수 있게 해줄 잠재적인 정치세력으로 보였을 수도 있다.(1978년에 덩샤오핑은 화궈펑에 대항하여 자신의 지위를 강화하기 위해 민주의 벽을 효과적으로 이용했다.) 그러나 4월 말 『인민일보』가 사설을 통해 그들의 운동이 '계획적인 음모'이며 앞으로는 이 같은 일체의 행동은 체포와 처형의 대상이 될 것임을 강력히 시사하자 학생과 지지자들은 경악했다. 자오쯔양 본인은 당시 북한 방문차 중국을 떠나 있었기 때문에 『인민일보』의 사설은 당의 강경파 지도자들, 아마도 리펑 주석과 덩샤오핑의 견해를 대변하고 있었음이 확실했다.

그러나 학생들은 위축되지 않고 분노와 저항으로 대응했다. 이 무렵부터 그들의 스승과 수많은 언론인, 그리고 베이징 시민이 합류하기 시작했다. 집회와 행진은 계속 늘어 갔고 개혁과 민주적 자유의 요구는 더욱 거세졌다. 정부 지도자들은 속수무책이었는데, 그들이 보기에 5·4운동 기념식에서 어떤 식으로라도 무력을 사용하면 시위는 즉각적으로 군벌 시대를 상징하는 방향으로 나아갈 것이 뻔했기 때문이다. 드디어 5월 4일은 왔고 평화롭게 지나갔으나, 베이징에서 10만 명 이상이 행진에 참가하여 1919년의 학생시위를 무색케 만들었다. 유사한 집회와 행진이 중국 전역의 도시에서 있었지만, 세계 언론의 관심이 집중된 곳은 단연 베이징이었다. 그것은 시위 때문이기도 했지만, 소련 공산당 서기장 미하일 고르바초프가 오랫동안 공들여 준비한 덩샤오핑과의 정상회담을 위해 5월 중순에 베이징을 방문하기로 예정되어 있었기 때문이다. 이 정상회담은 흐루시초프가 스탈린 시절을 비판하는 '비밀 연설'로 마오쩌둥에게 충격을 준 이후 소련과 중국 사이에 33년간 지속된 불화를 종식시키는 전환점이 될 것으로 기대되고 있었다.

고르바초프는 베이징의 시위대로부터 열렬한 환영을 받았는데, 그 이유는 소련에서 광범위한 새로운 정치적·지적 자유를 도입하려는 그의 시도가 그러한 변화를 거부하는 중국 지도자의 행동과 첨예한 대조를 이루었기 때문이다. 그러나 고르바초프 방문의 중요성과 그것이 덩샤오핑에 미칠 상서로운 조짐은 학생 시위자들이 개혁 요구를 보다 강력하게 표출하기 위해 새로운 전술—단식농성—을 도입함으로써 반감되었다. 천안문 광장은 3천 명에 달하는 단식농성자들이 설치한 텐트와 그 주변의 수만 명의 학생, 시민, 그리고 호기심에 찬 방문객과 구경꾼으로 거대한 야영장으로 변해 버렸다. 스스로를 자랑스럽게 '비호'(飛虎)라 명명한 오토바이 자원봉사대를 통해 베이징 전역의 학생들은 가장 최근의 뉴스를 신속하게 전해 들을 수 있었다. 중국 정부는 고르바초프를 위해 마련한 행사를 취소하거나 변경해야 했고, 텔레비전 카메라는 굶주림에 지쳐 정말 죽을지도 모를 위험에 처한 사람들을 간호하기 위해 구급차가 광장을 질주하는 광경을 전 세계에 내보냈다.

일찍이 중국에 이와 같은 광경은 없었다. 문화혁명기에 이와 비슷한 대규모 군중이 모인 적은 있지만, 그 집회는 국가가 마오쩌둥을 당과 인민의 최고 지도자로 떠받들기 위해 주최한 것이었기 때문에 지금의 광경과는 질적으로 달랐다. 이때가 되면 자오쯔양이 분쟁을 무마시키기 위해 애를 쓰면서 『인민일보』의 학생 비난은 너무 지나쳤다고 암시했음에도 불구하고, 시위자들은 덩샤오핑과 리펑의 사임을 공개적으로 요구하기 시작했다. 시끌벅적하고 분노에 가득 차, 때로는 노래하고 춤추며, 때로는 심오한 정치적 토론에 빠지거나 지쳐서 잠들기도 하는 학생들과 지지자들의 모습은 정부에게는 강력한 정치적 도전인 동시에 나머지 중국인과 세계인에게는 한없이 흥미로운 광경이었다. 리펑은 마침내 한 모임에 단식농성자들의 지도자를 초대했으나 결과는 좋지 않았다. 리펑은 학생들이 무례하고 비논리적이라고 생각했던 반면, 학생들은 리펑이 거만하고 무관심하다고 느꼈다. 5월 17일과 그 다음날에도 천안문 광장 안팎의 시위자는 100만 명을 넘었다. 지금까지 정부의 통제로 억압당했던 신문이나 텔레비전 방송기자와 편집자는 속박을 뿌리치고 가능한 한 정직하고 종합적으로 이 항거를 다루기 시작했다. 5월 19일에 거의 눈물을 흘릴 듯한 모습의 자오쯔양 총서기가 단식농성자들을 방문하여 단식 중단을 촉구했다. 리펑도 농성자들과 잠시 대화를 나누었지만, 간청이나 약속은 없었다. 5월 20일에 자오쯔양의 공식적인 논평 없이 리펑 국무원 총리와 국가주석 양상쿤은 계엄령을 선포했고, 광장을 정리하고 시내 질서를 회복하기 위해 베이징에 인민해방군을 불러들였다.

그러나 2주가 지나도록 군인들은 광장을 평정할 수 없었다. 베이징 시민의 용기와 단결이 그들의 노력을 허사로 만들었던 것이다. 처음부터 학생들의 동맹세력으로 간주되었던 노동자들은 이제 스스로 자신들의 조직을 결성하여 저항운동에 참여하고 군대의 진입을 가로막았다. 맹렬하면서도 사랑이 깃든 연대를 과시하며 베이징 인민은 거리로 나가 임시 바리케이드를 쳤다. 그들은 군 호송대를 에워싸고 때때로 자동차 바퀴의 바람을 빼거나 엔진을 망가뜨렸지만, 그보다는 종종 군대와 토론을 벌이거나 조롱하고 같은 동포에게 총구를 들이대지 말라고 설득했다. 군인들도 자신의 임무가 당혹스러웠는지 상당히 조심스럽게 행동했지만, 중국의 중앙 지도부는 당과 군대 모두로부터 확실히 동떨어져 있었다. 틀림없이 문화혁명을 떠올리게 했을 법한 학생들의 불복종과 거리의 무질서에 분노한 덩샤오핑은 강경파 지지자들에게 로비를 벌이고 각 지역의 인민해방군 사령관에게 일정 수의 노련한 군대를 수도로 파견하도록 지시했다. 자오쯔양은 동료들 사이에 충분한 지지기반이 없었던 관계로 강경파의 득세를 견제할 수 없었다.

지난 한 달 동안 시위대의 지도자로 부상한 학생들은 이제 자신들이 수많은 지지자와 심각한 질병을 발생시킬 수도 있는 오물과 쓰레기로 가득 찬 거대한 광장의 책임을 맡게 되었다는 것을 깨달았다. 5월 말 그들은 동료 학생들에게 단식농성을 풀고 교정으로 돌아가 정부와 계속 대화를 시도하자고 주장하기 시작했고, 대부분의 베이징 학생들도 그렇게 했다. 그러나 그곳은 새로운 인원—종종 대규모 시위가 벌어졌던 다른 도시들로부터—으로 충원되었다. 더욱 강경한 입장을 고수하던 연설자들은 후퇴는 원칙에 대한 배신을 의미하며, 현재

의 인원과 집요한 압력을 유지해야만 정부는 그들과 터놓고 대화할 것이라고
주장했다. 베이징의 일단의 미술학도들이 약해져 가고 있던 운동에 이목을 집
중시키는 새로운 상징물을 제공했다. 그것은 9m 높이의 석고와 발포 스티로폴
로 만든 그들 나름의 자유의 여신상으로, 고개를 당당하게 세운 젊은 여성이 두
손을 모아서 자유의 횃불을 들고 있는 형상이었다.

6월 3일 밤늦게 군대가 들이닥쳤다. 이 군대는 이전처럼 경험도 없고 장비도
허술한 그런 군대가 아니라, 제27군(사령관은 양상쿤 주석의 친척이었다)과 덩샤
오핑에게 충성하는 부대로 구성된 거칠고 잘 무장한 노련한 군대였다. 바리케
이드를 무너뜨리고 전진을 가로막는 사람들을 밀어붙이는 수십대의 육중한 탱
크와 기갑부대의 지원을 받으며 군대는 천안문 광장의 동쪽과 서쪽의 대로를
따라 진입했다. 자동 화기로 무장한 이들은 거리에 있는 군중을 향해, 주위 건
물 안에서 움직이는 사람들을 향해, 그리고 그들에게 접근하는 사람들을 향해
무차별적으로 발포했다.

6월 4일의 짧은 시간 동안 군대는 천안문 광장을 완전히 봉쇄하고, 그곳의
모든 조명을 꺼 버렸다. 길고 고뇌에 찬 논의 끝에 남아 있는 학생과 시위자들
은 해산하기로 결정했다. 그들이 진흙투성이로 그러나 질서정연하게 걸어나가
자 군대와 탱크는 텐트를 부수고 자유의 여신상을 박살냈다. 군인들이 광장 주
변과 시내의 다른 지역에서 학생과 시민을 사살하면서 베이징에는 소름끼치고
무시무시한 시간이 이어졌다. 밤새 비명이 울렸고 파편더미나 사제 폭탄을 맞
은 군대의 트럭과 탱크에서 화염이 치솟았다. 병원은 수많은 사망자와 부상자
로 차고 넘쳤는데, 많은 경우 민간인 사상자로 취급되는 것이 금지되었다. 인민
해방군도 죽었는데, 일부는 비무장한 시위대가 힘없이 쓰러지는 것을 보고 분
노한 군중에게 잔인한 방법으로 살해되었다. 천안문 광장의 불은 만행의 증거
를 숨기기 위해 군인들이 시체를 쌓아놓고 불태우는 것이라는 소문이 나돌았
다. 그것이 사실이건 아니건—아무도 그것을 확인하기 위해 군대의 허가를 받
을 수 없었으니—, 여기저기 길거리나 병원에 누워 있거나 자전거에 매달린 채
죽어 있는 시체가 너무 많아 폭력의 정도를 짐작할 수 있었다. 수백 명이 죽었
고 수천 명이 부상당했다. 비정하고 무법적인 살인은 중국의 과거의 내전이나
문화혁명의 가장 참혹한 일화들에 대한 기억을 되살아나게 했다.[24] 청두와 그

밖의 도시에서도 무장한 경찰이 민간 시위대에게 비슷한 폭력을 행사했지만, 정부가 철저하게 보도를 금지했기 때문에 그 규모를 파악하기 어려웠다. 외국 언론인도 사진을 찍거나 인터뷰하는 것이 금지되었고 국외로의 위성연결은 끊어졌다.

학살에 충격을 받은 인민해방군의 다른 부대가 제27군을 공격하여 내전이 시작되었다는 둥, 노동자들이 총파업으로 대응할 것이라는 둥, 다른 주요 도시에서 동조폭동이 일어나 정부가 붕괴할 것이라는 둥 한동안 소문은 무성했지만 아무 일도 일어나지 않았다. 이런 표현이 적절한지는 모르겠으나 아무튼 강경파가 '이겼다.' 자오쯔양은 해임되었다. 덩샤오핑이 선택한 '후계자들' 가운데 제2인자가 파멸을 맞은 것이다. 리펑과 덩샤오핑은 가장 영향력 있는 당 원로들 — 모두가 혁명적 생활방식의 단순성을 상징하는 높은 옷깃의 전통적인 '마오 복장'을 다시 입고 — 이 참석한 가운데 광장의 질서를 바로잡은 인민해방군 장교와 사병들의 노고를 공개적으로 치하하고 그들의 용기에 찬사를 보냈다. 강인하고 유능한 상하이 제1 당 서기로서 그곳에서 대규모 가두시위대에 맞서 질서를 유지했던 장쩌민(江澤民)이 자오쯔양 대신 당의 수뇌로 승진했다. 당은 신문·라디오·텔레비전을 통해 시위를 일부 반혁명분자와 '난동꾼'의 탓으로 돌리는 조직적인 캠페인을 벌이기 시작했고, 학생 지도자와 그들의 주요 지지자들에 대한 강도 높은 색출작업에 착수했다. '긴급 수배'된 학생 대다수가 수주일간 경찰을 피해 다니다가 여러 명이 비밀리에 중국을 탈출하는 데 성공했다. 이것은 그들의 행동에 대한 대중적 지지의 정도와 그들 조직의 효율성과 단결력을 암묵적으로 보여주었다. 그러나 다른 수천 명의 학생들은 체포되어 심문당했다. 정부는 또 어떤 자율적인 노동조합의 결성도 막기로 결정했고, 항거에 가담했던 노동자들은 특히 가혹하게 처벌했다. 많은 노동자가 체포되었고 대다수는 공개 처형되었다.

외국 정부들은 이 사건에 경악했지만, 어떻게 대응해야 할지 확신을 갖지 못했다. 많은 국가가 분노를 표시하고 자국민을 귀국시켰으며 경제적 제재를 가하고 중국을 여러 국제기구에서 제명시키는 방안을 모색했다. 그러나 그들은 난폭한 군대가 외국인이 살고 있는 건물에 자동화기를 발사했을 때조차도 중국과의 외교관계를 단절하지 않았다. 미국 대사관은 팡리즈 부부가 은신을 요청하자 이를 허락했는데, 중화인민공화국 정부는 이 행동이 중국 내정에 대한 용납할 수 없는 간섭이라고 비난했다.

6월 9일 덩샤오핑은 시위자들을 혹독히 비난하는 연설을 발표했는데, 이 연설은 중국 전역에서 연구회와 당 토론회의 필수교재로 지정되어 사건에 대한 공식 해석으로 간주되었다. 연설은 중국이 지탱해 온 혁명의 기나긴 세월을 요약한 특이한 방식이었지만, 다른 한편으로 그러한 경험과 현재의 소요를 연관짓는 데 무리가 따른다는 것을 보여주었다. 정부가 진압한 것은 바로 '반혁명적 반란'이라고 덩샤오핑은 말했다. 더욱이 그것은 "인간의 의지와 무관하게 전개되는 국내외적 상황에 의해 결정된" 반란이었다. 그러나 사건을 이처럼 장기적이고도 거의 우주적인 관점에서 해석하면서도 덩샤오핑은 소집된 당 지도자와 군 장교들에게 시위자들은 "전적으로 서구에 종속된 부르주아 공화국을 건설"하기 위해 국가와 사회의 전복을 꾀한 '사회의 쓰레기'라고 말했다.

덩샤오핑은 누가 그러한 쓰레기인지 명확히 밝히지는 않았지만, '대중'이나 '청년 학생' 그리고 '구경꾼'과는 구별되는 사람들이었다. 또 그는 반란을 진압한 군대의 용기는 본받을 만한 것이며 18세나 19세 정도인 인민해방군의 신병조차도 사회주의와 조국을 어떻게 지키는지 알고 있다는 것을 보여주었다고 말했다. 반면에 덩샤오핑은 학생들이 왜 그처럼 장기간에 걸쳐 끈질기게 시위를 벌였으며 왜 그토록 많은 시민이 그들을 지지했는지는 알려고도 하지 않은 채, 중국공산당 지도부와 "마르크스주의–레닌주의–마오쩌둥 사상"의 권위를 불신하는 일체의 시도는 "삼권 분립이라는 미국식 제도"를 도입하려는 일체의 책동과 함께 항상 단호하게 진압해야 한다고 주장했다. 그러나 이것이 다시금 '쇄국'을 하고 정부가 "경제를 죽음으로 몰고 간 옛 시절로 되돌아"가야 한다는 것을 의미하지는 않았다. 덩샤오핑의 연설은 국가의 급속한 경제성장, 곧 더 많은 철도, 더 많은 선박·도로·철강·전력이 필요하다는 것을 재차 강조하면서 결론을 맺었다. 그는 앞으로 12년 동안 국민총생산을 두 배로 늘리고, 그 다음에 오는 50년 동안 연간 2%의 성장률을 지속하여 2050년에는 '중진국' 수준에 이르도록 하자고 호소했다.

4월과 5월의 사건과 관련해서 6월 3일과 4일에 단호한 조치를 언급한 것처럼 덩샤오핑의 '현재의 난국'에 대한 평가는 보다 광범위한 이념적 문제로 접근했다. 중국은 중요한 투쟁에 직면해 있다고 그는 말했다. 그것은 한편으로는 사회주의, 또 다른 한편으로는 '부르주아 자유화와 정신오염'이라는 두 세력 사이의 투쟁이었다. 그것은 중국공산당 지도하에 중국인이 가까운 장래에 싸워야 할 전투였다. 덩샤오핑은 장시 소비에트나 옌안, 그리고 인민공화국 건국기의 검소하지만 활기 찼던 시절에 대한 향수에 젖어 단순한 가치와 기준으로의 복귀, '검소한 삶'과 "고된 투쟁 속에서 함양한 진취적인 정신"을 요구했다. 그래야만 중국은 "서구로부터 사악한 영향에 물들지" 않고 '개혁과 개방'이라는 자신의 이상을 달성할 수 있으리라는 것이었다.[25]

이러한 확신에 찬 발언에도 불구하고 덩샤오핑은 중국공산당이 위기에 처했다는 것을 인식하고 있었음에 틀림없다. 덩샤오핑이 이전에 지목했던 후계자인 후야오방과 자오쯔양에게서 등을 돌리고 갑자기 장쩌민을 당 총서기로 등용한 것은, 소름끼치게도 마오쩌둥이 류사오치와 린뱌오를 물리치고 화궈펑을 내세웠던 일을 연상시켰다. 역사를 거슬러올라가 보면, 위안스카이 사후 민국이 혼란에 빠진 것이나 청 말에 조정이 더없이 약화된 것, 그리고 심지어 거의 모든 면에서 빈틈없던 강희제가 절망의 구렁텅이로 빠진 것은 모두 중국의 최고 지도자 자리에 대한 평화롭고 지속적인 후계자의 취임이 효율적으로 제도화되지 못했다는 데 한 원인이 있었다.

지금 와서 보면, 덩샤오핑이 중국에 남긴 유산은 하나로 통일된 국가가 경제적·정치적 개혁을 향해 과감하게 행진했던 데 있지 않았다. 경제개혁과 그것이 몰고 올 엄청나게 복잡한 사회적·문화적 영향을 완전히 분리할 수 있다고 마지막까지 주장함으로써, 덩샤오핑과 당 원로, 그리고 보다 젊은 정치가 집단은 중국 정부가 이념적 순수성을 전혀 희생하지 않고도 원하는 방식으로 근대 세계에 합류할 수 있다는 19세기적 오류를 또다시 범하도록 하는 데 일조했다. 그러나 그 과업은 1880년도 아닌 1980년대 말에는 더더욱 가망없는 일이었다. 마오쩌둥 사상을 대부분 거부하고 기업체제가 출현한 뒤에 중국공산당에게 남은 신조라곤 청 말의 개혁가들이 신봉했던 지나치게 형식화된 유교보다도 더 빈약한 환자용 미음에 불과했다. 자오쯔양과 그의 요란스러운 지지자들에게 일격을 가한 당 원로들은 예전에 서태후가 백일개혁을 시도했다는 이유로 광서제를 공격했던 것과 이상하리만치 흡사한 방식으로 대응하고 있었다.

덩샤오핑이 남긴 유산의 또 다른 면은 예측불가능한 위험으로 가득 차 있었다. 그는 정치참여를 요구하는 학생과 시민들이 도덕적 측면을 강조하기 위해 비폭력 저항의 원칙을 수주 동안 고수했는데도 치명적인 무력 사용을 명령했다. 이 진압의 잔인성 그리고 그 후 중국 정부가 세계에 떠벌린 거짓말에 담긴 냉소성은 당시 해외에서 공부하고 있던 수만 명에 달하는 중국의 가장 명석한 학생들에게 영향을 주지 않을 수 없었다. 이 학생들은 중국을 가까스로 탈출한 수배 중인 저항가와 6월 학살로 인해 충격을 받고 정치적으로 각성한 수많은 중국인 이민 후예들과 결합하여 해외에서 막강한 불만세력을 형성했다. 정부가 고국에서 민주운동을 아무리 철저히 가로막고, 또 민주주의적 사상은 중국인에게 맞지 않는다고 아무리 강변해도 해외의 중국인들은 그것이 거짓임을 알고 있었다. 쑨원이 지지를 구했던 것도 바로 정치적으로 성숙한 해외의 중국인들이었다. 물론 덩샤오핑이 프랑스에서 16세의 근검공학 학생으로서 급진적인 의식을 처음으로 다듬었던 것도 바로 그러한 중국인들 사이에서였다.

비록 소요를 소수의 난동꾼 탓으로 돌리려 애썼지만, 덩샤오핑은 중국 지도부가 막강한 잠재력을 지닌 운동세력의 성장에 도전받고 있다는 사실을 숨길 수는 없었다. 이것은 심오한 역사의 반향을 일으키는 운동이었다. 이 반향은 정부가 아무리 철저하게 막는다 해도 정부의 잘못을 비판하는 의무를 다하고자 하는 중국 지식인의 결정이 되풀이될 때마다 퍼져 나가는 그런 것이었다. 의식했건 못했건 1976년, 1978년, 1986년 그리고 1989년에 가두행진을 하고 구호를 거리낌없이 외쳤던 중국인은 1930년대의 반국민당 민족주의자들, 1920년대 5·4운동의 선구자, 19세기 말의 반청 활동가, 18세기의 '고증'학자 그리고 17세기의 동림당이나 복명(復明) 세력과 많은 공통점이 있었다. 그리고 중국 정부의 지적·정치적 탄압에도 불구하고 1989년의 저항이 그 마지막이 되리라는 보장은 그 어디에도 없었다.

일부 중국 시민과 노동자들의 전례 없는 분노와 잔인성의 폭발은, 그것이 바로 그들이 죽인 군인들의 가혹한 행동 때문에 촉발된 것이라 할지라도 또 다른 종류의 전통을 드러내고 있다. 거의 또는 전혀 교육을 받지 못하고 특별한 지도이념도 없는 보통 중국 인민은 자신들을 억압하고 착취하는 이들에게 지속적으로 저항하여 들고 일어났다. 더 나은 삶에 대한 막연한 희망, 내적인 절망감, 비참한 생활환경, 바로 이런 것들이 비타협적이고 무관심한 정부에 대항하도록 자극한다는 것을 증명했다. 무기 없이 군인을 죽이려 하는 사람은 적의 무기고를 점령할 때까지 맨손으로 싸울 수밖에 없었다. 명 말의 농민반란, 왕륜의 절망적인 추종자들, 린칭 또는 백련교도, 염군, 의화단, 20세기 후난과 상하이의 농민과 도시 노동자, 이들 모두가 그들이 참을 수 있는 냉대에는 한계가 있음을 보여주었다.

덩샤오핑의 연설과 그 연설이 겨냥한 사건을 연구하는 강제적인 연구회에 참석한 중국인 대다수는 그러한 역사적 반향에 관심을 가졌건 안 가졌건 어떤 중요한 모순점을 발견했을 것이다. 그들의 지도자들은 극적인 경제성장과 기술 변혁이 근본적인 정치적 변화 없이도 가능하다고 주장하고 있었지만, 정치적 변화에 대한 요구는 이미 흘러 넘치고 있었다. 40년 전 당시의 모든 사회적·정치적·경제적 규범에 도전하면서 권좌에 올랐던 공산당은 이제 스스로 그러한 도전을 받아들이지 않겠다는 것밖에는 아무런 목적도 없는 것 같았다. 중국이 인센티브제, 사업지구, 장기 개별계약, 그리고 합작사업을 통해 근대 국가로 발전하려면, 그러한 기회를 가진 사람들이 정책결정에 어느 정도의 역할을 수행할 수 있어야 할 것이다. 지난 4세기 동안의 지도자들이 그랬듯이 1980년대의 중국 지도자들에게도 정치적 저항이나 통치행위에 참여하려는 욕구는 여전히 불충의 증거이자 무질서의 전조로 보였다. 그러나 중국이 허약한 무능력의 악순환에 다시 빠지지 않으려면 1990년대에는 그런 태도를 바꾸어야 할 것이다. 자금성의 번쩍이는 황금색 지붕과 넓은 아름다운 정원은 여전히 제자리에 있지만, 그것들은 지금 그 앞에 펼쳐진 거대한 열린 공간으로부터의 새로운 도전을 반사해 버리고 있다. 인민이 그들의 목소리를 되찾지 않는 한 진정한 의미의 근대 중국은 존재하지 않을 것이다.

주와 허가

1장 명 말기

1) Tang Xianzu, *The Peony Pavilion*, trans. Cyril Birch(Bloomington, Ind.: Indiana University Press, 1980), pp. 14, 32.

2) G. William Skinner, ed., *The City in Late Imperial China*(Stanford, Calif.: Stanford University Press, 1977), p. 351.

3) Tang Xianzu, p. 34.

4) Wang Yangming, *Instructions for Practical Living and Other Neo-Confucian Writings*, trans. Wing-tsit Chan(New York: Columbia University Press, 1963), p. 146 (수정).

5) L. Carrington Goodrich and Fang Chao-ying, eds., Dictionary of Ming Biography (New York: Columbia University Press, 1976), p. 708.

6) 이것은 부상하고 있는 세계 경제와 중국간의 상호연관을 추적할 수 있는 첫번째 시기이다. 보충 자료로는 William Atwell의 "International Bullion Flows and the Chinese Economy circa 1530-1650"(*Past and Present* 95[1982. 5]: 68-90)과 같은 저자의 "Some Observations on the 'Seventeenth-Century Crisis' in China and Japan"(*Journal of Asian Studies* 45, no. 2[1986. 2]: 223-224). 또한 Frederic Wakeman의 "China and the Seventeenth-Century Crisis"(*Late Imperial China* 7, no. 1[1986. 6]: 1-26)

7) Helen Dunstan, "The Late Ming Epidemics: A Preliminary Survey," *Ch'ing-shih wen'i* 3, no. 3(1975): 29-30.

8) *Ibid.*, pp. 39-40. 중국 전통 의학의 기본적 전제는 Nathan Sivin, *Traditional Medicine in Contemporary China*(Ann Arbor: University of Michigan Press, 1987)에 소개되어 있다.

2장 만주족의 정복

1) Franz Michael, *The Origin of Manchu Rule in China*(New York, 1965), p. 121.

2) Gertraude Roth, "The Manchu-Chinese Relationship, 1618-1636," Jonathan Spence and John Wills, eds., *From Ming to Ch'ing*(New Haven: Yale University Press, 1979), p. 9.

3) *Ibid.*, p. 18.

4) *Ibid.*, p. 30.

5) Lynn Struve, *The Southern Ming, 1644-1662*(New Haven: Yale University Press, 1984), p. 129.

6) Frederic Wakeman, *The Great Enterprise*(Berkeley: University of California Press, 1985), pp. 55-58; Struve, pp. 47, 58-61.

7) Robert Oxnam, *Ruling from Horseback*(Chicago: University of Chicago Press, 1975), pp. 52, 56.

3장 강희제의 통합정책

1) Jonathan Spence, *Emperor of China: Self-Portrait of K'ang-hsi*(New York, 1974), p. 32.

2) Willard Peterson, "The Life of Ku Yen-wu, 1613-1682," *Harvard Journal of Asiatic Studies* 28(1968): 142.

3) Kong Shangren(K'ung Shang-jen), *The Peach Blossom Fan*, trans. Chen Shih-hsiang and Harold Acton(Berkeley: University of California Press, 1976), p. 278.

4) Richard Strassberg, *The World of K'ung Shang-jen: A Man of Letters in Early Ch'ing China*(New York: Columbia University Press, 1983), p. 275.

5) *Ibid.*, p. 219.

6) Spence, p. 165.

7) *Ibid.*, pp. 148-149.

4장 옹정제의 권위

1) Madeleine Zelin, *The Magistrate's Tael: Rationalizing Fiscal Reform in Eighteenth-Century Ch'ing China*(Berkeley: University of California Press, 1984), p. 80.

2) 이 단락과 이 절의 뒷부분은 Beatrice S. Bartlett의 *Monarchs and Ministers: The Grand Council in Mid-Ch'ing China, 1723-1820*(Berkeley: University of California Press, 1991)의 자료에 근거함.

3) Beatrice S. Bartlett, "The Vermilion Brush: The Grand Council Communications Systems and Central Government Decision Making in Mid Ch'ing China"(Ph.D. diss., Yale University, 1980), pp. 57, 61에서 (약간 고쳐서) 인용.

4) Antonio Sisto Rosso, *Apostolic Legations to China of the Eighteenth Century*(South Pasadena, 1948), p. 405.

5) Fu Lo-shu, *A Documentary Chronicle of Sino-Western Relations, 1644-1820*, 2 vols.(Tucson: University of Arizona Press, 1966), vol. 1, p. 164.

5장 중국 사회와 건륭제의 치세

1) 이들 세 광역권의 사례 연구는 Susan Naquin and Evelyn Rawski, *Chinese Society in the Eighteenth Century*(New Haven: Yale University Press, 1987), ch. 5에서 간추림. 광역권의 개념을 소개하고 상술한 기본적인 저술로는 G. William Skinner가 편집한 책 *The City in Late Imperial China*(Stanford: Stanford University Press, 1977)에 실린 그의 논문들이 있다.

2) 허베이와 산둥에 대한 인구 수치는 Philip Huang, *The Peasant Economy and Social Change in North China*(Stanford: Stanford University Press, 1985), p. 322. '전체 중국'의 인구수치는 Ho Ping-ti, *Studies on the Population of China, 1368–1953*(Cambridge: Harvard University Press, 1959), p. 281.

3) James Lee and Robert Eng, "Population and Family History in Eighteenth Century Manchuria: Preliminary Results from Daoyi, 1774-1798," *Ch'ing-shih wen-t'i* 5, no.

l(1984. 6): 31.

4) The *I-ching* or *Book of Changes*, trans. Richard Wilhelm and Cary Baynes(Princeton: Princeton University Press, 1950), pp. 213, 670.

5) 이 절과 관련해서 도움받은 고증운동에 대한 핵심적 연구는 Benjamin Elman, *From Philosophy to Philology*(Cambridge: Harvard University Press, 1984).

6) Cao Xueqin, *The Story of the Stone[Dream of the Red Chamber]*, trans. David Hawkes, vol. 1(New York, 1973), pp. 51, 55(약간 수정).

7) *Ibid.*, vol. 3, p. 31.

8) Susan Naquin, *Shantung Rebellion: The Wang Lun Uprising of 1774*(New Haven: Yale University Press, 1981), p. 60.

9) *Eminent Chinese of the Ch'ing Period*, ed. Arthur Hummel, 2 vols.(Washington, D.C., 1943), vol. 1, p. 223.

10) Harold Kahn, *Monarchy in the Emperor's Eyes*(Cambridge: Harvard University Press, 1971), p. 255; J. L. Cranmer-Byng, ed., *An Embassy to China: Lord Macartney's Journal, 1793-1794*(London, 1962), p. 120.

11) Cranmer-Byng, pp. 281-283.

6장 18세기의 세계와 중국

1) J. L. Cranmer-Byng, ed., *An Embassy to China: Lord Macartney's Journal, 1793-1794*(London, 1962), p. 340.

2) *Ibid.*, pp. 191, 212-213.

3) Derk Bodde and Clarence Morris, eds., *Law in Imperial China*(Cambridge: Harvard University Press, 1967), p. 390.

4) Randle Edwards, "Ch'ing Legal Jurisdiction over Foreigners," in *Essays on China's Legal Tradition*, ed. Jerome Cohen, Randle Edwards, and Fu-mei Chang Chen (Princeton: Princeton University Press, 1980), pp. 222-269.

5) *Ibid.*, p. 229.

6) 수치는 Hosea Ballou Morse, *The International Relations of the Chinese Empire*, 3 vols.(Shanghai and London, 1910-1918), vol. 1, pp. 173, 209와 Chang Hsin-pao, *Commissioner Lin and the Opium War*(Cambridge: Harvard University Press, 1964), p. 223에서 간추림.

7) Jonathan Spence, "Opium Smoking in Ch'ing China," in *Conflict and Control in Late Imperial China*, ed. Frederic Wakeman and Carolyn Grant(Berkeley: University of California Press, 1975), pp. 143-173(약간 수정).

8) François Marie Arouet de Voltaire, *Essai sur les moeurs et l'esprit des nations*(Geneva, 1771), vol. 1, p. 36.

9) Nicolas Antoine Boulanger, *Recherches sur l'origine du despotisme oriental*(Paris, 1763), trans. John Wilkes(Amsterdam, 1764), p. 260.

10) Adam Smith, *An Inquiry into the Nature and Causes of the Wealth of Nations*, ed. Edwin Cannan(Chicago: Chicago University Press, 1976), p. 70.

11) *Ibid.*, pp. 71-72, 95.

12) Georg Wilhelm Friedrich Hegel, *The Philosophy of History*, trans. E. S. Haldane and Frances Simon(New York, 1956), pp. 18-19.

13) *Ibid.*, pp. 87, 90-91.

14) *Ibid.*, pp. 116, 138, 101에서 차례로 인용.

7장 서양과의 첫 충돌

1) Wolfgang Bauer, *China and the Search for Happiness*, trans. Michael Shaw(New York, 1976), p. 257.

2) Li Ruzhen(Li Ju-chen), *Flowers in the Mirror*, trans. Lin Tai-yi(Berkeley: University of California Press, 1965), p. 113.

3) Shen Fu, *Six Records of a Floating Life*, trans. Leonard Pratt and Chiang Su-hui(New York, 1983), p. 73과 *T'ien Hsia Monthly* 1(1935): 316에 있는 Lin Yu-tang(林語堂)의 譯文.

4) 최근의 두 논문은 은(銀) 문제와 홍콩 상인에 관한 기존 시각을 재고하게 해준다. Lin Man-houng, "Currency and Society: The Monetary Crisis and Political-Economy Ideology of Nineteenth Century China"(Harvard, 1989)와 Chen Kuo-tung, "The Insolvency of the Chinese Hong Merchants, 1760-1843"(Yale, 1989).

5) H. B. Morse, *The International Relations of the Chinese Empire*, vol. 1(Shanghai, 1910), p. 126.

6) Chang Hsin-pao, *Commissioner Lin and the Opium War*(Cambridge: Harvard University Press, 1964), pp. 134-135.

7) Arthur Waley, *The Opium War through Chinese Eyes*(London, 1958), pp. 44, 46, 49.

8) *Ibid.*, p. 47과 Chang Hsin-pao, p. 160에서 인용.

9) Morse, p. 622.

10) Chang Hsin-pao, p. 191; Morse, p. 253.

11) Chang Hsin-pao, pp. 206-207.

12) Morse, p. 241.

13) *Ibid.*, p. 661-662.

14) 네메시스호의 역사와 중국의 모방은 Gerald Graham, *The China Station: War and Diplomacy, 1830-1860*(New York: Oxford University Press, 1978), pp. 117-118, 183, 215-218에 상술되어 있다.

15) 난징 조약 전문의 출처는 Godfrey Hertslet, *Treaties etc. between Great Britain and China and between China and Foreign Powers*, 2 vols.(London, 1908), vol. 1, pp. 7-12.

16) 왕샤 조약에 대해서는 Morse, p. 330.

17) Joseph Fletcher, *The Heyday of the Ch'ing Order in Mongolia, Sinkiang and Tibet*, vol. 10 of *The Cambridge History of China*(Cambridge, 1978), pp. 377-383.

18) John K. Fairbank, *Trade and Diplomacy on the China Coast*(Cambridge: Harvard University Press, 1953), p. 113.

8장 내부의 위기

1) Susan Naquin, *Millenarian Rebellion in China: The Eight Trigrams Uprising of 1813* (New Haven: Yale University Press, 1976), pp. 72-77.

2) *Ibid.*, p. 83.

3) *Ibid.*, p. 93.

4) *Ibid.*, pp. 187-188.

5) Frederic Wakeman, *Strangers at the Gate*(Berkeley: University of California Press, 1966), p. 89.

6) Jen Yu-wen(Chien Yu-wen), *The Taiping Revolutionary Movement*(New Haven: Yale University Press, 1973), pp. 93-94.

7) Franz Michael and Chang Chung-li, *The Taiping Rebellion: History and Documents*, 3 vols.(Seattle: University of Washington Press, 1966-1971), vol. 2, p. 314.

8) 태평천국 점령 하의 난징에서 일어난 사건들과 사회적 태도에 대한 분석은 John Withers, "The

Heavenly Capital: Nanjing under the Taiping, 1853-1864"(Ph.D. diss., Yale University, 1983)에서 간추림.

9) Michael and Chang Chung-li, vol. 3, p. 767.

10) *Ibid.*, vol. 1, pp. 168, 174.

11) H. B. Morse, *The International Relations of the Chinese Empire*, vol. 1(Shanghai, 1910), pp. 671-672.

12) *Ibid.*, p. 579.

13) Dona Torr, ed., *Marx on China, 1853-1860: Articles from "New York Daily Tribune"*(London, 1951), pp. 1-4.

14) *Ibid.*, p. 7.

15) *Ibid.*, pp. 17, 76.

16) Karl Marx, Preface to *The Critique of Political Economy*(1859), Shlomo Avineri, *Karl Marx on Colonialism and Modernization*(New York, 1969), p. 37에서 재인용.

17) *Ibid.*, p. 444.

18) Karl Marx and Friedrich Engels, *The Communist Manifesto*, in *Selected Works*, 2 vols(Moscow, 1958), p. 44.

19) Torr, p. xvii에서 인용.

20) Elizabeth Perry, *Rebels and Revolutionaries in North China, 1845-1945*(Stanford: Stanford University Press, 1980), p. 130.

21) *Ibid.*, p. 123.

22) Teng Ssu-yü, *The Nien Army and Their Guerrilla Warfare, 1851-1868*(Paris, 1961), p. 169.

23) Chu Wen-djang, *The Moslem Rebellion in Northwest China, 1862-1878: A Study of Government Minority Policy*(The Hague, 1966), pp. 57, 69.

24) *Ibid.*, pp. 91-92, Wang Boxing에서 인용.

9장 개혁을 통한 중흥

1) Andrew Cheng-kuang Hsieh, "Tseng Kuo-fan, a Nineteenth Century Confucian General"(Ph.D. diss., Yale University, 1975), p. 23에서 인용.

2) Teng Ssu-yü and John K. Fairbank, *China's Response to the West: A Documentary Survey, 1839-1923*(Cambridge: Harvard University Press, 1954), pp. 53-54.

3) *Ibid.*, p. 62.

4) Yung Wing, *My Life in China and America*(New York, 1909), p. 168.

5) Mary Wright, *The Last Stand of Chinese Conservatism: The T'ung-chih Restoration, 1862-1874*(Stanford: Stanford University Press, 1957), p. 213.

6) Masataka Banno, *China and the West, 1858-1861: The Origins of the Tsungli Yamen*(Cambridge: Harvard University Press, 1964), p. 228.

7) Teng and Fairbank, pp. 47-48.

8) H. B. Morse, *The International Relations of the Chinese Empire*, vol. 2(Shanghai, 1910), p. 37.

9) Morse, p. 38.

10) Immanuel Hsü, *China's Entrance into the Family of Nations: The Diplomatic Phase, 1858-1880*(Cambridge: Harvard University Press, 1960), p. 132.

11) *Ibid.*, pp. 133-134.

12) 워싱턴 기념비에 관한 상세한 내용은 Fred Drake, *China Charts the World*(Cambridge: Harvard University Press, 1975), pp. 159, 164-165와 pp. 187, 245.

13) Wright, p. 252.

14) G. E. Moule, "The Obligation of China to Europe in the Matter of Physical Science," *Journal of the North China Branch of the Royal Asiatic Society* n.s. 7(1871): 150-151.

15) Yung Wing, pp. 3-4.

16) Katherine F. Bruner, John K. Fairbank, and Richard Smith, eds., *Entering China's Service: Robert Hart's Journals, 1854-1863*(Cambridge: Harvard University Press, 1986), pp. 230-232.

17) Frederick Wells Williams, *Anson Burlingame and the First Chinese Mission to Foreign Powers*(New York, 1912), pp. 136-139.

18) Michael Hunt, *The Making of a Special Relationship: The United States and China to 1914*(New York: Columbia University Press, 1983), p. 92.

19) *Ibid.*, p. 93, James G. Blaine의 말을 인용.

10장 청 말의 새로운 갈등

1) H. B. Morse, *The International Relations of the Chinese Empire*, vol. 3(Shanghai, 1910), p. 35.

2) Victor Purcell, *The Boxer Uprising, a Background Study*(New York: Cambridge University Press, 1963), p. 224(수정).

3) Joseph Esherick, *The Origins of the Boxer Uprising*(Berkeley: University of California Press, 1987), pp. 299-300.

4) *Ibid.*, p. 289.

5) Purcell, p. 225(수정).

6) Zou Rong(Tsou Jung), *The Revolutionary Army: A Chinese Nationalist Tract of 1903*, trans. John Lust(The Hague, 1968), p. 122.

7) *Ibid.*, p. 126.

8) W. H. Brewer Papers, Yale University Archives, 1/6/185/18v.

9) Don Price, *Russia and the Roots of the Chinese Revolution, 1896-1911*(Cambridge: Harvard University Press, 1974), p. 215.

11장 왕조의 종말

1) Roger Thompson, "Visions of the Future, Realities of the Day: Local Administrative Reform, Electoral Politics, and Traditional Chinese Society on the Eve of the 1911 Revolution" (Ph.D. diss., Yale University, 1985), p. 45.

2) *Ibid.*, p. 111.

3) Ralph Huenemann, *The Dragon and the Iron Horse: The Economics of Railroads in China, 1876-1937*(Cambridge: Harvard University Press, 1984), p. 79.

4) Jonathan Spence, *The Gate of Heavenly Peace*(New York, 1980), p. 34.[정영무 옮김, 『천안문』, 도서출판 이산(출간 예정)].

5) Don Price, *Russia and the Roots of the Chinese Revolution, 1896-1911*(Cambridge: Harvard University Press, 1974), p. 130.

6) Martin Bernal, *Chinese Socialism to 1907*(Ithaca: Cornell University Press, 1976), p. 37.

7) *Ibid.*, p. 95.

8) *Ibid.*, p. 117.

9) *Ibid.*, p. 66.

10) Edmund Fung, *The Military Dimension of the Chinese Revolution*(Vancouver: University of British Columbia Press, 1980), p. 138.

11) Li Chien-nung, *The Political History of China, 1840-1928*, trans. Teng Ssu-yü and Jeremy Ingalls(Princeton, N.J., 1956), p. 260.

12) *Ibid.*, pp. 266-267.

12장 새로운 공화국

1) Li Chien-nung, *The Political History of China, 1840-1928*, trans. Teng Ssu-yü and Jeremy Ingalls(Princeton, N.J., 1956), p. 267.

2) *Ibid.*, p. 268.

3) C. F. Remer, *Foreign Investments in China*(New York, 1933), p. 76에서 인용.

4) *Ibid.*, p. 430.

5) James Reed, *The Missionary Mind and American East Asia Policy, 1911 1914* (Cambridge: Harvard University Press, 1983), pp. 36-37.

6) Cyril Pearl, *Morrison of Peking*(Sydney, Australia, 1967), p. 289.

7) Lee-hsia Hsu Ting, *Government Control of the Press in Modern China, 1900-1949* (Cambridge: Harvard University Press, 1974), p. 13.

8) Donald Gillin, *Warlord: Yen Hsi-shan in Shansi Province, 1911-1949*(Princeton: Princeton University Press, 1967), p. 63.

9) Michael Summerskill, *China on the Western Front: Britain's Chinese Work Force in the First World War*(London, 1982), p. 69.

10) *Ibid.*, p. 166.

11) *Ibid.*, p. 102.

12) Chow Tse-tsung, *The May Fourth Movement: Intellectual Revolution in Modern China*(Cambridge: Harvard University Press, 1960), p. 86.

13) George T. Yu, *Party Politics in Republican China: The Kuomintang, 1912-1924* (Berkeley: University of California Press, 1966), p. 122.

14) Albert Feuerwerker, "Economic Trends, 1912-1949," in *Cambridge History of China*, vol. 12, Pt. 1(Cambridge, 1983), p. 41.

15) Sun Yat-sen, *Fundamentals of National Reconstruction*(Taipei, Taiwan, 1953), pp. 207-208.

13장 '길이 만들어지다'

1) Benjamin Schwartz, *In Search of Wealth and Power*(Cambridge: Harvard University Press, 1964), pp. 45-46.

2) James Pusey, *China and Charles Darwin*(Cambridge: Harvard University Press, 1983), pp. 101-103.

3) Martin Bernal, *Chinese Socialism to 1907*(Ithaca: Cornell University Press, 1976), p. 100.

4) Jonathan Spence, *The Gate of Heavenly Peace*(New York, 1980), p. 68.

5) Pusey, p. 435.

6) *Ibid.*, p. 439.

7) Lin Yü-sheng, *The Crisis of Chinese Consciousness: Radical Anti-traditionalism in the May Fourth Era*(Madison: University of Wisconsin Press, 1979), p. 59.

8) Stuart Schram, *The Political Thought of Mao Tse-tung*(New York, 1972), pp. 157, 158, 160.

9) *Ibid.*, p. 163.

10) *Ibid.*, pp. 335-336, 또한 Roxane Witke, "Mao Tse-tung, Women and Suicide in the

May Fourth Era," *China Quarterly* 31(1967): 142.

11) Maurice Meisner, *Li Ta-chao and the Origins of Chinese Marxism*(Cambridge: Harvard University Press, 1967), pp. 64-65.

12) Robert North, *Moscow and Chinese Communists*(Stanford: Stanford University Press, 1963), p. 45.

13) Meisner, p. 144.

14) *Ibid.*, p. 152.

15) *Ibid.*, pp. 80-81.

16) Spence, p. 140.

17) Meisner, p. 149.

18) Spence, p. 146.

19) Chow Tse-tung, *The May Fourth Movement: Intellectual Revolution in Modern China*(Cambridge: Harvard University Press, 1960), p. 179에 열거된 것과 같다.

20) Julia Lin, *Modern Chinese Poetry: An Introduction*(Seattle: University of Washington Press, 1972), p. 209.

21) Vera Schwarcz, *The Chinese Enlightenment: Intellectuals and the Legacy of the May Fourth Movement of 1919*(Berkeley: University of California Press, 1986), p. 44.

22) *Ibid.*, p. 48.

23) Lin Yü-sheng, p. 76.

24) Jerome Grieder, *Hu Shih and the Chinese Renaissance: Liberalism in the Chinese Revolution, 1917-1937*(Cambridge: Harvard University Press, 1970), p. 124.

25) Bertrand Russell, *The Autobiography of Bertrand Russell, 1914-1944*(Boston, 1967), p. 183.

26) Spence, p. 217.

27) Lu Hsün(Lu Xun), *Selected Stories*(New York, 1977), p. 64(수정).

28) Schwarcz, p. 7.

29) North, p. 58.

30) *Ibid.*, p. 59.

31) *Ibid.*, p. 61.

32) *Ibid.*, p. 63.

33) John K. Chang, *Industrial Development in Pre-Communist China*(Edinburgh: Edinburgh, 1969), p. 117, 표 A-1.

34) Albert Feuerwerker, "Economic Trends, 1912-1949," in *Cambridge History of China*, vol. 12, Pt. 1(Cambridge, 1983), p. 122.

35) *Ibid.*, p. 124.

36) 담배사업에 관한 자세한 분석으로는 Sherman Cochran, *Big Business in China: Sino-Foreign Rivalry in the Cigarette Industry, 1890-1930*(Cambridge: Harvard University Press, 1980).

14장 충돌

1) Xenia Eudin and Robert North, *Soviet Russia and the East, 1920-1927: A Documentary Survey*(Stanford, Calif., 1957), p. 141.

2) Lee Feigon, *Chen Duxiu, Founder of the Chinese Communist Party*(Princeton, Princeton University Press, 1983), p. 169.

3) Maurice Meisner, *Li Ta-chao and the Origins of Chinese Marxism*(Cambridge: Harvard University Press, 1967), pp. 191, 222.

4) C. Martin Wilbur, *Sun Yat-sen, Frustrated Patriot*(New York: Columbia University Press, 1976), p. 178.
5) Dan Jacobs, *Borodin: Stalin's Man in China*(Cambridge: Harvard University Press, 1981), p. 132.
6) Jonathan Spence, *Gate of Heavenly Peace*(New York, 1980), p. 197.
7) *Ibid.*, p. 207.
8) Donald Jordan, *The Northern Expedition: China's National Revolution of 1926-1928* (Honolulu: University of Hawaii Press, 1976), p. 64(수정).
9) *Ibid.*, p. 63.
10) *Ibid.*, p. 76.
11) Gavan McCormack, *Chang Tso-lin in Northeast China, 1911-1928: China, Japan and the Manchurian Idea*(Stanford: Stanford University Press, 1977), p. 210.
12) Eudin and North, pp. 292-294.
13) Robert North, *Moscow and Chinese Communists*(Stanford: Stanford University Press, 1963), p. 98(수정).
14) Stuart Schram, *The Political Thought of Mao Tse-tung*(New York, 1972), pp. 250-254.
15) Leon Trotsky, *Problems of the Chinese Revolution*(Ann Arbor: University of Michigan Press, 1967), pp. 94-95.
16) Eudin and North, p. 369.
17) Roy Hofheinz, *The Broken Wave: The Chinese Communist Peasant Movement, 1922-1928*(Cambridge: Harvard University Press, 1977), p. 47.
18) Harold Isaacs, *The Tragedy of the Chinese Revolution*(Stanford: Stanford University Press, 1961), p. 236.
19) North, pp. 105-106.
20) Jonathan Spence, *To Change China*(Boston, 1969), p. 204.
21) North, pp. 109, 112.
22) *Ibid.*, p. 120.

15장 정부의 실험

1) Arthur N. Young, *China's Nation-Building Effort, 1927-1937: The Financial and Economic Record*(Stanford: Hoover Institution Press, 1971), p. 38, 표 15:1.
2) George Kates, *The Years That Were Fat: The Last of Old China*(Cambridge: MIT Press, 1967 영인).
3) Stuart Schram, *The Political Thought of Mao Tse-tung*(New York, 1972), pp. 245-246.
4) Mao Tse-tung, *Selected Works of Mao Tse-tung*, 5 vols.(Peking, 1975-1977), vol. 1, p. 123.
5) Roger Thompson, trans. and ed., *Mao Zedong: Report from Xunwu*(Stanford: Stanford University Press, 출간예정).
6) *Ibid.*, 쉰우 현에 관한 표, p. 116.
7) Mao Tse-tung, p. 124.
8) *Ibid.*, pp. 45-46. 또한 Schram, pp. 258, 337.
9) Hou Chi-ming, *Foreign Investment and Economic Development in China, 1840-1937* (Cambridge: Harvard University Press, 1965), p. 17, 표 4.
10) *Ibid.*, p. 81, 표18.
11) Jesse Lutz, *China and the Christian Colleges, 1850-1950*(Ithaca: Cornell University

Press, 1971), p. 137; E-tu Zen Sun, "The Growth of the Academic Community, 1912-1949," in *Cambridge History of China*, vol. 13, pt. 2(Cambridge, 1983), pp. 378-379, 표 3.

12) Shirley Garrett, *Social Reformers in Urban China: The Chinese YMCA, 1895-1926* (Cambridge: Harvard University Press, 1970), p. 179.

13) W. L. Tung, *The Chinese in America, 1820-1973: A Chronology and Fact Book* (Dobbs Ferry, N.Y., 1974), pp. 18-31.

14) Okamoto Shumpei, "Japanese Response to Chinese Nationalism: Naitō [Konan] Torajirō's Image of China in the 1920s," in F. Gilbert Chan and Thomas Etzold, eds., *China in the 1920s: Nationalism and Revolution*(New York, 1976), pp. 164, 167; Tam Yue-him, "An Intellectual's Response to Western Intrusion: Naitō Konan's view of Republican China," in *The Chinese and the Japanese*, ed. Akira Iriye(Princeton: Princeton University Press, 1980), pp. 172, 175.

15) Tam Yue-him, p. 178.

16) James Crowley, *Japan's Quest for Autonomy: National Security and Foreign Policy, 1930-1938*(Princeton: Princeton University Press, 1966), pp. 155-156.

17) *Ibid.*, pp. 182-183,

18) James Morley, ed., *The China Quagmire: Japan's Expansion on the Asian Continent, 1933-1941*(New York: Columbia University Press, 1983), p. 19.

19) Crowley, pp. 185-186.

20) William Kirby, *Germany and Republican China*(Princeton: Princeton University Press, 1984), pp. 34-35.

21) *Ibid.*, p. 49; Liang Hsi-huey, *The Sino-German Connection: Alexander von Falkenhausen between China and Germany, 1900-1941*(Amsterdam, 1978), pp. 47-48.

22) Tien Hung-mao, *Government and Politics in Kuomintang China, 1927-1937* (Stanford: Stanford University Press, 1972), p. 83.

23) Kirby, pp. 111-119.

24) *Ibid.*, p. 117.

25) *Ibid.*, p. 238, 9월 3일자 편지.

16장 전쟁으로

1) Benjamin Yang, "The Zunyi Conference as One Step in Mao's Rise to Power: A Survey of Historical Studies of the Chinese Communist Party," *China Quarterly* 106(1986): 263-264.

2) Lyman van Slyke, *Enemies and Friends: The United Front in Chinese Communist History*(Stanford: Stanford University Press, 1967), pp. 403-419.

3) Mao Tse-tung, *Selected Works of Mao Tse-tung*, 5 vols.(Peking, 1975-1977), vol. 1, p. 160.

4) Harold Isaacs, *Straw Sandals: Chinese Short Stories, 1918-1933*(Cambridge: MIT Press, 1974), p. 169.

5) Jonathan Spence, *Gate of Heavenly Peace*(New York, 1980), p. 215.

6) Tsi-an Hsia, *The Gate of Darkness: Studies on the Leftist Literary Movement in China*(Seattle: University of Washington Press, 1968), pp. 113-114,

7) Michael Lestz and Cheng Pei-kai, "Fascism in China, 1925-1938: A Documentary Study", pp. 311-314(미간행 원고를 허락받아 인용).

8) *Ibid.*, pp. 328, 331, 334-335.

9) *Ibid.*, p. 368.

10) *Ibid.*, pp. 372-373.

11) *Ibid.*, p. 240.

12) *Ibid.*, pp. 243, 246.

13) Sherman Cochran and Hsieh Cheng-kuang, with Janis Cochran, trans. and eds., *One Day in China, May 21, 1936*(New Haven: Yale University Press, 1983), pp. 210-211, 245.

14) Lao She, *Cat Country*, trans. William Lyell(Columbus: Ohio State University Press, 1970), pp. 268-269, 280-281.

15) Wu Tien-wei, *The Sian Incident: A Pivotal Point in Modern Chinese History*(Michigan, 1976), pp. 25-26.

16) *Ibid.*, p. 92.

17) J. K. Chang, *Industrial Development in Pre-Communist China*(Edinburgh: Edinburgh University Press, 1969), p. 103, 표 28.

18) *China Year Book*, 1936(Shanghai, 1936), p. 322를 재구성했음.

19) Augusta Wagner, *Labor Legislation in China*(Peking: Yenching University, 1938), p. 47; Sidney D. Gamble, *How Chinese Families Live in Peiping: A Study of the Income and Expenditure of 283 Chinese Families*···(New York and London, 1933), ch. 9.

20) *China Year Book*, 1936, p. 321(표들을 종합했음).

21) Wagner, p. 50, 그 보고서의 p. 99를 인용.

22) Philip Huang, *The Peasant Economy and Social Change in North China*(Stanford: Stanford University Press, 1985), p. 189.

23) Martin Yang, *A Chinese Village: Taitou, Shantung Province*(New York: Columbia University Press, 1945; 1968 영인), p. 32.

24) Huang, p. 186의 표 11:1과 p. 188의 표11:2에서 수정 인용. 가구에 대한 통계는 1, 5, 8, 10에서 발췌.

17장 제2차 세계대전

1) James Crowley, *Japan's Quest for Autonomy: National Security and Foreign Policy, 1930-1938*(Princeton: Princeton University Press, 1966), pp. 316-317.

2) *Ibid.*, p. 321.

3) *Ibid.*, p. 319.

4) *Ibid.*, pp. 331, 335.

5) *Ibid.*, pp. 338-339.

6) Hata Ikuhiko, "The Marco Polo Bridge Incident," in *The China Quagmire: Japan's Expansion on the Asian Continent, 1933-1941*, ed. James Morley(New York: Columbia University Press, 1983), p. 454, n. 71; Crowley, pp. 342-343.

7) Edward Gunn, *Unwelcome Muse: Chinese Literature in Shanghai and Peking, 1937-1945*(New York: Columbia University Press, 1980), p. 53.

8) Lloyd Eastman, "Nationalist China during the Sino-Japanese War, 1937-1945," *Cambridge History of China*, vol. 13, pt. 2(Cambridge, 1986), p. 559.

9) F. F. Liu, *A Military History of Modern China: 1924-1949*(Princeton: Princeton University Press, 1956), p. 133.

10) Lyman van Slyke, *Enemies and Friends: The United Front in Chinese Communist History*(Stanford: Stanford University Press, 1967), pp. 92-93.

11) Robert North, *Moscow and Chinese Communists*(Stanford: Stanford University

Press, 1963), pp. 185-187.

12) Liu, p. 145에서 인용.

13) Van Slyke, pp. 141-144.

14) Van Slyke에서 선별한 자료, p. 148.

15) *Ibid.*, p. 113.

16) Arthur Young, *China and the Helping Hand, 1937-1945*(Cambridge: Harvard University Press, 1963), pp. 114-115.

17) *Ibid.*, p. 114.

18) *Ibid.*, pp. 435-437.

19) James Reardon-Anderson, *Yenan and the Great Powers: The Origins of Chinese Communist Foreign Policy, 1944-1946*(New York: Columbia University Press, 1980), p. 12.

20) Chalmers Johnson, *Peasant Nationalism and Communist Power: The Emergence of Revolutionary China, 1937-1945*(Stanford: Stanford University Press, 1962), p. 86.

21) Young, p. 229.

22) Liu, p. 209.

23) Bonnie McDougall, *Mao Zedong's "Talks at the Yan'an Conference on Literature and Art": A Translation of the 1943 Text with Commentary*(Ann Arbor: University of Michigan Press, 1980), pp. 69-70.

24) Langdon Gilkey, *Shantung Compound*(New York, 1966, 1975), p. 4.

25) David Kranzler, *Japanese, Nazis and Jews: The Jewish Refugee Community of Shanghai, 1938-1945*(New York: Yeshiva University Press, 1976), pp. 489-502.

26) Hsü K'ai-yu, ed. and trans., *Twentieth Century Chinese Poetry: An Anthology*(Ithaca: Cornell University Press, 1970), p. 403. 시인은 위안수이파이(袁水拍)이다.

27) Theodore White and Annalee Jacoby, *Thunder out of China*(New York, 1946, 1961), p. 169.

28) Charles Romanus and Riley Sunderland, *Time Runs Out in CBI*(Washington, D.C., 1959), pp. 251-252.

29) *Ibid.*, p. 253.

30) Chen Yung-fa, *Making Revolution: The Communist Movement in Eastern and Central China, 1937-1945*(Berkeley: University of California Press, 1986), p. 133에서 간추림.

31) *Ibid.*, pp. 103-104.

*18*장 국민당 정권의 몰락

1) Charles Romanus and Riley Sunderland, *Time Runs Out in CBI*(Washington, D.C., 1959), pp. 390, 394.

2) U.S. Department of State, comp., *United States Relations with China, with Special Reference to the Period 1944-1949*(Washington, D.C., 1949; Stanford: Stanford University Press, 1967), p. 606.

3) *Ibid.*, p. 653.

4) *Ibid.*, pp. 671, 683-685.

5) William Hinton, *Fanshen: A Documentary of Revolution in a Chinese Village*(New York, 1966), pp. 137-138(수정).

6) Suzanne Pepper, *Civil War in China: The Political Struggle, 1945-1949*(Berkeley: University of California Press, 1978), p. 177.

7) 만주에서 일어난 사건의 요약은 모두 Steven Levine, *Anvil of Victory: The Communist Revolution in Manchuria, 1945-1948*(New York: Columbia University Press, 1987)에서 간추린 것이다. 선(腺) 페스트에 관한 정보는 pp. 148-150에 있다. 초기 만주의 페스트 위기에 대한 유익한 정보는 Carl Nathan, *Plague Prevention and Politics in Manchuria, 1910-1931*(Cambridge: Harvard University Press, 1967)을 보라.

8) U.S. Department of State, p. 316.

9) Lloyd Eastman, *Seeds of Destruction. Nationalist China in War and Revolution, 1937-1949*(Stanford: Stanford University Press, 1984), p. 174.

10) Chang Kia-ngau(Chia-ao), *The Inflationary Spiral: The Experience in China, 1939-1950*(Cambridge: MIT Press, 1958), p. 356.

11) Eastman, p. 182.

12) Chang Kia-ngau, p. 359.

13) Lionel Chassin, *The Communist Conquest of China: A History of the Civil War, 1945-1949*, trans. Timothy Osato and Louis Gelas(Cambridge: Harvard University Press, 1965), p. 177.

14) Howard Boorman, comp., *Biographical Dictionary of Republican China*(New York: Columbia University Press, 1967-1971), vol. 1, p. 335.

15) Mark Selden, *The People's Republic of China: A Documentary History of Revolutionary Change*(New York, 1979), p. 180.

19장 인민공화국의 탄생

1) Mao Zedong, *Selected Works* vol. V(Peking, 1977), p. 411.

2) *Ibid.*, pp. 417, 419.

3) Mark Selden, *The People's Republic of China: A Documentary History of Revolutionary Change*(New York, 1979), pp. 187-193.

4) Richard Gaulton, "Political Mobilization in Shanghai, 1949-1951," in *Shanghai: Revolution and Development in an Asian Metropolis*, ed. Christopher Howe(Cambridge, 1981), p. 46.

5) Ezra Vogel, *Canton under Communism: Programs and Politics in a Provincial Capital, 1949-1968*(Cambridge: Harvard University Press, 1969), p. 53.

6) Liu Shaoqi(Liu Shao-ch'i), *How to Be a Good Communist*(Peking, 1951), p. 8.

7) Lionel Chassin, *The Communist Conquest of China: A History of the Civil War, 1945-1949*, trans. Timothy Osato and Louis Gelas(Cambridge: Harvard University Press, 1965), p. 243에서 인용.

8) Shakabpa Tsepon, *Tibet, a Political History*(New Haven: Yale University Press, 1967), pp. 299-305.

9) Allen Whiting, *China Crosses the Yalu: The Decision to Enter the Korean War*(New York, 1960), p. 21(수정).

10) *Ibid.*, p. 18.

11) U.S. Department of State, comp., *United States Relations with China, with Special Reference to the Period 1944-1949*(Washington, D.C., 1949; Stanford: Stanford University Press, 1967), p. xiv.

12) Howard Boorman, comp., *Biographical Dictionary of Republican China*(New York Columbia University Press, 1967-1971), vol. 2, p. 173.

13) John Spanier, *The Truman-MacArthur Controversy and the Korean War*(New York, 1965 영인), p. 55.

14) Whiting, p. 58.

15) *Ibid.*, pp. 84-85.

16) 톈진 운동에 대한 상세한 설명은 Kenneth Lieberthal, *Revolution and Tradition in Tientsin, 1949-1952*(Stanford: Stanford University Press, 1980)에 있다. 회사 분류에 관해서는 on p. 168, 표 8에 있다.

17) 이 절의 자료는 John Gardner, "The *Wu-fan* Campaign in Shanghai: A Study in the Consolidation of Urban Control," in *Chinese Communist Politics in Action*, ed. A. Doak Barnett(Seattle: University of Washington Press, 1969), pp. 477-539에서 채택함. 표는 p. 522를 보라.(백분율은 약간 조정됨.)

20장 신사회의 개혁

1) Thomas Rawski, *China's Transition to Industrialism: Producer Goods and Economic Development in the Twentieth Century*(Ann Arbor: University of Michigan Press, 1980), 표, p. 39.

2) Frederick Teiwes, *Politics and Purges in China: Rectification and the Decline of Party Norms, 1950-1965*(White Plains, N.Y., 1979), ch. 5. 가오강과 라오수스 숙청에 관한 내용. Teiwes는 pp. 172-173에서 마오쩌둥의 논평을 인용하고 있다.

3) Alexander Eckstein, *China's Economic Revolution*(Cambridge: Cambridge University Press, 1977), 표, p. 186.

4) *Ibid.*, 표, p. 187.

5) Bruce Reynolds, "Changes in the Standard of Living of Shanghai Industrial Workers, 1930-1973," in *Shanghai: Revolution and Development in an Asian Metropolis,* ed. Christopher Howe(Cambridge, 1981), 표, p. 223.

6) Eckstein, 표, p. 71.

7) 소수민족 정책에 대한 논쟁은 from June Dreyer, "Traditional Minorities, Elites and the CPR Elite Engaged in Minority Nationalities Work," in Elit*es in the People's Republic of China*, ed. Robert Scalapino(Seattle: University of Washington Press, 1972)에서 간추림.

8) John Gittings, *The Role of the Chinese Army*(New York: Oxford University Press, 1967), p. 126.

9) *Ibid.*, 표, p. 309.

10) *Ibid.*, p. 189.

11) *Ibid.*, p. 190.

12) Ellis Joffe, *Party and Army: Professionalism and Political Control in the Chinese Officer Corps, 1949-1964*(Cambridge: Harvard University Press, 1965), p. 57.

13) Jin Yuelin in Robert Lifton, *Thought Reform and the Psychology of Totalism*(New York, 1961), pp. 473-484.

14) Merle Goldman, *Literary Dissent in Communist China*(Cambridge: University Press, 1967), p. 104.

15) *Ibid.*, p. 109.

16) *Ibid.*, pp. 131, 145.

17) Roderick MacFarquhar, *The Origins of the Cultural Revolution, vol. 1: Contradictions among the People, 1956-1957*(New York: Columbia University Press, 1974), pp. 48-52, 337 n. 89 on Liu. 이 연설의 초판 사본은 MacFarquhar, Timothy Cheek, and Eugene Wu, eds., *The Secret Speeches of Chairman Mao from the Hundred Flowers to the Great Leap Forward*(Cambridge: Harvard University Press, 1989), pp. 131-189 참조.

18) MacFarquhar, I, p. 185.

19) *Ibid.*, p. 212.
20) Roderick MacFarquhar, ed., *The Hundred Flowers*(London, 1960), pp. 92, 94.
21) *Ibid.*, pp. 98, 105, 109, 177, 238.
22) James McGough, *Fei Hsiao-t'ung: The Dilemma of a Chinese Intellectual*(White Plains, N.Y., 1979), p. 62.
23) MacFarquhar, *Origins of the Cultural Revolution*, I, pp. 289-290.
24) McGough, p. 81.

21장 혁명의 심화

1) Stuart Schram, *The Political Thought of Mao Tse-tung*(New York, 1972), pp. 408-409.
2) Stuart Schram, *Chairman Mao Talks to the People: Talks and Letters, 1956-1971*(New York, 1971), p. 98.
3) Jerome Ch'en, *Mao Papers: Anthology and Bibliography*(New York: Oxford University Press, 1970), pp. 62-63.
4) Schram, *Political Thought*, P. 352와 Maurice Meisner, *Mao's China: A History of the People's Republic*(New York, 1979), p. 213.
5) Meisner, p. 234.
6) Mark Selden, *The People's Republic of China: A Documentary, History of Revolutionary Change*(New York, 1979), p. 402.
7) *Ibid.*, p. 410.
8) *Ibid.*, p. 413.
9) Kenneth Lieberthal, "The Great Leap Forward and the Split in the Yenan Leadership," in *Cambridge History of China*, vol. 14(Cambridge, 1987), pp. 313, 317; Nicholas Lardy, "The Chinese Economy under Stress, 1958-1965," *Ibid.*, pp. 379-382.
10) Schram, *Chairman Mao*, pp. 139, 142, 146.
11) Yue Daiyun, with Carolyn Wakeman, *To the Storm: The Odyssey of Revolutionary Woman*(Berkeley: University of California Press, 1985), pp. 80, 82.
12) Donald Zagoria, *The Sino-Soviet Conflict, 1956-1961*(Princeton: Princeton University Press, 1962), pp. 43-45.
13) G. F. Hudson, Richard Lowenthal, and Roderick MacFarquhar, *The Sino-Soviet Dispute*(New York, 1961), pp. 42-45.
14) *Ibid.*, pp. 58, 62.
15) Allen Whiting, "The Sino-Soviet Split," in *Cambridge History of China*, vol. 14, pp. 513-514.
16) Hudson et al., pp. 93-94, *Red Flag*에서 인용.
17) John Wilson Lewis and Xue Litai, *China Builds the Bomb*(Stanford: Stanford University Press, 1988), p. 160.
18) Hudson et al., p. 224.
19) Nicholas Lardy and Kenneth Lieberthal, eds., *Chen Yun's Strategy for China's Development: A Non-Maoist Alternative*(Armonk, N.Y., 1983), p. 156.
20) Richard Baum and Frederic Teiwes, *Ssu-Ch'ing: The Socialist Education Movement of 1962-1966*(Berkeley: University of California Press, 1968), pp. 55-56.
21) *Ibid.*, pp. 60-62, 69.
22) Richard Baum, *Prelude to Revolution: Mao, the Party, and the Peasant Question, 1962-1966*(New York: Columbia University Press, 1975), pp. 117-121(p. 119에서 인용하여 수정).

23) 다칭 유전에 대해서는 Kenneth Lieberthal and Michel Oksenberg, *Policy Making in China: Leaders, Structures, and Processes*(Princeton: Princeton University Press, 1988), pp. 175-183.

24) Baum, p. 124.

25) *Ibid.*, p. 126, 류쯔허우-(劉子厚)를 인용.

26) Merle Goldman, *China's Intellectuals: Advise and Dissent*(Cambridge: Harvard University Press, 1981), pp. 32-34.

27) Merle Goldman, "The Party and the Intellectuals, Phase Two," in *Cambridge History of China*, vol. 14, p. 446.

28) Clive Ansley, *The Heresy of Wu Han: His Play "Hai Jui's Dismissal" and Its Role in China's Cultural Revolution*(Toronto: University of Toronto Press, 1971), p. 76.

29) *Ibid.*, p. 90.

30) Lin Biao(Lin Piao), *Important Documents on the Great Proletarian Cultural Revolution in China*(Peking, 1970), pp. 29-30.

31) *CCP Documents of the Great Proletarian Cultural Revolution, 1966-1967* comp. Union Research Institute(Hong Kong, 1968), pp. 8, 9, 11.

32) Lin Biao, pp. 199, 208-215, 221.

33) Ch'en, pp. 24-25.

34) Lee Hong-yung, *The Politics of the Chinese Cultural Revolution: A Case Study* (Berkeley: University of California Press, 1978), p. 154.

35) *Ibid.*, p. 169.

36) *Ibid.*, pp. 292-293.

37) Yang Jiang, *Six Chapters from My Life "Down Under"*(Seattle: University of Washington Press, 1984), p. 50(번역하면서 수정).

38) Anita Chan, Richard Madsen, and Jonathan Unger, *Chen Village: The Recent History of a Peasant Community in Mao's China*(Berkeley: University of California Press, 1984), p. 170.

39) Philip Bridgham, "The Fall of Lin Piao," *China Quarterly* 55(1973): 435.

40) Lin Biao, p. 14; Bridgham, 441; Chan et al., p. 231.

22장 문호 재개방

1) Henry Kissinger, *White House Years*(Boston, 1979), p. 687.

2) *Ibid.*, p. 733.

3) *Ibid.*, pp. 1060-1063; Richard Nixon, *RN: The Memoirs of Richard Nixon*(New York, 1978), pp. 560-564.

4) "Quarterly Documentation," *China Quarterly* 50(1972. 4): 402.

5) *Ibid.*, p. 392.

6) Lee Hong-yung, "The Changing Cadre System in the Socialist State of China" (미간행물, 1988), p. 246(허락받아 인용).

7) "Quarterly Documentation," *China Quarterly* 53(1973. 1): 192-193.

8) "Quarterly Documentation," *China Quarterly* 54(1973. 4): 408-409.

9) "Quarterly Documentation," *China Quarterly* 57(1974. 1): 207-209.

10) "Quarterly Documentation," *China Quarterly* 58(1974. 1): 412.

11) *Ibid.*, *Peking Review*, no. 5(1974)에서 인용.

12) "Quarterly Documentation," *China Quarterly* 56(1973. 10): 809-810.

13) "Quarterly Documentation," *China Quarterly* 58(1974. 4): 414-415.

14) "Quarterly Documentation," *China Quarterly* 59(1974. 7): 644.

15) Shannon Brown, "China's Program of Technology Acquisition," in *China's Four Modernizations*, ed. Richard Baum(Boulder, Col., 1980), p. 159.

16) *Ibid.*, p. 163.

17) *Ibid.*, p. 161. 량샤오의 직업과 신원에 대해서는 Yue Daiyun, with Carolyn Wakeman, *To the Storm: The Odyssey of a Revolutionary Woman*(Berkeley: University of California Press, 1985), pp. 357-362를 보라.

18) "Quarterly Documentation," *China Quarterly* 65(1976. 3): 170-171.

19) *Ibid.*, 168-173.

20) "Quarterly Documentation," *China Quarterly* 66(1976. 6): 423.

21) *Ibid.*, p. 432.

22) "Quarterly Documentation," *China Quarterly* 67(1976. 9): 607.

23) *Ibid.*, 673.

24) Lucien Bianco and Yves Chevrier, *La Chine: Dictionnaire bibliographique du mouvement ouvrier international*(Paris, 1985), p. 169.

23장 혁명의 재정의

1) Richard Baum, ed., *China's Four Modernizations: The New Technological Revolution* (Boulder, Col., 1980), p. 170.

2) "Quarterly Documentation," *China Quarterly* 77(1979. 3): 168.

3) *Ibid.*, 170.

4) *Ibid.*, 172.

5) *Ibid.*, 173.

6) David Goodman, *Beijing Street Voices: The Poetry and Politics of China's Democracy Movement*(London, 1981), p. 79.

7) *Ibid.*, p. 95.

8) Bei Dao, *The August Sleepwalker,* trans. Bonnie S. McDougall(London: Anvil Press, 1988), p. 34.

9) James Seymour, *The Fifth Modernization: China's Human Rights Movement, 1978-1979*(Stanfordville, N.Y., 1980), p. 52.

10) *Ibid.*, p. 54.

11) *Ibid.*, pp. 63-64, 69.

12) Goodman, p. 142.

13) *Ibid.*, p. 122.

14) *China Quarterly*, 77(1979. 3), p. 216.

15) James C. Hsiung, ed., *The Taiwan Experience, 1950-1980: Contemporary Republic of China*(New York, 1981), p. 132.

16) *Ibid.*

17) *Ibid.*, p. 437.

18) James E. Nickum and David C. Schak, "Living Standards and Economic Development in Shanghai and Taiwan," *China Quarterly* 77(1979): 40(항목을 선택했음).

19) *Ibid.*, p. 42.

20) Liu Binyan, *"People or Monsters?" and Other Stories and Reportage from China after Mao*, trans. Perry Link et al.(Bloomington, Indiana University Press, 1983), pp. 23, 51.

21) Lucien Bianco and Yves Chevrier, *La Chine: Dictionnaire bibliographique du mouvement ouvrier international*(Paris, 1985), p. 246(번역함).

22) Andrew Nathan, *Chinese Democracy*(New York, 1985), p. 103.

23) *New York Times*, 1980. 3. 31.

24장 권력의 층위

1) *New China's Population*(New York: China Financial and Economic Publishing House and Macmillan Publishing Company, 1987), p. 117, 表 8:14.

2) Colin Mackerras, *Modern China: A Chronology from 1842 to the Present*(San Francisco, 1982), p. 578(1974. 8. 21.).

3) Judith Banister, *China's Changing Population*(Stanford: Stanford University Press, 1987), 215.

4) *New China's Population*, p. 132, 表 9:2.

5) *Ibid.*, p. 215, 表 12:2.

6) *Ibid.*, p. 102, 表 7:6, 1983년의 농촌 비율을 수정한 것임.

7) 중국 지도부를 이렇게 묘사하는 방법에 대해서는 Kenneth Lieberthal and Michel Oksenberg, *Policy Making in China: Leaders, Structures, and Processes*(Princeton: Princeton University Press, 1988), pp. 35-42에서 도움을 받았다.

8) *Ibid.*, pp. 339-344.

9) *Ibid.*, p. 339.

10). 석탄과 근해 원유 통계에 대해서는, *Ibid.*, chs. 5, 7.

11) 싼샤댐에 대해서는 *ibid.*, 특히 pp. 283, 320를 참조.

12) Y. Y. Kueh, "The Economics of the 'Second Land Reform' in China," *China Quarterly* 101(1985. 3): 123.

13) "Document Number One," *China Quarterly* 101(1985. 3): 133-134.

14) Harry Harding, *China's Second Revolution: Refrom after Mao*(Washington, D.C., 1987), p. 167.

15) Stuart Schram, "'Economics in Command?' Ideology and Policy since the Third Plenum, 1978-1984," *China Quarterly* 99(1984. 9): 454.

16) Richard Herman, "The Education of China's Lawyers," *Albany Law Review* 46(1982): 793-794.

17) Whitmore Gray and Henry Zheng, trans., "General Principles of Civil Law of the People's Republic of China," *American Journal of Comparative Law* 34(1986): 715-743.

18) Jonathan Ocko, "Women, Property, and Law in the Ch'ing and the PRC"(미간행물), p. 13(허락을 받아 인용함).

19) Samuel S. Kim, "The Development of International Law in Post-Mao China: Change and Continuity," *Journal of Chinese Law* 1, no. 2(1987): 117-160.

20) *China Quarterly* 100(1984. 12): 920-922에 있는 원문.

25장 한계의 시험

1) "Quarterly Documentation," *China Quarterly* 102(1985. 6): 374.

2) *New York Times*, 1985. 1. 6과 1985. 2. 21

3) *Seeds of Fire: Chinese Voices of Conscience*, ed. Geremie Barmé and John Minford (New York, 1989), p. 405.

4) *Ibid.*, p. 410.

5) *Ibid.*, p. 174.

6) Zhang Xinxin and Sang Ye, *Chinese Lives: An Oral History of Contemporary China* (New York, 1987), p. 174.

7) *Ibid.*, p. 313.

8) *Ibid.*, p. 153.

9) Chin Annping, *Children of China: Voices from Recent Years*(New York, 1988), pp. 53, 103, 201.

10) Orville Schell, *Discos and Democracy: China in the Throes of Reform*(New York, 1988), p. 132.

11) Andrew Nathan, *Chinese Democracy*(New York, 1985), p. 197.

12) Schell, pp. 213-214.

13) *New York Times*, 1986. 12. 11.

14) Schell, pp. 224-225.

15) *New York Times*, 1986. 12. 11.

16) *Ibid.*, 1987. 1. 3, *People's Daily*에서 인용.

17) *Ibid.*, 1987. 1. 13.

18) Schell, pp. 134, 291.

19) *Ibid.*, p. 292.

20) 리펑에 대한 자료는 Kenneth Lieberthal and Michel Oksenberg, *Policy Making in China: Leaders, Structures, and Processes*(Princeton: Princeton University Press, 1988), pp. 51-58에서 간추림.

21) *New York Times*, 1988. 3. 31과 1988. 4. 9.

22) *Ibid.*, 1988. 2. 10, 1988. 2. 19, 1988. 4. 3, 1988. 3. 31.

23) 모든 수치는 "Quarterly Documentation," *China Quarterly* 117(1989. 3) pp. 180-195와 118(1989. 6) pp. 391-407 참조. 무역 수치는 *MOR China Letter* 3, no. 3(1989. 4): 7과 James Stepanik 제공. 아메리칸 모터스사와 중국의 관계에 대해서는 Jim Mann, *Beijing Jeep*(New York, 1989)를 보라.

24) 1989년 4~5월에 있었던 베이징의 민주운동과 6월 대학살에 대한 결정적인 자료는 매우 빨리 출판되었다. 여기서의 서술은 신문·텔레비전 방송·시사잡지, 그리고 아직 간행되지 않은 10여 가지의 체험기와 토론회의 논의와 평가에 의존한 것이다. 예시된 자료는 시위와 대학살에 관한 아시아인권감시단의 책자(New York, 1990)에서 간추린 것이다. 또한 프린스턴 대학에서 출판된 한민주의 책은 시위자들이 발행한 성명서와 포스터를 꼼꼼하게 엮어 놓았다. 주요 문건을 덧붙인 신중한 이야기는 "Quarterly Documentation," *China Quarterly* 119(1989. 9): 666-734에 실려 있다. 시위 모습과 희생자들을 담은 극적인 사진은 David and Peter Turnley, *Beijing Spring*(New York, 1989)에서 볼 수 있다.

25) *New York Times*, 1989. 6. 30.

허가

본 출판사는 Tang Xianzu, *The Peony Pavilion*, trans. Cyril Birch의 발췌를 허락해 준 인디애나 대학 출판부; Kong Shangren, *The Peach Blossom Fan*, trans. Chen Shih-hsiang and Harold Acton와 Chen Yung-fa, *Making Revolution: The Communist Movement in Eastern and Central China, 1937-1945*의 자료 이용을 허락해 준 캘리포니아 대학 출판부; Richard Strassberg, *The World of K'ung Shang-jen: A Man of Letters in Early Ch'ing China*의 발췌를 허락해 준 컬럼비아 대학 출판부; Philip Huang, *The Peasant Economy and Social Change in North China*와 Roger Thompson, ed. and trans., *Mao Zedong: Report from Xunwu*와 Tien Hung-mao, *Government and Politics in Kuomintang China, 1927-1937*과 Lyman Van Slyke, *Enemies and Friends: The United Front in Chinese Communist History*와 Lloyd Eastman, *Seeds of Destruction: Nationalist China in War and Revolution, 1937-1949*의 통계자료 이용을 허락해 준 스탠퍼드 대학 출판부; Ho Ping-ti, *Studies on the Population of*

*China, 1368-1953*과 Chang Hsin-pao, *Commissioner Lin and the Opium War*와 Hou Chi-ming, *Foreign Investment and Economic Development in China, 1840-1937*과 Arthur Young, *China and the Helping Hand, 1937-1945*와 Lionel Chassin, *The Communist Conquest of China: A History of the Civil War, 1945-1949*의 통계자료 이용을 허락해 준 하버드 대학 출판부; "Population and Family History in Eighteenth-Century Manchuria: Preliminary Results from Daoyi, 1774-1798," *Ch'ing-shih Wen-t'i*, 5, no. 1(1984. 6)의 통계자료 이용을 허락해 준 제임스 리와 로버트 엥; *I-Ching*, trans. Richard Wilhelm and Cary Baynes의 발췌와 F. F. Liu, *A Military Histouy of Modern China, 1924-1949*의 통계자료 이용을 허락해 준 프린스턴 대학 출판부; Guo Moruo in Julia Lin, *Modern Chinese Poetry: An Introduction*의 발췌와 John Gardner, "The Wu Fan Campaign in Shanghai: A Study in the Consolidation of Urban Control," in *Chinese Communist Politics in Action*, ed. A. Doak Barnett의 통계자료 이용을 허락해 준 워싱턴 대학(시애틀) 출판부; John K. Chang, *Industrial Development in Pre-Communist China*의 통계자료 이용을 허락해 준 에딘버러 대학 출판부; *The Cambridge History of China*, vols. 12 and 13과 Alexander Eckstein, *China's Economic Revolution*과 Bruce Reynolds, "Changes in the Standard of Living of Shanghai Industrial Workers, 1930-1973," in *Shanghai: Revolution and Development in an Asian Metropolis*, ed. Christopher Howe와 Arthur N. Young, *China's Nation-building Effort, 1927-1937: The Financial and Economic Record*의 통계자료 이용을 허락해 준 케임브리지 대학 출판부; Arthur N. Young, *China's Nation-building Effort, 1927-1937: The Financial and Economic Record*의 통계자료 이용을 허락해 준 후버 연구소 출판부; Jesse Lutz, *China and the Christian Colleges, 1850-1950*의 통계자료 이용과 Hsu K'ai-yu ed. and trans., *Twentieth-Century Chinese Poetry: An Anthology*의 발췌를 허락해 준 코넬 대학 출판부; *The Chinese in America: A Chronology and Fact Book*의 통계자료 이용을 허락해 준 W. L. 퉁; William Hinton, *Fanshen: A Documentary of Revolution in a Chinese Village*의 통계자료 이용을 허락해 준 랜덤 하우스 출판사; Chang Kia-ngau(Chia-ao), *The Inflationary Spiral: The Experience in China, 1939-1950*의 통계자료 이용을 허락해 준 MIT대학 출판부; Thomas Rawski, *China's Transition to Industrialism: Producer Goods and Economic Development in the Twentieth Century*의 통계자료 이용을 허락해 준 미시간 대학 출판부; John Gittings, *The Role of the Chinese Army*의 통계자료 이용을 허락해 준 옥스퍼드 대학 출판부; Clive Ansley, *The Heresy of Wu Han: His Play "Hai Rui's Dismissal" and Its Role in China's Cultural Revolution*의 발췌를 허락해 준 토론토 대학 출판부; David Goodman, *Beijing Street Voices: The Poetry and Politics of China's Democracy Movement*와 Bei Dao, *The August Sleepwalker*, trans. Bonnie S. McDougall의 발췌를 허락해 준 앤빌 출판사; James E. Nickum and David C. Schak, "Living Standards and Economic Development in Shanghai and Taiwan," 77(1979)의 통계자료 이용을 허락해 준 *China Quarterly* 잡지; James C. Hsiung, ed., *The Taiwan Experience, 1950-1980: Contemporary Republic of China*의 통계자료 이용을 허락해 준 프레이저 출판사; *New China's Population*의 통계자료 이용을 허락해 준 맥밀란 출판사; Geremie Barme and John Minford, eds., *Seeds of Fire: Chinese Voics of Conscience*의 발췌를 허락해 준 힐 앤 왕 출판사; Zhang Xinxin and Sang Ye, *Chinese Lives: An Oral History of Contemporary China*의 발췌를 허락해 준 팬더 북스 출판사 등 모두에게 진심으로 감사를 표한다.

더 읽을 거리

1장 명 말기

명 엘리트의 삶과 문화 W. T. deBary, ed., *Self and Society in Ming Thought*(New York: Columbia University Press, 1970); *Journey to the West*, trans., Anthony Yu, 4 vols.(Chicago: University of Chicago Press, 1977); Tang Xi"anzu, *The Peony Pavilion*, trans. Cyril Birch(Bloomington: Indiana University Press, 1980); Patrick Hanan, *The Chinese Vernacular Story*(Cambridge: Harvard University Press, 1981); Jonathan Spence, *The Memory Palace of Matteo Ricci*(New York, 1984)[주원준 옮김, 『마테오 리치―기억의 궁전』(도서출판 이산, 1999)]; Joanna Handlin, *Action in Late Ming Thought*(Berkeley: University of California Press, 1983); Willard Peterson, *Bitter Gourd: Fang I-chib and the Impetus Intellectual Change tn the 1630s*(New Haven: Yale University Press, 1979).

명대 전기 L. Carrington Goodrich and Fang Chao-ying, eds., *Dictionary of Ming Biography, 1368-1644*, 2 vols.(New York: Columbia University Press, 1976); Huang Tsung-hsi(Huang Zongxi), *The Records of Ming Scholars*, ed. Julia Ching(Honolulu: Hawaii University Press, 1987).

명 정부 Charles Hucker, ed., *Chinese Government in Ming Times*(New York: Columbia University Press, 1969); Ray Huang, *1587, a Year of No Significance: The Ming Dynasty in Decline*(New Haven: Yale University Press, 1981)[박상이 옮김, 『1587년 동양 아무 일도 없었던 해』(가지 않은길, 1997)].

명의 사회문제와 반란 James Parsons, *Peasant Rebellions of the Late Ming Dynasty*(Tucson: University of Arizona Press, 1970); Linda Grove and Christian Daniels, eds., *State and Society in China: Japanese Pevspectives on Ming-Qing Social and Economic History*(Tokyo: University of Tokyo Press, 1984); *The Cambridge History of China*, vol. 7: *The Ming Dynasty, 1368-1644*, Part I, ed. Frederick Mote and Denis Twitchett(New York: Cambridge University Press, 1988).

2장 만주족의 정복

만주족의 정복과 통합 Frederic Wakeman, *The Great Enterprise: The Manchu Reconst-ruction of Imperial Order in Seventeenth-Century China*, 2 vols.(Berkeley: University of California Press, 1985); Jonathan Spence and John Wills, eds., *From Ming to Ch'ing: Conquest, Region, and Continuity in Seventeenth-Century China*(New Haven: Yale University Press, 1979); Lynn Struve, *The Southern Ming, 1644-1662*(New Haven: Yale University Press, 1984); Jerry Dennerline, *The Chiating Loyalists: Confucian Leadership and Social Change in Seventeenth-Century China*(New Haven: Yale University Press, 1981); Robert Oxnam, *Ruling from Horseback: Manchu Politics in the Oboi Regency, 1661-1669*(Chicago: University of Chicago Press, 1975).

청 전기 Arthur Hummel, ed., *Eminent Chinese of the Ch'ing Period (1644-1912)*, 2 vols. (Washington, D.C., 1943).

사회 경제적 측면 Philip Huang, *The Peasant Economy and Social Change in North China*(Stanford: Stanford University Press, 1985); Hilary Beattie, *Land and Lineage in China: A Study of T'ung-ch'eng County, Anhwei, in the Ming and Ch'ing Dynasties* (New York: Cambridge University Press, 1979); Sung Ying-hsing, *T'ien-kung K'ai-wu: Chinese Technology in the Seventeenth Centuuy*, trans. E-tu Zen Sun and Shiou-chuan Sun(University Park: Pennsylvania State University Press, 1966)[최주 옮김, 『天工開物』(전통 문화사, 1997)].

3장 강희제의 통합정책

통치자로서 강희제 Jonathan Spence, *Emperor of China: Self-Portrait of K'ang-hsi*(New York, 1974)[이준갑 옮김, 『강희제』(이산, 2001)]; Silas Hsiu-liang Wu, *Communication and Imperial Control in China: Evolution of the Palace Memorial System, 1693-1735*(Cambridge: Harvard University Press, 1970); Silas Hsiu-liang Wu, *Passage to Power: K'ang-hsi and His Heir Apparent, 1661-1722*(Cambridge: Harvard University Press, 1979); Jonathan Spence, *Ts'ao Yin and the K'ang-hsi Emperor, Bondservant and Master*(New Haven: Yale University Press, 1988); Lawrence Kessler, *K'ang-hsi and the Consolidation of Ch'ing Rule, 1661-1684*(Chicago: University of Chicago Press, 1978).

중국 연안과 외세 Ng Chin-keong, *Trade and Society: The Amoy Network on the China Coast, 1683-1735*(Singapore: Singapore University Press, 1983); Ralph Croizier, *Koxinga and Chinese Nationalism: History, Myth and the Hero*(Cambridge: Harvard University Press, 1977); John Wills, *Embassies and Illusions: Dutch and Portuguese Envoys to K'ang-hsi, 1666-1687*(Cambridge: Harvard University Press, 1984); Mark Mancall, *Russia and China: Their Diplomatic Relations to 1728*(Cambridge: Harvard University Press, 1971); Johanna Meskill, *A Chinese Pioneer Family: The Lins of Wu-feng, Taiwan, 1729-1895*(Princeton: Princeton University Press, 1979).

문화와 예술 James Cahill, *The Compelling Image: Nature and Style in Seventeenth-Century Chinese Painting*(Cambridge: Harvard University Press, 1982); Irving Lo and William Schultz, *Waiting for the Unicorn: Poems and Lyrics of China's Last Dynasty, 1644-1911*(Bloomington: Indiana University Press, 1980); Ellen Widmer, *The Margins of Utopia: Shui-hu hou-chuan and the Literature of Ming Loyalism* (Cambridge: Harvard University Press, 1987); Richard Strassberg, *The World of K'ung Shang-jen, a Man of Letters in Early Ch'ing China*(New York: Columbia University Press, 1983); Patrick Hanan, *The Invention of Li Yu*(Cambridge: Harvard University Press, 1988).

4장 옹정제의 권위

통치자로서 옹정제 Madeleine Zelin, *The Magistrate's Tael: Rationalizing Ficcal Reform Eighteenth-Century Ch'ing China*(Berkeley: University of California Press, 1984); Beatrice S. Bartlett, *Monarchs and Ministers: the Grand Council in Mid-Ch'ing China, 1723-1820*(Berkeley: University of California Press, 1991); Huang Pei, *Autocracy at Work: A Study of the Yung-cheng Period, 1723-1735*(Bloomington: Indiana University Press, 1974).

중국 농촌 Peter Perdue, *Exhausting the Earth: State and Peasant in Hunan, 1500-1850*(Cambridge: Harvard University Press, 1987); Evelyn Rawski, *Agricultural Change and the Peasant Economy of South China*(Cambridge: Harvard University Press, 1972); IIsiao Kung-chuan, *Rural China: Imperial Control in the Nineteenth Century*(Seattle: University of Washington Press, 1960).

엘리트와 관료제 John Watt, *The District Magistrate in Late Imperial China*(New York: Columbia University Press, 1972); Chang Chung-li, *The Chinese Gentry: Studies on Their Role in Nineteenth Century Chinese Society*(Seattle: University of Washington Press, 1955); Ho Ping-ti, *The Ladder of Success in Imperial China: Aspects of Social Mobility, 1368-1911*(New York: Columbia University Press, 1962)〔曺永祿 外譯, 『中國科學制度의 社會史的 硏究』(東國大學校出版部, 1987)〕; Thomas Metzger, *The Internal Organization of Ch'ing Bureaucracy: Legal, Normative and Communication Aspects*(Cambridge: Harvard University Press, 1973); Ch'u T'ung-tsu, *Local Government in China under the Ch'ing*(Cambridge: Harvard University Press, 1962).

5장 중국 사회와 건륭제의 치세

18세기 사회구조 Susan Naquin and Evelyn Rawski, *Chinese Society in the Eighteenth Century*(New Haven: Yale University Press, 1987); G. William Skinner, ed., *The City in Late Imperial China*(Stanford: Stanford University Press, 1977); Mark Elvin, *The Pattern of the Chinese Past*(Stanford: Stanford University Press, 1973)〔이춘식·김정희·임중혁 공역, 『중국 역사의 발전형태』(신서원, 1989)〕; Lloyd Eastman, Family, *Fields and Ancestors*(New York: Cambridge University Press, 1988); Ho Ping-ti, *Studies on the Population of China, 1368-1953*(Cambridge: Harvard University Press, 1959).

철학과 역사 Benjamin Elman, *From Philosophy to Philology: Intellectual and Social Aspects of Change in Late Imperial China*(Cambridge: Harvard University Press, 1984); Thomas Metzger, *Escape from Predicament; Neo-Confucianism and China's Evolving Political Culture*(New York: Columbia University Press, 1977); David Nivison, *The Life and Thought of Chang Hsueh-ch'eng (1738-1801)*(Stanford: Stanford University Press, 1966); R. Kent Guy, *The Emperor's Four Treasuries: Scholars and the State in the Late Ch'ien-lung Era*(Cambridge: Harvard University Press, 1987); *Tai Chen's Enquiry into Goodness,* trans. Cheng Chung-ying(Honolulu, 1971); Chin Annping and Mansfield Freeman, *Tai Chen's on Mencius:Explorations in Words and Meaning*(New Haven: Yale University Press, 1990).

문화와 예술 Colin Mackerras, *The Rise of the Peking Opera, 1770-1870: Social Aspects of the Theatre in Manchu China*(New York: Oxford University Press, 1972); Arthur Waley, *Yuan Mei, Eighteenth Century Chinese Poet*(London, 1956); Maggie Keswick, *The Chinese Garden: History, Art and Architecture*(New York, 1978); Cao Xueqin, *The Story of the Stone[Dream of the Red Chamber]*, trans. David Hawkes and John Minford, 5 vols.(New York, 1973-1982)〔李周洪 譯, 『紅樓夢』 전5권(乙酉文化社, 1969)〕; Cécile and Michel Beurdeley, *Giuseppe Castiglione: A Jesuit Painter at the Court of the Chinese Emperors*(Rutland, 1972); Evelyn Rawski, *Education and Popular Literacy in Ch'ing China*(Ann Arbor: University of Michigan Press, 1979).

불만의 목소리 Paul Ropp, *Dissent in Early Modern China: Ju-lin wai-shih [The Scholals] and Ch'ing Socral Criticism*(Ann Arbor: University of Michigan Press, 1981); Susan Naquin, *Shantung Rebellion: The Wang Lun Uprising of 1774*(New Haven: Yale University Press, 1981); Wu Jingzi, *The Scholars*, trans. Yang Hsien-yi and Gladys Young(Peking, 1957)[최승일·최봉춘·장의원 공역, 『儒林外史』(여강출판사, 1991)].

황제의 세계 Harold Kahn, *Monarchy in the Emperor's Eyes: Image and Reality in the Ch'ien-lung Reign*(Cambridge: Harvard University Press, 1971); Preston Torbert, *The Ch'ing Imperial Household Department: A Study of Its Organization and Principal Functions, 1662-1796*(Cambridge: Harvard University Press, 1977).

6장 18세기의 세계와 중국

외국인 다루기 John K. Fairbank, ed., *The Chinese World Order: Traditional China's Foreign Relations*(Cambridge: Harvard University Press, 1968); John K. Fairbank, ed., *The Cambridge History of China*, vol. 10: *Late Ch'ing, 1800-1911, Part I*(New York, 1978) 가운데 Joseph Fletcher의 내륙 아시아와 티베트에 관한 글; John Wills, *Pepper, Guns, and Parleys: The Dutch East India Company and China, 1662-1681*(Cambridge: Harvard University Press, 1974); Fu Lo-shu, *A Documentary Chronicle of Sino-Western Relations (1644-1820)*(Tucson: Arizona University Press, 1966); Mui Hoh-cheong and Lorna Mui, *The Management of Monopoly: A Study of the English East India Company's Conduct of Its Tea Trade, 1784-1833*(Vancouver: University of British Columbia Press, 1984).

청의 법률 Jerome Cohen, Randle Edwards, and Fu-mei Chang Chen, eds., *Essays on China's Legal Tradition*(Princeton: Princeton University Press, 1980); Derk Bodde and Clarence Morris, *Law in Imperial China, Exemplified by 190 Ch'ing Dynasty Cases*(Cambridge: Harvard University Press, 1967); Jonathan Spence, *The Death of Woman Wang*(New York, 1978)[이재정 옮김, 『왕여인의 죽음』(도서출판 이산, 2002)]; Sybille van der Sprenkel, *Legal Institutions in Manchu China*(London: University of London, 1962).

서양인들의 태도 Colin Mackerras, *Western Images of China*(New York: Oxford University Press, 1989); David Mungello, *Curious Land: Jesuit Accommodation and the Origins of Sinology*(Stuttgart, 1985); Hugh Honour, *Chinoiserie: The Vision of Cathay*(New York, 1962); John Witek, S.J., *Controversial Ideas in China and in Europe: A Biography of Jean-Francois Foucquet, S. j. (1665-1741)*(Rome, 1982); Jonathan Spence, *The Question of Hu*(New York, 1988).

7장 서양과의 첫 충돌

19세기 초 중국의 사회상황 *Cambridge History of China*, vol. 10: *Late Ch'ing, 1800-1911, Part I*(New York, 1978) 가운데 Joseph Fletcher의 글; *Ibid.*, vol. 11: *Late Ch'ing 1800-1911, Part 2*(New York, 1980) 가운데 Philip Kuhn and Susan Mann, 그리고 Frederic Wakeman의 글; Frederic Wakeman, *Strangers at the Gate: Social Disorder in South China, 1839-1861*(Berkeley: University of California Press, 1966); Benjamin Elman, *Classicism, Politics and Kinship: The Ch'ang-chou School of New Text Confucianism in Late Imperial China*(Berkeley: University of California Press, forthcoming); Li

Ruzhen(Li Ju-chen), *Flowers in the Mirror*, trans. Lin Tai-yi(Berkeley: University of California Press, 1965).

린쩌쉬에 대한 연구 Arthur Waley, *The Opium War through Chinese Eyes*(London, 1958); Chang Hsin-pao, *Commissioner Lin and the Opium War*(Cambridge: Harvard University Press, 1964).

군사·외교적 측면 lohn K. Fairbank, *Trade and Diplomacy on the China Coast* (Cambridge: Harvard University Press, 1953); Michael Greenberg, *British Trade and the Opening of China, 1800-1842*(New York: Cambridge University Press, 1951); Peter Ward Fay, *The Opium War, 1840-1842*(Chapel Hill: University of North Carolina Press, 1975); Gerald Graham, *The China Station: War and Diplomacy, 1830-1860*(New York: Oxford University Press, 1978); Hosea Ballou Morse, *The International Relations the Chinese Empire*, 3 vols.(Shanghal and London, 1910-1918); Teng Ssu-yü, *Chang Hsi and the Treaty of Nanking, 1842*(Chicago: University of Chlcago Press, 1944).

8장 내부의 위기

분파와 비밀결사 Daniel Overmyer, *Folk Buddhist Religion: Dissenting Sects in Late Traditional China*(Cambridge: Harvard University Press, 1976); Fei-ling Davis, *Primitive Revolutionaries of China: A Study of Secret Societies of the Late Nineteenth Century*(Honolulu: Hawaii University Press, 1977); Susan Naquin, *Millenarian Rebellion in China: The Eight Trigrams Uprising of 1813*(New Haven: Yale University Press, 1976); Jean Chesneaux, ed., *Popular Movements and Secret Societies in China, 1840-1950*(Stanford: Stanford University Press, 1972).

태평천국 Franz Michael and Chang Chung-li, *The Taiping Rebellion: History and Documents*, 3 vols.(Seattle: University of Washington Press, 1966-1971); Jen Yu-wen(Chien Yu-wen), *The Taiping Revolutionary Movement*(New Haven: Yale University Press, 1973); James Cole, *The People vursus the Taipings: Bao Lisheng's "Righteous Army of Dongan"*(Berkeley: University of California Press, 1981); Vincent Shih, *The Taiping Ideology, Its Sources, Interpretations, and Influences*(Seattle: University of Washington Press, 1967); C. A. Curwen, *Taiping Rebel: The Deposition of Li Hsiu-ch'eng*(New York: Cambridge University Press, 1977).

태평천국과 열강 Richard Smith, *Mercenaries and Mandarins: The Ever-Victorious Army of Nineteenth-Century China*(Millwood, N.Y.: KTO Press, 1978); John Gregory, *Great Britain and the Taipings*(London, 1969); Eugene Boardman, *Christian Influence upon the Ideology of the Taiping Rebellion, 1851-1864*(Madison: University of Wisconsin Press, 1952); Rudolf Wagner, *Reenacting the Heavenly Vision: The Role of Religion in the Taiping Rebellion*(Berkeley: University of California Press, 1982).

염군의 반란과 이슬람 교도의 반란 Teng Ssu-yu, *The Nien Army and Their Guerrilla Wafare, 1851-1868*(Paris, 1961); Elizabeth Perry, *Rebels and Revolutionaries in North China, 1845-1945*(Stanford: Stanford University Press, 1980); Chu Wen-djang, *The Moslem Rebellion In Northwest China, 1862-1878: A Study of Government Minority Policy*(The Hague, 1966); Chiang Siang-tseh, *The Nien Rebellion*(Seattle: University of Washington Press, 1954).

9장 개혁을 통한 중흥

유교적 저항과 중흥 Mary Wright, *The Last Stand of Chinese Conservatism: The T'ung-*

chih Restoration, 1862-1874(Stanford: Stanford University Press, 1957); Jonathan Ocko, *Bureaucratic Reform in Provincial China: Ting Jih-ch'ang in Restoration Kiangsu, 1867-1870*(Cambridge: Harvard University Press, 1983); Stanley Spector, *Li Hung-chang and the Huai Army: A Study in Nineteenth-Century Chinese Regionalism* (Seattle: University of Washington Press, 1964); Philip Kuhn, *Rebellion and Its Enemies in Late Imperial China: Militarization and Social Structure, 1798-1864* (Cambridge: Harvard University Press, 1970).

중국의 서구에 대한 지식의 성장 Jane Kate Leonard, *Wei Yuan and China's Rediscovery of the Maritime World*(Cambridge: Harvard University Press, 1984); Fred Drake, *China Charts the World: Hsü Chi-yü and His Geography of 1848*(Cambridge: Harvard University Press, 1975); Masataka Banno, *China and the West, 1858-1861: The Origins of the Tsungli Yamen*(Cambridge: Harvard University Press, 1964); Immanuel Hsü, *China's Entrance into the Family of Nations: The Diplomatic Phase, 1858-1880* (Cambridge: Harvard University Press, 1960); Teng Ssu-yü and John K. Fairbank, *China's Response to the West: A Documentary Survey, 1839-1923*(Cambridge: Harvard University Press, 1954); Thomas La Fargue, *China's First Hundred: Educational Mission Students in the United States, 1872-1881*(reprint, Pullman: Washington State University Press, 1987); Paul Cohen, *Between Tradition and Modernity: Wang T'ao and Reform in Late Ch'ing China*(Cambridge: Harvard University Press, 1974); J. D. Frodsham, *The First Chinese Embassy to the West: The Journals of Kuo Sung-t'ao. Liu Hsi-hung, and Chang Te-yi*(New York: Oxford University Press, 1974).

선교사의 영향 Edward Gulik, *Peter Parker and the Opening of China*(Cambridge: Harvard University Press, 1973); Paul Cohen, *China and Christianity: The Missionary Movement and the Growth of Chinese Antiforeignism, 1860-1870*(Cambridge: Harvard University Press, 1963); Knight Biggerstaff, *The Earliest Modern Government Schools in China*(Ithaca: Cornell University Press, 1961); John K. Fairbank, ed., *The Missionary Enterprise in China and America*(Cambridge: Harvard University Press, 1974); Susan Wilson Barnett and John K. Fairbank, eds., *Christianity In China: Early Protestant Missionary Writings*(Cambridge: Harvard University Press, 1985); Jane Hunter, *The Gospel of Gentility: American Women Missionaries in Turn-of-the-Century China*(New Haven: Yale University Press, 1984); Irwin Hyatt, *Our Ordered Lives Confess: Three Nineteenth Century American Missionaries in East Shantung*(Cambridge: Harvard University Press, 1976).

로버트 하트 Katherine F. Bruner, John K. Fairbank, and Richard Smith, eds., *Entering China's Service: Robert Hart's Journals, 1854-1863*(Cambridge: Harvard University Press, 1986); John K. Fairbank, Katherine Bruner, and Elizabeth Matheson, eds., *The I.G. In Peking: Letters of Robert Hart, Chinese Maritime Customs, 1868-1907*, 2 vols.(Cambridge: Harvard University Press, 1975).

19세기의 화교 G. William Skinner, *Chinese Society in Thailand: An Analytical History* (Ithaca: Cornell University Press, 1957); Yung Wing, *My Life in China and America* (New York, 1909); Yen Ching-huang, *Coolies and Mandarins: China's Protection of Overseas Chinese during the Late Ch'ing Period(1851-1911)*(Singapore: Singapore University Press, 1985); Robert Irick, *Ch'ing Policy toward the Coolie Trade*(Taipei, 1982); Chan Sucheng, *This Bitters weet Soil: The Chinese in California Agriculture, 1860-1910*(Berkeley: University of California Press, 1986); Alexander Saxton, *The*

Indispensable Enemy: Labor and the Anti-Chinese Movement in California(Berkeley: University of California Press, 1971); James Loewen, *The Mississippi Chinese: Between Black and White*(Cambridge: Harvard University Press, 1971); Watt Stewart, *Chinese Bondage in Peru, 1849-1874*(reprint, Westport, Conn., 1970).

10장 청 말의 새로운 갈등

청 말 자강 Kwang-ching Liu, *Anglo-American Steamship Rivalry in China, 1862-1874*(Cambridge: Harvard University Press, 1962); John Rawlinson, *China's Struggle for Naval Development, 1839-1895*(Cambridge: Harvard University Press, 1967); Daniel Bays, *China Enters the Twentieth Century: Chang Chih-tung and the Issues of a New Age, 1895-1909*(Ann Arbor: University of Michigan Press, 1978); William Ayers, *Chang Chih-tung and Educational Reform in China*(Cambridge: Harvard University Press, 1971); Albert Feuerwerker, *China's Early Industrialization: Sheng Hsuan-huai(1844-1916) and Mandarin Enterprise*(Cambridge: Harvard University Press, 1958).

경제 발전 Hao Yen-p'ing, *The Commercial Revolution in Nineteenth-Century China: The Rise of Sino-Western Mercantile Capitalism*(Berkeley: University of California Press, 1986); Wellington Chan, *Merchants, Mandarins and Modern Enterprise in Late Ch'ing China*(Cambridge: Harvard University Press, 1977); Hao Yen-p'ing, *The Comprador in Nineteenth Century China: Bridge between East and West*(Cambridge: Harvard University Press, 1970); Rhoads Murphey, *The Treaty Ports and China's Modernization: What Went Wrong?*(Ann Arbor: University of Michigan, 1970); Michael Godley, *The Mandarin-Capitalists from Nanyang: Overseas Chinese Enterprise in the Modernization of China, 1839-1911*(New York: Cambridge University Press, 1982); Samuel Chu, *Reformer in Modern China: Chang Chien, 1853-1926*(New York: Columbia University Press, 1965); Susan Mann, *Local Merchants and the Chinese Bureaucracy, 1750-1950*(Stanford: Stanford University Press, 1987); William Rowe, *Hankow,* vol. 2: *Conflict and Community in a Chinese City, 1796-1895*(Stanford: Stanford University Press, 1989).

1898년 개혁 Luke Kwong, *A Mosaic of the Hundred Days: Personalities, Politics and Ideas of 1898*(Cambridge: Harvard University Press, 1984); Hsiao Kung-chuan, *A Modern China and a New World: K'ang Yu-wei, Reformer and Utopian*(Seattle: University of Washington Press, 1975).

부상하는 민족주의 Lloyd Eastman, *Throne and Mandarins: China's Search for a Policy during the Sino-French Controversy, 1880-1885*(Cambridge: Harvard University Press, 1967); John Schrecker, *Imperialism and Chinese Nationalism: Germany in Shantung*(Cambridge: Harvard University Press, 1971); David Buck, *Recent Chinese Studies of the Boxer Movement*(Armonk, N.Y., 1987); Joseph Esherick, *The Origins of the Boxer Uprising*(Berkeley: University of California Press, 1987); Philip Huang, *Liang Ch'i-ch'ao and Modern Chinese Liberalism*(Seattle: University of Washington Press, 1972); Chang Hao, *Liang Ch'i-ch'ao and Intellectual Transition in China, 1890-1907*(Cambridge: Harvard University Press, 1971); Joseph Levenson, *Liang Ch'i-ch'ao and the Mind of Modern China*(Cambridge: Harvard University Press, 1953); Zou Rong(Tsou Jung), *The Revolutionary Army:A Chinese Revolutionary Tract of 1903, trans. John Lust*(The Hague, 1968).

쑨원의 초기 생애: Yen Ching-hwang, *The Overseas Chinese and the 1911 Revolution,*

with Special Reference to Singapore and Malaya(Kuala Lumpur, 1976); Harold
Schiffrin, *Sun Yat-sen and the Origins of the Chinese Revolution*(Berkeley: University
of California Press, 1970); J. Y. Wong, *The Origins of a Heroic Image: Sun Yat-sen in
London, 1896-1897*(New York: Oxford University Press, 1986).

11장 왕조의 종말

혁명의 중심 세력 Mary C. Wright, ed., *China in Revolution, the First Phase*(New Haven:
Yale University Press, 1968); Ralph Powell, *The Rise of Chinese Military Power, 1895-
1912*(Princeton: Princeton University Press, 1955); Ralph Huenemann, *The Dragon
and the Iron Horse: The Economics of Railroads in China, 1876-1937*(Cambridge:
Harvard University Press, 1984); Stephen MacKinnon, *Power and Politics in Late
Imperial China: Yuan Shi-kai in Beijing and Tianjin, 1901-1908*(Berkeley: University
of California Press, 1980); Li Chien-nung, *The Political History of China, 1840-1928*,
trans. Teng Ssu-yü and Jeremy Ingalls(Princeton, N.J., 1956); Edmund Fung, *The
Military Dimension of the Chinese Revolution*(Vancouver: University of British
Columbia Press, 1980).

혁명 지역과 엘리트 Edward Rhoads, *China's Republican Revolution: The Case of
Kwangtung, 1895-1913*(Cambridge: Harvard University Press, 1975); Joseph
Esherick, *Reform and Revolution: The 1911 Revolution in Hunan and Hubei*
(Berkeley: University of California Press, 1976); Mary Rankin, *Early Chinese
Revolutionaries: Radical Intellectuals in Shanghai and Chekiang, 1902-1911*
(Cambridge: Harvard University Press, 1971); Mary Rankin, *Elite Activism and
Political Transformation in China, Zhejiang Province, 1865-1911*(Stanford: Stanford
University Press, 1986); Roger DesForges, *Hsi-liang and the Chinese National
Revolution*(New Haven: Yale University Press, 1973); R. Keith Schoppa, *Chinese
Elites and Political Change: Zhejiang Province in the Early Twentieth Century*
(Cambridge: Harvard University Press, 1982); John Fincher, *Chinese Democracy: The
Self-Government Movement in Local, Provincial and National Politics, 1905-1914*
(Canberra, 1981).

지적 전환 Benjamin Schwartz, *In Search of Wealth and Power: Yen Fu and the West*
(Cambridge: Harvard University Press, 1964); Michael Gasster, *Chinese Intellectuals
and the Revolution of 1911: The Birth of Modern Chinese Radicalism*(Seattle:
University of Washington Press, 1969); Joseph Levenson, *Confucian China and Its
Modern Fate*, 3 vols.(Berkeley: University of California Press, 1958-1964), *Modern
China and Its Confucian Past*로 재발간; Martin Bernal, *Chinese Socialism to 1907*
(Ithaca: Cornell University Press, 1976); Don Price, *Russia and the Roots of the
Chinese Revolution, 1896-1911*(Cambridge: Harvard University Press, 1974).

12장 새로운 공화국

민국 초기 K. S. Liew, *Struggle for Democracy: Sung Chiao-jen and the 1911 Chinese
Revolution*(Berkeley: University of California Press, 1971); Ernest Young, *The
Presidency of Yuan Shih-k'ai: Liberalism and Dictatorship in Early Republican
China*(Ann Arbor: University of Michigan Press, 1977); George T. Yu, *Party Politics
in Republican China: The Kuomintang, 1912-1924*(Berkeley: University of California
Press, 1966); Edward Friedman, *Backward toward Revolution: The Chinese
Revolutionary Party*(Berkeley: University of California Press, 1974); Franklin Houn,

Central Government of China, 1912-1928: An Institutional Study(Madison: University of Wisconsin Press, 1959); C. Martin Wilbur, *Sun Yat-sen, Frustrated Patriot*(New York: Columbia University Press, 1976); Andrew Nathan, *Peking Politics, 1918-1923: Factionalism and the Failure of Constitutionalism*(New York: Columbia University Press, 1976).

군벌   Ch'i Hsi-sheng, *Warlord Politics in China, 1916-1928*(Stanford: Stanford University Press, 1976); Lucian Pye, *Warlord Politics: Conflict and Coalition in the Modernization of Republican China*(New York, 1971); Diana Lary, *Warlord Soldiers: Chinese Common Soldiers, 1911-1937*(New York: Cambridge University Press, 1985); Robert Kapp, *Szechwan and the Chinese Republic: Provincial Militarism and Central Power, 1911-1938*(New Haven: Yale University Press, 1973); Donald Gillin, *Warlord: Yen Hsi-shan in Shansi Province, 1911-1949*(Princeton: Princeton University Press, 1967); James Sheridan, *Chinese Warlord: The Career of Feng Yü-hsiang*(Stanford: Stanford University Press, 1966); Donald Sutton, *Provincial Militarism and the Chinese Republic: The Yunnan Army, 1905-1925*(Ann Arbor: University of Michigan Press, 1980).

외적 요인   Cyril Pearl, *Morrison of Peking*(Sydney, Australia, 1967); James Reed, *The Missionary Mind and American East Asia Policy, 1911-1915*(Cambridge: Harvard University Press, 1983); Hou Chi-ming, *Foreign Investment and Economic Development in China, 1840-1937*(Cambridge: Harvard University Press, 1965); C. F. Remer, *Foreign Investments in China*(New York, 1933); Michael Summerskill, *China on the Western Front: Britain's Chinese Work Force in the First World War*(London, 1982).

13장 '길이 만들어지다'

5·4운동에 대한 일반적 분석   Chow Tse-tsung, *The May Fourth Movement: Intellectual Revolution in Modern China*(Cambridge: Harvard University Press, 1960)〔曺秉漢 옮김, 『5·4운동』(광민사, 1980)〕; Vera Schwarcz, *The Chinese Enlightenment: Intellectuals and the Legacy of the May Fourth Movement of 1919*(Berkeley: University of California Press, 1986); Merle Goldman, ed., *Modern Chinese Literature in the May Fourth Era*(Cambridge: Harvard University Press, 1977); James Pusey, *China and Charles Darwin*(Cambridge: Harvard University Press, 1983); Lin Yu-sheng, *The Crisis of Chinese Consciousness: Radical Anti-traditionalism in the May Fourth Era*(Madison: University of Wisconsin Press, 1979).

루쉰   Leo Ou-fan Lee, *Voices from the Iron House: A Study of Lu Xun*(Bloomington: Indiana University Press, 1987); Leo Ou-fan Lee, ed., *Lu Xun and His Legacy* (Berkeley: University of California Press, 1985); William Lyell, *Lu Hsün's Vision of Realiiy*(Berkeley: University of California Press, 1976).

중국공산당 창립   Anthony Saich, *The Origins of the First United Front in China: The Role of Sneevliet(Alias Maring)*(Leiden, 출간 예정); Maurice Meisner, *Li Ta-chao and the Origins of Chinese Marxism*(Cambridge: Harvard University Press, 1967)〔권영빈 옮김, 『李大釗』(지식산업사, 1992)〕; Arif Dirlik, *The Origtns of Chinese Communism*(New York: Oxford University Press, 1989); Robert North, *Moscow and Chinese Communists* (Stanford: Stanford University Press, 1963); Lee Feigon, *Chen Duxiu: Founders of the Chinese Communist Party*(Princeton: Princeton University Press, 1983); Frederic Wakeman, *History and Will: Philosophical Perspectives of Mao Tsetung's*

Thought(Berkeley: University of California Press, 1973).

영향력 있는 5·4운동의 주역들 Jerome Grieder, *Hu Shih and the Chinese Renaissance: Liberalism in the Chinese Revolution, 1917-1937*(Cambridge: Harvard University Press, 1970); Charlotte Furth, *Ting Wen-chiang, Science and China's New Culture*(Cambridge: Harvard University Press, 1970); Joey Bonner, *Wang Kuo-wei: An Intellectual Biography*(Cambridge: Harvard University Press, 1986); David Roy, *Kuo Mo-jo, the Early Years*(Cambridge: Harvard University Press, 1971); Laurence Schneider, *Ku Chieh-kang and China's New History: Nationalism and the Quest for Alternative Traditions*(Berkeley: University of California Press, 1971); William Duiker, *Ts'ai Yüan-p'ei, Educator of Modern China*(Philadelphia: University of Pennsylvania Press, 1977); Leo Ou-fan Lee, *The Romantic Generation of Chinese Writers* (Cambridge: Harvard University Press, 1973).

실업계(實業界) Sherman Cochran, *Big Business in China: Sino-Foreign Rivalry in the Cigarette Industry, 1890-1930*(Cambridge: Harvard University Press, 1980); Andrea Lee McElderry, *Shanghai Old-Style Banks (Ch'ien-chuang) 1800-1935*(Ann Arbor: University of Michigan, 1978); S. A. M. Adshead, *The Modernization of the Chinese Salt Administratton, 1900-1920*(Cambridge: Harvard University Press, 1970); Albert Feuerwerker, *The Foreign Establishment in China in the Early Twentieth Century* (Ann Arbor: University of Michigan, 1976); Mark Elvin and G. William Skinner, eds., *The Chinese City between Two World*(Stanford: Stanford University Press, 1974).

14장 충돌

도시생활과 노동운동 Jean Chesneaux, *The Chinese Labor Movement, 1919-1927*, trans. W. M. Wright(Stanford: Stanford University Press, 1968); Lynda Shaffer, *Mao and the Workers: The Hunan Labor Movement, 1920-1923*(Armonk, N. Y., 1982); Nicholas R. Clifford, *Shanghai, 1925: Urban Nationalism and the Defense of Foreign Privilege* (Ann Arbor: University of Michigan, 1979); David Strand, Rickshaw, *Beijing: City People and Politics in the 1920s*(Berkeley: University of California Press, 1989); Shirley Garrett, *Social Reformers in Urban China: The Chinese YMCA, 1895-1926* (Cambridge: Harvard University Press, 1970); Colin Mackerras, *The Chinese Theatre in Modern Times, from 1840 to the Present Day*(Amherst: University of Massachusetts Press, 1975); E. Perry Link, *Mandarin Ducks and Butterflies: Popular Fiction in Early Twentieth Century Chinese Cities*(Berkeley: University of California Press, 1981).

중국 농촌과 농민운동 Fernando Galbiati, *P'eng P'ai and the Hai-lu-feng Soviet*(Stanford: Stanford, 1985); Roy Hofheinz, *The Broken Wave: The Chinese Communist Peasant Movement, 1922-1928*(Cambridge: Harvard Unlversity Press, 1977); Angus McDonald, *The Urban Origins of Rural Revolution; Elites and the Masses in Hunan Province, China, 1911-1927*(Berkeley: University of California Press, 1978); Robert Marks, *Rural Revolution in South China: Peasants and the Making of History in Haifeng County, 1570-1930*(Madison: University of Wisconsin Press, 1984); R. Keith Schoppa, *Xiang Lake—Nine Centuries of Chinese Life*(New Haven: Yale University Press, 1989); Phil Billingsley, *Bandits in Republican China*(Stanford: Stanford University Press, 1988).

통일전선과 북벌 Donald Jordan, *The Northern Expedition: China's National Revolution of 1926-1928*(Honolulu: University of Hawaii Press, 1976); Dan Jacobs, *Borodin: Stalin's Man in China*(Cambridge: Harvard University Press, 1981); F. Gilbert Chan and Thomas Etzold, eds., *China in the 1920s, Nationalism and Revolution*(New York, 1976); Harold Isaacs, *The Tragedy of the Chinese Revolution*(Stanford: Stanford University Press, 1961); Xenia Eudin and Robert North, *M. N. Roy's Mission to China: The Communist Kuomintang Split of 1927*(Berkeley: University of California Press, 1963); Gavan McCormack, *Chang Tso-lin in Northeast China, 1911-1928: China, Japan and the Manchurian Idea*(Stanford: Stanford University Press, 1977); S. Bernard Thomas, *"Proletarian Hegemony" in the Chinese Revolution and the Canton Commune of 1927*(Ann Arbor: University of Michigan, 1975); *Cambridge History of China*, vol. 12: *Republican China 1912-1949, Part 1.*(New York, 1983) 가운데 Jerome Ch'en, C. Martin Wilbur, Marie-Claire Bergere의 글; C. Martin Wilbur and Julie How, eds., *Documents on Communism, Nationalism, and Soviet Advisers in China, 1918-1927*(New York: Columbia University Press, 1956).

인명록 Howard Boorman, ed., *Biographical Dictionary of Republican China*, 4 vols. (New York: Columbia University Press, 1967), vol. 5, Janet Krompart, *A Personal Name Index*(1979); Donald Klein and Anne Clark, *Biographic Dictionary of Chinese Communism, 1921-1965*, 2 vols.(Cambridge: Harvard University Press, 1971).

15장 정부의 실험

국민당 정부 Tien Hung-mao, *Government and Politics in Kuomintang China, 1927-1937*(Stanford: Stanford University Press, 1972); William Wei, *Counterrevolution in China: The Nationalists in Jiangxi during the Soviet Period*(Ann Arbor: University of Michigan Press, 1985); Lloyd Eastman, *The Abortive Revolution: China under Nationalist Rule, 1927-1937*(Cambridge: Harvard University Press, 1974); Parks Coble, *The Shanghai Capitalists and the Nationalist Govenment, 1927-1937* (Cambridge: Harvard University Press, 1986); Joseph Fewsmith, *Party, State and Local Elites in Republican China: Merchant Organizations and Politics in Shanghai, 1890-1930*(Honolulu: University of Hawaii Press, 1985); Akira Iriye, *After Imperialism: The Search for a New Order in the Far East*(Cambridge: Harvard University Press, 1965); Ch'ien Tuan-sheng, *The Government and Politics of China, 1912-1949*(Stanford: Stanford University Press, 1970).

중국 농촌과 중국공산당의 생존: Roger Thompson, trans. and ed., *Mao Zedong: Report from Xunwu*(Stanford: Stanford University Press, forthcoming); Ilpyong Kim, *The Politics of Chinese Communism: Kiangsi under the Soviets*(Berkeley: University of California Press, 1973); Benjamin Schwartz, *Chinese Communism and the Rise of Mao* (Cambridge: Harvard University Press, 1958)[권영빈 옮김, 『중국 공산주의 운동사』(형성사, 1983)]; Stuart Schram, *Mao Tse-tung*(Harmondsworth, 1966)[金東式 譯, 『毛澤東』(두레, 1981)]; Jerome Ch'en, *Mao and the Chinese Revolution*(New York: Oxford University Press, 1965); Hsiao Tso-liang, *Power Relations within the Chinese Communist Movement, 1930-1934: A Study of Documents*(Seattle: University of Washington Press, 1961); Richard Thornton, *The Comintern and the Chinese Communists, 1928-1931*(Seattle: University of Washington Dress, 1969).

미국과 중국: John K. Fairbank, *The United States and China*(Cambridge: Harvard University Press, 1948), and later eds.); Dorothy Borg, *American Policy and the Chinese Revolution, 1925-1928*(New York: Columbia University Press, 1947); Dorothy Borg, *The United States and the Far Eastern Crisis of 1933-1938*(Cambridge: Harvard University Press, 1964); James Thomson, *While China Faced West: American*

Reformers in Nationalist China, 1928-1937(Cambridge: Harvard University Press, 1969); Philip West, *Yenching University and Sino-Western Relations, 1916-1952* (Cambridge: Harvard University Press, 1976); Jessie Lutz, *China and the Christian Colleges, 1850-1950*(Ithaca: Cornell University Press, 1971); John Bowers, *Western Medicine in a Chinese Palace: Peking Union Medical College, 1917-1951*(Philadelphia: Josiah Macy Foundation, 1972); Mary Bullock, *An American Transplant: The Rockefeller Foundation and the Peking Union Medical College*(Berkeley: University of California Press, 1980); Randall Stross, *The Stubborn Earth: American Agriculturalists on Chinese Soil, 1898-1937*(Berkeley: University of California Press, 1986); Stanford M. Lyman, *Chinese Americans*(New York, 1974); Paul Siu, *The Chinese Laundryman: A Study of Social Isolation*(New York: New York University Press, 1987).

일본과 중국 Akira Iriye, ed., *The Chinese and the Japanese: Essays in Political and Cultural Interactions*(Princeton: Princeton University Press, 1980); James Morley, ed., *The China Quagmire: Japan's Expansion on the Asian Continent, 1933-1941*(New York: Columbia University Press, 1983); Joshua Fogel, *Politics and Sinology: The Case of Naito- Konan(1866-1934)*(Cambridge: Harvard University Press, 1984); James Crowley, *Japan's Quest for Autonomy: National Security and Foreign Policy, 1930-1938*(Princeton: Princeton University Press, 1966); Ito Takeo, *Life along the South Manchurian Railway*, trans. Joshua Fogel(Armonk, N. Y., 1988).

독일과 중국 William Kirby, *Germany and Republican China*(Princeton: Princeton University Press, 1984); Liang Hsi-huey, *The Sino-German Connection: Alexander von Falkenhausen between China and Germany, 1900-1941*(Amsterdam, 1978); Bernd Martin, ed., *The German Advisory, Group in China*(Düsseldorf, 1981).

만주족의 후예 Pamela Kyle Crossley, *Orphan Warriors: Three Manchu Generations and the End of the Qing World*(Princeton: Princeton University Press, 1989); Lao She, *Beneath the Red Banner*(An Autobiographical Manchu Novel), trans. Don Cohn (Peking, 1982); Puyi Aisin-gioro, *From Emperor to Citizen*(The Ex-Emperor's Autobiography), 2 vols.(Peking, 1964); Lee Chong-sik, *Revolutionary Struggle in Manchuria: Chinese Communism and Soviet Interest, 1922-1945*(Berkeley: University of California Press, 1983).

16장 전쟁으로

대장정과 시안 사변에 대한 관점 Lyman Van Slyke, *Enemies and Friends: The United Front in Chinese Communist History*(Stanford: Stanford University Press, 1967); Otto Braun, *A Comintern Agent in China, 1932-1939*(Stanford: Stanford University Press, 1982); Chang Kuo-t'ao, *Autobiography: The Rise of the Chinese Communist Party, 1921-1938*, 2 vols.(Lawrence: University Press of Kansas, 1972); Edgar Snow, *Red Star over China*(New York, 1938)〔신홍범 옮김, 『중국의 붉은 별』(두레, 1985)〕; John Israel, *Student Nationalism in China, 1927-1937*(Stanford: Stanford University Press, 1966); Agnes Smedley, The G*reat Road: The Life and Times of Chu Teh*(New York, 1956)〔洪秀原 譯, 『한 알의 불씨가 광야를 불사르다』(두레, 1986)〕; Dick Wilson, The Lo*ng March of 1935: The Epic of Chinese Communism's Survival*(New York, 1971); Wu Tien-wei, *The Sian Incident: A Pivotal Point in Modern Chinese History*(Michigan, 1976); James Bertram, *First Act in China: The Story of the Sian Mutiny*(New York, 1938).

국민당하의 문화생활 Jay Leyda, Dianying, *Electric Shadows: An Account of Films and the Film Audience in China*(Cambridge: MIT Press, 1972); Christoph Harbsmeier, *The*

Cartoonist Feng Zikai: Social Realism with a Buddhist Face(Oslo, 1984); Ralph Croizier, *Art and Revolution in Modern China: The Lingnan(Cantonese) School of Painting. 1906-1951*(Berkeley: University of California Press, 1988); Holmes Welch, *The Buddhist Revival in China*(Cambridge: Harvard University Press, 1968).

유교적 가치의 유지 Guy Alitto, *The Last Confucian: Liang Shu-ming and the Chinese Dilemma of Modernity*(Berkeley: Universrty of California Press, 1979); Jerry Dennerline, *Qian Mu and the World of Seven Mansions*(New Haven: Yale University Press, 1988); Susan Chan Egan, *A Latterday Confucian: Reminiscences of William Hung(1893-1980)*(Cambridge: Harvard University Press, 1987); Charlotte Furth, ed., *The Limits of Change: Essays on Conservative Alternatives in Republican China* (Cambridge: Harvard University Press, 1976).

1930년대 작가들 Ting, Lee-hsia Hsu, *Government Control of the Press in Modern China, 1900-1949*(Cambridge: Harvard University Press, 1974); Mao Dun(Mao Tun), *Midnight*, trans. Hsu Meng-hsiung(Peking, 1957)〔金河林 옮김, 『子夜』(한울, 1986)〕; Lao She, *Rickshaw*, trans. Jean James(Honolulu: Hawaii University Press, 1979)〔최영애 옮김, 『루어투어 시앙쯔』(통나무, 1989)〕; David Pollard, *A Chinese Look at Literature: The Literary Values of Chou Tso-jen in Relation to Tradition*(Berkeley: University of Californi Press, 1973); Paul Pickowicz, *Marxist Literary Thought in China: The Influence of Ch'iu Ch'iu-pai/Qu Qiubai*(Berkeley: Universicy of California Press, 1981); Tani Barlow and Gary Bjorge, eds., *I Myself Am a Woman: Selected Writings of Ding Ling*(Boston, 1989); Yi-tsi Mei Feuerwerker, *Ding Ling's Fiction: Ideology and Narrative in Modern Chineses Literature* (Cambridge: Harvard University Press, 1982); Tsi-an Hsia, *The Gate of Darkness: Studies on the Leftist Literary Movement in China*(Seattle: University of Washington Press, 1968); Jeffrey Kinkley, *The Odyssey of Shen Congwen*(Stanford: Stanford University Press, 1987); Olga Lang, *Pa Chin and His Writings: Chinese Youth between Two Revolutions*(Cambridge: Harvard University Press, 1967); Hsü Kai-yu, *Twentieth Century Chinese Poetry, an Anthology*(Ithaca: Cornell University Press, 1970); Hung Chang-tai, *Going to the People: Chinese Intellectuals and Folk Literature, 1918-1937*(Cambridge: Harvard University Press, 1985).

농민의 국가 Prasenjit Duara, *Culture, Power, and the State: Rural North China, 1900-1942*(Stanford: Stanford University Press, 1988); Ramon Myers, *The Chinese Peasant Economy: Agricultural Development in Hopei and Shantung, 1890-1949*(Cambridge: Harvard University Press, 1970); Fei Hsiao-t'ung(Fei Xiaotong), *Peasant Life in China(London, 1939)*; R. H. Tawney, *Land and Labor in China*(London, 1932); John Lossing Buck, *Land Utilization in China: A Study of 16,786 Farms in 168 Localities…*, 3vols.(Shanghai and Chicago, 1937); Philip Huang, *The Peasant Economy and Social Change in North China*(Stanford: Stanford University Press, 1985); W. E. Willmott, ed., *Economic Organization in Chinese Society*(Stanford: Stanford University Press, 1972); Daniel Little, *Understanding Peasant China: Case Studis in the Philosophy of Social Science*(New Haven: Yale University Press, 1989); David Faure, *The Rural Economy of Pre-Liberation China: Trade Expansion and Peasant Livelihood in Jiangsu and Guangdong, 1870-1937*(New York: Oxford University Press, 1989).

도시 노동력 S. Bernard Thomas, *Labor and the Chinese Revolution: Class Strategies and Contradictions of Chinese Communism, 1928-1948*(Ann Arbor: University of

Michigan Press, 1983); Augusta Wagner, *Labor Legislation in China*(Peking: Yenching University, 1938); Emily Honig, *Sisters and Strangers: Women in the Shanghai Cotton Mills, 1919-1949*(Stanford: Stanford University Press, 1986); Gail Hershatter, *The Workers of Tianjin, 1900-1949*(Stanford: Stanford University Press, 1986); David Buck, *Urban Change in China: Politics and Development In Tsinan, Shantung, 1890-1949*(Madison: University of Wisconsin Press), 1978.

17장 제2차 세계대전

중국의 전쟁사 Charles Romanus and Riley Sunderland, *United States Army in World War II: China-Burma-India Theater*, vol. 1: *Stilwell's Mission to China*, vol.2: *Stilwell's Command Problems*, vol. 3: *Time Runs Out in CBI*(Washington, D.C., 1953, 1956, and 1959); F. F. Liu, *A Military History of Modern China: 1924-1949*(Princeton: Princeton University Press, 1956); Christopher Thorne, *Allies of a Kind: The United States, Britain, and the War against Japan, 1941-1945*(New York: Oxford University Press, 1978); Milton Miles, *A Different Kind of War: The Little-Known Story of the Combined Guerrilla Forces Created in China by the U.S. Navy and the Chinese during World War II*(New York, 1967); Joseph Stilwell, *The Stilwell Papers*, ed. Theodore White(New York, 1948); Barbara Tuchman, Stilwell and the American Experience in China, 1911-1945(New York, 1970); Clalre Lee Chennault, *Way of a Figgter*(New York, 1949).

충칭 정부와 정치 Lloyd E. Eastman, *Seeds of Destruction: Nationalist China in War and Revolution, 1937-1949*(Stanford: Stanford University Press, 1984); Ch'i Hsi-sheng, *Nationalist China at War: Militay, Defats and Political Collapse, 1937-1945*(Ann Arbor: University of Michigan Press, 1982); Michael Schaller, *The U.S. Crusade in China, 1938-1945*(New York: Columbia University Press, 1979); Arthur Young, *China and the Helping Hand, 1937-1945*(Cambridge: Harvard University Press, 1963); Paul Sih, ed., *Nationalist China during the Sino-Japanese War, 1937-1945* (New York, 1977).

일본의 중국 점령 Edward Gunn, *Unwelcome Muse: Chinese Literature in Shanghai and Peking, 1937-1945*(New York: Columbia University Press, 1980); Lincoln Li, *The Japanese Army in North China, 1937-1941: Problems of Political and Economic Control*(Tokyo: Oxford University Press, 1975); Alvin Coox and Hilary Conroy, eds., *China and Japan: A Search for Balance since World War I*(Santa Barbara, Calif., 1978); John Boyle, *China and Japan at War, 1937-1945: The Politics of Collaboration* (Stanford: Stanford University Press, 1972); Gerald Bunker, *The Peace Conspiracy: Wang Ching-wei and the China War, 1937-1941*(Cambridge: Harvard University Press, 1972); David Kranzler, *Japanese, Nazis, and Jews: The Jewish Refugee Community of Shanghai, 1938-1945*(New York: Yeshiva University Press, 1976); Langdon Gilkey, *Shantung Compound*(New York 1966, 1975).

옌안 정부와 정치 Mark Selden, *The Yenan Way in Revolutionary China*(Cambridge: Harvard University Press, 1971); Kataoka Tetsuya, *Resistance and Revolution in China: The Communists and the Second United Front*(Berkeley: University of California Press, 1974); Chalmers Johnson, *Peasant Nationalism and Communist Power: The Emergence of Revolutionary China, 1937-1945*(Stanford: Stanford University Press, 1962)[서관모 옮김, 『중국혁명과 농민 민족주의』(한겨레, 1985)]: Chen Yung-fa, *Making Revolution: The Communist Movement In Eastern and Central China, 1937-*

1945(Berkeley: University of California Press, 1986); James Reardon-Anderson, *Yenan and the Great Powers: The Origins of Chinese Communist Foreign Policy, 1944-1946*(New York: Columbia University Press, 1980); Bonnie McDougall, *Mao Zedong's "Talks at the Yan'an Conference on Literature and Art": A Translation of the 1943 Text with Commentary*(Ann Arbor: University of Michigan Press, 1980); John Service, *Lost Chance in China: The World War II Dispatches of John S. Service*, ed. Joseph Esherick(New York, 1974); David Barrett, *Dixie Mission: The United States Army Observer Group in Yenan, 1944*(Berkeley: University of California Press, 1970); Kenneth Shewmaker, *Americans and Chinese Communists, 1927-1945: A Persuading Encounter*(Ithaca: Cornell University Press, 1971); Raymond F Wylie, *The Emergence of Maoism: Mao Tse-tung Ch'en Po-ta, and the Search for Chinese Theory, 1935-1945*(Stanford: Stanford University Press, 1980).

18장 국민당 정권의 몰락

내전기의 중국공산당 Steven Levine, *Anvil of Victovy: The Communist Revolution in Manchuria, 1945-1948*(New York: Columbia University Press, 1987); Lionel Chassin, *The Communist Conquest of China: A History of the Civil War, 1945-1949*, trans. Timothy Osato and Louis Gelas(Cambridge: Harvard University Press, 1965); William Hinton, *Fanshen: A Documentary of Revolution in a Chinese Village*(New York, 1966)[강칠성 옮김, 『翻身 I · II』(풀빛, 1986)].

내전기의 국민당 Suzanne Pepper, *Civil War in China: The Political Struggle, 1945-1949* (Berkeley: University of California Press, 1978); Chang Kia-ngau(Chia-ao), *The Inflationary Spiral: The Experience in China, 1939-1950*(Cambridge: MIT Press, 1958); Chou Shun-hsin, *The Chinese Iflation, 1937-1949*(New York: Columbia University Press, 1963); Donald Gillin and Ramon Myers, eds., *Last Chance in China: The Diary of Chang Kia-ngau*(Stanford: Hoover Institution Press, 1989); George Kerr, *Formosa Betrayed*(Boston, 1965).

미국의 정책 U. S. Department of State, comp., *United States Relations with China, with special Reference to the Period 1944-1949*(Washington, D.C., 1949; rpt., Stanford: Stanford University Press, 1967); William Stueck, *The Wedemeyer Mission: American Politics and Forieign Policy during the Cold War*(Athens: University of Georgia Press, 1984); Ernest May, *The Truman Administration in China, 1945-1949*(New York, 1975); William Leary, *Perilous Missions: Civil Air Transport and CIA Covert Operations in Asia*(Tuscaloosa: University of Alabama Press, 1984); Wilma Fairbank, *America's Cultural Experiment in China, 1942-1949*(Washington, D.C.: U.S. Department of State, 1976); Forrest Pogue, *George C. Marshall: Statesman, 1945-1959*(New York, 1987); Dorothy Borg and Waldo Henrichs, eds., *Uncertain Years: Chinese-American Relations, 1947-1950*(New York: Columbia University Press, 1973); Nancy Tucker, *Patterns in the Dust: Chinese-American Relations and the Recognition Controversy, 1949-1950*(New York: Columbia University Press, 1983); Tsou Tang, *America's Failure in China, 1941-1950*(Chicago: Chicago University Press, 1963).

변경 지역 Andrew Forbes, *Warlords and Muslims in Chinese Central Asia: A Political History of Republican Sinkiang 1911-1949*(New York: Cambridge University Press, 1986); Melvyn Goldstein, *A History of Modern Tibet: The Demise of the Lamaist State*(Berkeley: University of California Press, 1989).

외국인이 본 내전 John Melby, *The Mandate of Heaven, Record of a Civil War: China*

1945-1949(Toronto: University of Toronto Press, 1968); Derk Bodde, *Peking Diary, 1948-1949: A Year of Revolution*(New York, 1967); A. Doak Barnett, *China on the Eve of Communist Takeover*(New York, 1963); Henri Cartier-Bresson, *From One China to the Other*(New York, 1958).

19장 인민공화국의 탄생

인민공화국의 통합 A. Doak Barnett, *Communist China: The Early Years, 1949-1955*(New York, 1955); Mark Selden, *The People's Republic of China: A Documentary History of Revolutionary Change*(New York, 1979); Ezra Vogel, *Canton under Communism: Programs and Politics in a Provincial Capital, 1949-1968*(Cambridge: Harvard University Press, 1969); Kenneth Lieberthal, *Revolution and Tradition in Tientsin, 1949-1952*(Stanford: Stanford University Press, 1980); Robert Lifton, *Thought Reform and the Psychology of Totalism: A Study of "Brainwashing" in China*(New York, 1961); *Cambridge History of China*, vol.14: *The People's Republic, Part I: The Emergence of Revolutionary China 1949-1965*(New York, 1987) 가운데 1부의 글; Maurice Meisner, *Mao's China and After: A History of the People's Republic*(New York, 1986).

중화인민공화국의 구조 분석 John Wilson Lewis, *Leadership in Communist China*(Ithaca: Cornell University Press, 1966); Richard Kraus, *Class Conflict in Chinese Socialism* (New York: Columbia University Press, 1981); Richard Solomon, *Mao's Revolution and the Chinese Political Culture*(Berkeley: University of California Press, 1971); A. Doak Barnett, *Cadres, Bureaucracy and Political Power in Communist China*(New York: Columbia University Press, 1967); A. Doak Barnett, ed., *Chinese Communist Politics in Action*(Seattle: University of Washington Press, 1969); John Lindbeck, ed., *China: Management of a Revolutionary Society*(Seattle: University of Washington Press, 1971); Robert Scalapino, ed., *Elites in the People's Republic of China*(Seattle: University of Washington Press, 1972).

한국전쟁과 인민해방군 Allen Whiting, *China Crosses the Yalu: The Decision to Enter the Korean War*(New York, 1960); John Gittings, *The Role of the Chinese Army*(New York: Oxford University Press, 1967); William Whitson, *The Chinese High Command: A History of Communist Military Politics, 1927-1970*(New York, 1972); Harvey Nelson, *The Chinese Military System: An Orgaizational Study of the People's Liberation Army*(Boulder, Col., 1977); Michael Ying-mao Kao, *The People's Liberation Army and China's Nation Building*(White Plains, N.Y., 1973); Callum MacDonald, *Korea: The War before Vietnam*(Basingstoke, Eng., 1986).

미국의 대응 Edwin Martin, *Divided Counsel: The Anglo-American Response to Communist Victory in China*(Lexington: University Press of Kentucky, 1986); Ross Koen, *The China Lobby in American Politics*(New York, 1974); Lewis Purifoy, *Harry Truman's China Policy: McCarthyism and the Diplomacy of Hysteria, 1947-1951*(New York, 1976); Stanley Bachrack, *The Committee of One Million: China Lobby Politics, 1953-1971*(New York: Columbia University Press, 1976); Gary May, *China Scapegoat: The Diplomatic Ordeal of John Carter Vincent*(Washington, D.C., 1979).

20장 신사회의 개혁

경제 재건 Alexander Eckstein, *China's Economic Revolution*(New York: Cambridge

University Press, 1977); Thomas Rawski, *China's Transition to Industrialism: Producer Goods and Economic Development in the Twentieth Century*(Ann Arbor: University of Michigan Press, 1980); Theodore Shabad, *China's Changing Map: National and Regional Development, 1949-1971*, rev. ed.(New York, 1972); Dwight Perkins, *Market Control and Planning in Communist China*(Cambridge: Harvard University Press, 1966); Audrey Donnithorne, *China's Economic System*(New York, 1967); Peter Schran, *The Development of Chinese Agriculture, 1950-1959*(Champaign: University of Illinois Press, 1969); Cheng Chu-yuan, *Communist China's Economy, 1949-1962*(South Orange, N.J.: Seton Hall University Press, 1963).

인민공화국 초기 대외정책 R. G. Boyd, *Communist China's Foreign Policy*(New York, 1962); James Chieh Hsiung, *Law and Policy in China's Foreign Relations: A Study of Attitudes and Practice*(New York: Columbia University Press, 1972); Jerome Cohen and Hungdah Chiu, *People's China and International Law: A Documentary Study*, 2 vols.(Princeton: Princeton University Press, 1974); Garth Alexander, *Silent Invasion: The Chinese in Southeast Asia*(London, 1973); Mary Somers Heidhues, *Southeast Asia's Chinese Minorities*(Melbourne, Australia, 1974); Robert Randle, *Geneva 1954: The Settlement of the Indochinese War*(Princeton: Princeton University Press, 1969); King C. Chen, *Vietnam and China, 1938-1954*(Princeton: Princeton University Press, 1969); Thomas E. Stolper, *China, Taiwan, and the Offshore Islands*(White Plains, N.Y., 1985); Alice Langley Hsieh, *Communist China's Strategy in the Nuclear Era*(Englewood Cliffs, N. J., 1962).

중국의 소수민족 June Dreyer, *China's Forty Millions: Minority Nationalities and National Integration in the People's Republic of China*(Cambridge: Harvard University Press, 1976); Donald McMillen, *Chinese Communist Power and Policy in Xinjiang, 1949-1977*(Boulder, Col., 1979); Chang Chih-i, *The Party and the National Question in China*, ed. and trans. George Moseley(Cambridge: MIT Press, 1966).

백화운동 Roderick MacFarquhar, ed., *The Hundred Flowers*(London, 1960); Roderick MacFarquhar, *The Origins of the Cultural Revolution*, vol. 1: *Contradictions among the People, 1956-1957*(New York: Columbia University Press, 1974); Merle Goldman, *Literary Dissent in Communist China*(Cambridge: Harvard University Press, 1967); Nieh Hualing, ed., *Literature of the Hundred Flowers*, vol. 1: *Criticism and Polemics*, vol. 2: *Poetry and Fiction*(New York: Columbia University Press, 1981).

21장 혁명의 심화
대약진 Roderick MacFarquhar, *The Origins of the Cultural Revolution*, vol. 2: *The Great Leap Forward, 1958-1960*(New York: Columbia University Press, 1983); Roderick MacFarquhar, Timothy Cheek, and Eugene Wu, eds., *The Secret Speeches of Chairman Mao: From the Hundred Flowers to the Great Leap*(Cambridge: Harvard University Press, 1989); Franz Schurmann, *Ideology and Organization in Communist China*(Berkeley: University of California Press, 1966); *Cambridge History of China*, vol. 14: *The People's Republic, Part I : The Emergence of Revolutionary China, 1949-1965*(New York, 1987) 가운데 2부에 실린 Kenneth Lieberthal, Nicholas Lardy, Suzanne Pepper, Merle Goldman 그리고 Alien Whiting의 글.

중·소 분쟁 Donald Zagoria, *The Sino-Soviet Conflict, 1956-1961*(Princeton: Princeton University Press, 1962); G. F. Hudson, Richard Lowenthal, and Roderick Mac-Farquhar, *The Sino-Soviet Dispute*(New York, 1961); Donald Treadgold, ed., *Soviet and Chinese Communism: Similarities and Differences*(Seattle: University of Washington Press, 1967); John Wilson Lewis and Xue Litai, *China Builds the Bomb*(Stanford: Stanford University Press, 1988); Andrew Wedeman, *The East Wind Subsides: Chinese Foreign Policy and the Origins of the Cultural Revolution* (Washington, D. C., 1987).

마오쩌둥과 지식인 Stuart Schram, *Chairman Mao Talks to the People: Talks and Letters, 1956-1971*(New York, 1971); Jerome Ch'en, *Mao Papers: Anthology and Bibliography*(New York: Oxford University Press, 1970); Clive Ansley, *The Heresy of Wu Han: His Play "Hai Rui's Dismissal" and Its Role in China's Cultural Revolution*(Toronto: University of Toronto Press, 1971); Merle Goldman, *China's Intellectuals: Advise and Dissent*(Cambridge: Harvard University Press, 1981); Ralph Croizier, *Traditional Medicine in Modern China: Science, Nationalism and the Tensions of Cultural Change*(Cambridge: Harvard University Press, 1968).

1960년대 초: 당과 정치 Richard Baum, Prelude to Revolution: Mao, the Party, and the *Peasant Question, 1962-1966*(New York: Columbia University Press, 1975); Richard Baum and Frederic Teiwes, *Ssu-Ch'ing: The Socialist Education Movement of 1962-1966*(Berkeley: University of California Press, 1968); Lynn T. White, *Careers in Shanghai: The Social Guidance of Personal Energies in a Developing Chinese City, 1949-1966*(Berkeley: University of California Press, 1978); Jerome Cohen, *The Criminal Process in the People's Republic of China, 1949-1963: An Introduction* (Cambridge: Harvard University Press, 1968); Nicholas Lardy and Kenneth Lieberthal, eds., *Chen Yun's Strategy for China's Development: A Non-Maoist Alternative* (Armonk, N.Y., 1983); John Bryan Starr, *Continuing the Revolution: The Political Thought of Mao*(Princeton: Princeton University Press, 1979); Jonathan Unger, *Education under Mao: Class and Competition in Canton Schools 1960-1980*(New York: Columbia University Press, 1982); Chalmers Johnson, ed., *Ideology and Politics in Contemporary China*(Seattle: University of Washington Press, 1973).

문화혁명: 분석과 문건 Lynn White, *Policies of Chaos: The Organizational Causes of Violence in China's Cultural Revolution*(Princeton: Princeton University Press, 1989); Byung-joon Ahn, *Chinese Politics and the Cultural Revolution: Dynamics of Policy Processes*(Seattle: University of Washington Press, 1976); Lee Hong-yung, *The Politics of the Chinese Cultural Revolution: A Case Study*(Berkeley: University of California Press, 1978); Parris Chang, *Radicals and Radical Ideology in China's Cultural Revolution*(New York: Columbia University Press, 1973); Andrew G. Walder, *Chang Ch'un-ch'iao and Shanghai's January Revolution*(Ann Arbor: University of Michigan, 1977); Lars Ragvald, *Yao Wen-yuan as a Literary Critic and Theorist: The Emergence of Chinese Zhdanovism*(Stockholm, 1978); Roxane Witke, *Comrade Chiang Ch'ing [Jiang Qing]*(Boston, 1977); Anne Thurston, *Enemies of the People: The Ordeal of the Intellectuals in China's Great Cultural Revolution*(New York, 1987); Margie Sargent, Vivienne Shue, Thomas Matthews, and Deborah Davis, *The Cultural Revolution in the Provinces*(Cambridge: Harvard University Press, 1971); Anita Chan, *Children of Mao: Personality Development and Political Activism in the Red Guard Generation* (Seattle: University of Washington Press, 1985); Stanley Rosen, *Red Guard Factionalim and the Cultural Revolution in Guangzhou[Canton]*(Boulder, Col., 1982); David Raddock, *Political Behavior in Adolescents in China: The Cultural Revolution in Kwangchow[Canton]*(Tucson: University of Arizona Press, 1977); Lin

Biao(Lin Piao), *Important Documents on the Great Proletarian Cultural Revolution in China*(Peking, 1970); *CCP Documents of the Great Proletarian Cultural Revolution 1961-1967*, comp. Union Research Institute(Hong Kong, 1968); Lowell Dittmer, *Liu Shao-ch'i and the Chinese Cultural Revolution: The Politics of Mass Criticism* (Berkeley: University of California Press, 1974).

문화혁명: 참가자와 희생자 Gao Yuan, *Born Red: A Chronicle of the Cultural Revolution* (Stanford: Stanford University Press, 1987); Liang Heng and Tudith Shapiro, *Son of the Revolution*(New York, 1983); Yue Daiyun, with Carolyn Wakeman, *To the Storm: The Odyssey of a Revolutionary Chinese Woman*(Berkeley: University of California Press, 1985); Nien Cheng, *Life and Death in Shanghai*(New York, 1986); Yang Jiang, *Six Chapters from My Life "Downunder"*(Seattle: University of Washington Press, 1984); *The Wounded: New Stories of the Cultural Revolution*, trans. Geremie Barmeand Bennett Lee(Hong Kong, 1979); Bei Dao, *Waves*, trans. Bonnie McDougall and Susette Cook(London, 1987).

22장 문호 재개방

대외정책과 미국 Peter Van Ness, *Revolution and Chinese Foreign Policy: Peking's Support of Wars of National Liberation*(Berkeley: University of California Press, 1971); Bruce Larkin, *China and Africa, 1949-1970: The Foreign Policy of the People's Republic of China*(Berkeley: University of California Press, 1971); Henry Kissinger, *White House Years*(Boston, 1979); Richard Nixon, *RN: The Memoirs of Richard Nixon*(New York, 1978).

대중운동과 간부 Thomas Bernstein, *Up to the Mountains and Down to the Villages: The Transfer of Youth from Urban to Rural China*(New Haven: Yale University Press, 1977); B. Michael Frolic, *Mao's People: Sixteen Portraits of Life in Revolutionary China*(Cambridge: Harvard University Press, 1980); David Lampton, *The Politics of Medicine in China: The Policy Process, 1949-1977*(Boulder, Col., 1977); Susan Shirk, *Competitive Comrades: Career Incentives and Student Strategies in China*(Berkeley: University of California Press, 1981); Harry Harding, *Organizing China: The Problem of Bureaucracy, 1949-1976*(Stanford: Stanford University Press, 1981); Michael Oksenberg, ed., *China's Developmental Experience*(New York, 1973); Stuart Schram, ed., *Authority Participation and Cultural Change in China*(New York: Cambridge University Press, 1973).

농촌생활 Richard Madsen, *Morality and Power in a Chinese Village*(Berkeley: University of California Press, 1984); John Burns, *Political Participation in Rural China* (Berkeley: University of California Press, 1988); Gordon Bennett, *Huadong: The Story of a Chinese People's Commune*(Boulder, Col., 1978); William Parish and Martin Whyte, *Village and Family in Contemporary China*(Chicago: University of Chicago Press, 1978).

도시생활 John Wilson Lewis, ed., *The City in Communist China*(Stanford: Stanford University Press, 1971); Martin Whyte and William Parish, *Urban Life in Contemporary China*(Chicago: Chicago University Press, 1984).

중화인민공화국의 문화 Ellen Johnston Laing, *The Winking Owl: Art in the People's Republic of China*(Berkeley: University of California Press, 1988); Lois Snow, *China on Stage: An American Actress in the Peoples Republic*(New York, 1972); Bonnie McDougall, ed., *Popular Chinese Literature and Performing Arts in the People's*

Republic of China, 1949-1979(Berkeley: University of California Press, 1984); Richard Kraus, *Pianos and Politics in China: Class, Nationalism and the Controversy over Western Music*(New York: Oxford University Press, 1989); Simon Leys, *Chinese Shadows*(New York, 1977).

혁명 속의 여성 Judith Stacey, *Patriarchy and Socialist Revolution in China*(Berkeley: University of California Press, 1983); Kay Ann Johnson, *Women, the Family and Peasant Revolution in China*(Chicago: University of Chicago Press, 1983); Elisabeth Croll, *Feminism and Socialism in China*(London, 1978)[김미경·이연주 옮김, 『중국여성해방운동』(사계절, 1985)]; Elisabeth Croll, *The Politics of Marriage in Contemporary China*(New York: Cambridge University Press, 1981); *Contemporary Women Writers*(Renditions nos. 27 and 28, Chinese University of Hong Kong, 1987); Margery Wolf and Roxane Witke, eds., *Women in Chinese Society* (Stanford: Stanford University Press, 1975).

23장 혁명의 재정의

4개 현대화 Richard Baum, ed., *China's Four Modernizations: The New Technological Revolution*(Boulder, Col., 1980); Andrew Walder, *Communist Neo-Traditionalism: Work and Authority in Chinese Industry*(New York: Columbia University Press, 1986): John Burns and Stanley Rosen, eds., *Policy Conflicts in Post-Mao China* (Armonk, N.Y. 1986); Colin Mackerras, *Modern China: A Chronology from 1842 to the Present*(San Francisco, 1982); Leo Orleans, *Chinese Students in America* (Washington, D.C., 1988); Helen Siu, *Agents and Victims in South China: Accomplices in Rural Revolution*(New Haven: Yale University Press, 1989); William Joseph, *The Critique of Ultra-Leftism in China, 1958-1981*(Stanford: Stanford University Press, 1984); David Lampton, *Paths to Power: Elite Mobility in Contemporary China*(Ann Arbor: University of Michigan, 1986).

민주운동과 '제5 현대화' Anita Chan, Stanley Rosen, and Jonathan Unger, *On Socialist Democracy and the Chinese Legal System: The Li Yizhe Debates*(Armonk, N. Y., 1985); David Goodman, *Beijing Street Voices: The Poetry and Politics of China's Democracy Movement*(London, 1981); James Seymour, *The Fifth Modernization: China's Human Rights Movement, 1978-1979*(Stanfordville, N.Y., 1980); Bei Dao, *The August Sleepwalker*, trans. Bonnie McDougall(London: Anvil Press, 1988); Liu Binyan, *"People or Monsters?" and Other Stories and Report age from China after Mao*, trans. Perry Link et al.(Bloomington: Indiana University Press, 1983); Andrew Nathan, *Chinese Democracy*(New York, 1985); Perry Link, ed., *Stubborn Weeds: Popular and Controversial Chinese Literature after the Cultural Revolution*(Bloomington: Indiana University Press, 1983).

타이완 John Cooper, *A Quiet Revolution: Political Development in the Republic of China*(Washington, D.C., 1988); Thomas Gold, *State and Society in the Taiwan Miracle*(Armonk, N.Y., 1986); James C. Hsiung, ed., *The Taiwan Experience, 1950-1980: Contemporary Republic of China*(New York, 1981); Victor H. Li, ed., *The Future of Taiwan: A Difference of Opinion*(White Plains, N.Y., 1980); Hungdah Chiu, ed., *China and the Taiwan Issue*(New York, 1979); John Fei, Gustav Ranis, and Shirley Kuo, *Growth with Equity: The Taiwan Case*(New York: Oxford University Press, 1979).

경제특구의 발전 Harry Harding, *China's Second Revolution: Reform after Mao*

(Washington, D.C., 1987); Samuel S. Kim, ed., *China and the World: Chinese Foreign Policy in the Post-Mao Era* (Boulder, Col., 1984); A. Doak Barnett, *The Making Foreign Policy in China: Structure and Process* (Boulder, Col., 1985); Zbigniew Brzezinski, *Power and Principle: Memoirs of the National Security Advrser, 1977-1981* (New York, 1983).

전기 Wolfgang Bartke, *Who's Who in the People's Republic of China* (Armonk, N Y., 1980); Lucien Bianco and Yves Chevrier, *La Chine: Dictionnaire bibliographique du mouvement ouvrier International* (Paris, 1985).

24장 권력의 층위

인구와 산아제한 Judith Banister, *China's Changing Population* (Stanford: Stanford University Press, 1987); *New China's Population* (China Financial and Economic Publishing House and Macmillan, New York, 1987); Penny Kane, *The Second Billion: Population and Family Planning in China* (Ringwood, Australia, 1987); Steven Mosher, *Broken Earth: The Rural Chinese* (New York, 1983).

1980년대의 중국 통치 Kenneth Lieberthal and Michel Oksenberg, *Policy Making in China: Leaders, Structures, and Processes* (Princeton: Princeton University Press, 1988); Tony Saich, *China's Science Policy In the 1980s* (Manchester, Eng.: Manchester University Press, 1989); Victor Falkenheim, ed., *Citizens and Groups in the Policy Process of the People's Republic of China* (Ann Arbor University of Michigan Press, 1987); David Goodman, ed., *Groups and Politics in the People's Republic of China* (Armonk, N.Y., 1985); Vivienne Shue, *The Reach of the State: Sketches of the Chinese Body Politic* (Stanford: Stanford University Press, 1988); Elizabeth Ferry and Christine Wong, eds., *The Political Economy of Reform in Post-Mao China* (Cambridge: Harvard University Press, 1985).

중화인민공화국의 법 Jerome Cohen, ed., *Contemporary Chinese Law: Research Problems and Perspectives* (Cambridge: Harvard University Press, 1970); Victor Li, *Law without Lawyers* (Stanford, Calif., 1977); David Buxbaum, ed., *Chinese Family Law and Social Change in Historical and Comparative Perspective* (Seattle: University of Washington Press, 1978); R. Randle Edwards, Louis Henkin, and Andrew Nathan, eds., *Human Rights in Contemporary China* (New York: Columbia University Press, 1986); Henry Zheng, *China's Civil and Commercial Law* (Singapore, 1988); Michael Moser and Winston Zee, *China Tax Guide* (New York: Oxford University Press, 1987).

중국의 작가 Merle Goldman, with Timothy Cheek and Carol Hamrin, *China's Intellectuals and the State: In Search of a New Relationship* (Cambridge: Harvard University Press, 1987); Jeffrey Kinkley, ed., *After Mao: Chinese Literature and Society, 1978-1981* (Cambridge: Harvard University Press, 1985).

홍콩 Chiu Hungdah, Y. C. Jao, and Yuan-li Wu, eds., *The Future of Hong Kong: Toward 1997 and Beyond* (Westport, Conn., 1987).

생활과 보건 Gail Henderson and Myron Cohen, *The Chinese Hospital: A Socialist Work Unit* (New Haven: Yale University Press, 1984); Arthur Kleinman, *Social Origins of Distress and Disease: Depression, Neurasthenia, and Pain in Modern China* (New Haven: Yale University Press, 1986); Arthur Kleinman and Tsung-yi Lin, eds., *Normal and Abnormal Behavior in Chinese Culture* (Dordrecht, Holland, 1981); Deborah Davis-Friedmann, Long Lives, *Chinese Elderly and the Communist Revolution* (Cambridge: Harvard University Press, 1983).

중국의 서양인 Arthur Miller, *Salesman in Beijing*(New York, 1984); Tani Barlow and Donald Lowe, *Teaching China's Lost Generation: Foreign Experts in the People's Republic of China*(초판 제목은 *Chinese Reflections*)(San Francisco, 1987); Mark Salzman, *Iron and Silk*(New York, 1986); Vera Schwarcz, *Long Road Home: A China Journal*(New Haven: Yale University Press, 1984).

25장 한계의 시험

다양한 목소리 Zhang Xinxin and Sang Ye, *Chinese Lives: An Oral History of Contemporary China*(New York, 1987); *Seeds of Fire: Chinese Voices of Conscience, ed. Geremie Barme and john Minford*(New York, 1989); Chin Annping, *Chlildren of China: Voices from Recent Years*(New York, 1988); Emily Honig and Gail Hershatter, *Personal Voices: Chinese Women in the 1980's*(Stanford: Stanford University Press, 1988); Perry Link, Richard Madsen, and Paul Pickowicz, eds., *Unofficial China: Popular Culture and Thought in the People's Republic*(Boulder, Col., 1989).

경제와 정치 Carol Hamrin, *China and the Challenge of the Future: Changing Political Patterns*(Boulder, Col., 1989); Bruce Reynolds, ed., *Chinese Economic Policy: Economic Reform at Midstream*(New York, 1989); Orville Schell, *Discos and Democracy: China in the Throes of Reform*(New York, 1988); June Dreyer, ed., *Chinese Defense and Foreign Policy*(New York, 1989); Jim Mann, *Beijing Jeep*(New York, 1989).

베이징 시위와 학살 The Photographers and Reporters of Min Pao News, *June Four : A Chronicle of the Chinese Democratic Uprising*, trans. Zi Jin and Qin Zhou (Fayetteville: University of Arkansas Press, 1989); David and Peter Turnley, *Beijing Spring*(New York, 1989); Human Rights in China, *Children of the Dragon: the Story of Tiananmen Square*(New York, 1990).

용어해설

가경제(嘉慶帝, 1760~1820): 건륭제의 다섯째 아들 융엔(顒琰)의 제호. 1796년 청 왕조의 제5
대 황제로 지명되었고, 1799년 건륭제 사후 완전히 권력을 물려받았다. 그의 재위 기간 동안
중국은 해적, 내란 그리고 자연재해 등으로 황폐화되었다. 가경제는 1813년 팔괘교(八卦敎)의
광신적인 지도자 린칭(林淸)의 추종자들이 자금성에 침입했을 때 암살기도의 대상이었다.

가오강(高崗, 1902~1954): 제2차 세계대전 이후 만주의 경제 재건 계획의 책임을 맡은 공산당
지도자. 1954년에 동북부에 그의 권력기반을 세우려 했다는 이유로 숙청당했다. 같은 해에 자
살했다고 발표되었다.

가을 추수봉기(1927. 9): 후난 성 창사 부근의 작은 마을들에서 마오쩌둥이 이끄는 농민 군대가
코민테른의 닝링에 따라 감행한 일련의 실패한 봉기들.

간쑤(甘肅): 중국 북중부의 성(省). 면적 45만km², 인구 2,126만 명, 성도 란저우(蘭州). 간쑤의
대부분은 불모의 평원과 사막이다.

강희제(康熙帝, 1654~1722): 순치제의 셋째아들 쉬안예(玄燁)의 제호. 7세에 제위에 올라 청
왕조의 제2대 황제로 61년 동안 중국을 통치했다. 중국에 대한 만주족의 통치를 공고히 했고,
직접 서북 변방지역에 대한 군사작전을 성공적으로 이끌었다. 그의 장수들은 남부지방에서 일
어난 삼번의 난을 진압했고, 타이완을 점령했다. 그의 재위 동안 중국은 지구상에서 제일 크고
가장 번영한 통일 제국 가운데 하나였다.

객가(客家): 주로 화북에서 이주한 중국 중남부의 소수 한족 집단. 유명한 객가로는 태평천국의
지도자인 홍슈취안과 쑹 가문이 있다.

건륭제(乾隆帝, 1711~1799): 옹정제의 넷째아들 홍리(弘曆)의 제호. 1736년 청 왕조의 제4대
황제로 등극했다. 그가 재임한 63년 동안에 중국 인구의 대규모 성장, 신장 정복, 『사고전서』
(四庫全書) 편찬, 그리고 매카트니가 인솔하는 영국의 첫번째 대중국 외교사절의 방문 따위의
일들이 있었다.

경제특구: 외국의 직접 투자를 유치하기 위해 공산당 정부가 지정한 도시들. 중국의 수출을 늘리

고 외국기술을 도입하는 교량의 역할을 하도록 고안되었다. 먼저 4개의 경제특구(선전·주하이·산터우·샤먼)는 1979년에 설치되었고, 1986년 하이난 섬과 14개 도시가 추가되었다.

계급정화운동: 문화혁명기 동안 과거에 '나쁜' 요소를 가진 것으로 의심되는 모든 간부들의 계급적 배경을 조사하여 정화한 운동. 전국에 설치된 5·7간부학교에서 간부들은 그들의 과오를 '연구했다'.

계왕(桂王, 1623~1662): 만력제의 손자 가운데 최후까지 살아남아 명 황실의 마지막 계승자라고 주장한 인물의 호칭. 1646년 광둥의 망명 조정에서 명 황제로 추대되었다. 만주군의 추격을 피해 버마로 도망쳤지만 결국 우싼구이에게 사로잡혀 처형되었다.

『고금도서집성』(古今圖書集成): 80만 쪽에 달하는 백과사전. 자연현상, 역사, 문학, 정부에 대한 글을 모은 책. 강희제의 후원 아래 학자 천명레이가 편찬했고, 옹정제 때 강희제의 이름으로 출판되었다.

공친왕(恭親王, 1833~1898): 도광제의 여섯째아들. 외세침략에 직면하여 국력을 회복하고 위엄을 되찾으려는 청 왕조의 마지막 시도에서 중요한 역할을 했던 인물. 1860년 피난 중인 이복형제 함풍제를 대신하여, 침략 중인 영국군과 베이징 협정을 협상하도록 부름을 받았다. 1861년 서태후의 고문이자 새로 구성된 총리아문의 총리가 되었고, 이 지위를 1884년까지 유지했으며, 1894~1898년에 다시 그 자리에 올랐다.

공행(公行): 중국상인조합. 1720년에 공식 설립되어 서양 제국과의 해상무역을 독점했다. 1760년 모든 통상이 광저우로 제한되자 공행은 청 정부의 대행인으로 활동하며 관세를 거두고 외국인과의 모든 협상을 처리했다. 이 제도는 1842년 난징 조약으로 폐지되었다.

광둥 코뮌(1927. 12. 11): 스탈린의 명령에 따라 취추바이가 지휘한 공산당 주도의 노동자 반란. 반공산당 군벌과 국민당 군대에 의해 이틀 후 진압되었다.

광둥(廣東): 중국 동남부의 성(省). 면적 21만 2천km², 인구 6,444만 7천 명, 성도 광저우(廣州, 인구 342만 명).

광서제(光緖帝, 1871~1908): 함풍제의 조카 짜이톈(載湉)의 제호. 1875년 사촌인 동치제가 사망하자 4세의 나이에 숙모인 서태후에 의해 청 왕조의 아홉번째 황제로 선택되었다. 캉유웨이와 같은 유교 개혁가의 주장에 동조했던 광서제는 1898년 백일 개혁의 시도를 도왔으나, 그 해에 서태후를 권좌에서 몰아내려는 음모를 꾸몄다 해서 유폐당했다.

광시(廣西): 중국 서남부의 좡족(壯族) 자치구(自治區). 면적 23만km², 인구 4,023만 명, 성도 난닝(南寧, 인구 100만 명).

광역권(macroregion): 인구밀도가 높고 교역이 활발한 중심 '핵'과 그것을 둘러싼 보다 약한 경제발전의 '주변'으로 구성된 지역. 중국 사회의 경제적 구조를 분석하기 위해 사용되었다.

광저우(廣州): 주강 삼각주에 위치한 남부지방의 주요 도시. 광둥 성의 성도. 인구 342만 명.

구옌우(顧炎武, 1613~1682): 청 초의 고증학자. 후대 학자들에 의해 지적 엄밀성과 완결성의 모범으로 존경받았다. 유학의 형이상학적 사색을 피하는 대신 정부·윤리·역사·지리 등의 주제에 대해 실용적인 학문을 탐구했다.

구이저우(貴州): 중국 서남부 산악지대의 성(省). 면적 17만km², 성도 구이양(貴陽, 인구 143만 명). 인구 3,073만 명 가운데 다수는 먀오족(苗族)이나 좡족 같은 소수민족 계열이다.

국공합작(國共合作): 늘 적대적인 중국공산당과 국민당 사이의 한시적인 협력을 일컫는 용어. 민족적 목표를 실현하려는 목적에서 두 번 이루어졌다. 제1차 국공합작(1923~1927)은 군벌세

력으로부터 중국을 되찾기 위한 것이었고(북벌 항을 보라), 제2차 국공합작(1937~1945)은 제
2차 세계대전 때 일본에 저항하기 위해서였다.

군기처(軍機處): 황제의 높은 신임을 받는 고문들의 소규모 위원회. 옹정제 때 군사계획의 촉진
을 위한 비밀조직으로 처음 구성되었으며, 그의 아들 건륭제 때 공식 기구가 되었다. 군기처의
권력은 내각이나 육부(六部)의 힘을 능가했다.

『금병매』(金甁梅): 명 말에 처음 출판된 중국 소설의 주요 작품 가운데 하나. 상인·관리·학자인
서문경이 다섯 첩 사이에서 향락을 추구하는 것을 그렸으며 그 대부분이 관능적이다.

기군(旗軍) 체제: 만주족이 시행한 군사 조직방법으로, 전투병(과 그들의 가족)이 각기 다른 색깔
의 깃발로 식별되는 군단에 편성되었다. 홍(紅)·남(藍)·황(黃)·백(白) 색을 이용하여 네 개는
단색, 네 개는 테두리가 있는 기로 상징되는 팔기군이 생겨났다. 누르하치가 시작한 이 체제는
청의 신군이 발전하면서 20세기 초반에 사라졌다.

변발(辮髮): 앞이마는 넓게 밀고 뒷머리는 길게 땋는 만주족 남성의 머리모양. 본래 전투에서 긴
머리로 얼굴을 보호하기 위해 고안되었다. 1645년 도르곤이 발표한 만주 칙령에 의해 모든 중
국 남성은 처형당하지 않으려면 이 머리 모양을 해야 했다. 반만 활동가들은 청에 대한 불복의
행위로 변발의 긴 머리를 자르곤 했다.

난징(南京) 조약(1842): 중국 역사에서 가장 중요한 조약. 아편전쟁을 끝내기 위해 영국과 청 정
부 사이에 조인되었다. 12개조에는 5개 항구(광저우·푸저우·샤먼·상하이·닝보)의 개방, 2,100
만 냥의 배상금 지불, 공행 독점의 폐지 등이 포함되었다. 이것은 이듬해 후먼 조약으로 보충되
었는데, 거기에는 최혜국 조항, 곧 청 정부가 조약 협정을 통해 다른 나라에 제공하는 모든 특
권을 자동적으로 영국에게도 준다는 내용이 들어 있었다.

난징 학살: 일본군이 1937년 12월부터 1938년 1월까지 7주 동안 장제스의 수도 난징을 약탈하
고, 약 5만 명을 죽이고 수만 명의 여성을 강간한 사건.

남의사(藍衣社): 1930년대에 조직된 준군사조직으로 장제스의 '비밀 경찰'로 기능했다. 다이리
와 장제스에게 충성하는 황푸군관학교 졸업생들이 구축이 된 남의사는 '반란적' 행위에 대한
정보를 수집하고 만장(反蔣) 사상을 가진 이들의 암살을 주도했다.

내각(內閣): 제국 중앙정부의 행정 중심부. 육부에서 올라온 일상적인 주접을 처리하는 것이 주
된 업무이며, 만주족과 한족의 소규모 집단으로 구성되었다.

내몽골(內蒙古): 중국 북부의 사막과 초원에 있는 자치구(自治區). 면적 120만km², 인구 2,066
만 명. 내몽골은 몽골과 길게 접하고 있다. 성도는 후허하오터(呼和浩特, 인구 83만 명).

내무부(內務府): 황궁 내의 독립적인 관청. 기군과 가신으로 구성되었으며, 황제와 황실의 재정
이나 개인적 업무를 관장했다.

냥(兩): 중국 제국기의 은화의 단위.(가장 중요하게는 국고에 납부하는 세금의 단위였다.)

네르친스크 조약(1689): 강희제의 청 조정과 러시아 사이에 맺어진 조약으로 두 나라 사이의 남
북 경계를 고르비차 강과 아르군 강으로 정했다. 청의 통상적인 대외 문제 처리에서 크게 벗어
나, 이 조약은 두 개의 동등한 주권 국가 사이의 동의로서 인준되었다.

루거우교(盧溝橋) 사건: 1937년 7월 7일 밤, 일본군이 베이징 근방의 루거우교를 점령한 사건.
이 도발에 뒤따른 전투는 중국과 일본 사이의 노골적인 적대감의 표출이었고, 제2차 세계대전
의 첫번째 전투로 볼 수 있다.

닝샤(寧夏): 중북부 지역의 자치구. 면적 6만km², 인구 435만 명. 성도 인촨(銀川). 메마르고 거

친 지역으로 주민은 대부분 이슬람 교도인 후이족(回族)이다.

다이전(戴震, 1724~1777): 18세기 고증학파의 가장 중요하고 영향력 있는 학자 가운데 한 사람. 『사고전서』 편찬에 참여했다.

다자이(大寨): 천용구이가 이끄는 산시(山西) 성의 농촌 대대. 1960년대 초반, 그리고 1970년대 중반에 마오쩌둥 사상을 적용하여 달성한 사회주의적 농업생산의 모범으로 이용되었다.

단웨이(單位): 1949년 이후 중국의 작업장. 고용주로서의 기능을 담당했으며, 대개 그들의 고용인들에게 주택과 같은 복리후생을 제공한 단위.

달라이 라마: 티베트 불교의 영적 지도자. 또한 1642~1959년까지 티베트의 최고 정치 지도자. 티베트 역사의 여러 기간 동안 중국의 정책은 달라이 라마의 지위와 권력을 결정하는 데 상당한 영향을 끼쳤다. 현재 달라이 라마는 1959년 티베트를 떠나 인도에서 망명생활을 하고 있다.

대약진(1958~1961): 마오쩌둥이 대중조직과 인민에게 혁명적 열기를 고무시켜 중국 내의 경제 생산을 극적으로 끌어올리려고 한 운동. 대규모 '인민공사'로의 농민의 급진적 집단화와 공업생산의 분산과 같은 정책이 성공했다는 과장된 보고는 일시적으로 대약진이 초래한 실질적인 경제적 고통과 광범위한 기근을 은폐했다.

대운하(大運河): 남부에서 베이징까지 쌀과 여타 생산품의 수송을 가능케 한, 베이징과 양쯔 강 삼각주를 연결하는 수로체계.

대장정(1934~1935): 장제스의 초공(剿共) 작전을 피하기 위해 공산당군이 수행한 약 1만km에 달하는 여정. 1934년 장시 소비에트를 떠나 1년에 걸친 행군 끝에, 출발 당시 8만여 명 가운데 불과 8,000~9,000명만이 살아남아 서북부 산시 성의 옌안에 새로운 공산당 근거지를 건설하였다.

덩샤오핑(鄧小平, 1904~1997): 쓰촨의 농민 가정에서 태어나 1920년대에 공산당에 입당했고, 프랑스의 근공검학 계획에 참가했다. 대장정의 용사인 덩샤오핑은 1950년대와 1960년대 초에 걸쳐 중앙위원회의 고위직에 올랐고, 문화혁명기에 박해를 받았다가 1980년에 화궈펑을 쫓아내고 주석이 되었다. 4개 현대화 실시와 1989년 민주운동을 진압하는 데 결정적 역할을 하였다.

도광제(道光帝, 1782~1850): 가경제의 차남 민닝의 제호. 1821년 청 왕조의 여섯번째 황제가 되었다. 그의 재위 동안 외세와 중국의 이해 집단들 사이의 분쟁이 심화되어 아편전쟁(1839~1842)이 발발했다.

도교(道教): 노자(老子, B.C.604~B.C.521경)와 장자(莊子, B.C.369~B.C.286)의 저서에 근거한 철학의 학파로, 인간이 '도(道)의 허(虛)하고 자율적이며 자연적인 본질과 조화를 이룰 때 해방을 성취한다고 가르쳤다.

도르곤(多爾袞, 1612~1650): 만주족 군사 지도자, 누르하치의 열넷째아들, 홍타이지의 이복동생. 만리장성 이남에 대한 만주족의 첫번째 공격을 지휘하고 1644년 베이징을 점령했다. 도르곤은 홍타이지의 아들인 어린 황제 순치제의 섭정으로서 초반에는 청 조정을 좌지우지하는 권력을 행사했다.

동림서원(東林書院): 17세기 초 우시에서 일군의 학자와 관리들이 설립한 서원. 이 집단은 왕양밍의 양지(良知) 철학을 '타락한' 것이라 비판하고 고전에서 발견되는 '정통' 유교 도덕의 회복에 몰두했다. 하나의 정파로서 이 집단의 구성원들은 황실의 환관세력에 맞서 투쟁했다. 이 서원 출신 다수는 1625년에 막강한 권력을 휘두르던 환관 웨이중셴의 명령에 따라 진행된 숙청에서 고문당하거나 살해되었다.

동맹회(同盟會): 1905년 도쿄에 망명 중이던 쑨원과 일본에 유학 중이던 랴오중카이·왕징웨이 등 중국인 학생들이 만든 반만 집단. 선전, 기금 모금, 혁명활동을 지원했으며, 1911년 우한 반란을 일으켜 청 왕조를 멸망에 이르게 하는 데 결정적인 역할을 했다.

동치 중흥(同治中興): 1860년대 말부터 1870년대 말까지 청이 유교 도덕과 서양의 기술을 결합하여 나라와 정부를 부흥시키려 했던 기간으로, 당시 황제인 동치의 이름을 따왔다. 이 '자강' 운동의 주요 인물은 쩡궈판·리훙장·공친왕 등이다.

동치제(同治帝, 1856~1875): 함풍제의 외아들 짜이춘(載淳)의 제호. 1862년 6세에 청 왕조의 제8대 황제가 되었다. 그의 어머니 서태후는 그가 17세 생일을 맞이할 때까지 섭정으로 통치했고, 그가 19세에 죽을 때까지 그의 위에서 권력을 행사했다.

두웨성(杜月笙, 1888~1951): 상하이의 협박꾼, 은행가, 재력가, 청방의 지도자. 장제스의 친구이자 중요한 협력자.

딩링(丁玲, 1904~1986): 페미니즘 작가이자 공산당원이며, 유명한 작품으로「소피 양의 일기」와『태양은 상간 강을 비춘다』등이 있다. 그녀는 1942년의 정풍운동을 비난했고 백화운동에 뒤이은 반우파운동기, 그리고 문화혁명기에 거듭 옥고를 치렀다.

라오서(老舍, 1899~1966): 1920년대와 1930년대 중국 사회의 부패와 부정을 비판하는 작품들을 썼던 소설가이자 극작가. 유명한 작품으로는『고양이 나라』와『뤄퉈샹쯔』등이 있다. 문화혁명 때 홍위병의 강요로 자살했다.

랴오닝(遼寧): 중국 동북부의 성(省). 면적 14만 5,700km², 인구 3,777만 명. 성도 선양(瀋陽, 인구 437만 명)은 중국의 가장 큰 중공업 중심지 가운데 하나.

랴오중카이(廖仲愷, 1878~1925): 미국에서 태어나 일본에서 교육받은 쑨원의 동료. 동맹회의 초기 회원. 1914년부터 죽을 때까지 국민당의 재정 업무를 맡았다. 1925년에 국민당 우익에게 암살을 당했는데, 홍콩·광저우 노동자 파업을 지지했기 때문이다.

량치차오(梁啓超, 1873~1929): 캉유웨이의 제자. 1898년 보수파의 쿠데타 이후 일본으로 도피하여, 저술을 통해 화교와 외국 정부 사이에서 개혁파의 명분에 대한 지원을 얻고자 했다. 처음에는 캉유웨이의 입헌군주제 사상을 지지했다가 나중에 스승과 결별하고 공화주의를 옹호했다.

러허(熱河): 베이징에서 동북쪽으로 약 160km 떨어져 있는 도시. 청 황제들의 여름별궁이 있는 곳. 현재 허베이 성의 청더(承德).

레이펑(雷鋒): 인민해방군 청년 병사. 그의 겸손한 행동과 마오쩌둥과 공산당에 대한 이타적 봉사는 지난 25년 동안 수많은 선전운동에서 하나의 모델로 추앙되었다. 그 첫번째는 1963년 린뱌오가 시작했던 "군대에서 배우자" 운동이었다.

돤치루이(段祺瑞, 1865~1936): 1916년 위안스카이의 죽음 이후 중국의 주석. 일본 정부로부터의 대부와 뇌물을 받아들여 자신의 군사력을 키우는 데 이용했다. 제1차 세계대전 말에 그가 일본과 맺은 비밀협정은 1919년 베르사유 조약에서 연합국이 산둥에 대한 독일의 이권을 일본에 넘기도록 결정을 내리는 데 중요한 근거가 되었다.

루쉰(魯迅, 1881~1936): 중국에서 가장 유명한 단편 소설가. 그의 작품은 동료 중국인의 전통적 문화와 정신을 건조하고 냉소적인 재치로 비판했다. 가장 유명한 작품으로는「아Q정전」과「고향」이 있다.

류빈옌(劉賓雁, 1925~): 작가이자 언론인. 왕서우신의 경제 범죄를 폭로한 「인민이냐 괴물이냐?」로 유명하다. 1987년 '부르주아 자유화'를 반대하는 운동이 벌어질 때 공산당에서 제명되었다.

류사오치(劉少奇, 1898~1969): 소련에서 교육받은 공산주의 조직가이자 이론가.『훌륭한 공산당원이 되는 법』의 저자이다. 1960년대 초반 마오쩌둥의 후계자로서 대중에게 알려진 류사오치는 문화혁명기에 '주자파'(走資派)로 심하게 비판당하고 당에서 숙청되었다.

리다자오(李大釗, 1889~1927): 5·4운동에서 빼놓을 수 없는 인물. 중국 초기 마르크스주의자로 중국공산당 창립자 가운데 한 명이다. 일본에서 유학하고 1918년에 중국으로 돌아와 베이징 대학 도서관장 겸 잡지『신청년』의 공동 편집자로서 활동했다. 이어서 국민당과의 제1차 국공합작(1923~1927) 기간에 공산당의 영향력 있는 지도자가 되었다. 베이징에서 군벌 장쭤린에게 체포되어 처형되었다.

리덩후이(李登輝, 1923~): 1988년 장징궈를 이어 타이완의 총통직을 계승한 타이완 원주민 출신 정치가. 타이완과 중화인민공화국 사이의 접촉을 재개하는 데 관심이 많았던 그는 총통이 되어 행한 첫번째 주요 행적 가운데 하나가 타이완인의 본토 방문 금지를 해제한 일이었다.

리리싼(李立三, 1900~1967): 초기 공산주의 노동 조직가이며 1928년 취추바이를 대신하여 공산당 지도자로 선택되었다. 리리싼은 1930년 농민이 아니라 도시 프롤레타리아트가 중국 혁명에서 주도적 세력이 될 것이라는 주장을 굽히지 않아 비판당하고 지도적 지위에서 물러났다.

리쯔청(李自成, 1606~1645): 역졸(驛卒) 출신으로 명 군대에서 탈영한 후 1644년 자신의 반란군과 함께 명 왕조를 타도했다.

리펑(李鵬, 1928~): 저우언라이가 돌본 여러 고아 가운데 한 명인 그는 소련에서 연수받은 엔지니어 출신으로 1988년에 중국의 총리가 되었다. 본래 덩샤오핑의 급속한 경제정책의 지지자로 보였으나, 1989년에는 강경파 주요 인물로 부상했다.

리훙장(李鴻章, 1823~1901): 청 왕조를 섬긴 장군이자 관료. 19세기 말 자강운동의 주요 인물. 1860년대 쩡궈판의 지도 아래 태평천국에 대항한 회군(淮軍)의 지휘자로서 명성을 얻었다. 그후 1870년대와 1880년대에 철도, 전신, 해운 회사, 무기 제조의 발전을 위해 노력했다.

린뱌오(林彪, 1908~1971): 인민해방군을 일반적인 근대적 군대로 탈바꿈시킨 군사 지도자. 1958년 펑더화이의 뒤를 이어 국방부장이 되었다. 마오쩌둥의 열렬한 지지자인 린뱌오는 엄청난 영향을 미친『마오주석어록』을 편찬했고, 1969년 마오쩌둥의 후계자로 지명되었다. 2년 후 반마오쩌둥 쿠데타가 실패하자 비행기를 타고 도망치다가 추락사한 것으로 알려져 있다.

린쩌쉬(林則徐 1785~1850): 푸젠 성 출신의 학자이자 관리. 1838년에 아편무역을 금지시킬 황제의 칙사로 임명되었다. 그는 중국의 아편 중독자들을 위한 도덕적 계몽운동을 펼쳤고 동시에 아편 수입을 중지시키기 위해 노력했다. 1839년 광저우의 영국인 창고에서 300만 파운드의 아편을 몰수하여 폐기시킨 그의 조치는, 영국 무역상을 자극했고 아편전쟁(1839~1842)의 도화선이 되었다.

린칭(林淸, 1770~1813): 팔괘교라는 종말론적 불교의 광신적인 지도자로서 1800년대 초반에 허난에서 추종자들을 조직하여 반청 반란을 감행했다. 그의 지지자 일부는 가경제를 암살하기 위해 자금성으로 침입했다.

마오둔(茅盾, 1896~1982): 좌파 작가. 1930년대 상하이의 부패한 자본주의 사회를 묘사한 소설『자야』의 작자. 1949년 이후 공산당 정부의 문화부장으로 일했다.

마오쩌둥(毛澤東, 1893~1976): 후난 성 출신의 농민으로 리다자오 밑에서 베이징 대학 도서관에서 일하던 중 중국공산당의 초기 당원이 되었다. 1930년대 당 지도부의 일원이 되었고, 중국의 마르크스주의 혁명은 도시 프롤레타리아트가 아닌 농민에 의해 달성될 것이라 주장했다. 중국공산당의 대장정을 이끈 후, 1949년 중화인민공화국을 세웠다. 1976년 사망할 때까지 그는 중국 공산주의의 최고 정치 지도자이자 이론가였다.

마카오(Macao, 澳門): 남부 중국의 항구 도시. 홍콩에서 서남쪽으로 80km . 1557년 이래로 포르투갈령이고 인구는 40만 명.

만력제(萬曆帝): 명왕조의 13번째 황제인 주위쥔(朱翊鈞, 1563~1620)의 제호. 그의 48년에 이르는 재위기간의 초반은 명 왕조의 절정기였지만, 그가 죽을 무렵에는 내부적 혼란과 궁정 암투가 발생하면서 왕조의 몰락을 재촉하는 시기로 접어들었다.

만주국(滿洲國): 1932년 일본이 만주에 세운 괴뢰 정권의 이름. 일본은 하야한 청의 황제 푸이를 그 정부의 '집정'(執政)로 세우고 제2차 세계대전이 끝날 때까지 이 지역을 통치했다.

만주사변: 1931년 9월 18일 펑톈 교외의 철도에서 중국이 공격을 가했다고 주장하는 일본인 장교에 의해 야기된 중국군과 일본군 사이의 전투를 일컫는다. 이 사건이 발발하자 일본은 만주 전체를 통제하기 위해 군대를 신속히 동원했다.

매카트니 경(Lord George Macartney, 1737~1806): 영국의 첫번째 공식 대중국 외교사절단의 단장. 건륭제의 조정과 공식적인 '서양식' 무역과 외교관계를 수립하기 위해 조지 3세의 궁정의 협력을 얻어 영국 동인도 회사가 1793년 파견했다. 매카트니는 러허의 만주족 황제의 여름 별궁에서 황제를 가까스로 만나기는 했으나, 그의 요구는 정중하게 거절당했고 임무는 실패로 돌아갔다.

무(畝): 중국의 전통적인 토지 측량 단위, 약 200평에 해당한다.

문화혁명: 마오쩌둥과 다른 고위 당 지도자들간의 당권투쟁으로 시작되었다가, '계속혁명'을 요구하면서 중국 전체에 영향을 미치게 된 복잡한 사회적 격변. 운동기간은 대체적으로 1966년부터 1976년까지로 본다.

민주의 벽: 1978~1979년에 민주적 자유를 요구하는 대자보들이 나붙은 베이징 자금성의 외벽. 이 대자보 가운데 가장 유명한 것은 웨이징성이 쓴 것으로, 민주주의를 제5 현대화로 채택할 것을 제안했다.

반둥(Bandung) 회의(1955): 인도네시아 반둥에서 열린 아시아·아프리카 국가의 대표들의 회의로, 여기서 저우언라이는 아시아와 아프리카의 단합을 제창하여 중국의 새로운 외교적 역할을 국제적으로 인정받았다.

반정신오염운동: 서양의 영향을 받은 문학과 여타 예술 부문에서 보이는 퇴폐성에 대한 비판으로. 덩샤오핑 주도의 공산당에 의해 1982년에 벌어진 운동.

반혁명진압운동: 1951년이 공산당이 추진한 대중운동. 국민당 동조자, 비밀결사회원, 종교 분파 신봉자들을 색출하는 것이 목적이었다. 운동이 진행된 1년 동안 수천 명이 체포되고 처형되었다.

백련교(白蓮敎)의 난: 18세기 말~19세기 초 중국 중북부에서 간헐적으로 발생한 반란. '무생성모'(無生聖母)의 힘을 빌려 만주족을 타도하고 지상에 새로운 질서를 건설하자는 종말론적이고 광신적인 민간 불교의 추종자들이 주도했다.

백일개혁(1898년 여름): 캉유웨이와 그 동지들이 광서제에 영향을 주어 정치적·경제적 개혁에 관한 칙령을 발표하도록 했던 3개월의 기간. 서태후가 반란을 일으켜 황제를 유폐시키고 캉유웨이의 동생을 포함한 6명의 개혁가를 처형함으로써 끝났다.

백화운동(百花運動, 1957): 마오쩌둥이 "백 가지 꽃이 피고 백 가지 사상이 논쟁을 벌이도록"(百花齊放, 百家爭鳴) 격려하고, 국가의 지식인들이 공산당을 비판하도록 허용했던 때인 1957년 5월에 시작된 짧은 자유화의 기간. 이때 사람들은 자신의 의사를 한껏 표현했지만 '반우파운동'이 시작된 6월 말 갑자기 중단되었다.

버마 도로: 버마의 라시오에서 윈난 성 서남부의 쿤밍까지 1,150km에 달하는 육로. 제2차 세계대전 초기에 충칭의 장제스의 정부에 보급품을 운송하기 위해 연합국이 주로 이용했다. 1942년 영국이 일본에게 버마를 빼앗기면서 차단되었다.

법폐(法幣): 1935년부터 국민정부가 발행한 통화의 단위. 제2차 세계대전 후 극도의 물가 상승으로 정부는 1948년 법폐를 포기하고 법폐 300만 위안대 1위안의 비율로 새로운 금위안(金元)화를 신설했다.

베이다오(北島, 1950~): 시인, 지하 문학 잡지 『오늘』의 공동편집자.

베이징 학살(1989. 6. 4): 중국공산당 강경파의 명령에 따라 6주 동안 천안문 광장에서 집회 중이던 수천 명의 친민주주의 시위자와 베이징 시민들이 인민해방군에게 살해당한 사건.

베이징 협정(1860): 영국과 중국 사이의 조약. 영국 군대가 베이징에 진입하여 여름별궁을 약탈하고 청 조정이 러허로 도망가게 된 뒤 엘진 경과 공친왕 사이에서 '협상'이 이루어졌다. 톈진 조약의 내용을 재확인하는 동시에 카우룬(九龍) 반도를 홍콩에 할양하고 톈진을 개항장으로 지정하며 영국에 대한 배상금 800만 냥을 추가로 지불하기로 약속했다.

보갑(保甲): 고전에도 기록되어 있고, 송왕조부터 청에 이르기까지 다양한 정도로 계승되어 왔던 체제에 근거한 가구 조직과 통제의 방법. 100개 호(戶)가 모여 1갑(甲)을 이루고 10갑이 모여 1보(保)가 되었다. 각 단위의 장(長)은 순번제로 선출되었으며 지역의 질서를 유지하고 공동체의 작업을 감독하며 징세의 책임을 맡았다.

복왕(福王, ?~1646): 만력제의 손자로 명 황실의 후계자라고 주장한 사람의 칭호. 1644년 한때 명의 수도였던 난징에서 황제라 선포했다. 그는 1645년에 만주군에게 붙잡혀 베이징으로 압송됐으며, 거기서 이듬해에 죽었다.

부르주아 자유화: 1986년과 1989년 학생 시위자들 가운데 민주주의와 인권을 요구하는 이들의 주장을 묘사하고 비판하기 위해 중국공산당이 사용한 일반적 용어.

북벌(北伐, 1926~1928): 분열된 군벌 통치로부터 중국을 해방시키고 하나의 정부 아래 통일시키기 위해 장제스의 지휘로 국민당과 공산당의 연합군(국민혁명군)이 수행한 군사작전. 광저우의 기지에서 전쟁을 시작한 지 2년 뒤, 펑톈까지의 중국은 명목상 장제스의 통치 아래 있게 되었고, 그는 자신의 국민정부의 수도를 난징에 건설했다.

불교(佛敎): 일정 부분 인도의 왕자 싯다르타('붓다' B.C.563~B.C.483)의 가르침에 기반을 둔 자비와 해탈의 종교. 한대(B.C.206~A.D.220)에 전래된 이후 중국 사회에 지대한 영향을 끼친 불교는 중국 고유의 종교이며 철학사상인 유교나 도교와 때로는 경쟁하고 때로는 융합하기도 했다.

비림비공(批林批孔) 운동: 1973년 말에 해임된(그리고 죽은) 린뱌오를 공자와 연관지어, 두 인물로 상징되는 중국 사회의 반동적, 봉건적 측면에 대한 대중의 비판을 촉구한 대중 선전 운동.

비호(飛虎): 제2차 세계대전 중 일본을 상대로 중국을 위해 싸웠던 미 육군과 공군 조종사들의 '자원' 부대. 전 미군 조종사이자 장제스의 고문인 클레어 리 셔놀트가 지휘했다.

4개 현대화: 1978년 발표된 중국의 국내 정책의 목표로, 농업, 공업, 국방, 과학 기술 등 네 영역의 발전을 꾀했다.. 이 목표를 추구함에 있어 덩샤오핑 치하의 중국은 경제특구를 설치하고 학생들을 외국에 보내는 등 서양에 대한 문호개방정책을 실천했다.

『사고전서』(四庫全書): 건륭제 하에서 편찬된 중국의 가장 유명한 문학서와 역사서의 방대한 모음집. 중국 서지학의 가장 위대한 업적 가운데 하나.

사서(四書): 『논어』, 『맹자』, 『중용』, 『대학』. 오경과 함께 유교 학습의 중심을 이루었다.

사인방(四人幇): 문화혁명을 시작하고 지휘한 책임을 뒤집어쓴 야오원위안, 장춘차오, 왕훙원, 장칭 4명을 가리킨다. 1976년 10월 화궈펑의 명령으로 체포되어 재판에 회부되었으며 1980년 전국적으로 방송된 재판 과정에서 유죄판결을 받았다.

사청(四淸): 회계, 곡창 보급품, 재산 축적, 그리고 작업 할당 등의 영역에서 농촌의 부패를 근절하기 위한 조처. 1963년 마오와 다른 공산당원들에 의해 농촌에서의 사회주의적 도덕심을 재건하기 위해 시작된 사회주의 교육운동의 일환.

사회주의 교육운동: 중국 사회의 사회주의적 가치를 부활시키기 위해 마오의 지휘 아래 중국공산당이 1963년에 시작한 운동. 도시의 간부들이 농촌에서 노동하도록 하방(下放)되었고, 계급투쟁과 집체적 경제 행위에 초점이 맞춰졌다.

산둥(山東): 중국 동부의 성(省). 면적 15만km², 인구 7,958만 명. 성도 지난(濟南, 인구 214만 명).

산시(山西): 중국 중북부의 성(省). 면적 15만 6천km², 인구 2,717만 명. 성도 타이위안(太原, 인구 198만 명).

산시(陝西): 중국 중북부의 성(省). 면적 20만km², 인구 3,089만 명. 성도는 시안(西安, 인구 258만 명). 황하의 메마른 평원에 자리했다.

삼민주의(三民主義): '민족주의·민주주의·민생주의'를 말하며, 국민당의 기본 이념으로 쑨원에 의해 형성되었다.

삼반(三反)운동: 1951년에 공산당이 시작한 대중운동. 당원, 정부관료, 공장장들 사이의 세 가지 악덕 '오직(汚職), 관료주의, 낭비'를 근절하는 것이 목표였다. 오반운동으로 이어진다.

삼번(三藩): ①쓰촨에서 동부 해안에 이르는 남부와 동남부 지역을 일컫는 말. 청 정부는 중국 정복 기간에 이 지역을 제압하는 데 도왔던 세 명의 번왕(상즈신·겅징중·우싼구이)에게 이 세 지역의 통치를 맡겼다. ②세 번왕을 지칭하기도 한다. 우싼구이는 청에 반항하여 반란을 일으켜 1673년에 자신의 '주'(周)왕조의 수립을 선포했다. 이에 따른 내란은 1681년 만주족의 승리로 끝났다.

삼합회(三合會): 비밀결사. 18세기 말에 타이완과 푸젠에서 시작되었고 천지회라고도 불린다. 삼합회 활동은 조직범죄와 반만 정서를 띤 도적행위가 결합된 것으로 볼 수 있다.

상승군(常勝軍): 양쯔 강 하류 삼각주에서 태평천국군을 무너뜨리기 위해 청군과 함께 싸웠던 외국인 용병 부대. 이 부대가 증기선 군함이나 발전된 화포를 사용하자 청은 서양 군사 기술의 도입을 검토하게 되었다.

상하이(上海) 의정서: 1972년 2월 28일 닉슨 미국 대통령의 중국 방문 끝무렵에 발표된 문서. 타이완의 지위와 중·미 관계 정상화 문제에 대한 중국과 미국의 입장을 명기했다.

『서유기』(西遊記): 당나라 승려 쉬안장(玄奘)이 붓다의 경전을 찾아 인도로 순례여행을 갔던 사실에 근거하여 쓰인 유명한 문학작품. 명 말에 소설형식으로 처음 출판되었다.

서태후(西太后, 1835~1908): 함풍제의 후궁이며 동치제의 어머니. 서양인에게는 '미망인 황후'(the empress dowager)라 불린다. 1861년 어린 동치제의 섭정이 되어 죽을 때까지 48년 동안 청 정부의 실권을 장악하고 두 명의 황제를 지명했다.

성유(聖諭): 1670년 강희제에 의해 편찬되고 중국 전역에 공포된 도덕과 사회적 관계에 대한 유교 덕목의 명단. 강희제의 아들 옹정제는 아버지의 칙령을 다듬어서 모든 백성이 읽고 이해할 수 있도록 구어체로 정리했다.

순치제(順治帝, 1638~1661): 홍타이지의 아홉째 아들이자 청 왕조의 제1대 황제 푸린(福臨)의 제호. 삼촌 도르곤의 섭정 아래 베이징에서 6세의 나이에 황위에 올랐다. 중국 문학과 문화를 좋아한 순치제는 삼촌이 죽고 난 뒤 한인에 대해 유화정책을 폈다.

스틸웰(Joseph Stilwell): 미 육군 장군. 진주만 공습 이후 중국·버마·인도 전장의 미군 총사령관에 임명되었고 루즈벨트 대통령과 장제스의 연락통으로 활동했다. 장제스와 스틸웰의 개인적 불화는 스틸웰이 1944년 앨버트 웨더마이어 장군으로 교체되는 원인이 되었다.

시모노세키(下關) 조약(1895): 청일전쟁(1894~1895)을 끝내면서 맺은 것으로 중국인에게 치욕적인 조약이었다. 이 조약으로 조선은 실질적으로 일본의 보호국이 되었다. 중국은 일본에 타이완, 펑후(彭湖), 만주의 랴오둥 지역을 할양했고, 4개의 개항장을 추가했으며, 일본에 전쟁 배상금 2억 량을 지불하기로 약속했다.

시안(西安) 사변(1936. 12): 시안에서 군벌 장쉐량이 장제스를 납치한 사건. 중국인의 단합된 항일(抗日) 노력에 장제스가 동의하도록 하기 위해 장쉐량은 국민당과 공산당(외교 대표는 저우언라이)이 협상할 때까지 그를 감금했다가 성탄절에 풀어 주었다.

신군(新軍): 서양의 영향을 받은 쩡궈판과 리훙장의 지방군에 기초를 둔 근대적 군사조직체계. 1901년 청 정부가 전통적인 팔기제를 대체하기 위해 창설했다. 종국에는 신군이 분파 집단들로 나뉘어 위안스카이의 북양군처럼 영향력 있는 지역 지휘관의 통제 아래 놓이게 된다.

신사군(新四軍): 대장정 기간에 중국 중부지방에 남아 있던 공산당 게릴라군. 2차 국공합작기에 재조직되었다. 1941년 신사군 사건으로 알려진 매복작전에서 신사군 부대원 3천 명이 국민당 군대에게 살해되자 합작의 문제점이 드러났다.

신생활운동(新生活運動): 1930년에 중국인의 도덕적 성격을 변화시키고 기민하고 '군사화된' 사회를 만들기 위해 장제스 정부가 고안해 낸 일부 파시스트적이고 일부 유교적이며 일부 기독교적인 운동.

신장(新疆): 중국 서북부의 자치구. 면적 160만km², 인구는 1,042만 4천 명으로 여기에는 위구르라는 중앙아시아의 이슬람 교도가 다수 포함되어 있다. 이 지역의 광활한 사막에는 귀중한 광물자원이 매장되어 있고 중국의 핵실험 지역도 있다. 성도 우루무치(烏魯木).

12·9운동(1935): 일본의 침략과 그 침략을 막지 못하는 장제스의 무능에 대한 일련의 항거. 이것은 1935년 12월 9일 베이징에서 벌어진 학생시위에 의해 점화되었고, 제2차 국공합작에 호의적인 정세를 형성하는 데 기여했다.

쑹자오런(宋敎仁, 1882~1913): 국민당의 초기 지도자. 위안스카이에 대한 적극적 비판자였던 그는 최초로 선거를 통해 구성된 국회의 지도부에 취임하러 가던 길에 암살되었다.

쑨원(孫文, 1866~1925): 중국 공화주의 혁명의 아버지. 홍콩에서 의학을 공부한 그는 반만 활동가가 되었고 동맹회를 통해 청 왕조의 타도를 달성했다. 국민당의 지도자로서 쑨원은 1910년대와 1920년대 초반에 걸쳐 군벌에 대항하여 중국을 통일하기 위해 애썼다. 소련의 원조를 수용했고, 1923년에는 중국공산당과 통일전선 동맹에 돌입했다. 1925년에 사망한 후 국민당의 지도권은 장제스에게 넘어갔다.

쑹메이링(宋美齡): 쑹가 자매 중 셋째. 국민당 지도자 장제스의 부인. 미국에서 교육받은 감리교도인 쑹메이링은 1930년대와 1940년대 국민당의 전쟁 수행 과정에서 난민 구호사업을 돕고, 남편의 대의명분을 서양에 알리는 대변인으로 활동하는 한편 여성조직도 후원하는 등 활발한 역할을 했다.

쑹아이링(宋靄齡): 쑹가 자매의 장녀. 은행가이자 사업가인 쿵샹시(孔祥熙)의 부인.

쑹쯔원(宋子文): 쑹가 자매의 남자형제로 하버드 대학을 다녔다. 매부인 장제스가 북벌을 시도할 때 재정을 도왔고, 뒤에 국민당 정부의 재정부장으로 일했다.

쑹칭링(宋慶齡): 쑹가 자매 중 둘째. 1914년 쑨원의 아내가 되었다. 남편이 죽은 뒤 국민당 좌파와 중국공산당의 연합을 도왔다. 쑹칭링은 1949년 이후 중국에 남았고, 공산당 정부 내에서 여러 명목상의 지위에 임명되었다.

쓰촨(四川): 중국 서남부의 성(省). 약 57만km²의 면적은 한인에 의해 경작되는 기름진 계곡들과 소수민족들이 거주하는 히말라야의 산기슭을 포함하고 있다. 이 풍요로운 지방의 총 인구는 1억 454만 명. 성도는 청두(成都, 인구 200만 명).

아문(衙門): 중국 지방관리의 거주지와 관청을 일컫는 말.

아편전쟁(1839~1842): 영국과 중국 사이의 전쟁. 린쩌쉬의 영국인 소유 아편 몰수에 대한 영국의 항의와 영국 및 미국 군인의 중국인 살해에 대한 중국인의 분노가 원인이 되었다. 적대감은 처음에는 광저우에서 톈진에 이르는 동부 해안에 제한되어 있었다. 영국군이 양쯔 강 삼각주의 난징 시를 위협하자 청은 강화를 제의했고 1842년 난징 조약을 체결했다.

안남(安南): 지금의 베트남.

안후이(安徽): 중국 동중부에 위치한 성. 면적 13만km², 인구 5,299만 명, 성도 허페이(인구 93만 명).

앰허스트 경(Lord William Amherst, 1773~1857): 영국의 두번째 대중국 통상 사절단의 단장. 1816년 애머스트는 가경제를 만나려 시도했으나 의정서상의 오해로 그의 임무는 좌절되었다.

야오원위안(姚文元): 장칭의 동료. 문화혁명의 '신호탄'으로 여겨지는 우한의『하이루이의 파면』을 비판하는 글을 쓴 사람. 1980년 사인방의 한 사람으로 재판정에 서서 유죄판결을 받았다.

양슈칭(楊秀淸, 1822~1864): 고아, 문맹, 숯 굽는 사람으로 태평천국의 난에 가담하여 그 지도자 훙슈취안의 총군사고문이 되었다. 후에 훙슈취안으로부터 권력을 찬탈하려 했다가 훙슈취안의 명령으로 살해되었다.

양쯔 강(揚子江): 세계의 주요 하천 가운데 하나로, 아시아에서는 가장 길며(5,490km), 칭하이에서 발원하여 상하이를 지나 동중국해로 흘러간다. 종종 북중국과 남중국을 구분하는 선으로 간주되는 양쯔 강은 상류에서는 깎아지른 협곡을 통과하지만, 하류의 비옥한 삼각주는 중국에서 가장 번성하고 인구가 많은 지역 가운데 하나를 형성했다.

염군(捻軍)의 난(1851~1868): 화이허 강 북쪽 지역(산둥·허난·장쑤·안후이의 일부 포함)에서 청에 반항하는 굶주린 농민들을 주축으로 하여 장러싱이 이끈 게릴라 전쟁. 태평천국의 난을 진압했던 장군 쩡궈판의 후계자인 리훙장이 지휘하는 회군에 의해 섬멸되었다.

옌시산(閻錫山, 1883~1960): 1912년부터 1949년까지 산시(山西) 성을 통치했던 집념의 군벌. 공산당 활동을 저지하기 위해 장제스와 협력했고, 1949년 무렵에는 공산당 군대에 대항하기 위해 심지어 일본군까지 고용했다.

옌안(延安): 산시 성의 가난한 산간지역 마을. 대장정이 완료된 때(1936)부터 1947년 국민당 군대에게 점령당할 때까지 중국공산당 활동의 근거지였다.

옌양추(晏陽初): 국내와 해외 중국인 사회의 대중교육운동 지도자. 1918년 예일 대학을 졸업한 뒤 프랑스로 건너가 그곳의 중국인 노동자들을 위한 신문을 발간했다. 허베이의 딩(定) 현에서 YMCA가 지원하는 문맹퇴치사업과 농촌 재건사업을 벌였다.

옌푸(嚴復, 1854~1921): 1877년 해상과학을 공부하러 영국에 파견되었던 청의 해군 생도. 나중에 다윈, 헉슬리, 스펜서, 애덤 스미스의 권위 있는 저작들을 번역했다. 1912년 근대화된 베이징 대학의 초대 총장이 되었다.

오경(五經): 공자가 편찬한 것으로 알려진 다섯 책(『예기』·『춘추』·『시경』·『서경』·『역경』). 사서와 더불어 유교 학습의 중심적 경전이 되었다.

오반(五反)운동: 1949년 이후에도 계속 중국에 남아 있던 자영 상공업자들에 대한 공산당의 투쟁으로 1952년에 시작되었다. 이 운동은 자본가의 독립적 활동을 종식시키고 중국 경제에 대한 공산당의 통제를 확고히 했다.

오보이(?~1669): 1650년 도르곤의 사후 청 조정에서 상당한 권력을 쟁취했던 만주인 장군. 1661년에 7세의 황제 강희제의 공동 섭정이 되었다. 오보이는 강희제의 아버지 순치제의 온건한 정책과는 반대로 한족에 대한 만주족의 권력상 우위를 재천명하고 이를 강력히 추진했다.

5·4운동: 1919년 5월 4일 베르사유 조약의 부당한 결정에 반대하여 천안문 광장에서 발발한 학생시위. 또는 그 시위에 뒤이은 인습타파적·지적 운동의 기간을 일컫기도 한다. 이 운동은 문학에서 중국 일상어의 사용이나 서로 다른 형태의 서양의 문화·정치에 대한 탐구운동을 모두 포괄하는 광범위한 것이었다.

5·30사건: 1925년 영국 경찰이 상하이 외국인 조계지에서 비무장 학생과 노동자 시위대에 발포한 사건. 수많은 시위자들이 사망하여 '5월 30일 순교'라고도 하며, 반외세 민족주의적 시위와 파업의 기폭제가 되었다.

5·7 간부학교: 문화혁명기에 설립된 노동수용소. 이곳에 온 간부와 지식인들은 고된 농사일을 하고 마오쩌둥의 저작을 학습했다.

옹정제(雍正帝, 1678~1735): 강희제의 넷째아들, 청 왕조의 제3대 황제(재위 1723~1735) 인전(胤禛)의 제호. 옹정제는 정사에 직접 관여하려고 상당히 노력했고 단호하게 청의 조세제도를 개혁했다. 서북부에서 군사 작전을 보다 효과적으로 지휘하기 위해 성가신 틀에 박힌 관료들을 피하고 가장 신임하는 내각대학사들로 하나의 집단을 구성했는데, 이것이 옹정제의 아들 건륭제 치하에서 군기처로 불리게 되었다.

왕광메이(王光美, 1922~): 류사오치의 부인. 1964년 사회주의 교육운동의 일환으로 허베이 성에서 농촌 간부의 부패를 조사했다. 문화혁명기에 그녀는 남편과 함께 심한 비판을 당한 끝에 간신히 살아남았으나 그녀의 남편은 그러지 못했다.

왕양명(王陽明, 1472~1529): 명 초의 철학자이자 관리. 유학의 진리는 유학 고전의 연구를 통해서가 아니라 모든 인간에 내재되어 있는 양지(良知)를 통해 실현된다고 주장했다. 후대 학자들에게 그릇된 개인주의를 조장하고 유교의 도덕적 기준을 파괴하여 명 왕조를 멸망으로 이끌 있다는 비난을 받았다.

왕징웨이(汪精衛, 1883~1947): 쑨원의 초기 동지이며 1905년에 일본 유학생으로 동맹회의 결성을 도왔다. 제1차 국공합작(1923~1927)과 장제스의 난징 정부(1928~1937)에서 국민당의 최고위직을 역임했다. 1940년 왕징웨이는 일본군에 협력했던 난징 괴뢰정권의 명목상 수반이 되었다.

왕훙원(王洪文): 상하이 직물공장 출신의 간부였으며, 문화혁명기에 상하이 당 서기인 장춘차오와 가까운 사이가 되었다. 사인방의 한 사람으로 1980년 재판에서 유죄판결을 받았다.

우페이푸(吳佩孚, 1874~1939): 1920년대 중동부 후베이와 후난 지방에서 가장 막강했던 군벌. 1923년 베이징-우한선 철도파업 때 잔인한 진압을 명령했다. 그의 중국 중부에 대한 지배는 장제스의 국민혁명군이 1926년 북벌의 일환으로 우한 시를 점령하면서 끝났다.

우한(武漢) 봉기(1911. 10): 동맹회 회원이 갖고 있던 폭발물이 우연히 한커우 시에서 폭발, 동맹회의 활동이 노출되자 봉기로 이어졌다. 그리고 이 반청(反淸)폭동에 신군이 가담함으로써 1912년 왕조의 멸망을 몰고 온 혁명이 시작되었다.

우한(吳晗, ~1969): 작가, 역사가. 1960년대 초반 펑전 휘하에서 베이징 부시장으로 일을 때, 마오쩌둥의 펑더화이 숙청에 대한 은유적 비판으로 논쟁을 불러일으킨 희곡 『하이루이의 파면』을 썼다. 이 희곡에 대한 야오원위안의 공격은 문화혁명의 시작을 예고하는 행동 가운데 하나였다.

원(院): 중국어로 '기관'. 장제스의 국민정부의 다섯 개 주요 부처(행정원·입법원·사법원·고시원·감찰원)에 사용되었다.

웨이징성(魏京生, 1949~): 1978~1979년의 민주의 벽 운동에서 가장 두드러진 활동을 한 노동자로 인민해방군에 복무한 적이 있다. 제5 현대화와 당 부패에 대한 글을 써서 체포되었고 재판에서 15년간의 중노동형을 선고받았다.

위안스카이(袁世凱, 1859~1916): 막강한 북양군의 지휘관. 본래 서태후에게 충성했으나, 후에 1912년에는 청의 멸망을 주도했다. 위안스카이의 군사력 때문에 쑨원은 그에게 새 공화국의 대총통직을 제안했다. 위안스카이는 지권을 남용하고 의회를 해산했으며, 1915년에 스스로 황제라 불렀다. 6개월 후인 1916년에 사망했다.

윈난(雲南): 중국 서남부의 성(省). 면적 39만km², 인구 3,534만 명, 성도는 쿤밍.

유교(儒敎): 인간은 정의와 절제로서 행동하고 특정한 사회적 역할을 바르게 수행하면 우주와 조화를 이룰 것이라고 주장한 공자(孔子, B.C.551~B.C.479)의 가르침에 바탕을 둔 윤리학 체계. 고전연구, 조상숭배, 권위에 대한 복종 등을 강조하여 제국의 정부에서 농민가정에 이르기까지 중국의 각 사회단위들의 지배적 윤리를 형성했다.

『유림외사』(儒林外史): 1768년에 발간된 청 왕조의 주요 문학 작품 가운데 하나. 이 소설은 18세기에 벼슬을 얻지 못한, 과거 자격 보유자들의 처지를 묘사했다.

육부(六部): 베이징 중앙정부의 주요 부서. 당대(唐代)에 처음 실시되었던 제도. 이(吏)·호(戶)·예부(禮部), 병(兵)·공(工)·형(刑) 부가 있었다.

융훙(容閎, 1828~1912): 미국에서 대학(예일대학, 1854)을 졸업한 최초의 중국인. 서양에 대한 지식을 이용하여 쩡궈판이 미국에서 기계 장비를 구입하는 일을 돕는 등 청의 자강 노력에 기여했다.

의화단 의정서(1901): 의화단의 난 진압 이후 청 정부(리훙장이 대표한)가 동의한 외세의 요구들로, 이중 배상금 총액은 청의 한 해 예산의 절반에 달했다. 미국이 요구한 배상금은 나중에 중국 학생의 미국 유학 기금으로 사용되었다.

의화단의 난(1900): 산둥 성 북부에서 시작되어 베이징 외국 조계의 점령으로 이어진 반기독교, 반외세 농민 반란. 가담자는 대부분 가난한 농민들로 특정한 종류의 무술을 했기 때문에 '의화단'이라 불렸다. 파병된 서양 연합군이 베이징으로 진입하여 서태후와 그녀의 조정을 시안으로 피란하도록 강요함으로써 반란은 끝났다.

이번원(理藩院): 1638년 몽골족이나 중국 서북부의 다른 비한족과의 관계를 다루기 위해 홍타이지가 설치한 관청.(조선·베트남·버마·타이와 같은 보다 중요한 국가와의 관계는 예부(禮部)에서 취급했다.)

21개조 요구: 1915년 1월 만주에서 일본의 경제적 권리와 만주에 경찰 및 경제 고문을 배치할 수 있는 권리, 그리고 중국 본토에서 주요 경제적 양보 등을 내용으로 한 일본의 요구서. 중국 민중의 저항에도 불구하고 요구는 위안스카이 정부에 의해 수용되었다.

인민공사(人民公社): 농촌의 경제적·정치적 조직의 주요 단위. 수만 개의 가구로 구성되어 있으며 대약진기에 시작되었고 문화혁명기에 다시 대중화되었다. 공사는 노동을 지시하고 작업 점수를 분할하는 생산대와 생산대대로 나누어졌다.

인민폐(人民幣): 중국 화폐의 공식적 단위. 위안은 비공식적 호칭.

인민해방군(人民解放軍): 중국 군대의 이름. 1930년대 게릴라 전술로 유명한 홍군에 기원을 둔 인민해방군은 1980년대 약 300만 명의 현대적 군사조직으로 성장했다.

일조편법(一條鞭法): 16세기 중반 명 조정이 조세징수를 단순화하기 위해 시행한 제도. 이전에 세목별로 징수하던 것을 하나의 세금으로 통합시켜 은(銀)으로 지불하도록 했다.

자오쯔양(趙紫陽, 1919~): 덩샤오핑의 후계자. 1960년대 중국공산당 광둥 성 서기에서 중국의 총리로, 1980년대 중반에는 공산당 총서기에 오른 인물. 경제적 변화와 서양과의 교류 확대를 옹호한 것으로 알려져 있다. 1989년 후야오방의 사망에 이은 학생시위를 도왔다는 이유로 당직에서 해임되었다.

장셴중(張獻忠, 1605~1647): 산시 출신의 명 군대 탈영병. 중국 중부와 서남부 일부를 석권했던 반명 반란군의 지휘자. 1644년 수도를 청두에 두고 자신을 '대서국' 왕으로 내세웠다. 3년 후 그의 왕국은 만주군에게 섬멸당했다.

장쉐량(張學良, 1898~): 북부지방의 군벌 장쭤린의 아들. 1928년 아버지가 암살된 뒤 아버지의 군대를 물려받아 '청년원수'로 불리며 만주에 자신의 권력기반을 세웠다. 1928년 장제스의 난징 정부에 충성을 맹세했지만 1936년에 항일통일전선을 강요하기 위해 장제스를 납치했다.(시안 사변 항을 보라.)

장쉰(張勳, 1854~1923): 1911년 청이 멸망한 뒤에도 만주에 대한 충성을 지켰던 한인 장군. 1917년 소년 황제 푸이를 복위시키려 반란을 일으켰다. 다른 장군의 군대가 베이징을 공격하여 장쉰을 정계에서 축출함으로써 왕정복구 시도는 실패로 끝났다.

장시 소비에트: 마오쩌둥이 주도한 실험적인 농촌 공산당 정부. 장시와 푸젠 성 사이의 산악 경계지역인 루이진(瑞金)에 자리잡았다. 1928년에 설립되어 국민당이 1934년에 이 지역을 봉쇄하여 공산당이 대장정을 시작할 때까지 지속되었다.

장시(江西): 중국 동남부의 성(省). 면적 17만km², 인구 3,558만 명, 성도 난창(南昌, 인구 126만 명).

장쑤(江蘇): 중국 동부 해안에 위치한 성(省). 면적 10만km², 인구 6,348만 명, 성도 난징(南京, 인구 239만 명). 상하이와 접하고 있으며, 전통적으로 중국의 문화와 상업 중심지이다.

장제스(蔣介石, 1888~1975): 쑨원 사망 이후 국민당의 군사적·정치적 지도자. 일본에서 군사 학교 학생일 때 반만주동맹회에 가담했다. 1923년 쑨원에 의해 소련으로 파견되어 군사교육을 받고 돌아와 황푸군관학교의 지휘관으로 임명되었다. 북벌을 지휘한 뒤 1928년 국민정부를 수립하고, 향후 20년 동안 중국의 통치권을 놓고 군벌·일본군·공산당과 투쟁을 벌였다. 1949년부터 26년 뒤 사망할 때까지 타이완 국민당 정부의 총통을 지냈다.

장즈둥(張之洞, 1837~1909): 산시(山西), 광둥-광시, 후베이-후난 등 여러 성의 총독을 역임한 청 정부의 장군이자 관리. 쩡궈판과 리훙장처럼 장즈둥은 청 말에 자강운동을 펼쳤고, 방직공장·병기창·철도를 건설했으며 중국의 발전을 위해 중체서용(中體西用) 사상을 강조했다.

장징궈(蔣經國, 1909~1988): 소련에서 교육받은 장제스의 아들. 아버지 밑에서 다양한 직책을 맡았으며 1940년대 국민당의 재정개혁을 주도하기도 했다. 1978년부터 사망할 때까지 아버지의 뒤를 이어 타이완의 총통이었다.

장쭤린(張作霖, 1875~1928): 위안스카이가 총통직에 있을 때 두각을 나타낸 군벌. 후에 군사를 이끌고 만주, 몽골 동부 그리고 마침내 베이징까지 통치하게 되었다. 철저한 반공주의자인 그는 1927년 리다자오의 처형을 명령했다. 1928년 장제스의 신혁명군에게 패배했다. 만주로 도피하다가 일본군 장교가 설치한 폭탄에 살해되었다.

장춘차오(張春橋): 상하이 공산당의 제1서기. 문화혁명기 동안 장칭의 가까운 동지였다. 1980년 사인방의 한 사람으로 유죄판결을 받았다.

장칭(江靑, 1914~): 마오쩌둥의 셋째부인. 전직 상하이의 영화배우로 1960년대 후반과 1970년대 초반에 문화혁명의 중요한 정치적 인물이 되었다. 남편이 죽은 뒤 1976년에 사인방의 지도자로 수백 명의 당원에게 박해를 가하고 수백만 중국인에게 간접적인 고통을 주었다는 죄목으로 체포되었다. 사형선고를 받았다가 종신 가택연금으로 감형되었다.

저우언라이(周恩來, 1899~1976): 대장정 시절부터 마오쩌둥이 죽기 9개월 전에 사망할 때까지 중국공산당에서 가장 강력하고 존경받는 지도자 가운데 한 사람이었다. 1954년 중국의 총리를 지냈으며 30년간 중국의 외교정책에 영향을 끼쳤다. 1976년 4월 5일 천안문 시위에서 중국 인민은 문화혁명 때 온건한 태도를 취했던 저우언라이에게 경의를 표했다.

저장(浙江): 중국 동부의 성(省). 면적 10만km², 인구 4,111만 7천 명, 성도는 항저우(杭州, 인구 129만 명).

전례(典禮)문제: 카톨릭 교회와 강희제 사이에 조상에 대한 제사와 공자 숭배의 본질을 놓고 벌어진 분쟁. 강희제는 그러한 전례가 예절에 관한 것이지 종교적인 것이 아니므로 선교단은 중국인 개종자들이 제례를 행할 수 있도록 허락해야 한다고 주장했고 황실에 들어와 있던 예수회는 이에 동의했다. 그러나 바티칸은 동의하지 않았고 선교단에게 강희제의 명령을 따르지 못하도록 했다. 이 논쟁은 많은 카톨릭 선교단이 중국에서 추방되는 결과를 초래했다.

정청궁(鄭成功, 1624~1662): 명 왕조를 지키기 위해 1650년대 중국 동남 해안에서 만주족과 싸운 해군 장군. 1659년 난징에서 만주군에 패한 정청궁은 타이완에 강력한 군사·무역 기지를 건설했다.

정풍운동(整風運動, 1942): 마오쩌둥이 공산당 내에서 자신의 이념의 주도적 위치를 강화하기 위하여 벌인 정치투쟁. 옌안 시기에 주된 비판의 표적이 된 인물 중에는 정적인 당 지도자 왕밍과 여성해방 작가인 딩링이 포함되었다.

제5 현대화: '민주주의'의 또 다른 이름. 웨이징성이 쓴 대자보의 제목에서 비롯되었다. 그는 민주주의를 '제5 현대화'로 추가할 것을 주장하고, 그것 없이는 4개 현대화가 성공하지 못할 것이라고 했다.

좌익작가연맹: 대부분 공산당원인 시인·소설가·수필가들의 모임으로, 1930년대 상하이에서 결성되었다. 회원 가운데는 딩링·후예핀·취추바이·루쉰이 있었다.

주더(朱德, 1886~1976): 장시 소비에트 시절부터 마오쩌둥의 최고 군사 고문. 주더는 인민해방군의 총사령관이자 오랫동안 공산당 정치국 상무위원회의 위원이었다.

주접(奏摺): 청조의 관리가 황제에게 필요한 정보를 신속히 전달하기 위해 쓴 밀서. 보통의 상주문은 대개 내각을 통해 전달되기 때문에 신속성과 기밀성이 떨어졌다. 신임받는 관리와 황제 사이의 은밀하고 직접적인 통신의 형식인 '주접'제도는 강희제 때 확립되어 그의 아들 옹정제에 의해서 폭넓게 활용되었다.

중앙위원회: 중국공산당의 중앙 운영기관. 막강한 정치국과 정치국 상무위원회는 중앙위원회 구성원들로 구성된다.

지현(知縣): 현의 행정 책임자. 중화제국에서 중국의 중앙정부가 임명하는 가장 낮은 직급의 관료. 정부 세입의 징수, 공공 사업의 시행, 마을과 농촌의 사법행정을 맡았다.

진사(進士): 과거시험을 통해 획득할 수 있는 지위 가운데 가장 높은 것. 응시자들은 베이징에서 시험을 치렀는데, 시험은 명대부터 1905년에 과거제도가 폐지될 때까지 3년에 한번씩 시행되었다. 진사를 획득한 사람들은 각 성(省)이나 제국의 수도에서 고위직에 임명되었다.

징강산(井岡山): 장시-후난 경계의 외딴 지역으로 마오쩌둥이 1927년 가을 추수폭동에 실패한 뒤 자신의 첫번째 농촌 소비에트를 세우려 했던 곳이다.

징더전(景德鎭): 장시 성의 도시. 원대(元代) 이래로 황실 도자기 공장으로 유명하다.

쩌우룽(鄒容, 1885~1905): 일본에서 유학한 반만 혁명가. 청의 타도와 민주주의 건설을 요구한 『혁명군』(1905)의 저자. 19세에 감옥에서 죽었다.

쩡궈판(曾國藩, 1811~1872): 유교 정치가·장군·학자. 난징에서 태평군을 무찌르고 반란을 진압한 상군(湘軍)의 지휘자. 청의 자강운동에서 중요한 역할을 수행했다. 근대적 군사기술 사용을 지지하고 청을 위해 봉사할 재능 있는 사람들을 자기 주변에 끌어모았다. 규율, 성실, 황제에 대한 충성과 같은 엄격한 유교 교의를 고수했다.

쭤쭝탕(左宗棠, 1812~1885): 중국 서북부에서 발생한 이슬람교도의 반란(1862~1873)을 진압한 청군의 지휘관. 태평군을 진압한 상군도 직접 이끌었던 그는 진사 자격이 없었음에도 청정부와 군대의 요직에 임명되었다.

차이위안페이(蔡元培, 1868~1948): 1916년부터 1926년까지 베이징 대학 총장으로 재직했다. 5·4운동의 중요한 지지자.

찰스 엘리엇(Charles Elliot): 네이피어 경 사망 이후 1836년에 영국의 두번째 외국 무역감독관으로 임명되었다. 아편전쟁 기간 중에 있었던 첫 조약 협상에서 청 정부로부터 더 많은 양보를 얻어내지 못했다는 이유로 해임되었다.

1905년의 반미 불매운동: 미국 내 중국인의 학대에 대응하여 모든 미국 상품에 대해 펼친 불매운동. 외세에 대한 중국 민족주의의 최초의 단합된 경제적 표현이었다.

1926년 3월 18일: 일본의 침략에 저항하는 천안문 광장의 대규모 시위에서 47명의 학생이 군벌에게 살해당한 날.

천두슈(陳獨秀, 1879~1942): 5·4운동의 중요 인물. 1915년 일본 유학에서 돌아와 잡지 『신청
년』을 창간했다. 중국공산당의 창립자인 리다자오와 함께 중국의 초기 마르크스주의자 가운데
한 사람이다.

천안문(天安門) 사태: 1976년 4월 5일, 중국인들이 죽은 조상들에게 제사를 지내는 전통 명절인
청명절에 천안문 광장에서 열린 저우언라이를 추모한 대중집회. 마오쩌둥과 문화혁명에 대한
비판으로 해석된다.

천윈(陳雲, 1900~1995): 상하이의 식자공으로 1924년 공산당에 입당하여, 1949년 이후 중국
공산당의 대표적인 경제 입안자로 성장했다. 대약진 운동 이후 중국의 경제적 복구를 이끌어
내는 데 힘썼다. 문화혁명기에 실각했다가 1980년대에 정부 고위직에 복귀했다. 중국의 급속
한 경제 변화에 반대하는 보수파의 한 사람이었다.

천융구이(陳永貴): 다자이 생산대대의 지도자. 1964년 마오쩌둥 사상의 요소들을 이용하여 농업
생산의 극적인 증가를 이룩했다며 마오쩌둥에 의해 칭송받음으로써 전국적으로 유명해졌다.
천융구이는 1980년 다자이 비판을 통해 정부 고위직에서 해임당했다.

청방(靑幇): 1949년 이전 상하이의 조직범죄를 주도했던 비밀결사. 1920년대와 1930년대에 청
방조직은 노동자 파업을 통제하고 공산당의 활동을 억압하려는 사업가와 국민당에 의해 이용
되었다.

체용(體用): 두 개의 한자—'본질'을 의미하는 체(體)와 '실제적인 이용'을 뜻하는 용(用)—로 구
성된 조어. 19세기 말 유교 개혁가들이 이상적으로 생각한 자강의 방법을 묘사하기 위해 이용
되었다. 사회의 내재된 '본질'을 위해서는 중국 것을 그리고 경제발전의 '실제적인 적용'을 위해
서는 서양 것을 따르자는 뜻인데, 이와 유사한 개념이 1972년 이후 서양에 대한 중국의 개방을
불러왔다.

총리아문(總理衙門): 1861년 청이 서양 열강의 요구를 처리하기 위해 설립되었다. 공친왕과 원
샹의 지도에 따라 총리아문은 서양 나라들과의 조약 협상뿐만 아니라 서양식 교과과정에 따른
어학당의 설립, 서양이 정부형태와 국제법 연구와 같은 자강운동에도 관여했다.

총세무사(總稅務司): 청 조정을 위해 관세를 거뒀던 외국인이 관리한 관청. 1854년 태평천국의
난 동안에 중국의 관세를 서양의 국제적 무역협정에 맞게 재조직하기 위해서 설립되었다. 로
버트 하트 휘하에서 총세무사는 막대한 돈을 성공적으로 제국의 국고에 채웠다.

추진(秋瑾, 1875~1907): 반만 여성해방 혁명가. 중매로 한 결혼생활을 그만두고 일본으로 유학
을 갔다. 고향인 저장 성으로 돌아와 여학교를 설립했고, 그곳에서 청에 대한 반란운동을 기도
했으나 성공하지 못했다. 그녀는 만주 당국에 의해 체포되어 즉결 처형되었다.

충칭(重慶): 쓰촨 성 양쯔 강 하구의 항구도시. 제2차 세계대전 중 장제스의 국민정부의 근거지
였다. 인구 289만 명.

취추바이(瞿秋白, 1899~1935): 1920년대 초 모스크바에 살았던 초기 중국 공산주의자. 1927
년부터 1928년까지 공산당의 최고 지도자로서 광둥 코뮌을 비롯한 한해 동안 일어났던 노동
자와 농민 봉기에 대한 실패의 책임을 졌다. 대장정에 참여하기에는 너무 병약했던 그는 1935
년 국민당군에게 체포되어 처형되었다.

칭하이(靑海): 중국 중서부의 성(省). 면적 72만km², 인구 428만 명. 성도 시닝(西寧, 인구 62만
명). 칭하이 대부분은 접근하기 어려운 산과 사막으로 이루어져 있다.

캉유웨이(康有爲, 1858~1927): 유학자. 청 말의 개혁운동에서 큰 역할을 했다. 유교 정치, 도덕 구조 내에서 가능한 경제적·정치적 근대화를 주장했다. 그의 개혁 계획은 1898년 백일개혁에 서 광서제의 지지를 받았다.

탕셴쭈(湯顯祖, 1550~1617): 극작가. 명 말의 낭만적 명작인 『모란정환혼기』를 썼다.

태평천국(太平天國)의 난(1851~1864): 홍슈취안이 이끄는 군사적·사회적 운동으로 청의 전복 과 '태평천국'의 건설을 추구했다. 유사 기독교적 신앙과 자치주의 관점을 결합시킨 태평천국 군은 광시 성의 농촌 근거지에서 양쯔 강 중류를 거쳐 동북부로 밀고 나가 1853년에 난징을 점 령하여 그곳을 11년간 수도로 삼았다. 그들은 마침내 쩡궈판이 지휘하는 향용을 앞세운 청의 반격으로 섬멸되었다. 13년간의 반란에서 적어도 2천만 명의 중국인이 죽은 것으로 추정된다.

톈진(天津) 조약(1858): 난징 조약의 재협상을 거부한 청의 태도에 분노한 영국이 톈진 항을 위 협하기 위해 군대를 북쪽으로 이동하여 압박을 가한 뒤 영국과 청 조정 사이에 맺어진 협정. 이 조약에서 영국 대사의 베이징 주재, 기독교 선교의 인정, 해안과 내륙에 10개의 새로운 개항장 설치 등을 받아들이도록 했다.

톈진 학살(1870): 톈진 내의 카톨릭 교도와 중국인 사이의 분쟁으로 빚어진 사건. 성난 군중이 프랑스 영사 폰타니에와 프랑스인 남녀 15명을 죽였다.

티베트(西藏): 1950년에 중국에게 점령당해 중국의 '자치구'가 되었다. 120만km²의 면적에 인 구는 208만 명이고 수도는 라싸. 티베트인들은 1959년과 1988년에 독립을 부르짖으며 중국 정부에 무력 항쟁을 벌였다.

팔로군(八路軍): 일본에 대한 제2차 국공합작기(1937~1945)에 명목상 국민당의 지휘 아래 배 치된 공산당 홍군에게 붙여진 이름.

팡리즈(方勵之, 1936~): 중국의 저명한 천체물리학자이자 반체제인사. '부르주아 자유화', 곧 1986년의 민주주의를 요구하는 학생시위를 지지했다는 이유로 공산당에서 제명되었다.

펑더화이(彭德懷, 1898~1974): 공산주의자 장군. 한국전쟁에서 중국군 지휘관. 대장정에 참여 했고, 신임과 존경을 받는 노장인 펑더화이는 루산에서 마오쩌둥의 대약진정책을 비판했다는 이유로 1959년 당의 고위직에서 축출되었다.

펑위샹(馮玉祥, 1882~1948): 1920년대에 권력기반이 산시 성 서북지방에서부터 베이징까지 광범위했던 군벌. 소련의 영향을 받아, 북벌기에 다른 북부 군벌들에 반대하고 국민당에 가담 하기로 결정했다.

펑전(彭眞, 1899~): 1951년부터 1966년까지 베이징 시장. 문화혁명기에 비판당하고 좌천했다. 중앙위원회 위원이 되어 중국 정계에 복귀했다. 중국의 급속한 변화에 반대하는 강경파로 유 명하다.

펑쯔카이(豊子愷): 삽화가이며 만화가. 그의 단순한 선화(線畵)들은 1930년대 중국 사회를 정확 하게 묘사하고 비판했다.

펑톈(奉天, Mukden): 현재 동북부지방 랴오닝 성 선양(瀋陽)의 옛이름. 1625년 누르하치의 만 주 제국의 수도가 되었다.

페이샤오퉁(費孝通): 사회학자. 1930년대와 1940년대에 선구적 현장연구로 중국 농촌의 사회적 변화유형을 연구했다.

포틴저 경(Sir Henry Pottinger, 1789~1856): 해임된 찰스 엘리엇을 대신하여 1841년에 영국 정부의 대 중국 전권대사 겸 무역 총감독으로 임명되었다. 난징 조약 체결을 주도했다.

푸웨화(傅月華): 1979년 민주의 벽 운동에 대한 진압과정에서 베이징의 농민시위를 지휘했다는 죄로 체포된 젊은 여성.

푸이(溥儀, 1905~1967): 청 왕조의 제10대 황제이자 마지막 황제. 1908년 3세 때 제위에 올라 4년 후 공식 퇴위했다. 일본에 의해서 1932년에서 1945년까지 괴뢰 정권 만주국의 명목상의 황제가 되었다. 1945년 이후 중국공산당 감옥에서 10년의 '갱생'기간을 보낸 뒤 베이징에서 조용히 생을 마감했다.

푸젠(福建): 중국 동남 해안에 위치한 성(省). 면적은 약 12만km², 인구 2,806만 명, 성도 푸저우(福州).

피컬(Picul): 무게의 단위. 약 60kg에 해당하며 곡물과 아편의 무게 측정에 이용되었다.

함풍제(咸豊帝, 1831~1861): 도광제의 넷째아들 이쥐(奕詝)의 제호. 1850년 19세에 청 왕조의 제7대 황제가 되었다. 조약 협상을 둘러싸고 중·영 분쟁이 계속되던 시기에 통치했다. 마침내 1860년 영국의 침략으로 러허로 피난을 가게 되었고, 거기서 이듬해 죽었다. 제위를 결정하는 권한은 그의 후궁 서태후에게 넘어갔다.

향(鄉): 현(縣) 아래의 지방정부 단위.

허난(江南): 중국 중동부 성(省). 면적 16만 7천km², 인구 7,969만 명. 성도 정저우(鄭州, 인구 158만 명). 허난 대부분은 황허 강의 넓은 평야지대에 위치해 있다.

허베이(河北): 중국 동북부의 성(省). 면적 약 18만km², 인구 5,710만 명. 성도는 스자좡(石家莊, 인구 122만 명).

허선(和珅, 1750~1799): 건륭제의 막강한 각료이자 고문. 건륭제가 사망하자 부패와 제국의 몰락을 초래했다고 비난받았다. 그는 1년 사이에 황제의 호위병에서 정부의 최고위직에 올랐고, 권력을 이용하여 자신과 측근의 사욕을 채웠다. 건륭제 사후 체포되어 자살을 강요받았다.

허쯔전(賀子貞, 1909~): 마오쩌둥의 둘째부인. 마오쩌둥이 셋째 부인 장칭을 새로 맞아 그녀를 떠나기 전까지 대장정과 옌안 시기에 마오쩌둥의 동반자였다.

헤이룽장(黑龍江): 중국의 극동북부의 성(省). 면적 16만 7천km², 인구 3,424만 명, 성도 하얼빈(哈爾濱, 인구 271만 명). 광활한 황무지와 길고 혹독한 겨울이 있는 곳이다.

혁명위원회: 문화혁명기에 도시 지역 정부, 농촌 공사, 대학, 그리고 다른 기관들을 지도하기 위해 설치된 소집단. 각 집단은 '대중', 인민해방군 그리고 엄선된 간부들로 구성되었다.

현(縣): 성(省) 아래의 행정단위.

호포(Hoppo): 호부(戶部)에서 파생되었다. 아편전쟁 이전 청 정부의 해관(海關)의 공식 우두머리. 호포는 외국인을 직접 다루지는 않았지만, 행상(行商)을 통해 외국인들로부터 관세를 걷고 모든 연락업무를 맡았다.

『홍루몽』(紅樓夢): 『석두기』(石頭記)로도 알려진 건륭제 시기 차오쉐친이 쓴 소설. 주인공 자바오위와 린다이위의 비극적 사랑 이야기가 양쯔 강 삼각주 지역의 거부 가문의 뜰 한가운데서 벌어진다.

훙슈취안(洪秀全, 1813~1864): 태평천국 반란군의 지도자. 가난한 객가 가문 출신의 야심찬 학자. 자신이 예수 크리스트의 동생이며 중국에서 악마 만주족을 몰아내도록 하나님의 명을 받았다고 믿었다. 그는 광시 지방에서 배상제회(拜上帝會)를 만들고 자신이 '태평천국'의 황제라고 선포했으며 청에 대한 반란을 이끌어 청 왕조를 멸망 직전까지 몰고 갔다.

홍위병(紅衛兵): 마오쩌둥에 대한 충성을 주장하고 사회의 '봉건적' '반동적' 요소들을 공격하는 문화혁명의 집행자로 행동한 대학 및 중등학교 학생집단. 조직의 결여와 지나친 혁명적 열정으로 인해 1960년대 말에 홍위병 분파들간에 또는 홍위병과 인민해방군 사이에 폭력을 야기했다.

홍타이지(皇太極, 1592~1643): 아바하이라고도 한다. 누르하치의 여덟째아들로서, 1626년 아버지가 죽은 뒤 만주족의 황제가 되어 17년 동안 통치했다. 한족 고문과 군대의 도움으로 만주족의 영역을 동쪽으로는 조선 너머까지 그리고 남쪽으로는 만리장성까지 넓혔다. 그는 마지막 베이징 정벌을 어린 이복동생 도르곤에게 맡긴 채 1643년에 죽었다.

화궈펑(華國鋒, 1921~): 후난 성의 전(前) 서기였으며, 1976년 마오쩌둥 사후 중국의 국가 주석이자 중국공산당의 총서기가 되었다. 화궈펑은 자신의 권력을 다지기 위해 사인방의 체포를 명령했지만, 1980년에 급부상한 덩샤오핑에 의해 주요 직책에서 물러났다.

화이허(淮河) 강: 중국의 주요 수로 가운데 하나. 길이는 약 1천km이며, 서쪽에서 장쑤, 안후이, 허난 등 중부지방을 지난다.

황푸(黃埔)군관학교: 광저우 근처의 군사학교. 1924년 국민당 장교를 양성하기 위해 쑨원이 설립했다. 졸업생 가운데 다수가 이 학교의 첫번째 교장인 장제스에게 개인적으로 충성했으며 그의 정치적 권력기반을 크게 강화시켰다.

황허(黃河) 강: 중국에서 두번째로 긴 강. 칭하이에서 북쪽으로 내몽골을 통과한 다음 남쪽으로 구부러져서 동쪽의 산둥 성 보하이(渤海) 만으로 빠져 나온다. 많은 침적토 때문에 계속해서 홍수를 유발한다.

후난(湖南): 중국 중남부의 성(省). 면적 21만km², 인구 5,794만 명. 성도는 창사(長沙, 인구 123만 명).

후먼(虎門): 광저우의 주(珠) 강 어귀를 가리키는 지명. 영어로는 보궤(Bogue)라고 하는데, 이는 포르투갈어 보카 티그레(Boca Tigre, 호랑이의 입)를 영어식으로 표기한 것이다.

후베이(湖北): 중국 중부의 성(省). 면적 18만km², 인구 5,120만 명, 성도 우한(武漢, 인구 357만 명). 양쯔 강의 중류가 이 성을 통과한다.

후스(胡適, 1891~1962): 작가, 철학자, 5·4운동의 지도적 인물. 1938년에서 1942년까지 국민정부의 주미대사를 역임했다.

후야오방(胡耀邦, 1915~1989): 덩샤오핑의 후계자. 1950년대 공산주의청년단의 지도자에서 1981년 중국공산당의 총서기로 오른 인물. 1986년 12월 학생들의 민주 시위를 지원했다는 의심을 받아 1987년 총서기에서 해임되었다. 1989년 4월 그의 죽음은 재개된 학생 민주 저항운동의 분기점이 되었고 그것은 1989년 6월 4일 베이징 학살로 이어졌다.

후예핀(胡也頻, 1907~1931): 시인, 공산주의자, 좌익작가연맹 회원, 딩링의 반려자. 상하이에서 국민당 당국에 의해 처형되었다.

후펑(胡風): 시인, 루쉰의 친구, 공산당원. 예술 표현의 자유를 주장했기 때문에 1955년 정풍운동의 대상이 되었다.

* 인구 통계는 1988년도 『중국 통계 연감』에서 인용한 것이며, 1987년 말 현재의 수치이다.

컬러 화보에 대하여

1권 224쪽과 225쪽 사이의 삽화

(1) 주방(朱邦), 「왕궁도」(王宮圖, 1500년경). 명조(明朝) 영락제(永樂帝, 1403-1424) 연간에 세워진, 거대한 벽과 빛나는 황금빛 지붕 그리고 넓은 대리석 정원을 갖춘 자금성은 중국 황제의 위엄을 상징했다.

(2) 셰스천(謝時臣), 「악양루」(岳陽樓). 쑤저우 출신의 셰스천(1487-1561년경)은 여기서 후난 성의 둥팅(洞庭) 호와 양쯔 강이 만나는 곳의 장관을 묘사하고 있다.

(3) 쉬웨이(徐渭), 「사시화훼도」(四時花卉圖). 저장 성 산인(山陰) 태생의 쉬웨이(1521-1593)의 두루마리 그림(卷) 중 두 폭. 화문(畵文)에는, "내 작품에는 먹이 흠뻑 배어 있고 화초는 대개 계절과 딱 들어맞지 않는다. 하지만 그림에 몇 획이 모자르다고 불평하지는 말라. 근래에 천도(天道)가 심히 험하다"라고 쓰여 있다.

(4) 장홍(張宏), 「여러 가지 오락」(1638). 쑤저우 출신의 화가 장홍(1577~1652년경)의 두루마리 그림 중 두 폭. "1638년 늦겨울에 피링(毘陵)의 한 여인숙에서 재미삼아 그렸다"고 적혀 있다.

(5) 샤오윈충(蕭云從), 「눈덮인 산에서의 독서」(1652). 안후이 성 우후(蕪湖) 출신의 샤오윈충(1596-1673)은 범접하기 힘든 풍경을 묘사하고 있으며, 이 그림에는 홀로 책 읽는 사람에게서 풍겨 나오는 따스함과 색깔이 있다. 샤오윈충은 명에 충성을 바쳤으며, 난징 주변을 만주족이 정복한 직후 이렇게 썼다. "혼란을 견디다 못해 타지로 떠나야 했던 친지와 친구들은 지치고 낙담하여 자신의 처지를 원망하며 정신적인 상처를 입었다. 끊임없이 다가오는 이런 시련과 재난과 불행에 걷잡을 수 없는 슬픔과 분노가 치민다."

(6-7) 위안장(袁江), 「구성궁」(九城宮)(1691). 장쑤 성 양저우(楊州) 태생의 위안장(1670?~1755?)은 20세에 이 거대한 족자를 그렸다. 초기 황궁을 바라보는 예술가의 통찰력을 보여 주는 이 족자는 건축물 화가로서 위안장의 탁월한 솜씨를 보여준다.

(8-9) 왕후이(王翬, 1632-1717)와 그의 조수들, 「강희남순도」(康熙南巡圖)의 일부: 「지난(濟南)

에서 타이안(泰安)까지, 타이산(泰山)에서 제사를 올리며」. 강희제는 1684~1707년 사이 모두 여섯 번에 걸쳐 이런 긴 여행을 했다. 그는 나라의 상황에 대해 직접 판단하기 위해, 또 지방관리들에게 향연을 베풀고 직접 알현함으로써 그들의 청에 대한 충성심을 굳건히 하기 위해 이런 여행을 했다. 강희제는 처음에 1684년 11월 산둥 성의 성스러운 타이 산을 찾았고, 그 직후 그의 군대는 남부의 세 번왕(藩王)을 물리쳤다.

(10) 스타오(石濤), 「복숭아꽃 만발한 봄」. 스타오(1642~1707)는 구이린에서 명 황족으로 태어났다. 스타오는 1684년과 1689년 두 차례에 걸쳐 남부를 순행 중이던 강희제를 만났으나, 명 황실에 대한 자신의 충정을 거듭 표명했다. 이 그림은 청 황제에 의해 처형당한 사람들의 자손을 위한 몇 100년이나 된 은신처로 상상한 숨은 천국을 묘사하고 있다.

위즈딩(禹之鼎), 「황산의 이영집」. 장쑤 성 양저우에서 태어난 위즈딩(1647?~1713?)은 베이징에서 직업 화가가 되었는데, 잔잔한 풍경을 배경으로 한 한 학자와 그의 하인의 이 초상화 역시 베이징에서 그린 것이다. 위즈딩은 당대의 뛰어난 초상 화가였다.

(11) 홍런(弘仁), 「서쪽 봉우리의 눈 덮인 소나무」(1661). 안후이 성 서(歙)현 출신의 홍런은 안후이의 황산(黃山)을 주된 소재로 삼았던 신안파의 거장이었다. 명에 충성했던 홍런은 1644년 만주족의 정복 후에는 절에 들어가 그림에만 열중했다.

(12) 주세페 카스틸리오네(Giuseppe Castiglione, 1688~1766)와 그의 조수들, 「무란(木蘭) : 어느 읍으로 입성하는 건륭제와 그의 군사들」. 건륭제는 해마다 러허 북쪽의 무란 지역으로 대규모 사냥을 나갔다. 「무란」의 첫번째 작품은 황제와 그의 수행원들이 한 읍에 들어가고 있는 모습을 보여준다.

(13) 주세페 카스틸리오네와 그의 조수들, 「무란 II : 야영지」. 두번째 작품은 황제의 군사들이 들판에서 야영하고 있는 모습을 보여준다.

(14) 주세페 카스틸리오네, 「내 가슴속에는 평화롭게 다스릴 힘이 있다」, 부분 : 「건륭제와 황후 그리고 11명의 후궁의 취임 초상화」(1737). 건륭제는 예수회 신부 카스틸리오네에게 직접 말하길 "초상화를 그리는 기술에 있어서 카스틸리오네에 필적할 사람은 없다"고 했다. 21세의 건륭제를 그린 이 초상화에서 카스틸리오네는 중국의 기법과 서양의 기법을 종합한 위대한 재능을 보여주고 있다.

(15) 작자 미상, 「광저우의 상관」(1780년경). 광저우 부두의 외국 공장들에 대한 초기의 묘사(유리에 그린 유화). 왼쪽부터 덴마크, 스페인, 미국, 스웨덴, 영국, 네덜란드 상관.

(16) 런슝(任熊), 「자화상」(自畵像). 저장 성 샤오산(蕭山) 출신의 런슝은 서구 제국주의의 압력과 전쟁, 그리고 국내 반란 등에 쫓기던 시대에 성장했다. 죽기 직전 그는 난징 부근에서 청 제국의 군인들과 함께 태평천국의 난에 대항하는 전투에 잠시 참여했었다. 런슝의 「자화상」에 적혀 있는 글은 명백하게 근대적인 자기 회의를 표현하고 있다. "덧없는 미소를 짓고 일그러진 육체를 하고서 내 눈앞에 서 있는 이것은 광대한 우주 내부로부터 온 것인가? 나는 오랫동안 중요한 일들에 대해 알고 또 염려해 왔다. 그러나 지금 나는 무엇을 부여잡고 어디에 의지해야 할 지 혼란에 빠져 있다."

2권 160쪽과 161쪽 사이의 삽화

(1) 베이징 학생 시위, 1919년 6월(시드니 D. 갬블이 촬영하여 수작업으로 착색한 사진). 1919년 6월 3~5일 베이징의 학생들은 산둥 지역에 대한 과거 독일의 조차권을 일본에 이양하기로 한 베

르사유 조약에 항의하는 시위를 벌였다. 이들 베이징 대학 학생들은 YMCA 건물 앞에 모였다. 거의 천여 명의 학생들이 정부군과 경찰에게 체포되었다.

(2) 서태후(西太后), 「꽃과 곤충 소묘」, 서태후(1835~1908)가 그린 이 일련의 습작에는 그녀의 중국인 선생인 먀오가 붉은 글씨로 쓴 상찬과 지도 내용이 담겨 있다. 먀오는 서태후의 작품에 대해 "처음 그림을 시작했을 때는 우리 둘 다 젊었다. ……그녀는 책에 목판인쇄된 옛 명화들이나 황실 소장 그림을 보고 공부했다. 그리고 곧 그녀는 보기 드문 재능을 보였다"고 말했다.

(3) 문인 펑캉허우(1901~1984?)의 인장들. 인각(印刻)은 작은 공간 안에서 선형 배열을 하는 예술이다. 이 작업의 성공 여부는 선과 공간을 어떻게 교차시키느냐에 달려 있다. 고대의 서체를 연구한 19세기와 20세기의 학자들은 새롭게 인장에 대한 관심을 갖기 시작했다. 이 인장들은 마이첸슈를 위해 만든 것이다.

(4) 광둥 성 농민협회 회원증(1920년대 후반). 태양(국민당의 상징)과 망치와 낫(중국공산당의 상징)은 북벌 기간 동안 두 정당간의 연합을 상징하고 있다.

(5) 「국민당의 북벌」(포스터, 1927년경). 가운데 위에 국민당기로 둘러싸인 인물은 쑨원(1866~1925)이다. 아래, 쑨원의 후계자 장제스는 북벌군을 이끌었다. 위쪽 양옆에 보이는 그림은 창사(왼쪽)와 웨저우(오른쪽)에서의 장제스의 승리를 묘사하고 있다.

(6) 쩡시(曾熙), 「노송」(1922). 후난 성 형양(衡陽) 출신인 쩡시(1861~1930)는 1911년 혁명 때까지 청 황실에서 일했다. 쩡시가 그림에 적은 글은 가족과 국가 모두에 있어 문화적 연속성에 대한 소망을 드러내고 있다. "노송이 용이 되고, 그 발톱이 구름 속에서 빛난다. 같은 뿌리에서 자라난 어린 소나무는 상서로운 기운을 띤 채 푸르고 찬란하다. ……구름이 그 뿌리를 보호하고, 비와 이슬이 깊숙이 스며든다."

(7) 치바이스(齊白石), 「문방용구」(1947). 후난 성 샹탄(湘潭)의 가난한 가정에서 자라난 치바이스(1863~1957)는 정식 교육은 받지 못했으나, 여기에 나온 이런 문방용구 그림의 거장으로 유명해졌다.

(8) 판톈서우(潘天壽), 「세민을 맞이한 학과 서리맞은 매화」(1961) 판톈서우는 저장 성 닝하이(寧海)에서 성장했다. 17세기 명에 충성한 화가들처럼, 판톈서우는 사회적·정치적 세계에 대한 자신의 불만을 표출하는 방편으로 자연 세계를 그렸다. 그는 문화혁명기에 박해를 받았고 그 와중에 사망했다.

(9) 판톈서우, 「달빛에 비친 매화」(1966). 어둠속, 곧 겨울에 꽃을 피운 매화 가지는 문화혁명이 발발했을 당시 희망을 상징했다.

(10) 판톈서우, 「연꽃」(1958년경). 17세기의 많은 개인주의적 화가들처럼 판톈서우는 선불교(禪佛敎) 전통에 심취했다. 이 활짝 핀 연꽃은 그의 지두화(指頭畵) 기술을 잘 보여준다.

(11) 푸바오스(傅抱石), 「수상 누각에서 바둑 두기」. 장시 성 신위(新餘)에서 자란 푸바오스(1904-1965)는 스타오의 혁신 정신으로부터 강한 영향을 받았다. 푸바오스가 낙관(落款)에 덧붙인 글은 "세계의 모든 궤도", "취했을 때는 언제나", 그리고 "내 사명은 새로운 것을 창조하는 것일 뿐"이라는 의미이다.

(12) 관산웨(關山月), 「남부의 석유 도시」(1972). 문화혁명기에 그려진 이 그림은 회화의 사회주의 리얼리즘의 예로서 "공업은 다칭에서 배우자"라는 마오주의적 메시지를 전하고 있다. 그림에는 "다칭의 꽃들은 양쯔 강 제방에서 자란다"는 글이 적혀 있다.

(13) 스루(石魯), 「오리와 복숭아꽃」. 쓰촨 성 런서우(仁壽) 태생인 스루는 1938년 옌안에서 공산당에 합류하면서 학업을 포기했다. 1949년 이후 그는 사회주의적 리얼리즘을 수용하여 예술부의 관리가 되었으나, 문화혁명기에 반혁명적 행위로 고발되어 혹독한 처벌을 받았다. 그로 인해 스루는 치유될 수 없는 정신 쇠약을 겪었다.

(14) 루서우쿤(呂壽琨), 「스스로 존재하는 장자」(莊子自在)(1974). 정치적인 실험기에, 루서우쿤은 세속적 문제들을 초월해서 도교적 주제에 몰입했다.

(15) 황융위(黃永玉), 「밤의 연꽃」(1979). 1924년 후난 성 펑황(鳳凰)에서 소수민족으로 태어난 황융위는 1950~1960년대에 대단한 성공을 거두었으나, 문화혁명기에 탄핵되어 박해받았다. 이 그림의 활기찬 붓놀림은 「사시화훼도」(16세기)에서 먹물을 듬뿍 적셔서 사용하던 쉬웨이의 작품을 연상시킨다.

(16) 천안문 광장. 1989년 5월 17일 마오쩌둥의 초상화로 장식된 명 왕조의 자금성 앞에는, 100만이 넘는 시위자가 근대 중국을 추구하며 끊임없이 모여들었다.

화보 출처

* 는 허가를 받고 재수록한 것이다.

1권 64쪽과 65쪽 사이의 흑백화보

(1) 타이완 고궁박물관 소장.

(2) 위·가운데·아래: *The Chinese Scholar's Studio: Artistic Life in the Late Ming Period*, ed. Chu-Tsing Li and James C. Y. Watt(New York, 1987)에서.*

(3) 위·아래: 쑹잉싱(宋應星)의 『천공개물』(天工開物), Frances Wood, *Chinese Illustration*(The British Library, 1985)에서.*

(4) Kuang Fan, *Shi min tu zuan*(1593), 1:186, Frederic Wakeman, Jr., *The Great Enterprise: The Manchu Reconstruction of Imperial Order in Seventeenth-Century China*, 2 vols.(Berkeley, 1985)에서.*

(5) 위: 타이완 고궁박물관 소장; 아래: 왕치(王圻), 『삼재도회』(三才圖會, 1609), 「人物」 12:46, Wakeman, *The Great Enterprise*에서.*

(6) 위: *Manju i yargi yan kooli*(1781), Wakeman, *The Great Enterprise*에서*; 아래: 「피터 먼디의 여행」, Oxford, Bodleian Library, MS. Rowlinson A. 315, pl. 29.

(7) 위: Wan Yi, Wang Shuqing, Lu Yanzhen, *Daily Life in the Forbidden City, The Qing Dynasty, 1644~1912*(Hong Kong, 1985, 1988)에서*; 아래: Essex Institute, Salem, Massachusetts 제공.

(8) New York Public Library 제공.

(9) Wan Yi et al., *Daily Life*.*

(10) 상단 왼쪽: 「이십사효」(二十四孝, 1688)는 Wood, *Chinese Illustration*)에서*; 상단 오른쪽: Denis Twitchett, *Printing and Publishing in Medieval China*(New York, 1983)에서*; 아래: 타이완 고궁박물관 소장.

(11) 왼쪽: Mayching Kao, ed., *Twentieth-Century Chinese Painting*(Oxford, 1988)에서;* 오른쪽: the New York Public Library 제공.

(12) Réunion des musées nationaux(RMN).

(13) 「강희남순도」(康熙南巡圖), 卷七 왕후이(1632~1717)와 그의 조수들, 1695년경. 두루마리 그림, 채색화, 26 3/4″ ×72′(67.8cm×2,195cm), 개인 소장.

(14) 위: 자오빙전(焦秉貞), 「경직도」(耕織圖, 1696), 목판, *Chinese Illustration*에서*; 아래: 자오빙전, 「패문재경직도」(佩文齋耕織圖, 영인, 〔도쿄, 1892〕)는 Wakeman, *The Great Enterprise*에서.*

(15) The Metropolitan Museum of Art, Earl Morse 부부가 기증, 1957, no. 57.125(7).

(16) Wan Yi et al., *Daily Life*에서.*

1권 160쪽과 161쪽 사이의 흑백화보

(1) 위·아래: 타이완 고궁박물관 소장.

(2) Documentation photographique de la RMN.

(3) 하버드 대학 Houghton Library의 허락으로 게재.

(4) 위: 하버드 대학 Houghton Library의 허락으로 게재; 아래: 타이완 고궁박물관 소장.

(5) Freer Gallery of Art, Washington, D.C.

(6) 타이완 고궁박물관 소장.

(7) 위: Victoria and Albert Museum, London; 아래: Vervielfältigungen jeder Art nur mit ausdrücklicher Genehmigung gestattet.

(8) 위·가운데·아래: National Maritime Museum, Greenwich.

(9) 위·아래: 「한 아편 흡연자의 몰락」(총 12면), Martyn Gregory Gallery.

(10) 위: National Maritime Museum, Greenwich; 아래: 베이징 혁명박물관.

(11) 위: Bettmann Archive/BBC Hulton; 아래: National Maritime Museum, Greenwich.

(12) 위: Bettmann Archive/BBC Hulton; 아래: Museum of Fine Arts, Boston 제공.

(13) Roger Viollet.

(14) 위: New York Public Library 제공; 아래: New York Public Library 제공.

(15) 펠릭스 베이토(Felix Beato), 「1860년 8월 21일, 탄약고가 폭발한 한 다구 요새의 내부」, *Imperial China: Photographs, 1850~1912*(New York: 1978)에서.*

(16) 토머스 차일드(Thomas Childe), 「폐허가 된 원명원」(1875년경), Bibliothèque Nationale, Paris.

1권 288쪽과 289쪽 사이의 흑백화보

(1) 위: Essex Institute, Salem, Mass. 제공; 아래: 왕립지리학회, 존 톰슨(John Thomson), 「난징의 병기창」, 1871~1872년경, 단색 사진판 4″ × 11 5/16″

(2) 위: The Peabody Museum of Salem; 아래: J. Paul Getty Museum, 존 톰슨, 「한 중국인 관리의 집 안뜰」, 1871~1872년경, 단색 사진판 6 15/16″ × 8 11/16″.

(3) 상단 왼쪽: United Methodist Board of Global Ministries; 상단 오른쪽: Freer Gallery of Art, Washington, D.C. 제공; 하단 왼쪽: J. Paul Getty Museum, 존 톰슨, 「공친왕」, 1871~1872년경, 단색 사진판 11 7/16″ × 7 3/4″; 하단 오른쪽: United Methodist Board of Global Ministries.

(4) 위: United Methodist Board of Global Ministries; 아래: United Methodist Board of Global Ministries.

(5) 상단 왼쪽: the New York Public Library 제공; 상단 오른쪽: the New York Public Library 제공; 아래: the New York Public Library 제공.

(6) 위: California State Library 제공; 아래: California Historical Society 제공.

(7) National Archives.

(8) 상단 왼쪽: the New York Public Library 제공; 상단 오른쪽: the New York Public Library 제공; 아래: Camera Press.

(9) 위: Essex Institute, Salem; 아래: United Methodist Board of Global Ministries.

(10) 위: United Methodist Board of Global Ministries; 아래: United Methodist Board of Global Ministries.

(11) 상단 왼쪽: The Bettmann Archive/BBC Hulton; 상단 오른쪽: Camera Press; 아래: United Methodist Board of Global Ministries.

(12) 위: New York Public Library 제공; 아래: New York Public Library 제공.

(13) Sidney D. Gamble Foundation for China Studies, Inc.

(14) Sidney D. Gamble Foundation for China Studies, Inc.

(15) Sidney D. Gamble Foundation for China Studies, Inc.

(16) Sidney D. Gamble Foundation for China Studies, Inc.

1권 448쪽과 449쪽 사이의 흑백화보

(1) 위: Sidney D. Gamble Foundation for China Studies, Inc.; 아래: Sidney D. Gamble Foundation for China Studies, Inc.

(2) 위: YMCA of the USA Archives, University of Minnesota Libraries; 아래: 베이징 혁명박물관.

(3) 상단 왼쪽: 베이징 혁명박물관; 상단 오른쪽: 베이징 혁명박물관; 하단 왼쪽: the New York Public Library 제공; 하단 오른쪽: the Library of Congress.

(4) New China Pictures/Magnum Photos.

(5) 위: Magnum Photos; 아래: the New York Public Library 제공.

(6) 위: The New York Public Library Picture Collection; 아래: 미의회 도서관 박물관.

(7) 상단 왼쪽: National Archives; 상단 오른쪽: AP/Wide World Photos; 아래: UPI/Bettmann Newsphotos.

(8) 위·아래: Jay Calvin Huston Collection, Hoover Institution Archives, Stanford University.

(9) AP/Wide World Photos.

(10) 위: Collection Viollet; 아래: 미의회 도서관 박물관.

(11) 위: The Bettmann Archive; 아래: 미의회 도서관 박물관.

(12) 위: 베이징 혁명박물관; 아래: 베이징 혁명박물관.

(13) 상단 왼쪽: 베이징 혁명박물관; 상단 오른쪽: AP/Wide World Photos; 아래: Carl Leaf-Rapho Guillumette.

(14) 상단 왼쪽과 상단 오른쪽: Christoph Harbsmeier, *The Cartoonist Feng Zikai: Social Realism with a Buddhist Face*(Oslo, 1984)에서*; 펑쯔카이, *Cartoons of Lu Hsun's Selected Stories, Zhongliu Chubanshe*(Hong Kong, 1976 영인본)에서.*

(15) 위: 황신보(黃新波), 「일상의 이야기」(연작 중의 하나), 『루쉰 소장 중국현대 목판화 선집, 1931-1936』(베이징, 1963); Sherman Cochran and Andrew C. K. Hsieh with Janis Cochran, *One Day in China: May 21, 1936*(New Haven, 1983)에서*; 아래: 란자, 「인력거꾼」, Jonathan D. Spence, *The Gate of Heavmly Peace: The Chinese and Their Revolution, 1895-1980*(New York, 1981)에서.*

(16) 가오잔푸(高劍父), 「빗속의 비행」, 채색화, 46cm×36.5cm, 홍콩 중원대학 미술관.

2권 96쪽과 97쪽 사이의 흑백화보

(1) 위: Keystone; 아래: 베이징 혁명박물관.

(2) 위: 우인셴(吳印咸), ICP Permanent Collection/ Magnum Photos; 아래: Wu Yinxian ICP Permanent Collection/ Magnum photos.

(3) 우인셴, ICP Permanent Collection/ Magnum Photos.

(4) 위: AP/Wide World Photos; 아래: Henri Cartier-Bresson/ Magnum Photos.

(5) Henri Cartier-Bresson/ Magnum Photos.

(6) Henri Cartier-Bresson/ Magnum Photos.

(7) Henri Cartier-Bresson/ Magnum Photos.

(8) 위: New China Pictures/Magnum Photos; 아래: New China Pictures/Magnum Photos.

(9) 위: Eastfoto; 아래: Marc Riboud/ Magnum Photos.

(10) 위: Eastfoto; 아래: Eastfoto.

(11) 위: 베이징 혁명박물관; 아래: Xinhua News Agency.

(12) 우인셴, ICP Permanent Collection/ Magnum Photos.

(13) 위·아래: Harbsmeier, 펑쯔카이.

(14) New China Pictures/ Magnum Photos.

(15) Henri Cartier-Bresson/ Magnum Photos.

(16) Henri Cartier-Bresson/ Magnum Photos.

2권 224쪽과 225쪽 사이의 흑백화보

(1) Copyright, 스즈민(施志民).

(2) Camera Press.

(3) 위: Marc Riboud/ Magnum Photos; 아래: the New York Public Library 제공.

(4) Marc Riboud/ Magnum Photos.

(5) 위·아래: AP/ Wide World Photos.

(6) 양치셴, 「비람비공」(1973), 종이채색화, Joan Leopold Cohen, *The New Chinese Painting, 1949-1986*(New York, 1987)에서.*

(7) Camera Press.

(8) (모두) Xinhua News Agency.

(9) AP/Wide World Photos.

(10) 위: Sun Yifu/Magnum Photos; 아래: AP/Wide World Photos.

(11) 위: Liu Heungshing/Time Magazine; 아래: 황루이, 「원명원의 신생활」(1979), 유화, Cohen, *New Chinese Painting*에서.*

(12) Gamma/Liaison Agency.

(13) Liu Heungshing/Time Magazine.

(14) 위: Marc Riboud/Magnum Photos; 아래: copyright, 스즈민.

(15) 위·아래: AP/Wide World Photos.

(16) 위·아래: AP/Wide World Photos.

2권 320쪽과 321쪽 사이의 흑백화보

(1) 위: Rene Burri/Magnum Photos; 아래: AP/Wide World Photos.

(2) 위·아래: AP/Wide World Photos.

(3) AP/Wide World Photos.

(4) AP/Wide World Photos.

(5) Patrick Zachmann/Magnum Photos.

(6) 위: Patrick Zachmann/Magnum Photos; 아래: copyright, Norman Kutcher, Peking, 1989. 5. 23.

(7) 위·아래: AP/Wide World Photos.

(8) AP/Wide World Photos.

1권 224쪽과 225쪽 사이의 컬러화보

(1) Trustees of the British Museum 제공.

(2) 족자, 채색화, 249.5×102.3cm., 베이징 고궁박물관 제공.

(3) 두루마리 그림, 수묵화, 29.8×1,090.6cm., 베이징 고궁박물관 제공.

(4) 두루마리 그림, 수묵화, 27.5×459cm., 베이징 고궁박물관 제공.

(5) 족자, 채색화, 124.8×47.7cm., 베이징 고궁박물관 제공.

(6-7) 12쪽 족자 가운데 6쪽, 비단채색화, 전체: 높이 207× 폭 579.1cm., the Metropolitan Museum of Art, purchase, the Dillon Fund Gift, 1982.

(8-9) 두루마리 그림, 12연작 가운데 제3권(卷), details 1 and 5, 비단채색화, 전체: 높이 67.8× 폭 1,393cm., the Metropolitan Museum of Art, purchase, the Dillon Fund Gift, 1979(1979.5).

(10) 두루마리 그림의 부분, 채색화, 높이 9 7/8인치, Freer Gallery of Art, Washington, D.C.; 두루마리 그림, 비단채색화, 40.3×132.7cm., 베이징 고궁박물관 제공.

(11) 족자, 수묵화, 192.8×104.8cm., 베이징 고궁박물관 제공.

(12) 두루마리 그림, 비단화(부분), 약 0.77×27 m., Musée Guimet, Paris.

(13) 두루마리 그림, 비단화(부분), 약 0.77×27 m., Musée Guimet, Paris.

(14) 두루마리 그림(부분), 비단채색화, 52.9×688.3cm., Cleveland Museum of Art, John L. Severance Fund, 69.31 제공.

(15) Peabody Museum of Salem.

(16) 족자, 채색화, 177.5×78.8cm., 베이징 고궁박물관 제공.

2권 160쪽과 161쪽 사이의 컬러화보

(1) The Sidney D. Gamble Foundation for China Studies, Inc.

(2) 두루마리 그림(부분), 수묵화, 19.5×27cm., Denver Art Museum(Dr. Robert Rinden 기증 [1971.42]) 제공.

(3) James C. Y. Watt, the Metropolitan Museum of Art 제공.

(4) 베이징 혁명박물관.

(5) Trustees of the British Museum 제공.

(6) 족자, 종이채색화, 83.85×65.74cm., Robert Hatfield Ellsworth가 Laferne Hatfield Ellsworth를 기념하여 the Metropolitan Museum of Art에 기증. Shin Hada 촬영, Robert Hatfield Ellsworth 제공.

(7) 족자, 채색화, 104.49×33.98cm., Robert Hatfield Ellsworth가 Laferne Hatfield Ellsworth를 기념하여 the Metropolitan Museum of Art에 기증. Shin Hada 촬영, Robert Hatfield Ellsworth 제공.

(8) 항저우 판톈서우 박물관의 Pan Gongkai가 제공.

(9) 항저우 판톈서우 박물관의 Pan Gongkai가 제공.

(10) 항저우 판톈서우 박물관의 Pan Gongkai가 제공.

(11) 족자, 채색화, 126.40×74.95cm., Robert Hatfield Ellsworth가 Laferne Hatfield Ellsworth를 기념하여 the Metropolitan Museum of Art에 기증. Shin Hada 촬영, Robert Hatfield Ellsworth 제공.

(12) 채색화, 185×185cm., Polytechnic Institute of Central London 제공.

(13) 가로형 족자, 채색화, 67.97×94.01cm., Robert Hatfield Ellsworth가 Laferne Hatfield Ellsworth를 기념하여 the Metropolitan Museum of Art에 기증. Shin Hada 촬영, Robert Hatfield Ellsworth 제공.

(14) 족자, 채색화, 139×70cm., Hong Kong Museum of Art.

(15) 족자, 채색화, 151.18×57.49cm., Robert Hatfield Ellsworth가 Laferne Hatfield Ellsworth를 기념하여 the Metropolitan Museum of Art에 기증. Shin Hada 촬영, Robert Hatfield Ellsworth 제공.

(16) AD/Wide World Photos.

붓글씨에 대하여

겉·속표지: '투쟁'을 의미하는 爭자이며, 초서체로 쓴 것이다.

*1*부 표지(1권 25쪽): 『역경』에 나오는 말로 "슬퍼하지 말라, 한낮의 태양 같으니"(勿憂
宜日中)라는 뜻이다. 서체는 변형된 소전체(小篆體)이다.

*2*부 표지(1권 181쪽): 『역경』에서 인용한 위의 글에 대한 고대의 주석으로 "태양은 중
천에 있을 때 지기 시작한다"(日中則昃)라는 뜻이다. 서체는 역시 소전체이다.

*3*부 표지(1권 319쪽): 새(賽, 중국어 발음은 싸이)와 덕(德, 중국어 발음은 더), 두 글자
는 5·4운동기에 각각 '과학'(science)과 '민주주의'(democracy)로 쓰였다. 서
체는 흑체상형(黑體象形)이다.

*4*부 표지(2권 11쪽): 번(翻)은 '뒤엎어 바꾼다'는 뜻이다. 화려하게 쓴 초서체이다.

*5*부 표지(2권 209쪽): 연파(延波)는 '퍼져 나가는 물결'을 뜻한다. 대단히 빠르게 쓴 초
서체이다.

서예가에 대하여

량민웨이는 1962년 중화인민공화국 광저우에서 태어나, 웨슈미술연구소에서 그림을 공
부했다. 그는 광저우의 한 큰 유통회사에서 디자인 책임자로 몇 년간 일한 후 광저우 미
술학원의 커허쿤 밑에서 다시 중국 회화를 공부했다. 1987년 미국에 온 이래 량민웨이
는 서예작품과 추상적 풍경화를 뉴욕 메트로폴리탄과 인근 지역에서 널리 전시해 왔다.
그는 코네티컷 주 뉴 헤이븐에서 아내 그리고 고양이 세 마리와 함께 산다.

옮긴이의 말

우리에게 중국은 각별한 의미를 지니고 있다. 거칠게 비유한다면, 1910년 이후 일본과 미국이 우리 역사에서 차지하는 비중 이상으로 중국은 1910년 이전의 역사 전반에서 우리와 가장 밀접한 관계를 맺은 나라였다. 그럼에도 근현대사에 관한 한 우리는 대단히 피상적이고 단편적으로 중국을 인식해 왔다. 한때는 타이완이 곧 중국이었고, 한때는 사회주의 중국을 한없이 동경한 적도 있었다. 이런 혼란의 터널을 지나 온 지금 우리에게 중국은 과연 어떤 나라이며, 우리는 오늘의 중국을 어떻게 보아야 하는가? 내가 이 책을 번역한 이유는 이런 나의 감상(感想)과 무관하지 않다. 굳이 역사책이 아니더라도 현대 중국을 다룬 책들은 상당히 많이 나와 있다. 그러나 중국 근현대사의 큰 흐름을 종합적이고 구조적으로 이해하는 데 꼭 필요한 기초 지식과 기본적 시각을 제공하는 동시에, 사건이나 인물 하나하나의 역사적 의미를 놓치지 않고, 방대한 자료를 종횡으로 구사하면서 기술한 책은 사실 찾아보기 힘들다. 아마 그래서 많은 연구자들이 중국 근현대사의 길잡이로 이 책을 첫 손가락에 꼽는지도 모르겠다.

만약 옮긴이로서 이 책의 장점을 말하라고 한다면 두 가지로 요약할 수 있을 것 같다. 하나는 이 책이 1990년까지 이루어진 미국의 중국 근대사 연구를 충실하게 농축시켜 놓고 있다는 점이다. 페어뱅크(J. K. Fairbank)로 대표되는 미국의 중국사 연구 1세대가 베트남 전쟁을 기점으로 그 정치성을 의심받은 후 진행된, 이른바 '중국 중심의 역사학'이라는 기치하에 이루어졌던 1980년 이후의 미국학계의 성과가 전체 25개로 이루어진 각 장 속에 빠짐 없이 반영되어 있다. 근대(modern)의 범주를 명대부터 현재까지로 설정하고 있는 것이 단적인 예다. 스펜스는 현재를 역사의 대상으로 삼음으로써 역사가가 살아가고 있는 시대를 역사의 대상으로 삼을 수 없다는 형식론적 '객관성' 대신, 역사기술에 있어서 피할 수 없는 불가항력적인 정치적 주관성을 선택하고 그것에 적극적으로 개입함으로써 역사가의 현실적 임무를 수행하는 쪽을 택했다. 이 책을 쓰고 있던 시점에 아직 완결되지 않았던 6·4천안문사태마저도 역사의 대상으로 삼아 적극적으로 기술하는 '정치적' 선택을 함으로써 주로 현실 정치에서 다루어지고 있던 천안문사태에 역사성을 부여하고 있다. 천안문사태에 대한 역사성 부여는 단순히 동시대의 공간적 의미만을 놓고 사건을 해석할 때보다 더욱 설득력을 갖게 해주고, 현실에 다수의 보편적 이해를 반영시킬 여지를 높이고 있다. 또한 스펜스는 현대중국의 기원을 명대까지 소급시킴으로써 이런 노력이 중국 역사에서의 제국주의가 끼친 부정적 영향을 축소하려 한다는 의혹에도 불구하고 중국사에 독자성을 부각시킬 뿐 아니라, 자본주의적 체제를 해석하는 시각으로는 이해할 수 없는 제 현상을 전통 중국과의 연관성 속에서 인식할 수 있게 해줌으로써 중국사를 중국인의 역사로 만들고 있다.

이 책의 또 하나의 장점은 스펜스식 역사서술의 독창성이 이 책에서도 올곧게 살아 있다는 점이다. 스펜스는 역사를 있었던 사실을 나열하는 사료집으로 만들 생각은 애초에 없었던 것으로 보인다. 그는 끊임없이 사건을 해석하고 역사적 의미를 부여한다. 그는 수많은 문학적 텍스트를 역사 해석에 끌어들여 동시대의 컨텍스트를 읽어 냄으로써 사료의 지평을 넓히는 것에서 한 걸음 더 나아가 '문화'라는 창을 통해 다수의 삶을 읽어 냄으로써 전체사를 복원해 내는 데 기여하고 있다. 그는 늘 다수의 삶을 복원하고, 권력의 중심부에서 일어나는 변화가 다수의 삶에 어떤 영향을 미치는지를 추적하는 데 관심을 보여 왔는데 이 책도 마찬가지다. 이같은 기존의 중국 연구자들에게서 부족했던 다수의 삶에 대한 집요한 관심은, 다수의 삶에 엘리트와 동등한 헤게모니를 부여했다는 역사학적 의의를 넘어서서 일반 독자들로 하여금 역사 속의 인간을 현재화시키고 자신의 문제를 역사화시키게 하는 괴력을 발휘하고 있다. 그것이 그의 미려한 문체와 합쳐져 마치 한편의 소설을 읽는 것 같은 긴장감을 유지하게 만들면서 독자들을 끊임없는 상상의 세계로 끌고 들어간다. 그러면서도 한 문단 한 문단을 광범위한 사료와 철저한 고증이라는 씨실과 날실로 단단히 엮어 허구적 상상력을 역사적 상상력으로 바꾸고 문학적 감수성을 역사에 대한 자각으로 전화시켜 놓아 이 책을 역사소설이 아니라 소설 같은 역사로 만들어 놓고 있다. 그 결과 이 책은 누구도 쉽게 범접하기 어려운 품위와, 누구든지 쉽게 읽을 수 있는 재미를 동시에 갖추고 있는 것이다.

이 책이 우리에게 갖는 의미와 한계에 대해서는 지은이가 '한국 독자들에게 보내는 글'에서 친절하고 자세하게 이야기했으므로 옮긴이가 사족을 달 필요는 없으리라. 단 분명한 것은, 이 책의 한계가 결국은 우리 자신이 해결해야 할 몫이라는 사실일 것이다. 그리고 제목과 관련해서 약간의 해명이 필요할 것 같다. 지은이의 'modern' 개념대로라면 이 책 제목은 '근대 중국을 찾아서'라고 해야 옳겠지만, 이 책이 최근의 역사까지 다루고 있다는 점을 독자들에게 강조하기 위해 '현대 중국을 찾아서'로 했다.

번역하는 동안 많은 사람의 도움이 필요했다. 인문학을 공부하는 것이 대단한 용기가 필요한 시대임에도 학문을 계속하기 위해 훌쩍 미국으로 떠난 후배 박진빈과 이산출판사 식구들의 도움은 절대적이었다. 그들의 헌신적인 노력이 없었다면 이 책은 아직 우리나라 독자들에게 얼굴을 내밀지 못했을 것이다. 누구보다도 이들에게 진심으로 감사드린다. 그 밖에도 많은 분들에게 신세를 졌다. 용어의 번역에 도움을 준 중산(中山) 대학의 상빙(桑兵) 교수, 바쁜 와중에도 처음부터 끝까지 꼼꼼하게 원고를 읽어 준 임성모 선배, 1차 번역을 교정할 때 도움을 준 한국희에게도 특별히 감사를 드린다. 나름대로 최선을 다했지만 만일 부족한 점이 있다면 그것은 온전히 옮긴이의 책임이다.

끝으로 자신의 이름을 일일이 밝히지 않더라도 이 책이 중국과 세계를 이해하고 이 땅을 인간답게 사는 세상으로 만드는 데 조금이라도 보탬이 된다면 그것으로 만족할 이 책의 많은 후원자들에게도 감사 드린다. 그들의 꿈이 언젠가는 이루어지리라 믿는다.

1998년 9월
김희교

찾아보기

* ①은 1권을, ②는 2권을, PRC는 중화인민공화국을, CCP는 중국공산당을 줄여 쓴 것이다.

명 말기의 중국

참고로 현대의 경계선을
표시했다.

발하슈 호

알타이 산맥

텐 산   산 맥

타 클 라 마 칸 사 막

치 롄 산 맥

뤄부포

티 베 트 고 원

탕 구 라 산 맥

브라마푸트라 강

히 말 라 야 산 맥

갠지스 강

메콩 강

뱅 골 만

0   Km   480